전사의 시대

테러와의 전쟁, 그 10년의 기록

전사의 시대

로버트 피스크 지음
최재훈 옮김

일러두기

1. 이 책의 외래어 표기는 국립국어원의 외래어 표기법을 기준으로 하였으며, 인명이나 지명은 현지 발음을 우선으로 하였다.
2. 외래어 고유명사의 한글식 표기에서는 가독성을 고려하여 '-'를 삭제했다.
3. 이 책의 본문에서 '옮긴이 주'는 +, '지은이 주'는 ● 표시를 하여 모두 각주로 처리 하였다.
4. 정기간행물, 신문, 잡지, 영화, 음반 등은 〈 〉, 단행본, 논문, 보고서는《 》로 표시하였다.

옮긴이 서문

미국의 진보 석학인 노암 촘스키는 1990년대 말, 저서《숙명의 트라이앵글》 서문에서, 몇 년 뒤에 있을 강연의 제목을 미리 정해달라는 곤혹스러운 요청에 대처하는 자신만의 비결을 이렇게 공개한 적이 있다.

> 그런 경우에 가장 안심맞춤인 제목 하나를 찾아냈는데, 바로 '중동의 현재 위기'라는 것이다. 앞으로 중동 위기가 어떻게 전개될지는 정확히 예측할 수 없지만, 위기가 있으리라는 사실은 거의 틀림없을 테니 말이다.

오늘날 촘스키의 그런 선택은 아주 탁월하고도 현명했음이 입증되고 있다. 2001년, 누구도 예상치 못했던 9·11 공격이 벌어지고, 미국과 영국 정부가 '테러와의 전쟁'을 통해 아랍세계에는 민주주의와 번영을, 세계에는 안보와 평화를 안겨주겠노라 약속하며 아프가니스탄과 이라크를 침공한 지도 벌써 십 년이 훌쩍 넘었다. 하지만 여전히 위기는 끝나지 않았다.

아프가니스탄은, 대통령 선거를 치르는 와중에도 파키스탄과의 국경을 자유로이 넘나드는 탈레반 반군이 수도 카불의 공항까지 공격해 들어오는 '위기'에서 벗어나지 못하고 있다. 이라크는 그 잔학함과 극단적인 종파주의 때문에 알 카에다 조차도 거리를 두려 한다는 수니파 무장조직 '이라크 레반트 이슬람 국가ISIL'가 북서부 지방을 사실상 모두 장악하면서 나라가 세 조각으로 쪼개질 '위기'에 처해있다. 3년째 지속된 끝 모를 내전으로 인해 이미 17만 명이 목숨을 잃은 시리아 역시 나라의 반쪽이 이슬람 국가의 수중에 떨어질 '위기'이다. 또한, 인접한 레바논은 시리아 정부를 지지하는 시아파 주민들과 반군을 편드는 수니파 주민들 간의 무장 충돌이 이어지면서 또 다른 내전의 자장 속으로 빨려 들어갈 '위기'에 있다. 2011년 미군과 나토군의 지원으로 무아마르 카다피 독재정권을 몰아냈던 리비아는 정치권력과 석유 이권을 차지하기 위해 1700개가 넘는 민병대들이 아귀다툼을 벌이는 가운데 '제2의 소말리아'가 될 '위기'에 있고, 팔레스타인 가자 지구의 주민들은 8년째 이어진 이스라엘의 봉쇄와 2014년 여름의 무차별적인 학살로 인해 사실상 인종 청소 당할 '위기'에 놓여 있다. 이 책의 저자인 로버트 피스크의 말을 빌자면, 그야말로 "최대의 위기 다음에 그보다 더 큰 위기가 찾아오는" 식인 것이다.

중동과 아랍세계의 사람들이 이렇듯 위기와 불안이라는 단어를 일상의 수식어처럼 달고 살아가게 된 불행의 씨앗은 과연 어디서부터 비롯된 걸까? 역사적으로 볼 때, 그것은 이 책에서 피스크가 "중동에서의 우리 자만심을 보여주는 완벽한 본보기"라고 표현한 사이크스-피코 협정에서 출발한다. 1차 세계대전이 한창이던 와중에 종전 후 오스만 튀르크 제국의 영토를 분할해 차지할 속셈으로 영국과 프랑스가 체결한 이 비밀 협약은 오늘날 우리가 알고 있는 중동 지도의 밑그림이 되었으며, 그를 토대로 지금까지 서구는 중동지역에서의 정치적 패권과 경제적 이권을 단 한시도 놓치려 하지 않았다.

특히 미국은 아이젠하워 전 대통령이 "세계에서 전략적으로 가장 중요한 지역"이라 강조한 데서 미뤄 짐작할 수 있듯이, 중동과 그 지역의 석유 자원을 통제하는 것이 곧 미국의 사활적인 이익과 직결된다는 인식 아래 영국을 제외하고는 어떠한 외부 간섭도 허락지 않았다. 그뿐만 아니라 봉건왕조나 독재정권 지원부터 외교적 고립·직접침략에 이르기까지 다양한 수단과 방법을 동원해, 외세의 지배와 영향력에서 벗어나려는 아랍 민중들 스스로의 노력을 억누르고 분쇄시켜왔다. 미국을 비롯한 서구의 그런 야욕의 정점에서 빚어진 역사적 비극이 바로 미영 연합군의 아프가니스탄·이라크 침공 및 점령이었다.

로버트 피스크의《전사의 시대》에 수록된 글들 대부분은, 9·11 공격 이후 조지 W. 부시 정권과 토니 블레어 내각이 아프가니스탄과 파키스탄·이라크 등지에서 한창 '테러와의 전쟁'에 온갖 인력과 돈을 쏟아붓던 시기에 쓰인 것들이다. 물론 그중에는 지금부터 정확히 백 년 전에 벌어진 1차 세계대전이나 터키의 아르메니아 대학살에 초점을 맞춘 글들도 있고, 지난 수십 년의 기자 생활을 되돌아보거나 피스크 본인의 가족들을 소재로 한 글도 있으며, 심지어는 "거짓말을 퍼뜨린 인터넷과 아무 쓸모없는 여권, 그리고 입도 못 대본 초콜릿 무스에 얽힌 사연" 같은 다양한 소재와 주제의 글들이 등장한다.

그럼에도《전사의 시대》를 일관되게 관통하는 하나의 굵은 줄기를 꼽으라면 결국, 중동 혹은 아랍 세계라 일컬어지는 지역의 평범한 사람들이 겪어온 고통과 비극, 그리고 그것을 야기한 서구의 거짓과 위선, 그로 인해 오늘날 우리 모두의 삶에 일상적으로 죄어드는 공포가 아닐까 한다. 특히, 세상의 모든 테러리스트들을 뿌리 뽑지 않으면 항상 불안과 공포 속에 살아갈 수밖에 없다며 두려움을 강요하고 자신들의 편에 서서 싸우지 않으면 테러리스트와 같은 편으로 간주하겠다고 위협하면서 우리 모두를 중동의 "모래사막으로 끌고 들어갔던" 조지 W. 부시 전 대통령과 토니 블레어 전 총리를 향해 저자는 시퍼렇게 날이 선 언어로 가차 없는 비판을 쏟아 붓고 냉소 섞인 조롱을 가하는 걸 마다치 않는다.

물론 부시와 블레어 두 사람은 이제 권력의 의자에서 물러나 과거의 인물이 되었다. 그들과 대척점에 서 있던 오사마 빈 라덴은 미군 특수부대에 의해 살해되었고, 사담 후세인 역시 형장의 이슬로 사라져 역사책의 한 페이지 속에 묻혔다. 하지만 그렇다고 《전사의 시대》를 40년 가까이 중동지역의 온갖 분쟁과 학살 현장을 누볐던 어느 노기자의 후일담 정도로 여겨서는 안 될 일이다. 피스크의 외할아버지가 남기고 간 파딩 동전이 두고두고 "잔디 깎는 기계의 날을 부러뜨리고 어머니의 꽃밭을 망쳐" 놓았듯이, 부시와 블레어가 남긴 유산은 오늘날까지 사라지지 않은 채 그대로 남아 중동과 아랍 지역을 또 다른 분쟁과 위기로 몰아넣고 있기 때문이다.

대표적으로 이라크의 예를 들어보자. 2014년 6월 중순, 우리를 비롯한 전 세계 많은 이들은 외신을 통해 전달된 뉴스 화면에 놀라움을 금치 못했다. 흰색 픽업트럭에 올라탄 검은 복면의 사내들이 검은 깃발과 소총을 휘두르며 사막을 가로질러 도시로 입성하는 장면이 느닷없이 국제뉴스를 장식하기 시작한 것이다. ISIL이라는 이슬람 수니파 근본주의 단체의 무장대원들로 알려진 그들은 이라크 제2의 도시인 모술을 비롯해 사담 후세인의 고향이었던 티크리트와 바이지 같은 이라크 북부의 주요 도시들을 단 이틀 만에 차례로 점령해 들어갔다. 그리고 이미 자신들이 장악하고 있던 시리아 남동부 지역과 이라크 서부의 팔루자와 라마디의 일부를 포함한 광활한 영토를 토대로 엄격한 이슬람 율법에 따라 통치되는 이슬람 국가IS의 설립을 선포했다.

그 소식을 접한 우리는 당연히 어리둥절할 수밖에 없었다. 왜냐하면, 이라크는 2011년 12월 18일 미국의 오바마 정부가 승리를 선언하며 미군 전투 병력을 완전히 철수시킨 곳이었기 때문이다. 11년 전 이라크 전쟁을 시작하면서 부시 전 대통령이 했던 약속대로라면, 이라크는 진작부터 혼란에서 벗어나 안정을 되찾고 국민들이 자유와 번영을 누리고 있어야 했다. 또한 세계는 심각한 위험에서 벗어나 더 안전해졌어야 했다. 그러나 우리 앞에 펼쳐진 현실은 그와 정반대였다.

ISIL의 대변인 아부 모하메드 알 아드나니는 라마단의 시작과 더불어 아부 바크르 알 바그다디를 이슬람 국가의 유일한 지도자인 칼리프로 선언하며, 세계를 향해 다음과 같이 명령했다.

"칼리프의 권위와 군대가 영역을 확대하는 순간, 모든 국가와 집단·단체의 합법성은 무효가 된다. 칼리프의 말에 귀를 기울이고 그의 명령에 순종하라."

그와 동시에 ISIL이 '죽어 마땅한 이교도'로 여기는 시아파 군인들이 땅바닥에 엎드린 채 집단 처형당하는 장면과 기독교 교회가 불타는 장면이 담긴 사진이 유튜브와 SNS를 통해 전 세계로 퍼져 나갔고, 이슬람국가의 칼리프를 자처하는 알 바그다디가 2009년 이라크의 수용소에서 풀려나면서 미군들을 향해 "다음엔 뉴욕에서 봅시다"라고 말했다는 보도가 서구 언론의 1면을 장식했다. 그동안 미국과 영국 정부는 테러와의 전쟁이란 명목으로 백만 명이 넘는 생명을 희생시키고 수천조 원이 넘는 돈을 쏟아부었지만, 결국 빈 라덴이라는 '괴물'이 알 바그다디라는 좀 더 음침한 인물로 바뀌고, 아프가니스탄과 파키스탄의 산악 동굴에 숨어 지내던 알 카에다가 도요타 픽업트럭을 타고 이라크와 시리아의 국경을 활보하는 이슬람 국가로 대체된 것 말고는 아무것도 변한 게 없는 것이다.

그저 나아진 게 없음을 탓하자는 말이 아니다. 이슬람 종파 간의 갈등이나 중동지역 사람들이 스스로 빚어낸 모순과 폭력을 부인하는 것도 아니다. 이슬람을 믿는 사람들이 시아파와 수니파로 갈라져 서로 미워하고 싸우면서 생긴 감정의 골은, 그 바닥이 1400년 전으로 거슬러 올라갈 만큼 깊고 오래된 것이다. 그러나 중동의 역대 권력자들은 비록 억압적이고 부패했을망정, 자신들의 권력을 유지하기 위해 종파 간의 갈등을 전가의 보도처럼 휘두르는 짓은 감히 하지 않았다. 그것이 얼마나 민감하고 폭발력이 강한 뇌관인지 충분히 이해하고 있었기 때문이었다.

그 점에서는 사담 후세인도 금기를 크게 벗어나지 않았다. 물론 1968년 쿠데타로 집권을 시작한 후세인과 그의 바트당은 과거 오스만 제국과 영국이 만들어놓은 분할통치 구도, 즉 소수 수니파를 우대하고 다수 시아파를 차별하는 행태를 그대로 답습한 게 사실이다. 하지만 우리가 흔히 간과하는 부분이 하나 있다. 기본적으로 세속주의 정당이던 바트당은 종교색을 그대로 유지한 채 정치에 직접 개입하려 드는 경우에는 시아파뿐만 아니라 수니파까지도 똑같이 탄압했다는 점이다. 바꿔 이야기하자면, 소수 권력층을 제외한 일상생활의 영역에서는 지금처럼 수니파와 시아파가 극명하게 갈리지 않고 어느 정도 공존을 유지하고 있었다는 뜻이다. 이와 관련해, 후세인 시절 이라크에서 탈출한 망명자 출신인 사미 라마다니가 영국의 가디언지에 기고한 글을 부분적으로 인용해보도록 하자.

> 1970년대까지 이라크의 정치조직들은 거의 모두 세속적이었고, 지지자들을 끌어들일 때 종교를 구분하지 않았다. …… 이라크의 모든 부족들 내에 수니파와 시아파가 골고루 분포해 있었고, 도시마다 두 종파가 서로 뒤섞여 살았다. 정권 차원의 잇따른 분할통치에도 불구하고, 두 공동체는 서로 공존하고 있었다. …… 현대 이라크 역사에서 가장 심각한 종파 간, 인종 간 긴장이 형성된 것은 2003년 미국이 주도한 이라크 점령이 시작되면서부터였다.

라마다니가 암시한 대로 부시와 블레어 정권은 2003년 이라크 침공 이후 민족주의 성향이 강한 이라크 수니파들을 무력화시키면, 점령에 대한 저항이 자연스럽게 잦아들 것으로 예상했다. 그래서 '바트당 제거 정책 de-Baathification Program'이란 명분으로 기존의 정부 기관들과 군대를 해체하고, 국유기업과 사회복지시설, 심지어 학교에서까지 바트당 출신의 수니파들을 솎아내 해고했다. 따라서 사담 후세인 치하에서 일자리를 얻기 위해 거의 의무적으로 바트당에 가입했던 수십만 명의 수니파들이 졸지에 실업자 신세가 됐다. 그리고 미국과 영국은 2005년에 치러진 총선을 통해 시아파와 구르드족을 중심으로 하는 정부와 의회를 출범시켰다.

자연히 수니파들은 극심한 소외와 박탈감을 느낄 수밖에 없게 됐고, 그런 불만은 2006년과 2007년 사이에 3만 5000명이 넘는 목숨을 앗아간 수니파와 시아파 간의 내전으로 이어졌다. 부시 전 대통령은 내전의 불씨를 끄기 위해 부랴부랴 미군들을 '증파'했다. 그 미군들이 맨 먼저 한 일은 바그다드에 주둔하던 수니파 민병대들의 소탕과 무장 해제였다. 따라서 그전까지 바그다드 인구의 45%를 차지했던 수니파 주민들은 자신들을 지켜줄 방패막이 사라진 상태에서, 시아파 민병대원들에 의해 대거 '청소'당한 뒤 도시 서쪽의 한구석으로 내몰리거나, 모술이나 팔루자 등의 북서부 지방으로 쫓겨나는 신세가 되었다.

한때 민주주의를 갈망하는 도시의 엘리트던 이라크의 수니파 주민들이 오늘날 '이슬람 국가' 같은 시골 출신의 이슬람근본주의자들에게 눈을 돌리게 된 데에는 바로 이런 시대적인 맥락이 자리 잡고 있다. 부시와 블레어의 침공과 점령이 만들어놓은 현재의 정치·사회적 구도를 깨뜨리지 않는 한 언제까지나 빈곤과 실업의 굴레에서 벗어나지 못한 채 이등 시민으로 살아갈 수밖에 없다고 느끼는 것이다.

오늘을 살아가는 우리들이 "도덕적 열정과 분노의 감정을 가지고" 중동과 역사·죽음·공포를 파헤친 로버트 피스크의 지난 10년간의 증언에 귀 기울여야 하는 이유도 바로 거기에 있다. 우리 눈앞에 펼쳐진 위기는 언제나 지난날의 위기와 맞닿아 있으며, 오늘을 이해하고 살아간다는 것은 씨줄과 날줄로 엮여있는 어제의 삶들을 되짚고 더듬어보는 데서 출발하기 때문이다.《전사의 시대》를 읽어 내려가다가 다소 뜬금없다 싶을 타이타닉호 희생자들이나 옛 동문들 이야기, 파리 팡테옹에 묻힌 위인들 이야기를 종종 마주치게 되는 것도 아마 저자의 그런 생각이 이 책에 녹아들어 있기 때문이 아닌가 한다.

이제 거의 일 년여에 걸친 기나긴 번역 작업을 마무리할 때가 왔다. 비록 대학에서 영문학을 전공하긴 했으나, 정작 영문학과는 20년 가까이 분리장벽을 쌓고 살아온 내가 새삼스레 셰익스피어의 작품을 뒤적일 수 있었던 건 이번 작업이 안겨준 덤이었다. 또한 "단 일 년만이라도 외신 특파원 대신 영화 평론가로 살아보고 싶었던" 저자 덕분에, 미처 보지 못하고 지나친 훌륭한 영화들을 감상하게 된 것도, 지루해지기 쉬운 번역 작업에 활력을 불어넣는 역할을 해주었다. 말이 난 김에, 로버트 피스크가 후기에서 소개한 이렌 네미로프스키의《프랑스 조곡》은 독자 여러분들도 꼭 한번 읽어보시기를 권한다. 길을 걸으면서도 책에서 손을 놓지 못한 경험이 도대체 얼마 만인지 모르겠다. 마지막으로 지난 몇 달간 나와 함께 로버트 피스크라는 아주 매력적이지만 괴팍한 노기자를 상대로 '밀당'을 하느라 고생한 편집자께 감사의 말을 전한다.

2014년 입추에

최재훈

목차

12장
아직 답하지 않은 물음들

13장
최후의 적

덧붙이는 글
기억의 회석

서문

향후 우리가 살고 있는 세계를 분명히 나타내주는 기준이 다름 아닌 이라크가 되지 않을까라고 나는 생각한다. 이는 이라크 국경 근처에도 못 가본 사람들에게도 예외는 아니다. 2003년 이라크 전쟁이 빚어낸 막대한 인명 피해와—물론 그 주된 피해자는 이라크 인들이었다— 우리 서구 침략군의 방패막이 역할을 했던 숱한 거짓말들은, 다가올 수십 년 동안 우리가 분쟁이란 것을 이해하는 데 분명 커다란 영향을 끼치게 될 것이다.

대량파괴무기의 개발, 2001년 9월 11일에 일어난 반인도적 범죄와의 관련성, 알 카에다와의 연계. 우리는 완전히 속아넘어갔다. 그러나 가끔 나는 우리 자신이 스스로 속아넘어가기를 원했던 건 아닐까 하는 생각이 든다. 지배자들이 우리를 학살로 이끌어주기를, 자살폭탄범의 극단적인 열정이 우리를 벼랑 끝으로 내몰아주기를 바랐던 건 아닐까. 진작 헤이스팅스Hastings+나 워털루Waterloo, 앤티텀Antietam++, 베를린Berlin, 아니면 적어도 다낭Da Nang+++에 묻어 버려야 했을 그 무언가에 의해 우리의 본능은 되살아났다. 우리에게 전쟁은 필요악인 걸까? 우리가 공기와 사랑과 아이들과 안전을 필요로 하는 것처럼 전쟁도 그런 걸까? 글쎄, 나도 잘 모르겠다.

이 책은 전통적인 의미에서의 전쟁을 다루지는 않았다. 하지만 이 글을

+ 영국 잉글랜드의 이스트 서섹스(East Sussex) 주에 위치한 남부 해안 도시. 1066년 10월 14일에 잉글랜드 정복을 시도한 노르만족과의 첫 번째 전투가 벌어졌던 곳이다.

++ 미국 남북전쟁이 한창이던 1862년 9월 17일, 남부 펜실베이니아와 서 메릴랜드 사이에 위치한 포토맥 강의 지류인 앤티텀에서 조지 B. 매클렐런 장군이 이끄는 북군이 로버트 E. 리 장군의 남군과 일대 격전을 벌여 승리를 거뒀다. 단 하루 동안 2만 2000명이 넘는 사상자를 낸 앤티텀 전투는 미국 역사상 단일 전투로는 가장 치열했던 전투로 기록되고 있다.

+++ 베트남 중부에 위치한 항구 도시. 베트남 전쟁 동안 이 지역에 주둔한 남베트남과 미국의 공군 기지에서 폭탄을 실은 전폭기들이 하루 평균 2500회가 넘게 출격하곤 했다.

읽고 있는 독자들은 레바논과 지난 세기 중동지역에 대한 서구 개입의 역사를 통해, 찢기고 잘게 조각난 시신들과 마주하게 될 것이다. 사실, 글을 쓴 나 자신도 내가 목격한 그런 고통과 아픔을 떠올린다는 게 이만저만 괴로운 일이 아니었다.

이 책에 실린 글들은 지난 1997년 7월부터 2008년 1월까지, 대략 10년간 영국의 〈인디펜던트The Independent〉 지에 기고한 것들이다. 수많은 전쟁터를 누벼온 한 외국인 특파원이 그동안 머릿속에 차곡차곡 쌓아두었던 생각들을 기록한 글 속에는 아마 잔혹함보다는 분노가, 피비린내보다는 냉소가 더 도드라져 있지 않을까 싶다. 매주 그날그날 일어난 일들에 촉각을 곤두세울 수밖에 없는 삶을 살아온 나는, 순탄하고 따뜻한 순간뿐 아니라 스스로의 분노까지 살피고 분석해서 일일이 글로 기록하는 나날들을 보내왔다. 좀 더 직설적으로 말하자면, 인간의 멈출 수 없는 커다란 어리석음을 지켜보느라 허비한 인생이라고 할 수 있겠다.

분노란 흉악한 존재다. 기자는 이 악몽 같은 짐승을 피해 '객관적인' 눈으로 그놈을 관찰하는 사람이다. 하지만 기자라면 이른바 '편견'이 없어야 한다는 주장은 개인적인 감정까지 거세해 버리는 결과를 낳았으며, 우리가 진실을 회피하는 구실로 작용했다. 나는 오늘날 우리 서구 언론의 가장 큰 병폐 중 하나가 바로 그것이 아닐까 생각한다.

이스라엘 정착민들에게 땅을 빼앗긴 팔레스타인 주민의 분노를 기록할 것. 그러나 동시에 이스라엘의 '안보상의 필요'와 '테러와의 전쟁'도 절대 빼먹지 말 것. 미국인들이 '고문'을 저질렀다고 비난받을 경우엔 '침해'라는 표현을 쓸 것. 만약 이스라엘이 팔레스타인 사람을 암살하면 '표적 공격'이라 부를 것. 아르메니아인들이 150만 명의 동족들이 학살된 과거를 통탄할 때는 아무리 그것이 역사 문헌에 잘 기록되어 있는 진실이라 할지라도 터키가 그것을 부인하고 있다는 점을 독자들에게 상기시킬 것. 오늘날의 이라크가 그 국민들에게 지옥이나 다름없다면 사담 후세인 시절에는 얼마나 더 끔찍했는지를 떠올리게 할 것. 만약 어느 독재자가 우리 편이라면 그를 '실력자Strongman'라 부를 것. 그가 우리의 적이라면 폭군이나 '악의 축Axis of evil'이라 부를 것. 그리고 무엇보다도 '테러리스트'라는 단어를 사용할 것. 테러, 테러, 테러, 테러. 일주일 내내 단 하루도 그 단어를 빠뜨려서는 안 된다.

기자들에게는 그런 종류의 분노, 즉 공정성과 공포에서 비롯된 분노만이 허용된다. 그것은 우리들의 주군인 부시, 블레어, 브라운, 킨켈, 사르코지 같은 사람들+의 언어다. 물론 무바라크++, 후세인 국왕+++, 아랍의 여러 왕과 통치자들, 무샤라프+++++, 심지어 리비아의 광기어린 무아마르 카다피에 이르기까지 이른바 선과 악의 전쟁에 이름을 올린 모든 이들의 언어이기도 하다.

기자의 관점에서 봤을 때 이것은, 중동 사람들 누구나가 요구하는 정의와는 아무 관련이 없다. 오로지 어떻게 진실을 회피하느냐의 문제일 뿐이다. '누가'와 '어떻게'는 괜찮지만 '왜'라는 질문은 해서는 안 된다. 그리고 정보의 출처는 공직자들, 즉 '미국의 공직자들', '정보 당국자들', '공식 소

+ 고든 브라운(Gordon Brown)은 2007년부터 2010년까지 영국 노동당 대표로서 국무총리를 역임했다. 클라우스 킨켈(Klaus Kinkel)은 독일의 헬무트 콜 총리 정부에서 법무장관과 외무장관 및 부총리를 역임했다. 니콜라 사르코지(Nicolas Sarkozy)는 프랑스의 우파 정당인 '대중운동연합(UMP)' 당수로서 2007년 3월부터 2012년 5월까지 프랑스 대통령을 역임했다.

++ 호스니 무바라크(Hosni Mubarak)는 1981년 10월 안와르 사다트 전임 대통령의 암살로 집권한 뒤 2011년 2월 민중항쟁으로 물러날 때까지 30년간 이집트를 철권 통치했던 독재자였다.

+++ 후세인 빈 탈랄(Hussein bin Talal). 하심 왕가의 왕위 계승자로서 1952년부터 1999년에 지병으로 사망할 때까지 요르단을 통치했다.

+++++ 페르베즈 무샤라프(Pervez Musharraf) 파키스탄 전 대통령. 1999년 군사 쿠데타로 실권을 잡은 뒤 2001년부터 2008년까지 집권하다가 국회에 의해 탄핵될 위기에 몰리자 영국으로 망명했다. 망명한 지 4년 만인 2013년 3월에 다시 귀국해 정치적인 재기를 노리고 있다.

식통', 익명의 경찰관이나 군 장교에 국한되어야 한다. 무엇보다도 존경심을 보이는 게 제일 중요하다. 권위에 대한, 정부에 대한, 권력에 대한 존경심 말이다. 혹시나 우리를 보호할 책임이 있는 그 국가 기관이 권력을 남용한다면, 그때는 독자와 청취자들과 시청자들에게 우리가 아주 위험한 시대, 바로 공포의 시대에 살고 있다는 사실을 상기시켜야 한다. 다시 말해, 오늘날 우리는 사업 수완과 전문성, 소명의식, 그리고 단순히 존재 자체만으로도 우리의 적들을 궤멸시킬 수 있는 '전사'의 시대에 살고 있는 것이다.

영국 런던에 본사를 둔 〈인디펜던트〉 지의 중동 특파원으로서 나는 매력적이지만 위험한 삶을 견뎌내고 있다. 레바논을 중심으로 이라크, 아프가니스탄, 시리아, 팔레스타인, 이스라엘을 돌아다니는 게 나의 주된 일상이다. 32년여 동안 중동에서 일어난 11개의 굵직굵직한 전쟁들을 취재했으며, 수없이 많은 내란과 셀 수조차 없을 정도의 학살을 다뤄왔다. 그리고 내가 속한 〈인디펜던트〉 지는 나로 하여금 있는 그대로의 실상을 전하고, '싱크탱크'와 '전문가들'의 진부한 말이나 엄포가 아닌, 기자로서 내가 보고 믿는 것을 말할 수 있도록 힘을 북돋아주었다.

매주 토요일마다 내가 어떤 내용의 칼럼을 써 보내도 편집자 사이먼 켈너Simon Kelner는 일절 간섭하지 않는다. 덕분에 나는 천국에서 일하는 기자라도 된 것마냥 글이라는 성스러운 호수에서 자유롭게 헤엄치면서, 괴물을 추적하고 무덤을 찾아가며, 살인자나 친구에게 말을 걸고, 문서를 검토하고, 제국에 대한 글을 써내려갈 수 있었다. 심지어 나의 아버지가 1차 세계대전에 참전한 군인이었으며, 할아버지는 '커티삭Cutty Sark'이라는 이름을 가진 거대 범선의 일등 항해사였다는 지극히 평범한 가족사도 되돌아볼 수 있었다. 그렇게 나는 내가 가진 생각을 말할 기회를 누려왔다.

그것은 특권이자 신뢰였다. 민주주의 시스템이 고약하게 변질해버려서—주로 블레어 전 총리 때문에— 언론이 야당과 같은 역할을 하게 된 영국 같은 나라에서는 특히나 더 그랬다. 그러나 그런 특권은 활력과 분노, 신랄한 냉소주의, 때로는 절망에 기초해서 아주 점잖게 사용해야 한다. 따라서 이 책은 기자로서 지내온 내 삶을 비추는 거울이기도 하다. 또한, 아무리 부드러운 비판이라 할지라도 그것을 곧 체제 전복과 동일시하는 오늘의 현실에서, 온갖 사기와 불의에 맞서 목소리를 높여야 할 필요성을 강조하는 책이기도 하다.

이것은 나만의 싸움이 아니다. 나와 똑같은 노력을 기울이는 동료들이 있기 때문이다. 우리는 지배자들을 거짓말쟁이라 부르고, 그들의 거짓된 행동과 허위를 조롱하며, 이 세상을 훼손하고 더럽히는 그들의 태도를 물어뜯는다. 그것도 아주 세게. 나는 역사가 진실하다고는 확신하지 못한다. 그러나 오늘날 우리가 중동이라는 지옥에서 빚어내고 있는 재앙의 역사에 대해서는 분명 진실해져야 한다.

물론, 간혹 독자들이 나 때문에 인내심의 한계를 느끼는 경우도 있다. 어떤 독자들은 툭하면 토니 블레어 총리를 '쿠트 알 아마라의 블레어 경Lord Blair of Kut al-Amara'이라고 부르는 나의 행동이 유치하다고 불만을 토로한다. 특히 2007년 10월에는 어느 독자가 사이먼 켈너 편집장에게 이런 불만의 글을 보내온 적도 있다.

> 피스크는 단어를 선택하는 데 있어 좀 더 신중해야 합니다. 특히 제가 트집 잡고 싶은 부분은 그가 현 총리를 헐뜯을 때 쓰는 표현입니다. 그는 블레어를 가리켜 쿠트 알 아마라 경이라 부르는 걸 즐깁니다. 이게 무슨 뜻인지 모르는 독자들도 있겠지만, 저는 잘 알고 있습니다. …… 그것은 1차 세계대전

때 일어난 끔찍한 비극이었습니다. 그리고 전쟁포로들이 터키로 끌려갈 당시의 상황은 훨씬 더 끔찍했습니다. 틀림없이 피스크도 그런 내용을 잘 알고 있을 겁니다.

실제로 나도 그 사건과 관련된 글을 읽은 적이 있다. '쿠트 알 아마라'는 영국이 오스만 튀르크의 무슬림 군대에 당한 패배 중 가장 커다란 참패였다. 찰스 타운센드Charles Townshend 장군이 티그리스 강기슭을 따라 1만 3000명의 부하들을 이끌고 바그다드에 입성하려다 수포로 돌아간 그 사건 이후로 대영제국의 힘은 가히 굴욕적이리만치 무너져 내렸다. 당시 쿠트에서 포위된 타운센드 장군은, 포로로 잡혀 터키로 끌려가는 부하들의 행군을 고스란히 지켜봐야 했다. 이라크에 군대를 보내 영국을 전쟁의 늪으로 빠뜨린 토니 블레어의 오만함을 보고 나는 쿠트 알 아마라를 떠올렸다. 이 책에 실린 칼럼들을 쓸 때 블레어를 가리켜 주로 '쿠트 알 아마라의 블레어 경'이라 불렀던 것은 바로 그런 이유에서였다.• 칼럼니스트에게는 간혹 만평작가 같은 촌철살인이 필요한 법이다.

때로는 내가 책을 쓰는 게 아니라 책이 스스로 책을 쓴다는 느낌이 들 때가 있다. 교정 원고를 읽으면서 확실히 지난 10년간 기자로서의 내 펜 끝은 정치-군사-언론의 권력유착이 보여주는 터무니없는 위선에 더욱더 초점을 맞추고 있다는 걸 알 수 있었다. 그런 위선은 우리를 바보로 만들 뿐 아니라 우리로 하여금 국익과 도덕성에 반하는 정책을 따르라고 부추긴다. 사실상 우리를 공포에 몰아넣음으로써—그 어떤 '테러리스트'가 주는 공포보

• 정말 역설적이게도, 영국군이 이라크 반군에게 내준 첫 번째 도시가 아마라였다. 2006년에 맺은 '신사'협정에 따라, 영국군은 무장한 부족 지도자들에게 관할권을 넘겨주는 대가로 오후에 한 차례씩 그 도시를 순찰해도 좋다는 허락을 받았다. 덕분에 영국은 자기네가 퇴각한 것은 아니라고 주장할 수 있게 됐지만, 수만 명의 지역 주민들에 대한 책임은 모두 포기한 셈이 됐다. 참으로 블레어다운 해결책이 아닐 수 없다.

다 더 큰 두려움을 우리 마음속에 심어놓음으로써— 권력을 유지하는 행태는 우리 시대의 가장 두렵고도 저주스러운 특징 중 하나가 아닌가 싶다.

이 책 곳곳에는 이라크인들의 피가 흥건하게 흐르고 있다. 그러나 《전사의 시대》는 변함없이 계속되는 대학살이나 끊임없이 터져 나오는 기자의 분노에 관한 이야기만은 아니다. 나는 말이란 것이 어떻게 활용되고 또 악용되는지, 영화와 소설이 우리 시대에 끼친 영향이 무엇인지, 비록 전쟁 중에도 나름의 아름다움을 만들어내는 것이 왜 필요한지에 대해서도 생각의 보따리를 풀어놓았다.

여러분은 내게 라틴 역사를 가르쳤던 교수님과 옛 동문들도 만나게 될 것이고, 캐나다에 있는 타이타닉호 승객들의 공동묘지 주변을 함께 거니는 경험도 하게 될 것이며, 뉴질랜드 웰링턴의 가장 오래된 교회에 전시된 전쟁 기념판도 읽게 될 것이다. 그리고 '아내'—그가 가장 아끼는 악기—를 옆 좌석 안전벨트에 묶은 채, 전쟁의 폐허에서 여전히 벗어나지 못하고 있는 도시 베이루트로 향하는, 동시대 최고의 첼리스트 므스티슬라프 로스트로포비치Mstislav Rostropovich와 나란히 한 비행기에 타는 경험도 하게 될 것이다. 1차 대전 당시 오스트레일리아 출신의 전우를 처형하라는 명령을 용감하게 거부했던 나의 아버지 빌은 또 어떤가. 총살형이 내려진 그 전우는 결국 엄청난 비밀을 가슴에 간직한 채 형장의 이슬로 사라졌다.

이렇게 다양한 주제의 칼럼들을 모아 펴낸 책은 자칫하면 누더기 천을 꿰맨 것처럼 되기 십상이다. 그러나 이번 작업을 하면서는 한 가지 의미를 발견할 수 있었다. 나는 원래 신문에 실린 글을 그대로 책에 담고 싶어서 칼럼들 가운데 일부 중복되는 부분이 있어도 일부러 손을 대지 않았다. 그런데 본디 아무리 전문적이라 할지라도 저널리스트의 삶은 주제의 주변을 맴돌 수밖에 없는 법이다. 내가 쓰는 칼럼들도 결국, 정치와 전쟁의 의미론이나 우리가 다른 사람들에게 가하는 불필요하면서도 엄청난 고통을 폭로하는 방향으로 귀결된다. 늘 그렇듯 이 책에는 전체적으로 죽음의 그림자가 배회하고 있다. 그러다 마지막엔 '기억의 희석(稀釋)'을 경고한 드니즈 엡스타인Denise Epstein—아우슈비츠 수용소에서 사망한 뛰어난 유대계 프랑스 작가 이렌 네미로프스키(Irene Nemirovsky)의 딸—의 이야기로 끝을 맺는다.

기억을 희석하고, 잔인함을 보고도 일부러 못 본 척하는 태도가 우리를 다시 불구덩이로 밀어넣는 주범이라는 것이 바로, 내가 지난 10년간 이 칼럼들을 통해 독자들에게 하고 싶었던 이야기가 아니었을까?

레바논 베이루트에서

2008년 2월

1장

다가오는 불길

기자들에게 전쟁은 역설이다. 셰익스피어에서 할리우드에 이르기까지 전 세계 수많은 사람들은 전쟁이 빚어낸 엄청난 폭력에 매료되었고, 드라마로서의 전쟁과 그 잔혹성, 승리가 아니면 곧 패배라는 단순한 선택에 빠져들고 있다. 서구의 정치인들 가운데 실제로 분쟁에 참여했거나 목격한 사람은 단 한 사람도 없다. 그들이 경험한 전쟁이라고는 고작 영화나 텔레비전을 통한 것이 전부다. 그들은 전쟁을 자극제처럼 여기며, 그 잔혹성을 정당화하기 위해서 흔히 종교나 '선악'에 호소한다. 셰익스피어가 인간의 분쟁이 얼마나 잔혹한지 이해했던 데 비해, 9·11 공격과 그에 따른 아프간 침공 그리고 이라크를 종속화하려는 야심만만한 시도로까지 이어진 중동의 최근 역사는 우리 정치인과 기자들이 그런 양심의 가책마저 뛰어넘을 수 있다는 걸 시사한다. 중동의 민중들은(그 지도자들 말고) 대개 역사에 등장하는 유명 인물들보다 현실에 대한 이해력이 훨씬 더 뛰어난 듯한데, 이는 대단한 아이러니가 아닐 수 없다. 오늘날 이른바 우리를 위협하는 폭력을 저질러왔다고 '우리'가 비난하는 대상이 바로 '그들'이기 때문이다.

혼란을 부추겨
우리를 전쟁으로 이끄는 자들

불쌍한 바돌프 같으니. 아쟁쿠르 전투+에 참전했던 영국 보병부대의 평범한 병사였던 그는 헨리 4세 시대를 거쳐 아르플뢰르 공격++ 때도 가까스로 송장 신세를 면했지만, 결국엔 교수대 밧줄에 매달리는 신세가 되었다. 그는 프랑스 교회를 약탈하려다가 헨리 5세 때문에 실패에 그쳤다. 그런 그는 "다른 병사들의 사기를 위해서라도" 교수형에 처해야 마땅했다. 그러자 그의 친구 피스톨이 플루엘렌 대위를 붙잡고 이렇게 탄식했다.

> 빌어먹을 죽음이라니! 교수대는 개한테나 아가리를 벌리게 하고, 사람은 놓아줘야지. 밧줄로 인간의 숨통을 끊어서야 되겠소. 헌데 엑세터 공은 사형을 선고하시다니…… 그러니 가서 바돌프의 목숨을 끊지 말아달라고 말 좀 해주시오. 공작이 당신 이야기는 들을 것 아니오. 대위님, 그 친구 목숨을 살려달라고 말 좀 해주시오.

+ 영국과 프랑스 간의 백년전쟁이 한창이던 1415년 10월 25일, 오늘날 북부 프랑스의 아쟁쿠르에서 헨리 5세가 이끌던 영국군대가 수적으로 월등히 우세했던 프랑스 군대를 맞아 백병전 끝에 승리를 거둔 전투.

++ 아쟁쿠르 전투가 있기 두 달 전, 헨리 5세의 영국군은 북서부 프랑스의 전략적 요충지 아르플뢰르 항구를 한 달 넘게 포위 공격한 끝에 함락시켰다.

지난 30년간의 중동 역사에서 이런 군사처형이 얼마나 비일비재했던가? 도둑질을 했다고, 살인을 저질렀다고, 탈영을 했다고, 반역을 저질렀다고, 잠깐 규율을 깜빡했다고 말이다. 플루엘렌 대위는 바돌프가 그렇게 추악한 짓을 저지른 이유를 헨리 5세에게 직접 설명하며 그를 변호한다. 그렇다고 대단한 열의를 갖고 변호한 건 아니었지만 말이다.

> 우리 편은, 교회에서 도둑질을 했다 해서 공작께서 사형을 선고하신 한 명을 빼고는, 단 한 사람의 손실도 없는 것으로 아옵니다. 그 친구 이름은 바돌프라고, 폐하께서도 아실 겁니다. 얼굴은 온통 여드름에 뾰루지, 혹투성이인데다가 시뻘겋게 달아올라 있고, 입술로 코에 바람을 불면……

그러나 술독에 빠져 살던 왕자 시절에만 하더라도 바돌프와 친구사이였던 저 융통성 없는 헨리는, 플루엘렌의 요청을 받아들이지 않는다.

> 그런 범죄자들은 모두 처단해야 할 것이오. 우리가 이 나라로 진격해 가는 동안 절대 마을을 약탈하지 말 것, 값을 치르지 않고는 아무것도 가져오지 말 것, 어떤 프랑스인에게도 업신여기는 말투로 나무라거나 욕하지 말 것을 각별히 명령하는 바이오.

마찬가지로 아이젠하워는 노르망디 상륙작전 이후 프랑스에서 강간을 저지른 미군들을 총살했다. 나치 친위대 역시 베를린이 함락된 상태에서도 탈영병들을 교수형에 처했다.

말이 난 김에 나는 셰익스피어의 희곡에서 헨리의 군대가 "솜Somme 강을 건넜는가"라고 프랑스 왕 샤를 6세가 묻는 대목에서 숨을 한 번 길게 내쉴 수밖에 없었다. 1599년 무렵의 셰익스피어는 르네상스 시대의 선견지명을 타고난 걸까? 그게 아니라면 그가 오늘날 엘리자베스 여왕의 군인으로 전쟁에 참가했던 게 아닌가 하는 착각이 들 정도다. 작품 속에서 잔뜩 움츠러든 채 영어도 전혀 못 알아듣는 프랑스 포로를 가리키며, 피스톨은 소년병에게 "야, 꼬마야, 이리와 봐. 이놈한테 이름이 뭐냐고 프랑스 말로 물어봐!"라고 명령한다.

2003년에 시위에 참가한 이라크 퇴역 군인들과 대치 중이던 어느 미 해병대원의 입에서, 16세기 말투가 아니라는 것만 제외하면 이와 거의 똑같은 말을 들은 적이 있다. 그는 이라크 주민 한 사람에게 "씨발, 입 닥쳐"라고 소리친 뒤, 통역에게 물었다.

"이 자식이 대체 뭐라는 거야?"

시간이 흘러 아르플뢰르를 포위 공격할 무렵, 피스톨이 불러 세웠던 그 어린 병사는 자신이 '전장에서 멀리 떨어진 곳에 있었으면'하는 간절한 바람을 이렇게 표현했다.

> 지금 내가 런던의 선술집에 있다면 얼마나 좋을까! 만약 그럴 수 있다면, 그냥 편안하게 맥주 한잔 걸칠 수 있다면 내 모든 명예를 던져버려도 좋아.

아쟁쿠르 전투 전날 밤 헨리 5세가 변장을 한 채 막사 주위를 거니는 장면은 오늘날 전장의 현실을 떠올리게 한다. 베이츠라는 군인은 만약 왕이 혼자 아쟁쿠르에 왔었다면 아마 몸값이나 물고 "수많은 불쌍한 목숨을 구했을 것"이라고 말한다. 마찬가지로 괴로움에 휩싸인 군인 윌리엄스는 만약 영국이 전쟁을 벌인 명분이 옳지 못하다면 "왕은 엄청난 대가를 치러야 할 거야. 최후의 심판이 있는 날에 전투에서 잘려나간 그 수많은 팔다리와 목이 한데 모여서 '우리가 고작 이런 데서 죽어 나갔단 말이야?'하고 소리치게 될 거거든. 욕설을 퍼붓는 놈, 울면서 의사를 찾는 놈, 땡전 한 푼 없이 혼자 남겨질 마누라를 부르는 놈, 아직 갚지 못한 빚 타령을 하는 놈, 이제 의지할 데 하나 없이 남겨질 자기 피붙이들을 찾는 놈들로 아비규환일 거야"라고 주장한다.

셰익스피어는 전투를 겪어본 군인이라면 누구에게나 아주 익숙할 이런 피비린내 나는 이야기들을 16세기 유럽 대륙에서 벌어진 전쟁에 참가했던 영국인들로부터 전해 들을 수 있었을 것이다. 내 경우, 1991년 중동의 전장에서 잘려나간 팔다리와 머리를 목격한 적이 있다. 당시 이라크 남부에는 이라크 군인들을 비롯해 피난민 여성들과 아이들의 시체가 사막 곳곳에 즐비했다. 내장은 모두 밖으로 빠져 나와 있었고, 뒤이어 몰려든 굶주린 개들에 의해 사지가 갈가리 뜯겨 있었다.

한 번은 비하치Bihac+ 지역을 차지하기 위한 전투에 참전해 보스니아 무슬림들과 맞서 싸웠던 세르비아 군인들과도 이야기를 나눈 적이 있었는데, 그들은 식수가 떨어지자 각자 오줌을 받아 마셨다고 했다. 그와 마찬가지로 셰익스피어 희곡에 나오는 아우구스투스 황제는 안토니우스가 클레오파트라와 사랑에 빠지기 전에 보여주었던 용기를 이렇게 회상하고 있다.

> 한 번은 그대가 모데나에서 패배했을 때, …… 그대는 그대의 발뒤꿈치를 좇는 기근과 맞서 싸웠고, …… 야만인들도 견디기 힘든 상황을 그보다 더한 인내로 버텼지. 그대는 말의 오줌과 부자들의 웅덩이에 고인 물을 마셨어.

+ 구 유고슬라비아 연방 공화국의 일원이었다가 1992년에 독립을 선언한 뒤 참혹한 내전을 겪었던 보스니아-헤르체고비나 북서부의 한 도시.

짐승들도 마시면 토했을 그런 걸 말이야.

'전쟁의 슬픔'에 관한 윌프레드 오언Wilfred Owen의 시+는 훨씬 더 직설적이다. 그는 독가스를 마신 군인의 "부풀어 썩은 폐에서" 피가 솟구치며 기침과 함께 목숨이 사라져가는 모습을 묘사했다. 시를 통해 표현되었듯, 전쟁을 실제로 이해하려면 먼저 죽음을 이해해야 한다. 전쟁은 승리냐 패배냐의 문제라기보다는 인간의 생명이 소멸하는 순간이기 때문이다. 그리고 수없이 인용된 글이긴 하지만, 자신이 어린 때 궁정 광대던 불쌍한 요릭의 두개골을 두고 햄릿이 했던 독백은, 죽음을 응시하는 극도의 혼란스러움을 잘 드러내고 있다.

이걸 보니 내 속이 뒤틀리는구나. 이 입술에 내가 얼마나 자주 입을 맞췄는지 모를 정도인데 말이야. 당신의 그 익살, 노래, 짓궂은 장난, 좌중을 웃음바다로 만들던 재치는 이제 어디로 간 거지? 당신은 이제 그 누구도 웃음 짓게 하지 못하는군. 당신도 그게 아주 슬프겠지?

그리고 여기, 이란 마슈하드Mashhad 시 근처에 있던 고대도시 투스Tous에서 왕의 두개골을 두고 오마르 카얌Omar Khayyam++이 했던 독백이 있다. 이 독백은 셰익스피어의 햄릿이 엘시노어Elsinore+++ 교회 마당을 서성거릴 때보다 400년도 더 전에 쓰인 것이다.

+ 시의 제목은 '감미롭고 영예로워라(Dulce et Decorum Est)'로, '조국을 위해 목숨을 바치는 것은 감미롭고 영예롭다(dulce et decorum est pro patria mori)'는 라틴어 문구에서 따왔다.

++ 이란의 북동부에 있는 나이샤푸르(현재는 네이샤부르)에서 태어난 오마르 카얌(1048~1131)은 시인이자 수학자며 천문학자로, '루바이야트(Rubaiyat)'라는 그의 시집이 에드워드 피츠제럴드(Edward Fitzgerald)의 번역으로 출간되면서 서구에 그 이름이 널리 알려지게 되었다.

+++ 덴마크 수도 코펜하겐 북서쪽에 위치한 항구도시인 헬싱외르의 영어식 표현.

카이카우스[+]의 머리를 발톱으로 움켜쥐고서

투스 성벽 위로 내려앉은 새 한 마리를 보았네.

'가엾어라, 가엾어라'하고 그 새는 종알거리고 있었네.

그러나 지금 종과 북소리는 어디에 있는가?

지난 과거, 사람들의 삶을 강타했던 질병의 확산 속도는 가히 살인적이었다. 나 역시 끔찍한 죽음이 얼마나 눈 깜짝할 새 들이닥치는지 직접 경험한 바 있다.

2001년 파키스탄 어느 국경 마을에서 나는 성난 아프간 난민들로부터 공격을 당한 적이 있었다. 아프가니스탄 칸다하르Kandahar를 공습한 미군 B-52 폭격기가 그들의 가족들을 살해한 직후였다. 모여든 젊은이들의 수가 하나둘 점점 불어나는가 싶더니 어느새 내 머리 위로 돌이 쏟아지기 시작했다. 안경이 박살나고 얼굴에는 피가 흘러내렸다. 코에서 피비린내가 진동했다. 아주 짧은 찰나였지만, 주차된 버스 옆구리의 광택에 비친 내 모습을 볼 수 있었다. 얼굴을 선홍색으로 물들인 피는 이내 셔츠와 가방, 바지, 신발에까지 흘러내려 몸 전체를 짙붉게 뒤덮었다. 머리부터 발끝까지 죄다 피범벅이었던 것이다.

바로 그 순간—아마 혐오스러운 내 모습을 보고 거기에 어떤 의미를 부여하려는 무의식의 발로였을 것이다— 나는 권력에 눈먼 맥베스의 부인이 칼에 찔린 던컨 왕을 뚫어져라 쳐다보면서 내뱉었던 그 무시무시한 대사가 또렷이 떠올랐다.

나이 든 노인의 몸에서 이렇게 많은 피가 나올 줄 누가 알았을까?

+ 아나톨리아 셀주크 왕조의 술탄

셰익스피어는 런던의 일상적인 삶에 배어있던 고통과 괴로움 역시 두 눈으로 고스란히 목격하는 삶을 살았다. 당시는 누군가 휴대폰으로 몰래 촬영할 필요도 없이, 공개적인 장소에서 버젓이 처형이 이뤄지던 시절이었다. 몇 달 전 내가 사담 후세인이 교수형에 처해지는 장면을 텔레비전으로 지켜보면서—그는 형을 집행하던 시아파들에게 자신은 '지옥'에 가게 될 것이라는 말을 남길 정도로 끝까지 품위를 잃지 않은 늙은 괴물이었다— "충성심이라고는 전혀 찾아볼 수 없는 반역자"인 저 저주받은 코더의 영주 맥베스를 떠올린 것도 그런 이유에서였다.

극 중에서 맥베스가 처형된 뒤 왕위에 오른 말콤은, 죽은 맥베스를 가리켜 "그의 삶에는 아무것도 남지 않았다. 그는 아무것도 안 남았다는 사실을 남긴 셈이다"라고 말한 바 있다. 반면, 자신을 조롱하던 사형 집행관들에게 사담이 남긴 마지막 반응은 "지옥에나 가라고? 이라크 말이야?"라는 것이었다. 참으로 셰익스피어의 희곡에나 나올법한 대사가 아닐 수 없었다.

이렇듯 오늘날 사담이 남긴 그림자를 되짚어볼 때마다 셰익스피어가 어른거린다는 것은 얼마나 기괴한 일인가. 틀림없이 사담의 궁전에서는 "공포 분위기를 조성하는 자들은 교수형에 처하라!"라는 대사가 수도 없이 울려 퍼졌을 것이다. 그곳에서는 오래전부터 "입으로만 떠받드는" 것이 관행이었고, 이란과 8년에 걸친 전쟁을 치르는 동안 희생자가 점점 늘어나는 상황에서도 그 바트당Ba'ath Party 지도자+는 "핏속에 발을 들여놓고 보니 진퇴양난, 차라리 전진하는 길밖에 없소"라고 맥베스 같은 변명을 늘어놓았을지도 모를 일이다. 하지만 그 짐승 같은 인물의 본질

+ 사담 후세인을 가리킨다. '아랍 사회주의 바트당'은 1968년~2003년까지 이라크를 통치했고, 후세인은 그 지도자였다.

을 가장 잘 설명해주는 작품은 뭐니 뭐니 해도 위스턴 휴 오든Wystan Hugh Auden+의 시가 아닐까 한다.

그 사람 역시, 그렇고 그런, 완벽을 추구했고,
그래서 그가 지어낸 시는 아주 이해하기 쉬웠지.
인간의 어리석음을 손바닥 보듯 알고 있었고
군대에 대한 관심도 대단했다네.++

어쨌든 내 이야기의 핵심은, '테러와의 전쟁'이란 발상을 믿어야 하는 시대에 우리가 오사마 빈 라덴과 조지 부시의 행보를 좇아가려면 셰익스피어의 작품 같은 것들을 뒤적거려야 할지도 모르겠다는 것이다. 학살자의 열정을 갖춘 데다, 인종 청소에 대한 변명거리를 찾아 기독교와 이슬람의 경전 속을 헤매고 다니는 그 두 사람을 이해하려면 말이다. 보스니아나 르완다, 혹은 아랍인 아니면 오늘날의 이스라엘 사람들을 벌하는 것은 고대 히타이트와 가나안, 에부스+++ 사람들을 벌하는 것과 크게 다르지 않다.

그리고 헨리 4세가 숨을 거두는 침상에서 아들 헨리 5세에게 남긴 유언 속에서, 아프가니스탄과 이라크에서 조지 W. 부시가 빚어낸 재앙들이나, 지나간 패배를 덮기 위해 이란에서 새롭게 군사도발을 일으키려는 눈에 뻔히 보이는 그의 열망과 아주 흡사한 부분을 찾아내기란 그리 어렵지 않다.

+ 위스턴 휴 오든(1907~1973). 영국 태생의 미국 시인으로 사랑과 정치·종교·도덕·인간관계를 주로 노래했으며, 가장 위대한 20세기 시인 중 하나로 평가받고 있다.

++ '어느 독재자의 묘비명(Epitaph on a Tyrant)' 중에서.

+++ 다윗 왕이 점령하기 이전 예루살렘의 옛 이름.

그러니, 나의 해리야, 외국과의 전쟁을 통해 흐트러진 백성들의 마음을 하나로 모으는 정책을 쓰도록 하거라. 외국에서 군사 행동을 벌이면 백성들은 지난날의 괴로운 일들은 잊어버리게 될 것이다.

셰익스피어의 수많은 희곡에는 우리가 불법적으로 저지른 2003년 침공의 결과로 폐허와 무정부 상태에 빠져버린 이라크 현실이 잘 드러나 있나. 그래서 그가 쓴 비극과 역사서를 부지런히 오가다 보면 오늘날 바그다드에서 벌어지는 혼란을 어렵지 않게 이해할 수 있을 것이다. 그중에서도《헨리 6세》의 3부에서 자신의 손으로 자식을 죽였다는 사실을 깨달은 아버지의 이야기를 한 번 보자.

오, 주여, 어떻게 이런 비참한 시대가 다 있습니까! 어떻게 이렇게 악랄하고, 잔인하고, 터무니없고, 억누를 길 없고, 기괴한 계략들이 이 죽음의 전쟁에서는 매일같이 벌어진단 말입니까!

1991년 이라크에서 우리는 시아파와 쿠르드족들에게 사담에 맞서 봉기를 일으키라고 부추겼고, 그로 인해 그들이 바그다드의 도살자+ 손에 학살당하는 결과를 낳았다. 그때 우리가 보여준 배반 행위는 시아파와 쿠르드족에게 그런 비극을 안긴 자들이 평소 그토록 떠들어대던 자유를 위한 진실한 외침을 정면으로 거스르는 것이었다. 그리고 그들은 브루투스가 율리우스 카이사르를 살해한 뒤 외쳤던 말을 그대로 흉내 내곤 했다.

+ 역시 사담 후세인을 가리킨다.

피에 물든 칼을 머리 위로 치켜들면서 모두 외칩시다. '평화여, 자유여, 그리고 해방이여.'

전쟁에 대한 나 자신의 경험은 셰익스피어의 작품에 나오는 수많은 인물들을 바라보는 시각까지도 바꿔놓았다. 시간이 지날수록 나는 그의 희곡에 등장하는 선한 인물들에 대해 느끼던 매력이 줄어들었고 심지어 그들이 거들먹거리는 것처럼 느껴졌다. 그리고 때로는 그들이 사악하게까지 느껴지기도 했다. 게다가 헨리 5세의 경우는 잔인한 살인자 그 이상으로 보였다. 그는 자신의 전령관에게 "자, 죽은 사람이 몇이지?"라고 묻는다.

이 목록엔 전장에서 쓰러져 죽은 프랑스인이 만 명이라고 되어 있군. 그중에서 왕자들과 휘장을 두른 귀족이 백 이십육, 거기에다 기사, 에스콰이어+, 상류계급 출신이 팔천 사백…….

그렇게 헨리는 "시신을 세고" 있다. 뒤이어 전령관이 영국인 전사자의 명단을 건네주자, 헨리는 거기에 적힌 이름들을 죽 읽어 내려간다.

요크의 공작 에드워드, 서포크 백작 리처드 키클리 경, 에스콰이어 데이비 갬……. 이름 있는 자는 아무도 없군. 모두 합쳐 스물다섯 명. 오, 주여, 당신의 힘입니다. 한 쪽은 저렇게 큰 손실을 보고, 다른 쪽은 이렇게 작은 손실을 본 적이 일찍이 언제 있었습니까?

+ 중세 영국에서 기사 아래의 작위에 해당하는 신분 호칭.

이는 가히 1차 걸프전+ 상황을 그대로 옮겨놓은 것이라 해도 손색 없을 정도다. 당시 각 통계마다 희생자 숫자가 제각기 다른 상황에 대해 노먼 슈워츠코프Norman Schwarzkopf++가 아주 흡족해하면서 '희생자의 수를 집계하는 것이 우리의 임무는 아니'라고 주장하는 동안, 영국의 피터 드 라 빌리어Peter de la Billiere 사령관은 승리를 축하하는 교회 종을 울리라고 국민들에게 말한 바 있다.

오늘날 우리가 과거의 '안전했던' 세상을—그런 세상은 존재한 적이 없었지만— 떠올리며 궁극적으로 우리가 살아남을 수 있을 거라는 확신을 얻는 데에도 셰익스피어는 여전히 유용하다. 로렌스 올리비에Laurence Olivier 감독의 영화 〈헨리 5세〉가 2차 세계대전 기간에 만들어진 것은 결코 우연이 아니었다. 셰익스피어의 또 다른 희곡《존 왕King John》에서 배스터드의 마지막 약속은 아주 간단하다.

> 삼면에서 군대가 쳐들어온다 해도 무서울 것 없습니다. 우리는 그들을 놀라게 할 수 있을 것입니다. 영국이 진실하기만 하면, 그 누구도 우리를 무찌를 수 없습니다.

하지만 오사마 빈 라덴과 부시 같은 광신도들은 이런 역사극과는 아마도 상관 없는 것 같다. 다들 알다시피 리어왕은 자신의 두 딸에게 배신당하고 정신까지 놓아버린 비극 속의 왕이었다. 마치 빈 라덴이 이라크 점령 아래 놓인 쿠웨이트를 미국의 군사적 지원 없이 해방시키자는 자신의

+ 1990년 8월 2일 사담 후세인의 이라크 군대가 쿠웨이트를 침공하자, 미국과 영국이 주도한 연합군이 이라크군을 쿠웨이트에서 몰아내고 이라크 영토를 폭격한 후 직접 지상군까지 투입했던 전쟁.

++ 걸프전 때 미 중부사령부 사령관으로서 연합군을 지휘했던 미국의 장성. 당시 작전명이었던 '사막의 폭풍 작전(Operation Desert Storm)'에서 따온 '폭풍의 노먼(Storming Norman)'이란 별명으로도 유명하다.

제안을 사우디 왕가가 거절하자 심한 배신감을 느꼈던 것처럼 말이다. 극중에서 그는 "너희 둘에게 복수할 것이야. 어떤 방식일지는 아직 모르겠지만, 분명히 세상을 공포에 휩싸이게 할 것이야"라고 외친다.

물론 리어왕은 '화약 음모 사건Gunpowder Plot'+의 직접적 여파로 쓰인 작품이었다. 그 사건은 잠재적으로 9·11과 똑같은 결과를 가져올 수도 있었던 '테러' 음모였다. 마찬가지로 셰익스피어의 희곡《템페스트The Tempest》에 등장하는 성자풍의 프로스페로는 빈 라덴의 독선과 잔인함, 부시의 감춰진 인종주의를 한꺼번에 가지고 있는 인물이었다. 그는 왕위를 찬탈한 알론소 왕의 배가 자신의 섬에 정박하자 요정인 아리엘을 보내 그 배를 난파시킨 뒤 자신의 섬으로 끌고 오게 했다. 비록 프로스페로가 나중에 사람들의 목숨을 살려주기는 했으나, 이는 쌍둥이 빌딩을 무너뜨린 사건과 전체적으로 아주 흡사하다.

> 배 허리에서부터 갑판, 선실 할 것 없이 불을 놓아 모두를 공포에 질리게 했습지요. 때로는 동시에 이곳 저곳에 나타나 불을 질렀답니다. 모두가 미쳐서 발악을 하더군요. 선원들을 제외하고는 다들 불에 탄 배를 뒤로하고 물거품이 이는 짜디짠 바닷물 속으로 뛰어들었습니다. 퍼디난드 왕자는 머리칼이 하도 곤두서서 마치 갈대 같더군요. 제일 먼저 뛰어내린 것도 그였는데, "악마들이 모두 지옥을 비우고 이곳에 왔구나!"하고 외치는 겁니다.

특히 칼리반++을 향한 프로스페로의 잔인함은 읽으면 읽을수록 더욱더

+ 1605년 11월 5일, 제임스 1세 국왕의 종교 차별에 불만을 품은 영국 가톨릭교도들이 웨스트민스터 궁 바로 아래 지하저장실에 20톤의 화약을 설치해 폭파하려다 발각된 사건. 영화 〈브이 포 벤데타(V for Vendetta)〉에서 주인공이 쓰고 나오는 가면이 바로 이 사건의 주모자 중 한 명인 가이 포크스(Guy Fawkes)의 얼굴을 형상화한 것이다.

++《템페스트》에서 프로스페로에게 마술을 가르쳐준 마녀 사이코랙스의 아들이자 그를 따르는 반인반수의 노예.

오싹해진다.《템페스트》는 무슬림이 등장하는 네 편의 셰익스피어 희곡 가운데 하나로, 칼리반은 알제리 어머니에게서 태어난 아랍인이었다. 프로스페로는 그런 칼리반을 가리켜 이렇게 말한다.

> 저 빌어먹을 마녀 사이코랙스는 갖은 악행과 듣기만 해도 끔찍한 마법 때문에 알제에서 쫓겨났다는 걸 너도 알잖아. …… 움푹 꺼진 눈을 한 쭈그렁 할망구는 임신한 몸으로 이곳에 끌려와서는 …… 인간의 형상을 한 수치스러운 주근깨투성이의 새끼를 낳았지.

칼리반은 그 섬에서 '테러리스트'였다. 그는 원래 프로스페로의 품에서 천진난만하게 길러졌다가, 프로스페로의 딸을 강간하려 한 뒤에는 노예 신세로 전락했다. 자신에게 베풀어준 문명의 은혜를 배반한 식민지 노예였던 셈이다.

> 당신은 나에게 말을 가르쳐주었소. 그 덕에 내가 얻은 거라곤 저주하는 법을 알게 된 게 전부요. 나에게 말을 가르쳐준 대가로 전염병에나 걸려 죽어버리시오.

그런데도 칼리반은 프로스페로에게 '복종'해야만 했다. 물론 프로스페로가 F-18이나 벙커 버스터 같은 무기를 가진 건 아니었지만, 대신 그가 지닌 마법의 힘이 아주 강력했기 때문이다. 따라서 칼리반은 오늘날 우리 서구인들에게 아주 익숙한 레퍼토리에 딱 들어맞는 행동을 결심하게 된다. 즉, 악당들과 한패를 이뤄 트린큘로에게 도움을 제공함으로써 프로스페로에게 대적한 것이다.

제가 가장 좋은 샘물로 당신을 안내해드리겠습니다. 딸기도 따드리고 물고기도 낚아 드리지요.

이것은 본질적으로 악과 테러를 서로 연결 짓는 시도라 할 수 있다. 프로스페로는 알 카에다와 사담 후세인 간의 연계를 주장했으나 결국 헛수고에 그친 부시를 연상시키기도 한다. 그에 비해 칼리반은 짐승에다 동정할 가치도, '인간의 형상'을 할 자격도 없는 인물로 그려진다.

이를 〈유에스에이 투데이USA Today〉 지에 실린 기사와 한 번 비교해보자. 기사에서 랄프 피터스Ralph Peters라는 미군 퇴역장교는 "아랍 세계는 유기적인 인간 활동의 모든 영역에서, 진보를 이룰 만한 능력이 전반적으로 부재하다"고 지적하고 있다. 그와 동시에 이라크 국민들은 우리 서구가 희생을 치를 만한 가치가 없는 사람들이기 때문에 미국 정부가 이라크에서 군대를 철수시켜야 한다는 주장도 펴고 있다.• 물론 결국 승리한 쪽은 프로스페로였고, 칼리반은 식민 지배자에게 굽실거리면서 겨우 목숨이나 부지해야 할 처지가 된다.

내 주인님은 얼마나 멋지신지! 그분이 나를 꾸짖을까 봐 두렵구나.

드디어 테러와의 전쟁이 승리를 거둔 것이다!

셰익스피어가 살던 대부분의 시기는, 비록 유럽인들에게는 실질적인 위협이 되지는 않았지만, 이슬람을 믿는 오스만 제국의 세력이 정점에 달해 있던 시기였다. 그렇기에 엘리자베스 1세 여왕과 그 뒤를 이은 제임스

• 〈유에스에이 투데이〉 2006년 11월 3일자.

1세를 위한 프로파간다의 산물이던 그의 역사극은 무슬림들에 대한 두려움으로 가득 차 있었다. 예를 들어,《헨리 4세》의 1부에서 왕은 십자군 원정길에 오를 채비를 하며 이렇게 말한다.

> 예수가 묻힌 곳으로 가세. 어머니의 자궁에서 만들어진 무기를 들고 당장 잉글랜드의 힘을 보여 주세나.

물론 이러한 수사법은 셰익스피어만의 전유물이 아니다. 아쟁쿠르 전투가 있기 전 헨리 5세가 했던 연설과, 아랍의 '편'에 서서 프로스페로를 연상시키는 순수함을 옹호하던 사담 후세인의 '가장 위대한 전투Mother of All Battles를 맞이하며'+라는 연설의 서문을 비교해보기 바란다. 그 글에서 사담은 이렇게 말했다.

> 다가올 대결의 한쪽 편에는 우리 민중들과 진심 어린 그 지도자들이, 반대편에는 신의 권리를 강탈한 사람들과 신에게서 버림받은 폭군들이 서로 마주하고 있다. 저들은 세상의 모든 옳고 명예롭고 품위 있고 경건한 것들을 저버린 채 신의 길에서 벗어나 방황하고 있다. 머리부터 발끝까지 악마에 사로잡혀 있는 것이다.

중동에 대한 우리의 두려움이 비극적으로 가장 잘 드러난 셰익스피어의 작품은《오셀로》였다. 오스만 제국과 아주 가까운 곳에 있는 베니스

+ 1990년 8월 이라크 군대가 쿠웨이트를 점령한 뒤, 미국이 주도하는 서구 연합군에 맞서 싸울 것을 독려하는 내용이 담긴 사담 후세인의 대국민 담화문. 'Mother of All Battles'라는 원어 표현은 원래, 637년 아랍 군대가 페르시아군을 물리친 '알 카디시야 전투'를 일컬어 아랍권에서 사용되던 표현에서 따온 것이다.

의 무슬림 군인이던 그는, 용병으로 키프로스에 파병돼 튀르크 함대와 전투를 벌이다 자신에 대한 증오에 사로잡혀 결국 죽음을 맞이한다. 극 중에서 그는 이아고와 로데리고로부터 인종적인 모욕을 당해야 했다. 그가 살던 세상에는 항상 머리를 어깨 밑으로 숙이고 다녀야 하는 사람들이 존재했기 때문이다. 그런 곳에서 흑인으로 태어난 그는—로렌스 올리비에+는 아랍인이 흑인이라고 굳게 믿었지만, 사실 아랍인들 대부분은 흑인이 아니다—, 자살 직전에 데스데모나를 찌른 자신의 끔찍한 행동을 이렇게 고백하고 있다.

> 자기 종족을 다 합친 것보다 더 부자가 될 수 있었을 텐데도 귀중한 진주를 던져버린, 푹 꺼진 눈동자를 한 '천한 인도인' 같은 신세로구나……. 아라비아의 나무들처럼 쉬지 않고 눈물이 흐르는구나. 이 모두를 기록해주시오. 그리고 내가 한 번은 터번을 두른 악질적인 튀르크 놈 하나가 알레포에서 베니스 사람을 때리면서 국가를 비방하는 걸 보고는 할례한 개 같은 그놈의 목을 잡고 이렇게 두들겨 패주었다는 이야기도 전해주시오.

이런 글귀가 우리의 심장에 비수처럼 꽂히는 지금의 현실이 나는 정말 두렵기만 하다.

2007년 3월 30일

인디펜던트 매거진

+ 1965년 작 영화에서 오셀로 역을 맡은 로렌스 올리비에는 아프리카 억양을 구사하며 아프리카 스타일의 목걸이, 의상 등을 착용하고 나와 인종주의 논쟁을 불러일으켰다.

적에게 추파를 던지다

2차 세계대전이 끝나자 팔레스타인은 흔들리기 시작했다. 메나헴 베긴Menachem Begin+ 휘하의 이르군Irgun++은 영국 총독부가 사용하고 있던 예루살렘의 킹 데이비드 호텔을 폭탄으로 날려버렸다. 이에 대한 보복으로 영국인들은 유대인 '테러리스트들'을 처형했으며, 그러자 다시 유대인들이 영국 육군 상사 두 명을 납치해 목을 매달아버렸다. 그와 동시에 아랍인들은 장차 생겨날지도 모르는 유대 국가 이스라엘의 싹을 잘라버리기로 했다.

이렇듯 제국주의의 위임통치가 저물어가던 시절의 팔레스타인은 사실상 내전 초기 상태였다. 그렇게 험난한 시기에 영국 정부가 불과 2년 전 전쟁 범죄자로 자신들이 송환을 시도했던 어느 아랍 성직자와의 협상을 검토했다는 사실을 밝혀주는 영국 식민성 문서 537/2643호가 최근 세상

+ 이스라엘 우파 리쿠드당의 창립자로, 국방장관을 거쳐 총리직을 역임(1977-1983)한 이스라엘의 정치인.

++ 이스라엘 방위군(IDF)의 전신인 유대인 민병대 하가나(Haganah)의 한 분파였다가 이후 이스라엘 방위군으로 흡수된 준군사조직. 각종 테러와 무자비한 팔레스타인 아랍 주민 학살로 특히 악명 높았다. 지도자였던 메나헴 베긴은 나중에 이스라엘의 6대 총리까지 올랐고, 1978년에는 이집트와의 평화협상을 이끌어낸 공로를 인정받아 안와르 사다트 이집트 대통령과 함께 노벨 평화상을 공동으로 수상하기도 했다.

에 존재를 드러냈다.

1941년, 예루살렘의 최고 종교 지도자Grand Mufti였던 하지 아민 알 후세이니Haj Amin al-Husseini는 베를린에서 히틀러와 환담을 나누던 중, 유럽의 유대인들이 팔레스타인으로 향하는 것을 독일 제국이 막아달라고 촉구했다. 2년 뒤 그는 사라예보+에서 무슬림들로 구성된 나치 친위부대를 모집해 러시아 전선에 투입하는 것을 도왔다. 줄곧 유대인 홀로코스트Holocaust를 몰랐다고 주장해왔던 그는, 1944년 독일의 리벤트롭Ribbentrop 외무장관을 만난 자리에서 "만약 유대인들이 독일에서 제거된다면, 그들을 적극적으로 통제할 수 있는 제3국으로 보내는 편이 정말로 좋을 겁니다. 예를 들자면 폴란드 같은 나라 말이지요"라고 말했던 인물이다.

프랑스는 1945년 독일을 탈출하려던 그를 생포했으나 이집트로 도망치게 놓아주었다. 1947년, 팔레스타인 아랍인들의 지도자로 레바논에 모습을 드러낸 그는 영국 위임통치에 맞서는 아랍인들의 반란을 잠재우거나 부추길 능력이 있는 아주 강력하고도 영향력 있는 인물로 변모해있었다.

30년이 지나면 공개되는 일반적인 규정에도 불구하고, 당시 상황을 담은 옛 식민성 파일이 반세기 동안이나 비밀에 묻혀 있었다는 건 사실 전혀 놀라운 일이 아니다. 다만, 지난달 그 문서가 공개된 뒤에도 역사가들이 그냥 무시하고 지나쳐버렸다는 사실은 그저 놀라울 따름이다. 왜냐하면, 거기에는 하지 아민이 카이로의 영국 외교관들과 몰래 접촉했던 기록뿐 아니라 팔레스타인에서 제국주의자들이 느낀 자포자기의 심정이 고스란히 담겨있었기 때문이다. 게다가 아랍 민간인들을 상대로 유대인들이

+ 현 보스니아-헤르체고비나의 수도

저지른 '보복'에 대해 '문명에 대한 공격'이라는 표현까지 동원한 영국 고등판무관의 분노도 기록되어 있었다. 이처럼 문서 곳곳에는 격한 울분과 분노가 스며들어 있었다. 물론 패배의식도 빠지지 않았다.

1947년 12월 15일, 앨런 커닝엄Alan Cunningham 중장은 영국 식민장관 아서 크리치 존스Arthur Creech Jones에게 다음과 같은 내용이 담긴 특급 기밀 공문을 보냈는데, 그 안에는 팔레스타인 내전이 무서우리만치 아주 구체적으로 기술되어 있었다.

> 현재 상황이 점점 악화하고 있습니다. 유대인들과 아랍인들 간에 보복과 재보복의 악순환이 계속되면서 무고한 생명이 수없이 희생되고 있으며, 그 추세가 점점 가속화될 가능성도 있습니다. …… 이런 위험한 상황을 누그러뜨리기 위해 우리가 취할 수 있는 조처가 무엇인지를 저는 고민하고 있습니다. 하지만 우리가 떠나기 전까지 아랍인들의 손을 묶어놓기 위해서는, 종교지도자가 나서서 적기에 한 마디 해주는 것 말고는 더 이상 기댈 게 없다는 사실만큼은 확실합니다.

하지 아민은 1947년 10월 초 신생독립국 레바논에 도착했고, 베이루트 주재 영국 공사관은 그를 어느 정도 선까지 자유롭게 놓아두어야 할지를 검토하는 작업에 즉시 착수했다. 공사관 문서에 따르면, 레바논의 리아드 솔Riad Solh 총리+는 최고 종교지도자의 갑작스러운 등장에도 그다지 놀라는 기색을 보이지 않았다. 레바논 정부는 영국을 안심시키려는 듯, "경시청 직원 한 명"이 하지 아민을 지속해서 주시하고 있으며, 자신들이 그의

+ 독립 이후 레바논의 초대 총리로, 1951년에 암살당했다.

활동을 "통제하고 제한"함으로써 그가 "함부로 영국의 이익에 반하는 행동을 하는 것을 일절 허락하지 않을" 것이라고 장담했다.

하지만 당시 영국은 카이로 주재 중동 담당 사무국을 통해, 유럽의 연합군 사령부와 자신들이 전범으로 취급하던 하지 아민과의 접촉을 유지해오고 있었다. 베이루트의 영국 외교관들도 그 사실을 익히 알고 있었다. 그가 레바논에 도착하기 며칠 전인 9월 29일, 카이로의 영국인 한 명이—아마도 영국 정보요원인 것으로 추정된다— 외무부에 비밀 서신을 보냈고, 거기에는 "의심할 여지가 없는 출처"로부터 입수한 하지 아민과의 인터뷰 기록이 동봉돼 있었다. 조심스럽게 타이핑된 그 서신에는 팔레스타인 아랍인들에게 재앙이 닥쳤음을 깨달은 한 남자의 생각이 가감 없이 드러나 있었다.

인터뷰 속 하지 아민은, 팔레스타인을 유대 국가와 아랍 국가로 분할하는 안에 대해 일말의 고려할 가치도 없다는 입장이었다. "그는 논쟁이 되고 있는 영토를 놓고 시오니스트들과 협상을 벌일 생각이 없다. 야파Jaffa와 네게브Negev 사막을 포함한 팔레스타인 영토는 원래부터 아랍인들의 것이며, 따라서 분할에 동의하는 조건으로 누군가 그 땅을 자기네 아랍인들에게 '제공해준다'는 건 말도 안 된다는 것이 그의 입장이다"라고 기록은 밝히고 있다. "강탈해 간 재산을 돌려주면서 조건을 다는 것은 강도나 다름없다"는 주장인 것이다.

그뿐만 아니라 하지 아민은 "어떠한 형태의 분할도 시오니스트들을 완전히 만족시키지 못할 것이다. 그들이 무엇을 얻든 간에 그건 그 이상의 것을 따내기 위한 발판에 불과할 것"이라며 이렇게 덧붙였다고 한다.

> 우리 아랍인들과 입장을 한 번 바꿔놓고 생각해보시오. 당신들도 1940년에

영국이 독일에 점령당했던 상황을 똑똑히 기억할 것이오. 그때 당신네 영국인들이 독일인들한테 '나머지 땅을 돌려주는 조건으로 영국 영토의 일부를 떼어주겠다'고 제안한다는 게 상상이나 되는 일이오? 당연히 아니지, 절대 그러지 않았을 것 아니오.

마찬가지로 팔레스타인 연방을 창설하는 안에 대해서도 그는 "아니, 절대 안 될 말이오"라고 딱 잘라 말했다. 팔레스타인 국가라는 틀 안에서는 유대인들도 아랍인들과 똑같은 권리를 가지게 되겠지만, "일개 주 정부를 넘어서는 정치적 힘이나 특권을 시오니스트들에게 부여하는 발상에 대해, 아랍인들은 절대 동의하지 않을 것"이라고도 했다.

그러면서도 하지 아민은 아랍인들과 영국인들이 서로 협력하지 못할 이유가 없다고 주장했다. 그러나 공동의 이해관계로 인해 "아랍 지도자들 가운데 팔레스타인의 영토가 줄어드는 것을 그대로 두고 볼 사람이 있을 거라고 착각해서는 안 될 거요. …… 영국을 향한 팔레스타인 아랍인들의 원한은 순전히 정치적인 데서 비롯된 것이오. 그들은 자기네 땅에다 시오니스트들을 정착시킨 영국의 정책, 그 자체를 증오하는 것이오"라고 말했다.

그의 주장에 따르면, 만약 영국이 팔레스타인에 대한 시오니스트들의 주장을 지지하지 않고 또 분할도 거부한다면, "영국은 그 즉시 아랍과의 우호 관계를 대가로 얻게 될 것"이었다. 그러나 만약 계속 시오니스트들을 지지한다면, "영국은 아랍의 협조를 얻겠다는 희망은 꿈도 꾸지 말아야 할 거요. 아랍인들이 스스로의 파멸을 초래하는데 협력하지는 않을 테니까 말이오"라고 그는 경고했다. 뒤이어 그는 미래에 대한 이야기를 꺼냈는데, 그것은 이후에 일어날 실제 역사와는 모순되는 것이었다.

나는 유대인과 그들의 하가나, 이르군, 스턴Stern+ 같은 불량배들이 전혀 두렵지 않소. 처음에는 아랍인들이 큰 피해를 보고 밀릴지 몰라도 결국에는 우리가 승리하게 될 것이오. (결과적으로 시오니스트들은) 완전히 궤멸해 없어질 거요. 물론 영국이나 미국이 개입하지 않는다면 말이오. 하지만 설사 개입한다 하더라도 아랍 세계는 끝까지 싸우고 강력히 저항할 것이오.

그 지점에서 그를 인터뷰한 영국인이 "전부를 잃는 위험을 감수하기보다는 차라리 일부 영토라도 얻는 팔레스타인 분할을 받아들이는 게 아랍인들에게 더 낫지 않겠느냐?"고 재차 반문하자, 하지 아민의 대답은 이랬다.

우리가 누구요? 한 줌밖에 안 되는 망명객들 아니오. 가진 거라고는 아무것도 없는 사람들이외다. 하지만 그렇다고 뇌물에 넘어가 우리 원칙을 저버리거나 굴복할 사람들은 절대 아니란 걸 명심하시오.

그렇다면 영국이 공식적인 루트를 통해 하지 아민과 직접 대화를 해보는 건 어땠을까? 팔레스타인에서 전투가 계속 이어지던 11월 27일, 베이루트의 영국 공사관은 자국 외무부에 하지 아민이 "더는 영국을 아랍의 공적 1호로 간주하지 않는다"고 보고했다. 그러나 영국 공사관은 보고서를 통해 "만약 유엔에서 아랍에 불리한 결정이 내려질 경우…… 이 전직 종교지도자는 자신을 따르던 극단주의적 추종자들의 압력에 노출될 가능성"이 있으며, "안전장치를 마련하는 차원에서 영국 관리들이 아주 비공

+ 1939년 이르군에서 파생되어 나온 또 다른 유대 시오니스트 무장민병대 조직이다. 창립자인 아브라함 스턴(Avraham Stern)의 성을 따서 흔히 '스턴갱'이라고 불리며, 정식 명칭은'이스라엘의 자유를 위해 싸우는 전사들(Lohamei Herut Israel, Lehi)'이다.

식적인 형태로라도 접촉하는 게 좋겠다"라고 지적했다.

'기밀'이라고 표시된 이 보고서에서는 하지 아민의 "의심스러운 과거 때문에 그와의 비공식적 접촉을 타진하는 것조차 썩 내키지 않겠지만, 그가 상당한 명망과 영향력을 유지하고 있고 미래의 팔레스타인 정부에서 일정한 역할을 하게 될 것이라는 점"은 부인할 수 없는 사실이라 덧붙이고 있다. 하지 아민이 "최근의 전쟁에서 진영을 잘못 선택한 데 따른 교훈을 얻었고, 그의 반공산주의 성향 역시 활용할 여지가 있다"고 보고서는 기술하고 있다.

이미 레바논의 리아드 솔 총리가 베이루트를 근거로 활동하던 에번스라는 영국 외교관과 하지 아민이 가볍게 차 한 잔 나누는 자리를 주선하겠다고 제안한 적도 있긴 했으나—에번스는 그에 대해 "미지근한 반응"을 보였다고 한다—, 영국 공사관은 "우리 직원 중 한 명이 이따금 한 번씩 그를 만나는 편이 더 좋을 것 같다"고 보고했다. 또한, 팔레스타인 아랍인들과의 대규모 충돌을 피하기 위해서는 어떻게든 영향력을 행사하는 것이 영국에게는 "엄청난" 이득이 될 것이며, 하지 아민을 "개인적으로" 만난다고 해도 "국왕 폐하의 정부가 원칙을 저버리거나 하지 아민의 잘못된 과거를 묵인해주겠다는 의미는 아닐 것이다. …… 영국과의 가벼우면서도 신중한 접촉은 그에게 심경의 변화가 있다는 점을 입증할 기회가 될 수도 있다. 만약 그가 예전과 차이가 없다면, 아무리 털을 염색한 표범이라 해도 우리는 어렵지 않게 진짜 얼룩무늬를 찾을 수 있을 것이다"라고도 덧붙였다. 한편, 이렇게 생생하고 논리 정연한 서신의 맨 마지막 부분에 레바논 주재 미 대사관 무관보(武官補)가 이미 하지 아민을 찾아갔음을 강하게 시사해주는 구절도 포함되어 있다.

12월 중순 무렵, 영국의 고등판무관으로 예루살렘에 주재하던 커닝엄 장군은 "우리가 주둔하는 동안에…… 폭력이 더 이상 확대되지 않도록 하기 위해, 하지 아민에게 지역의 아랍인들을 설득하라는 압력을 넣어달라"고 요청했다. 동시에 그는 "그에 상응하는 행동을 유대인들에게 취하지 않고서는 아랍인들에게 접근할 수 없다는 점은 분명하다. 그렇기에 우리는, 유대인들에게 그들이 지금 벌이고 있는 어리석고 터무니없는 행동이 결국 그들이 건설할 새로운 국가에 쓰라린 재앙이 되어 돌아올 것이라는 사실을 최선을 다해 지적하고 있다"고 적었다. 그런 행동은 유대인들의 주장처럼 "일부 유대인 반체제 집단들"이 저지른 게 아니라는 사실이 입증되었는데, "유대인들로 인한 아랍인들의 희생이 그 반대의 경우보다 훨씬 더 크다고 볼 수 있다. (유대인들의) 공격은 대부분 버스나 민간인 시설을 상대로 저질러졌다"는 것이다.

아무튼, 몹시 분노한 커닝엄은 "지금껏 유대인들은 걸핏하면 우리를 가리켜 잔인한 보복을 하는 사람들이라고 거세게 비난해왔지만, 우린 단 한 번도 그런 비난을 회피하거나 변명한 적이 없었다. 그런데 그들—유대인들—은 지금 여기 있는 군인 중에 그 누구도 상상하지 못할 보복을 저지르고 있다. 이것은 문명에 반하는 범죄다"라고 결론짓고 있었다.

하지 아민과의 대화를 요청한 커닝엄의 의견은 외무부로 전달되었다. 그러나 며칠 뒤, 베이루트 영국 공사관은 하지 아민과 접촉하지 말라는 명령을 받았다. 영국 의회 의원들이 그를 전범 혐의로 재판에 회부할 것을 오랫동안 요구해왔고, 우리의 동맹인 요르단의 압둘라 국왕—1999년에 사망한, 후세인 현 국왕의 할아버지—도 하지 아민을 미워했기 때문이었다.

그렇게 팔레스타인에서 치욕적으로 물러나는 과정에서도, 영국은 끝까지 자신들이 남기고 간 영토를 두고 아랍인들과 유대인들이 서로 싸우게 만들었다. 그 와중에 100만 명에 이르던 팔레스타인 주민들 가운데 4분의 3이 도망치거나 쫓겨났다. 하지 아민의 예견과는 달리 아랍인들은 결국 승리를 거두지 못했고, 커닝엄의 지적과는 달리 이스라엘이라는 국가는 재앙으로 귀결되지 않았다. 나치즘에 추파를 던졌다고 하지 아민을 번번이 비난해온 이스라엘의 대변인들은 툭 하면 그의 이름을 들먹이며 팔레스타인 사람들을 악마로 만들기 위해 애써왔다.

결국, 하지 아민은 레바논에서조차 무관심 속에 잊힌 존재로 살다가 1974년 베이루트에서 사망했다. 그의 장례식 추모객들 가운데는 야세르 아라파트Yasser Arafat도 끼어 있었다.

1999년 2월 20일

인디펜던트

친절한 말씀 고마워요, 미스터 클린턴

1998년 8월, 빌 클린턴 대통령은 오사마 빈 라덴이 살고 있는 것으로 추정되던 수단과 아프가니스탄에 크루즈 미사일 공격을 가했다. 당시는 케냐 나이로비(Nairobi)와 탄자니아의 다르에스살람(Dar es Salaam) 주재 미국 대사관이 잇달아 공격당하고, 백악관 인턴 모니카 르윈스키(Monica Lewinsky)와 클린턴 대통령 간의 섹스 스캔들이 최고조에 달하던 무렵이었다. 미국은 화학무기 부품 생산 시설이라고 주장하며 수단의 수도 하르툼(Khartoum)에 있던 공장 한 곳을 미사일로 파괴했다. 이후 그들은 그 공장에서 생산하던 제품이 수단의 가난한 국민들을 치료하는 의약품이었다는 사실을 인정했다. 아프간 공격에서는 두 명의 영국 시민권자를 포함한 대여섯 명의 알 카에다 지지자들이 살해됐다. 그러나 그곳에 빈 라덴은 없었다.

평화 프로세스의 원칙에 대한 배신, 이스라엘에 대한 조건 없는 지지, 수많은 이라크 민간인들의 생명을 앗아간 경제제재에 대한 집착, 사우디아라비아에서 계속되는 미군의 주둔. 이런 것들을 제외하고 아랍 세계가 미국 정부에 대해 분노하는 이유를 또 하나 들자면, 미국 정부가 걸핏하면 자신들이 아랍인들을 얼마나 사랑하는지 떠벌리고 다닌다는 점이다.

공습이 있기 전이면 언제나 미국 대통령은 미래의 희생자들에게 자신이 그들을 얼마나 존경하는지를 확인시켜준다. 로널드 레이건Ronald Reagan은 리비아 국민들에게 미국이 그들을 친구로 여긴다고 말했다. 그러고 나서 그는 트리폴리Tripoli와 벵가지Benghazi에 폭탄을 떨어뜨렸다. 조지 H. W. 부시는 문명의 발상지로서 이라크 역사와 평범한 이라크 시민들을 향한 미국의 우정에 대해 장황한 이야기를 늘어놓고는 이라크 전역에 있는 도시와 마을들을 폭격했다. 그리고 이번 주, 빌 클린턴이 중동 시민들에게 이슬람이 세계에서 가장 위대한 종교 중 하나라고 칭송하는 동안 홍해와 아라비아 만에서는 미 군함에서 발사된 미사일이 바다 위를 날아다녔다. 그것을 지켜본 베이루트의 내 단골 채소가게 주인은 이렇게 말했다.

"클린턴이 내가 믿는 종교에 관해 이야기하는 건 좋습니다. 종교에서 살인을 용인하지 않는다는 점을 일깨워주는 거야 언제나 환영이죠. 고마워요, 미스터 클린턴."

그는 예의를 갖추기 위해 이렇게 말한 것이 아니었다. 중동지역 전체에서는 백악관에서 들려온 클린턴의 훈계—"남녀노소를 막론하고 무고한 민간인을 살해하는 행위를 용인하는 종교는 없다"—를 두고 너무 거들먹거린다고 여기거나 모욕적 언사로 받아들였다. 섹스 스캔들에 휘말린 남자의 입에서 나온 말이었기 때문이다. 아랍인들이 비록 미스터 클린턴과 미스 르윈스키 사이의 얽히고설킨 불장난을 완전히 이해하지는 못했음에도—다행히 아랍어에는 '오럴 섹스'라는 단어가 없다—, 어제 나와 통화한 이집트인은 그를 가리켜 "그 추잡한 인간"이라 지칭했다.

하지만 중동 사람들이 쉽게 이해하는 사실이 하나 있었다. 아무런 증거 없이 일단 적으로 만든 다음, 기자들과 방송국 논설위원들을 쉽사리 자신들의 치어리더로 만들어버리는 미국인들의 능력이었다. 언젠가 한번은 평소 친분이 있던 팔레스타인 출신 한 지인이 내게 "프랑스 라디오를 틀

때마다 쉬지 않고 나오는 '테러리즘'이라는 단어에 완전히 진절머리가 날 정돕니다"라고 말한 적이 있었다.

"그래서 어쨌다는 거냐는 말이지요. 만날 프랑스 말로 '테호히스트, 테호히스트, 테호히스트'하는 소리만 해대니, 원."

맞는 말이었다. 미국 발 보도들은 대부분 빈 라덴이 케냐와 탄자니아에서 벌어진 잔혹한 폭탄 테러에 연루되어 있다는 '옴짝달싹할 수 없는 증거들'을 전제로 한 것들이었다. 얼마나 '옴짝달싹할 수 없었던'지 우리는 그게 무엇인지에 대해 조금의 귀띔조차 들어본 적이 없다. 어제 라디오 생방송 인터뷰 시간에도 나는, 런던과 워싱턴의 기자들이 미국 정부의 주장을 얼마나 별다른 문제의식 없이 그대로 받아들이고 있는지 지적하느라 옆길로 샌 게 한두 번이 아니었다.

미국인들의 주장에 따르면, 빈 라덴이 연루되어 있다는 음모들은 거의 '동에 번쩍 서에 번쩍' 수준이라 할 수 있다. 미 대사관 폭파 사건뿐만 아니라 그 이전에 다란Dhahran에서 미군들에게 가해진 폭격+, 이집트의 반정부 폭력 사태, 1993년 뉴욕 세계무역센터 폭파 사건, 그리고 잠깐만, 이제는 교황 시해 음모까지 배후에 모두 빈 라덴이 있단다. 이게 정말 상상할 수나 있는 일일까? 그러나 이 모두를 액면 그대로 받아들이는 기자들이 차고 넘친다는 사실이 어쩌면, 미국의 편집증뿐만 아니라 오늘날의 저널리즘 현실에 대해서 많은 것을 시사하는지도 모른다.

사실 '테러리스트'라는 단어를 사용하느냐 여부는 단지 문제의 일부일 뿐이다. 테러리스트는 전체 맥락을 회피하기 위한 단어이다. 서구가 본질적으로 중요하게 여기는 문제는 '누가', 그리고 '어떻게'란 부분이다. 무

+ 걸프전 종전을 앞둔 1991년 2월 25일, 이라크군이 쏜 미사일이 사우디아라비아 다란에 주둔하던 미군 막사를 명중시켜 28명의 미군이 사망한 일이 있었다.

고한 생명을 살해한 아랍인은 언제나 테러리스트인 반면, 헤브론의 모스크에서 29명의 팔레스타인인들을 살해한 이스라엘인들이나 자신들의 총리던 이츠하크 라빈Yitzhak Rabin을 암살한 사람들은 그냥 극단주의자라 불린다. 하지만 그들은 정작 '왜'라는 부분은 대체로 피해가고 싶어 한다. 지난날 미국 지도자나 외교관 가운데 미국의 적들이 '왜' 미국을 증오하는지 이유를 설명한 사람은 단 한 명도 없었다. 빈 라덴은 왜 그렇게 미국에 화가 났던 걸까? 아프리카에서 일어난 그 끔찍한 행위를 누가, 어떻게 저질렀는지 뿐만 아니라 왜 저질렀는지도 똑같이 생각해봐야 하는 게 아닐까?

누군가 나이로비와 다르에스살람에 있는 미 대사관을 날려버렸다는 건 부인할 수 없는 사실이다. 그들의 행위는 분명 사악한 것이었다. 그러나 어느 미국 외교관이 말한 것처럼, 그들은 아무 생각 없는 사람들이 아니었다. 그들이 자살폭탄범일 수는 있겠지만, 자신들로 인해 무고한 사람들이 생명을 잃게 될 것이라는 사실을 절대 몰랐을 리 없다. 빈 라덴이 관련되었건 아니건 간에, 이런 무시무시한 행동에는 다 이유가 있기 마련이다. 그리고 그 이유는 틀림없이 중동을 향한 미국의 정책, 혹은 제대로 된 정책의 부재에 기인한다.

지난주 미국의 한 라디오 방송국은 내게 "미국이 자국 대사관을 보호하려면 어떻게 해야 할까요?"라고 물어왔다. 내 대답은 미국이 세계 각 지역에서 보다 공정한 정책을 취해야 한다는 것이었다. 그러자 "테러리즘"에 대한 질문에는 내가 답을 내놓지 않았다는 훈계가 되돌아왔다.

미국의 아프간과 수단 공격에 대해 아랍인들이 드러낸 근본적인 반응은, 미국이 앞에서 한껏 자세를 낮추는 발언을 내놓고 뒤에서는 공격을 가한다는 것이었다. 그러니 아랍의 배신감이 극에 달할 수밖에 없다. 미군의 계속된 사우디 주둔, 오슬로 협정을 무시한 채 아랍 영토에 유대인 정착촌 건설을 멈추지 않는 이스라엘의 태도를 뜯어고치기는커녕 용인해주는 행태, 이라크 시민들을 완전히 도태시키는 가혹한 제재의 지속. 이런 것들이 복합적으로 작용하면서 평소엔 그렇게 다정다감하던 아랍인들이 미 대사관 폭파 사건에 대해 거의 동정심을 보이지 않게 된 것이다. 그런 상황에서 한쪽으로 설교를 늘어놓고 다른 한쪽으로는 폭탄을 떨어뜨린 미스터 클린턴의 행동은, 누군가에게 등을 찔린 뒤에 입까지 걷어차이는 것처럼 느껴질 수밖에 없다.

빈 라덴의 소행이건 아니건, 미 대사관 폭파가 아랍인들의 작품일 것이라는 추측은 우려스럽지만 충분히 일리가 있다. 그런 일을 저지른 가해자들은 정의의 심판대에 세워야 한다. 그러나 크루즈 미사일에게 그런 역할을 맡길 수는 없으며, 그 사실은 미스터 클린턴도 너무나 잘 알고 있다. 거대한 '국제 테러조직의 음모' 운운하는 이야기는 아랍인들이 지금까지도 '국제 시오니스트 조직의 음모'를 믿는 것만큼이나 참 낯설다.

빈 라덴은 아프가니스탄에서 탈레반의 보호를 받고 있다. 그러나 탈레반은 사우디아라비아가 영감을 불어넣어 생겨났고, 또 그들의 돈으로 무장하게 된 조직이다. 사우디아라비아는 걸프 지역에서 미국의 가장 돈독한 우방이며, 지금도 미군이 그 나라에 주둔할 정도로 가까운 관계다—빈 라덴이 불만을 가졌던 부분도 바로 그 지점이었다—. 그렇다면 근본주의적이고 비민주적인 사우디아라비아의 권력자들이, 미국을 상대로 '지하드(성전)'를 벌이고자 하는 빈 라덴의 열망을 공유하고 그를 지원한다는 게 과연 가능한 일일까? 이것은 미국인들이 반드시 생각해봐야 할 질문이다.

한동안 빈 라덴 스스로는 1996년 4월 남부 레바논 카나Qana의 유엔군 기지에서 이스라엘인들이 레바논 민간인들을 학살한 사건에 대한 강박을 갖고 있었다. 그는 왜 그런 행위를 '테러'라고 비난하지 않느냐고 클린턴에게 질문을 던졌다—실제로 클린턴은 그 사건이 마치 자연재해라도 되는 양 그저 '비극'이라 지칭했다. 그에 비해 이스라엘은 '실수'라고 표현했지만, 유엔의 결론은 달랐다—. 우리가 빈 라덴이라 해도 왜 그런 범죄자들을 정의의 심판대에 세우지 않는지 이유를 알고 싶지 않을까?

48시간 전에 빌 클린턴이 했던 말과 빈 라덴의 말을 비교하는 것은 다소 어색하지만, 그들의 언어는 너무나도 닮아 있다. 그리고 이제 그들의 언어는 날이 갈수록 더욱 격해지고 있다. 클린턴은 "미국이 원하는 건 분쟁이 아니라 평화"라고 말했다. 그러나 남은 임기 동안 그가 중동에서 평화를 이룰 가능성은 거의 없어 보인다.

1998년 8월 22일

인디펜던트

이제는
문명화 전쟁 2탄에 대비할 때

아프간 전쟁이 남긴 이른바 '여파'에 관한 수천 개의 요즘 신문 기사들을 읽다 보면, 아프가니스탄 땅덩이만큼이나 커다란 두통과 함께 그 무수한 거짓말에 완전히 중독될 지경이다. 마침내 아프간 여성들은 자유로워졌고, '우리의' 평화유지군은 전진하고 있으며, 탈레반은 분쇄되었다. 파키스탄의 반미 시위는 실패로 끝났고, 몇 주 전 그곳에서 내가 겪었던 아프간 사람들과의 좋지 않은 기억들도 곧 잊어버리게 될 것이다. 그리고 알 카에다는 "연기에 못 이겨 동굴 밖으로 기어 나오고" 있으며, 미국 정부는 오사마 빈 라덴이라는 괴물이 뉴욕과 워싱턴에서 벌어진 반인도적 범죄의 주범이라는 사실을 '입증하는' 내용의 비디오테이프를—내가 만난 아랍인 가운데 누구도 그것을 믿지 않았다— 입수했다고 한다.

따라서 오늘은, 아일랜드 출신의 오랜 동료 기자인 빈센트 브라운이 내게 던진 질문을 화두로 그 '무수한 거짓말들'을 반박해볼까 한다. 며칠 전, 화날 때면 언제나 증기 엔진처럼 숨을 씩씩거리는 빈센트가, 더블린에서 내가 즐겨 찾는 신문가게 젬마스의 가판대에 놓인 〈뉴스위크Newsweek〉 한 부를 집어 들더니 이렇게 물었다.

"밥, 도대체 이게 뭐지? 이 쓰레기 같은 헤드라인 봤어?"

자연스레 그의 목소리를 따라간 내 시선은 잡지 표지로 날아가 꽂혔다. 거기엔 이런 글귀가 인쇄돼 있었다.

"악마를 쫓아서."

빈센트는 화가 난 듯, "성경에나 나올 것 같은 이 개소리는 또 뭐야?"라며 씩씩댔다. 표지에는 비디오에서 캡처한 오사마 빈 라덴의 선명하지 않은 얼굴이 정면을 응시하고 있었는데, 마치 단테의 '지옥의 층계'+에 나오는 것 같은 어둡고 악마 같은 이미지가 풍겨 나왔다. 베를린을 접수할 당시 스탈린은 자신의 군대가 "야수 같은 파시스트의 소굴"에 입성했다고 선언했지만, 2차 세계대전도 여기에 비하면 아무것도 아니었다.

자, 일단 이 시점에서 '지금까지 알려진 이야기'를 정리하고 넘어가도록 하자. 아랍에서 온 살인마들이 네 대의 비행기를 납치해 세계무역센터와 펜타곤, 펜실베이니아를 잇달아 들이받았다. 부시 대통령은 4000명이 넘는 무고한 생명을 앗아간 반인도적 범죄에 맞서 항구적 '정의'를 세우기 위한—나중에 항구적인 자유로 그 수위가 낮아졌다— 십자군 전쟁을 선언하고 아프가니스탄을 폭격했다. 평판 나쁜 탈레반 총잡이들과 살인자들을 제거하기 위해 역시나 평판이 좋지 않던 '북부동맹Northern Alliance'의 총잡이들과 살인자들을 활용한 미국은, 빈 라덴의 동굴 요새를 폭격해 아프간과 아랍 전사들을 살해했다. 당시 공격으로 희생된 사람들은 미국-영국-북부동맹이 마자르 교도소 폭동을 진압한 뒤 처형한 수감자들을 빼고도 그 수가 수백 명에 달했다.

그런 상황에서 빈 라덴의 비디오가 공개됐다. 전 세계 언론은 그것을

+ 단테의 《신곡(La Divina Commedia)》의 지옥(Inferno) 편에 등장하는 지옥은 모두 9개의 역 피라미드형 층계들(circles)로 구성되어 있다.

곧 그의 죄를 입증할 확실한 증거라 여겼지만, 무슬림 세계에서는 고의든 아니든 대체로 그냥 무시하고 지나쳤다. 그러나 어쨌든 비디오의 공개는 그 악마 선생이 자취를 감춘 것 같다는 사실을 모호하게 흐리는 데 도움을 주었다. 그리고 다음과 같은 몇 가지 진실들을 덮어버리는 데에도 이바지했다.

뉴햄프셔대학의 어느 교수가 발표한 통계에 따르면, 미국의 공습으로 인해 사망한 사람들의 수는 비행기 납치범들이 세계 무역센터에서 살해한 사람들의 수를 이미 넘어섰다고 한다. 신비에 휩싸인 탈레반 지도자 물라 오마르Mullah Omar 역시 자취를 감춘 지 오래다. 몇몇 용감한 여성들을 제외한 아프간 여성들 대부분은 지금도 여전히 부르카+를 쓰고 다닌다. 또한, 유엔의 지원 속에 새로이 등장한 수도 카불의 친 서구 정권은 사실상 북부 동맹 살인자들이 완전히 장악했다.

우리는 이런 사실들 모두를 빈 라덴 비디오가 공개된 덕분에 그냥 잊고 무시하고 눈감을 수 있었다. 유엔의 위임을 받은 영국 주도의 '평화'유지군을 지원하기 위해 고작 50명의 영국 해병대원들이 아프가니스탄에 도착한 모습을 보고 우리가 손뼉을 칠 수 있었던 것도 그 덕분이었다. 아프간 정부의 승인 아래 카불에서 작전을 펼치고 있는 '평화'유지군은 병력 규모가 고작 수천 명 정도로, 1842년 카불 협곡에서 궤멸한 영국 군대를 지원하기 위해 파견된 보충대 병력 규모의 약 3분의 1 수준에 불과했다.

그런 '평화'유지군은 자신들의 임무가 탈레반과 강도들부터 인도주의 구호물품 수송을 방어하는 것이라 여기고 있었다. 그러나 실상 그들은 빈

+ 무슬림 여성들의 외출 의상에는 얼굴을 제외한 목과 머리를 감싸는 히잡(Hijab), 얼굴을 제외한 전신을 가리는 차도르(Chador), 히잡과 비슷한 두건의 형태이나 눈을 제외한 얼굴 모두를 가리는 니캅(Nicab), 눈 부분만 망사로 되어 있고 나머지 온몸을 가리는 부르카(Burqa)가 있다.

라덴 잔당이 보낸 증오에 찬 게릴라들뿐만 아니라 북부동맹 마피아와 마약상, 군벌들과도 싸워야 할 판이다. 다른 건 몰라도, 탈레반이 통치하던 시절에는 아프간 주민들이건 외국인이건 할 것 없이 도로와 마을에서 공격당하는 일은 없었다. 하지만 이제는 카불에서 잘랄라바드까지 차를 몰고 가는 건 거의 목숨을 내놓아야 가능한 일이 되어버렸다.

짐작건대, CIA는 북부동맹의 깡패들이 아프가니스탄에서 전쟁을 치르는 비용을 우리더러 지불하라고 할 것이 틀림없다. 이 전쟁에 관해 알려지지 않은 이야기 중 하나는, 미국을 대신해 싸우도록 설득하기 위해 민병대 지도자들에게 엄청난 금액의 돈이 건네졌다는 사실이다. 심지어 탈레반 조직원들이 북부동맹으로부터 25만 달러를 받고 그들 편으로 돌아섰다가, 돈을 챙긴 뒤 다시 북부동맹에게 총부리를 돌리는 바람에 모두가 배신감을 곱씹은 적도 있었다. 하지만 몇 주 전만 해도 총알 살 돈조차 없었던 북부동맹이, 전투가 한창인 와중에 어떻게 탈레반에게 25만 달러나 되는 큰돈을 던져줄 수 있었는지에 대해 우리 중 누구도 의문을 제기하지 않았다. 마찬가지로 칸다하르 지방의 파슈툰+ 부족 지도자들이 최신형 사륜구동 자동차에 수천 달러씩 싣고 다니며 자기네 무장대원들에게 돈을 건네주어도 우리는 닫힌 입을 열지 않았다. 그래서 나는, 소말리아의 한 군벌이 현찰을 뿌리고 다니며 다음 라운드의 문명화 전쟁War for Civilization 에서 미국을 위해 싸울 용병들을 모집하고 있다는 기사를 읽었을 때도 전혀 놀라지 않았다.

그나마 다행스러운 점은 미국의 B-52 폭격기에 숨진 민간인 희생자들은 이미 무덤에 들어가 있기 때문에 앞으로 세상에 모습을 드러낼 일이

+ 아프가니스탄 인구 중 가장 많은 수를 차지하는 민족. 아프간 남동부에 1300만 명, 파키스탄 북부에 2900만 명 정도가 살고 있다.

없다는 사실이다. 아직 전쟁이 끝나지도 않았는데 우리의 문명화 전쟁에서 몸이 갈기갈기 찢겨 나간 사람들의 수가 벌써 약 3700명에 이른다. 물라 오마르와 빈 라덴의 총잡이들이 포함되지 않은 수치가 그렇다. 그럼에도 아프가니스탄 국민들의 불만이 점점 높아져가고 있음을 보여주는 산발적 징후들—2주 전 가족들이 살해된 데 분노한 군중이 나를 공격한 것은 그중 한 사례다—은 기록에서 잽싸게 자취를 감추곤 한다.

파키스탄인이든 아프간인이든 아랍인이든, 내가 만나본 평범한 무슬림들 가운데 저들의 실없는 소리를 실제로 믿는 사람은 단 한 명도 없었고 서구인들 중 상당수도 불신을 갖고 있다고 말한다면, 분명 과장처럼 느껴질지도 모르겠다. 아무튼, 조지 W. 부시가 선을 위해 헌신하고 악을 파괴하겠노라 약속했듯, 새로 들어선 카불 정부 역시 '이슬람, 민주주의, 다원주의, 사회정의'를 지켜내겠다고 약속한 사실만큼은 꼭 기억하자.

아, 어서 내년이 왔으면 좋겠다. 더 이상 빈 라덴의 행방을 몰라 전전긍긍하지는 말길. 적절한 때가 오면 그는 문명화 전쟁 2탄에 참여하기 위해 다시 돌아올 테니까 말이다.

2001년 12월 22일

인디펜던트

2007년 가을 무렵까지 서구 군인들 수천 명은 탈레반에 맞서 칸다하르 외곽에서 지루한 공방전을 펼쳤다. 하미드 카르자이의 아프간 정부가 통제하는 지역은 겨우 수도 카불의 관공서 지역 정도에 불과하고, 수십 명의 자살폭탄범들은 이라크 스타일로 아프간군과 서구 동맹군을 공격해대고 있다.

절망의 구렁텅이

며칠 전, 사우디의 압둘라 왕세자+는 팔레스타인 사람들을 도와달라며 미국 국민들의 '양심'에 호소했다. 한편 카타르 국왕은 한발 더 나아가 스스로를 비하하는 발언까지 내놓았다. 그는 아랍인들—그리고 이 단어를 사용한 데 대해 사과했다—이 미국에게, 이스라엘에 대한 영향력을 발휘해달라고 '간청'해야 한다고 말했다. 정말, 그런 단어들이 입 밖으로 튀어나올 때마다 아랍은 절망의 구렁텅이로 빠져든다.

간청? 양심? 물론 미국 정부가 야세르 아라파트와의 모든 관계를 단절하라는 아리엘 샤론Ariel Sharon++의 요청을 계속 거절할 수는 있다. 그러나 부시 대통령은 팔레스타인 국가에 관한 자신의 '비전'을 잊어버린 지 오래다. 그는 아프가니스탄을 폭격할 당시 아랍의 묵인이 필요했기에 그 비전이란 걸 만들어냈지만, 자신의 목적을 이루자마자 잽싸게 묻어버리고 나 몰라라 하고 있다. 그러니 이제 아라파트가 해야 할 역할은 자신의 임

+ 사우디아라비아의 현 국왕. 2005년 8월 1일 형인 파드 국왕의 사망으로 왕위에 올랐다.
++ 이스라엘의 국방, 산업통상노동, 주택건축, 에너지수자원, 외무장관을 거쳐 총리까지 역임 (2001-2006)한 정치인. 2006년 1월부터 뇌졸중으로 식물인간 상태에 있다가 2014년 1월 11일 사망했다.

무를 기억하는 것이다. 바로 자기 민족에게서 이스라엘을 보호하는 임무 말이다.

라말라+의 집무실에서 이스라엘의 탱크에 둘러싸여 있는 아라파트는 1982년 이스라엘의 서베이루트 포위 기간에 자신이 보여준 대담한 행동에 대한 환상을 여전히 버리지 못하고 있다. 그러나 지금 상당수 팔레스타인인이 그를 얼마나 수치스럽게 여기는지는 가볍게 지나칠 수 있는 수준을 넘어섰다.

지난 크리스마스 때 아라파트는 교회 예식에 참석하기 위해 팔레스타인 서안 지구의 베들레헴까지 행진을 벌이겠다고 고집했다. 이스라엘이 이를 허가해주지 않자 그가 한 대응이라고는 고작 팔레스타인 텔레비전에 출연해, 행진을 불허한 이스라엘의 결정이 '범죄'이자 '테러' 행위라는 터무니없는 주장을 편 것이 전부였다.

아랍 일간지 〈알 쿠즈 알 아라비Al Quds al-Arabi〉는 이 "기이하고도 이해할 수 없는" 퍼포먼스에 대해 아라파트가 아무런 설명도 내놓지 않고 있는 상황에 의문을 제기했다. 그는 왜, 자신에게 지지를 보내기 위해 찾아온 기독교 성직자들과 함께 텔레비전 카메라 앞에서 이스라엘군이 물리적으로 제지할 때까지 라말라 밖으로 행진하지 않았을까? 어쨌든 그가 이스라엘의 '테러'를 강조하면 할수록 우리가 그의 각종 부패와 정실주의, 만행에 관심을 덜 기울이게 되는 건 사실이다.

한편, 이스라엘 스스로의 신화 만들기도 계속된다. 뉴욕에서 시몬 페레스Simon Peres++는 이란 혁명수비대가 이미 레바논에 주둔하고 있고, 그들

+ 팔레스타인 서안 지구 중앙에 위치한 도시로, 팔레스타인 자치정부의 행정 수도 역할을 하고 있다.

++ 이스라엘의 교통, 재무, 국방, 외무장관을 거쳐 총리까지 역임(1984-1986,1995-1996)했으며, 2007년부터 2014년 7월 말까지 대통령직을 수행했다.

이 헤즈볼라+에게 건네줄 장거리 미사일 8000기가 남부 레바논에 도착했다고 발표했다. 그러나 지난 15년 동안 레바논에는 이란 민병대원이 단 한 명도 없었고, '새로운' 미사일은 존재하지도 않는다. 미국 언론은 사실 확인을 해보려는 시도조차 없이 그런 말도 안 되는 주장을 그대로 보도했다.

그뿐만이 아니다. 최근에는 샤론의 입에서도 또 다른 거짓말 하나가 흘러나왔다. 그는 1982년 베이루트 포위 기간 동안에 아라파트를 "제거하지" 않은 것을 두고두고 후회한다고 말했다. 사실은 그렇게 하지 않기로 한 양측의 합의가 있었는데도 말이다. 당시 이스라엘 국방장관이던 그는 포위 기간 동안 아라파트의 은신처라 의심되던 건물로 이스라엘 전투기를 보내 다섯 차례나 폭격을 가했다. 심지어 아파트 단지 전체를—물론 거기 살던 사람들은 모두 민간인이었다— 두 차례나 쑥밭으로 만든 적도 있었으나, 정작 아라파트는 그곳에 있지도 않았다. 샤론은 아라파트가 불과 몇 분 전에 그곳을 떠나는 바람에 운 좋게 목숨을 건졌다는 헛소리를 늘어놓기도 했다. 하지만 역사를 왜곡한 샤론의 주장은 이번에도 역시 미국 언론에 사실인 양 보도되었다.

실제로, 오늘날 중동 분쟁에 관련된 당사자들 모두는 자기기만이라는 게임에 발을 담근 채, 비극 뒤편에 자리 잡은 중요한 쟁점들을 애써 외면하려 하고 있다. 사우디인들이 미국 국민들의 '양심'에 호소하고자 하는 이유는, 그들이 아라파트가 처한 곤경에 분노하기 때문이 아니라 9·11 납치범들 가운데 15명이 사우디 출신이기 때문이었다. '테러와의 전쟁'

+ 레바논 남부를 중심으로 국민들의 상당한 지지를 얻고 있는 시아파 정당이자 군사조직이며 사회운동조직. '신의 당'이란 뜻을 가지고 있고, 군사적인 면에서는 레바논 정규군을 능가하는 전력을 갖추고 있어 이스라엘의 침공에 맞설 수 있는 유일한 저항의 보루라는 평가를 받고 있다.

에 참여하려는 샤론의 계획 역시—예를 들어 서안과 가자의 실제 적들뿐만 아니라 있지도 않은 레바논의 이란인 적들을 만들어냄으로써— 팔레스타인 주민들의 인티파다 Intifada+를 진압하는 데 있어 미국의 지지를 확보하고, 나아가 이스라엘의 팔레스타인 식민 지배를 유지하려는 뻔뻔한 시도에 불과했다.

마찬가지로, 자신이 '악'과 싸우고 있다는 부시의 메시아적 주장•과 알카에다가 미국을 증오하는 이유가 "민주주의를 반대하기" 때문이라는 그의 해석도 허튼소리에 불과하다. 미국의 무슬림 적들은 대부분 민주주의가 뭔지도 모른다, 분명 그들은 민주주의란 걸 누려본 적도 없다, 그들의 사악한 행위에는 나름의 동기가 있다, 부시는 중동이 반인도적인 9·11 범죄에 밀접히 관련된 사실을 알고 있다, 국무장관 콜린 파월도 틀림없이 알고 있다, 결국 살인범들은 죄다 사우디아라비아·이집트·레바논 출신에다 아랍어로 쓰고 말하는 아랍인들이다 등등. 여기까지가 우리에게 허락된 사고 수준이다.

다음 단계로 넘어가 아랍 세계 자체를 들여다보는 순간, 우리는 금지된 영역에 발을 들여놓게 된다. 현재의 중동을 분석하다 보면 우리는 필연적으로 불의와 폭력, 죽음을 마주하게 된다. 이는 직접적이건 간접적이건, 미국과 그 지역동맹—이스라엘을 비롯해 아랍에 이르기까지—이 펼친 정책의 결과물인 경우가 많다. 딱 이 지점에서 우리는 모든 논의를 중단해야 한다. 이스라엘을 향한 조건 없는 지지와 아랍 영토의 유대 식민지화에 대한 묵인, 이라크 제재처럼 수만 명의 아이들을 죽음으로 몰아넣은 미국의 중동 개입, 지금 공격받고 있다고 부시가 말한 바로 그 민주주의의 결여가

+ '봉기', 혹은 '저항'이란 뜻. 팔레스타인 점령지 주민들은 이스라엘의 불법적인 점령과 식민 지배에 맞서 1차(1987년 12월~1993년)와 2차(2000년 9월~2005년)에 걸쳐 인티파다를 일으켰다.

● 그가 말하는 "악"은 실제로는 하나의 어엿한 민족국가였다.

9·11의 비극을 낳은 분노와 관련이 있을지 모른다는 사실이 드러날 수 있기 때문이다. 그렇다면 우리는 정말 위험한 영역에 발을 들여놓은 셈이 된다.

여기서 주목할 부분은 아랍 정권들도 그 모든 행위에 동조하고 있다는 사실이다. 물론 아랍 민중들은 9·11의 배경에 도사린 거짓들에 대해 누구보다 잘 알고 있다. 그러나 그 지도자들은 시치미를 뚝 떼고 있어야 한다. 그들은 일단 '테러와의 전쟁'에 지지를 보낸 다음, '테러'와 '민족 저항' 사이의 차이를 인정해달라고 미국에 요청, 아니 간청하고 있다. 사우디인들은 9·11 사건에 자국민들이 관련되어 있다는 증거들을 의도적으로 무시한 채, 사우디를 음해하려는 '유대인들의 음모'일 뿐이라고 으르렁댄다. 아라파트 역시 테러와의 전쟁을 지지하는 대열에 동참했다. 그러고 나서는 자신의 부하들이 카린 A호•를 이용해 무기를 밀수입하려던 시도를 허락했다. 잔인한 팔레스타인 자살폭탄범으로부터 자국민을 보호할 능력도, 가망도 없는 샤론은 인티파다를 민족주의 봉기가 아니라 '국제 테러'로 인식되게끔 하는 데 노력을 집중하고 있다. 인티파다가 민족주의와 관련된 문제라면, 결국 이스라엘의 점령과 직결되는 문제가 되기 때문이다. 미국의 중동정책이 그렇듯 이 역시 우리가 감히 입에 담아서는 안 되는 문제이다.

다음달 말, 아랍 정상들과 군주들은 베이루트에서 정상회담을 개최할 것이다. 그들은 팔레스타인에 대한 강력한 지지를 선언하는 것과 동시에 '테러'와의 전쟁을 진심으로 지지한다고 밝힐 것이다. 그들은 아무리 터무니없고 가당찮다 할지라도 감히 미국의 정책을 비판할 수 없다. 거의

• 2002년 1월 3일 해상에서 이스라엘 해군에 의해 제지당한 4000톤급 화물선. 이스라엘은 그 배에 가자의 팔레스타인 자치 정부에게 전달될 50톤가량의 무기가 적재되어 있었다고 주장했다.

모두가 미국의 정책에 신세를 지고 있기 때문이다. 그래서 그들은 다시 한 번 미국의 양심에 호소할 것이다. 간청도 할 것이다. 며칠 전에 카타르 국왕이 그랬던 것처럼 말이다. 그리고 그들 손에는 아무것도 남지 않을 것이다.

2002년 2월 14일

인디펜던트

2002년 3월 베이루트에서 열린 아랍 정상회담에서 사우디아라비아는, 이스라엘이 1967년 전쟁 당시 점령한 아랍 영토에서 모두 철수하고 팔레스타인 난민 문제에 대한 '공정한 해결책'을 내놓는 동시에, 서안과 가자 지구에 팔레스타인 독립국가 수립을 받아들이는 대가로, 아랍 국가들이 이스라엘의 존재를 인정해 평화협정을 맺고 관계를 정상화하자고 제안했다. 이스라엘은 제안을 거절했고, 미국 정부는 아무 관심도 보이지 않았다.

전쟁을 벌이고 싶을 때 지도자들이 하는 거짓말

미국 본토를 대상으로 한 9·11 공격이 있은 뒤, 이스라엘은 야세르 아라파트를 지도자로 한 팔레스타인과의 계속되는 식민지 전쟁을 9·11과 똑같은 맥락으로 묶으려 했다. 이스라엘 외교관들은, 오슬로 협정을 계기로 '특급 테러리스트'에서 '특급 정치인'으로 변신한 아라파트를 가리켜 '우리에겐 빈 라덴과 같은 존재'라고 말했다. 이는 미국인들이 이스라엘과 식민지 아랍인들 사이의 분쟁을 조지 W. 부시가 벌이고 있는 '테러와의 전쟁'의 연장선으로 봐줬으면 하는 희망에서 나온 표현이었다.

자신이 마치 '테러와의 전쟁'을 벌이는 척하는 아리엘 샤론의 행태는 앞으로 얼마나 지속될 수 있을까? 이런 말도 안 되는 짓을 우리는 얼마나 더 오래 지켜봐야 할까? 반인도적인 9·11 범죄의 본질을 흐리는 잔인한 분쟁에 대해 미국인들은 얼마나 더 오래 비겁한 침묵을 유지할 수 있을까?

테러, 테러, 테러. 이 단어는 마치 마침표나 쉼표처럼 이스라엘과 미국인들의 거의 모든 대화와 신문 기사에 파고들고 있다. 오늘날 이스라엘과 팔레스타인의 분쟁은 양쪽 모두에게 치욕과 수치를 안겨줄 더러운 식민지 전쟁에 불과하다는 진실을 우리가 받아들이게 될 그 날은 과연 언제일까? 일단 지난 24시간 동안 샤론이 했던 말에 귀 기울여보자.

"아라파트는 적이다. 그는 테러 전략을 결심하고 테러 연합을 결성했다."

이건 부시 대통령이 오사마 빈 라덴을 두고 했던 말을 완전히 빼다 박았다. 하지만 도대체 그게 무슨 뜻인가? 아라파트가 실제로 목표를 정해 놓고 자살폭탄범들에게 폭발물을 쥐어 보냈다는 말인가? 그랬다면 샤론은 이미 몇 달 전에 그를 제거하기 위해 암살단을 보냈을 게 틀림없다. 물론 샤론이 보낸 살인마들이 팔레스타인 무장대원 수십 명을 살해했고, 그 와중에 여성과 아이들까지 목숨을 잃은 것이 분명한 사실이긴 하다.

아라파트의 진짜 문제점은 그가 샤론과 많은 부분에서 공통점이 있다는 것이다. 늙고, 잔인하고, 냉소적인 점도 닮았다. 그래서 둘은 서로를 경멸하게 됐다. 군사력으로 팔레스타인인들을 분쇄할 수 있다고 믿었던 샤론은, 1982년 자신이 베이루트를 포위한 동안 전 세계가 어떤 교훈을 얻었는지 깨닫지 못하고 있다. 아랍인들은 더 이상 봉쇄를 두려워하지 않는다. 사람들이 한 번 두려움을 떨쳐 내게 되면, 그들에게 두려움을 다시 불어넣기란 불가능하다.

일단 자살폭탄이라는 고삐가 풀리면, 이스라엘은 이 전쟁에서 결코 이길 수 없다. 아라파트도 이 점을 잘 알고 있다. 물론 자살폭탄범들을 식당과 상점으로 들여보내 잔인한 임무를 수행하게 한 것은 그가 아니다. 하지만 아라파트는 자살폭탄 공격이 일어날 때마다 샤론의 신뢰가 무너지고 그가 했던 안전보장 약속이 한낱 공수표에 불과함이 증명된다는 사실을 안다. 공개적으로 아무리 그들을 비난한다 할지라도, 잔혹한 자살폭탄범들이 자기가 목적했던 바에 기여하고 있다는 사실을 아라파트도 충분히 인식하고 있는 것이다.

샤론과 마찬가지로 아라파트 역시 폭력으로 자신의 적들을 분쇄할 수 있다고 믿는 셈이다. 그는 이스라엘인들을 공포에 질리게 해 그들을 서안과 가자, 동예루살렘에서 물러나게 할 수 있다고 생각한다. 물론 언젠가는 이스라엘인들이 점령을 포기할 수밖에 없는 날이 올 것이다. 그러나 이스라엘의 유대인들이 이 끝없는 소모전에서 그냥 도망치거나 굴복하지는 않을 것이다. 설사 샤론이 선거를 통해 권력에서 밀려난다 할지라도―많은 이스라엘인들이 바라는 바다― 차기 이스라엘 총리가 자살폭탄 공격이 두려워 협상에 나서거나 하지는 않을 것이라는 뜻이다.

그렇기에 서로가 상대를 향해 내뱉는 표현들이 갈수록 혐오스러워지고 있다. 하마스Hamas+는 유대인 적들을 "돼지와 원숭이의 자식"이라 부른다. 마찬가지로 이스라엘 지도자들은 "뱀", "악어", "야수", "바퀴벌레" 처럼 다양한 말들로 그들의 적을 짐승이나 벌레같이 취급하고 있다. 그뿐만이 아니다. 이스라엘 일간지 〈마아리브Ma'ariv〉는 한 이스라엘 장교가 자신의 부하들에게 2차 세계대전 동안 나치가 쓴 전술을 연구해보라고 지시한 사실을 보도했다.

> 인구가 밀집된 난민촌이나 나블루스Nablus의 아랍인 구역을 장악하라는 임무가 우리에게 떨어지고 양측의 희생 없이 그 임무를 수행해야 하는 경우, 과거 전투의 교훈들을 모으고 분석하는 것이 무엇보다도 우선이다. 충격적으로 들릴지 몰라도 독일군이 바르샤바의 게토ghetto++에서 어떻게 작전을

+ 1987년 1차 인티파다 과정에서 이집트의 무슬림 형제단으로부터 영감을 받아 창설된 팔레스타인의 정치, 군사, 사회운동 조직. 2006년 1월에 치러진 의회선거에서 다수당이 되었으나, 이스라엘과 미국, 유럽 국가들의 고립과 분열 전략으로 인해 팔레스타인 자치정부의 파타당과 물리적 충돌까지 빚은 뒤 2007년 6월부터 팔레스타인 가자 지구로 밀려나 사실상 그곳을 통치하고 있다.

++ 한 도시 안에 유대인 같은 소수민족들끼리만 모여 살도록 법으로 정해 놓은 거주 구역.

펼쳤는지까지 분석할 필요가 있다는 말이다.

뭐라고? 도대체 이게 무슨 뜻일까? 이달 초 이스라엘인들이 팔레스타인 수감자들의 손과 이마에 숫자를 새긴 게 그런 이유에서였나? 어느 이스라엘 병사가 팔레스타인인들을 인간 이하의 존재로 간주하겠다고 한 것도 그런 의미였던 건가? 1944년 바르샤바 게토에 갇힌 채 절망에 빠져 있던 유대인들을 나치가 정확히 그렇게, 즉 인간 이하의 존재로 바라봤었다.

그러나 워싱턴에서는 침묵만 되돌아올 뿐이다. 법적으로 침묵은 동의를 뜻한다. '우리가 왜 놀라야 하지?'라는 것이다. 결국, 미국은 지금 상황에 맞게 규칙을 만들어 가고 있다. 테이프로 입을 봉한 수감자들에게 '불법 전투원'이라는 딱지를 붙여, 공공연한 비밀 재판을 위해 관타나모만Guantanamo Bay+으로 이송해도 아무 문제가 없다.

미국은 아프간 전쟁에서 승리했다고 선언했지만, 전세는 다시 불타오르고 있다. 이제 아프가니스탄에 또 다른 '전선'이 형성되고 '테러리스트들'이 춘계 대공세를 펼칠 것이라는 이야기까지 들려온다. 미국 정부는 또한 자국 정보기관들이—9·11 음모를 포착하는 데 실패한 영웅들이다— 이란과의 새로운 동맹관계를 맺었다는 증거를—물론 비밀이다— 아라파트가 갖고 있다고 말했으며, 이 때문에 팔레스타인인들은 '악의 축' 대열에 합류하게 됐다. 누가 감히 여기에 이의를 제기할 수 있을까?

불과 일주일 전, 미 CIA의 조지 테닛George Tenet 국장은 이라크가 알 카

+ 쿠바 동남쪽 끝 해안에 위치해 있지만, 1903년에 쿠바와 미국 정부가 맺은 협정에 따라 미국이 그 일부를 점유하고 있다. 원래 미 해군 기지로 사용되던 그곳에 미국 정부는 쿠바 정부의 강력한 항의에도 불구하고 2002년부터 구금시설을 지어 세계 곳곳에서 생포한 이른바 '테러리스트' 용의자들을 불법적으로 구금해왔다.

에다와 연계돼 있음이 입증되었다고 발표했다. 그는 '접촉과 연계'가 맺어졌다고 말했다. 그의 발언은 신문 헤드라인을 장식했다. 그러나 바로 이어 테닛은, 알 카에다와 이라크가 미국과 사우디를 향한 반감을 서로 공유하고 있다는 사실은, "그들 사이에 전술적인 협력이 가능하다는 점을 암시해준다"고 덧붙였다. 아니, "암시해준다"? "가능하다"? 테닛이 말한 입증이라는 게 고작 그것인가?

아무튼, 이제 너도나도 '테러의 전쟁'을 이용해 먹는 시대가 찾아왔다. 아랍인 7명을 사살한 마케도니아 경찰도 자신들이 전 세계적 차원의 '테러와의 전쟁'에 참여하고 있다고 발표했다. 러시아인들이 체첸인들을 학살할 때도 이제 그들은 '테러와의 전쟁'을 수행하고 있다고 말한다. 이스라엘이 아라파트의 본부에 총을 난사할 때도 그들은 '테러와의 전쟁'을 들먹인다.

이렇게 9·11이라는 범죄 때문에 우리 모두 미국의 위험천만한 자기도취에 휘둘려야 하는 것일까? 또한, 팔레스타인과 이스라엘 사이에 벌어지는 이 용납할 수 없는 전쟁은 그렇게 부정직한 방식으로 왜곡되어야 하는 것일까?

2002년 3월 30일

인디펜던트

조지 테닛은 2004년 6월 3일 CIA 국장직을 사임했다. 그의 후임으로는 과거 소련 분석 전문가였던 로버트 게이츠(Robert Gates)가 임명됐다. 그는 인디애나대학교 재학 중에 일찌감치 정보기관에 합류했던 인물이었다.

당신은 환영받지 못해

2002년 5월 23일 조지 W. 부시 대통령이 독일 연방하원 의회에서 연설을 했다.

자, 이제 오사마 빈 라덴은 히틀러가 되었다. 사담 후세인도 히틀러다. 그렇다면 조지 부시는 나치와 싸우고 있는 셈이다. 환상에 빠진 메나헴 베긴이 레이건 대통령에게, 자신이 마치 베를린의 히틀러를 공격하고 있는 느낌이라고 말한 이래 이런 헛소리는 처음 들어본다. 당시 이스라엘 군대는 실제로 베이루트를 포위한 채 수천 명의 민간인을 죽였고, 그때의 '히틀러'는 애처로운 아라파트였다. 지난 목요일 우리 유럽인들이 독일 연방하원에서 그와 똑같은 이야기를 들어야 했다는 사실은—대부분 조용히 경의를 표하며 들었다— 정말 기이한 일이다.

언제까지 우리는 우리 대부분이 태어나기도 전에 치러졌던 전쟁의 그늘 아래 살아야 하는 걸까? 우리는 영원히 루스벨트나 처칠(과 대처, 물론 블레어도) 행세를 하는 정치인들과 살아야 하는 운명인 걸까? "그는 자신의 국민들을 독가스로 살해한 독재자입니다"라며, 부시는 우리로 하여금 수천 번도 넘게 사담 후세인을 떠올리게 만들었다. 언제나 그렇듯 이란-이라크 전쟁 동안 사담 후세인이 잔인하게 독가스로 살해한 쿠르드족들이 사실 이란 편에서 싸우고 있었던 반면, 미국은 사담의 편에 서 있었다는 사실은 쏙 빼놓았다.

여기에는 훨씬 더 심각한 측면이 존재한다. 부시는 러시아의 블라디미르 푸틴Vladimir Putin 대통령을 어떻게든 궁지로 몰아넣어, 러시아가 이란을 위협하는 새로운 정책을 취하기를 바라고 있다. 그는 러시아인들이 '악의 축' 북쪽 맨 끝에 있는 나라+에 의지하기를 원한다.

사실 '악의 축'이라는 문구는 부시가 대중들을 향해 습관적으로 내뱉는 유치한 표현에 불과하다. 부시의 그런 표현법은 점점 더 빈 라덴의 정신 나간 비디오테이프를 닮아가고 있다. 그리고 그는 여전히 반인도적인 9·11 범죄의 동기에 대해 거짓말을 늘어놓으려 애쓴다. 그리고 독일 연방하원에서 그는 또다시 서구의 적들이 '정의와 민주주의'를 증오한다고 주장했다. 미국의 무슬림 적들 대부분은 민주주의가 뭔지 알지도 못한다고 해놓고서 말이다.

미국에서 부시 정부는 국민들을 공포에 몰아넣느라 분주하다. 핵 공격이 일어날 것이고, 고층 아파트 단지와 브루클린 다리에 폭탄이 설치돼 있을지 모르는 일이며, 폭탄 벨트를 두른 남자들과—이스라엘의 서안 지구 식민화에 맞선 엄혹한 팔레스타인 전쟁을 미국의 저 기이하기 짝이 없는 '테러와의 전쟁'과 같은 맥락 속에 묶어놓기 위해 얼마나 정성을 들이는지 주목하기 바란다— 그보다 더 많은 항공기 자살 테러범들이 존재를 드러낼 거란다. 지난 사흘간 부시 대통령과 딕 체니Dick Cheney 부통령, 우스꽝스럽게도 '국가안보 보좌관'이란 직책을 맡고

+ 저자는 미국을 가리켜 이렇게 표현한 것이다.

있는 콘돌리자 라이스Condoleezza Rice 입에서 나온 말들을 들어보면, 그들이 미국 국민들에게 가한 위협이 빈 라덴보다 훨씬 더하다는 사실을 알게 될 것이다.

아무튼 본론으로 들어가서, 이스라엘의 정책이 곧 미국의 중동정책이라는 사실을—더 정확히 말하자면 그 반대다— 보여주는 증거들이 점점 늘어나고 있고, 그 증거들은 이제 의회 발언과 미국 텔레비전 방송을 통해 생생히 드러나고 있다. 우선 미 상원 외교관계위원회 의장의 발언과 그에 따른 언론의 반응을 한번 살펴보자. 헤즈볼라•가 미국에서 공격을 획책하고 있다고 단언한 미 상원 외교관계위원회 의장의 발언이 나온 뒤, 미국의 한 텔레비전 방송이 헤즈볼라와 하마스, 알 카에다가 미국을 공격할 음모를 꾸미기 위해 레바논에서 비밀 회동을 했다는 사실을 '밝혀'냈다. 미국 기자들은 '소식통'의 말을 인용했다고 주장하지만, 이런 횡설수설에는 당연히 출처가 없다. 그런데도 미국 언론은 지겹도록 이 소식을 되풀이해서 들려준다.

다음으로 4월 18일 이스라엘의 친구들이 미 상원을 통해 도입한 '시리아 책임법Syrian Accountability Act'도 들여다보자. 이 법률에는 시몬 페레스가 이스라엘 외무장관 시절 지껄인 허위 사실이 포함되어 있다. 이란 혁명수비대원들이 남부 레바논 국경에서 "자유롭게 활동하고" 있다는 것이다. 그러나 다시 한 번 말하지만, 남부는 물론이고 레바논 전역에는 지난 15년간 이란 혁명수비대원이 주둔한 적이 없다. 그런데 왜 이런 거짓말이 아직까지 되풀이되는 걸까?

이란은 위협받고 있다. 레바논도, 시리아도 위협받고 있다. 미 국무부는

• 2000년에 사기가 바닥난 이스라엘군을 레바논에서 몰아낸 레바논 게릴라세력이다.

시리아의 '테러국' 지위를 격상시켰다. 이라크도 마찬가지다. 그러나 이스라엘 자체 조사를 통해 1982년 베이루트에 있는 사브라Sabra와 샤틸라Chatila 난민촌에서 1700명의 팔레스타인인들을 학살한 사건에 개인적으로 책임이 있음이 드러난 아리엘 샤론 총리를 두고, 부시 대통령은 "평화를 사랑하는 남자"라 지칭하고 있다. 대체 얼마나 더 무리수를 두려는 걸까?

두렵게도 아직 갈 길이 멀다. 중동 전역에서는 반미 감정이 뚜렷하게 감지되고 있고, 미국 상품 불매운동이 본격적으로 시작되었다. 하지만 아랍 신문의 사설들은 대중 여론과 거리가 멀다. 시리아의 수도 다마스쿠스Damascus에 사는 마지다 타바라는 여성은 지난 4월 7일 시내에 있는 남편의 식당에서 로베르토 파워스Roberto Powers 미국 영사를 내쫓은 일로 일약 유명세를 치르기도 했다. 그녀는 이렇게 말했다.

"그 사람한테 이렇게 말했죠. '로베트토 씨, 부시 대통령한테 가서 당신들 모두 환영받지 못할 거니까 제발 꺼져달라고 전하세요'라고 말이에요."

이런 상황이 얼마나 더 오래 지속될 수 있을까? 미국은 파키스탄의 무샤라프 대통령이 테러와의 전쟁을 지원한다고 칭찬하지만, 그가 스스로 권력을 유지하기 위해 독재적인 국민투표를 준비했을 때는 침묵했다. 이쯤에서 우리는, 미국의 적들은 미국이 민주주의 국가이기 때문에 증오한다는 부시의 발언을 기억해야 한다. 무샤라프 장군도 민주주의에 대한 압박감을 느낄까? 괜한 기대는 접어두기 바란다. 그 유명한 테러와의 전쟁—원래는 '문명화를 위한 전쟁'이라 불렸다는 점을 기억하자—에서 파키스탄의 중요성은 갈수록 더 높아지고 있다. 그 때문에 만약 파키스탄과 인도가 전쟁에 돌입한다면, 미국 정부가 민주주의 국가인 인도에 맞서 비민주적 국가인 파키스탄 편을 들 거라는 쪽에 나는 내기를 걸 수도 있다.

여기서 잠시 멈춰서 생각해보자. 압델라흐만 알 라셰드+는 아랍어 국제 일간지 〈아샤르크 알 아잿Asharq al-awsat〉++에 기고한 글에서, 만약 9·11이 있기 전 아랍인들이 미국에서 수천 명을 살해하기 위해 방대한 음모를 꾸미고 있다고 누군가 주장했다면 아무도 그 말을 믿지 않았을 거라고 썼다. "우리는 미국 국민들을 선동해 아랍과 무슬림을 적대시하도록 만들려는 시도라고 비난했을 것"이라는 말이다.

당연히 그랬을 것이다. 그러나 아랍인들은 실제로 9·11테러를 저질렀다. 아랍인들 중에는 같은 조직이 똑같은 행동을 재연하지 않을까 크게 두려워하는 사람들이 많다. 한편, 부시는 자신의 적들이 원하는 그대로 계속해서 움직이고 있다. 바로 무슬림과 아랍인들을 자극하고, 그들의 적을 칭찬하며 그들의 나라를 악마화하고, 이라크를 폭격하고 굶주림에 빠뜨리고, 이스라엘에게 무조건적인 지원을 보내는 것, 중동의 독재자들을 계속 지지하는 것 따위다.

요즘 나는 지중해와 맞닿은 베이루트에서 매일 아침 아주 불길한 예감에 잠을 깨곤 한다. 폭풍 같은 불길이 점점 다가오고 있다. 속 편하게도 우리는 그 불길을 보고도 못 본 척하고 있다. 아니, 사실은 은근히 부추기고 있는지도 모른다.

2002년 5월 25일

인디펜던트

+ 아랍권의 위성TV 방송국 '알 아라비야'의 국장.

++ 런던에 본부를 둔 친(親)사우디 왕가 신문으로 국제적으로도 커다란 영향력을 발휘하고 있다.

두려워하라,
부시 프로덕션의 영화가 개봉을 앞두고 있다

나는 언제나 와이드 스크린으로 상영되는 장편 대작 영화라면 사족을 못 썼다. 아버지의 손을 잡고 극장에서 〈쿼바디스Quo Vadis〉를 본 뒤로—로마군 지휘관 로버트 테일러(Robert Taylor)가 자신의 신부를 안고 처형장으로 향하는 장면으로 끝을 맺는다— 나는 파란만장한 영화 편력의 길을 걸어왔다.

아버지는 명작 영화와 B급 영화를 별로 가리지 않았다. 〈벤허Ben Hur〉를 감상하고 잠깐 짬을 내 〈헤라클레스Hercules Unchained〉를 보고는 다시 〈스파르타쿠스Spartacus〉를 보러 가는 식이었다. 영화라는 매체는 묘하게도 불신감을 잠시 뒤로 미루게 하는 힘이 있어, 나 역시 〈타이타닉Titanic〉이나 〈진주만Pearl Harbor〉, 〈글래디에이터Gladiator〉 같은 영화들을 빼놓지 않고 봤다. 내용은 끔찍할지 몰라도 시간 가는 줄 모를 만큼 스펙터클한 영화들인 건 사실이니 말이다.

아버지가 늘 내게 말했듯, 영화가 현실을 그대로 본뜬 게 아니라는 사실을 명심하는 것이 중요하다. 새롭게 기독교로 개종한 로마군의 지휘관들은 실제로 자신들의 죽음에 그다지 담담하지 않았고, 타이타닉호에서는 영화에서처럼 사랑이 대세가 아니었다. 진주만의 전투기 조종사들은 임무를 수행할 때 그다지 영웅적이지 않았고, 사악한 로마 황제들 역시 그렇게 젊은 나이에 죽음을 맞이했던 것이 아니었다. 또한, 존 웨인John Wayne의 〈그린베레The Green Berets〉를 기점으로 쏟아져 나온 무수한 전쟁 영화들은 우리에게 삶과 죽음에 대해 늘상 거짓을 말해왔다.

그렇기 때문에 나는 뉴욕과 워싱턴에서 9·11 범죄가 일어난 뒤, 펜타곤과 CIA가 필시 할리우드에 아이디어를 요구하게 될 것이라고 예상했다. 실제로 영화인들이 워싱턴을 드나들었지만, 펜타곤과 CIA의 어둠의 왕자들은 별다른 시너지 효과를 얻지 못했다. 하지만 영화 〈블랙호크다운Black Hawk Down〉이 개봉하던 날, 체니 부통령과 도널드 럼즈펠드Donald Rumsfeld 국방장관이 함께 영화관에 모습을 드러내자 나는 걱정이 되기 시작했다.

부시 정권이 그렇게 전쟁을 하고 싶어 안달이라면, 어쨌든 할리우드와 실제 현실 간의 차이를 먼저 이해할 필요가 있다. 하지만 그들은 '끝없는 전쟁'을 치러야 하는 상황을 정당화하기 위해 가공의 현실을 만들어냈다. 그들이 만들어내는 작품은 '십자군'과 '테러와의 전쟁', '악에 맞선 전쟁' 따위의 헛소리부터 시작해 이젠 너무나 유명해진 '그들은 우리가 민주주의 국가라서 우리를 증오한다'거나 '악의 축,' 가장 최근에는 '악의 씨앗'—만약 이 쓰레기 같은 표현이 랜드연구소(Rand Corporation)에서 나오지 않았다면 정말 기상천외하게 웃겼을 것이다— 같은 표현들로 이어졌다.

어쨌든 이런 허튼수작을 통해 역사가 조작되고 있다. 하물며 쓰레기 같은 범죄 영화에서조차 범행의 동기를 제시해주기 마련이지만, 9·11 이후 부시 프로덕션은 동기를 논하는 것 자체도 허락지 않았다. 허용되는 정보라고는 오직 범인들이 아랍인에다 무슬림이라는 사실 뿐이었다. 그 아랍인들이 나고 자란 곳이 어떤 곳인지—불의가 판치고, 억압과 점령 속에 아이들이 죽어가는 곳— 조금이라도 들여다볼라치면 이내 온갖 중상모략이 쏟아졌다.

중동지역에서 알 카에다 뿐만 아니라 이라크·이란과 그 동맹 세력에 이르기까지 부시의 적들이 점점 늘어나자, 이야기의 얼개가 짜이기 시작했다. 예를 들어 지난 6월, 럼즈펠드 미 국방장관은 카타르에서 가진 기자회견을 통해—서구만이 아니라 아랍 세계에서도 이런 거짓말을 지어낼 수 있다는 사실에 주목하기 바란다— 이란에 관한 소설 같은 이야기들을 지어냈다. 그는 이란인들이 "테러 활동에 연루돼 있고, 다마스쿠스를 거쳐 베카 계곡으로 사람들을 실어 나르고 있다"면서, "알 카에다를 숨겨준 게 바로 그들이었고, 알 카에다가 아프가니스탄을 빠져나와 이란을 거쳐 이동할 수 있도록 도왔다"고 말했다. 이는 알 카에다 조직원들이 이란과 시리아의 도움을 받아 레바논으로 유입되고 있다는 것을 시사한 말이었다.

우리는 이란이 알 카에다를 시리아로 '실어 나르는 건' 고사하고, 오히려 그들을 사우디아라비아로 내쫓아 감옥에 갇히고 처형당하게 하였다는 사실을 알고 있다. 시리아인들 역시 알 카에다의 핵심 간부 한 명을 구금해왔다. 팔레스타인 난민촌에 숨은 레바논인 열 명을 제외하고는—그들은 알 카에다와 아무 접촉이 없었다— 오사마 빈 라덴의 추종자는 레바논에 단 한 사람도 존재하지 않는다.

물론 미국인들도 이런 사실을 처음부터 끝까지 모두 알고 있었다. 하지만 좀 더 큰 그림을 그리기 위해서는 헤즈볼라 역시 공격 대상에 올라야 했다. 그리고 〈워싱턴 포스트〉는 지난달 다음과 같은 기사로 그 효과를 톡톡히 봤다.

레바논을 근거로 한 헤즈볼라는 세계에서 가장 가공할만한 테러리스트 조직 중 하나로 병참과 테러 전술 훈련에서 점점 알 카에다와 협력을 강화하고 있다고 미국과 유럽의 정보 관료들과 테러 전문가들은 전한다.

또한 〈워싱턴 포스트〉는 이미 지난 5월에 "이번 봄, 자살폭탄 벨트를 차고 이스라엘을 공격하는 횟수가 가파르게 증가하면서 이런 전술이 미국으로도 수출될 것이라는 우려가 테러리즘 전문가들 사이에서 고조되고 있다"며 팔레스타인인들까지 미국의 적 반열에 올린 바 있다. 이번에도 역시 기사의 출처는 '테러리즘 전문가들'이었다.

이런 식의 테마는 원래 사담 후세인을 알 카에다의 동맹 세력으로 만드는 데 활용된 것이었다. 지난 3월, CIA의 조지 테닛 국장은 이라크 정부가 "알 카에다와도 접촉해왔다"고 언급했다. 비록 "양측이 미국과 사우디 왕가를 향한 반감을 공유하고 있다는 사실이, 둘 사이의 전술적 협력이 가능하다는 것을 암시해준다"고 덧붙임으로써 자신의 과감한 발언을 다소 희석시켰지만 말이다. 여기서 우리는 "접촉해왔다"와 "가능하다는 점을 암시해준다"라는 표현 사이에 놓인 간극에 주목해야 할 것이다.

팔레스타인은 또 어떤가? 럼즈펠드 국방장관은 "이른바 점령된" 영토에 대한 이야기를 이미 꺼낸 적이 있다. 이는 윌리엄 새파이어William Safire+가 3월에 〈뉴욕 타임스The New York Times〉에 기고한 터무니없는 칼럼에서 '점령지를 점령지라 부르지 말라'고 훈계한 것에 비해 한 발 물러선 것이긴 했다. 당시 새파이어는 "그 땅이 '점령당했다'고 부르는 것은 자신의 국경을 '안전하게 방어할' 이스라엘의 권리에 대한 편견을 드러내는 행위"라고 썼다.

+ 리처드 닉슨 전 대통령의 연설문 작성자로 활동하다 〈뉴욕 타임스〉로 자리를 옮긴 뒤, 정치 칼럼니스트로 오랫동안 명성을 떨쳤다. 2009년 9월 타계.

또한, 부시 대통령의 국가안보 보좌관인 콘돌리자 라이스 역시 "아라파트는 기회가 있을 때 지도력을 발휘하지 못했던 인물이다. 에후드 바라크 Ehud Barak+는 그에게 지도력을 발휘할 멋진 기회를 선사했다. 그 대가로 이스라엘이 얻은 게 무엇이었나? 아라파트는 (지도력을 발휘하는 대신) 2차 인티파다를 시작했고, (이스라엘이 내민) 우정의 손을 거부했다"는 발언을 통해 팔레스타인에 대한 편견을 드러낸 바 있다.

당시 라이스가 중동에 대해 갖고 있던 지식이 아주 막연하고 일천했음에도 불구하고, 그런 명백한 왜곡은 곧 워싱턴의 '방침'이 되었다. 그들은 아라파트가 예루살렘 전역에 대한 이스라엘의 주권을 받아들임으로써 "지도력을 발휘"하려 했다는 사실에 관해서는 일언반구조차 없었다. 아라파트가 단 한 명의 난민에 대해서도 '귀환권'을 언급하지 않았고, 동예루살렘 외곽에 불법적으로 건설된 정착촌이나 '팔레스타인'을 둘러싼 너비 16*km* 정도의 이스라엘 완충지대에 대해서도, 협상에 따라 팔레스타인인들에게 넘겨주게 되어있던 전체 22%의 영토 가운데 절반에도 못 미치는 영토만 넘겨진 상황에 대해서도 거론하지 않았다는 사실 또한 마찬가지였다.

무슨 일이 벌어지는지는 쉽게 알 수 있다. '적'은 알 카에다만 있는 게 아니다. 이라크·시리아·레바논·팔레스타인·사우디아라비아도 적이다. 부시 프로덕션은 아랍 세계의 판을 새로 짜고 있다. 우리는 곧 와이드 스크린 장편 서사 영화 한 편을 감상하게 될 것이다. 그리고 그 영화는 아마 할리우드식 허구와 거짓 줄거리로 만들어진 대작일 것이다.

아, 하지만 영화는 현실을 그대로 본뜬 것이 아니며, 전쟁 영화가 말하

+ 노동당 출신의 이스라엘 정치인으로, 군 참모총장과 외무장관을 거쳐 총리를 역임했으며(1999-2001) 2007년부터 2013년 3월까지 다시 국방장관을 맡았다가 그 뒤 정계에서 은퇴했다.

는 삶과 죽음이란 모두 거짓임을 그들에게 일깨워줄 나의 아버지는 안타깝게도 더 이상 이 세상에 존재하지 않는다.

2002년 8월 17일

인디펜던트

우리 요원들이 약간 거칠게 다뤘을 수도 있지

무슨 말인지 알겠다. 핵과 관련된 미국과의 모든 합의를 깨뜨리고 유엔 사찰단들을 쫓아낸 다음, 해마다 폭탄 하나씩을 제조하는 작업에 착수한 북한에 대해 부시 대통령은 그게 "외교적 쟁점"이라고 말했다. 그러나 대량파괴무기 생산에 관한 1만 2000쪽짜리 자료들을 넘겨주고, 유엔 사찰단이 나라 곳곳을 돌아다니는 것까지 허락한 이라크에 대해서만큼은 달랐다. 무려 230회나 불시 사찰을 벌이고도 화학무기라고는 버터 병 하나 발견하지 못한 부시 대통령은, 이라크가 미국에 대한 위협이며, 무장을 해제하지도 않았고 그래서 침공을 해야 할 수 있다고 발표했다. 그가 그렇게 이야기한 순간, 그걸로 끝이었다. 하지만 독자들은 열띤 편지로 내게 계속 물어온다. 부시가 잘하고 있는 건가요? 토니 블레어는 어떻게 하고 있죠?

얼마 전 하원에서 우리의 친애하는 총리께서는 예의 그 학교 선생 같은 말투로—학급에서 특별히 주의력이 떨어지거나 흐리멍덩한 소년들에게 말하듯이— 사담의 대량파괴무기 공장들이 "현재 가-동-중입니다"라고 선언했다. 그러나 현재 그런 공장을 가-동-중인 사람은 다름 아닌 평양의 경애하는 김정일

동지다. 그런데도 토니 블레어는 침묵하고 있다. 우리가 이런 상황을 용인하는 이유는 뭘까? 미국인들은 또 왜 아무 말도 하지 않는 걸까?

그나마 지난 며칠 간, 백악관이 벌이는 거짓 향연의 가장 든든한 공범이자 지원세력인 미국 언론이 아주 소심하게 몇 가지 문제를 제기하고 있다는 극히 미미한 징후가 감지되었다. 몇 달 전 영국의 〈인디펜던트〉 지는, 이란을 상대로 한 이라크의 독가스 사용이 최고조에 달했던 1983년 도널드 럼즈펠드가 개인 자격으로 바그다드의 사담 후세인을 방문해 다정한 시간을 보냈다는 사실을 처음으로 보도해, 독자들의 관심을 끌기 시작했다. 며칠 전, 결국 〈워싱턴 포스트〉는 독자들에게 당시 어떤 일이 벌어지고 있었는지에 대해 이야기해주기로 결정했다. 대개 그렇듯 요리조리 빠져나갈 구절을 집어넣기는 했지만—"대량파괴무기 개발을 위한 기술이 바그다드로 유입되는 것을 막기 위해 워싱턴이 더 적극적인 조치를 취할 수 있었다는 주장에 대해…… 중동 전문가들 사이에서는 견해가 엇갈린다."— 마이클 돕스 기자는 다음과 같이 정곡을 찔렀다.

> 괴물을 만든 건 우리였고, 그 역할을 맡은 건 럼즈펠드였다.

미국이나 영국 언론 중에서 미국 정부가 현재 우리의 등 뒤에서 구축하고 있는, 사담과의 관계만큼이나 위험한 또 다른 관계에 대해 감히 조사를 벌인 매체는 없었다. 군부를 등에 업은 알제리 정권과의 관계가 대표적이다. 지난 10년간 알제리의 '이슬람주의자'들과 '보안군' 사이에 세계에서 가장 추악한 전쟁 중 하나로 기록될만한 전쟁이 진행되어 왔다. 그 과정에서 살해된 사람만도 약 20만 명에 달하고, 그 대부분은 민간인이었다. 특히 최근 5년 사이 벌어진 최악의 유혈 참극에 보안군 세력이 연루되었다는 증거가 점점 늘어나고 있다. 그 가운데에는 아기의 목을 베는 만행도 있었다. 〈인디펜던트〉 지는 알제리 경찰이 남자들뿐 아니라 여자들에게까지 고문을 가하고 재판도 없이 처형했다는 아주 구체적인 기사들을 쏟아냈다.

그러나 미국은 자기네가 진행하는 가당찮은 '테러와의 전쟁'을 위해 알제리 정권에 따뜻한 눈길을 보내왔다. 심지어 미 국무부의 중동 담당 차관보 윌리엄 번스William Burns는 "테러리즘과 싸우는 방법에 관해 알제리에게서 많은 것을 배웠다"고 밝히기도 했다.

그의 말은 정확했다. 알제리 보안군은 남녀 수감자들이 질식해 죽을 것 같다고 스스로 믿게끔 만드는 노하우를 미국인들에게 가르쳐줄 수 있을 것이다. 온몸이 묶인 피해자의 입을 천으로 덮은 다음 청소용 세제를 들이붓는 방법이다. 그러면 수감자는 천천히 질식하게 된다. 알제리 중부의 샤또뇌프Châteauneuf 경찰서 지하실에 가면 이런 특별한 기술을 가진 사람들을 얼마든지 찾을 수 있다. 그곳에선 손톱을 뽑거나, 남녀 성기에 전선을 연결하는 고문 정도는 아주 흔한 수법에 불과하다. 그리고 경찰서에서 나이 든 여성을 강간하는 방법도 있겠다. 그럼 그 여인은 온통 피범벅이 된 상태에서도 용케 정신을 차리고 다른 수감자들에게 꿋꿋이 버텨달라고 당부할 것이다—목격자가 전해준 실제 상황을 옮긴 것이다—.

이런 혐오스러운 장면을 증언해준 사람들 가운데는 런던으로 피신한 알제리 경찰들도 있었다. 그러니 미국이 알제리에서 배울 수 있는 것이 무궁무진하다는 번스의 말이 옳았다는 사실만큼은 믿어도 된다. 상황이 이런데도 알제리 육군 참모총장은 나폴리에 있는 나토NATO군 남부 사령부에서 이미 따뜻한 환대를 받은 바 있다. 신문에 왜 그런 이야기가 실리지 않는지 묻지 말기 바란다. 어쨌든 미국인들은 가르침을 받고 있으니까 말이다.

지난달 CIA 소속의 어느 국가안보 관계자는 테러 용의자로 수감된 사람들 이야기를 꺼내면서 "아드레날린이 솟구친 우리 요원들이 그들을 약간 거칠게 다뤘을 수도 있다"고 털어놓았다. 또 다른 미국 '국가안보' 담당자는 "부상당한 환자의 고통조절 능력은 아주 주관적인 것"이라고 말했다. 말은 똑바로 하자. 미국인들이 그런 못된 짓을 배운 건 알제리인들로부터였을 것이다. 아니면 탈레반에게서 배웠을 수도 있고 말이다.

한편, 미국 내에 거주하는 무슬림 주민들을 대상으로 한 정보 수집 또한 빠른 속도로 진행되고 있다. 지난 11월 17일, 이란·이라크·시리아·리비아·아프가니스탄·바레인·에리트레아·레바논·모로코·오만·카타르·소말리아·튀니지·예멘·아랍에미리트 출신의 주민들 수천 명이 미 연방 정부기관을 방문해 지문을 찍었다. 9·11 이후 벌어진 이야기들을 다루는 데 있어 미국 신문들 가운데 가장 겁을 많이 내는 〈뉴욕 타임스〉는 "지난주, 정부 관리들은…… 지문을 찍으러 나타난 사람들 수백 명에게 수갑을 채운 뒤 구금했다. 그들 중에는 학생비자나 취업비자가 만료된 경우도 있었으며, 제대로 된 이민자 서류를 제시하지 못한 사람들도 있었다"고—물론 전체 기사 가운데 딱 한 문단에서만— 밝혔다. LA에서는 경찰이 사람들을 무더기로 잡아 가두는 바람에 플라스틱 수갑이 동나기도 했다. 이처럼 9·11 이후 재판이나 기소도 없이 체포 또는 구금된 천여 명 가운데 상당수는 미국에서 태어난 시민들이었다.

사실 미국인들 중에서 'US Patriot Act'+가 무엇의 약자인지 아는 사람

+ 9·11 사태 직후인 2001년 10월 24일과 25일에 각각 미 상하원을 통과해 26일부터 법률적 효력을 발생한 미국의 테러 방지법. 국내에서는 흔히 '애국자법'이라고 불리는 이 법안은 발의될 당시부터 현재까지 각종 인권과 사생활 침해 가능성 때문에 엄청난 논란이 되어 왔는데, 버락 오바마 대통령은 2011년 5월에 도청과 사업 내역 조사·테러 용의자들에 대한 감시를 허용하는 핵심 조항들을 4년 더 연장하는 법률에 서명했다.

은 많지 않다. 여기서 'Patriot'는 애국자를 가리키는 게 아니다. '테러리즘 차단과 방지에 필요한 적절한 수단을 제공함으로써 미국의 단결과 강화를 도모하는 법United and Strengthening America by Providing Appropriate Tools Required to Intercept and Obstruct Terrorism Act'이란 법률 명칭에서 각 단어의 첫 글자를 조합한 것이다. 미국 정부는 이 법률에 따라 마련된 2억 달러짜리 '종합인식 프로그램Total Awareness Program'을 통해 시민들의 이메일과 인터넷 활동을 감시하고 전체 국민의 이동에 관한 데이터를 수집할 수 있게 될 것이다.

비록 기자들은 이런 문제에 대해 입을 닫고 있지만, 미국 정부는 이제 데이터 파일의 알맹이를 채우기 위해 유럽 정부를 성가시게 졸라대고 있다. 대표적인, 그리고 가장 터무니없는 사례로는 프랑스 국적 항공사인 에어프랑스의 컴퓨터 기록에 대한 접근을 허용해달라고 요구한 것이었다. 물론 수천 명 승객들의 '정보를 수집'하기 위해서였다. 이 모두는 사담 후세인과 경애하는 지도자 김정일의 무모한 꿈을 훨씬 능가하는 것들이었다.

그런데도 새로운 규칙들은 교묘하게 지식인들의 환심을 사고 있다. 내가 몇 주 전 강연을 하기도 했던, 인디애나 주의 퍼듀Purdue라는 작지만 친숙한 대학을 예로 들어보자. 퍼듀대학은 연방정부의 재정으로 '국토안보연구소Institute for Homeland Security'를 설립할 예정에 있다. 보잉과 휴렛팩커드, 미 국방부와 국무부에서 연구소로 파견된 열여덟의 명 전문가들은 '지극히 중요한 임무 지역' 주변에서 '연구 프로그램'을 진행할 계획이다. 이 지점에서 궁금한 것은, 그 지역이 과연 어디일까 하는 점이다. 분명 중동에서 일어나는 온갖 불의나 아랍-이스라엘 분쟁, 혹은 이슬람 영토에 수만 명의 미군이 주둔하는 것과는 아무런 관련이 없을 거라 믿는다.

어쨌든 2002년도에 "테러리즘은 문맥에서 따로 떼어놓고 생각해야 한다"고 말한 사람은, 조지 W. 부시의 친이스라엘 고문 중에서도 가장 사악한 인물인 리처드 펄Richard Perle+이었다. 우리는 바로 그런 주장을 토대로 이라크 전쟁을 향해 곧장 치닫고 있다. 알다시피 이라크에는 석유가 난다. 하지만 석유가 나지 않는 한반도에서의 전쟁은 피한다. 우리 지도자들은 마음 내키는 대로 거침없이 행동하고 있다. 그를 통해 우리는 무고한 사람들을 협박하고, 수감자들을 고문하며, 전쟁 범죄로 피고석에 앉아 있어야 할 사람들에게서 "가르침을 받고" 있다. 이 모든 것들은 2001년 반인도적인 9·11 범죄로 잔인하게 목숨을 잃은 사람들을 추모하는 우리의 진정한 기념비인 셈이다.

2003년 1월 4일

인디펜던트

+ 미국 내 신보수주의(네오콘) 세력의 핵심 인물 중 한 사람으로, 레이건 행정부 시절 국방차관보를 거쳐 조지 W. 부시 행정부에서는 국방 자문위원장을 역임했다. 부시 대통령의 이라크 침공에 주도적인 역할을 했던 그의 관련 발언을 조금만 더 옮겨보면, "테러리즘은 문맥에서 따로 떼어놓고 생각해야 한다. …… 테러의 근원에 관해 토론하자는 건 곧 테러를 정당화하려는 시도일 뿐이다. 테러는 그냥 맞서 싸워서 분쇄하기만 하면 된다"(〈인디펜던트〉, 2004년 9월 22일)는 것이었다.

동쪽에서 불어오는 바람

며칠 전 나는 요르단 암만Amman의 교외에 있는 오래된 콘크리트 집 바닥에 앉아, 버터로 적신 쌀밥과 양고기를 입안에 잔뜩 구겨 넣고 있었다. 내 주위에는, 요르단에서도 가장 이슬람주의 성향이 강하고 반항적인 도시인 마안Maan 출신의, 턱수염을 기른 나이 든 남자들이 예복을 입고 앉아 연신 고기와 쌀밥을 권해댔다. 우리 영국인들은 과거 수백 년 동안 중동지역을 너무 많이 먹어치워서 더 이상 배가 고프지 않을 정도라는 말을 나는 끝내 입에 담고야 말았다. 내 말이 끝나기 무섭게 중얼거리는 기도 소리 외엔 무거운 침묵만이 방 안을 가득 채웠다. 얼마 후, 정적을 깨고 한 노인이 이렇게 말했다.

"이제는 미국인들이 우리를 먹어치우고 있지."

열린 문 사이로 들이친 빗물이 돌 바닥 위에 후드득 떨어지고, 동쪽에서 불어온 바람이 날카롭게 울부짖고 있었다. 그 방에 있던 사람들 모두는 부시 대통령이 이라크의 석유를 노린다고 믿었다. 실제로 지난 6개월간 내가 만난 아랍인들 모두는, 부시가 그렇게도 이라크를 침략하고 싶어 했던 이유는 석유를 빼놓고 설명할 수 없다고 믿고 있었다. 상당수 이스라엘인 역시 같은 생각이었다. 물론 나도 그렇게 생각한다. 바그다드에 미국식 체제가 들어서게 되면, 서구의 석유 기업들은 1120억 배럴의 석유에 접근할 수 있게 된다. 아직 확인되지 않은 매장량까지 고려하면, 그들은 사실상 세계 전체 석유 매장량의 약 4분의 1을 통제할 수 있게 되는 셈이다. 그런데도 이라크 전쟁이 석유 때문에 일어난 게 아니라고 할 수 있을까?

2003년 1월 초, 미국 에너지부는 2025년 무렵이면 미국 국내 전체 석유 수요량의 70%를 수입유가 차지하게 될 것이라고 발표했다. 2년 전 발표에서는 그 비율이 55% 정도였다. 또한, '월드워치 연구소Worldwatch Institute'의 마이클 레너Michael Renner는 "미국의 원유 저장량이 점점 고갈되고 있고, 석유수출국기구OPEC 회원국이 아닌 나라의 유전들도 상당수 말라가기 시작하고 있다. 앞으로 미래 석유 공급의 상당량은 걸프 지역에서 충당할 수밖에 없을 것이다"라는 암울한 전망을 내놓기도 했다. 이런 상황에서 부시의 전반적인 에너지 정책이 석유 소비 증가를 전제로 하고 있다는 사실은 전혀 놀라운 일이 아니다. 게다가 확인된 세계 석유 매장량의 약 70%는 중동에 묻혀 있다. 그런데도 이라크 전쟁이 석유 때문에 일어난 게 아니라고 할 수 있을까?

매장량 대비 석유 생산 비율에 대한 통계, 즉 현재의 비율로 석유를 계속 생산할 경우 생산이 가능한 기간을 한번 살펴보기 바란다. 실제로《수소 경제Hydrogen Economy》의 저자 제레미 리프킨Jeremy Rifkin 교수는 땅에서 얻을 수 있는 석유의 60% 이상을 이미 생산해낸 미국의 경우 생산 가능 기간이 단 10년밖에 남지 않았다고 주장했다. 같은 통계에서 캐나다는 8년, 이란은 53년, 쿠웨이트는 116년이었다. 그러나 이라크의 석유 생산 가능 기간은 앞으로 무려 526년에 달했다. 그런데도 이라크 전쟁이 석유 때문에 일어난 게 아니라고 할 수 있을까?

설사 1983년에 사담 후세인과 다정하게 악수를 나눈 사실이 곧 현재의 미 국방부 수장인 럼즈펠드가 인권이나 반인도적 범죄에 아예 무관심하다는 사실을 보여주는 증거가 아니라 할지라도, 1980년대 말 펜타곤에서 실제 무슨 일이 벌어졌는지에 대한 주스트 힐터맨Joost Hilterman의 분석을 주목할 필요가 있다. 미국과 이라크 관계에 관한 책을 준비하는 과정에서 기밀 해제된 미국 정부 문서들을 깊이 검토한 그는, 사담 후세인이 할랍자+에서 6800명의 이라크 쿠르드 인들을—9·11 사태 당시 세계무역센터 희생자들 수의 2배가 넘는다— 가스로 살해한 뒤에도 미국 국방부는 학살 책임의 일부를 이란에 돌림으로써 사담을 방어하려 했다는 사실을 밝혀냈다. 뒤이어 기밀 해제된 국무부 문서들도 그런 아이디어가 언제나 뒤에서 사담을 밀어주었던 미국 국방부의 작품이라는 걸 입증해주었다. 하지만 미 외교관들이 이란 책임설을 밀어붙이라는 지시를 받았다고 기록된 외에 더 이상의 구체적 내용은 없었다. 물론 이란의 책임 어쩌고 하는 자체가 죄다 꾸며낸 이야기였기 때문에 구체적 내용이 있을 수도 없었다.

할랍자 학살이 1983년에 내려진 미 국가안보정책 결정지시 114호를 통해 미국 정부가 이라크 정부에 수십억 달러에 달하는 채무 보증과 여러 가지 융자 제공을 공식적으로 승인한 지 5년 뒤에 일어났음을 기억하기 바란다. 1983년은 럼즈펠드가 바그다드를 친선 방문했던 해였다는 점도 잊어서는 안 된다. 그런데도 이라크 전쟁이 인권을 위한 전쟁이라고 할 수 있을까?

+ 이라크 북부에 위치한 쿠르드인들이 다수 거주하는 도시. 이란-이라크 전쟁 막바지에 쿠르드의 페슈메르가 민병대가 이 지역을 장악하자 후세인 정부는 주민들을 상대로 화학무기 공격을 가했는데, 그때 사용된 화학무기가 미국에 의해 제공된 사실이 나중에 밝혀졌다.

잠시 1997년으로 돌아가 보자. 클린턴 행정부 시절이던 그 해, 럼즈펠드와 딕 체니를 비롯해 대부분 석유산업과 관련을 맺고 있던 여러 우파들이 모여 '새로운 미국의 세기를 위한 프로젝트Project for the New American Century'라는 단체를 창설했다. 그들은 1998년 클린턴에게 서한을 보내 사담을 권좌에서 끌어내려 달라고 요구하는 등 이라크 정권교체를 위한 로비를 펼쳤다. 그들은 또한 뉴트 깅리치Newt Gingrich+ 원내 대변인에게 보낸 서한에서 "우리는 (중동) 지역에 주둔하는 미군의 수준을 확고히 유지해야 하고, 걸프 지역에서의 사활적 이익을 보호해야만 합니다. 또한, 필요할 경우 사담을 권력에서 제거하기 위해 언제든 군사력을 사용할 준비를 갖춰야 합니다"라고 썼다.

두 개의 서한 중 한 곳에라도 서명했던 이들 가운데는 럼즈펠드, 폴 월포위츠Paul Wolfowitz 국방부 부장관, 존 볼튼John Bolton 국무부 군축담당 차관, 콜린 파월 시절 국무부 차관이던 리처드 아미티지Richard Armitage 등이 포함되어 있다. 그 밖에도 전 국방부 차관보이자 국방 자문위원회 위원장인 리처드 펄과 유노칼 코퍼레이션Unocal Corporation의 석유산업 부문 전직 컨설턴트로서 미국 정부의 아프가니스탄 특사에 임명된 잘마이 칼릴자드Zalmay Khalilzad의 이름도 명단에 올라 있다. 유노칼은 한때 아프간 영토를 가로지르는 가스 파이프라인 건설 계약을 탈레반과 맺는 방안을 추진했는데, 그런 이력을 가진 인물이 부시 정부에서 이라크와 관련된 특별한 직책에 임명됐다는 건 기적 중의 기적이라고 할 수 있겠다.

미국의 친이스라엘 공직자 중에서도 친샤론 성향이 강한 인물에 속하는 엘리엇 에이브럼스Elliott Abrams의 이름 또한 빼놓을 수 없겠다. 그는 이

+ 미 공화당의 보수 강경파 중 한 명인 그는 2012년 대선에서 공화당 후보 경선에 출마했다가 고배를 들었다.

란-콘트라 스캔들+에 연루된 혐의로 유죄를 선고받은 적이 있고, 이스라엘의 아리엘 샤론 총리를 윈스턴 처칠과 비교하기도 했던 인물이다. 이렇듯 전체적으로 보자면, 이라크 전쟁은 뼛속까지 오일맨이라 할 수 있는 체니와 칼릴자드 같은 자들이 걸프 지역에서의 '사활적 이익'—즉, 석유—을 위해 5년 전부터 꾸며낸 것이었다.

솔직히 나는 또 다른 킬링필드를 정당화하기 위해 새삼 2차 세계대전을 다시 들먹이는 사람들의 이야기가 정말로 지겹다. 사담과 부시가 서로가 서로를 필요로 하는 관계일지는 모르겠으나, 사담은 히틀러가 아니고 부시도 당연히 처칠이 아니다. 그런데도 사람들은 부시를 전쟁 반대파들의 유화적 태도에 맞서 싸운 처칠에 빗대고, 부시 자신도 거기에 대해 아주 흡족해한다. 하지만 역겹기 그지없는 북한의 스탈린식 정권을 대하는 부시의 전반적 전략을 보면, 처칠보다는 오히려 체임벌린식++ 유화정책의 냄새가 물씬 풍기는 것이 사실이다. 부시 정권하에서 미국 외교관들은

\+ 1980년대 미국을 뒤흔들었던 최대의 정치 스캔들로, 그 계기는 1983년 쿠웨이트에서 레바논 헤즈볼라와 연계된 이라크의 무장 정치조직에 의해 미국인 6명을 포함한 외국인 30명이 납치된 사건에서 출발한다. 미국 정부는 자국 인질들의 석방이 여의치 않자, 이란 정부에게 헤즈볼라에 영향력을 발휘해 인질을 석방시키는 조건으로 무기 판매를 제안한다. 이란-이라크 전쟁이 한창인 때라 무기가 절실했던 이란은 미국의 제안을 받아들이고, 실제로 2712기의 대전차 미사일과 258기의 지대공 미사일이 극비리에 미국에서 이란으로 판매되었다. 대이란 무기 판매로 벌어들인 돈은 니카라과의 좌파 산디니스타 정권에 대항해 게릴라전을 벌이던 우익 콘트라 반군을 지원하는 용도로 쓰였고, 콘트라 반군은 지원받은 자금의 일부를 마약 밀매에 사용하였다. 이러한 사실은 레바논의 일간지 〈아시 시라〉가 1987년 11월 3일 자로 특종보도하면서 세상에 알려지게 되고, 열흘 뒤 레이건 당시 미 대통령도 그런 사실을 대체로 인정하였다. 따라서 적성테러국가 및 반군과의 무기 거래와 지원을 금지한 국내외 법률을 위반한 혐의로 한때 레이건 대통령이 탄핵 위기까지 몰렸으나, 그가 끝까지 작전의 존재를 몰랐다고 부인함으로써 결국 존 포인덱스터 국가 안전보장회의 의장과 실무책임자 올리버 노스 중령을 비롯한 관련자들을 기소하는 선에서 사건은 마무리되었다. 레이건 행정부에서 부통령을 맡았던 조지 H.W. 부시는 대통령으로 재임 중이던 1992년에 관련자 모두를 사면하는 대통령령을 발표하였다.

++ 2차 세계대전이 발발하기 직전 영국 총리였던 아서 네빌 체임벌린(Arthur Neville Chamberlain)은 독일의 아돌프 히틀러가 신생국 체코슬로바키아를 호시탐탐 노리는 걸 알고 전쟁을 막기 위해 1938년 9월 29일 히틀러와 프랑스의 에두아르 달라디에 총리, 이탈리아의 무솔리니 총리와 4자 회담을 열어 독일계 주민들이 대거 거주하던 체코슬로바키아의 주데텐란트를 독일에 넘겨주는 대신 침공을 하지 않겠다는 내용의 약속을 히틀러로부터 받아낸다. 뮌헨협정으로 알려진 당시 합의를 두고 국민들은 처음에는 크게 환영하는 분위기였으나, 이듬해 3월 히틀러가 체코슬로바키아의 나머지 영토를 강제병합하고 9월에는 폴란드를 침공해 2차 대전이 발발하자 체임벌린 총리는 완전히 조롱의 대상이 되고 말았다. 협상을 통해 전쟁을 막겠다는 체임벌린의 정책은 실패한 유화정책의 대표적 사례로 오늘날까지 기억되고 있다.

대량파괴무기를 보유한 경애하는 지도자 동지의 북한 정권과 "만족스러운" 회담을 벌였다고 주장하고 있기 때문이다.

지금으로부터 88년 전 우리 인류는 사라예보에서 황태자가 암살된 사건을 계기로 전쟁을 벌였다. 63년 전에는 나치 독재자가 폴란드를 침략하는 바람에 또다시 전쟁이 터졌다. 이제 유엔 사찰단이 전쟁으로 직행하는데 있어 결정적 증거가 될 만한 것들을 발견했다는 이야기가 들려온다. 20년은 족히 됐을 법한 11기의 텅 빈 화학무기 탄두 말이다. 하지만 아무짝에도 쓸모없는 빈 탄두 11기 때문에 전쟁을 한다고? 이제 좀 솔직해지자. 그저 언제든 석유를 손에 넣겠다는 것 아닌가? 양고기와 쌀밥이 차려진 자리에 모여 앉은 노인들도 그 정도는 안다.

2003년 1월 18일

인디펜던트

2장

할 말은 할 것인가, 침묵할 것인가

1차 세계대전이 한창이던 1915년에 오스만 튀르크 제국이 150만 명의 기독교계 아르메니아인들을 조직적으로 집단학살한 사건은, 20세기 인류가 겪은 가장 참혹하고 끔찍한 잔학행위 가운데 하나였다. 그러나 오늘날 서구 동맹국들은 그런 대참사가 일어났다는 사실조차 부인하는 터키의 뻔뻔함을 고스란히 눈감아주고 있다. 우리 서구인들은 인류에 반하는 범죄가 저질러지고 있다는 사실을 당시에도 잘 알고 있었다. 그런데도 우리는 그에 따르는 위험과 창피함을 무릅쓰면서까지 오스만 튀르크에 대한 비난을 외면하고 있다. 터키의 아르메니아 대학살은 2차 세계대전에서 히틀러가 유럽의 유대인들을 말살하는 데 있어 일종의 시험장 역할을 한 사건임이 입증되었다. 아르메니아 학살을 처음 조사할 당시 나는, 내가 쓴 글들이 역사를 인정하기를 거부하는 터키와 이렇게 얽히고설키는 계기가 될 줄 미처 깨닫지 못했다.

그러니까 학살을 고발할 수 있게 피고석에 세워달라잖아

1915년 아르메니아 대학살이 일어날 당시 그 현장에는, 수십 년 뒤에 나치 제복을 입고 유대인 홀로코스트를 주도하게 될 독일군 장교들이 모든 상황을 지켜보고 있었다. 그런 면에서 볼 때 터키의 아르메니아 학살은 유대인 홀로코스트의 직접적 전조 역할을 한 사건이라 할 수 있으며, 그 자체로 하나의 고유 명사로 인정받을만한 가치가 충분하다.

홀로코스트를 부정하는 사람들에게 이번 주는 참 고약한 한 주였을 것이다. 다름 아닌, 1915년 오스만 튀르크가 저지른 아르메니아 기독교도 대학살에 대해 의도적으로 거짓말을 늘어놓는 사람들 말이다.

지난 목요일, 프랑스 하원은 아르메니아인들이 겪은 대학살을 부인하는 행위를 범죄로 규정해 처벌하는 법안을 통과시켰다. 한 시간도 채 안 돼 터키에서 가장 유명한 작가인 오르한 파묵Orhan Pamuk이 노벨 문학상 수상자로 선정되었다는 소식이 전해졌다. 그는, 스위스 언론과의 인터뷰에서 터키 사람 중 누구도 감히 아르메니아 학살을 거론하는 이가 없는 상황에 관해 이야기를 꺼냈다가 "터키의 정체성"을 모욕했다는 혐의로 터키 법정에 기소된 뒤, 최근에야 겨우 무죄를 선고받은 인물이다.

대학살이 벌어질 당시, 학살 가해자들은 실탄을 아끼기 위해 아르메니아 피해자들을 단검이나 칼·해머·도끼로 살해했다. 흑해와 유프라테스강에 수장된 사람들도 셀 수 없을 만큼 많았다. 피해자들 대다수는 여성과 아이들이었고, 그 수가 얼마나 많았던지 유프라테스 강물이 시체로 막혀 물길이 800m가량 틀어질 정도였다고 한다. 그럼에도 터키는, 수십만 명의 아르메니아 남성들이 조직적으로 살해당하고 또 여성들이 집단 성폭행당한 이 비극이, 단지 '내전'의 가슴 아픈 결과일 뿐이었다고 계속해서 헛소리를 지껄여왔다. 하지만 그에 맞서 바한 다드리안Vahakn Dadrian 같은 아르메니아 역사가들은 당시의 홀로코스트가 사전에 계획된 것이었음을 밝혀줄 새로운 증거를 찾아내기 위해 모든 열정과 노력을 다 쏟아붓고 있다.

아르메니아인 수만 명이 건초 창고에서 산 채로 불태워졌다는 사실을 밝혀낸 것도 다드리안이었다. 터키어를 유창하게 구사할 수 있던 덕분에 그는, 1차 세계대전이 끝난 뒤 학살자들을 약식 기소하기 위해 터키 군사법정에 제출된 진술조서를 찾아낸 것이다. 문서의 작성자는 당시 터키 야전군 사령관을 맡고 있던 메흐멧 베히프 파샤Mehmet Vehip Pasha였다. 베히프 장군은 아르메니아어로 '작은 강물'을 뜻하는 초우릭Chourig 마을을 방문했다가 집집마다 불에 탄 유골들이 가득 차 있는 것을 발견했다. 그의 증언에 따르면 유골이 얼마나 많았던지 모두 꼿꼿이 세워져 있을 정도였다고 한다. 그때의 상황에 대해 베히프 장군은 "이슬람 역사를 통틀어 이토록 야만적인 행위는 비교 대상을 찾기가 불가능하다"고 적었다.

오늘날 터키에서는 아르메니아 홀로코스트가 '입에 담을 수도 없는 사건'이 되었지만, 1918년만 하더라도 터키 국민들에게 학살이 일어났다는 사실 자체는 비밀이 아니었다. 대학살이 일어났던 1915년에 아르메니아인들이 대규모로 추방당하는 것을 목격한 터키 무슬림들이 수백만 명에 달했고, 그들 중 일부는 자신과 가족들의 목숨을 걸고 아르메니아인 이웃과 친구들을 보호해주기도 했다. 1918년 10월 19일, 학살을 저지른 청년튀르크당을 한때 지지했던 아흐메드 리자Ahmed Riza 터키 상원 의장은 취임 연설에서 이렇게 말했다.

"솔직히 말해, 우리 터키인들은 아르메니아인들을 야만적으로 살해했습니다."

다드리안은 터키 내무장관 탈랏 파샤Talat Pasha가 공무원들에게 내린, 상반되는 두 가지 명령 역시 찾아내 공개했다. 하나는 추방되는 아르메니아인들에게 빵과 올리브를 제공하고 보호책을 마련하라는 세심한 배려의 명령이었고, 다른 하나는 추방자 행렬이 인구밀집지역에서 충분히 벗어나 보는 눈이 없어지면 그 즉시 "임무를 진행하라"는 잔인한 명령이었다. 이는 훗날 나치의 방식과 정확히 일치하는 것이었다. 이에 대해 1918년 11월 19일 레시드 아키프 파샤Reshid Akif Pasha 터키 상원의원은 이렇게 증언했다.

"(공무원들에게) 회람된 '임무'는 행렬을 공격하고 사람들을 학살하라는 것이었습니다. …… 무슬림의 한 사람으로서, 그리고 오스만 제국 정치인의 한 사람으로서 정말 부끄럽습니다. 그들은 오스만 제국의 명성에 먹칠을 한 범죄자들입니다."

터키의 고위 인사들이 1918년 당시 그렇게 진실을 이야기할 수 있었다는 사실 자체, 그것도 자기네 국회에서 아르메니아인들의 대학살이라는 과거를 인정할 수 있었다는 자체는 지금으로선 보기 드문 대단한 일이었다. 터키 신문들이 사설을 통해 그런 엄청난 범죄를 있는 그대로 지적했다는 사실 역시 마찬가지이다. 그러나 그보다 훨씬 더 대단한 사실은 오늘날 그 후손들이 당시에 일어난 모든 사건이 그저 꾸며낸 신화일 뿐이라 주장한다는 것이다. 선조들이 1918년에 인정했던 사실을 받아들이는 사람이라면 누구나, 저 악명 높은 301호 법률에 따라 터키의 '명예를 훼손한' 혐의로 기소될 수 있는 현실이 그저 놀라울 따름이다.

물론, 그렇다고 해서 반아르메니아이건 반유대주의이건 고래고래 악을 쓰며 홀로코스트를 부인하는 사람들을 법정에 세우는 게 맞는지는 잘 모르겠다. 언론 자유의 아주 무례한 '순교자'인 데이비드 어빙David Irving+의 사례를 보거나, 1993년 11월 〈르 몽드Le Monde〉 기고 글에서 아르메니아 학살을 부인한 버나드 루이스Bernard Lewis에게 프랑스 법원이 벌금 1파운드를 선고한 행위가 이미 오래전에 맛이 가버린 한 원로 역사학자의 이름을 널리 알린 것 말고 무슨 의미가 있었는지 나는 알지 못한다.

그럼에도 자크 시라크Jacques Chirac 프랑스 대통령과 니콜라 사르코지 내무장관이 터키가 유럽연합 가입을 승인받으려면 먼저 아르메니아인들의 죽음을 학살로 인정해야 할 것이라고 밝힌 건 아주 흐뭇한 일이다. 물론 프랑스에서 살아가는 50만 아르메니아인들의 강력한 커뮤니티가 그 결단에 영향을 미친 것도 사실이다. 하지만 늘 그렇듯 쿠트 알 아마라의 블레어 경이나 유럽연합은 그런 용기조차 증명해 보인 적이 없다.

유럽연합은, 만약 프랑스 상원에서 그런 법이 통과된다면 터키와 현대 아르메니아 간의 화해를 위한 "대화를 막아버리는" 결과를 가져올 것이라는 비겁하고 유치한 멘트를 날렸다. 그 말의 숨은 뜻이 뭘까? 마찬가지로 독일과 유럽 유대인들 사이의 '화해'를 저해하지 않으려면 유대인 홀로코스트에 대해서도 더 이상 이야기하지 말라는 뜻인가?

+ 주로 2차 세계대전과 나치 독일에 관한 역사책을 써온 영국의 베스트셀러 작가 데이비드 어빙은, 나치의 유대인 홀로코스트를 공공연히 부정하고 히틀러의 제3 제국에 대해 동정적인 시각을 드러내 큰 논란을 빚어왔다.

지난주, 아르메니아인들의 한 맺힌 역사가 내 눈앞에 현실로 닥쳤다. 다음 달 '아고라 북스Agora Books'라는 터키의 출판사가 《문명화 대전The Great War for Civilisation》이란 내 책을 터키어로 출간할 예정인데, 그 안에 아르메니아 대학살을 다룬 긴 분량의 글이 '첫 번째 홀로코스트'라는 제목으로 들어가 있는 게 문제였다. 지난 목요일에 출판사가 보내온 팩스에 따르면, 출판사의 자문 변호사들이 터키의 명예를 훼손하는 행위를 금지하는 "301호 법률에 따라 출판사가 기소될 가능성이 매우 높다"고 했다는 것이다. 우익 쪽 법조인들이 오르한 파묵을 기소할 때 근거로 삼았던 바로 그 법률이다. 그러나 나 같은 경우에는 외국인이기 때문에 "손을 대지 못할 것"이라는 게 변호사들의 판단이었다. 다만 내가 원한다면, 이후 열릴 재판에서 나 역시 피고에 포함해 달라고 법원에 신청하는 건 가능했다.

글쎄, 홀로코스트를 부인하는 터키 사람들이 나까지 건드릴지는 사실 잘 모르겠다. 하지만 나는 그들이 나를 기소해주기만을 기다리고 있다. 터키의 출판사 사람들과 나란히 피고인석에 서서, 현대 터키 건국의 아버지인 무스타파 케말 아타튀르크Mustafa Kemal Ataturk조차 규탄해 마지않았던 대학살을 고발할 기회를 얻는다는 건 내게 정말 영광일 테니 말이다.

2006년 10월 14일

인디펜던트

대사님,
말도 안 되는 이야기 하지 마세요

며칠 전, 영국 궁정 주재 터키 대사가 보낸 한 통의 편지가 내게 도착했다. 그 편지에는 인간의 영혼을 뒤흔들 만한 내용이 담겨있었다. '존경하는' 아킨 알프투나Akin Alptuna 대사'님'께서는 편지에서 "당신은 1915년 동부 아나톨리아Eastern Anatolia에서 아르메니아인 '대학살'이 벌어졌다고 주장합니다. 하지만 나는 당시 일어난 일들에 대한 당신의 인식이 잘못됐다고 믿습니다"라고 말했다.

아, 하마터면 나는 오줌을 지릴 뻔했다. 나는 지금껏, 1915년에 오스만 제국의 지배자들이 수십만 명의 아르메니아인들을 의도적으로 잔인하게 살해했다고 완전히 잘못 알고 있었던 것이다. 남자들이 총칼로 살해되는 동안 여성들은 강간당했고, 내장이 꺼내진 뒤에 화장되거나 죽음의 행렬 과정에서 굶어 죽어갔으며, 아이들까지 살육당했다고 오해하고 있었던 것이다. 그리고 만약 터키 대사의 말이 사실이라면, 학살에서 살아남아 나에게 당시 상황을 이야기해주었던 몇몇 생존자들도 죄다 거짓말쟁이였던 셈이다. 또한, 아르멘 베그너Armen Wegner라는 용감한 독일 사진작가가 찍은 피해자들의 사진 역시 몽땅 쓰레기통에 버려야 할 게 틀림없다. 마찬가지로 1915년 오스만 정부가 관리하던 민족주의자 조직의 지시하에 터키 기독교도들이 대량으로 학살당했음을 밝혀줄, 저 용감한 외교관들의 자료도 모두 내다 버려야 할 것이다.

"당신은 1939년부터 1945년 사이에 동유럽에서 '유대인 대학살'이 벌어졌다고 주장합니다. 하지만 나는 당시 일어난 일들에 대한 당신의 인식이 잘못됐다고 믿습니다."

만약 독일 대사가 이런 편지를 썼다면 어떤 반응이 이어졌을까? 물론 그런 편지가 공개되자마자 독일 대사는 외교부로부터 강한 질책을 받을 것이고, 우리는 베를린에 있는 영국 대사를 소환할 것이며, 유럽연합은 독일에 어떤 제재를 내릴지 논의하느라 정신이 없을 것이다.

그러나 알프투나 대사는 그런 걱정을 할 필요가 없다. 일단 터키는 유럽연합 회원국이 아니다. 그들은 아직 회원국이 되고자 희망하는 나라일 뿐이다. 그리고 영국에서 열리는 홀로코스트의 날 행사에 아르메니아인들의 참가를 막으려고 번번이 애써왔던 비겁한 블레어 정부가 그의 든든한 방패막이가 되어줄 것이다.

물론 이런 왜곡된 시각의 틈바구니에서도 밝게 빛나는 희미한 빛줄기들이 있다. 터키인들 중에도, 자신들의 나라가 아르메니아인들을 대상으로 행한 거대한 악행을 더 이상 감춰서는 안 된다고 확신하는 사람들이 존재하는 것이다. 내게는 그런 사람들을 만났다는 사실 자체가 너무나 큰 영광이었다. 그러나 동시에 나는 알프투나의 편지가, 터키 시민들 사이에서 그와 비슷한 시각을 공유하는 사람들이 점점 늘어나고 있음을 보여주는 하나의 징표라는 사실을 인정하지 않을 수 없다. 그래서 나는 스스로에게 묻는다. 왜 알프투나 대사와 세계 각지에 있는 그의 동료들은 아직껏 그런 말도 안 되는 이야기를 퍼뜨리는 걸까?

예를 하나 들어보자. 레바논 주재 터키 대사관은 현지 프랑스어 신문 〈로리앙 르 주흐L'Orient Le Jour〉에 공식 성명서를 전달했다. 성명서는 "소위 아르메니아 대학살"에 대한 언급과 더불어 터키가 제안한 공동 역사연구에 대해 아르메니아 측이 왜 아무런 답변을 내놓지 않는지 이유를 묻고 있었다. 그러나 아르메니아의 로베르트 코차리안Robert Kotcharian 대통령이 실제 그런 요구에 응할 가능성은 없다. 이란 대통령이 유대인 홀로코스트에 대해 그와 비슷한 조사를 요구한다면, 세계 유대인 공동체가 절대 응하지 않으리라 확신하는 것과 같은 이치다. 유례없는 국제 범죄가 저질러진 것이 이미 사실로 밝혀진 이상, 그에 대해 단순히 의문을 제기하는 행위 자체만으로도 죽어간 수백만 명의 희생자들을 모욕하는 것과 마찬가지이기 때문이다.

하지만 터키 측의 호소는 교묘했다. 그들은 1915년 갈리폴리Gallipoli에서 일어난 연합군의 대재앙을 끄집어냈다. 당시 영국과 프랑스·오스트레일리아·뉴질랜드 군대는 터키 군대에 의해 엄청난 인명피해를 겪어야 했다. 다르다넬스Dardanelles 해협에서 흔적도 없이 쓸려간 사람들의 목숨만 해도 터키 군인들을 포함해 약 25만에 달했던 것이다. 베이루트의 터키 대사관은 성명서를 통해, 갈리폴리에서 서로 맞서 싸웠던 어제의 적들이 과거의 적대행위를 화해와 우호, 상호 존중의 제스처로 변화시켜왔다고 말했다. 당연히 좋은 시도다. 그러나 갈리폴리의 유혈 참사는 수십만 명의 영국·프랑스·오스트레일리아·뉴질랜드·터키의 여성과 아이들이 계획적으로 학살당한 것과는 거리가 멀었다.

이제 밝은 측면을 이야기 해보자. 아흐메트 인셀Ahmet Insel, 바스킨 오란Baskin Oran, 할릴 베르크타이Halil Berktay, 흐란트 딩크Hrant Dink, 라지프 자라콜루Razip Zarakolu를 비롯한 일련의 "정의로운 터키 사람들"은 1915년 대학살을 둘러싼 자국 정부의 부정직한 발언에 이의를 제기하고 있다. 그들은 터키의 "민주화 과정"이 "서서히 어둠을 걷어내게" 할 것이며, 그를 위해 아르메니아인들의 도움을 구해야 한다고 주장했다.

이렇게 훌륭하고 정직한 사람들이 터키 민족주의의 힘에 맞서 싸우는데도 왜 그들이 해결하고자 하는 과제는 점점 더 풀기 어려워지기만 하는 걸까? 문제는 형편없는 인물들이 역사를 지워버리라는 요구를 일관되게 하고 있다는 점이다.

알프투나 대사는 내게 보낸 편지에 아르메니아인들은 "집단학살이 일어났다는 자신들의 주장을 뒷받침할 만한 결정적 증거를 전혀 제시하지 못했습니다"라고 썼다. 정말 그 정직하지 못한 태도에 감탄이 절로 나오지 않을 수 없다. 계속해서 그는 "당신도 익히 잘 알다시피 1948년 유엔에서 채택된 제노사이드 협약에서는 집단학살에 대해 법적으로 아주 구체적인 정의를 내리고 있습니다"라고 주장했다. 그러나 집단학살에 대한 정의를 마련한 사람은 라파엘 렘킨Raphael Lemkin이라는 유대인 법률학자로, 그 과정에서 그는 아르메니아인들에게 가해진 대대적인 살육을 명확히 짚어낸 바 있다. 물론 이는 알프투나 자신도 아주 잘 아는 사실일 텐데, 그는 그런 이야기만큼은 쏙 빼놓았다.

그러는 동안 서구에서는 억울한 죽음의 냄새가 곳곳에 배어 있는 새로운 외교 문서들이 속속 공개되고 있다. 그중 한 가지, 1차 대전 시기에 터키를 방문했던 덴마크의 카를 반델Carl Wandel 장관이 1915년 7월 3일 작성한 문서를 여기에 소개한다.

> 터키인들은 아르메니아인들을 완전히 몰살시키려는 잔인한 의도를 강력히 실행에 옮기고 있다. …… 카르푸트Karput의 주교에게 48시간 안에 알레포

> Aleppo를 떠나라는 명령이 내려졌고, 나중에 주교를 비롯해 그와 동행한 성직자 일행 모두가 디야르바키르Diyarbekir와 우르파Urfa 사이 어딘가에서 살해되었다는 사실이 알려졌다. 그곳에서 약 1700 가구의 아르메니아계 주민들도 똑같은 운명을 맞았다. …… 앙고라Angora에서는 6000명가량의 남자들이…… 길에서 총살당했다. 심지어 이곳 콘스탄티노플Constantinople에서도 아르메니아인들을 납치해 아시아로 보내고 있다.

이 밖에도 자료들은 무궁무진하다. 그런데도 알프투나 대사는 편지에서 "실제로는 이스탄불을 포함해 동부 아르메니아 바깥에 살고 있던 아르메니아인들은 추방에서 제외되었습니다"라고 말했다. 그렇다면 둘 중 한 사람은 진실을 감추고 있는 셈이다. 과연 진실을 감추고 있는 사람이 누구일까? 코펜하겐의 반델일까, 아니면 영국 궁정 주재 터키 대사일까?

2006년 5월 20일

인디펜던트

학살된 150만 아르메니아인들에 이은 또 한 명의 피해자

어제는 흐란트 딩크가 150만 명에 이르는 아르메니아 학살 피해자 명단에 추가로 자신의 이름을 올린 날이었다. 터키에 사는 아르메니아인들의 주간지 아고스Agos의 편집자인 그는 뛰어난 학식과 넓은 아량을 지닌 언론인이자 학자로서, 터키와 아르메니아 두 나라가 20세기에 벌어진 첫 번째 홀로코스트에 대해 공통된 서술에 도달할 수 있도록 대화의 장을 마련하려 애쓴 인물이었다.

그리고 그는 그 대가를 치렀다. 어제 오후 이스탄불 거리에서 암살범이 쏜 두 발의 탄환이 그의 머리에 명중했고, 다른 두 발은 몸을 관통했다. 이는 터키에 생존해 있는 아르메니아 공동체에게 실로 무시무시한 타격이자, 유럽연합에 가입하려던 터키의 희망 역시 산산이 부숴 버리는 일이었다. 자국의 유럽연합 가입이라는 비현실적인 제안은, 터키가 1915년 기독교 인구 전체를 대상으로 저지른 오스만 튀르크 정부의 의도적 대량 살인을 사실 그대로 인정하기를 거부한 데다, 키프로스와의 관계까지 금이 가면서 이미 위기에 처해 있었다. 그 사건을 가리켜 홀로코스트라 지칭했던 최초의 인물들 가운데 윈스턴 처칠도 포함되어 있지만, 터키 당국은 지금 이 순간에도, 당시 정부의 학살 의도를 입증할 만한 증거로 자국 역사가들이 밝혀낸 자료들까지 무시한 채, 홀로코스트라는 정의를 부정하고 있다.

두 자녀의 아버지이기도 했던 쉰세 살의 언론인이 자신이 근무하던 신문사 정문에서 살해당했다. 약 일 년 전, 그는 '터키의 정체성에 반하는' 행위를 처벌하는 악명 높은 법률 301조에 따라 유죄를 선고받았다. 이스탄불 법원으로부터 6개월 집행유예 형을 선고받은 그는, 계속해서 자신의 혐의를 완강히 부인했다. 유럽연합은 터키 정부가 노벨상 수상자인 오르한 파묵을 감옥에 넣기 위해 근거로 삼았던 그 법에 대해 줄곧 폐지를 요구해왔다. 재판이 진행되는 동안 딩크는 터키 텔레비전에 출연해 눈물을 흘리며 이렇게 말했다.

"저는 이 나라에서 터키인들과 끈끈히 묶여 함께 살아가고 있습니다. 그렇기에 이 나라 국민들을 모욕한 사람이라는 정체성을 안고 살아갈 수는 없습니다."

자신이 쓴 기사를 통해 딩크는 "자신들의 혈통에 독으로 작용"하는 수준까지 발전한 터키의 아르메니아 학살을 이유로, 아르메니아 동포들이 터키인들을 향해 적개심을 품어서는 안 된다고 비판했다. 그러나 법원이 전체적인 기사의 맥락과는 상관없이, 단지 그가 터키의 혈통에 독이 퍼져 있다는 말을 했다고 판단했다는 사실은 실로 놀라운 반전이었다.

2005년, 통신사 기자들과 만난 자리에서 그는, 자신의 사건이 전통적인 터키식 맹세를 강요받았던 초등학교 시절에 느꼈던 문제의식에서 출발했다고 말했다. '나는 터키인이다, 나는 정직하다, 나는 근면하다'는 그 맹세 말이다. 딩크는 스스로를 변호하며 말했다.

"나는 터키 시민이지만 아르메니아인이며, 설사 내가 정직하고 근면하다 할지라도 터키인이 아니라 아르메니아인입니다."

그는 또한 터키 국가 속에 등장하는 '나의 영웅적인 민족'이라는 가사도 받아들일 수 없었다며, "차별로 이어지기 마련인 '민족'이란 단어를 사용하는 걸 반대하기 때문에" 그 구절은 부르고 싶지 않다고 고백했다.

노벨 문학상 수상자인 오르한 파묵은 과거 한 스위스 잡지를 통해 1915년도 학살에 대해 언급했다는 혐의로 법정에 서야 했다. 그리고 터키 출판업계를 이끄는 사람들은, 터키 내 아르메니아인 거주 지역에서 기독교도 주민들이 '청소 당했던' 학살의 진실을 이야기하고자 하는 모든 작가들을 겨냥한 선동적인 분위기가 터키에 퍼져 있다고 말한다.

2007년 1월 20일

인디펜던트

그들이 조용히 피해 가고 싶어 했던 한 권의 책

여기, 숨 막히는 감동을 선사할 만한 글 한 편을 소개하려 한다. 지난주, 내가 쓴《문명화 대전》이란 책의 터키어판 출간을 준비 중이던 이스탄불의 출판사로부터 편지 한 통이 날아왔다. 편지 속에서 출판사 측은 잔뜩 겁을 먹은 채 기가 죽어 있었다. 바로 아르메니아 대학살을 기록한 '첫 번째 홀로코스트'라는 제목의 장 때문이었다. 물론, 책에서 중동을 다룬 건 오직 그 장 하나뿐이었다. 하지만 그들은, 지난 1월 아르메니아계 터키 언론인인 흐란트 딩크가 이스탄불에 있는 자신의 사무실 바깥에서 아주 잔인하게 살해되기 전부터 이미 두려움을 드러내고 있었다. 런던의 '하퍼콜린스HarperCollins' 출판사로 보내온, 다음과 같은 그들의 메시지가 유럽연합 가입을 진지하게 바라는 나라의 한 시민에 의해 쓰였다는 사실을 기억하기 바란다.

> 우리는 아르메니아와 쿠르드 · 키프로스 · 유럽연합 등을 둘러싼 몇 가지 쟁점들에서 터키의 정치적 상황이 나아지지 않고 있다는 사실을 전달하고 싶습니다. 오히려 오르한 파묵의 노벨상 수상, 유럽연합과의 정치적 갈등 등으로 민

족주의자들의 동요가 최고조로 치달으면서 상황이 점점 더 나빠지고 있습니다. 이런 정치적 분위기는 아마도 다가오는 2007년 4월 대통령 선거 때까지 계속 이어질 것입니다. …… 따라서 우리는 이 책을 조용히 출판하기를 원합니다. 로버트 피스크 씨의 책이 나와도 언론에 전혀 홍보하지 않을 것이라는 뜻이지요. 그래서 우리가 피스크 씨에게 드리고 싶은 요청은, 만약 이 책이 재판에 처하게 된다면 우리에게 지지를 표명해 주십사 하는 것입니다. 피스크 씨와 하퍼콜린스 측이 우리의 우려를 이해해주시길 희망합니다.

솔직히 이해할 수는 있다. 그런데 이것이 유럽연합 가입을 위해 협상을 벌이는 나라에 사는 출판인의 현주소라니! 아르메니아의 역사, 쿠르드, 키프로스—내 책에서는 언급조차 되지 않았다—, 심지어 터키의 유럽연합 가입 시도까지도 내 책을 조용히 피해갈 충분한 이유가 된다는 것이다. 출판 역사상 과연 출판사가 먼저 나서서 자신들이 낸 책의 홍보를 피하려고 애쓴 적이 있었을까? 글쎄, 비슷한 사례가 하나 떠오르긴 한다. 오스만 튀르크의 국가 문헌들과 동시대인들의 증언을 통해 아르메니아 학살이 끔찍한 역사적 사실이었다는 것을 입증한 타네르 악참Taner Akçam의 《수치스러운 행위-아르메니아 학살과 터키의 책임 문제A Shameful Act: The Armenian Genocide and the Question of Turkish Responsibility》라는 뛰어난 저작 말이다. 그 책이 처음 터키어로 출판됐을 때 터키의 역사가인 저자는 나와 거의 똑같은 반응을 경험했다. 터키에서 '조용히' 출판된 그 책에 단 하나의 서평도 나오지 않았던 것이다.

앞서 말했듯 터키 출판사 관계자들을 심정적으로 전혀 이해하지 못하는 건 아니다. 그들의 소심함에 내가 분노하고 으르렁대는 건 별개의 문제일 뿐이다. 어쨌든 나는 이스탄불에서 살아가는 사람이 아니다. 그리고 딩크가 잔인하게 살해된 뒤로, 터키의 동료들에게 딩크를 살해한 인종주의에 맞서 싸우라고 설교할 수 있는 처지도 아니다. 내가 베이루트의 코르니체에서 모닝커피를 홀짝이는 동안, 출판사의 오스만 씨는 오스만 제국의 옛 수도에서 공격을 당하고 있을 수도 있는 일이다. 그럼에도 여전히 한 가지 문제는 남는다. 터키의 출판사는 내 책을 불법적인 포르노물처럼 내놓기를 원한다. 그래놓고는 만약 우익 변호사들이 301호 법률에 근거해 소송을 걸어올 경우, 나더러 자기들과 함께 재판정에 서 달라니!

나는, '민족주의자들과 신자유주의자들 간의 말도 안 되는 충돌'에서 어느 한쪽 편을 들어야 하는 상황에 놓이길 원치 않는 그들의 심정을 이해한다. 그러나 나는 이 문제의 뿌리가 더 깊어지고 있다는 게 두렵다. 딩크를 살해한 용의자가 체포된 뒤, 그 옆에 자랑스럽게 서 있는 경찰관들의 모습을 담은 불길한 사진은 우리가 직면한 상황을 그대로 보여준다.

그럼에도 여전히 우리 서구 기자들은 1915년에 오스만 제국이 저질렀던 끔찍한 행위를 있는 그대로 털어놓지 않을 것이다. 예를 들어 딩크의 살해범이 살던 터키의 트라브존 시에 파견된 '로이터 통신Reuters' 가레스 존스 기자는 딩크의 죽음이 "급격히 진행되는 도시화와 그에 따른 사회 문제들"과 관련이 있다고 그곳 시장의 말을 인용해 보도했다. 그의 죽음이 "강력한 총기 문화와 사람들의 불같은 성격" 탓일 수 있다는 것이다.

이 대목에서 나는 로이터 통신이 트라브존 시와 아르메니아인들 간의 훨씬 더 직접적이고 끔찍한 연결 고리에 대해서는 왜 언급하지 않았는지 의아할 따름이다. 1915년, 시 당국은 수천 명의 아르메니아 여성과 아이들을 몇 척의 배에 나눠 태운 다음, 흑해로 나가 바다 한가운데에서 그들을 "밀어뜨려 빠져 죽게" 했다. 당시 학살 책임자가 누구였는지 역사가들이 관심이나 있을지 모르겠으나, 어쨌든 틀림없이 그는 "불같은 성격"의 소유자였을 것이다.

여전히 부인은 계속된다. 이번 주 'AP 통신'의 터키 앙카라 주재 기자인 셀찬 하자오글루Selçan Hacaoglu는 1915년에 일어난 학살을 둘러싸고 아르메니아와 터키가 겪고 있는 "격렬한 논쟁"에 대해 예의 케케묵은 수사를 되풀이했다. 터키가 "당시의 살인이 집단학살에 해당한다는 사실을 강하게 부인하고 있다"는 것이다. AP 통신은 언제쯤이면 정신을 차리고 이런 말도 안 되는 비겁한 기사를 잘라낼 수 있을까? 과연 그들이, 유럽에 살던 600만 명의 유대인들을 끔찍하게 살해한 홀로코스트에 대해 우파들이 학살이라는 사실을 "강하게 부인"한다는 보도를 똑같이 내놓을 수 있을지 나는 의문이다.

그러나 역사의 진실은 승리할 것이다. 2006년 10월, 현지 신문보도에 따르면 터키 동부의 쿠루Kuru라는 마을 주민들이 친지를 매장할 무덤을 파다가 마흔 명가량에 해당하는 두개골과 뼈가 들어있는 동굴을 우연히 발견했다. 1915년 6월 14일 쿠루에서 살해된 오구즈Oguz 시 출신의 아르메니아인 150명의 유해 중 일부임이 거의 확실했다. 동굴을 조사하기 위해 나타난 지역 헌병대는 입구를 봉쇄했고, 주민들에게 절대 이 사실을 외부에 발설하지 말라는 명령을 내렸다고 한다. 하지만 터키에는 쿠루 같은 집단 학살 장소가 수백 개에 달한다. 그리고 그곳에 묻힌 유골들은 우리 모두를 집요하게 괴롭힐 것이다. "조용히" 책을 낸다고 해서 우리가 구원받을 수 있는 건 아니라는 뜻이다.

2007년 3월 17일

인디펜던트

이해관계의 충돌

나는 인터넷을 경멸한다. 그것은 무책임하고, 때로는 증오로 얽혀 있는 그물망 같기 때문이다. 게다가 블로그 따위에 낭비할 시간도 없다. 하지만 오늘날 일일이 페이지를 넘겨가며 신문을 읽기보다는 차라리 구글 검색을 택하는 사람들이 점점 늘어난다는 사실만큼은 인정할 수밖에 없다. 나는 그 이유가 인터넷이 아닌 신문 그 자체에 있다고 생각한다. 그래서 여기에 그 이유를 설명해 줄 비겁한 두 신문의 이야기를 소개하고자 한다.

첫 번째는 〈LA 타임스LA Times〉다. 작년에 마크 아락스Mark Arax 기자는 아르메니아 집단학살에 대해 틀에 박힌 기사를 쓰라는 역할을 부여받았다. 그의 기사는, 학살을 어떻게 불러야 할지를 놓고 지역의 유대인 사회 내에서 발생한 분열에 초점을 맞췄다. 이스라엘 정부와 '노벨 평화상 수상자'인 시몬 페레스 대통령은 터키 정부의 거짓된 주장을 받아들였다. 오늘날의 터키와 원만한 관계를 유지하고 싶기 때문이었다. 그러나 이스라엘 안팎의 많은 유대인들은 그 사건이 집단학살에 해당할 뿐만 아니라, 그 뒤 600만 명에 달하는 유대인들을 죽음에 이르게 한 나치 홀로코스트의 전조 역할을 했다고 주장했다.

그러나 아락스의 학살 기사는 더글러스 프란츠 편집국장의 지시로 잘려나갔다. 아락스 기자가 "그 이슈에 관한 자기 입장"을 갖고 있기 때문에 이해관계가 충돌한다는 이유였다. 그렇다. 이쯤에서 벌써 눈치챈 독자들도 있겠지만, 아락스는 아르메니아계 미국인이다. 그리고 그의 죄는, 2005년으로 거슬러 올라가 〈LA 타임스〉의 보도 규정상 아르메니아 집단학살은 "집단학살이라 주장되는" 것이 아니라 그냥 대량학살로 불러야 한다는 내용의 공식 메모를 신문사 편집진에게 보낸 6명의 필자 가운데 그도 포함돼 있었다는 점인 듯하다. 하지만 그 메모가 그저 '청원'일 뿐이었다고 주장한 프란츠 편집국장은, 아락스가 같은 아르메니아계 미국인이던 워싱턴 지국 편집장을 구워삶아서 기사를 배정받았다고 비난했다.

결국, 해당 기사는 워싱턴의 리치 사이먼 기자에게 재배정되었고, 그는 미국 의회의 아르메니아 학살 인정을 막기 위한 터키 정부의 시도에 초점을 맞췄다. 그의 기사는 "학살 결의안 여전히 불확실해"라는 제목으로 게재됐다. 이 모든 사건이 그렇게 일단락되고 나자, 〈LA 타임스〉 간부들은 인터뷰를 거부한 채 아무것도 모르는 척 시치미를 뗐다. 비록 프란츠 편집국장이 "공적인 주제에 대해 개인적인 견해를 피력했다"는 우려 때문에 자신이 아락스의 기사에 "영향력을 행사"했다고 인정하는 글을 블로그에다—아무렴 그렇지— 남기긴 했지만 말이다. 하! 하! 하!

〈LA 타임스〉의 입장에서 볼 때 진실은 위험한 것이었을지 모른다. 프란츠 편집국장 자신이 한때 〈뉴욕 타임스〉에서 근무할 당시에 아르메니아 학살을 가리켜, 옳거니, 바로 집단학살이라 "주장된다"고 말했던 사람이라면 더더욱 그럴 수밖에 없다. 프란츠 국장은 〈LA 타임스〉로 건너와 한때 이스탄불 특파원으로 일했던 인물이다.

아락스는 명예훼손과 차별을 이유로 신문사를 상대로 소송을 제기했다가 조정에 합의한 뒤 〈LA 타임스〉를 떠났다. 프란츠 국장 역시 그 신문사를 떠나 〈월 스트리트 저널Wall Street Journal〉의 중동 특파원이 됐다. 물론 모두가 짐작하듯 그의 파견지는 터키 이스탄불이었다.

다음으로는 좀 더 북쪽으로 가서 캐나다의 〈토론토 글로브 앤드 메일Toronto Globe and Mail〉의 사례를 보도록 하자. 그 신문사는 칼럼니스트인 잰 웡Jan Wong에게 2006년 9월 몬트리올의 한 대학에서 일어난 살인사건의 취재를 맡겼다.

웡은 그다지 사랑받는 기자가 아니었다. 중국계 캐나다인 3세인 그녀는 마오쩌둥이 '문화혁명'을 벌이던 시기, 중국으로 건너 가 그녀 자신의 말로는 "계급의 적들을 밀고하고 훌륭한 어린 마오주의자가 되기 위해 최선을 다했던" 인물이었다. 그 뒤 캐나다로 돌아온 그녀는 〈글로브 앤드 메일〉에 '○○와의 점심'이라는 시리즈를 연재했다. 그 코너에서 그녀는, 인터뷰 상대의 허점을 간파하기 위해 일단 상대의 말에 완전히 공감하는 것처럼 행동했다. 한 대학 신문과의 인터뷰에서 그녀는 "상대방이 마음을 놓을 때, 그때가 그들의 방어 태세가 허물어지는 순간이다. 속임수인 건 맞지만, 정당한 속임수다"라고 자신의 인터뷰 방식을 설명하기도 했다. 우웩!

하지만 몬트리올 도슨대학 총기 사건에 대해 웡이 취했던 입장은 그보다 더욱 심각했다. 그녀는 사건의 범인을, 1989년 몬트리올대학 총격 사건에서 여성 14명을 살해한 알제리계 혼혈 무슬림, 그리고 1992년 몬트리올에서 4명의 대학 동료들을 살해한 러시아 이민자와 비교했다. 그녀는 "세 사건의 범인은 모두 '순수한 프랑스 혈통Pure Laine'이 아니었다. 다른 지역이나 나라에서는 인종적 순수성을 말하는 것이 대단히 혐오스러운 일이지만 퀘벡Quebec+에서는 그렇지 않다"라고 썼다.

고통스럽지만, 그녀의 말 자체는 사실이었다. 'Pure Laine'은 글자 그대로 해석하면 '순모'라는 뜻이지만, 여기서는 '정통'이라는 의미를 지닌다. 진짜 프랑스어를 쓰는 파리사람들은 그런 표현을 절대 사용하지 않는다. 하지만 몬트리올 사람들 중에는 그런 말을 쓰는 사람들이 있다. 웡은 '다문화' 국가인 캐나다에서 가장 민감한 문제에 손을 댄 셈이었다. 그러자 스티븐 하퍼Stephen Harper 총리가 즉각 불만을 드러냈다. 캐나다 군대를 아프가니스탄에 보내 자살 임무를 맡기는 정책을 열정적으로 고수해온 그조차도, 웡을 향해 "대단히 무책임하다"며 비판을 가했다.

여기까지는 당연한 반응이었다. 그러나 내가 정말로 심각하게 받아들인 부분은 그다음부터였다. 〈르 드부와Le Devoir〉라는 캐나다의 한 프랑스어 일간지가—'드부와'는 '의무'라는 뜻인데, 이런 이름이 붙은 신문이 영국에서 나온다면 단 한 부라도 팔릴 수 있을까?— 양쪽 눈꼬리가 치켜 올라간 중국인의 얼굴을 과장되게 표현한 만평을 실은 것이다. 그건 〈르 드부와〉 지가 보기에 웡 역시 절대 '순수한 프랑스 혈통'이 아니라는 빈정거림의 표현이었다. 웡을 비난하는 항의 편지의 수위는 그보다 훨씬 더 높았다. 그중에는 배설물을 담아 보낸 것도 있었다.

정작 〈글로브 앤드 메일〉은 꽁무니를 빼기에 여념이 없었다. 에드워드 그린스폰 편집장은 웡의 기사에서 문제의 단락을 "삭제했어야 했다"는 비겁한 칼럼을 썼다. 그는 "보도 기사에 그런 표현이 들어가도록 놓아둔 점이 유감스럽다"고 훌쩍거렸다. 평소 자신이 입버릇처럼 말해왔던 "편집의 질을 관리하는 절차"라는 그 우습기 짝이 없는 게 무너진 데 대해서

+ 과거 프랑스의 식민지였던 퀘벡주는 캐나다에서 유일하게 프랑스어를 쓰는 프랑스 문화권으로 남아 있다.

만 슬퍼할 뿐, 인종차별에 대해 그보다 더한 인종차별로 대응하는 사람들에 대해서는 그저 침묵으로 일관한 것이다.

이제 나는 〈글로브 앤드 메일〉이 말한 '품질 관리 절차'라는 게 뭔지 조금은 알 것 같다. 얼마 전 나는 이 신문이 아르메니아 학살에 관해 〈인디펜던트〉에 썼던 내 기사를 그대로 옮겨 실었다는 사실을 발견했다. 그런데 그들은 원래의 기사에 손을 대 '집단학살'이란 단어를 '비극'으로 바꾸어 버렸다. 본래 〈인디펜던트〉 지의 기사를 받아쓰는 언론사들은 기사를 절대 바꾸지 않겠다는 약속을 한다. 게다가 기사 판매를 담당하는 우리 직원이 해당 신문사에 연락을 취하는 과정에서, 그들이 기사를 무단 도용했다는 사실도 알게 되었다. 그들은 어쩔 수 없이 위약금을 물었다. 하지만 '집단학살'이란 단어를 검열한 데 대해서는, 책임이 있는 담당 기자가 "그 이후 〈글로브 앤드 메일〉을 떠났기" 때문에 자신들이 할 수 있는 일이 없다는 답변만 되돌아왔다.

이거 너무 뻔한 핑계 아닌가? 일단 검열한 뒤 누군가 징징대면 자르고 도망치면 끝이라는 것이다. 이러니 기자보다 블로거들이 더 낫다는 소리를 듣지.

2007년 7월 21일

인디펜던트

이 칼럼이 나가고 난 뒤 퀘벡 사람들(Quebecois)로부터 엄청난 메일이 쇄도했다. 그들은 내가 자신들을 인종주의자라 부르는 한편, 영어권 국가에서 프랑스어를 사용하는 소수자로 살아가야 하는 자신들의 처지를 오해했다고 비난했다. 프랑스어 신문인 〈르 드부와〉(예전에 쓴 칼럼에서 나는 그 신문의 중동보도를 칭찬한 적이 있다)를 비하했다거나, '본토의' 프랑스어를 쓰지 않는다는 이유로 자신들을 모욕했다는 내용도 있었다. 그러다 보니 정작 영어권 신문들의 비겁함을 비난하려던 본 칼럼의 목적은 온데간데없이 사라져버렸다.

용기, 눈물,
그리고 부서진 꿈

자신들을 영원히 허락하지 않는 땅으로 되돌아가려는 사람들의 염원만큼 더없이 슬픈 건 없다. 그리고 정말 측은하긴 하지만 또 그만큼 용기 있는 것도 없다. 브레스트 리토프스크Brest Litovsk+로 돌아가려는 폴란드인들, 실레시아Silesia++로 돌아가려는 독일인들, 오늘날 이스라엘 땅이 되어버린 팔레스타인으로 돌아가려는 팔레스타인인들이 그렇다. 먼 옛날 조상들의 땅이었던 곳에 다시 정착했을 뿐이라 주장하는 사람들, 예를 들어 합법적으로 고향 땅에서 살아갈 권리를 가진 75만 명의 아랍인들을 '청소'하는 대가를 치르고 정착한 이스라엘인들 앞에 서면, 또 다른 의미의 슬픔이 찾아온다. 그러나 한때 자신들의 땅이었다가 이제는 다른 이들의 손에 넘어간 곳에 우뚝 솟아있는 상징물을 매일같이 바라봐야 하는 사람들보다 더 비참한 상실감에 빠진 민족이 있을까?

+ 11세기 무렵 슬라브인이 건설한 도시로, 당시 키예프 공국과 폴란드가 이곳을 서로 차지하기 위해 다투다가 몽골의 침략으로 초토화된다. 13세기에 재건된 뒤 폴란드-리투아니아 연방의 일부로 편입됐다가, 18세기 러시아에 완전히 병합되었다. 현재는 벨라루스에 속해 '브레스트'라는 이름으로 불리며, 폴란드와 국경을 맞대고 있다.

++ 지금의 폴란드·체코·독일의 중간에 위치한 실레시아는, 1세기경 게르만족이 정착한 뒤 여러 왕조를 거쳐 18세기에 프로이센 제국의 일부로 편입돼 슐레지엔 주가 되었다. 그러나 20세기 들어 두 번의 세계대전을 거치면서 대부분은 폴란드 영토로 귀속되었고, 극히 일부가 체코와 독일의 영토로 남았다.

오늘날의 터키에 위치한 아라라트 산Mount Ararat은 다시는 아르메니아의 품으로 되돌갈 수 없을 것이다. 아르메니아 수도 예레반Yerevan 서쪽에 자리 잡은 그 산의 존재는, 절대 정당화될 수 없는 온갖 잘못들과 인정할 수 없는 잔학행위, 이뤄질 수 없는 꿈들을 절망적이고 끔찍하게, 그리고 영원히 떠올리게끔 한다. 나는 지난 한 주 동안 줄곧 그 산을 지켜봤다. 아침에는 구름과 뒤엉키고, 오후엔 내내 옅은 파란색 안개가 드리워 있던 그 산은 한편으로는 불길하고 위압적이면서도 다른 한편으로는 웅장함을 드러내며 용기를 주다가, 또 한편으로는 터무니없는 느낌도 주었다. 그 산이 아무리 자유를 고취시킨다 해도 다시는 터키로부터 그곳을 되찾아 올 수는 없기 때문이었다. 또한, 그 산은 가장 고귀한 시적 영감을 주는 동시에 형편없는 상업주의를 부추길 수도 있다.

예레반 시내에는 아르메니아 교회 모형 같은 조잡하고 부실한 지역 공예품을 파는 가게들과 더불어, 설립된 지 꽤 오래된 아라라트 코냑 공장과 메리어트 아라라트 호텔이 자리 잡고 있다. 특히, 과거 소비에트 국영 여행사와 합작으로 운영되던 낡은 호텔을 개축한 메리어트 아라라트 호텔은, 베개 옆쪽 벽지와 석고벽 사이로 밤새 바퀴벌레 군대가 행진하던 광경이 지금도 잊히지 않는 곳이다.

예레반에서 또 하나 빼놓을 수 없는 곳이 바로 공화국 광장이다. 1930년대, 스탈린 치하에서 전체주의의 승리를 기념하기 위해 건축가 알렉산더 타마니안Aleksander Tamanian이 지은 광장에 서면, 예전에는 저 멀리 아치형 건물 너머로 만년설이 덮인 아라라트 산 꼭대기가 눈에 들어왔다. 그렇게 아르메니아인들은 자신들의 눈물이 배어 있는 아라라트 산의 존재를 잊으려야 잊을 수 없는 운명이었던 것이다.

한편 카스피 해에서부터 베이루트까지 뻗어 갔던 티그라네스 황제Tigran

the Great의 후손들은 스탈린의 억압마저 거부하고 저항할 정도로 개성이 강한 사람들이었다. 한 일화로, 아르메니아인들이 가장 아끼는 시인이자 유명한 바람둥이던 예지쉬 카렌츠Yeghishe Charents가 한때 '메시지The Message'라는 시를 통해 엉클 조Uncle Joe+를 입에 침이 마르도록 칭찬한 적이 있었다. 거기엔 다음과 같은 구절이 있었다.

> 새로운 빛이 세상을 비추네.
> 누가 이 태양을 가져왔을까?
> 오랜 세월 동안 살아남을 수 있는 건
> 오로지 이 태양 빛뿐이네.

나머지 부분도 다 그런 식이었다. 하지만 실상 카렌츠는 각 행의 첫 번째 글자를 활용해 전혀 다른 '메시지'를 표현했는데, 다행히 꽤 오랜 시간이 지나도록 소비에트 정부의 검열에 발각되지 않았다. 메시지의 내용은 이렇다.

"오, 아르메니아 민중들이여, 너희를 구원할 길은 오로지 단결의 힘뿐이네."

그 시는 머나먼 아라라트 산과 마찬가지로, 용기의 상징이자 절망의 상징이기도 했으며, 감명 깊은 만큼이나 돌이킬 수 없는 운명을 초래했다. 카렌츠의 장난이 드러나자마자 타마니안이 앞장서서 그를 비난하고 나섰고, 결국 그 젊은 시인은 소비에트 비밀경찰NKVD++에 의해 '행방이 묘연

+ 1924년부터 1953년까지 소비에트 연방 최고 지도자인 공산당 서기장을 역임했던 이오시프 비사리오노비치 스탈린을 가리킨다. '이오시프'의 영어식 표기가 '조지프(Joseph)'이다.

++ 1934년에서 1946년까지 존속했던 조직으로, 정식 명칭은 내무 인민위원부다.

해진' 뒤 감옥에서 쓸쓸히 죽음을 맞이해야 했던 것이다. 그를 비난했던 타마니안 역시, 예레반에 스탈린식 새 오페라 하우스를 짓느라 동분서주하던 어느 날, 아직 채 완성되지 않은 건물 지붕에서 떨어져 숨졌다. 오늘날까지도 아르메니아인들—아랍인처럼 '음모'를 믿고 싶어 하는 열망을 가진—은 그의 죽음에 의문을 제기하고 있다. 그는 양심의 가책으로 스스로 몸을 던진 걸까, 아니면 누군가에 밀려 떨어졌을까?

하살이 일어난 1915년부터 1991년 이미 운명을 다한 소련에게서 '자유'를 되찾을 때까지, 독립 국가였던 기간이 단 2년뿐인 아르메니아에서 음모는 여전히 살아 꿈틀거리고 있다. 을씨년스러운 분위기 속에 재선된 세르지 사르키샨Serzh Sargsian 총리는 '중립적' 야당을 허용하는 대신, 실질적인 정치 논쟁은 용납하지 않고 있다. 따라서 제대로 된 반대파 정당과 신문들은 폐쇄될 운명이 되어야 했다. 이어서 사르키샨은 현지 신문과의 인터뷰에서 "경제가 민주주의보다 더 중요하다"는 말을 내뱉는가 하면, 심지어 '라디오 프리 유럽/라디오 리버티Radio Free Europe/Radio Liberty, RFE/RL'+를 아르메니아 바깥으로 쫓아내려는 시도도 서슴지 않았다. 물론 나는 그것이 반드시 비민주적 제스처인 것만은 아니라고 생각하지만, 어쨌든 그런 상황에서 아르메니아의 부패한 초대 대통령 레본 테르 페트로샨Levon Ter-Petrosian이 복귀를 노리고 있다는 소문이 도는 것도 전혀 놀랍지는 않다.

이번 주 아르메니아의 한 TV 프로그램에서 진행자 바르탄 마카리안이 나를 인터뷰하면서 "터키 출판사가 중동에 관한 당신의 저서를 출판하면

+ "정부 당국에 의해 정보의 흐름이 차단되거나 완전히 발달하지 못한"(공식 웹사이트의 FAQ 중에서 인용) 동유럽과 중앙아시아, 중동 국가들을 대상으로 미국의 방송위원회(Broadcasting Board of Governors)가 운영하는 라디오 방송국. 미 하원의 재정지원을 받고 있다.

서 두려움을 느낀다는 자체가 터키의 '민주화가 부족하다'는 상징"이라고 말한 부분을 내가 선뜻 받아들일 수 없던 것도 바로 그런 이유에서였다. 나는 "하지만 아르메니아의 언론도 권력에 고분고분하지 않나요?"하고 되물었다. 그리고 외국에 흩어져 살고 있는 수백만 명의 아르메니아 출신 이민자들과 미국·캐나다·프랑스·영국, 심지어 터키에 있는 지식인들보다 오늘날의 아르메니아가 20세기 첫 홀로코스트에 대한 문제 제기에 소극적인 이유가 뭔지도 물었다.

그러자 유리 벽 뒤에 있던 TV 제작진이 웃음을 터뜨렸다. 알고 보니 아르메니아 텔레비전의 게스트들은 질문에 대해 답변만 할 수 있을 뿐, 반대로 질문을 던지는 것이 금지되어 있기 때문이었다. 소비에트 연방이여, 영원하라!

이번엔 예레반의 기자들에게 눈을 돌려보자. 8월이면 그들은 모두 휴가에 돌입한다. 이런, 모두 동시에 말이다. 편집자·기자·출판 평론가·칼럼니스트·인쇄업자 할 것 없이 전부 짐을 꾸려 한 달 동안 세반Sevan 호수나 카라바흐Karabakh에서 소비에트 스타일의 '휴식'을 즐긴다. 이번 주 〈마르긴Margin〉이라는 현지 신문은 "독자 여러분 모두 행복한 휴가를 보내시기 바라며, 오는 8월 17일에 다시 찾아뵙겠습니다"라는 안내문을 실었다.

그뿐이었다. 그 기간엔, 자신의 죽음이나 말 혹은 감옥행이 역사에 기록되지 못하는 불상사가 생길 것을 우려한 나머지 단 한 명의 시인이나 '애국 전쟁'+의 영웅도 세상을 떠나지 않을 테고, 장관들은 입도 벙긋하지 않을 것이며, 감옥에 간 사람도 없을 것이다. 〈인디펜던트〉 지의 경영진도 저런 시스템을 한번 고려해보면 어떨까 싶다. 아니, 적어도 고(故) 토

+ '위대한 애국 전쟁(Great Patriotic War)'은 러시아와 옛 소련의 연방 국가 중 일부에서 사용되는 표현으로, 1941년 6월 22일부터 1945년 5월 9일까지 지속됐던 소련과 나치 독일 간의 전쟁을 일컫는다.

니 블레어+의 집권 시절 동안만이라도 그런 시스템을 운영했더라면 얼마나 좋았을까. 그랬더라면 아마 틀림없이 어느 공무원이 그에게 이메일을 보내 지금이 정치적으로 불리한 소식을 발표할 '적당한 시점'이라고 조언했을 것이다.

아무튼, 시인이자 순교자인 카렌츠의 우울한 초상은 지금도 아르메니아의 1000드람Dram++짜리 지폐를 장식하고 있고, 타마니안의 거대한 아치는 여전히 공화국 광장을 차지하고 있다. 죽어가던 소련은 그 아치 너머로 고층 빌딩들을 건설했고, 이제 아라라트 산 역시 카렌츠처럼 포스트 스탈린 시대의 회색빛 건축물 뒤편으로 '실종돼' 사라져버렸다. 구름에 정상이 가려지는 수모도, 돌아가겠다는 헛된 희망도 더불어 사라졌다. 차라리 메리어트 아라라트 호텔에서 아라라트 코냑을 홀짝거리는 편이 훨씬 더 나을지 모르겠다. 적어도 거기서는 여전히 고대 노아의 괴물+++을 볼 수 있을 테니까.

2007년 8월 4일

인디펜던트

\+ 실제로 토니 블레어는 고인이 아니라 여전히 살아있다. 행여나 오해 없길 바란다.

++ 화폐 표기는 AMD.

+++ 일설에 따르면, 성경에 나오는 노아의 방주가 도착한 곳이 바로 아라라트 산이었다고 한다. 참고로, 아르메니아는 세계 최초로 기독교를 국교로 정한 나라이기도 하다.

홀로코스트를 부정하는 백악관

이렇게도 권위가 땅에 떨어질 수 있을까! 어둠과 악의 세력에 맞서 칼을 꺼낸 십자군 왕, 조지 W. 부시. 오직 "우리 아니면 그들"만 존재한다고 말했던, 그래서 우리를 대신해 "세계 테러"와의 영원한 전쟁을 벌이겠다던 그가 아니던가. 그런데 글쎄, 그런 그가 겁쟁이라는 사실이 드러났다. 터키인을 대표해 홀로코스트를 부인하는 터키의 장군들과 수백만 달러짜리 홍보 캠페인이, 사자를 어린 양으로 만들어 버린 것이다. 아니, 순진무구함을 상징하는 양이 아니라 생쥐 꼴로 변해버렸다는 편이 더 맞겠다. 내가 너무 극단적인가? 내 생각엔 아닌 것 같다.

'지금까지의 줄거리'는 아주 낯이 익다. 사진, 외교 보고서, 오스만 제국의 문서 원본, 1차 대전 이후 오스만 재판의 전 과정, 윈스턴 처칠과 로이드 조지Lloyd George+, 1915년과 1916년 영국 외무성이 작성한 방대한 보고서 등이 터키의 홀로코스트가 모두 사실이라는 걸 입증해주고 있다. 심

+ 1차 세계대전 기간에 영국 총리로 전시 연합정부를 이끈(1916-1922) 인물이며, "아르메니아 지역에서 압둘 하미드와 청년 튀르크당은 자신들이 이단과 반역자로 여기던 아르메니아인 전체를 몰살시키거나 추방함으로써 아르메니아 문제를 간단히 해결하려고 의도적으로 애를 썼다"고 말한 바 있다(아르메니아 국립연구소 웹사이트에서 인용).

지어 20세기 최초의 홀로코스트인 아르메니아 학살이 독일 장교들의 눈앞에서 저질러졌다는 사실을 보여주는 영상 자료도 발견됐다. 1차 세계대전 당시 서구의 종군 카메라맨들이 촬영한 기록 화면들은 몇 남지 않은 아르메니아 생존자들의 주장만큼이나 아주 현실감 있다. 그리고 화면에 등장하는 독일 장교들이 600만 명의 유대인들을 절멸시킬 방법을 구상한 것도 그때 그곳에서였다.

터키인들은 우리가 이런 이야기를 하도록 그냥 놔두지 않을 것이다. 그들은 지금껏 파렴치한 거짓말을 일삼는 자신들에게 굽실거리라며, 미국과 영국 정부를 비롯한 서구 열강들을 협박해왔다. 그리고 아르메니아인들이 '내전' 과정에서 죽었다거나, 아르메니아인들이 터키의 적국이던 러시아에 협력한 것은 어쨌든 사실이라거나, 실제로는 살해당한 아르메니아인들의 수가 애초 주장보다 훨씬 더 적었다거나, 터키 무슬림들도 아르메니아인들 못지않게 대거 살해됐다는 유언비어를 퍼뜨렸다. 터키 정부의 분노가 두려워 그런 헛소문을 그대로 옮기기 급급한 정부나 통신사들 때문에 이런 이야기를 다시 끄집어내야 한다는 사실이 나는 지긋지긋하다.

지난 10월 미국 하원 외교관계 위원회는, 아르메니아인들이 대규모로 살해된 사건을 집단학살 행위라 비난하는 결의안의 표결에 돌입했다. 잠시나마 부시가 어깨를 활짝 펼만한 역사적 순간이었다. 옛 아르메니아계 미국인 생존자들도 토론을 듣기 위해 하원 위원회에 모여들었다. 그러나 터키 장군들은 눈도 끔쩍하지 않고 오히려 부시를 위협하기 시작했다. 그리고 나는 그가 곧 굴복하게 될 것이라는 점을 깨달았다.

우선 터키군 참모총장 야사르 부유카니트Yasar Buyukanit 장군이 터키 일간지 〈밀리예트Milliyet〉와의 인터뷰에서 했던 이야기에 귀를 기울여보자.

그는 미 하원의 결의안 통과는 터키가 나토 내 다른 회원국들과 유지해 온 "강력한 유대관계"라는 관점에서 볼 때 "슬프고 개탄스러운 것"이었다고 징징거렸다. 만약 그 결의안이 하원 본회의에서 통과된다면 그때는 "미국과 우리의 군사 관계는 결코 예전으로 되돌아갈 수 없을 것이다. …… 그런 면에서 볼 때 미국은 스스로 제 발등을 찍은 셈"이라는 말도 남겼다. 그러자 미스터 부시는 터키군 참모총장 앞에서 잽싸게 차렷 자세를 취했다.

"우리 모두는 아르메니아인들이 겪은 비극적 고통에 대해 깊은 유감을 표합니다. …… 그러나 이 결의안은 역사적 학살에 대한 올바른 대응이 아닙니다. 결의안 통과는 나토의 핵심 동맹국인 터키와 우리의 관계에 아주 큰 해를 끼칠 것이며, 국제적으로 전개되고 있는 테러와의 전쟁에 대해서도 마찬가지입니다."

나는 마지막 부분에 등장하는 "국제적으로 전개되고 있는 테러와의 전쟁"이란 표현이 참 마음에 들었다. 유럽의 유대인들을 제외하면, 1915년 터키의 아르메니아인들보다 더한 '테러'를 경험한 사람은 그 누구도 없었다. 그러나 역사의 진실보다 나토가 더 중요하다는 말을 듣고서는 귀를 의심할 수밖에 없었다. 그런 식이라면, 언젠가 군사적으로 부활하는 독일을 다독거리기 위해 이 세상의 부시들은 유대인 홀로코스트에 대해서도 얼버무리게 될지 모른다. 나토는 그 정도로 소중하니까 말이다.

부끄러움에 고개를 숙여야 할 사람들 가운데는 이라크 전쟁을 승리로 이끌고 있다고 주장하는 이들을 빼놓을 수 없다. 특히 점점 방향 감각을 잃어가고 있는 데이비드 퍼트레이어스David Petraeus 이라크 주둔 미군 사령관과 심한 망상에 사로잡힌 바그다드 주재 미국 대사 라이언 크로커Ryan Crocker는 아르메니아 학살 법안의 전면 통과가 "이라크 전쟁에 해를 끼칠 것"이라고 경고했다. 그런 역겨운 홀로코스트 부인 행위의 뒤에는 큰돈이 걸려 있다는 사실을 놓쳐서는 안 된다.

터키인들은, 공화당 소속의 루이지애나 출신 전직 하원의원 로버트 L. 리빙스톤Robert L. Livingston이 소유한 리빙스톤 그룹에 이미 1200만 달러의 돈을 투자했다. 도덕적 정의라는 명분을 왜곡한 채, 의회의 학살 결의안을 덮어버리려는 과거 두 번의 시도가 성공적으로 이뤄진 대가였다. 당시 리빙스톤은 동료 의원들을 위협하려는 의도에서 터키 관리들을 의사당까지 직접 안내했다.

의원들은 그 행동이 어떤 의미인지 이해했다. 만약 결의안이 통과된다면, 터키는 미군의 인시를리크Incirlik 공군 기지 이용을 막을 것이다. 그러면 터키를 경유해 이라크로 향하는 미국 항공 보급품의 70%가 오도 가도 못하게 된다. 이런 상황을 가리켜 현실 세계에서는 협박이라 부른다. 그리고 그것이 바로 부시가 반드시 항복할 수밖에 없는 이유였다. 로버트 게이츠 국방장관은 훨씬 더 비겁했다. 그는 구체적 역사에 대해 전혀 관심 없다는 듯, "만약 결의안이 통과된다면 터키의 공항과 도로 같은 것들에 대한 접근이 아주 심각한 위험에 처할 것이라고 확신했다"고 말했다.

게이츠가 지껄인 말 속에는 끔찍한 아이러니가 담겨 있다. 1915년 수십만 명의 아르메니아인들이 죽음의 행진을 하며 지나간 곳이 바로 그 '도로 같은 것들'이기 때문이다. 많은 사람들이 강제로 가축을 싣는 열차에 실려 죽음에 이르렀다. 그들이 거쳐 간 기차 노선 가운데 하나가, 서부 아르메니아의 불행한 기독교도들이 대거 집결했던 아다나Adana의 정확히 동쪽을 지나갔고, 그 첫 번째 역이 인시를리크였다. 부시가 혹시나 놓치게 될까 안달복달하는 거대한 공군기지가 들어선 그 인시를리크 말이다. 만약 부시가 인정하기를 거부하는 집단학살이 터키의 주장대로 아예 일어나지도 않았다면, 그곳을 사용하게 해달라고 미국인들이 아르메니아인들에게 요청해야 하는 상황이 연출됐을 것이다. 오스만 튀르크의 경찰들이 아르메니아 아기들을 산 채로 아다나 근처 도로에 잔뜩 쌓아놓고 불을 지른 광경을 아직도 생생히 기억하는 그 지역 출신의 아르메니아 생존자가 지금도 영국 서식스Sussex에 살고 있다. 겁쟁이 게이츠가 그렇게 염려하는 바로 그 '도로 같은 것들'에서 아기들이 학살된 것이다.

그러나 두려워할 필요는 없다. 터키에게 겁을 먹고 굴복한 대신에, 부시는 전가의 보도를 꺼내듯 페르시아인들의 신경을 건드릴 준비가 되어 있다. 만약 "제3차 세계대전을 막는 데 관심이 있는" 사람들이라면, 이란의 핵무기 개발 기술 습득을 막는 데 관심을 기울여야 한다고 그는 우리에게 경고했다. 허튼소리도 이런 허튼소리가 없다. 부시는 1차 세계대전의 진실을 말할 용기조차 없었다. '세계 테러'에 맞서 우리를 보호할 서구 세계의 지도자가 사실은 백악관의 데이비드 어빙이었을 줄 누가 감히 상상이나 했겠는가?

2007년 11월 10일

인디펜던트

3장

말,
말,
말

기자와 정치인 심지어 학자들의 언어 오용과 조작은 빈도가 훨씬 더 잦아지고 그 위험성 또한 높아지고 있다. 햇병아리 기자 시절 배웠던 상투적 문구도 그렇고, 가짜 정치인들의 따분한 말, 인류학자들의 비밀스러운 언어, 광고회사나 기업 임원과 외교관들의 정치적으로 '올바른' 메시지도 모두 마찬가지이다. 특히 중동에서, 우리가 사용하는 교묘한 말들은 때로 치명적인 결과를 가져올 수 있다. 그 말들이 '착한 녀석들'과 '나쁜 녀석들'의 경계를 구분하거나, 한 민족을 위해 다른 민족의 인간성을 깎아내리려는 치밀한 의도에서 사용될 때 더욱 그렇다. 물론 우리에게 편견을 '입력하는' 역할을 하는 비밀스러운 말들에 기대지 않더라도 오늘날의 저널리즘은 이미 편견에 사로잡혀 있다. 1967년 중동 전쟁이 터졌을 때 프랑스 작가들과 지식인들이 초기에 보였던 반응이 그 좋은 증거이다. 아마 지금의 우리들은 언어를 듣는다기보다는 '경험한다'는 쪽이 더 정확하겠다. 나는 우리가 만들어내는 거짓의 바벨탑과, 빅토르 클렘페러처럼 '언어의 진정성'을 믿는 정말 몇 안 되는 작가들을 오랜 세월에 걸쳐 공부해왔다.

싸구려 글쟁이,
쓰레기 같은 지역 신문들을 나무라다

내가 타인Tyne강 어귀 뉴캐슬Newcastle에 처음 도착한 건 열일곱 살 무렵의 일이었다. 그곳은 검고 육중한 19세기 건물들과 거미줄처럼 얽힌 철교들, 증기를 내뿜는 기관차, 석탄 연기로 가득 찬 공기, 콘셋Consett의 제강소에서 피어오르는 붉은 아지랑이가 인상적인 도시였다. 그리고 〈이브닝 크로니클The Evening Chronicle〉의 뉴스 편집자 존 브라운리John Brownlee는 내 기운을 북돋아 주려고 무진장 애를 썼다.

"밥, 자네는 우리 블라이드Blyth 지국에서 근무하게 될 걸세. 온갖 일상과 뉴스가 넘쳐나는 해안가의 작고 분주한 탄광 도시지."

브라운리의 태도는 흡사 부동산 중개업자 같았다. 석탄선들만 간간이 드나드는 쇠락한 항구 블라이드는, 망해버린 탄광과 수천 개의 석탄 난로에서 뿜어져 나오는 먼지로 질식할 것 같은 곳이었다. 밤에는 광석 찌꺼기 더미가 붉게 빛났고, 조선소는 결국 부도가 났으며, 일요일 아침이면 타인 외곽 지대의 길바닥이며 스무 개가 좀 넘는 선술집과 클럽들 주변엔 온통 토한 흔적들이 여기저기 널려 있었다. 도시를 뒤덮은 북해의 흰곰팡이와 모두를 질식시킬 것만 같은 석탄 연기 때문에, 심지어 한여름에도 옷은 언제나 차고 눅눅했다.

나는 외로웠고 고향이 그리웠다. 일주일에 받는 17파운드 50펜스의 급여 중에서 3분의 1은 해밀턴 부인의 주머니로 들어갔다. 그녀는 내가 묵고 있던 미들턴 가 82번지의 집주인이었다. 길이가 2m, 너비가 1.5m 정도 되는 손바닥만 한 방에서 나는 조그만 가스난로 하나만 켠 채 잠을 잤다. 하루는 집에 왔더니 가스회사 직원이 집주인에게 왜 가스 계량기가 전혀 돌아가지 않았느냐고 따져 묻고 있었다. 그래서 나는 난방비를 낼 돈이 없어 그렇다고밖에 설명할 수 없었다.

사실이 그랬다. 당시 나는 주로 (낡은 사무실들이 다닥다닥 붙어있는) 시포스Seaforth 거리에 있던 신문사 난로 앞에서 저녁 내내 시간을 보내곤 했다. 그러고는 한밤중의 연기를 뚫고 집까지 걸어가 담요 속으로 기어들어갔다. 일요일 오후에는, 항구 근처 빅토리아 해변 공원에 앉아 두꺼운 코트를 푹 뒤집어쓴 채 역사책을 읽곤 했다.

그곳에도 기삿거리는 있었다. 나와 셋방을 나눠 쓰던 블라이드 항만 관리 부소장의 일화가 대표적이다. 냉전 시기 폴란드의 어업 선단이 폭풍우를 만나 항구로 피신했을 때, '포춘 선장'이라는 영예로운 별명으로 불리던 그에게 가장 영광스러운 순간이 찾아왔다. 한번 정박한 폴란드 선단은 계속 항구에 머물며 떠나지 않았고, 참다못한 포춘 선장이 선두의 저인망어선에 올라 즉시 출항할 것을 요구한 것이다. 그러자 폴란드인 선장은 날카로운 지느러미를 가진 육중한 생선으로 그의 얼굴을 후려갈기는 것으로 대답을 대신했다.

이뿐만이 아니다. 나는 화물 기차로 실어 온 석탄을 운반선에 옮겨 싣던, 빅토리아 시대에 지은 목재 하역 부두가 붕괴할 위험에 처했다는 사실도 독자들에게 경고했다. 또한, 뉴캐슬 최초로 강 수면 아래에 닦인 고

속도로 초입에서 두 팀의 광부들이 양쪽에서 수풀을 베어 서로 길을 트는 광경을 보기 위해, 타인 강물 속으로 비틀대며 걸어간 적도 있었다. 그리고 블라이드의 삐까번쩍한 신규 발전소에 너무 과도한 비용이 투입되고 있다는 사실을 밝혀내기도 했다. 블라이드 시 의회 서기가 자동차 도로 확장에 반대하는 여론을 잠재우기 위해 그리스 신화에 나온 '황금 양모Golden Fleece'+같은 문구들을 자주 인용하자, 그가 고전을 학습하는 것을 녹음한 적도 있다. 물론 의회 통과가 불발로 그치면서 그 계획은 당연히 '동결'되었다.

나는 법원도 취재했다. 개중에는 정말로 한심하기 그지없는 사건도 있었다. 일례로 모페스Morpeth의 한 병원에서 남자 간호사가 병실 문고리에 목을 매 죽은 사건이 있었다. 그의 어머니는, 아들이 성적 흥분을 배가시키기 위해 목에 올가미를 걸고 책더미 위에 올라섰다가 미끄러지는 바람에 질식해 숨졌다는 경관들의 친절한 설명을 듣고는, 검시실 바깥에서 마구 울부짖었다. 조부모 집에서 토스터를 훔친 혐의로 체포된 10대 소년의 사건도 있었다. 조부모는 손자가 감옥에 가기를 원했다. 그러나 그의 진짜 '죄'는 그가 동성애자—저널리즘에서 쓰는 상투적 표현을 빌자면 '남성과의 외설적 행위를 한 자'—였다는 사실 자체임이 밝혀졌고, 그는 이내 석방됐다. 풀려나면서 그는 블라이드 전체에서 가장 직급이 높은 경찰관에게 수작을 걸었다.

이런 내용을 기사로 옮길 때 우리는 상투적인 문구들을 썼다. 언제나 상투적이었다. 뺑소니 운전자를 추적하는 경찰들은 '포위망을 넓히'거나

+ 그리스 신화에 등장하는 아름다운 마법사 메데이아는, 아버지인 콜키스 섬의 왕 아이에테스의 황금 양모를 훔치러 온 이아손과 사랑에 빠져 남동생까지 죽여 가며 그를 돕는다. 그녀의 도움으로 황금 양모를 훔치는 데 성공한 이아손이 그 뒤 그녀를 배신하고 젊은 왕녀와 재혼하려 하자 메데이아는 잔인한 복수를 벌이게 된다. 이 신화를 토대로 메데이아는 '질투와 복수의 화신'으로 기억되곤 한다.

'수색을 좁히'거나 혹은 '추적에 박차를 가했다.' 기업체 대표이사는 '보스'였고, 과학자들은 예외 없이 '전문 연구자'였으며, 공무원들은 항상 '담당관'이었다. 심한 폭풍우를 만난 배는 언제나 항구에 '기진맥진한 채 들어왔다.' 자살은 늘 비극적이었고, 신부는 항상 아름다웠으며, 화가 난 시 의원들은 '길길이 날뛰었고,' 항의하는 마을 주민들은 꼭 '거리로 뛰쳐나왔다.' 시체를 발견한 사람들은 '공포에 짓눌리'거나 '정신이 혼미해졌다.' 실제로 '정신이 혼미해졌다'는 표현은 블라이드에 새 우회 도로를 건설하다가 수십 구의 시체를 발굴해낸 공사장 인부들에게 그대로 적용됐다. 시체들은 모두 빅토리아 시대의 나들이옷을 입고 있었는데, 나중에 자신들이 옛 공동묘지를 파고 있다는 사실울 깨닫기 전까지는 다들 대형살인 사건 현장을 발견했다고 생각했다. 그리고 말할 필요도 없이 보수당 후보들은 항상 노동당 현역 의원 에디 블라이드Eddie Blythe를 '맹렬히 비난했다.'

실제로 우리는 그렇게 쓰라고 배웠다. 뉴캐슬에는 '톰슨 신문 저널리즘 스쿨'이라는 곳이 있었는데, 〈이브닝 크로니클〉의 다른 지국에서 일하던 동료 '햇병아리' 기자들과 나는 일주일에 한 번 그곳에 출석하라는 지시를 받았다. 영화배우 숀 코너리Sean Connery를 닮은 외모에다 엄청나게 친절하면서도, 멍청한 기자들에게 화산 같은 분노를 터뜨리던 나의 선배 기자 짐 할랜드Jim Harland는 그런 지시에 아주 넌더리를 냈다. 한 번은 내게 "저널리즘은 그런 재수 없는 자식들 강의를 통해서가 아니라 현장에서 배우는 거야"라고 말한 적도 있었다.

그러나 매주 목요일 오전이면 나는 2차 대전 이전에 생산된, 낡아빠진 이층 버스를 타고 블라이드를 출발해 뉴캐슬로 향했다. 푸른 담배 연기로 자욱한 버스 안에서는 언제나 질식할 것만 같았다. 나는 그곳에 도착하자마자 '럼블링 툼' 카페에서 달걀 샌드위치를 대충 입에 쑤셔 넣은 다음 몇 시간 동안 속기와 법률 그리고 상투적인 문구들을 견뎌야 했다.

우리는 그곳에서 좋은 기사를 쓰려면 400단어 정도가 적당하다고 배웠다. 도입부에 모든 사실관계를 넣고, 그다음엔 핵심을 찌르는 대목이 나와야 하며, 논쟁 당사자에게 똑같은 분량을 할애할 것이며, 훌륭한 비판자가 되어야 한다고 배웠다. 화를 내서도 안 되고, 감정이 드러나서도 안 되며, 누가 옳은지 그른지 내비쳐도 안 된다고 했다. 나는 〈드라그넷 Dragnet〉이란 영화에 나오는 형사 조 프라이데이 Joe Friday를 떠올렸다. 그는 여자들을 향해 이렇게 소리를 지르곤 했다.

"부인, 사실만 말하세요, 사실만."

그다음으로 우리에겐 '줄거리'가 주어졌다. 다음과 같은 줄거리를 가지고 도입부를 작성하라는 것이었다.

> 노르망디 상륙작전에 참전했던 퇴역 군인의 아내가 시 의회가 제공한 집에서 귀신을 본 후 사라지자, 남편은 시 의회를 비난하고 있다.

모범답안은 이랬다.

> 공포에 질린 아내가 시 의회가 제공한 집에서 '환영(幻影)'을 피해 달아난 후, 당황한 디 데이 D-day+ 참전 군인은 지난밤 시 의회 관리들을 강하게 질책했다.

+ 아주 중요한 일을 도모하는 날이나 결전의 날을 말할 때 흔히 사용되는 'D-day'란 표현은 2차 대전 당시 연합군 사령부가 노르망디 상륙작전 개시일(1944년 6월 6일)을 가리켜 그렇게 부른 데서 비롯됐다. 대문자 D가 무엇을 뜻하는지에 대해서는 여러 가지 설이 분분할 뿐 확실한 정답이 없다고 한다.

이 지시문에서 조금이라도 벗어나는 건 허용되지 않았다. 그 늙은 군인이 전쟁으로 인한 충격에 시달리고 있다거나, 아내가 정신적으로 이상이 있다거나, 혹은 실제로 귀신이 나타났다고 어렴풋이나마 짐작할만한 접근법을 쓰면 무조건 퇴짜를 맞았다. 그래서 톰슨 스쿨의 '교육 담당자들'은, 시몬 윈체스터Simon Winchester라는 기자가 절대 바라는 수준에 이르지 못할 거라고 쉽게 단정 지었다. 그는 상상력이 너무 풍부했고, 매우 사려 깊었으며, 비판적 접근법을 갖고 있었던 것이다. 물론 시몬은 나중에 최고의 신문 중 하나로 꼽히는 〈가디언The Guardian〉지의 벨파스트 특파원이 되었다.

독자들이 쉽게 '이해할 수 있는' 기사를 쓰는 게 우리 임무였다. 독자들은 성급하고 싫증을 잘 내며, 제대로 교육받지 못한 사람들도 많다고 우리는 배웠다. 그러나 나는 광부·조선소 시간제 노동자·어부·경찰·집주인 아주머니와 몇 시간 동안 이야기를 나누면서 그들이 멍청하다는 생각은 해본 적이 없었다. 오히려 그들이 원하는 건 우리가 쓰는 상투적 문구 그 이상의 것일지도 모른다는 생각이 들었다. 하지만 저널리즘 강사들이 말한 바는 그게 아니었다. 우리는 '핵심이 되는' 단어들을 사용해야 했다. 질책, 보스, 환영, 담당관, 공포에 질린 같은 단어 말이다.

그렇다. 우리는 '훈련되어야' 했다. 영국 중앙 전력청 회장의 아내가 지역 조선소의 진수식에 참석했다는 내 기사를 읽고, 블라이드 사무실의 인쇄 기사가 박장대소하던 순간을 지금도 잊을 수 없다. 나는 "스미스 여사는 선체를 향해 샴페인을 터뜨렸고, 노동자들은 조선대를 미끄러지듯 내려가는 그녀에게 환호를 보냈다"고 썼다. 이어진 인터뷰에서는 보수당 의원 후보가 "자신이 즐기는 풍부하고 다양한 유희(遊戲)에 대해 이야기하며 미소 지었다"란 대목도 있었다. 할랜드 역시 웃다가 거의 쓰러질 지경이 되었다. 그는 이렇게 외쳤다.

"밥, 자네는 정말 더럽게 순진하군. 독자들이 '풍부하고 다양한 유희'를 어떤 의미로 받아들일 거라고 생각하나?"

또한, 나는 〈이브닝 크로니클〉에 실리지 못한 이야기들도 기억한다. 모페스 시체 공시소의 검시실 바깥에서 흐느껴 울던 어머니의 사연은 내 기사에서 잘려나갔다. 포춘 선장의 이야기는 전체를 들어냈다. 신문사에서는 오래전에 떠나버린 폴란드 저인망 어선 선장의 말을 인용하지 않아 이야기의 '균형이 안 맞는 게' 문제라고 했다. 블라이드 석탄 하역 부두의 상태가 위험하다는 기사에는 전국 석탄청National Coal Board에 보내는 공식 사과문이 달렸다. 목재로 된 그 부두가 모든 안전기준을 충족시켰다는 취지였는데, 편집진은 사과문을 달면서도 내게는 귀띔조차 해주지 않았다.

그로부터 몇 주 뒤 나무가 갈라지면서 증기가 폭발하는 굉음이 블라이드 사무실을 뒤흔들었을 때 내 얼굴에는 회심의 미소가 스쳐 지나갔다. 다행히 기관사는 다치지 않았지만, 탱크 기관차가 조잡하고 낡은 버팀목을 무너뜨린 뒤 부두 끝에 위태롭게 걸려 있었다. 우리는 그것을 단순한 사건·사고 기사로 보도했다. 내가 예전에 썼던 기사나 불과 몇 주 전에 게재했던 비굴한 사과문에 대해 일절 언급도 하지 않은 채 말이다.

그렇다고 내가 그 신문사에 대해 악감정을 가진 건 아니었다. 리버풀대학Liverpool University에서 내게 영문학 공부 기회를 제공하겠다는 제안을 해왔을 때, 편집진은 흔쾌히 나의 사직서를 받아주면서 내 앞날에 행운을 빌어주었다. 그 뒤 리버풀대학이 O레벨 시험+ 성적이 없으면 결국 약속을 지킬 수 없겠다는 용서할 수 없는 결정을 내리자, 존 브라운리는 역시

+ 과거 영국에서 치러진 대학 입학 자격시험. 현재는 중등교육 자격 검정시험(GCSE)으로 대체되었다.

또 흔쾌히 나를 복직시켜 주었다. 다음번에 랭커스터대학Lancaster University이 나의 입학을 최종적으로 허락했을 때, 그는 다시 행운을 빌며 나를 보내주었다.

나중에 내가 〈선데이 익스프레스The Sunday Express〉 지에 지원했을 때, 브라운리 편집장은 정말 주옥같은 추천사를 써줌으로써, 지금은 돌아가신 불같은 성격의 존 주노 편집장을 감동시키기도 했다. 할랜드 선배는 〈이브닝 크로니클〉에 남겠다는 나를 뜯어말리는 역할을 했다. 탄광 광부의 아들인 그는 내게 "시발, 바보처럼 굴지 마. 하고 싶은 공부를 해서 학위를 따란 말이야, 밥"이라고 진지하게 충고했다.

난 그의 말을 그대로 따랐다. 몇 달 사이에 언어학을 공부하고 노암 촘스키Noam Chomsky를 읽었으며, 데이비드 크레이그David Craig의 디킨스 강의를 통해 내가 햇병아리 기자로 활동했던 바로 그 북부 잉글랜드 전역에 산업혁명이 가져온 대대적 사회 파괴에 대해서도 배웠다. 왜 탄광이 쇠락하고 실업자가 늘어나며 조선소들이 망해갔는지, 심지어 블라이드 부두의 나무 버팀목이 왜 썩어 있는지조차 순식간에 이해되기 시작했다. 다만 대학에 가서야 그것들을 이해할 수 있게 됐다는 사실이 안타까울 따름이었다. 원래 저널리즘이란 게 역사에 관한 것이었는데도 말이다. 그러나 그 신문사에서는 그렇지 않았다.

이번 달에 내가 다시 잉글랜드 북동쪽으로 발걸음을 하게 된 것은 바로 이런 생각 때문이었다. 나는 우리의 삶을 빚어내는 건 언어와 역사라고 생각한다. 지난날 수습기자로서 어쩔 수 없이 써야 했던 언어는 어떻게든 우리를 틀 속에 가둬두었으며, 우리는 세상과 우리 자신을 상투적 문구로 빚어내라고 배워온 게 아닌가 하는 의구심이 들었다. 그런 행위가 대개 우리 삶을 규정하고, 우리 분노와 상상력을 파괴하며, 우리를 부자나 정부·권위에 충성하도록 만든다는 의심을 품지 않을 수 없었다. 동시에 나는 우리 기자들이 도덕적 열정이나 분노의 감정을 가지고 중동에 대해 보도하지 못하는 원인 역시 기자로서 우리가 훈련받은 방식 때문이라는 믿음을 가지게 되었다.

내가 블라이드를 다시 찾은 날, 하늘에서 차가운 비가 억수같이 쏟아붓고 있었다. 낡은 항구는 어둡고 텅 빈 진흙투성이 늪처럼 변해 있었다. 조선소는 더 이상 없었다. 문을 닫은 탄광은, 해안으로 이어진 하나의 구덩이처럼 보였다. 강 건너 저편에서 도시를 흐릿하게 노려보던 발전소도 해체되었다. 미들턴 가 끝자락에 있는 신문 가게 창문에는 창살이 달려 있었고 천장에 축축한 곰팡이 얼룩이 가득했다. 주인은 내게 블라이드가 지금도 망해가고 있다고 말했다. "실업률이 14%에 지난 4년간 마약 때문에 죽은 사람만 서른네 명입니다. 미래가 없어요"라는 것이 그의 이야기였다. 나는 그곳에서 〈이브닝 크로니클〉 한 부를 샀다. 목재 하역 부두는 사라지고 없었고, 철로 역시 마찬가지였다. 내가 책을 읽곤 하던 해변의 공원은 여전히 그 자리에 있었지만, 그곳의 굽은 돌난간은 망가진 채 모래 속에 처박혀 있었다.

나는 82번지의 문을 두들겼다. 집주인 해밀턴 부인은 오래전에 돌아가시고 없었다. 그곳에 사는 젊은 부부는, 내가 계단으로 올라가 꼭대기 층에서 오른쪽으로 돈 다음 40여 년 전에 잠자던 작고 비좁은 방을 열어보는 것을 허락해주었다. 크기는 한 평 반, 내 계산은 틀리지 않았다. 이제 그 방에는 책장도 있었고, 페인트도 새로 칠해져 있었으며, 오래된 가스관은 벽 안에 감춰진 데다가 중앙난방 설비까지 되어 있었다.

당시 해밀턴 부인은 세 끼를 모두 챙겨 주셨는데, 아침마다 베이컨을 먹던 방에는 내 기억에는 없는 멋진 대리석 벽난로가 있었다. 82번지의 새 주인 부부는 〈인디펜던트〉의 독자들이었다. 그들이 먼저 이야기를 꺼냈고, 거실 테이블 위에는 그 증거가 펼쳐져 있었다. 그들은 〈이브닝 크로니클〉을 절대 사지 않는다고 했다. '혹시 옛날에 내가 여기에다 무슨 메시지라도 남겼나'하는 생각이 잠깐 스쳐 지나갔다.

차 안에서 나는 〈이브닝 크로니클〉을 펼쳐 들었다. 앞 유리엔 빗물이 흘러내리고, 창문 밖으로 여전히 낡은 회색 거리가 어른거렸다. 변한 건 하나도 없었다. 신문에 난 기사 하나가 모든 걸 말해주고 있었다.

> 적자에 시달리는 캐멀 레어드 조선소의 경영권 인수를 주도하는 보스들은 예전에 그 회사에서 일하던 노동자들이 제기한 200만 파운드 손해배상 청구 소송 때문에 입찰을 포기할 수도 있다고 말한다.

여기서 핵심 단어는 '보스들' '적자에 시달리는' '포기' '입찰'이었다.

> 야심에 찬 두 명의 사이클 선수들이 세계에서 가장 험난한 경주에 참가하기 위해 프랑스로 날아갈 예정이다.

이 기사의 핵심 단어는 '야심에 찬' '험난한'이었다.

> 십 대인 보모를 꾀어 인터넷 채팅방에서 만난 낯선 사람과 난잡한 섹스를 벌이도록 알선한 혐의를 받는 세 아이의 엄마는 형기를 줄이려 시도했으나 실패했다.

이번엔 '꾀다' '난잡한' '시도.'

불황에 빠진 지역의 관광산업을 돕기 위해 북동부에서 휴가를 보내는 대신 외유를 즐기러 떠난 하원의원들에게 비난이 쏟아졌다.

차창 밖의 회색 날씨를 흘끗 쳐다보고는 잠깐 해당 의원들에게 동정심이 일긴 했지만, 결국 메시지는 이거였다. '외유' '불황에 빠진.'

새라 캐머런의 살인범을 쫓던 경찰은 포위망을 외국으로까지 넓혔다.

그래, 내가 이런 쓰레기 기사를 쓴 지 거의 40년이 지나도록 경찰은 여전히 '포위망을 넓히고' 있었다. 의심할 여지 없이 곧 그들은 '수색망을 좁히'거나 새라의 살인범 추적에 '박차를 가할' 것이다. 전통 있는 주간지였던 〈블라이드 뉴스The Blyth News〉의 뒤를 이어받아 지금은 〈뉴스 포스트 리더The News Post Leader〉라는 불멸의 타이틀로 발행되는 무가지에도 그런 전통은 "블라이드 계곡의 잡목림에 주택 개발 단지를 건설하려던 계획은 '동결되었다.'"라는 기사로 남아있었다.

나는 옛 치안법원을 보기 위해 모페스에 들렀다가 게이츠헤드Gateshead로 차를 돌렸다. 도중에 나는, 한때 무릎까지 오는 코트를 입고 사진을 찍곤 했던 타인강의 다리들도 둘러보았다. 그리고 예전에 즐겨 찾던 럼블링 툼 카페 자리에 이제 지하 버스터미널이 들어섰다는 것도 알게 되었다. 슬래그+ 더미들은 대부분 '녹지'로 변했으며, 연기도 사라지고 없었다. 그래, 내가 차디찬 침실에서까지 밤낮으로 들이마시던 축축하고 끈적끈적한 연기가 사라진 것이다. 아마 무연탄과 가스가 보편화되었기 때문일 것이다.

+ 광석을 제련한 후에 남은 찌꺼기

혹은 더 이상 태울 게 남아 있지 않아서라는 암울한 추측도 가능하다.

차가 멈춰 섰을 때, 짐 할랜드는 건물 앞 벽에 기대 서 있었다. 그는 예전보다 살이 더 올랐고, 턱살이 아래로 약간 처진 모습이었다. 그러나 눈은 석탄처럼 날카로웠고, 숀 코너리를 닮은 외모는 지금도 여전했으며, 그의 혀도 마찬가지였다. "이거, 비번 날 블라이드 항구에서 기삿거리를 놓쳤던 그 인간 아냐"하며 그는 나직하게 으르렁댔다.

하늘엔 햇살이 비치고 있었고, 마침 장날을 맞은 거리는 분주했다. 소방차가 동원됐고, 핀볼 기계가 돌아갔다. 무대에는 옛날 미군 군복을 입은 뚱뚱한 광대들이 팀을 이뤄 팝송을 부르며 춤을 추고 있었다. 그 주변으로 아주 거칠게 생긴 부모들이 해쓱한 혈색에 슬픈 미소를 지은 채 지나다녔다. 고단한 삶이 그대로 얼굴에 묻어있는 듯했다. 할랜드는 내게 블라이드가 점점 뉴캐슬의 거대한 베드타운이 돼 가고 있다고 말했다. 철로가 없어진 것은 참 애석했다. 하지만 나는 그 이유만큼은 충분히 이해할 수 있었다.

할랜드는 덩치가 아주 커서 우리는 그를 '빅 짐 할랜드'라 부르곤 했다.● 그는 내 손을 잡아끌어 '페더레이션 클럽'으로 향했다. 그곳은 마치 물살에 휩쓸려가는 모래처럼 맥주잔이 돌아다녔고, 덩치 큰 전직 광부들과 조선소 사람들이 빙고 게임을 싹쓸이하고 있었다. 그렇게 많은 5파운드 지폐를 본 건 그때가 처음이었다.

우리는 그곳에서 나와 그의 집까지 걸어가 점심을 함께했다. "언론계에 있는 우리에겐 지면이란 게 중요해. 열여섯 살 때 나는 지면을 아껴야 한다고 배웠어. '올해 나이가 스물세 살인 S양'이란 표현 대신 '23세의 S양'

● 그는 나중에 〈미러(the Mirror)〉 지에서 일하다가 BBC로 옮겨갔다.

이라고 쓰라는 거지"라고 그는 입을 뗐다.

"우리가 생각하는 그대로 쓰면 그걸 편향이라 몰아붙였어. 우리는 '내가 본 건 이렇다'라는 것만 써야지 '그걸 봤을 때 나는 이렇게 느꼈다'라고 쓸 수는 없었단 말이지. 우리를 훈련시킨 건 모두 지역 언론 기자들이었고, 그 사람들은 자기네가 아는 것과 배운 그대로만 우리를 가르쳤던 거야."

부인 로즈마리가 부엌에서 점심을 차리는 동안 할랜드는 블라이드에 대한 이런저런 생각들을 천천히 털어놨다. 그는 마거릿 대처와 아서 스카길Arthur Scargill+이 그 도시에 정말 많은 해악을 끼쳤다고 여겼다. 그리고 내가 그곳에서 일할 때 미처 알지 못했던 사실들도 많이 알고 있었다. 오래전에 죽은 시 의회 서기는 마치 고전학자 같던 이미지와는 달리 돈만 밝히는 인물이었다. 법정에서 게이 소년에게 치근거림을 당했던 경찰서장은, 이른 아침 시간에 술집 주인들을 전화로 불러내 술을 달라고 요구하고, 비번인 경찰관들을 위해 오전 6시에 술집 문을 열라고 강요했다는 사실도 알게 되었다.

"아니, 우리는 그런 건 기사로 안 썼지. 그 사람들이 우리를 먹여 살렸거든. 우린 그들의 도움을 받는 관계였던 거야. 이른 아침마다 한잔 생각이 간절했던 그 서장도 가끔 기삿거리를 던져주곤 했어. 시 공무원이건, 경찰이건, 소방관이건, 모두 우리가 상대해야 할 사람들이었으니까. 그 뒤엔 아동 학대 사건도 있었어. 여기엔 그런 일들이 비일비재해. 끔찍하지. 그러나 사회복지 기관들은 우리한테 그런 이야기를 해주지 않았어. 그 사

+ 1983년 6월 대처 총리가 집권 초기부터 주창해온 구조개혁과 공기업 민영화의 일환으로 석탄산업 구조조정을 추진하자, 아서 스카길 노조위원장이 이끌던 탄광노조는 전면 총파업으로 맞섰다. 그러나 363일 동안 계속된 파업은 사실상 노조의 항복 선언으로 실패로 돌아가고 말았는데, 여기엔 대처의 초강경 노선뿐만 아니라 조합원 투표도 없이 일방적으로 파업을 밀어붙이는 바람에 불법파업이란 공격의 빌미를 제공한 스카길 집행부의 책임도 컸다는 게 일반적인 평가이다.

람들이 하는 조사는 모두 기밀이고, 자기들이 알아낸 사실을 우리도 알아야 할 권리는 없다고 말하곤 했거든. 그러다 보니 아동 학대가 끊이지 않았어. 그러다 평소 알고 지내던 크리켓 선수가 자기 딸들 이야기를 털어놨을 때 난 비로소 상황을 깨닫게 된 거야. 이런 일들이 정말 흔하구나 하고 말이야. 하지만 우리는 사회복지 기관들의 '프라이버시' 주장을 받아들였어. 그러고는 '미성년자와의 추문'이라고만 보도했지. 우리가 사용하던 단어들이 그런 식이었어."

나는 중동에 대해서도 물었다. 지방 정부 차원의 논쟁이나 법원의 검시 결과 따위가 아니라 커다란 역사적 비극과 맞닥뜨렸을 때 우리 기자들이 제대로 된 보도를 내놓지 못하는 원인이 어쩌면 우리가 받은 '훈련' 때문은 아닌지, 할랜드의 생각이 궁금했다.

"나는 중동처럼 커다란 비극을 취재해 기사를 써본 적은 없어. 하지만 문제가 뭔지는 알아. 그곳에서 행해지는 저널리즘도 결국 여기서 배운 저널리즘의 확장일 뿐이란 거야."

그는 핵심을 정확히 짚고 있었다. 중동에 나가 있을 때 보면, 각자 저널리즘 학교에서 '훈련'을 받고—미국식 교육은 영국보다도 훨씬 더 시시했다— 지역에서 취재해 본 경험을 가진 기자들이 상투적 문구와 지루한 형용사들을 활용해 현실을 모호하게 만드는 경향이 점점 더 심해지고 있었다.

당장 오늘 밤 텔레비전을 켜거나 내일 자 통신사 보도를 한 번 읽어보라. '폭력의 사이클'이나 '충돌'같은 단어들을 쉽게 접하게 될 텐데, 거기엔 누가 옳은지 그른지도 전혀 없고 피해자와 가해자의 경계가 모호하기 짝이 없다. '이스라엘 안보 담당관들의 두려움' 같은 표현들은 또 어떤가. '안보'라는 단어는 항상 '이스라엘'이라는 단어와 붙어 다닌다는 사실도 우리가 놓쳐서는 안 될 것이다. 블라이드에서 팔레스타인에 이르기까지

'담당관들'은 항상 난관을 이겨내려고 고군분투한다. 블라이드의 경찰 서장이 우리에게 기삿거리를 던져주듯, 이스라엘인들 또한 우리에게 기삿거리를 던져준다.

그에 비해 팔레스타인인들이 건네주는 기삿거리는 훨씬 더 적다. 그렇기에 누구도 논쟁을 제기해 평지풍파를 일으키고 싶어 하지 않는다. 석탄청의 반박문은 실어도, 블라이드 하역 부두가 붕괴위험에 처해 있다는 이야기는 쓰지 않는다. 편집장에게 보내는 항의 편지는 실어도, 돌멩이를 던지던 아이들을 살해한 이스라엘의 충격적 행위의 본질은 다룰 이유가 없다.

그러니 상투적 문구를 반복하는 편이 훨씬 더 낫다. 아랍 '테러리스트들'은 이스라엘을 위협한다. 이스라엘 '안보 담당관들'은 아라파트에게 경고한다. 아라파트가 자신의 민중들을 '통제할' 수 있을지 우리는 이스라엘인들과 똑같은 질문을 던진다. 그러나 한 무리의 유대인 정착민들이 팔레스타인 민간인 남성 두 명과 아기를 살해하는 사건이 벌어졌을 때, 우리는 샤론이 자신의 국민들을 통제할 수 있는지 물음을 던지지 않는다. 팔레스타인인들이 그런 질문을 제기하지 않았기 때문에 우리도 묻지 않는다. 그렇게 우리는 내내 침묵했다.

영국 북동부 지방에서 닷새를 보내고 다시 런던으로 돌아오는 차 안에서 라디오를 틀었다. 때마침 라디오에서는 이스라엘 북부 비냐미나 Binyamina 지역에서 팔레스타인 사람이 자살폭탄 공격을 감행해 이스라엘인 2명이 숨졌다는 소식이 흘러나왔다. 이스라엘인들은 팔레스타인인들에게 '반격을 가해' 네 명의 게릴라들을 '표적' 살해했다. 여기서 '표적'은 이스라엘이 사용하는 단어다. 바꿔 말하면 암살인 것이다. 하지만 BBC는 그렇게 표현하지 않았다. 이스라엘 정착민들이 아기를 포함한 팔레스타인 주민 세 사람을 살해했을 때도, 이스라엘 경찰이 살인범들을 잡기 위해 '수색망을 좁히고 있다'고만 짧게 보도했다.

이유는 절대로 묻지 않는다. 오직 무슨 일이 있었는지만 보도할 뿐이다. 우리는 블라이드 탄광이 폐쇄됐다고 보도했다. 그러나 왜 탄광이 문을 닫을 수밖에 없었는지 묻지 않았다. 우리는 블라이드가 쇠락하는 걸 지켜보았다. 그리고 도시가 망해가고 있다고 보도했다. 햇병아리 기자 시절, 우리는 석탄과 조선소로 대표되던 블라이드의 운명이 최후의 순간을 맞는 걸 지켜봤다. 그러나 우리는 뉴캐슬의 벽에 검게 달라붙은 그을음을 긁어내지 않았고, 왜 영국 총리들이 산업혁명의 중심지를 무덤으로 보내버렸는지 이유를 묻지 않았다.

그 밑바탕에는 권위를 '인정하는' 문화가 자리 잡고 있다는 데 할랜드도 의견을 같이했다. 우리는 경찰이나 의회에 도전하지 않았고, 사회복지기관들에게도 마찬가지였다. 그들이 우리 친구는 아니었을지 몰라도, 우리는 그들을 필요로 했다. 우리는 그들을 이상한 방식으로 존중했다. 그들은 '담당관들'이자 '보스들'이었다.

이제 우리는 우방 정부에게 역시 좀처럼 도전하지 않는다. 다만 팔레스타인 아라파트의 부패한 독재에 대해서는 맹비난할 수 있다. 아니, 그렇게 해야 한다. 그러나 이스라엘의 범법행위에 대해서는 이스라엘 '안보 담당관들'의 말을 인용하는 것으로 '균형을 맞춰야' 한다. 시 의회 서기나 경찰 서장의 오프 더 레코드[+] 방식의 브리핑은 외무부에서도 그대로 되풀이된다. 코소보 전쟁 당시 우리가 나토의 브리핑에 어떻게 대응했는지를 보라. 그들의 말을 어떻게 받아들이고 어떻게 앵무새처럼 그대로 받아 적

+ 보도하지 않는 것을 조건으로 취재원이 말이나 정보를 제공하는 것.

었는지를 말이다.

〈이브닝 크로니클〉이 지금도 존재한다니 참 반갑고 다행스럽다. 빅 짐 할랜드의 존재도 마찬가지다. 그는 정확성을 기하는 게 왜 필요한 지를 내게 이해시켜준 사람이다. 한 번은 그가 "뒷부분에 가서는 네가 하고 싶은 이야기를 하도록 해. 하지만 제발 부탁인데 그걸 제대로 이해시키란 말이야"라고 말한 적이 있다. 이번에 그와 나눈 대화는 많은 생각할 거리를 남겨주었다. 점심을 먹기 진에 그가 내게 했던, "우리가 생각하는 그대로를 쓰면 그걸 편향이라 몰아붙였어"라는 말이 내내 머릿속을 떠나지 않았다.

팔레스타인에 관한 이스라엘의 입장과 나토의 브리핑을 태연하게 받아 적던 그 기자들이 진실을 '파헤치는' 광경을 언젠가 우리가 지켜보게 될 것이라 나는 믿는다. 그들은 부패 선거구Rotten Borough+와 부정을 저지른 경찰, 학대당하던 블라이드의 아이들 사건에서 그랬듯이, 자신들이 정말로 알게 된 사실들을 주저 없이 우리에게 말해줄 것이다. 다만 그때까지 시간이 좀 더 필요할 뿐이다.

2001년 8월 4일

인디펜던트 매거진

+ 영국에서 유권자 수가 격감해 선거구 자격을 잃었으면서도 국회의원을 계속 배출했던 선거구. 1832년에 도입된 개혁법으로 57개 선거구가 폐지되면서, 역사의 뒤안길로 사라졌다.

그러게 빈 라덴의 말에 귀를 기울였어야지

나는 대학에서 언어학을 경험한 세대에 속한다. 기억이 정확하다면 나는 랭커스터대학 67학번이며, 당시 생긴 지 2년째 되던 대학은 약간 특이한 면도 있었지만 그만큼 혁신적이었다. 모컴Morecambe 해안가에는 월세방이 모여 있었고, 예배당을 개조한 강의실에서 수업이 이뤄졌으며, 낡은 리넨 공장에서 개별수업이 진행됐다. 우리가 늘 공부하던 책 가운데는, 정말 지루하기 짝이 없던 젤리그 해리스Zelig Harris+와 놀랍도록 뛰어난 노암 촘스키의 책이 섞여 있었다.

당시엔 지금만큼 명성을 떨치지 않았지만, 내게 '전경 요소Foregrounded Element' 개념을 알려준 사람도 다름 아닌 촘스키였다. '전경Foregrounded'이란, 단어 순서를 어떻게 배치하느냐에 따라 새로운 의미가 형성되거나, 예상 단어를 고의로 배제하는 걸 뜻한다. 예를 들어, 'Big Bad Man'은 그 사람의 비열함을 강조하는 반면 'Bad Big Man'은 우리에게 그 사람의 덩

+ 펜실베이니아대학 교수 시절 노암 촘스키에게 언어학을 가르쳤던 스승. '언어학의 대가'로 불리던 그는 촘스키에게 언어 구조의 수학적 분석을 통한 변형의 발견을 일깨워 주었으며, 이후 촘스키는 그 배움을 토대로 자신의 생성문법 이론을 발전시킨 것으로 유명하다.

치를 떠올리게 하는 것과 같은 이치다.

진짜 언어학자들은 위와 같은 정의를 좋아하지 않겠지만, 기자들은 가끔 의미를 명확하게 하기 위해 말의 순서를 비틀어야 하는 경우가 있다. 대통령들 역시 그런 것 같다. 2005년 6월 28일 포트 브래그Fort Bragg에서 조지 W. 부시가 미국 국민들에게 했던 연설을 언어학적으로 약간 분석해 봤을 때 아주 이상한 결과가 나왔기 때문이다.

물론 '테러리즘'과 '테러'라는 단어를 33번이나 사용한 것이 그 연설에서 첫 번째 이상한 결과이다. 그보다 더 흥미로운 점은 그가 잔뜩 줄지어서 있는 '테러리스트'란 단어를 배치한 방식이었다. 그의 연설을 여덟 단락으로 나눈다면, '테러리스트'나 '테러'라는 단어는 첫 단락과 둘째 단락에 여덟 번, 셋째 단락에서 세 번, 넷째엔 아홉 번, 다섯째엔 두 번, 여섯째엔 없었고, 일곱째에 다시 세 번 나왔다가 마지막 여덟째 단락에는 등장하지 않았다.

'테러'가 사라진 단락들에는 또 다른 상투적인 문구들이 빈 공간을 가득 채웠다. '도전' '훌륭한 헌법'—물론 이라크 헌법을 말한다— '투표할 기회' '자유로운 사회' '확실한 진실'+—독자들에게 모멸감을 주지 않기 위해 이 표현을 어디서 훔쳐왔는지는 거론하지 않겠다— '우리의 자유를 수호하기 위하여' '깃발을 휘날리며' '자유의 역사에 있어 위대한 전환점' '승리하다prevail'—처칠이 가장 좋아했던 단어 가운데 하나다— '더 높은 소명은 없다' 등이 그것들이다.

촘스키의 분석법을 활용해보면, 부시의 연설은 청중들에게 테러로 인한 죽음의 공포를 불러일으키는 것에서 시작해 장차 자기네 나라가 승리

+ 무례를 무릅쓰고 저자를 대신해 독자들에게 설명하자면, 프랑스의 철학자이자 수학자였던 르네 데카르트(Rene Descartes)는 저서 《방법서설》에서 모든 것을 철저히 의심하는 방법론적 회의를("나는 사유한다, 고로 존재한다") 통해 '확실한 진실'을 얻고자 했다.

할 것이라는 애국주의적 확신을 일깨우는 것으로 의기양양하게 끝을 맺고 있다. 그것은 절대로 연설이라고 할 수 없었다. 오히려 영화 대본이나 희곡에 더 가까웠다. 악당들은 정말로 나쁜 놈들이지만, 결국 그들은 합당한 벌을 받게 될 것이고 착한 사람들이 승리한다는 것이었다.

물론 부시의 연설에 등장한 다른 부분들도 정직하지 못하긴 마찬가지였다. '테러리스트들'이 '각국 정부를 무너뜨리려고' 한다는 주장이 대표적이다. 이제까지 그런 짓을 해온 건—아프가니스탄과 이라크에서—, 에헴, 에헴, 미국인들밖에 없었다. 폭정·억압·독재의 잔당·낡은 질서 같은 '적'의 사악한 본성에 대해 수많은 언급이 있었고, 이라크가 9·11에 연루됐다는 새로운 버전의 거짓말도 등장했다. 존재하지도 않았던 사담 후세인과 알카에다의 동맹 대신에, 이제 우리는 "바그다드 거리에서 무고한 남녀노소를 살해하는 이라크 테러리스트들은, 우리 국민들의 생명을 앗아갔던 9·11 테러범들과 똑같은, 잔인한 이데올로기를 추종하는 사람들"이라는 주장을 부시의 입을 통해 들을 수 있었다. 말인즉슨, 9·11 공격에 연루된 건 이제, 사담 정권이 아니라 사담이 쫓겨난 이후 등장한 반군 세력이라는 뜻인 것 같다. 와우!

대본을 쓰는 입장인 백악관이 정작 오사마 빈 라덴이 한 말들에 대해 그다지 흥미를 보이지 않았다는 사실은 좀 이상하다. 빈 라덴이 무슨 말을 하든, 그 누구도 그 말의 행간을 읽으려는 시도 따위는 하지 않았다. 그 대신 질문은 언제나 똑같았다. 그게 진짜 빈 라덴일까? 아직 살아있나? 어디에 있지? 그러면서도 그가 무슨 말을 했는지는 절대 묻지 않았다. 진정한 위험은 여기에 도사리고 있다.

사담을 미워했던 빈 라덴이—그는 나에게 직접 그렇게 이야기했다— 추종자들에게 전화를 걸어, 사담의 이라크 바트당 '사회주의자들'을 포함한 이라크

무장 세력의 편에 서서 같이 싸우라고 말했다. 이는 미래의 이라크 게릴라 군대가 미래의 자살폭탄범들과 서로 융화되는 순간으로, 폭탄을 터뜨려 이라크에서 서구를 옴짝달싹 못하게 만들라는 메시지였다. 그래도 우리는 거기에 눈길조차 주지 않았다. 미국의 '전문가들'은 빈 라덴이 살아 있는지 여부만을 놓고 알맹이 없는 논쟁만 주고받았을 뿐, 그가 한 말은 관심을 기울이지 않았다. 이번 딱 한 번, 부시가 그걸 깨달았지만 너무 늦어비렸다. 그들 스스로 말하듯, 언제나 텍스트를 읽어야 하는 법인데도 말이다.

2003년 2월, 유엔에서 콜린 파월 미 국무장관이 이라크의 대량파괴무기에 대해 거짓말을 늘어놓던 당시 그 뒷자리에 앉아있던 CIA의 그 남자, 배우 어니스트 보그나인Ernest Borgnine+을 닮은 조지 테닛 국장의 예를 들어보자. 그가 백악관 때문에 단단히 비위가 상해 있다는 점이 드러나고 있다. 그는, 자신이 대량파괴무기에 관한 '빼도 박도 못할' 증거가 있다고 말한++ 적이 없다 주장한다. 그렇다면 그의 말은 미국 정부가 그런 거짓말에 기초해 전쟁을 벌일 수 있을 정도로 국민들을 설득할 수 있는 '너무나 확실한' 능력을 갖추고 있다는 뜻이 된다. 바꿔 말하면 그는 미국 대통령에게 거짓말을 한 게 아니었다. 단지 미국 국민들에게 거짓말을 했을 뿐이다.

말이 나온 김에 지난달 베이루트 현지 신문에서 토니 블레어의 거짓말 하나를 우연히 접하고 완전히 충격을 받았던 얘기도 해야겠다. "사우디의 개혁이 한풀 꺾이다"라는—분명 하나 마나 한 이야기였다— 제목의 머리기

+ 〈지상에서 영원으로〉, 〈포세이돈 어드벤처〉 〈서부전선 이상 없다〉와 같은 영화들과 인기 드라마 〈에어울프〉 시리즈에 출연했던 미국 영화배우.

++ 워터게이트 사건을 폭로한 〈워싱턴 포스트〉의 대기자 밥 우드워드(Bob Woodward)가 자신의 저서 《공격계획(Plan of Attack)》에서 밝힌 내용이다.

사 아래 덧붙은 또 다른 기사에는, "알제리 정부가 (우리와는) 다른 정치 시스템"을 가지고 있다는 이유를 들어 영국 정부 내 심의위원회가 알제리인 두 명을 본국으로 추방하는 데 제동을 걸고 나서자 친애하는 블레어 총리께서 단단히 화가 났다는 내용이 담겨있었다. 여기서 '전경' 요소는 물론, '다른'이란 단어였다. 그리고 이 단어에는 거짓말이 포함되어 있다. 위원회가 그 사람들을 본국으로 돌려보내기 거부한 이유는 알제리가 '다른' 정치 시스템을 갖고 있기 때문이 아니었다. 그건 블레어의 주장이었을 뿐, 진짜 이유는 알제리의 '시스템'이 수감자들에 대한 고문을 허용하고 있기 때문이었다.

예전에 나는, 고문을 목격한 뒤 변태 성욕자가 되어버린 알제리 남녀 경찰관들을 인터뷰한 적이 있다. 한 여성 경찰관은, 수도 알제의 샤또뇌프 경찰서에서 온갖 혐오스러운 고문을 지켜본 뒤 이제는 공포 영화를 아주 좋아하게 됐다고 내게 말했다. 영화를 볼 때마다 그때의 기억이 되살아나기 때문이라는 이유였다. 그곳에서는 수감자들이 사망에 이를 때까지 항문에 물을 주입하곤 했다.

그리고 나는 런던 주재 알제리 대사가 〈인디펜던트〉 지에 기고했던 악의적이고 모욕적인 글을 지금도 기억한다. 그는, 고문으로 발이 부러진 사이다 케루이Saida Kheroui를 '테러리스트'라고 비웃었다. 그것이 바로 블레어가 말한 '다른' 정치 시스템의 실체였다. 케루이는 끝내 감옥을 벗어나지 못하고 고문으로 숨졌다.

물론 블레어는 알제리 보안군들이 여성들을 죽을 때까지 강간한다는 사실을 알고 있다. 그런데도 경찰관이 여성을 강간하는 것을 허용하는 정치 시스템을 어떻게 감히 '다른' 시스템이라고 둘러댈 수 있을까?

우리 유럽인들은 이제 그런 거짓말에 습관이 들어버렸다. 벨기에 정부의 예를 한 번 들어보자. 1996년 7월 15일 벨기에 정부는, 본국으로 송환돼도 위험에 처할 일이 없을 것이라는 이유로 부아스리아 벤 오스만Bouasria Ben Othman을 알제리로 추방했다. 그 뒤 그는 모스타가넴Moustaganem+의 한 경찰서에 구금되어 있던 도중 숨졌다. 정말 '다른' 정치 시스템이 아닐 수 없다.

이제 블레어가 영국 국민들에게 전하는 역겨운 '고별' 연설문이 내 앞에 놓여 있다. 연설문에 따르면, 국가를 최우선에 놓는다는 것은 "전통적인 지혜에 따라 올바른 일을 하는 것"—여기서 전경 요소는 '전통적인'—이나 "지배적인 여론"—여기서는 '지배적인'—을 따른다는 의미가 아니란다. 그것은 "여러분들이 진심으로 옳다고 믿는 것"—여기서 전경 요소는 '진심으로'—을 실천에 옮긴다는 뜻이라는 게 그의 주장이었다. 그리고 쿠트 알 아마라의 블레어 경은 영국의 가장 오래된 동맹인 미국과 "어깨를 나란히 하기를" 원했다—사실 영국의 가장 오래된 동맹국은 포르투갈이지만, 그건 전혀 중요치 않다—. 그는 우리에게 "내가 한 행동은 신념에서 비롯된 것"이라 말했다. 이 대목에서 전경 요소는 '신념'이다. 그렇다면 그런 그의 말에 구역질을 느끼는 건 오직 나 한 사람뿐이었을까?

> 정치란 가능성의 예술일지 모릅니다—여기서 전경 요소는 '일지 모른다'—. 그러나 살면서 적어도 한 번쯤은 불가능한 것을 시도해보십시오.

이건 또 무슨 소리인가. 목적을 달성하기 위해서라면 블레어는 성인군자 흉내라도 낼 셈인 건가?

+ 알제리 북서부에 위치한 항구도시.

가슴에 손을 얹고 생각해볼 때, 나는 옳다고 믿는 일을 했습니다.

실례지만, 뭐라고요? 어떻게 이런 이야기를 숨진 군인들과 죽어간 수많은 이라크인들의 가족들에게 보내는 메시지라고 내놓을 수가 있지? 그리고 그는 우리에게 영국을 위해 "봉사"할 수 있어서 "영광"이었다고 말한다. 뻔뻔한 인간 같으니!

그래, 나도 북아일랜드 문제만큼은 그의 노력을 인정하지 않을 수 없다. 그러나 블레어가 그런 성과에서 벗어나지 않았더라면 얼마나 좋았을까. 800년에 걸친 잉글랜드와 아일랜드 간의 분쟁을 종식하는 것까지가 딱 자신에게 주어진 역할이라는 것을 그가 받아들였더라면 좋았을텐데! 그러나 그는 그러지 않았다. 그는 우리의 구세주가 되고 싶어 했다. 그리고 그는 올리버 크롬웰Oliver Cromwell+ 같은 인물이나 할 법한 일들을 조지 부시가 실행에 옮기는 걸 받아들였다. 고문·살인·강간 같은 행위들 말이다.

나의 아버지는 블레어 같은 사람들을 '멍청이'라 부르곤 했다. 그러나 블레어는 멍청이가 아니다. 오히려 그가 잔인하면서도 평범한 사람이란 게 나는 두렵다. 이 대목에서 1653년 크롬웰이 잔부(殘部) 의회++를 상대로 했던 연설이 떠오른다. 이 내용은 1940년 리오 에이머리Leo Amery+++가 체임벌린 총리에게 똑같이 되풀이했던 말이기도 하다.

"당신은 그동안 당신이 잘한 몇 가지 일 덕분에 이 자리에 너무 오래 앉

+ 청교도 혁명으로 왕당파를 몰아내고 군주제를 무너뜨린 의회파의 지도자이자 군인. 종신 호국경에 임명되어 반대파를 무자비하게 숙청한 것으로 악명이 높았다.

++ 1648년부터 1659년까지 의회파 진영이 받아들이기를 거부한 121명의 장로파 의원들을 제명한 후, 잔여 독립파 의원들로만 구성됐던 영국의회.

+++ 영국 식민지 장관을 지낸 보수당 정치인.

아있었다. 떠나라. 그리고 이것으로 당신과 우리는 끝을 맺자. 신의 이름으로 말하건대, 가라."

2005년 7월 2일, 2007년 5월 19일

인디펜던트

10년간의 집권이 끝난 뒤, 토니 블레어는 2007년 6월 27일 총리 직을 사임하고 중동 '평화' 특사에 임명됐다. 1980년 서구의 지원을 등에 업은 사담 후세인이 8년에 걸친 대 이란 전쟁을 시작한 이래 커다란 고통을 겪어왔던, 그리고 2003년 블레어와 조지 W. 부시가 돌연 이라크를 침공하는 모습을 지켜봤던 아랍인들 입장에서 이 정도 역설은 전혀 이해 못 할 바가 아니다.

전문용어에 병적으로 집착하는 사람들

언젠가 한번은 '엑설런스대학교The University of Excellence'에서 열리는 강의에 초대를 받은 적이 있다. 이 독특한 학교가 어디에 있는지 잊어버렸지만—내 생각엔 요르단이었던 것 같다—, 부탁받은 강의 주제 자체를 도무지 이해할 수 없던 기억만큼은 또렷하다. 아마 그대로 강의를 했더라면 청중들 중 누구 하나 제대로 이해하는 사람이 없었을 게 틀림없었다. 그래서 초대를 거절했었다. 그런데 이번 주에 그 학교에서 또 다른 강의 요청이 하나 들어왔다. 이번에는 전 세계에서 '현재의 윤리적 실천을 다루는 데 있어서 증거에 기초한 실천을 공유'하기 위해 '윤리를 실천하는 사람들'이 함께 하는 자리라고 했다. 대관절 이게 무슨 뜻일까? 사람들은 왜 이런 식으로 글을 쓰는 걸까?

말이 난 김에, '엑설런스Excellence'라는 단어를 가지고 한 번 이야기를 풀어보자. 이 단어를 특히 선호하는 곳은 바로 기업이다. 그들이 내세우는 '기업 이념'에는 늘 '퀄리티 앤드 엑셀런스Quality and Excellence'란 표현이 따라붙는다. 즉, '키 플레이어들'이 '상호작용'을 통해 사회와 '공명'을 주고받는 과정에서 자신들의 사업을 '아웃소싱'하거나 고용된 노동자들을 '다운사이징'함으로써 그것을 이뤄내겠다는 것이다. 그를 위해서는 다양한 '피드백'과 '인풋' '획일화된 틀을 벗어나 외피를 걷어내려는 자세'가 필요하단다.

나는 이런 모호한 표현들때문에 정말 짜증이 난다. '피드백'과 '인풋'은 그냥 '의견'이나 '조언'이라고 하고, '획일화된 틀을 벗어나 외피를 걷어내려는 자세'는 '풍부한 상상력'을 발휘하겠다고 하면 되는 거 아닐까? 게다가 이런 표현들에는 역겨운 측면마저 존재한다. 노동자들을 '나운사이징'한다는 건 곧 해고한다는 의미일 테고, '아웃소싱'은 다른 누군가를 고용해 당신의 더러운 일을 맡긴다는 뜻에 불과하기 때문이다.

가끔 '워크숍'에 참여하는 경우도 마찬가지다. 워크숍이란 내게, 글자 그대로 학창시절에 듣던 목공 수업을 뜻할 뿐이다. 어린 피스크에게 나무 의자나 테이블을 만드는 법을 가르치려다가 선생들이 차례로 두 손 두 발을 들곤 하던 그 워크숍 말이다. 그러나 오늘날의 워크숍은 학자들끼리 모여 '문화적 감성'이나 '핵심 쟁점,' '수사법' 따위를 놓고 수다를 늘어놓는 지루하기 짝이 없는 모임을 가리킨다. 모르긴 해도, 오늘날 유엔이 말하는 '소셜 애니메이터Social animators'란 표현을 만들어낸 것도 아마 그런 학자들 중 하나가 아닐까 싶다. 유엔은 자신들이 쥐어준 쥐꼬리만 한 보수를 대가로 동료 난민들에게 난민촌을 버리고 전쟁으로 황폐해진 위험천만한 고향 땅으로 되돌아가라고 설득하는 역할을 담당하는 난민들을 그렇게 부른다.

지난주 BBC에 출연한 영국의 신노동당 출신 장관 하나도 그와 비슷한 언어 장애를 겪고 있는 듯했다. 그는 '환경적 외부 요소'란 표현을 썼는데, 그건 그냥 '날씨'를 의미하는 것이었다. 마찬가지로, 내가 아는 한 건축가는 바다 근처에 집을 지을 경우 '공격적인 염분 환경'에 노출될 거라고 고

객에게 경고했다. 만약 이런 조언이 애매하게 들린다면, 우리는 그로 인해 '상호 상충하는 감정을 겪거나' 더 심하게는 '정신적 외상에 시달리게' 될 지도 모른다.

1991년 이라크 북부에 있을 당시, 한 번은 '국제구호위원회International Rescue Committee'의 직원에게서 내가 머물던 숙소에서 떠나라는 지시를 받은 적이 있었다. 그 방은 폐허가 된 자코Zakho 시에서 내가 구할 수 있던 유일한 방이었다. 그 직원은 그 방이 동료 직원들을—아마 심한 '정신적 외상에 시달리고' 있었을 것이다— 위해 예약된 방이라고 했다. '불쌍한 영혼들 같으니' 하고 나는 생각했다. 그들은 정신적 외상에 지친 속에서 자신들의 고충을 '수용'하거나 '응변'하려 애쓰고 있었던 것이다.

사기꾼과 거짓말쟁이들은 언제나 이런 언어 요법을 써서 상황을 모면하려고 애쓴다. 클린턴 대통령이 모니카 르윈스키Monica Lewinsky와의 정사를 인정한 뒤, 백악관 대변인은 대통령이 '(논란의) 종식을 추구한다'고 주장했다. 다른 많은 가식적인 정치인들과 마찬가지로, 클린턴은 '국면을 전환할' 필요성을 느꼈다. 총리직에서 물러나던 블레어 역시, 이라크에서의 유혈극에 대해 똑같은 심정을 느꼈을 것이다.

마찬가지로, 전쟁이 끝난 뒤 우리 주군들은 이제는 '치유'를 해야 할 시점이라고 마치 심리학 전문가처럼 지껄여댔다. '디스토피아' 적인 세상에서 '역기능적' 삶을 살아가는 가족들에게도 같은 처방이 내려졌다. 그래, 유토피아의 반대말인 디스토피아는 현 상황에 완벽하리만치 딱 들어맞는 단어이긴 하다. 조너선 딤블비Jonathan Dimbleby+가 한때 사랑했던 '인지하다'와 '지각' 같은 단어들처럼 이제는 그런 단어들도 유행이 되었다. 왠지

+ 영국의 유명한 시사프로그램 진행자이자 정치 평론가이며, 찰스 왕세자의 전기 작가이기도 했다. 참고로, 그의 아버지 리처드 딤블비는 영국에서 방송보도라는 영역을 처음 개척한 선구자로 평가받는 언론인이었다.

알쏭달쏭하게 느껴진다는 게 그 이유다.

중동 분쟁에서 악당들이 질 것 같을 때 사용되는 '티핑 포인트'+나, 도덕주의자들이 공공의 이익을 유념해야 할 때 쓰는 '큰 그림' 같은 표현들도 새롭게 큰 인기를 끌고 있다. 개중에는 그야말로 이상한 표현들도 있다. 종종 나는 '유대감Bonding'을 '구속Bondage'과 헷갈리고, '퀄리티 타임Quality time'이 잘 팔리는 구슬 사탕 세트를 가리키는 말인 줄 알았던 적도 있다. 그리고 "그곳에 군 병력이 '증강'될 때까지 이라크는 '격증'하는 폭력을 견뎌내야 할 것"이라는 미 국방부의 군사적인 음담패설을 듣고서도, 그저 '늘어나다'란 단어가 가장 잘 들어맞는 거 아닌가 생각했었다.

물론 이 모두는 '남성 작가'와 '여류 작가', '남자 배우'와 '여배우' 같이 '아주 쉽게 구별할 수 있는 단어들'에 대해 '웅변'하는 것과는 차원이 다르다. 혹은 런던 토박이 말씨를 쓰는 런던 사람들의 심기를 건드리지 않기 위해 끔찍할 정도로 길게 말을 늘여야 하는 것과도 비할 바 아니다. 런던 인근 지역 출신끼리 하는 이야기지만, 런던 사람들은 '강 가'++ 영어를 쓰기 때문에 그 앞에서는 왠지 조심스러워질 수밖에 없다.

이는 마치 디트로이트의 가난한 미국인들이 내게 '해피 크리스마스'라는 말을 삼가느라 전전긍긍했던 것과 마찬가지이다. 그들은, 내 입에서 '해피 크리스마스'란 말이 터져 나오기 전까지 다들 이구동성으로 '해피 홀리데이'라고 합창을 했다.+++ 베이루트에서는 무슬림이건 기독교도건 상관

+ 오랫동안 작은 변화들이 계속 쌓여오다가, 한두 개의 변화만 더 일어나면 예전과 완전히 다른 질적인 큰 변화를 초래할 수 있을 정도에 이른 상태

++ 템즈강을 끼고 있는 런던을 포함해 잉글랜드 남동부 지역 사람들의 영어를 흔히 'Estuary English'라 부른다.

+++ 서양의 크리스마스 명절은, 기원전 2세기 경 유다 마카비 4형제가 그리스인들로부터 예루살렘 성전을 탈환하여 등대에 불을 밝힌 사건을 기념해 8일간 초를 하나씩 밝히는 유대교 명절 하누카(Hanukkah)와 시기가 비슷하게 겹친다. 최근 미국에서는 하누카 명절을 지내는 유대인들을 의식해 크리스마스와 하누카를 한데 묶어 '해피 홀리데이'라는 인사를 주고받는 경향이 늘고 있다.

없이 모두가 서로 '해피 크리스마스,' '해피 이드'+라고 인사를 건넸는데 말이다. 아일랜드의 한 텔레비전 프로듀서가 뉴스를 진행하던 동료에게 물었던 것처럼, 그게 정말 그렇게 '각별하게 중차대한' 문제인 걸까?

그럴까 봐 나는 두렵다. 우리는 더 이상 단어들을 '쓰지' 않기 때문이다. 우리는 단어들의 원래 의미보다는 그 효과를 위해, 그리고 상황을 모면하기 위해 단어들을 말하고 '활용'한다. '영화는 극장 스크린으로 보나 휴대폰으로 보나 그게 그거'라는 아이들을 가리켜 〈뉴요커The New Yorker〉 지가 썼던 표현대로 우리는 점점 '플랫폼 불가지론자'가 되어 가고 있다.

〈햄릿〉에 나오는 폴로니우스Polonius는 자신의 주인에게 "무엇을 읽고 계시죠?"라고 물었다. 그러자 햄릿은 "말, 말, 말"이라고 대답했다. 제발 그런 것이라면 좋을 텐데.

2007년 1월 13일

인디펜던트

+ 한 달간 해가 떠있는 동안 금식을 하는 라마단이 끝난 뒤 사흘간 벌이는 '이드 알 피트르'와, 이브라힘(아브라함)이 아들을 제물로 바치려 하자 그 믿음에 감동한 하느님이 아들 대신 양을 바치게 한 것을 기념하는 '이드 알 아드하', 이 두 명절을 가리켜 무슬림들은 '이드'라 한다.

타인을 배제하는 헛소리

한때 레바논 북부에 작은 내전을 불러올 뻔했던 책《레바논 늪의 제왕들Lords of the Lebanese Marshes》의 저자이자, 인류학의 위대한 성현인 마이클 길시넌Michael Gilsenan이 이번 주 베이루트의 아메리카대학교American University에 강의를 하러 나타났다. 19세기, 레바논 기독교도와 드루즈파 간의 분쟁이 벌어지던 시기에 퀘이커 교도들이 설립한 그 대학은, 위대한 배움의 전당이라 일컬어지는 곳이었다.

'영국 외무부가 여전히 극동지역이라 부르는 곳으로 이주한 아랍인들의 역사'라는 강의 주제는 꽤 난해했지만, 강의 내용 자체는 아주 쉽고 멋졌다. 하지만 강의 말미에 누군가 식민지 싱가포르에서의 '모계Matrilineal' 이슈에 대한 질문을 던진 순간, 나는 눈을 질끈 감아 버렸다.

내 사전에 '모계'를 뜻하는 'Matrilineal'+이란 단어는 존재하지 않는다. 앞으로도 존재할 가능성은 없어 보인다. 그것은 학자들, 특히 인류학자들이 쓰는 비밀스러운 단어 중 하나이자 참 멋대가리 없는 말에 불과하다.

+ 일반적으로 '모계'를 말할 땐 Maternal이란 단어를 주로 쓴다.

우리같이 불쌍한 멍청이들은 그렇게 허세를 부리는 단어에 쓸데없이 끼어들어서는 안 된다.

자신을 가르치는 인류학 교수가 끊임없이 '이미크적인Emic'이나 '에틱Etic' 같은 단어들을 사용하는 데 대해 분노를 토로하던 한 여학생의 모습을 기억한다. 지금까지도 나는 그 말들이 무슨 뜻인지 모른다. 그 여학생을 위해서라도 독자 여러분들이 답을 알려주기 바란다.

이런 단어들은 우리에게 이렇게 말한다. "다가오지 마. 너희 같이 머리 나쁜 것들은 감히 날 이해할 수 없어"라고 말이다. 이번 주에 한 프랑스 교수는 나에게 아주 퉁명스러운 말투로 "만약 우리가 이런 바보 같은 언어로 치장해서 말하지 않으면, 사람들은 우리더러 기자가 되고 싶은 거냐고 말하곤 하죠"라고 말했다.

이런, 이런, 문제가 뭔지 이제야 똑똑히 알겠다. 그의 말대로라면 이건 선과 악, 우리와 그들, 대학의 학자들과 더러운 기자들의 문제였던 셈이다. 내가 이야기하고 싶은 건 지난 20년간 대학가를 서서히 장악해온 배제의 언어라는 새롭고 위험한 현상이다. 그건 결국 대학을 나오지 않은 남녀는 1920년대나 30년대에 쓰인 학위 논문이나 헤겔 철학 따위는 감히 이해할 수 없으니까 아예 집어 들지도 말라는 뜻이다. 절대로.

약 3년 전, 나는 터프스대학 플레처 스쿨Fletcher School of Tufts University의 국제 외교학 객원 부교수이자 하버드대학의 협상 과정 객원 연구원인 마르크 고핀Marc Gopin 덕분에 그런 현상에 관한 좋은 사례를 직접 접할 기회가 있었다. 나는 그가 펴낸 신간의 서평을 써달라는 요청을 받았다. 두툼한 책의 제목은《성스러운 전쟁, 성스러운 평화: 종교가 어떻게 중동에 평화를 가져올 것인가Holy War, Holy Peace: How Religion Can Bring Peace to the Middle East》였다. '제목은 잘 지었네'하고 생각할지도 모르겠다. 하지만 한 번 생각해보라. 불과 몇 페이지 만에 나는 "은유적 구조물"이니, "보편주의적인 신화적 구조물", "낭만적으로 묘사된 문화의 비도덕적 구조물", "근본적인 대화의 직접성", "친사회적 경향" 같은 단어들의 숲을 헤쳐 나와야 했다. 그중에서도 가장 기억에 남는 문장은 이거였다.

> 특별한 민족을 아끼는 다정한 신(神)이자 가장인 아브라함의 신화는 수백만 인류를 위한 안식처와 의미 체계를 만들어냈나.

대체 뭐라는 거야? 의미 체계? 저자가 말하기를, 자신은 "자의식이 강한 유랑민의 영성" 속에 자라났다고 한다. 그는 "정치적이고 신화적인 상호 의존성"의 "상호작용"과 "언제 어디서나 존재하는 타자의 인간 심리 체계"를 이야기한다. 그리고 "엘리트" 차원에서의 개입을 "문제시하고" 싶어 했다. 어느 유대교 랍비가 "자기 모순성에 뒤덮여" 있다고 하는데—참으로 유감이다—, 그것은 "다루기 힘든 갈등에는 인지적 부조화가 도움이 된다"는 사실을 명백히 입증해준다고도 했다. 이거 참, 내가 그 말을 믿을 것 같아?

이게 전부가 아니다. "대화의 상처", "문화적 포장", "가족 정신역학", "해석학적 가능성의 풍부한 조화", "정신적인 정체성의 다공질적인 장벽", 그리고 내가 가장 마음에 들어 하는 "사회적 교류" 같은 표현들이 줄지어 등장했다. "변증법적인 변증론"이 등장하고, "박해받는 타자"를 비롯한 수많은 다른 "타자들", "타자화의 종말로서 오래된 인지 구조의 경건한 탈바꿈"이란 말도 나왔다.

흥미로운 점은, 고핀 교수가 그 책에 실린 클린턴 대통령에게 보내는 편지 부분만큼은 완벽하게 이해할 수 있는 영어를 썼다는 사실이다. 심지어 그 늙은 말썽꾸러기로부터 답장도 받았다. 명교수 고핀은, 유대교와 이슬람 지도자들 사이의 사적인 만남이 클린턴의 지도력 아래서 공적인 만남으로 전환돼 "평화를 추구하는 새롭고 강력한 세력"이 형성되어야 한다고 제안하고 있다. 여기에는 "구조물"같은 단어는 등장하지 않았다. "타자화"나 "의미 체계", "자기 모순성" 따위도 없었다. 고핀 교수는 분명히 평소처럼 학술적인 헛소리들을 그대로 썼다가는 자신의 편지가 백악관의 편지함에서 고스란히 썩게 될 거라는 사실을 알았기 때문일 것이다.

그렇다면 학술 언어는 왜 이렇게 어처구니가 없는 걸까? "학계에서의 아주 복잡한 연설과 행동 규범"을 "펜타곤에서의 복장 및 행동 규범"과 비교한 고핀 교수의 주장에 그 실마리가 있다. 그렇다. 대학 사람들은 복잡해야만 한다. 안 그런가? 그들은 남들—아마도 기자들—이 이해하지 못하는 언어로 말해야 한다. 이런 독특한 뇌 구조를 가진 남녀 집단으로 들어가려면 모두 그 비밀 언어를 배워야 한다. 침입자들이 몰래 문으로 숨어들어오지 않도록 말이다.

이 모두는 학자들에 대한 정치적 간섭을 막기 위한 방패일지도 모른다. 누구도 그들의 가르침에 끼어들 수 없게 만듦으로써, 강의실에서 학자들이 드러내는 정치적 편견에 대해 그 어떤 국회의원도 감히 비판하지 못하도록 하려는 시도인 것이다. 국회의원들은 교수들이 이야기하는 걸 절대 이해하지 못할 테니까.

그러나 내 생각에 그건 속물근성이다. 나는 조지 메이슨대학George Mason University의 어느 여교수가 "대부분의 사람들은—트럭 운전사, 철도 수리공, 호텔 사환, 이라크 전쟁에 반대하지 않았던 다른 모든 사람들을 가리킨다— 이라크 전쟁에 대한 정보가 거의 없다"고 불평했던 게 기억난다. 글쎄, 나는 놀라지 않았다. 대학교수들, 특히 미국의 교수들은 자기들끼리 서로 '네트워킹'을 맺는 데는 아주 능하지만, 쓰레기를 치우고 세탁물을 배달하고 그들이 먹는 해시 브라운+ 을 요리하는 사람들과의 소통에는 영 형편없다.

어느 날 나는 미국의 한 대학교에서 강의를 마친 뒤, 대학이 공동체에 대한 영향을 강화할 수 있는 방안을 묻는 청중의 질문을 받은 적이 있다. 내 대답은 '학계의 해로운 언어'를 사용하지 말아야 한다는 것이었다. 그러자 학생들로부터 박수가 터져 나왔고, 현장에서 나를 노려보고 있던 교직원들은 일제히 입을 다물었다.

모든 학자들이 다 그렇다는 이야기는 아니다. 에드워드 사이드Edward Said나 아비 슐라임Avi Shlaim, 마틴 길버트Martin Gilbert, 노암 촘스키의 저작에는 그런 비밀 언어가 들어있지 않다. 하지만 안타깝게도 비밀스러운 언어를 사용하는 경향은 점점 늘어나고 있고, 또 악화하고 있다.

나는 그에 대해 반기를 들 수 있는 건 오직 학생들밖에 없다고 생각한다. '이미크적인'이나 '구조물', '해석학적 가능성' 같은 단어가 조금이라도 나온다 싶으면 강의실을 박차고 나와 저 유명한 윈스턴 처칠의 명언을 외쳐야 한다.

"이런 영어는 도저히 참을 수 없어."

2005년 5월 14일

인디펜던트

+ 다진 감자와 양파를 섞어 노릇하게 지진 요리.

부드러운 말, 어려운 질문

머독+이 〈타임스The Times〉를 인수하기 전, 나는 아이반 반즈Ivan Barnes라는 턱수염을 기른 외신 편집자 밑에서, 해당 신문사의 중동 특파원이라는 자유로운 삶을 즐기고 있었다. 아주 총명하면서도 유머 감각까지 갖춘 그는, 교묘한 단어 사용과 책임을 피해가는 문장이나 의미론을 가지고 사기를 치는 걸 콕 집어내는 데는 전문가였다. 그런 그가 가장 즐겨하던 질문 중 하나는 바로 이것이다.

"'아주 솔직히 터놓고 말해서'라는 말로 문장을 시작하는 사람을 자넨 어떻게 생각하나?"

여러분은 그가 묻고자 하는 핵심이 무엇인지 잘 알 것이다.

"누군가 너에게 아주 솔직하게 말하겠다고 약속한다면, 그럼 다른 때는 솔직하지 않았다는 말 아닌가?"

반즈는 또한 '~에 관해서는 전적으로'라는 표현에 대해서도 묻곤 했다.

+ 루퍼트 머독(Rupert Murdoch). 오스트레일리아 출신의 미디어 재벌인 그는 지주회사인 '뉴스 코퍼레이션(News Corporation)'을 발판삼아 영국의 〈타임스〉와 〈더 선〉, 스카이 TV · 미국의 폭스 TV · 〈월 스트리트 저널〉 · 〈뉴욕 포스트〉를 포함한 전 세계 약 780여 개의 미디어 기업들을 소유하고 있다.

결국, 핵심은 '전적으로'라는 단어라는 데 나는 동의한다. 그 단어에는 백퍼센트, 완전한 이라는 뜻과 함께 흑백 논리의 냄새가 짙게 배어 있다. 또한 '전적으로'는 '절대적으로'와 더불어 토니 블레어가 가장 좋아했던 단어 가운데 하나였다. 그는 우리에게 전적으로, 그리고 절대적으로 항상 정직했다. 이라크 침략이 옳았다고 언제나 절대적으로 확신했고, 전 세계가 그게 아니란 걸 전적으로 깨닫고 난 뒤에도 그랬다. 그는 항상 자신의 완전무결함에 대해 언제나 전적으로, 절대적으로 확신했다. 디불이 그에 대한 나의 반응은 항상 이런 식이었다. 호호호.

이번 주 블레어가 "(무슬림들이) 서구에게서 느끼는 '전적으로' 잘못된 불만을 해결해야만 한다"고 했을 때, 피스크의 레이더가 경고음을 내기 시작했다. 전적으로. 무슬림들의 불만—'분노'가 더 적절한 단어일지 모른다—은 "전적으로" 잘못됐다? 정말로 그런가? 우리는 아프가니스탄이라는 나라를 완전히 망가뜨렸고, 이라크에서 수만 명을 죽였으며, 미국은 지금도 터키·우즈베키스탄·카자흐스탄·아프가니스탄·이라크·요르단·이집트·알제리·카타르·바레인·쿠웨이트·예멘·오만에 군대를 주둔시키고 있다. 그럼에도 무슬림들의 불만이 "전적으로" 잘못됐단다.

아니, 블레어의 말에 다시 귀 기울여보자. 그는 불만이 있다는 사실 자체를 인정하지 않고 있다. 불만스러운 잘못된 '감정'이라는 것이다. 가식이 뭔지 이해하는 사람이라면 누구나, 블레어가 현실을 너무나 잘 이해하고 있다는 것을 알고 있다. 실제로 무슬림들이 불만의 '감정'을 갖고 있으며, 그것은 전혀 잘못된 것이 아니라는 현실 말이다.

하지만 나는 그런 현실을 아무렇지 않게 피해갈 수 있다고 생각하는 사람들이 이해가 안 된다. 나의 옛 친구 앨런 더쇼위츠Alan Dershowiz 교수의 예를 들어보자. 9·11 사건이 일어난 날 저녁에 그는 나를 가리켜 '위험한 사람'이라고 말했다. 내가 국제적인 반인도적 범죄들이 일어나는 '이유'에 대한 질문을, 그것도 미국 땅에서 던졌기 때문이었다. 이번 주 〈인디펜던트〉 지에 실린 기사에서도 그는 똑같은 소리를 늘어놨다. 나는 특히 미군이 일반적으로 가하는 '물고문'을 표현한 그의 말이 재미있었다. 그는 그것을 가리켜 "거의 익사에 가까운 경험을 가져다주는 기술"이라 묘사했다. 호호, 물론 그렇겠지. 그는 그게 고문이라고 말한다. 그러나 '기술'이라는 단어는 또 뭔가? '경험'을 '가져다준다'고? 실제 그 경험이란 건 '거의 익사에 가까운' 정도가 아니라 그냥 익사의 경험이다. 그게 바로 그 비열한 행위의 핵심이란 말이다.

나는 더쇼위츠의 글 곳곳에 흩뿌려져 있던 핵심 표현들이 마음에 쏙 들었다. 아주 부드럽고 신사적인 표현들 말이다. 이를테면, '허용할 수 있는 심문의 유형'이나 '의문의 여지가 있는 수단', '선택권'—"예방 차원에서 심문관들에게 더 많은 선택권이 주어져야 한다"—, '때때로 과도한 노력들' 같은 것들이다. 이 모두는 사람들을 완전히 호도하는 하나의 전제를 기반으로 하고 있다. "연고지도 없고 죽음에 대한 두려움도 없는 자살 테러리스트들의 손에 들어간 대량파괴무기는 대규모 보복의 위협을 통한 억제력을 무용지물로 만들어 버렸다"는 주장이 그것이다.

사실이다. 만약 그런 사람들이 존재한다면 말이다. 그러나 자살 테러리스트 중에서 대량파괴무기를 손에 넣은 자는 지금까지 아무도 없다. 이라크의 대량파괴무기—내 기억으로는 역시 자살 테러리스트들에게 건네질 예정이라고 했었다—가 그랬듯, 그런 인물 또한 존재하지 않는다. 더쇼위츠의 실제 의도는 우리가 그런 신화 속의 야수와 맞닥뜨렸을 때 합법적으로 고문할 수 있도록 법률을 바꾸려는 것이었다. 그 야수란 사실상 우리에게 두려움을 주입하려는 의도로 만들어낸 더쇼위츠의 창조물이었다. 따라서 그는 물고문에 찬성하라고 우리를 설득하고 있는 것이다.

고문이라는 한 판의 춤곡은, 이끼처럼 교묘한 말들을 끌어모은다. 지난달에 〈월 스트리트 저널〉은 고문을 가리켜 '공격적인 심문 기술'이라 표현했다. 이번에도 '기술'이다. 작년에 미군 병사가 이라크 장군 한 명을 침낭 속에 거꾸로 쑤셔 넣고는 가슴 위를 깔고 앉아 숨지게 할 당시에 적용했던 게 바로 그런 기술이었다.

코소보해방군KLA의 냉혹한 지도자 아짐 세쿠Agim Ceku는 또 어떤가? 나중에 코소보 총리에까지 오른+ 그는 지금도 세르비아 정부에 의해 전범으로 수배된 상태이다. 하지만 그런 그를 가리켜 영국 〈파이낸셜 타임스The Financial Times〉는 "젊고 호리호리한…… 44세의 세쿠는 오래도록 군사령관을 지낸 덕분에 자연스러운 위엄이 물씬 배어났다"라고 근사하게 묘사한 바 있다. 호호, 물론 그렇겠지.

이라크 하디사Haditha에서 24명의 이라크 민간인들이 학살됐다고 해서 그것이 곧 미라이 학살++ 시절로의 퇴보를 뜻하는 게 아닌 이유를 설명하려고 애쓴 크리스 히친스Chris Hitchens도 그 대열에 동참했다. 그는 "이런 추측이 부당한 것으로 드러날지는 모르겠지만, 2005년 11월 19일 하디사에서 미 해병대 킬로 중대가 정신적인 중압감을 못 이긴 나머지 통제력을 상실했다고 가정해보자"라고 주장했다.

여러분은 이해가 되시는지? 동료 병사가 반군들에 의해 막 살해됐다. 그래서 미국인들은 "정신적인 중압감을 이기지 못했고", "통제력을 상실했을 수도" 있단다. 그 뒤로도 히친스는 하디사 학살을 일컬어 "뜨거웠던

+ 독립 이전에 코소보가 유엔 관할 하에 있던 2006년 3월 10일부터 2008년 1월 9일까지 총리를 역임했다.

++ 베트남 전쟁이 한창이던 1968년 3월 16일, 미군 23사단 11여단 20연대 소속 1대대(일명 켈리 중대)가 남베트남 꽝응아이 성 썽미 면의 미라이 마을에서 민간인 504명을 학살한 사건.

몇 분"이라 했고, "탄창 하나를 모두 비워버리는 걸로 자신의 분노를 풀었던 연합군 병사"와 "이른바 난동"에 대해 말을 이어갔다. 난동이라! 호호, 물론 그렇겠지. 하지만 민간인 24명을 살해하려면 '탄창 하나'로는 턱없이 부족하다는 게 핵심이다. 그리고 비명을 지르는 아이들과 그들을 보호하려던 여성들을 이 방 저 방을 오가며 살해하려면 몇 분이 아니라 더 긴 시간이 필요하다. 그렇게 본다면 어쨌든 '난동'이 맞긴 하지만 말이다.

오늘날 지구를 지키는 데 필요한 것은 무엇일까? 아마도 '자연스러운 위엄'이 아닐까? 약간의 '과도함'과 '탄창 하나' 역시 필요할지 모른다. 전적으로, 그리고 절대적으로.

2006년 7월 8일

인디펜던트

펜, 전신기, 전화,
그리고 경멸스러운 이메일

노트북 컴퓨터는 우리에게 나쁜 영향을 미쳤다. 나는 중동의 역사에 대한 책을 쓰느라 작년 한 해를 꼬박 바쳤고, 우리가 선조들의 죄악을 연구하고 집필할 때 컴퓨터가 반드시 도움이 되는 건 아니란 사실을 그 과정에서 확신하게 됐다.

이메일 사용을 여전히 거부하는 언론인의 한 사람으로서 내 생각은 그렇다. 사람들에게 이메일 대신 직접 편지를 쓰게 하면, 문법도 엉망이고 종종 모욕적인 내용까지 담긴 메시지를 받을 가능성이 그만큼 줄어든다. 책을 쓰기 위해 연구원 한 명과 함께 서재에 파묻혀 기자 수첩부터 시작해 신문·잡지·따로 오려둔 기사 모음·정부 성명서·편지·1차 대전 당시의 자료를 모아놓은 서고에서 복사한 문서들·사진에 이르기까지 무려 32만 8000개의 자료들을 뒤적여야 했던 나는 노트북 컴퓨터 때문에 내 문서철과 기억, 심지어 손 글씨까지 엉망이 돼버린 사실을 받아들여야 했다.

1970년대 말, 레바논 내전을 기록한 내 수첩들은 아주 읽기 쉬운 글씨로 쓰여 있었고, 페이지마다 옅은 파란색 만년필 글씨가 우아하게 펼쳐져 있었다. 그러나 2003년 이라크 침공에 관한 메모들은 나 자신을 제외하고는 누구도 알아보기가 어려운 수준으로 변해있었다. 노트북 컴퓨터를 빨리 두들길 수 없었기 때문이다. 더 이상 단어를 쓰는 게 아니라, 무슨 뜻인지 알아볼 수 있을 정도로만 단어를 상징하는 철자들을 타이핑해놓는다는 사실을 깨달았다. 그래서 그것들을 옮겨 적으려면 단어를 읽는 대신 해석을 해야만 했다.

말이 난 김에 이 글도 베이루트에서 출발한 에어 프랑스 비행기 안에서 쓰고 있다는 사실을 독자들에게 고백해야겠다. 글을 쓰는 지금도 나는, 철자와 단어들을 마구 건너뛰고 있는 자신을 발견한다. 내가 하고 싶은 말이 뭔지 알기 때문에 일일이 다 적지 않는 것이다.

그나마 1979년과 1980년, 소비에트의 아프가니스탄 침공을 다뤘던 내 기사들을 되돌아보면 얼마간 위안이 된다. 그 기사들은 테이프에 일일이 구멍을 뚫어 글자를 전송하는 멋진 고물 전신(電信) 기계로 작성된 것들이었다. 비록 지금은 종이가 너무 낡고 얇아서, 손에 쥐면 너덜너덜하게 찢어질지언정 말이다. 나는 용접봉을 가지고 자신의 전신 기계에다가 'H'자를 다시 붙여넣던 카불의 우체국 직원을 아직도 기억한다. 당시 〈타임스〉의 고용주들에게 보낸 각종 메모와 기사들을 지금도 어느 것 하나 버리지 않고 있다.

오늘날 우리가 사용하는 전화나 이메일은 내용이 쉽게 지워지기 일쑤다. 1980년부터 1988년까지 벌어진 이란-이라크 전쟁에서처럼, 그 끔찍했던 시절 내가 런던으로 보낸 전신에는 그 자체로 이야기가 담겨 있다. 내가 카이로나 리야드에서 기사를 전송했을 때, 마지막 단락을 빼먹는다든지 촌스러운 제목을 단다든지 하는 외신 데스크의 '당황스러운 실수'는 사실 쉽게 용서가 되는 것들이었다. 그러나 이라크의 포[Fao] 전선에서 총탄과 포격 그리고 시체들 사이를 겨우 빠져나왔을 때, 내 기사에서 쉼표 하나가 빠진 건 정말 참기 힘든 경험이었다. 그건 나에 대한 〈타임스〉의 배신행위였다. 이런 딱한 사람들 같으니. 특파원인 나도 딱하긴 마찬가지였다.

물론 역사적인 '진실을 찾아 헤매다' 보면 어처구니없는 순간들도 있다. 책 작업에 들어간 지 사흘째 되던 날, 나를 도와주던 연구원은 아침마다 배가 고프다고 했다. 처음엔 그 이유를 몰랐다. 그러다 1976년부터 1990년까지 내가 중동을 오고간 비행 편을 기록하면서 기내식 메뉴 위에 목적지와 날짜를 기록했다는 사실을 깨달았다. 사흘 내내 푸아그라와 캐비어와 샴페인 따위를 들여다본 그 친구는 얼마나 견디기 힘들었을까.

지난날의 기록을 다시 들여다보는 건 나에게도 영향을 미쳤다. 당시 하루 몇 시간씩 글을 쓰던 나는, 잠자리에 들거나 혹은 잠자리에서 일어날 때 기분이 아주 우울해지곤 했는데, 처음에는 왜 그런지 이해할 수 없었다. 하지만 이유는 간단했다. 수첩과 전신 테이프에 적힌 내용들은 모두 인간의 고통과 고문, 절망의 기록들이었다. 한 사람의 기자로서는 매일 그런 내용의 기사를 쓰고 호텔로 돌아가면 잊어버렸다가 그 다음 날 다시 시작할 수 있었다. 그러나 그것들을 한꺼번에 펼쳐 놓으니 하나하나가 전부 비인간성에 대한 끔찍하고도 확실한 증거였고, 그것이 나를 고통스럽게 했던 것이다.

1980년대 말 무렵부터 나의 서류철에는 전신으로 보낸 사본들이 사라지고 갑자기 컴퓨터로 작성된 기록들이 쌓이기 시작했다. 나는 〈인디펜던트〉에 보낸 내 기사들을 항상 출력해서 보관해두긴 했지만, 꼭 그렇게 하지 않더라도 고민에 고민을 거듭해서 쓴 내 글들을 축복받은 인터넷이 잘 보존해줄 것으로 생각했다. 하지만 그렇지 않았다. 상당수 웹 사이트들은 그 운영자들이 인정하는 '피스크 류'의 글들만 보관했다. 아무리 그게 합법이라지만, 내 감정을 드러내지 않는듯한 나머지 글들은 그냥 삭제해 버린 것이다.

나는 매 주 인용구와 날짜, 사실관계를 확인하기 위해 베이루트에 있는 나에게 직접 전화를 걸어오는 기관들의 수를 확인하는 걸 항상 낙으로 삼아 왔다. 구글도 그건 못 해준다. '피스크 기념 도서관'—물론 가상의 도서관이다—만이 그게 가능하다고 생각하는 것이다. 그러다 보면 망신스러운 '사실들'이 발견되기도 한다.

오래도록 나는 〈뉴스위크〉의 토니 클립튼Tony Clifton 기자가 1970년대 말에 사담 후세인과 가진 만남에 대해 다음과 같이 서술해왔다. 그 자리에서 클립튼이 이라크인들 가운데는 위대하신 지도자님을 좋아하지 않는 사람도 있는 것 같다고 말하자, 후세인이 직접 차를 몰고 바그다드 시내로 그를 데리고 갔다. 그러고는 "여기 아무나 붙잡고 대통령을 사랑하는지 한번 물어보시오"라고 사담 후세인이 클립튼에게 말했다는 것이다.

나는 이걸 〈인디펜던트〉 기사에다 썼다. 그 파일들도 가지고 있다. 그러나 작년에 클립튼은 나에게 그 얘기가 틀렸다고 했다. 실제로 사담 후세인을 인터뷰하긴 했지만, 그는 클립튼의 그 질문에 그냥 웃기만 하다가, 원한다면 이라크 사람 아무에게나 물어보라고 말했을 뿐이라는 거다. 후세인은 절대 차를 몰아 클립튼을 시내로 데려간 적이 없었다. 아이고, 이런.

퇴역 장성 출신으로 미국의 초대 이라크 총독을 지낸 제이 가너Jay Garner는 재임 기간의 상당 부분을 사담 후세인을 조롱하는 데 할애했다. 그러나 나의 연구원은 그가 1991년 이라크 북부의 쿠르드족들을 보호하고 있던 당시, 나와 한 인터뷰 기록을 찾아냈다. 그때 가너는 지금과 달리,

서구가 어떻게 사담 정부와 이라크의 '영토 주권'을 존중해야 하는 지를 되풀이해 강조했다. 이런 주목할 만한 이야기 역시 연구원이 아무리 구글에서 검색을 해봐도 발견하지 못했던 것이었다. 그러니 내 수첩에 감사할 일이다.

그렇다고 해서 내가 러다이트Luddite+라는 건 아니다. 너무나 지루하기 짝이 없는 아랍 정상회담이 끝난 뒤, 실내 연못을 갖춘 으리으리한 다마스쿠스 쉐라톤 호텔 로비에서 전신 테이프++ 위에 저칠식 산문을 쳐내려가던 기억이 아직 생생하다. 그 종이테이프들이 호텔 인공 연못 위를 말 그대로 둥둥 떠다니던 광경도 평생 잊을 수 없다.

오늘날엔 다들 이메일이 역사가의 작업에 활기를 불어넣을 거라고 말한다. 그러나 나는 거기에 회의적이다. 이메일을 삭제하기는 쉽다. 그리고 정부가 너그럽게도 이메일 자료들을 기록보관원들에게 넘긴다 하더라도, 역사가들은 정보의 바다를 대신 헤엄쳐 그것들을 찾아줄 연구원들을 다시 고용해야 할 것이다. 다시 말해, 역사가가 글을 쓰려면 돈이 많아야 한다는 이야기다.

2005년 2월 5일

인디펜던트

+ 산업혁명이 한창이던 19세기 초반의 영국에서, 발달한 방직 기계의 도입으로 일자리를 잃게 되자 밤마다 공장들을 돌며 기계를 파괴했던 노동자들과 수공업자들, 그리고 그들의 기계파괴운동을 가리킨다.

++ 종이로 된 테이프 표면에 구멍을 뚫어서 데이터를 기록하는 기록 매체. 정보 기억 매체의 일종으로, 직각 방향으로 8개의 구멍을 뚫는 패턴에 의해 한 문자를 나타낸다. 역사적으로는 인쇄, 전신 등에 주로 쓰였고, 현재 종이테이프 입력 장치가 개발되어 사용되고 있다.

손으로 글 쓰는 법을 잊어버리다

아버지는 항상 나의 손글씨에 대해 잔소리를 늘어놓곤 하셨다. 그도 그럴 것이, 아버지와 함께 일하던 회계사의 글씨체는 거의 동판 인쇄로 찍어낸 듯 침착하고 신중하면서도 멋진 흘림체였고, 왕립 리버풀 연대 12대대에 복무할 당시 아버지가 참호 속에서 써내려갔던 전쟁일지도 마찬가지였다. 그때 아버지의 나이는 불과 열아홉 살이었는데 말이다. 하지만 그에 비하면 내 손 글씨는 엉성하기 짝이 없었고, 갈수록 볼품없는 모양으로 변해버렸다.

그런 의미에서 지난번 파리의 '필사본과 편지 박물관Musée des lettres et manuscrits' 방문은 내게 커다란 위안이었다. 위대하고 훌륭한 위인들 역시 좌절과 분노와 슬픔 속에 글을 쓸 때는 거의 내용을 알아보기 힘들 정도라는 사실을 발견했기 때문이었다. 특히 나폴레옹의 글씨체는 충격적이었다. 기본적으로 강인한 군인의 필체이긴 했지만, 어떤 서명들은 그저 성의 없이 'Nap'이라고만 적힌 경우들도 있었다. 손글씨는 인물을 배신한다는 말처럼, 카트린 드 메디시스Catherine de Medicis의 글씨 역시 가끔 구불구불하고 비뚜름했으며, 로베스피에르Robespierre의 글씨는 거의 알아볼 수 없을 정도였다.

또한, 위대한 예술가들은 편지 바탕에 그림을 그려 넣는 걸 즐겼다. 장 콕토Jean Cocteau는 종종 편지에 놀란 얼굴 그림을 장식해 넣곤 했고, 앙리 마티스Henri Matisse는, 1943년 3월 마르탱 파비아니Martin Fabiani에게 쓴 편지에 신문 읽는 소녀를 스케치해서 보내기도 했다. 폴 고갱Paul Gauguin은 편지 하단에 커다란 물감 튜브를 데생해서 보냈다. 물론 예술가는 아니었지만, 처칠 역시 부인에게 보내는 편지에 가끔 돼지를 그려 넣곤 했다.

오래전 세상을 뜬 영웅들의 편지에서는 극도로 인간적인 면모를 엿볼 수 있었다. 종종 말도 안 되는 유머나 일부러 어린애 같은 필치를 시도하는 경우도 있었고, 이야기가 점점 산으로 가기도 했다. 아라비아의 로렌스+라는 이름으로 잘 알려진, 토머스 에드워드 로렌스T. E. Lawrence의 편지가 특히 그랬다.

1930년 11월 13일, 공군 이등병이던 쇼는 미국의 인류학자 헨리 필드Henry Field에게 영국 플리머스Plymouth에서 아랍 문제를 토론하는 자리를 갖자는 편지를 썼다. 단순하고 아이 같은 필체로 쓰인 그의 편지는 차곡차곡 잘 감겨 있는 'I'자와 깔끔하게 이어진 철자들이 인상적이었다.

> 필드 씨 귀하
>
> 당신이 아주 부자였으면 좋겠군요. 그래야 당신이 여행 경비 따위는 신경 쓰지 않고 이 옹색한 플리머스까지—당신이 살고 있는 미국을 기준으로 했을 때 잉글랜드의 첫 번째 혹은 마지막 도시인— 찾아오실 수 있을 테니까요.

+ 1차 세계대전 중 영국 정보국 소속으로 아랍에 파견된 토머스 에드워드 로렌스는, 아랍 민족주의를 위해 헌신적으로 싸운 끝에 아랍군을 통합하고 시리아의 다마스쿠스를 점령함으로써 아랍인들로부터 '아라비아의 로렌스'라는 칭호를 얻게 된다. 영국으로 돌아온 그는 신분을 감추고 영국 공군에 들어가기 위해 T. E. 쇼(Shaw)로 이름을 바꿨다.

저는 중동과 고고학에 관해서는 문외한이었습니다. 그러다 아주 오래전, 그 두 가지가 도무지 뇌리에서 떠나지 않았고, 지금은 상당한 전문가가 되었습니다. 하지만 전쟁에 휩쓸리면서 9년 전에 자연스럽게 공군으로 되돌아갔고, 그때 이래로 바깥세상에 대해 아무런 관심도 가지지 않았습니다. 9년이란 세월은 제가 세상에 뒤처지기에 충분한 시간이긴 하지만, 그렇다고 제 관점까지 이상해지거나 구식이 된 건 아닙니다. 아무튼, 저는 제가 알던 걸 전부 잊어버린 건 사실이지만 말입니다.

불쌍한 로렌스, 언제나 자기를 비하하는군. 처음에 나는 편지 끝 부분에 적어놓은 서명을 통해 그가 자신을 중동의 '친구friend'라고 표현한 줄 알았으나, 가만히 보니까 '사기꾼fraud'이라고 쓴 거였다. 편지에서 그는 역에서 사람들 사이에 섞여 있을 테니까 직접 자기를 찾아달라고 필드에게 말한다.

브라스 버튼+이 달린 잿빛과 파란색 군복을 입은 키 작고 나이 든 사람을 찾으세요.

그곳, 필사본과 편지 박물관에는 타이타닉호와 관련된 자료를 모아놓은 전시관도 있었다. 그곳에서 나는, 당대의 가장 위대한 기자들 가운데 한 명이었던 토머스 스테드Thomas Stead의 죽음을 기록한 끔찍한 전보를 발견했다. 사무원의 간결하고 공식적인 손 글씨로 쓰인 전보는, 생존자들 가운데 스테드를 찾는다는 건 "도저히 가망이 없다"며 "깊은 유감"을 표

+ 군복이나 학생복 등에 쓰이는 놋쇠 단추를 말한다.

하고 있었다. 원래부터 "가망이 없다"가 절망을 안겨주는 말이긴 하지만, 거기에 단호히 덧붙은 "도저히"란 말은 틀림없이 전보를 받은 상대방을 침묵에 빠뜨렸을 것이다.

그곳에는 침몰 당시를 설명한 헬렌 처칠 캔디Helen Churchill Candee+의 메모도 있었다. 아주 짧은 단락으로 된 그녀의 글은 비극이 일어난 직후에 쓰였는데, 마치 배가 가라앉는 순간으로 다시 돌아가 쓴 것처럼 생생했다.

> 뜨거운 물로 목욕을 하려고 욕실에 있을 때였다. 둥둥 울리는 엔진 소리가 마치 음악처럼 리듬감 있게 화음을 이뤘다. 그리고 충격이 찾아왔다. 머릿속에는 아라라트 산 꼭대기에서 꼼짝도 할 수 없게 된 노아의 방주가 떠올랐다. 발아래로 충격이 전해졌다. 나는 바닥에 쓰러졌다. 우리 배는 한번도 발견된 적 없던 바닷속 암초의 윗부분에 부딪혔다. 틀림없었다. 활짝 열어젖힌 객실 문 너머로 무도회장에서와 같은 광채가 비치더니 이내 불길한 침묵이 흘렀다. 전혀 아무런 인기척도 느껴지지 않았다.

뒤쪽으로 갈수록 캔디의 글씨는 미끄러져 내려가기 시작했고, 구명보트에서 바라본 타이타닉호의 최후 부분은 이곳저곳 고쳐 쓴 자국이 눈에 띄었다.

> 갑판의 유일한 공간은 배 뒤편으로 심하게 기울어 있고, 줄어든 공간에 지난 두 시간 동안 용기와 슬픔으로 버텨왔던 사람들이 초연하게 죽음을 기다리며 빽빽하게 모여 있다. 나는 최후의 순간이 찾아오기를 기다린다. 어쩔 수

+ 타이타닉호에서 살아남은 생존자 중 한 명이자 미국 출신 작가였던 그녀는 제임스 캐머런 감독의 영화 〈타이타닉〉에 등장한 여주인공 로즈(케이트 윈슬렛 분)의 실존 모델이었다.

없다. 신이시여, 조금만 시간을 늦춰주소서. 아니, 자비로운 신이시여, 시간을 앞당겨주소서. 마침내 세상의 종말이…….

바다 위에는 무거운 신음만이 흘렀다. 극한의 괴로움 속에서 낼 수 있는 소리는 그것뿐이었기 때문이다.

캔디는 세상의 '세'자와 종말의 '종'자 밑에다 밑줄을 그었다. 그리고 원래 '최후의 괴로움'이라고 썼던 부분을 '극한의 괴로움'으로 고쳐 썼다. 마치 작곡가가 비극적인 오페라를 끝내기 위해 마디를 달리하듯이 말이다.

타이타닉호가 가라앉을 때 캔디는 쉰세 살이었다. 내 아버지는 배가 침몰한 날, 열세 번째 생일을 맞았다. 하지만 두 사람의 글씨체는 소름이 끼칠 정도로 비슷했고, 수를 놓은 듯 멋스러운 'T'자와 구불구불한 선까지 똑같았다.

나는 노트북 컴퓨터가 그 모든 것에 마침표를 찍었다고 생각한다. 요즈음 나는 손으로 쓴 편지를 받아본 적이 거의 없다. 가끔 믿음직한 타자기로 친 편지는 있었지만 말이다. 이제 우리의 상상력은 인터넷처럼 빠른 속도로 멀리 날아가고 있다. 동시에 이제는 아버지도 나의 손글씨를 볼 수 없게 됐다.

2007년 7월 7일

인디펜던트

믿거나 말거나!

학창시절 나는 영국 신문들에 어김없이 등장하던 '리플리의 믿거나 말거나Ripley's Believe It Or Not'라는 칼럼에 푹 빠져 있었다. 대충 그려 넣은 듯한 삽화들이 곁들여진 박스 기사 형식에, 밥 리플리가 독자들에게 놀라운 사실들을 전달해주는 내용이었다. 놀랍게도 리플리의 칼럼은 지금도 계속 연재되고 있고, 심지어 미국에는 '리플리의 믿거나 말거나' 칼럼들을 모아놓은 박물관도 있다고 한다.

> 캘리포니아에는 박물관 전체가 사탕 자판기들로만 채워진 곳이 있다고 합니다. 믿거나 말거나 말입니다! 아일랜드의 카운티 케리County Kerry에 사는 한 남자는 무려 25년이나 된 오렌지를 갖고 있습니다. 믿거나 말거나 말이죠.

물론 문제는 이런 특별한 사실들이 그 누구의 심기도 건드리지 않는다는 점이다. 리플리의 글에는 자살폭탄범도, 이스라엘의 공습도 없으며―1982년 이스라엘의 레바논 침공 때 1만 7000명의 레바논과 팔레스타인 사람들이 살해됐는데, 그 대부분은 민간인들이었습니다. 믿거나 말거나 말입니다!―, 엄청난 희생자 통계도 등장하지 않는다—2003년 미영 연합군이 이라크를 침공한 지 4년 만에 65만 명에 달하는 이라크인들이 사망했습니다. 믿거나 말거나 말입니다!—. 내가 무슨 말을 하려는지 여러분은 알 것이다. 뼛속까지 너무 노골적으로 드러낸 듯싶지만 말이다.

나는 1967년 아랍-이스라엘 전쟁 기념일에 맞춰 쓸 기삿거리를 찾다가 사랑하는 리플리를 떠올렸다. 그때를 돌아보면 떠오르는 게 한둘이 아니지만, 당시 언론 중에서도 '믿거나 말거나'에 감히 도전할 만한 언론은 〈르 몽드 디플로마티크Le Monde Diplomatique〉와 비슷하게 생긴 한 프랑스 신문이 단연 독보적이었던 것 같다. 그들은 세계 언론이 이집트의 이스라엘 '침공' 스토리를 어떻게 보도했는지 생생히, 그리고 얼굴이 화끈거릴 만큼 선명하게 떠올리게 해주었다.

나세르+가 이스라엘을 파괴하겠다는 위협을 가한 뒤, 티란 해협을 봉쇄하고 유엔군에게 시나이 반도와 가자 지구에서 철수하라고 명령하자, 먼저 공격을 가하고 나선 쪽은 다름 아닌—믿거나 말거나— 이스라엘이었다. 그런데도 프랑스의 〈프랑수아France-Soir〉 지는 1967년 6월 5일 자 신문에서 '이스라엘을 공격한 이집트인들'이라는 표현을 1면에 실었다. 그런 다음 워낙 엄청난 실수다 싶었는지 '중동전쟁이 발발했다!'라고 1면 제목을 수정했다.

그뿐만이 아니었다. 그 다음 날 사회주의 계열의 〈르 포퓰레어Le Populaire〉 지는 "사방에서 공격당한 이스라엘이 훌륭하게 저항하고 있다"고 헤드라인을 뽑았다. 같은 날 〈르 피가로Le Figaro〉 지는 "다윗 군대의 승리는 역사상 가장 위대한 승리 중 하나"라고 선언하는 기사를 실었다. 믿

+ 가말 압델 나세르(Gamal Abdel Nasser) 이집트 전 대통령. 1952년 자유 장교단을 이끌고 쿠데타를 일으켜 파루크 국왕을 몰아낸 뒤, 1956년부터 1970년 숨을 거둘 때까지 이집트를 통치하면서 아랍 민족주의의 영웅으로 추앙받던 정치인이었다.

거나 말거나, 역사상 가장 위대한 승리 중 하나로 간주되던 2차 세계대전이 끝난 게 불과 22년 전이었다.

그런 기사가 나간 후, 불후의 프랑스 팝 스타인 조니 할리데이는 이스라엘을 지지하는 5만 명의 프랑스인들 앞에서 노래를 불렀다. 세르주 갱스부르, 줄리엣 그레코, 이브 몽탕, 시몬 시뇨레, 발레리 지스카르 데스탱, 프랑수아 미테랑Francois Mitterand+도 그들에게 연대를 표했다. 믿거나 말거나—아마 믿을 수 있을 것이다—, 예전에 미테랑은 페탱++의 비시 정권 부역자들로부터 그토록 바라던 프랑시스크Francisque+++ 훈장을 받은 적도 있었다.

오로지 당시 프랑스 대통령이던 드골 장군만이 몇 달 뒤 기자회견에서 "(이스라엘이) 빼앗은 영토에서 억압과 탄압, 추방 없이는 작동될 수 없는 점령을 구조화하고 있고, 그에 저항하는 듯 보이는 사람들에게 '테러리즘'이라는 오명을 씌우려 한다"고 말했다가 정치적으로 고립되었다. 이런 정확한 예언은 '드골주의의 프랑스는 친구가 없다. 오로지 이해관계만 있을 뿐이다'란 취지의 〈누벨 옵세르바퇴르Nouvel Observateur〉 지 기사에 의해 재차 입증되었다. 그리고 믿거나 말거나, 한 작은 기독교 신문을 제외하고 프랑스 언론들 가운데 '팔레스타인 사람들'이란 단어를 거론한 곳은 한 군데도 없었다.

이번 주, 벨기에의 아프리카 식민지 중에서도 가장 부유했던, 콩고+++++ 군대가 2차 대전 무렵 아프리카에 주둔하던 이탈리아군을 상대로 엄청난 승리를 거둬 9명의 장군을 포함해 1만 5000명을 포로로 잡았다는 사실을

+ 사회당 출신 정치인으로 1981년부터 1995년까지 프랑스 대통령을 지냈다.

++ 2차 세계대전 중 나치의 괴뢰정권인 비시(Vichy) 정권의 국가 주석이던 앙리 필리프 페탱(Henri Philippe Petain, 1856-1951).

+++ 비시 정부의 도끼 문장이 새겨진 훈장.

++++ 예전에는 자이르라 불렸으며, 오늘날엔 콩고 민주공화국(Democratic Republic of Congo)이 정식 국호가 되었다.

불현듯 떠올리게 된 건, 전적으로 학자인 아니셋 모베 판시아마Anicet Mobe Fansiam 덕분이었다. '대중의 군대'—그 영웅들이 검은 피부색의 콩고인들이었다는 사실을 적당히 배제한 이름이다—라 불린 그들은, 아프리카에서 비시 정권하의 프랑스 식민지들과 싸우기 위해 1만 3000명의 군인과 민간인들을 조직해 소말리아와 마다가스카르·인도·버마 등지에 배치했고, 팔레스타인을 방어할 목적으로 중동에도 병력을 파견했다. 당시 수많은 영국군과 미군 부대가 콩고를 거쳐 갔고, 그곳의 부와 자원은 미국과 영국의 군자금으로 넘겨졌다. 킨샤사Kinshasa+에는 중동에서 싸우는 연합군에게 석유를 보급하기 위해 미군 기지가 건설되기도 했다.

그러나 콩고의 노동조합들은, 조합원들이 벨기에 식민지에서 농산물과 생산물자·군사 장비를 등에 지고 나르는 중노동에 징발되자 임금 인상을 요구하고 나섰고, 믿거나 말거나, 벨기에 당국은 실탄 발포로 대응해 50명을 살해했다. 그리고 최소한 3000명의 정치수감자들을 콩고 오지로 보내 중노동을 시켰다. 따라서 연합군의 승리를 위해 피를 흘렸던 그들은 마땅히 보상을 받아야 했다. 그러나 연합군은 보상은커녕 콩고에 빚진 40억 벨기에 프랑—오늘날 환율로 약 5억 파운드—도 전혀 갚지 않았다. 믿거나 말거나.

이제 다시 긴장을 풀고 리플리 이야기로 돌아가 보자. 그래, 여기 새로운 리플리 칼럼들이 있다.

웨스트버지니아 허리케인 시의 러셀 파슨스 씨는 자신의 장례식과 화장을 어떻게 하라는 내용을 팔에 문신으로 새겨 놓았다고 합니다. 믿거나 말거나

+ 콩고 민주공화국의 수도.

말입니다! 2007년 4월 어느 동물 애호 단체는 미국 메인 주의 한 수산시장에서 약 3400달러어치의 바닷가재 300마리를 사서 바다로 다시 돌려보냈다고 합니다! 믿거나 말거나 말입니다! 병원 대기실에 있는 사람들 중에 70%는 골절상, 75%는 피로, 80%는 열이 있는 환자들이라고 합니다. 그럼 세 가지 모두에 해당하는 사람들이 대체 몇 %란 말일까요? 믿거나 말거나 말이입니다!

믿거나 말거나, 나는 모르겠다. 아, 그리고 이런 것도 있었지.

로마의 게타 황제(서기 189년~211년)는 대안 음식만을 고집했다고 하는데, 대표적인 식단은 자고새 · 공작 · 리크+ · 콩 · 복숭아 · 자두 · 멜론이었답니다. 믿거나 말거나 말입니다!

아마 나 같으면 먹고 난 뒤에 모두 토해버렸을 것 같다.

2007년 6월 9일

인디펜던트

+ 백합과에 속하는 식물로, 지중해 동부와 중동 지방이 원산지다. 순하고 달콤한 양파 맛이 나 유럽에서는 수프와 스튜에 넣는 재료로 쓰인다고 한다.

살인은 살인이다

만약 《1984》의 저자 조지 오웰George Orwell이 지난 수요일 팔레스타인 서안 지구의 헤브론 시에서 로이터 통신이 보낸 속보를 보았다면 분명 뿌듯해 했을 게 틀림없다. 세계적으로 가장 저명한 통신사라는 곳에서 낸 그 보도는 "위장한 이스라엘 군인들이 어제 야세르 아라파트가 이끄는 파타 조직원 한 명을 사살했는데, 이를 가리켜 팔레스타인인들은 암살이라 주장했다"는 것이었다. 물론 핵심은 "팔레스타인인들은 암살이라 주장했다"는 구절이다.

정신이 온전히 박힌 독자라면 이스라엘 '요원들'이 쏜 열 발의 총탄에 머리와 가슴, 배, 다리를 맞고 숨진 이마드 아부 스네이헤Imad Abu Sneiheh의 죽음을 가리켜 당연히 암살은 물론이거니와 명백한 살인이라 결론 내렸을 것이다. 그러나 팔레스타인-이스라엘 분쟁의 비극을 보도하는 다른 모든 대형 통신사들과 텔레비전 방송사들이 그렇듯, 로이터 통신 역시 살인을 살인이라 부르지 않았다.

아파르트헤이트 시절로 돌아가, 남아프리카 공화국의 암살조직이 무장 반군들을 사살했을 때 그렇게 돌려 이야기한 언론은 아무데도 없었다. 지금도 그들은 라틴 아메리카의 살인자들이 정적을 살해한다고 보도한다. 벨파스트의 아일랜드 공화국군IRA이나 얼스터 방위연합UDA+소속 갱들의 '살인'을, 아니 최대한 에둘러 말해도 '암살'을 보도하면서 움츠러드는 신문사를 아직 본 적이 없다.

그러나 이스라엘인들이 살인을 저지를 때는 다르다. 로이터나 CNN, 혹은 최근 들어 무기력한 언론으로 전락한 BBC에 따르면, 이스라엘인들이 사람을 죽여도 그건 살인이나 암살이 아니다. 이스라엘인들은 팔레스타인인들이 암살이라 단지 "주장하는" 무언가를 저지를 뿐이다. 이스라엘인들이 관련되는 경우, 진실을 보도하는 우리의 도덕적인 잣대와 능력은 이렇게 앙상하게 말라버린다.

시간이 흐를수록 CNN조차도 일련의 적대 세력에게 사용되는 '테러리스트'란 단어가 편향적일 뿐만 아니라 인종주의적이라는 사실을 깨닫기 시작했다. 지난주 어느 텔레비전 리포터가 예루살렘의 피자가게를 잔인하게 폭파한 팔레스타인 사람을 가리켜 그 단어를 사용했을 때, 그의 동료 중 한 사람은 보도 기준을 지키지 않았다고 그를 강하게 비판했다. 정당한 비판이었다. 그러나 현실을 돌아보면 우리의 언론 보도는 나아지기는커녕 점점 더 나빠지고 있다. 전 세계의 뉴스 편집자들은, 이스라엘의 심기를 건드릴지도 모를 사건을 취재할 때 훨씬 더 부드럽고 완곡하게 보도할 것을 기자들에게 요구하고 있다.

작년 가자 지구에서 이스라엘군의 총에 맞아 숨진 모하메드 알 두라Mohamed al-Dura라는 팔레스타인 어린이는 팔레스타인 '인티파다'의 상징이

+ 북아일랜드는 영국으로부터의 독립을 원하는 가톨릭(구교도)계 주민들과 계속 영국의 일부로 남아있기를 원하는 프로테스탄트계(신교도) 주민들로 나뉘어 오랫동안 분쟁과 갈등을 겪어왔다. 두 진영은 각각 구교도 민병대인 아일랜드 공화국군(IRA)과 신교도 민병대인 얼스터 방위연합(UDA)을 조직해 서로 물리적인 공격과 보복을 가해왔다.

되었다. 〈인디펜던트〉의 예루살렘 특파원을 포함해 소년의 죽음을 조사했던 기자들은, 그를 살해한 총탄이 이스라엘의 것이라는 사실을 믿어 의심치 않았다. 비록 군인들이 그 소년을 못 봤을 수는 있다고 해도 말이다. 그러나 이스라엘군의 엉터리 조사가 발표된 뒤 이스라엘 국회의원 하나가 의회에서 외신을 비난하고 나서자, 서구의 모든 주요 통신사들은 미래의 고객이 될 언론사들을 위해 사진에다 일일이 설명을 달았다. 맞다. 여러분들도 짐작했겠지만, 사진 설명에는 소년이 '교전' 중에 사망했다고 적혀있었다.

'부수적 피해'부터 '적을 약화시키다'라는 표현에 이르기까지, 전쟁에서는 언제나 언어로 된 속임수와 깨끗하게 소독된 은유들이 생겨나기 마련이다. 팔레스타인-이스라엘 분쟁은 그중에서도 아주 독특한 형태들을 만들어냈다. 이스라엘이 도시를 포위하면 그건 '봉쇄'이고, 이스라엘과 점령지 사이의 합법적인 국경은 '경계선'이며, 이스라엘에 부역한 사람들은 '협력자들'이 된다. 이스라엘이 점령한 영토는 '논란이 되고' 있으며, 유대인들이 아랍 영토에 불법적으로 건설한 정착촌은 '동네'가 되었는데, 살기 좋고 서민적인 그곳은 팔레스타인 '전투원들'에 의해 끊임없이 공격당하고 있다는 것이다. 자살폭탄 공격을 감행한 사람들은, 팔레스타인인들에게는 '순교자'라 불리지만 이스라엘인들에게는 '테러리스트'가 된다.

그중에서도 가장 이상한 건 자신들의 비사법적인 살인 행위를 일컫는 이스라엘의 '표적 살인'이라는 오싹한 표현이다. 그리고 폭탄을 제조하다 폭발로 숨진 팔레스타인 사람들을 가리키기 위해 이스라엘이 고안해낸 표현은 그야말로 기가 막힌다고밖에 할 수 없겠다. 이스라엘 사람들은 그들을 일컬어 '산업재해'로 사망했다고 표현한다고 한다.

하지만 나의 관심을 끄는 건 이스라엘과 팔레스타인 사람들이 서로에 대해 사용하는 말들이 아니다. 그보다는 우리 언론인들이 그런 표현들을 별다른 저항 없이 받아들인다는 점이 더 흥미롭다. 일주일 전, 나는 BBC가 팔레스타인 주민들에 대한 살인을 '암살'이라 부르지 말라는 이스라엘의 외교적 압력에 굴복해, 이스라엘이 주장하는 '표적 살인'이라는 이상한 표현을 쓰기로 했다고 〈인디펜던트〉에 쓴 적이 있다. 곧이어 나는 새로운 표현을 쓰라고 지시한 BBC의 현장 편집자 말콤 다우닝Malcolm Downing으로부터 심한 비난을 받았다. 그는 내가 한쪽으로 치우쳐 있고 편향적이며 오해를 불러일으키고 있다고 말했다. BBC는 그 의도가 정치적이건 정치적이지 않건 간에, 암살이란 표현은 '고위급 정치인이나 종교인'에게만 적용해야 하는 단어라 여긴다는 것이었다. 그러나 다우닝의 답변에서 가장 중요한 측면은 그가 내 기사의 핵심에 대해 전혀 언급하지 않았다는 사실이다.

이스라엘의 살인행위에 대해 애당초 BBC가 특별히 추천한 단어는 '표적 공격'이었다. 그 표현을 만들어낸 것 역시 BBC가 아니라 이스라엘인들이었다. 다우닝은 자신이 하는 행동이 어떤 의미인지 전혀 깨닫지 못하고 있다고 나는 믿는다. 그의 동료들은 그를 가리켜 전문성 있는 친구라고 말하곤 한다. 그러나 그는 자사 기자들에게 '표적 살인'이라는 표현을 사용하라고 지시함으로써 자신이 언론인으로서 잘못을 저지르고 있다는 사실을 깨달아야 한다.

그뿐만 아니라 그는 사실관계에 있어서도 부정확함을 드러내고 있다. 이스라엘이 배후에서 지시한 암살로 인해 여태까지 두 명의 어린아이들을 포함해 열일곱 명의 민간인들이 살해당했다. '표적'이 빗나가도 너무 빗나간 것이다. 그리고 자신의 집 문 앞에서 총에 맞아 숨진 BBC의 질 댄도Jill Dando+를 살해한 범인이 의도적으로 그녀를 '표적으로 삼았다'는 데는 의심의 여지가 없다는 사실을 떠올리지 않을 수 없겠다. 그러나 BBC는 그렇게 말하지 않았다. 그들은 그것을 가리켜 그냥 살인이라고 했다. 그리고 그 말이 맞다.

지난주, CNN과 통신사들, BBC 모두는 다시 한 번 진실을 조금씩 깎아내렸다. 동예루살렘 남서쪽에 위치한 자일로Gilo의 유대 정착촌이 베이트 잘라Beit Jalla++에서 건너온 팔레스타인 무장대원들의 공격을 받았을 당시, 그 정착촌을 가리켜 "논란이 되고 있는" 영토의 "유대인 동네"라고 부른 것이다. 그러나 그 영토의 대부분은 법적으로는 분명히 베이트 잘라에 사는 팔레스타인 주민들의 소유로, 애초부터 "논란"과는 거리가 멀었다. '자일로'라는 히브리어 명칭이 바로 '잘라'라는 아랍어 지명에서 비롯된 것이라는 점이 그런 사실을 뒷받침해준다.

그런데도 그들이 시청자들과 독자들에게 한 이야기는 달랐다. 그 뒤로 팔레스타인 하마스 조직원을 상대로 한 암살 사건이 일어났을 때도 어느 텔레비전 기자는—이번에도 BBC였다— 그의 죽음을 "이스라엘인들은 표적 공격이라 주장하는 반면 팔레스타인인들은 암살이라 여긴다"고 축소 보도했다. 이제 여러분도 여기서 뭐가 잘못됐는지 알 것이다. 나중에 곤경에 처하지 않으려면 그 BBC 기자는 이스라엘 측 주장과 팔레스타인 측 주장의 '균형'을 맞춰야 했던 것이다. 이는 마치 반칙이 일어났을 때 스포츠 해설자들이 어느 한쪽만 비난하지 않으려는 것과 마찬가지였다. 앞으로 중

+ 14년간 BBC 방송에서 방송 진행자이자 아나운서, 기자로 일한 질 웬디 댄도(Jill Wendy Dando)는 1999년 4월 6일 서부 런던의 풀럼에 위치한 자택 바깥에서 괴한의 총에 맞아 숨을 거뒀는데, 범인의 정체와 범행 동기는 아직까지 미궁에 빠져 있다.

++ 팔레스타인 서안 지구에 위치한 베이트 잘라는 예루살렘 남쪽으로 약 10km 가량 떨어져 있으며, 기독교계와 무슬림계 팔레스타인 주민들이 같이 어울려 살고 있는 작은 도시이다.

동을 다룬 텔레비전 보도를 볼 때 다음과 같은 핵심 단어들을 유심히 살펴보기 바란다. '표적 공격', '동네', '논란이 되고 있는', '테러리스트', '충돌', '교전'. 그런 다음 왜 그런 표현들이 사용되는지 의문을 품어보기 바란다.

나는 양쪽 모두에 대해 똑같이 진실 되게 접근해야 한다는 데 동의한다. 어느 쪽이든 테러를 저지르는 사람 누구에게나 똑같이 '테러리즘'이라는 딱지를 붙인다면 그 또한 찬성이다. 팔레스타인인들이 아이들을 폭발로 숨지게 하는 사람들을 가리켜 '순교자'라 부르는 것 역시 나는 싫고 지겹다. 살인은 그저 살인일 뿐이다. 그러나 방송국과 통신사 기자들이 무고한 주민들의 생명을 놓고도 고작 축구 경기 수준의 코멘트나 날리는 걸 그냥 듣고만 있어야 할까?

2001년 8월 18일

인디펜던트

아, 메리,
불쌍한 우리 아기

아일랜드의 전 대통령이자 전임 유엔 인권고등판무관이었으며, 장차 미국 에모리대학Emory University의 학위수여식 연설을 위해 연단에 오르게 될 메리 로빈슨Mary Robinson 이야기를 한 번 해보자. 그녀는 큰 실수를 저질렀다. 감히 이스라엘을 비판한 것이다. 그녀는 "아랍-이스라엘 분쟁의 근본 원인은 점령"이라고 말했다.

워워, 메리. 잠깐만! '점령'이라고요? 그거 약간 반(反)이스라엘적인 발언 아닌가요? 진짜로 당신은 팔레스타인 서안과 가자 지구에 대한 이스라엘의 군사 점령과 팔레스타인 무장 대원들에 대한 불법 처형, 돌을 던지는 어린 학생을 총으로 쓰러뜨린 행위, 유대인 정착촌을 짓기 위해 아랍인들의 땅을 무더기로 도둑질한 게 어쨌든 잘못이라는 건가요?

아마 내가 당신의 말을 잘못 알아들었을 겁니다. 틀림없이 그럴 겁니다. 왜냐하면 자유롭게 의사를 표현할 당신의 권리에 대한 온갖 험담과 악의적인 명예훼손, 당신의 진실성을 깎아내리는 공격에 대해 당신이 보였던 반응은 거의 야옹이가 낑낑대는 수준이었기 때문입니다. 당신은 "아주 상처받고 낙담했다"지요. 〈아이리시 타임스The Irish Times〉에다가 "전혀 아무런 근거 없는 주장 때문에 괴롭다"고 말했지요. 그러나 당신은 당신을 비난하는 사람들에 대해 법적인 조처를 하겠다고 경고했어야 했습니다. 저 같은 경우에는 제 모친이 아이히만Eichmann의 딸이라는—지금 그게 중요한 건 아닙니다만, 어머니인 페기 피스크(Peggy Fisk)는 2차 대전 당시 영국 공군에 복무하고 있었지요— 말도 안 되는 엽서를 보낸 사람들에게 검찰의 소환장을 받게 될 거라고 경고했더니 즉시 입을 다물더군요.

하지만 아니, 당신은 "상처받았다"고 했잖아요. "낙담했다"면서요. 그런데도 당신은 "그녀—메리 로빈슨—를 연사로 초대한 정책 결정권자들이 명백히 주의를 게을리했기 때문에 곤란에 처했다"던 에모리대학 케네스 스타인Kenneth Stein 교수의 발언도 그냥 용인하고 넘어갔다지요. 저는 "명백한 주의"라는 말이 참 마음에 들었습니다. 농담이 아니라, 당신은 당신의 진실성을 이렇게 왜곡하는데도 어떻게 아무런 문제도 제기하지 않고 넘어갈 수 있죠? 아, 낙담이 워낙 커서였군요. 아, 메리, 불쌍한 우리 아기Poor Diddums.

나는 이 글을 쓰기 위해 미국에서 가장 고무적이고 뛰어난 웹스터 사전에서 'diddums'+라는 단어의 철자를 찾아봤다. 근데 그런 단어는 없었다. 하지만 웹스터의 《신(新) 세계사전 3판Third New International Dictionary》에서 '반유대주의'를 가리켜 '시오니즘에 반대하는'이라고 규정하고 있는 걸 우연히 발견했다. 이건 무슨 의미일까? 그건 여러분이나 나, 혹은 가여운 꼬마 메리가 팔레스타인 사람들이 이스라엘 점령하에서 부당한 처우를 받고 있다는 관점을 내비치면 그 즉시 곧 '반유대주의자'가 된다는 뜻이다.

+ Diddums는 일상생활에서 아이를 달랠 때 쓰는 말로, 한국어로 옮기자면 '아유, 착하지 아가'정도가 될 것이다.

물론, 이런 터무니없는 정의에 대한 해명을 요구했을 때 웹스터의 공식 홍보담당자 아서 비크넬Arthur Bicknell 씨가 내놓은 한심한 반응도 있는 그대로 인용하는 게 공평하겠다. 그는 "우리의 역할은 영어를 실제 사용되고 있는 의미 그대로 정확히 나타내주는 것입니다. 우리는 개인적인 판단에 따른 결정이나 정치적인 고려를 하지 않습니다"라고 답변했다. 게다가 정말로 웃기고도 역겨운 점은, 사전 편집자들이 "신중을 기해 쓰인 산문 작품 같은 책과 잡지들"에서 반유대주의에 대해 "인용한 증거들을" 일일이 표로 만들었다는 사실이다. 두 얼굴의 야누스 같은 그런 발언이 얼마나 터무니없던지 그저 실소를 금치 못할 뿐이었다.

게다가 오늘날엔, 이스라엘의 중동 정책에 대한 비판이 방송에 나가지 못하도록 검열하는 사람들에게 미국식 영어의 언어유희조차도 무릎을 꿇고 있다. 다시 한 번 말하지만, 나는 분명히 '방송에 나가지 못하도록'이라고 했다. 하지만 비단 방송뿐일까?

한 번은 미국 미디어교육재단MEF의 제작자이자 편집자인 밧세바 라츠코프Bathsheba Ratskoff로부터 분노에 찬 편지를 받은 적이 있다. 그녀는 "이스라엘-팔레스타인 분쟁을 둘러싼 논쟁의 중단"을 다룬 새 다큐멘터리 영화가 '유대인 행동 대책위원회Jewish Action Task Force'라는 단체의 표적이 됐다고 전했다. 미국 내 이스라엘 홍보 집단들을 다룬 그 영화는 원래 '보스턴 미술관'에서 상영될 예정이었다.

그래서 어떻게 됐을까? '유대인 행동 대책위원회'에서는 보스턴 미술관 측에 유대인 사회에 사과하고 "장차 이스라엘과 중동 분쟁을 따질 때 더욱더 세심한 주의를 기울일 것을 약속"하라고 요구했다. 그렇지 않을 경우 그 구성원들은 "(미술관) 회원 탈퇴와 기부 중단을 고려할 수도 있다"는 것이었다. 그러자 마치 당연하다는 듯, 미술관의 수전 롱헨리Susan

Longhenry란 사람이 미디어교육재단 앞으로 오싹한 편지를 보내왔다. 거기에는 "보스턴 지역사회의 많은 구성원들"—달리 말하면 불특정한 사람들—의 우려를 고려해 상영 일정을 재조정하겠다는 것[●]과 간담회를 열어 그 영화에 비판적인 사람들의 의견을 청취하겠다는 내용이 담겨 있었다. 편지 끝부분에는 이런 말이 적혀 있었다.

> 우리는 이 영화의 상영이 취소되는 걸 피하기 위해 오랫동안 고심해왔습니다. 그러나 당신들이 수정 제안을 받아들이지 못하겠다면, 유감스럽지만 상영 취소말고는 다른 선택의 여지가 없겠습니다.

부디 독자 여러분도 이런 교묘한 말솜씨를 꼭 배워두기 바란다. 그렇다면 롱헨리는 생쥐 같은 사람이 되고 싶었던 걸까? 아니면 '롱헨리하다'라는 동사가 웹스터 사전에 실리기를 원했던 걸까? 혹은 최소한 옥스퍼드 사전에라도? 아마도 그럴 일은 없을 것 같다. 다행스럽게도 롱헨리의 상사가 그녀의 어리석은 편지에 적힌 내용을 보류시켰기 때문이다. 적어도 당분간은 그랬다.

그러나 이게 끝이 아니었다. 지난 일요일, 나는 아일랜드 'TV 3' 채널의 한 프로그램에 출연해, 이라크 문제와 더불어 팔레스타인 서안 지구에 새로운 장벽을 건설하려는 샤론의 계획을 부시 대통령이 지지하는 것에 관해 이야기해달라는 요청을 받았다. 프로그램이 끝을 향해갈 무렵, 갑자기 더블린의 유니버시티 칼리지University College Dublin에서 법학을 강의하는 톰 쿠니Tom Cooney 교수가 나를 가리켜 이스라엘군을 '오합지졸'—전적으로 맞는

● 원래 예정된 상영일은 유대 사육제 기간에 해당했다.

말이다. 사실 그들이 그렇다—이라 부른 적이 있으며, 그들이 2002년 제닌Jenin+에서 학살을 저질렀다는 보도를 했다고 주장했다.

솔직히 말하자면, 당시 나는 그들이 학살을 저질렀다고 말한 적이 없었다. 그러나 말했어야 했다. 뒤이은 조사를 통해 이스라엘 군대가 무고한 민간인들을 향해 고의로 총을 쏘고 여성 간호사 한 명을 죽였으며 하반신 마비 환자가 탄 휠체어를 자동차로 치었다는 게 드러났기 때문이다. 하지만 쿠니는 "빌어먹을, 그건 명예훼손입니다!"라고 소리를 질렀다. 그러자 그 말이 끝나기 무섭게 TV 3 측은 그 명예훼손이 자기네와는 상관없는 문제라고 정확하게 못 박았다. 거기에 맞서 나는 중상모략을 하는 쪽은 오히려 유수의 명문대학 교수라고 점잖게 말했다.● 그리고 그가 어떤 취지에서 그렇게 말했는지 역시 깨달았다. '닥쳐, 이스라엘을 비판하는 건 안 돼!'라는 의미였던 것이다.

어쨌든 그래도 이 글은 긍정적으로 끝을 맺어야겠다. 유대계 미국인인 밧셰바가 그랬던 것처럼 영국의 유대인들도 '데이르 야신 기념회Deir Yassin Remembered'라는 단체에서 두드러진 역할을 담당하고 있다. 데이르 야신 기념회는 1948년 예루살렘 외곽에서 유대인 민병대에 의해 학살당한 아랍계 팔레스타인 주민들을 기리기 위해 만들어진 조직이다. 올해에도 기독교도들이 성 금요일을 지내던 4월 9일에, 그들은 아랍인 학살 희생자들을 추모하는 행사를 가졌다. 그날은 또한 8일간의 유대 유월절Jewish Passover 기간 가운데 넷째 날에 해당했다. 1945년 플로센부르크Flossenburg 수용소

+ 팔레스타인 주민들의 2차 인티파다 기간 중에 팔레스타인 서안 지구에 속한 도시 제닌은 이스라엘군의 이른바 '방패 작전(Operation Defensive Shield)'의 주요한 표적이 됐다. 당시 휴먼라이츠워치를 비롯한 국제인권단체들은 이스라엘군이 제닌의 난민촌 주민들을 무차별적으로 학살하고 있다며 관련 증거와 더불어 강력한 항의의 뜻을 전달한 바 있다.

● 더블린의 유니버시티 칼리지는는 아일랜드 최고의 학문 기관 중 하나로 손꼽히며, 나는 쿠니가 TV 3에서 보인 모습과는 달리 자신의 젊은 제자들과 더불어 훌륭히 학문을 갈고닦길 바랄 뿐이다.

에서 나치가 디트리히 본회퍼Dietrich Bonhoeffer 목사+를 처형한 날이기도 했다. 3000년 전에는 유대인들이 해방되고, 2000년 전에는 팔레스타인 땅에 살던 한 유대인++이 죽었으며, 59년 전에는 어느 독일 기독교도가 처형당했고, 56년 전에는 100명이 넘는 팔레스타인 남녀노소가 학살된 날이 모두 같은 날이었던 것이다.

아아, 그러나 데이르 야신 기념회는 그에 걸맞은 주목을 받지 못하고 있다. 웹스터 사전은 저속하게도 그 지지자들에게 "반유대주의자"라는 딱지를 붙일 테고, "보스턴 지역사회의 많은 구성원들"은 그들에게 반기를 들 게 불 보듯 뻔하며, 더블린 유니버시티 칼리지의 저명한 법학자는 "빌어먹을, 그건 명예훼손입니다"라고 소리칠 것이다.

더블린 유니버시티 칼리지의 입장이 무엇인지 알려면 다소 시간이 걸릴 것이다. 그러나 "상처받거나 낙담하지" 말고, 있는 그대로의 진실을 계속 이야기하자. 미국의 저널리즘 스쿨이 우리에게 가르치려던 것이 바로 그런 거 아닐까?

2004년 4월 24일

인디펜던트

+ 한때 천재 신학자라 불리던 본회퍼 목사는 독일 제3 제국의 나치 정권의 광기와 폭력에 맞서 기독교 신앙의 순수성을 지키기 위해 고백교회를 설립한 뒤, 전쟁으로 많은 사람들이 희생되는 것보다는 히틀러를 죽이는 죄악을 범하는 것이 낫겠다는 판단에서 히틀러 암살 계획을 세우다가 나치 비밀경찰에 발각돼 독일이 패망하기 3주 전에 처형됐다. '행동하는 기독교인의 표상'으로서의 그의 삶은 영화와 책으로도 잘 소개돼 있다.

++ 예수 그리스도를 뜻한다.

아주
불안한 상황

싸워야 한다. 중동에 대해 자유롭게 논할 권리가 다시 침해되는 걸 보면서 내가 내릴 수 있는 유일한 결론이 이것이다. 가장 최근의, 가장 수치스러운 사례가 바로 뉴욕에서 일어났다. 뉴욕 워크숍 극장 측이, '로열 코트 프로덕션'에서 제작한 아주 멋진 작품 〈내 이름은 레이첼 코리My Name Is Rachel Corrie〉의 공연을 취소한다는 비겁한 결정을 내린 것이다.

해당 작품은 무고한 팔레스타인 주민들을 보호하기 위해 가자 지구로 건너간 용감한 젊은 미국 여성의 발언과 이메일을 토대로 만들어졌다. 그녀는 2003년 3월 팔레스타인 가옥을 파괴하려던 이스라엘의 불도저를 온몸으로 막아섰다가 그대로 깔려 숨을 거두었다. 불도저 운전사는 그녀를 친 뒤 후진해서 다시 그녀를 깔아뭉갰다. 죽기 직전에 그녀가 남긴 한 마디는 "내 등이 부러졌어"였다.

영웅적인 삶을 살다 간 미국인 레이첼은, 억압에 맞선 용기와 자유에 대해 쉴 새 없이 떠들어대던 부시 정부로부터는 전혀 총애를 받지 못했다. 레이첼의 용기는 잘못된 부류의 용기였고, 그녀가 지키려던 자유는 잘못된 사람들의 자유였던 것이다. 뉴욕 워크숍 극장의 '예술 감독'인—그의 지위를 적을 때는 따옴표를 달지 않을 수가 없다— 제임스 니콜라James Nicola가 그 연극을 '무기한 연기'하기로 결정했다는 기사를 읽는 순간 나는 웃어야 할지 울어야 할지 알 수 없었다. 그가 내세운 이유는—이 대목에서 숨을 잠깐 고르기 바란다— "우리가 사전에 제작계획을 세우면서 주위의 뉴욕 사람들과 이야기를 나누고 의견을 들어본 결과, 아리엘 샤론의 병환이 위독해지고 하마스가 선거에서 승리를 거두게 되면서…… 아주 불안한 상황을 맞게 됐다"는 것이었다. 아, 이러니까 우리가 저런 바보 같은 짓거리에 정면으로 맞설 수밖에 없다는 것이다.

마찬가지로 오스트레일리아에서도, 나의 오래된 단짝 기자 앤토니 로웬스타인Antony Loewenstein이 절대 용납할 수 없는 순간에 맞닥뜨렸다. 그는 맥쿼리대학교Macquarie University의 '중동위원회'를 통해 이스라엘-팔레스타인 분쟁에 관한 비평서를 내려던 참이었다. 그러자 오스트레일리아의 유대인 커뮤니티가 들고일어나 8월로 예정된 그 책의 출간을 막으려 했다.

작년에는 노동당 소속 연방의원이자, 로웬스타인과 같은 유대인인 마이클 댄비Michael Danby가 출판사를 향해 "이런 역겨운 프로젝트를 취소하라"고 요구하는 글을 오스트레일리아의 〈주이시 뉴스Jewish News〉에 기고한 적도 있었다. 그는 그 책이 "오스트레일리아의 유대인 주류사회에 대한 공격"이 될 거라고 했다. 현재는 '뉴 사우스 웨일즈 유대인 대표자위원회'라는 영향력 있는 단체가 로웬스타인에 반대하는 여론에 무게를 실어주고 있으며, 맥쿼리대학의 '중동 북아프리카 연구센터' 위원이던 그의 지위를 박탈하기 위한 노력도 진행 중에 있다.

그렇다면 이스라엘을 위해 이런 짓거리가 벌어지는 것이 극히 이례적인 일일까? 그렇지 않다. 지난주 이스라엘계 미국인 바바라 골드샤이더Barbara Goldscheider로부터 편지 한 통이 도착했다. 그녀의 소설《나크바: 재

앙: 팔레스타인-이스라엘 분쟁Naqba: The Catastrophe: The Palestinian-Israeli Conflict》이 막 출간된 이후였다. 편지를 통해 그녀는 자신이 공격당하고 있다고 말했다.

> 분쟁을 다룬 소설에 단지 아랍어 제목을 달았다는 이유로…… 내 형부는 책을 읽기도 전에 나와의 관계를 끊어버렸어요. …… 뱅고어 시(미국 메인 주)에서 제가 다니는 '정통파' 유대 교회 출신의 한 '친구'는 화가 나서 식식대며 전화를 걸어와서는…… "넌 아랍인들이 이스라엘을 파괴하려 한다는 걸 몰라?"라고 하더군요.

지난달 한 보수적인 유대교당에서 열릴 예정이던 그녀의 신간 출판 기념회는 "소설을 둘러싸고 한바탕 소동이 일어나는 바람에" 취소되었다. 이에 대해 보스턴대학의 어느 교수는 감사하게도 골드샤이더에게 편지를 보내 "악의에 찬 움직임이 진행되고 있지만, 숨지는 마세요"라고 말했다. 내가 보기엔 아주 훌륭한 조언이었다. 그러나 출판사나 '예술 감독'이 숨어버리면 어떻게 해야 할까?

얼마 전 나는, 유엔군의 일원으로 남부 레바논에 주둔했던 아일랜드군과 이스라엘의 잔인한 대리세력이던 이른바 '남부 레바논군South Lebanon Army'• 간의 전투에 대해 내가 몇 년 전에 썼던 글을 다시 게재해도 괜찮겠냐는 연락을 아일랜드의 '전사(戰史) 편찬위원회'로부터 받은 적이 있다. 그 글에서 나는 하임Haim이라는 이름의 이스라엘군 소령이 남부 레바논의 하리스Haris 마을 주민들에게서 어떻게 돈을 갈취했는지와 함께, 두

• 그 민병대의 사령관은 레바논 군에서 징계를 받아 강제 전역한 사아드 하다드(Saad Haddad)라는 정신이상자 같은 전직 소령으로, 십여 년 전에 암으로 죽었다.

명의 아일랜드 군인들이 살해될 당시 현장에 '아부 쇼키Abu Shawki'라는 암호명을 쓰던 이스라엘 요원이 있었다는 사실을 공개한 바 있다. 그리고 레바논 전쟁을 다룬 나의 책《가련한 국가Pity the Nation》+와 내가 일하던 신문을 통해 그에 관한 구체적인 사실들을 수없이 언급했다.

나는 1980년대 초에 실제로 하임 소령을 만난 적이 있다. 당시 그는 하리스 마을의 촌장과 면담을 막 마치고 나오던 참이었다. 그 자리에서 그는 이스라엘의 잔인한 민병대원들에게 지급할 돈을 촌장에게 요구했었다. 현장에는 유엔도 있었고, 그의 협박 내용을 기록까지 했다고 한다. 한편 아일랜드 경찰이 면담하고 싶어 했던 아부 쇼키는 나중에 티레Tyre++에서 나를 체포하려다 바로 풀어준 적이 있었다. 그때 나는 그가 아일랜드 군인 두 명이 살해된 사건의 목격자라는 사실을 알고 있다고 그에게 말했었다. 이런 상황에서 아일랜드군 퇴역 준장인 패트릭 퍼셀Patrick Purcell한테서 다음과 같은 편지를 받았다면, 나는 어떤 입장을 취해야 할까?

> 아이리시 아카데믹 출판사가 보내온 편지를 고려해볼 때, 불행히도 우리는 (당신의) 기사를 뺄 수밖에 없겠습니다. 계약서상 명예훼손 소송이 제기될 경우 (본) 위원회가 책임을 지게 될 것이 분명하기 때문입니다.

함께 동봉된 출판사 대표 프랭크 카스Frank Cass의 편지에는, 내가 민병대 사령관이던 하다드를 '정신이상자 같은'이라고 표현했을뿐더러 하리스 촌장을 협박한 이스라엘 소령과 살인 현장에 있던 이스라엘 요원의 이름을 명시했다는 이유를 들어 출판사 자문 변호사가 "주의를 준" 적이 있

+ 칼릴 지브란의 유명한 시 제목이기도 하다.

++ 남부 레바논의 한 도시

다고 고백하고 있었다.

우선, 십 년도 더 지난 과거에 죽은 사람—하다드—의 명예를 훼손하는 것이 가능하다고 변호사가 믿었다는 사실이 참 흥미롭다. 군사 암호명을 글로 공개할 정도인 나 같은 망나니라면, 법정에서는 한술 더 떠 그 사람의 실제 신분까지 폭로해버릴 것으로 생각한다는 것은 더더욱 그렇다. 하임 소령에 관해 이야기하자면, 유엔 기록에도 그는 남부 레바논 사람들로 하여금 자신들을 억압한 사람들에게 줄 현금을 토해내도록 강요했고, 또 결국 돈을 뜯어가는 데 성공했던 인물로 남아있다.

여기서 배울 수 있는 교훈은 뭘까? 글쎄, 아일랜드 전사편찬위원회에 기사를 제공해서는 안 된다는 건 분명하다. 그러나 그보다 핵심은, 내가 6년 전에 〈인디펜던트〉에 썼던 다음의 글에 잘 나와 있다.

> 감히 이스라엘을 비판한 사람이라면…… 누구든 직접적으로 그를 겨냥한 폭력과 노골적인 위협이 매카시즘 수준으로까지 빠르게 도달하고 있다. 언론으로 하여금 이스라엘이 정한 규칙을 강제로 따르게 하려는 시도는…… 가히 전 세계적인 현상이다.

그리고 이제는 그런 현상이 점점 더 심해지고 있다고 덧붙여야겠다.

2006년 3월 11일

인디펜던트

외교관들은 어디까지 '막나갈' 수 있을까

'아부 헨리'는 우리가 탈레반으로부터 아프간 사람들을 보호하려면 앞으로 수십 년간 거기 주둔해야 할 수도 있다고 말한다. 카불 주재 영국 대사인 그는• 이 놀라운 예언에서 아무런 모순도 발견하지 못하고 있는 게 틀림없다.

우선 탈레반 자체가 대부분 아프간 사람들로 구성되어 있는 데다, 영국군이 아프가니스탄에서 지역민들을 서로에게서 보호해준다는 생각은 정말 식민지적인 발상이 아닐 수 없다. 1969년 북아일랜드에 대해 우리가 폈던 주장이 바로 그런 식이었다. 어쨌든, 나는 우리가 2001년에 탈레반을 궤멸시켰다고 생각했다. 당시엔 다들 그렇게 생각하지 않았나? 그 때 블레어도 그렇게 이야기했고 말이다.

원래 사우디아라비아 주재 영국 대사로 근무하던 아부 헨리••는 다소 서둘러 리야드Riyadh를 떠났는데, 그 스스로 이야기하듯 그건 "전혀 뜻밖

• 원래 이름은 셰라드 카우퍼 콜즈(Sherard Cowper Coles)로, 세인트 마이클 앤드 세인트 조지 훈장(KCMG)과 로열 빅토리아 훈장(LVO)을 수여받은 인물이다.

•• 내가 이 호칭을 알게 된 건 그게 "사우디 친구들이 그를 부르는 애칭"이란 사실을 알려준 사우디 왕실 기관지 덕분이었다.

의 일"이었다. 일 년 정도는 더 사우디에 근무할 거라 예상했기 때문이었다. 짐작건대, 서둘러 떠나느라 카우퍼 콜즈 가문이 애완용으로 키우던 매 두 마리•도 아마 카불로 데려가지 못했을 것이다.

그러나 카불로 떠나기 전에 그는, 사우디 왕국의 악명 높은 3류 정보기관들에 따뜻한 칭찬의 말을 전하는 것만큼은 빼놓지 않았다. "사우디아라비아 당국이 심각한 테러 위협을 저지하고 막아낸 방식에 아주 감명받았다"면서, "그들은 테러리스트들의 지지 기반을 축소시켰다"고 평가한 것이다.

물론 말도 안 되게 불공정한 재판을 거쳐 '범죄자들'의 목을 자르는 사우디인들의 관행에 대해서는 단 한 마디도 없었다. 특히 전례 없이 많은 처형이 이뤄진 올해에는 이달 중순까지 왕국의 망나니들••이 모두 100명의 머리를 잘라냈다. 그러나 다시 말하지만, 사우디아라비아에 대한 영국의 투자가 적어도 60억 파운드에 달하는 상황에서 그런 언급은 삼가야 한다. 아부 헨리가 자신의 사우디 친구들에게 "우리는 리야드에서 평일 9시 이전에 비자를 신청한 사우디 사람의 95%가 당일 오후 2시까지 비자를 받을 수 있는 정책을 시행하고 있다는 점을 매우 자랑스럽게 여긴다"고—흡, 거참 대단하군— 우쭐댔던 것도••• 틀림없이 그런 이유에서일 것이다. 기억할지 모르겠지만, 2001년 9·11 사건의 범인 19명 가운데 사우디 출신이 15명이었다. 왕국의 규모로 따져봤을 때 실로 놀라운 기록이 아닐 수 없는데, 만약 차드나 말리 출신들이 그랬다면 그렇게 너그러운 비자정책의 수혜를 누리지는 못했을 것이다.

• 누르(Nour)와 알왈리드(Alwaleed)라는 이름이다.

•• 예전에 영국의 교수형 집행인들이 그랬던 것처럼, 아버지가 아들에게 이 작업을 물려주는 경우도 흔하다.

••• 이 역시 사우디 왕실 기관지에 나온 내용이다.

영국 방위산업체 'BAE 시스템즈'가 사우디 공무원들을 뇌물로 매수한 '사소한' 사건에 대해서도 아부 헨리는 물론 아무 말도 하지 않았다. 하지만 여기에는 이야기할 거리가 아주 많았다. 나 역시 지난 2월 〈파이낸셜 타임스〉의 마이클 필Michael Peel 기자가 쓴 아주 마음에 쏙 드는 기사 덕분에 알게 된 사실로, 기사에서 필 기자는 영국의 '중대사기 수사국'의 로버트 워들Robert Wardle 국장이 런던에서 카우퍼 콜즈를 세 차례 만난 뒤 "세련된 사우디 주재 영국 대사의 말을 얼마나 깊이 고려하게 됐는지" 묘사했다. 워들은 "국가 안보"에 해가 될 가능성 때문에 조사를 접어야 할 수도 있겠다는 쪽으로 "관점을 바꾼" 듯했다. 그는 필 기자에게 "그 문제는 워낙 까다로운 문제라, 대사로 하여금 입장을 구체화하도록 맡겨두는 게 현실적으로 도움이 될 거라는 사실을 알게 됐습니다. 그의 그런 태도 덕분에 내가 이 일의 위험성을 이해하게 됐고, 조사를 중단한다는 결정을 내리는 데 아주 큰 도움이 됐습니다"라고 말했다.

아마도 아부 헨리는 "조사를 하게 되면 사우디 정부와의 안보 및 정보 협력이 취소되고, 잠재적으로 영국 정부가 메카 순례 기간 동안 테러 혐의자들을 감시하는 필수 작업에 접근할 수 없게 될 수도 있다. 중대사기 수사국의 계속된 조사가 영국인들의 생명을 위험에 빠지게 할 수 있다"는 뜻을 내비치기까지 했던 것 같다. "그 사건에 아주 깊숙이 관련된" 인물에 따르면,● "(카우퍼 콜즈 대사가) 그다지 꼼꼼하지는 않았지만, (조사가) 어떠한 결과를 가져올지 자신의 생각을 매우 분명하고도 구체적인 표현을 동원해 이야기했다. 그중엔 여러 사람의 목숨이 왔다 갔다 할 수도 있다는 내용도 포함되어 있었다"고 필 기자는 썼다. 이틀 뒤, 뇌물 수사가 중단됐

● 나는 그 '인물'이 아마도 워들이 아닐까 의심한다.

다. 따라서 사우디인들이 그를 가리켜 '아부 헨리'라는 애정 어린 이름으로 부른 것도 전혀 놀랄 일이 아니다.

최근 그가 옥스퍼드대학을 방문한 동안 했던 말들에 비춰볼 때, 그렇게 중대한 뇌물 사건의 수사를 포기하는 게 타당하다는 의견이 블레어에게 먹혀들어갔다는 사실에 아부 헨리 자신도 놀랐던 게 분명하다. 학계에서 그는 블레어 전 총리에 대한 냉소를 숨기지 않았던 걸로 유명했고, 외무부가 브리핑 노트와 연설 제안문을 꼼꼼하게 준비해줬음에도 블레어는 그걸 거의 읽지도 않은 채 가끔 한두 줄 정도만 활용할 뿐이라고 불평해왔던 인물이었다.

또 한편으로 나는, 외교관이란 원래 그런 직업일 수밖에 없다고 생각한다. 여기에서는 설득하고, 저기 가서는 간청하고, 중대사기 수사국 공무원들이나 분명히 기자들에게까지 오프 더 레코드로 몇 마디 던져서 원하는 걸 얻어내려 애쓰는 게 외교인 것이다.

실제로 내가 〈타임스〉 중동 특파원으로 있던 1970년대 말, 카이로 주재 영국 외교관 한 명이 지역의 '비상근 통신원'을 해고하라고 나를 설득했던 기억이 여전히 생생하다. 그 통신원은 AP통신의 특파원으로도 활동했던 이집트 콥트교도 여성으로, 내가 베이루트에 있는 동안 이집트와 관련된 쓸 만한 기삿거리를 제공해주었다. 그는 "그녀는 별로예요"라면서 대신 자신과 친분이 있으며, 외무부에도 가까운 인맥을 갖고 있던—나중에 그렇다고 들었다— 젊은 영국 여성을 고용하는 게 어떻겠냐고 제안해왔다. 하지만 나는 그런 소름 끼치는 제안을 단박에 거절했고, 영국 외교관이 카이로의 내 파트타임 직원을 해고하려는 수작을 부렸다는 게 참 열 받는다고 〈타임스〉에 전했다. 물론 당시 회사의 외신 편집자도 내 말에 동의했다.

그러나 그것은 외교관들이 어디까지 막나갈 수 있는지를 보여주는 하나의 사례일 뿐이다. 자, 그렇다면 1970년대 말 카이로의 그 젊은 영국 외교관의 이름이 뭐였을까? 당연히, 셰라드 카우퍼 콜즈였다.

2007년 6월 30일

인디펜던트

홀로코스트에서 얻은 교훈 하나

몇 년 전, 파리의 무슈 르 프랭스 거리에 있는 중고 책방에서 빅토르 클렘페러Victor Klemperer의 일기 2권을 우연히 발견했다. 지난 2001년 미국이 아프가니스탄을 폭격하기 직전 파키스탄에서 샀던 1권에는 독일의 유대인으로서 히틀러 집권 초기 8년 동안 끊임없이 겪었던 소름 끼치는 수모에 대한 회고가 담겨 있었다.•+

거리의 끝에는 옛 영국군의 묘지가 자리 잡고 있고, 바로 옆 잔디밭 너머로 붉은 장미꽃들이 넘실대는 가운데, 영국이 인도를 통치하던 시절 파키스탄에 남긴 유적 사이에서 차를 홀짝거리면서, 나치를 피해 드레스덴에서 살아남으려 몸부림치는 클렘페러와 아내 에바의 이야기를 읽어 내려간다는 건 내게 참 낯선 경험이었다. 그보다 훨씬 더 낯설고 흥미로웠던 건, 위대한 지휘자 오토 클렘페러Otto Klemperer의 사촌인 빅토르 클렘페러가, 유대 국가 건설로 인해 고향 땅을 잃게 될까 두려움에 떨던

• 기업인이자 언론인, 문학 교수까지 역임한 홀로코스트 생존자 빅토르 클렘페러의 일기는 1998년 두 권의 책으로 묶여 나왔다(New York: Random House, 1998). 그는 1960년에 78세를 일기로 사망했다.

+ 2004년에 그의 세 번째 일기인 《The Lesser Evil: The Diaries of Victor Klemperer 1945-1959》이 출간되었다(London: Phoenix Books, 2004).

1930년대 팔레스타인 아랍인들에게 무한한 동정심을 보여주었다는 사실이었다.

히틀러가 독일 총통이 된 지 9개월째로 접어들던 1933년 11월 2일, 클렘페러는 "(팔레스타인에서) 봉기를 일으킨 아랍인들에게 연민을 느끼지 않을 수 없다. 그들의 땅이 '돈에 팔려가고' 있다. 에바는 마치 인디언의 운명을 보는 것 같다고 한다"고 썼다. 시오니즘에 대한 클렘페러의 비판은 더 가차 없었다. 히틀러가 유럽의 유대인들을 박해하기 시작한 뒤에도 그는 시오니즘을 비판하는 입장을 바꾸지 않았다. 1934년 6월에 작성된 일기에는 다음과 같은 내용이 적혀있다.

> 서기 70년의 유대 국가 시절로 되돌아가고 싶어 하는 시오니스트들이…… 내게는 나치만큼이나 역겹다. 아주 오래전의 '문화적 뿌리'와 피 냄새나 찾아다니며 때로는 독실한 척, 때로는 아무것도 모르는 척 세상을 되돌리려는 그들의 모습은 국가사회주의와 정확히 겹친다.

홀로코스트와 드레스덴 지역 게슈타포의 잔인함, 동쪽으로 향하는 열차를 타라는 명령이 내려지자 자살하는 유대인들, 아우슈비츠에 대해 자신이 일찍부터 알고 있던 사실•을 하루하루 기록한 그의 일기를 읽다 보면, 오늘날에도 여전히 유대인 집단학살이라는 현실을 부정하는 사람이 있다는 사실에 분노가 치밀어 오르게 된다.

샤를 드골 공항으로 가는 수도권 고속 전철RER•• 안에서 이 일기들을

• 클렘페러는 전쟁 막바지에 다다를 때까지도 아우슈비츠에서 그렇게 많은 사람들이 살해당했다는 사실은 몰랐으나, 1942년 3월에 이미 수용소의 악명은 익히 들어 알고 있었다.

•• 이 기차는 경찰에 끌려온 프랑스 유대인들이 아우슈비츠로 향하는 기차를 타기 전에 집단 수용됐던 드랑시(Drancy) 역의 1930년대 아르 데코식 건물들을 지나쳤다.

읽으면서 나는, 이란의 아마디네자드 대통령이 내 옆에 타고 있었더라면 좋았을 걸 하는 생각을 했다. 그는 유대인 홀로코스트가 '신화'일 뿐이라고 말했으며, 600만 유대인 집단학살의 진실을 파헤치기 위한 회의 소집을—물론 테헤란에서— 보란 듯이 요구했던 인물이었다. 유대인 홀로코스트가 1915년 아르메니아인들의 홀로코스트와 더불어 20세기에 일어난 끔찍한 현실 가운데 하나라는 사실은, 제정신이 똑바로 박힌 역사가라면 누구나 인정하는 부분인데도 말이다.

아마디네자드의 유치한 궤변에 대한 가장 훌륭한 대답은 이 시대 중동에서 유일하게 존경할만한 지도자인 이란의 하타미 전 대통령의 입에서 나왔다. 하타미는 "단 한 사람이라도 유대인을 죽이는 것은 범죄다"라고 말했다. 후임자 아마디네자드가 퍼뜨리고자 했던 거짓말을 단 한 문장으로 눌러버린 것이다. 그는 자신을 지지하는 사람들의 폭력을 용인하지 않았고, 아니나 다를까, 그 바람에 애석하게도 그의 '시민 사회'는 더 무자비한 성직자들의 손에 사망 선고를 받고 말았다.

확실히 그의 말은 아주 중요한 무언가를 상징하고 있었다. 바로 홀로코스트라는 악과 그것이 가지는 중요성은 피해자가 유대인이냐 아니냐에 달려 있지 않다는 것이다. 홀로코스트가 엄청나게 사악한 이유는 피해자들이 인간이라는 사실에 있다. 여러분과 나 같은 인간 말이다. 그렇다면 우리는 중동의 무슬림들에게 이런 단순한 진실을 어떻게 설득할 수 있을까?

나는 이란 유대 위원회의 하룬 야샤이아이Haroun Yashayaie 위원장이 아마디네자드에게 보낸 편지에 그 답의 일부가 제시되어 있다고 생각한다. 이란에 살고 있는 2만 5000명 유대인을 대표하는 그는 "사담 (후세인)의 할랍자 학살이나 사브라와 샤틸라 난민촌에서 (아리엘) 샤론이 저지른 팔레스타인과 레바논인들에 대한 학살이 신화가 아니듯, 홀로코스트 역시 신화가 아닙니다"라고 말했다.

여기에는 대상 사건들을 상세하게 비교하고 있지는 않다. 홀로코스트로 살해된 유대인들은 600만 명으로, 할랍자에서 생화학 가스로 살해된 쿠르드인 수천 명이나 1982년 사브라와 샤틸라에서 이스라엘의 꼭두각시인 레바논 팔랑헤 민병대원들에 의해 살해된 팔레스타인 주민 1700명보다 수적으로는 훨씬 더 많았다. 그러나 야샤이아이의 편지에서 이야기하는 유사성은 그와는 다른 맥락이었다. 역사를 부정하는 행위가 생존자들에게 야기하는 고통이 바로 그것이다.

그렇다면 클렘페러의 일기에서 배울 수 있는 교훈은 무엇일까? 게슈타포+로부터 그와 에바가 동쪽으로 향하는 죽음의 기차에 태워질 것이라는 통보를 받은 직후인 1945년 2월, 영국 공군이 드레스덴에 공습을 가하면서 수만 명의 민간인들과 더불어 게슈타포의 문서 보관실도 화염에 불타 버렸다. 먼저 아우슈비츠로 향했던 유대인들이 그랬듯이 클렘페러 부부에 대한 모든 기록도 재로 변해 버렸다. 그래서 두 사람은, 나치가 항복한 뒤, 연합군에 의해 구조될 때까지 유대인들에게 붙여진 별 모양 표찰을 떼고 신분증도 없이 난민처럼 독일을 헤매고 다녔다.

구조되기 직전에 그들은, 완전히 넋이 나간 채 숲에서 길을 잃고 헤매던 독일 병사 세 명에게 동정심을 보여주기도 했다. 그런 인격의 소유자였기에 클렘페러는 드레스덴의 자택에 게슈타포가 찾아와서 현관문 벨을 울리고 운명을 통고하기를 기다리는 최악의 시련을 겪는 동안에도 모든

+ '비밀국가경찰(Geheime Staats Polizei)'의 줄임말인 게슈타포는 1933년 4월 26일 독일 프로이센의 내무장관이던 헤르만 괴링에 의해 창설돼, 반체제인사들을 법적 절차도 없이 체포해 고문하고 학살한 것으로 악명 높았다. 유대인들을 선별해 죽음의 수용소로 이송하는 것도 게슈타포의 소관이었다고 한다.

기자들과 역사가들이 가슴에 새겨야 할 문장 하나를 일기에 남길 수 있었는지도 모른다.

"언어의 진실을 바로잡을 묘약은 없다."

2006년 4월 1일

인디펜던트

4장

영화가 세상을 비추기 시작하다

영화는 내 젊은 시절에 커다란 영향을 미쳤다. 나는 영화와 더불어 살았고, 책을 읽는 것 못지않게 열정적으로 시나리오를 탐독했다. 단 일 년만이라도 외신 특파원 대신 영화 평론가로 살아보고 싶었던 적도 있었다. 베이루트에서 이곳저곳 날아다니며 전쟁을 취재하는 삶 말고, 안전한 극장 의자에 앉아 위험한 세상을 경험하지 않고 그저 관람하면서 인생을 보내고 싶었다. 그러나 결국 나는 생생하고 끔찍한 분쟁을 두 눈으로 직접 지켜보는 삶을 선택했고, 덕분에 영화가 보여주는 전쟁의 비극과 실제 현실을 비교할 수 있게 되었다. 그리고 묘하게도 텔레비전보다는 영화가 전쟁의 외설을 훨씬 더 진실 되게 보여줄 수 있다는 사실을 발견했다. 자기 검열을 하는 거대 방송국의 경영진들—여기엔 BBC도 포함된다—은 머리가 없는 시체나 내장이 빠져나간 아이들, 사막의 개들에게 갈기갈기 찢긴 시신의 모습을 시청자들에게 보여주는 걸 허락하지 않을 것이다. 그런 건 '나쁜 취향'에 해당한다. 만약 나를 비롯한 모든 기자들이 전쟁에서 목격한 것을 보고 싶다면, 여러분들은 〈라이언 일병 구하기〉나 〈렌디션〉에 등장하는 자살폭탄 공격 장면을 봐야 한다. 중동의 위기가 한창인 이 삼복더위에 나는 한때 간절히 열망했던 삶을 살아보기 위해 베이루트의 안락한 극장으로 찾아들어가 특파원에서 영화 평론가로 잠시 변신을 꾀한다.

베이루트의 무슬림들로부터 쏟아진 박수갈채

만수무강하시게나, 리들리 스콧Ridley Scott!

내가 이런 말을 하게 될 줄 꿈에도 몰랐다. 사실, 그의 영화 〈글래디에이터〉는 〈소년의 신문Boy's Own Paper〉+을 원작으로 했는지도 모른다. 그리고 〈블랙호크다운〉은 전체적으로 소말리아 아랍인들을 폭력적인 짐승처럼 그리고 있다. 그러나 십자군에 관한 스콧 감독의 뛰어난 모래와 샌들sand and sandals++ 서사시 〈킹덤 오브 헤븐Kingdom of Heaven〉을 본 뒤엔 극장을 떠날 때까지 감동이 가시지 않았다. 영화 때문이라기보다는 베이루트의 무슬림 관객들 때문이었다. 나는 그 영화에 대해 평론가들이 무어라 말했는지 알고 있다. 대본은 별 볼 일 없었고, 이벨린Ibelin 가문 출신으로 신앙심을 잃어버린 십자군 발리안Balian을 연기한 올랜도 블룸Orlando Bloom은 솔직히 고등학교를 막 졸업하고 중동을 돌아다니는 배낭 여행자처럼 보였다.

반면, 영화에서의 십자군 묘사는 완벽했다. 당시 십자군들은 무슬림들

+ 〈소년의 신문〉은 1879년부터 1967년까지 영국에서 발행됐던 10대 소년들 대상의 주간지(나중에 월간지로 전환)로, 각종 모험담과 자연의 신비, 스포츠 등을 주로 다뤘다.

++ 고대나 성서 시대 영웅들의 업적을 중심으로 한 판타지 모험 영화나 소설 장르를 가리키는 별칭.

에 대해, 적들에게 인정사정없는 동시에 관대함도 보여줄 줄 아는 명예로운 사람들이라 평가하고 있었는데, 이는 오늘날 중동을 바라보는 동시대 우리들의 시각과도 정확히 맞아떨어졌다. 그러나 지금 미쳐 날뛰고 있는 저 신보수주의(네오콘)의 대부들은 온건한 십자군들을 능가하고 있고, 살라딘Saladin+을 알 카에다 같이 위험한 전사라 조롱한다.

내가 〈킹덤 오브 헤븐〉을 런던이나 뉴욕이 아니라 중동의 베이루트에서 대부분 20대인 무슬림 관객들 틈에 앉아 본 건 확실히 어떤 계시 같은 것이었다. 그들은 불과 300여 *km* 떨어진 곳에서 일어났던 역사적 사건들을 지켜보고 있었다. 성전 기사단이 한바탕 강간을 벌이고 성지++의 무고한 무슬림 주민들의 머리를 자를 때, 또는 차도르를 두른 살라딘의 아름다운 여동생이 피범벅이 된 채 살해될 때, 나는 관객들의 반응이 두려운 나머지 몇 번씩이나 숨을 죽여야 했다.

하지만 그럴 필요는 없었다. 한센병에 걸린 예루살렘의 왕•이 십자군과 사라센 제국 간의 전투를 훌륭히 잘 버텨낸 뒤 병세가 더욱 악화되자, 살라딘••은 부관들에게 자신의 주치의들을 보내 기독교도인 왕을 돌보라고 지시한다. 이 장면에서 무슬림 관객들은 너나없이 박수를 쏟아냈다. 그들은 자신들의 전쟁 영웅이 보여준 자비로운 행동에 뿌듯해 했고, 기독교도

+ 본명이 살라 아드-딘 유수프 이븐 아유브인 그는 서양에서는 흔히 살라딘이라 불리며, 이집트와 시리아의 초대 술탄이자 아유브 왕조의 창시자로서, 1187년 히틴 전투에서 십자군을 격파하고 예루살렘을 탈환해 지금까지도 이슬람 역사상 가장 위대한 영웅으로 기억되고 있다. 그뿐만 아니라 예루살렘 탈환 뒤에는 포로가 된 기독교도들 대부분을 산 채로 풀어주는 관용을 베풀었으며, 죽기 전에는 백성들과 신하들에게 재산을 모두 나눠주고 빈손으로 세상을 떠난 어질고 존경할만한 지도자이기도 했다.

++ 과거의 팔레스타인. 지금은 대부분 이스라엘과 요르단, 레바논의 영토가 된 그곳에는 기독교와 유대교, 이슬람교가 모두 신성하게 여기는 예루살렘이 있기 때문에 흔히 '성지'라 불렸다.

• 부하들에게 썩어가는 자신의 얼굴을 보이지 않기 위해 그는 강철 가면으로 얼굴을 가렸다.

•• 다행히 이 영화의 아랍인 배역은 모두 아랍 배우들이 맡았고, 살라딘 역은 시리아 출신의 멋진 배우 가산 마수드(Ghasan Massoud)가 연기했다.

에게 친절을 베푸는 그의 모습을 눈으로 확인하고 싶어 했다.

이렇듯 이 영화에는 이곳 중동에서 그 진가를 인정받을 만한 무언가가 분명히 담겨 있었다. 1187년 히틴Hittin 전투에서 기독교도들이 패한 뒤, 발리안이 모래 위에 무더기로 쌓여있는 십자군들의 잘린 머리들과 마주치는 장면에서 극장에 있는 사람들은 모두 이라크를 떠올렸다. 내가 이라크를 취재하러 갈 때마다 맞닥뜨린 악몽이 바로 그것이었다. 그리고 이라크에서 일하는 많은 레비논인들이 직면해야 했던 공포이기도 했다. 그러나 살라딘이 상대방인 십자군 가운데 한 명을 회상하면서 "한 번은 레바논에서 나를 죽이려던 자가 있었지"라고 말하는 순간, 관객들이 터뜨린 자조적인 웃음으로 극장은 무너져 내릴 것만 같았다. 그들 모두는, 살라딘 역을 맡은 마수드가 레바논인들이 가진 '스스로를 망가뜨리는 능력'을 조롱하기 위해 이 대사를 끼워 넣은 게 틀림없다고 믿었다. 레바논에서 29년을 살아오면서 온갖 비극을 목격했던 나 역시 눈물이 날 정도로 웃었다.

나는 십자군들이 쌓아놓은 성곽들에 둘러싸인 레바논에 산다는 사실 자체가 〈킹덤 오브 헤븐〉을 관람하는 재미를 더 북돋아 준 게 아닌가 생각한다. 스콧 감독은 이 영화를 원래 스페인과 모로코가 아닌 레바논에서 촬영하기를 원했고, 제목도 거대한 십자군 아성의 이름을 따서 '트리폴리'라 짓고 싶어 했다고 한다. 게다가 레바논의 유력한 기독교 정치인 가문 중 하나인 프란지에Franjiehs 가문은 십자군을 일컫는 아랍어인 '프란지Franj'에서 그 이름을 따왔다. 또한, 1957년 한 교회에서 성전 기사단 방식으로 프린지에 가문과 치열한 전투를 벌였던 레바논의 두와이Duwayi 가문은, 프랑스 북부 드웨Douai 시에서 건너온 기사들의 후손들이었다.

정작 서구에서는 〈킹덤 오브 헤븐〉에 대해 냉소적인 반응이 주를 이뤘다는 점이 참 역설적이다. 그 영화는 최근 만들어진 다른 영화들과는 달리 무슬림들의 감탄을 자아냈던 영화였다. 반면 우리 서구인들은 그 영화를 깎아내렸다. 올랜도 블룸이 대장장이에서 십자군으로, 거기에다 수력 전문가로 변신한다는 내용에 개연성이 없어서일까? 아니면 그 영화가 십자군, 즉 '우리들'을 묘사한 방식이 불편해서일까?

영화는 무슬림의 복수도 가감 없이 표현했다. 자신이 준 차가운 얼음물 잔을 기 드 뤼시냥Guy de Lusignan이 자신의 여동생을 학살한 기사에게 다시 건네주자, 살라딘은 위협적인 말투로 "그건 너한테 준 게 아니야"라고 말한 뒤 칼로 기사의 목을 자른다. 당시 상황을 기록한 사료에 따르면, 그 장면은 살라딘의 실제 말과 행동을 그대로 옮긴 것이었다.

살라딘을 연기한 현지인 배우 마수드는 중동에서는 시리아의 알 파치노Al Pacino로 알려져 있을 정도로 아랍권 영화에서 큰 인기를 얻고 있다. 그리고 무슬림과 서구 사회 사이에 조성된 위기의 상당 부분이 조지 부시에게 책임이 있다고 믿는 배우이기도 하다. 최근 인터뷰에서 그는 "조지 부시는 멍청한 데다, 인간이나 음악보다도 피를 더 사랑합니다. 만약 살라딘이 지금 살아 있다면, 적어도 부시가 이렇게 세상을, 특히 사람들 사이의 인간애를 파괴하도록 놔두지는 않았을 겁니다"라고 말하기도 했다.

마수드는 스콧 감독이 역사에 대해 공정한 태도를 취할 거라는 믿음에서 살라딘 역을 수락했다고 한다. 과연 마수드가 옳았는지 판단하기 위해 나는 레바논의 훌륭한 작가인 아민 말루프Amin Maalouf의 평가에 의지하기로 했다. 《아랍인의 눈으로 본 십자군 전쟁The Crusades through Arab Eyes》이라는 독창적인 작품의 저자인 말루프는, 그 책을 쓰기 위해 십자군 자료보다 아랍권의 자료들을 주로 연구한 바 있다. 그런 그가 〈킹덤 오브 헤븐〉에 대해 내린 평가는 "너무나 공정했다"는 것이었다. 나는 그가 말하려는 요점이 뭔지 잘 안다.

영화의 끝 무렵, 발리안에게서 예루살렘을 넘겨받은 살라딘은 도시에 입성해 어느 교회에 들어갔다가, 사흘간의 포위 공격으로 제단에서 떨어져 바닥에 뒹굴고 있는 부서진 십자가 상을 발견하게 된다. 그는 조심스럽게 그 십자가 상을 집어 제단에 다시 경건하게 올려놓았다. 그러자 관객들이 자리에서 일어나 손뼉을 치고 소리를 질렀다. 살라딘의 존경스러운 행동이 너무나 뿌듯했던 것이다. 그들은 이슬람이 강하면서도 자비롭기를 원했다. 흘러나오는 영화 음악 위로 관객들이 내지르는 동의의 함성이 겹쳐졌다.

그 커다란 함성을 뒤로하고, 나는 베이루트의 듄스Dunes 극장을 떠났다. 영화 못지않게 관객들의 그러한 보기 드문 퍼포먼스에 이상하리만치 기분이 붕 떠 있는 채였다. 그리고 나는 베이루트에서 가장 용기 있던 기자가 살해되는 사건•이 바로 어제 벌어졌음에도 불구하고, 이곳에서 내전이 다시 일어날 가능성이 낮은 이유를 깨달았다.

아직 이 영화를 못 봤다면 한 번 보기 바란다. 이미 봤다면, 할리우드도 공정할 수 있다는 사실을 베이루트의 무슬림들이 어떻게 깨닫게 됐는지 기억해두기 바란다. 그리고 살라딘이 십자가 상을 다시 제단에 올려놓을 때 귀가 먹먹할 정도로 쏟아졌던 베이루트 무슬림들의 박수갈채를 절대 잊지 말기 바란다.

2005년 6월 4일

인디펜던트

• 2005년 6월 3일, 뛰어난 반시리아 학자이자 작가이며 기자였던 사미르 카시르(Samir Kassir)가 베이루트의 집 바깥에 세워둔 자신의 차량이 폭발하는 바람에 숨을 거뒀다.

살라딘의 눈

이미 6년도 더 지난 과거의 일이지만, 나는 아직도 가레스 퍼스Gareth Peirce를 처음 만났을 때를 생각하면 쑥스럽기 그지없다. 영화 〈아버지의 이름으로In the Name of the Father〉에서 엠마 톰슨Emma Thompson이 연기했던, 존경스러운 변호사 가레스를 만나기로 한 건 세계에서 가장 편안하면서도 가장 작고, 확신컨대 가장 비싼 호텔인 쉐라톤 벨그라비아 호텔에서였다. 그런데 15분 넘게 로비를 돌아다녀도 그녀가 보이지 않았다. 그러던 찰나, 짙은 색깔에 제멋대로 늘어뜨린 머리칼을 가진 작은 체구의 여성 한 명이 다가와 나더러 로버트 피스크냐고 물었다. 그제야 비로소 나는, 여태껏 내가 엠마 톰슨을 찾아 헤매고 있었다는 사실을 깨달았다.

며칠 전에는 시리아 다마스쿠스의 샴 팰리스 호텔 커피숍에서, 영화 〈킹덤 오브 헤븐〉에 출연해 12세기 쿠르드 전사 살라딘을 연기한 배우 가산 마수드를 만났다. 그는 생김새 자체가 살라딘과 아주 흡사했다. 하얗게 센 턱수염에 표현력이 풍부한 손을 연신 머리 주위로 흔들며 파괴된 이라크에 대한 분노를 억누르는 모습이었다. 인간성부터 더듬거리는 영어까지 영화 속 모습과 똑같았다. 웨이터들은 커피숍 구석에 서서 그에 합당한 존경심을 표하고 있었다. 살라딘만큼이나 치열한 그의 정치적 견해에 대해 익히 알고 있기 때문이었다. 녹색으로 뒤덮인 살라딘의 실제 나무 묘지는 마침 우리가 있는 호텔에서 멀지 않은, 위풍당당한 오마야드 Ommayad 모스크 옆에 자리 잡고 있었다.

"지금 이라크에서 일어나고 있는 일들이 현실이란 게 상상조차 안 됩니다. 현 상황이 사담 후세인 시절보다 더 낫다고 할 수 있을까요? 이라크라는 위대한 나라가 이렇게 되다니 불공평합니다. 내가 보기에 지금은 사실상 내전 상황입니다. 조지 부시에게 고마워해야겠죠. 어떻게 보면 이란 사람들은 천재예요. 그들은 조지 부시가 (이라크에서) 자기들을 필요로 한다는 사실을 알아요. 그래서 이제 부시에 동조하고 있죠. 나는 이란이 부시와 모종의 거래를 할 거라고 봅니다. 부시가 실제로 이란을 공격할 만큼 충분히 어리석다는 걸 그들도 잘 알거든요. 만약 이 지역 전체와 자신이 그렇게 원하던 석유를 파괴하려고 마음만 먹으면, 그는 얼마든지 군사 공격을 감행할 인물입니다."

마수드는 의자 등받이에 기댄 채 이란의 전 대통령 모하메드 하타미가 서구를 향해 보여준 우호적인 태도와 '시민사회'에 대한 기억을 떠올렸다.

"아, 하타미와 대화를 하지 않은 건 부시의 실수였습니다. 미국은 그 남자에게 관심이 없었어요. 그 바람에 아마디네자드라는 새 대통령을 맞이하게 된 거죠. 그래 놓고 미국인들이 뭐라고 했나요? '이란 사람들을 봐, 그 사람들은 광신도들이라서 아마디네자드를 대통령으로 뽑았어!'라는 거였거든요."

가산 마수드의 이야기를 듣는 동안 나는 시모어 허시 Seymour Hersh 라는 미국의 반골 기자를 여러 번 떠올렸다. 마수드는 계속 꼬리에 꼬리를 무는 생각과 분노를 어쩌지 못하겠는지 세 개비 째 담배에 불을 붙였다. 스콧 감독 영화에서 십자군들에게는 재앙과도 같았던 인물을 그가 어떻게 연기했는지 알 수 있을 것 같았다. 타르투스Tartous 인근의 험준한 시골 마을 출신인 그는 스턴트맨을 쓰지 않고 직접 말을 몰겠다고 고집했다. 그리고 대본에서 자신의 문화를 존중하고 있다는 사실을 확인한 뒤에야 배역을 수락했다. 그가 석유와 CIA의 속임수, 아랍의 통치자들에 관한 영화 〈시리아나Syriana〉의 출연을 거절한 이유 중 하나도 그것이었다.

"오늘날 서구는 이슬람을 향해 수많은 공세를 가하고 있습니다. 나는 〈시리아나〉 출연을 의논하기 위해 두바이에서 스티븐 개건Stephen Gaghan 감독을 만났어요. 그에게 물었죠. '왜 시리아나죠? 그건 우리나라의 역사 속 이름인데 말입니다. 그 이름을 가지고 CIA와 석유 이야기를 하려는 이유가 뭔가요?' 그는 그게 자신의 관점이라고 하더군요. 나는 두려웠어요. 무언가 두려움이 들 때는 그걸 해서는 안 된다는 게 제 생각입니다. 배우라는 직업은 아주, 아주 민감해요. 대본에 의구심이 생기면 영화를 찍을 수가 없어요. 하지만 리들리 스콧 경 같은 경우에는 스페인에서 처음 만났을 때부터 믿음이 갔습니다. 그는 점잖고 마치 기사 같은 인물이었죠. 그래서 그의 영화에 출연하기로 한 겁니다."

마수드의 낯설 정도로 예의 바른 영어—초서(Chaucer)+가 이야기 한 '완벽하게 점잖은 기사'가 아마 그런 영어를 썼을지도 모르겠다—는 스스로도 말하는, 바로 그 시리아인들의 태도와 동일한 연장선상에 있었다. 또한, 동의를 표할 때 두 손을 모아 엄지를 위로 추어올리는 동작은 〈킹덤 오브 헤븐〉에서 살라딘이 십자군 발리안에게서 예루살렘을 넘겨받는 장면에서 그가 했던 동작과 닮아 있었다. 극 중에서 발리안은 무슬림 사령관 살라딘에게 "당신에

+ 영국 시문학의 아버지라 불리는 제프리 초서(Geoffrey Chaucer). 대표작으로 《켄터베리 이야기(The Canterbury Tales)》가 있다.

게 예루살렘은 무엇이죠?"라고 물었다. 그에 대한 살라딘의 대답은 "아무것도 아니다"였다. 그러고 나서 살라딘은 양 주먹을 앞으로 모으며 이렇게 외친다.

"그리고 모든 것이기도 하고."

내가 이 장면을 기억해내자 마수드는 활짝 웃었다.

"네, 그게 우리가 말하고 표현하는 방식입니다. 나는 보통사람 출신이거든요."

이 대목에서 그는 커피숍 창문 밖으로 꽉 막힌 차량 행렬을 흘끗 쳐다봤다.

"이게 나의 문화고, 공동체끼리 서로 존중하지 않으면 대화는 불가능합니다. '좋아, 이걸로 대화는 끝이야'라면서 탱크와 폭탄, 미사일을 동원할 수도 있겠죠. 그러면 정말로 대화는 불가능해집니다. 조지 부시가 그런 식입니다. 전 세계를 '쥐락펴락하는' 미국 언론은 시리아에게 '테러국가', '테러리스트 국민' 같은 이미지를 덧씌웠습니다. 하지만 시리아는 우리에게 수만 년에 걸친 문명을 뜻합니다. 이런 역사는 우연히 만들어진 게 아니란 말입니다. 우리에게 이게 어떤 의미인지, 또 민주주의가 무엇인지조차 부시는 이해하기 힘들 겁니다. 우리는 팔레스타인의 하마스를 대하는 태도를 통해 민주주의에 대한 그의 시각을 읽을 수 있습니다.+ 확신하건대, 식당이나 카페를 드나드는 보통 사람들은 그 사람을 믿지 않습니다."

마수드는 리들리 스콧 감독이 "평소 꿈꾸던 영화를 만들고 싶어 했다"고 전했다.

+ 팔레스타인의 정당이자 저항운동 조직인 하마스는 2006년 1월에 치러진 팔레스타인 의회선거에서 전체 132석 가운데 76석을 차지하는 압승을 거뒀다. 당시 선거는 노암 촘스키의 표현에 따르자면 "지금까지 중동에서 치러진 선거 가운데 가장 민주적인 선거"였음에도 불구하고, 미국 정부는 팔레스타인 주민들의 민의가 그대로 반영된 선거 결과를 끝까지 인정하지 않았다.

“그에게는 발리안과 사자왕 리처드, 살라딘이 등장하는 영화가 그런 영화였습니다. 그런 측면에서 나는 그의 영화를 이해할 수 있습니다. 그 영화가 오늘날 (이라크의) 현실을 반영하고 있지 않다는 뜻이 아닙니다. 알다시피 영화가 막바지로 치달을 무렵, 십자군과 무슬림 병사들이 싸우다가 화면 속 움직임이 느려지면서 완전히 멈추는 장면이 있습니다. 이 대목에서 우리는 발리안과 살라딘이 얼굴을 맞대고 대화를 해야 했다는 사실을 깨닫게 되죠. 내 생각에 스콧은 전쟁이 우리에게 좋은 해결책을 제시해주지 못한다는 이야기를 하고 싶었던 것 같아요. 내가 대본에 집어넣은 유일한 장면은 예루살렘으로 입성한 살라딘이 바닥에 떨어진 십자가 상을 교회 제단에 다시 올려놓는 부분입니다. 스콧은 이렇게 말했죠. ‘좋아, 그렇게 하지.’ 그는 살라딘의 품성 중에서 그런 측면을 보여주고 싶어 했습니다.”

마지막으로 마수드는 이런 말을 남겼다.

“나는 3주 전에도 살라딘의 묘지에 다녀왔습니다. 영화를 찍기 전 나는 그에 관한 자료를 모두 읽었습니다. 그러고 나서 그의 묘지를 수도 없이 찾았죠. 살라딘에게서 ‘영감’을 얻기 위해 말입니다.”

2006년 5월 27일

인디펜던트

스티븐 스필버그에 대한 나의 도전

스티븐 스필버그의 〈뮌헨Munich〉은 정말 뛰어난 영화다. 이 대목에서 벌써 독자 여러분들의 나지막한 신음이 들리는 듯하다. 영국에서는 다음 주 금요일이나 돼야 영화가 개봉될 것이다. 1972년 뮌헨 올림픽에서 이스라엘 선수단 살해 사건이 있고 나서, 그 보복으로 이스라엘이 팔레스타인인들을 차례로 암살한다는 내용의 이 영화에 대해, 미국에 사는 아랍인들은 강탈과 점령으로 고통받는 민중들 전체의 인간성을 파괴하는 반(反)아랍 공세라는 비난을 쏟아냈다. 반면 유대인 단체들은, 스필버그가 이스라엘의 비밀정보기관 모사드 요원들을 범죄자이자 결국 스스로 회의에 빠져 조국을 경멸하게 되는 살인자들로 묘사함으로써, 감독 자신의 뿌리이기도 한 유대인들의 명예를 훼손했다고 주장했다. 대서양 반대편에 앉아 그의 블록버스터 살인 유혈극을 지켜본 나는 여기에 분명 흥미로운 점이 존재한다는 사실을 발견했다.

이 영화에는 아주 충격적인 장면들도 많았다. 암살단 지도자 '아브네르Avner'가 뉴욕의 한 아파트에서 아내와 정사를 나누는 장면과 선수들이 살해되는 장면이 서로 교차한다든지, 모사드 킬러를 암살하려고 함정을 판

네덜란드 콜걸을 이스라엘이 살해하는 장면에서 가슴에 총을 맞은 그녀가 가쁜 숨을 몰아쉬며 벌거벗은 채 바지선 바닥을 걸어가는 부분이 대표적이다. 아브네르가 나중에 자신의 손에 죽음을 맞이하게 될 무장한 팔레스타인 난민에게 "알리, 말해봐. 자넨 아버지의 올리브 나무를 정말 그리워해?"라고 묻는 허구의 장면은 가히 올해의 진부한 표현상 감이라고 할 수 있다.

물론 알리는 아버지의 올리브 나무를 아주 그리워했을 것이다. 레바논의 아인 엘 힐웨Ein el-Helwe, 나르 엘 바레드Nahr el-Bared, 사브라, 샤틸라 난민촌의 지저분한 빈민가에 사는 팔레스타인 사람 중 아무나 붙잡고 한 번 물어보라. 아마도 똑같은 대답이 돌아올 것이다. 확실히 그건, 제대로 교육받은 아브네르의 철학적 접근법을 거칠고 교육받지 못한 팔레스타인의 분노와 대비시키는 기이한 연출법이 아닐 수 없었다.

그 밖에 잘못된 부분도 아주 많았다. 모사드 팀이 노르웨이에서 아무 관련도 없는 모로코인 웨이터를 살해했던 실화는 영화에서 삭제되어 있었다. 물론, 나중에 살인자들 가운데 한 명이 노르웨이에 파견된 이스라엘 국방부 참사관의 아파트로 피신한 사실을 보여줘야 하는 당혹스러움을 피하기 위해서였을 거라고 나는 추측한다. 그런 사실이 알려지는 건 북유럽과 이스라엘 간의 관계에 별로 도움이 되지 않기 때문이다.

그러나 스필버그의 영화는 중동 분쟁을 다루는 할리우드의 전형적인 방식에서 금기를 넘어섰다. 이스라엘 최고급 스파이와 킬러들이 자신들의 보복 임무에 대해 의문을 품을 뿐만 아니라 '눈에는 눈, 이에는 이' 식의 보복이 사실상 효과도 없을뿐더러 비생산적이며 도덕적으로도 잘못됐다는 결론의 영화를 본 건 이 영화가 처음이었기 때문이다. 팔레스타인 무장대원 한 사람, 혹은 뮌헨 올림픽 살인범들에게 동정적인 팔레스타인 주민 한 사람을 살해하면, 그의 자리를 대신할 사람 여섯 명이 더 생겨날 뿐이다. 게다가 모사드 암살단원들도 한 사람씩 차례로 추적을 당해 살해됐다. 극 중에서 아브네르는 팔레스타인 사람 한 명을 제거할 때마다 백만 달러의 돈이 든다는 계산까지 내놓는다.

이스라엘로 돌아가자고 아브네르를 설득하기 위해 뉴욕까지 찾아온 모사드 후견인이, 살해된 팔레스타인인들이 실제로 범죄를 저질렀다는 증거를 요구하는 아브네르에게 퇴짜를 맞고는, 자신의 집에서 식사나 같이 하자는 아브네르의 말에 고개를 절레절레 흔들며 걸어가는 영화의 엔딩은, 커다란 스크린에서는 처음으로 이스라엘의 군사주의와 점령 정책이 비도덕적임을 암시해준 장면이었다. 그런 뒤 카메라는 두 사람의 왼편으로 움직여 아지랑이 사이로 보이는 쌍둥이 빌딩의 디지털로 재생된 이미지를 잡아주는데, 이는 나의 탄성을 자아내기에 충분했다. '그래 고마워, 스티브. 당신이 전하려는 메시지가 뭔지 알겠어'라고 나는 혼자 중얼거렸다. 그 부분이 핵심이었다.

이 영화는 패배를 모르는 이스라엘의 도덕적 우월성과 그들의 거짓 동맹—가장 공감이 갔던 캐릭터는 아브네르를 도운 프랑스의 늙은 마피아 두목이었다—, 자신들은 국가 살인을 저지를 권리가 있지만 다른 나라는 그럴 권리가 없다는 이스라엘의 오만한 가정을 해체하고 있다. 아니나 다를까, 이 영화의 원작《복수Vengeance》를 집필한 조지 조나스George Jonas는 최선을 다해 스필버그를 분석하려 했다. "선과 악 사이에서 중립을 지키면서 도덕적 우위에 도달할 수는 없다"고 말하는 그는 "테러리스트들을 인간으로 그리고 있다"는 점이 관객들로 하여금 이 영화에 흥미를 잃게 했다고 주장한다. "스필버그 감독과 각본을 쓴 토니 커시너Tony Kushner는 인간을 악마화하지 않으려다가 결국 악마를 인간적으로 그렸다"는 것이다. 그래, 이게 핵심이었군. 테러리스트라 불리는 사람들은 그 배경이 무엇이든 인간성을 박탈해야 한다는 것 말이다.

짐작건대, 아론 클라인Aaron Klein이란 작가는 일부러 영화의 개봉 시기에 맞춰서 랜덤 하우스 출판사를 통해 뮌헨에 관한 새 책을 펴낸 것 같다. 어느 평론가가 지적한 대로, 그는 똑같은 모사드 대원들을 자괴감에 빠진 용병들이 아닌 냉혈한 암살단으로 그렸다. 아주 다른 맥락에서, 이스라엘군 정보부 대위 클라인은 흥미롭게도 〈타임스〉의 예루살렘 군사 담당 특파원이기도 하다. 권위 있는 친 이스라엘 매체 중에 곧 하마스 조직원을 팔레스타인 서안 지구의 군사 담당 기자로 임명하는 곳이 나올지도 모르겠다.

그러나 다시 말하지만, 이 모두는 핵심을 비껴가고 있다. 스필버그가 살인자들의 캐릭터를 바꾸었는지 아닌지, 아니면 영화를 베이루트와 파리 대신에 몰타와 부다페스트에서 찍었는지는 핵심이 아니다. 이스라엘의 탁월한 도덕성 구조를 혹독하고도 쓰라린 자기반성 아래로 끌어냈다는 점이 핵심인 것이다. 영화가 끝으로 치달으면서 아브네르는 모사드가 자신을 제거하기로 했다는 확신을 가지고 뉴욕의 이스라엘 영사관으로 난입하기까지 하지 않았는가.

그렇다면 이제 내가 스필버그에게 진짜 도전을 할 차례이다. 한 번은 무슬림 친구 하나가 내게 스필버그의 〈쉰들러 리스트Schindler's List〉를 추천하는 편지를 보내왔다. 그는, 쉰들러의 난민들이 팔레스타인에 도착한 뒤 팔레스타인 사람들의 땅을 강탈한 역사에 대한 이야기를 스필버그 감독이 후속편으로 만들 가능성이 있을지 물었다. 그러나 그 대신 스필버그는 24년의 세월을 뛰어넘어 뮌헨 사건을 다룬 영화를 내놨다.

인터뷰에서 그는 중동에서 진정한 적은 "비타협적인 태도"라고 말했다. 아니다. 진정한 적은 다른 사람의 땅을 빼앗는 행위다. 이제 나는 이렇게 묻는다. 우리는 1948년과 그 이래로 팔레스타인이 겪은 대재앙에 관한 스필버그의 서사시를 볼 수 있을까? 아니면 영화 〈카사블랑카Casablanca〉에서 비자를 얻으려고 필사적으로 몸부림치던 난민들처럼 언제까지고 기다리고 또 기다려야 할까?

2007년 1월 21일

인디펜던트

다빈치 쓰레기

언젠가 나는 강직한 팔레스타인 학자이며 평화의 지지자였던 하난 아슈라위Hanan Ashrawi 전기의 서평을 써달라는 부탁을 받은 적이 있었다. 그러나 글을 시작하자마자 그게 불가능에 가깝다는 걸 인정하지 않을 수밖에 없었다. 그 책은 완전히 끔찍함 그 자체였기 때문이다. 그런데 이번에는 꼼짝없이 영화 〈다빈치 코드The Da Vinci Code〉를 봐야 했다. 그리고 나는 문학적으로 또 다른 크레바스+에 빠져 버렸다. 이국적 이름의 댄 브라운Dan Brown의 원작 소설을 토대로 한 이 영화에 대해 무슨 말을 해야 할지 몰라서였다.

하느님 맙소사, 영화는 끔찍했다! 모르긴 해도, 유명한 반동성애자이자 이혼 반대주의자이며 한때 대공포 사수로 복무했던++ 로마의 베네딕토 교황도 몹시 화가 났을 것 같다. 영화에서는 로마 가톨릭 교회를 실제보다 훨씬 더 지루하게 그리고 있었기 때문이다.

"로마의 엉터리 미신 숭배."

+ 빙하 속의 깊이 갈라진 틈.

++ 2차 세계대전 막바지에 미래의 교황은 (바티칸의 표현에 따르자면) '마지못해 잠깐' 독일 대공포 사수로 복무했다.

연로한 내 아버지는 가톨릭교회의 예식에 대해 이렇게 얘기하곤 했다. 이 끔찍한 영화를 그렇게 불러도 썩 나쁘진 않을 듯하다. 영화의 인기는 예수에 대한 우리의 관심이 아니라 믿음의 부족, 그리고 우리가 부질없는 이야기나 지껄이는 종교를 절실히 필요로 한다는 사실을 상징적으로 보여준다. 내용은 사실상 흑마술 이야기와 같았다.

게다가 영화는 부끄러운 줄도 모르고 타인의 작품을 그대로 차용하고 있다. 얼굴 가면과 괴기스러운 예루살렘 포위—비록 무슬림 군대가 십자군으로 대체되긴 했지만—, 노포+ 같은 설정은 리들리 스콧의 〈킹덤 오브 헤븐〉에서 베껴온 것들이었다. 일부 배경음악은 역시 스콧 감독의 〈글래디에이터〉에 나왔던 음악과 너무 비슷해서 걱정될 정도였다. 여배우 넬로퍼 파지라 Nelofer Pazira가 지적했던 것처럼, 채찍질하던 살인자는 잉그마르 베르히만 Ingmar Bergman 감독의 영화 〈제7의 봉인The Seventh Seal〉에서 벵트 에케로트 Bengt Ekerot가 연기한 '죽음Death' 역의 인물과 거의 동일했다. 에케로트와 십자군 기사 역의 막스 폰 시도우Max von Sydow가 벌인 그 유명한 체스 게임을 떠올려보기 바란다.

이 모든 사실들은 케케묵은 질문 하나를 떠올리게 한다. '아무짝에도 쓸모없는 이런 영화가 왜 그렇게 인기를 끈 걸까?'하는 것이다. 반면 위대한 예술과 문학과 음악과 영화들은 박스 오피스에조차 오르지 못하는데 말이다. 찬사를 받아 마땅한 책과 영화와 음악들은 세상의 존중을 받지 못하는 반면, 여성들을 위한 로맨스 소설과 패리스 힐튼Paris Hilton, 그리고 《다빈치 코드》 같은 작품들은 저 먼 싱가포르부터 미국 콜로라도주 덴버에 이르기까지 엄청나게 많은 인기를 끌어모으고 있다. 우리는

+ 돌을 발사하는 옛 무기.

병 속에 영원한 젊음이 들어있다고 맹세한 서부 개척 시대 돌팔이 의사들이나 전도사들처럼, 그런 작품들을 극구 권하는 마케팅꾼들의 도구일 뿐인 걸까?

하지만 악역을 한 번 자처해보겠다. 언젠가 〈인디펜던트〉는 제임스 카메론James Cameron 감독의 〈타이타닉〉에 대한 리뷰를 실은 적이 있는데, 제목이 이랬다.

"타이타닉을 보았다. …… 그리고 그 영화는 구렸다."

그럼에도 나는 평론가들이 업신여긴 영화 〈킹덤 오브 헤븐〉에 찬사를 보냈던 것처럼 〈타이타닉〉을 좋아하며, 아름다운 로즈•가 배를 설계한 아일랜드 전문가에게 그 배가 가라앉을 가능성이 있는지 묻던 대사를 지금도 기억한다.

"앤드루스 씨, 저는 빙산을 봤어요. 그리고 지금 당신 눈에서도 빙산이 보여요."

그리고 앤드루스••와 함께 타이타닉이 가라앉는 순간, 맹세코 여러분들도 그 배와 함께 대서양 바닥으로 가라앉는 듯한 느낌을 받았을 것이라 믿는다.

또한, 나는 아일랜드의 어느 시골집에서 박사 논문•••을 마무리하며 보냈던 그 긴 밤들을 결코 잊지 못한다. 당시, 바로 맞은편 테라스가 있는 집에서는 아일랜드 작가 중에서 다작(多作)으로 유명한 미브 빈치Maeve Binchy가 그녀의 아름다운 소설《라이트 어 페니 캔들Light a Penny Candle》을 마무리하고 있었다. 미브의 소설 상당수가 그랬듯이 그 작품도 평단에서 진지한

• 케이트 윈슬렛(Kate Winslet)이 연기했다.
•• 북아일랜드 개신교 총리의 실제 형제였다.
••• 논문 주제는 '2차 세계대전 당시 아일랜드의 중립(Irish neutrality in the Second World War)'이었다.

관심을 기울일 가치가 없는 작품으로 간주됐다. 아무리 소설의 몇몇 장면, 예를 들어 한 아일랜드 부부가 딸이 자신들에게 준 크리스마스 선물을 동네 가게에서 훔쳤다는 사실을 깨닫는 끔찍한 장면 같은 경우에는 연민을 자아내는 힘에 있어서 찰스 디킨스Charles Dickens의 작품에 비길만하다 하더라도 말이다.

그녀는 가까운 이웃에 사는 소설가 존 반빌John Banville처럼, 그녀의 작품들보다 훨씬 덜 읽히긴 했지만 문학상을 수상한 작가들과 동급으로 내우받지 못했다. 반대로, 한때 〈아이리시 타임스〉에 게재할 그 끔찍한 아슈라위 전기의 서평을 내게 부탁했던 바로 그 남자, 반빌은 미브가 벌어들이는 정도의 수입을 얻지 못할 것이다.

그렇다면 예술작품의 인기를 좌우하는 건 뭘까? 나의 학창시절, 사람들은 찰스 디킨스를 가리켜 주간지에 돈벌이가 될 만한 글을 찍어내다시피 써대던—이건 사실이다— 케케묵은 늙은 빅토리아 시대 작가라고 못마땅해 했다. 비록 핍, 스크루지, 올리버 트위스트 같은 등장인물들이 아이들에게 대단한 인기를 끌긴 했지만 말이다. 하지만 내가 대학에 들어갈 무렵, 바로 그 디킨스는 산업혁명의 스캔들을 폭로한 사이비 좌파로서 모든 현대 문학 과정에 등장하는 유명 작가로 탈바꿈해 있었다.

마찬가지로 나는 사람들의 관심에서 멀어진 작곡가들에 대한 열정도 키워나갔다. 부모님은 내가 곳곳이 긁힌 브루크너Bruckner와 쇼스타코비치Shostakovich의 명반들을 틀어댈 때마다 눈물이 날 정도로 지루해했다. 그러나 이제 그들의 음악은 사시사철 연주되고, 쇼스타코비치의 '레닌그라드Leningrad'는 걸작의 반열에 올라섰다. 반면 BBC가 뽑은 '당신의 베스트 100곡'에 포함된 베토벤 5번 교향곡, 차이코프스키의 '1812' 서곡, 시벨리우스의 '핀란디아', 쇼팽의 서곡, 헨델의 수상음악, 비발디의 '사계' 같은 '유행가'들은 너무 진부해진 나머지 칼리 사이먼Carly Simon+의 노래를 들을 때처럼 '정지' 버튼에 저절로 손이 간다.

확실히 이 모든 것에 정해진 규칙은 없다. 베르디는 오늘날 오페라 애호가들 사이에서 누리는 것만큼이나 당대에도 큰 인기를 누렸다. 영화 〈대부The Godfather〉는 오락과 예술의 경계를 아주 쉽사리 넘나들었다. 알프레드 히치콕Alfred Hitchcock도 마찬가지였다. 물론 다른 이유가 있긴 하지만, 1941년 당시 〈카사블랑카〉의 인기는 지금 못지않았다. 데이비드 린David Lean의 〈닥터 지바고Dr Zhivago〉는 극장에서 가히 폭발적인 인기를 끌었다. 아버지도 그 영화를 사랑했지만, 이상하게도 훨씬 더 감동적이고 비극적인 파스테르나크Pasternak의 원작 소설만큼은 "빌어먹을 홍보담당자들"의 작품으로 간주했다.

나에게도 딜레마가 있었다. 셰이머스 히니Seamus Heaney++의 시를 존경하면서도 영국 공군의 나치 독일 공습을 이야기한《폭격기Bomber》를 전쟁 소설 중 최고로 꼽는다는 점이 그것이다. 렌 데이턴Len Deighton이 쓴 그 작품은 읽히긴 많이 읽혔지만, 그에 합당한 평가는 받지 못했다. 존 르 카레John Le Carre의 소설에 등장하는 스파이인 스마일리는 분명히 예술과 대중적 공감—나에겐 아니었지만— 사이를 오갔다. 데이비드 린의 〈콰이강의 다리The Bridge on the River Kwai〉는 비록 피에르 불Pierre Bulle의 원작소설보다 지적으로 후퇴하는 대가를 치르긴 했지만—다리 공격이 실패로 돌아가는 소설의 결말이 영화보다 훨씬 더 고통스러웠다—, 상상력과 대중적인 신뢰에 있어 도약을 이뤄냈다.

\+ 유명 출판업자이자 피아니스트였던 리처드 사이먼의 딸로 1945년에 태어난 미국 여가수. 1971년 자신의 이름을 딴 앨범으로 그래미상 최우수 신인상을 수상한 그녀는, 서정적이면서도 진지한 가사의 포크 음악들이 인기를 얻던 시기에 가볍고 대중적인 음악으로 큰 성공을 거두었다.

++ '예이츠 이후 가장 위대한 아일랜드의 시인'이라 평가받는 그는 아일랜드의 전통과 고통스러운 정치적 상황을 잘 접목한 "서정적 아름다움과 윤리적 깊이를 갖춘" 시 작품들로 1995년에 노벨 문학상을 수상했다.

역사에서 예술의 위치를 결정짓는 것은 재능이나 천재성인가, 아니면 역사 그 자체인가? 작가와 감독과 작곡가들은 반드시 자신의 작품을 그들이 살고 있는 시대와 어우러지게 해야 하는가? 우리는 쇼스타코비치나 사무엘 바버Samuel Barber, 에드워드 벤자민 브리튼Edward Benjamin Britten에 필적할만한 '테러와의 전쟁' 심포니, '9·11 모음곡', '이라크 레퀴엠'을 기다려야 하는가?

마지막으로 〈다빈치 코드〉 이야기를 하자면, 영화에서 유일하게 공감이 갔던 인물은 예수 그리스도의 지구 상에 남은 유일한 직계 혈통임이 드러난 프랑스 경찰 암호학자 소피뿐이었다. 그녀의 목에 교황 성하가 한때 나치 독일 상공을 비행하는 영국 공군 조종사들에게 새기려고 했던 종류의 성흔이 드러나는 것으로 영화는 끝을 맺는다.

이게 대중적인 영화라고? 제기랄!

2006년 6월 17일

인디펜던트

가려진 진실

이스라엘 탄생에 관한 도미니크 라피에르Dominique Lapierre와 래리 콜린스Larry Collins의 역사 서사에 기반을 둔 영화, 〈오 예루살렘O Jerusalem〉이 개봉됐다. 이로써 우리는 유럽의 할리우드 화를 예상할 수 있게 되었다. 중력을 거스르는 듯한 백발의 대담한 다비드 벤 구리온David Ben-Gurion+이 등장하고, 프랑스 가수 패트릭 브뤼엘이 이스라엘 사령관으로 출연한 이 영화에는 극적인 재미가 있다. 사이드 타그마우이와 JJ 페일드는 이런 영화라면 어김없이 등장하는 콤비 역할을 맡아, 고결하고 온화한 마음씨를 가진 아랍인과 유대인이 전쟁 중에도 우정을 잃지 않는 모습을 연기했다.

물론 이런 콤비는 우리에게 전혀 낯설지 않다. 영화 〈벤허〉에서 로마제국 역사상 가장 못된 지휘관에 맞서 전차 경주에 참가하려는 찰턴 헤스턴에게 말을 빌려준 사람이 '착한' 아랍인이었던 것처럼, 1948년에 이스라엘 건국을 둘러싸고 일어난 사건들을 다룬 레온 유리스Leon Uris의 소설에 기초한 영화 〈엑소더스Exodus〉에는 유대인 영웅인 폴 뉴먼Paul Newman과

+ 이른바 '이스라엘 건국의 아버지'로서 초대 이스라엘 총리를 역임했다.

친구가 되는 '착한' 아랍인이 나온다. 물론 마음씨 고운 아랍인들이 존재한다는 사실을 확인하는 순간, 곧바로 타락한 부류의 아랍인들도 등장한다. 〈엑소더스〉에는 아랍인들이 어느 젊은 여성을 살해하고, 〈오 예루살렘〉에도 아랍인들이 라트룬 전투 도중 용감한 젊은 여성을 죽이는 장면이 나온다—그녀는 포탄에 맞아 숨지기 전에 그들에 의해 옷 일부가 벗겨진다—.

그보다 훨씬 더 잘 만들어진 영화 〈뮌헨〉의 베이루트 장면이 몰타Malta에서 촬영됐듯, 〈오 예루살렘〉도 '안전'을 이유로 그리스령 로도스Rhodes 섬에서 제작되어야 했던 사실은 시대 상황을 보여주는 징표이기도 하다. 〈엑소더스〉의 경우는 훨씬 더 안전한 이스라엘에서 촬영됐다.

〈오 예루살렘〉에서 내가 진짜로 우려했던 건, 아랍인과 무슬림을 판에 박힌 듯 짐승처럼 묘사한다는 점이 아니다. 아랍인들을 나치 스타일의 살인자·도둑·아동 성추행범으로 묘사한 영화를 보려면, 로저 무어와 오마르 샤리프가 출연하고 역시 이스라엘에서 촬영된, 아랍 노예상인을 다룬 영화 〈아샨티Ashanti〉를 보면 된다. 아랍인들을—물론 유대인들도— 부정적으로 그리기 위해 반유대주의를 동원하는 것은 영화에서 아주 흔히 볼 수 있는 장면이다. 〈오 예루살렘〉에서 보여준 아랍 지도층의 혼란과 음모—오직 요르단의 압둘라 국왕만이 고결한 인물로 그려진다—가 너무나 현실적이었다는 사실만큼은 인정하지 않을 수 없겠다. 예루살렘 최고 종교지도자였던 하지 아민 알 후세이니—그는 히틀러와도 악수를 나눈 인물이었다—의 오만함에 대한 묘사는 특히 더 그랬다.

내게 거부감을 불러일으켰던 부분은, 역사를 고의적으로 왜곡하고 사건 묘사를 교묘하게 비틀어서, 실제로는 승자였던 유대인들을 오히려 이스라엘 독립전쟁의 피해자인 것처럼 묘사했다는 점이다. 반대로 팔레스타인 아랍인들은 주된 피해자가 아니라, 오히려 이 전쟁을 일으킨 사람들이자—동예루살렘 유대인들이 정전 이후 자신들의 고향을 떠나야 했다는 이유를 들어— 명백한 승자들로 묘사된다.

1948년 데이르 야신 학살을 예로 들어보자. 오늘날 예루살렘 교외의 기밧 샤울Givat Shaul 마을로 변신한 그곳에서, 당시 스턴갱단들은 아랍 주민들을 마구잡이로 살해했다. 그들은 여성들의 내장을 꺼내고 민간인들이 가득 들어찬 방에 수류탄을 집어던졌다. 〈오 예루살렘〉에서도 스턴갱단들은 피에 굶주린 일종의 유대판 알 카에다처럼 비쳐진다. 그래서 젊고 고귀한 게릴라 전사들로 구성된 주류 이스라엘군도 감히 그들을 어찌해볼 도리가 없었다는 것이다.

물론 영화에는 아랍인들의 시체들이 등장한다. 그러나 데이르 야신이, 유대인 전사들이 주민을 살육하고 여성들을 강간했던 수많은 마을들 가운데 하나에 불과했다는 사실은 영화에서 전혀 도드라지지 않는다. 오늘날의 이스라엘 땅에 살던 75만 명의 팔레스타인 아랍인들을 고향에서 강제로 쫓아내기 위해 이스라엘이 그런 짓을 저질렀다며, 이스라엘의 '신진' 역사가들이 반박할 수 없는 증거들을 제시하며 이미 용감하게 진실을 폭로한 바 있다. 이스라엘 역사가 아비 슐라임은 그 시기를 가리켜 '인종청소'의 시기였다고 용기 있게 증언했다. 그러나 〈오 예루살렘〉의 데이르 야신 학살 장면은 그런 사실을 전혀 암시하지 않았다.

이는 우리를 현실로부터 분리시키는 행위임이 분명하다. 영화는 정책 차원에서 저질러진 학살을 무장한 몇몇 극단주의자들의 일탈로 몰아갔다. 실제로, 영화가 끝난 뒤 스크린에 올라온 자막은 팔레스타인 주민들이 재산을 빼앗기고 쫓겨났다는 주장이 '아랍인들의 정치선전'일 뿐이라고 절망적으로 기록하고 있다.

이것 자체가 신화다. 그러니 다시, 우리는 거듭 말해야 한다. 아랍 정부들이 팔레스타인 아랍인들에게 라디오를 통해 "유대인들을 바다로 처넣기 전까지" 고향을 떠나 있으라고 말했다는 건 거짓말일 뿐이라고 이스라엘 역사가들이 이미 입증하고 있다. 그런 방송 자체가 아예 존재하지도 않았다. 대부분의 팔레스타인 주민들은 데이르 야신 주민들 같은 운명이 될까 봐 두려워 도망친 것이었다. 라디오 방송 운운하는 정치선전은 아랍이 아니라 이스라엘이 만들어낸 것이었다.

이것은 마치 역사 위에 드리운 장막이 벗겨져 실제 사건의 실체가 드러났음에도, 원래의 의미가 너무 왜곡되는 바람에 실체를 이해할 수 없게 돼버린 것과 같다. 유대인이던 바비 골드만(JJ 페일드 분)은 데이르 야신 마을의 시체들 사이에서 스턴갱 지도자에게 이렇게 외친다.

"당신들이 총을 원했던 게 바로 이것 때문이었군요."

그의 말은 틀렸다. 스턴갱들이 총을 원했던 건, 데이르 야신 마을 주민들을 살해해 다른 지역 아랍인들을 공황 상태로 몰아넣는 것, 그리하여 전체 100만 명에 달하는 팔레스타인 주민들 가운데 약 4분의 3에 해당하는 사람들을 영원히 돌아올 수 없는 망명자로 만들기 위해서였다.

그러나 우리가 살아가는 세상이란 게 원래 그렇지 않은가? 진실은 언제나 베일에 싸여 있기 마련 아닌가? 물론, 나는 지금 잭 '더 베일' 스트로 Jack 'the Veil' Straw+의 발언에 대해 이러쿵저러쿵하려는 게 아니다. 정치적으로 그가 모시고 있는 토니 블레어 경의 이야기를 하는 것이다.

〈오 예루살렘〉을 보고 난 다음 날, 나는 신문을 펼쳐 들었다가 블레어 총리께서 무슬림 여성들이 쓰는 니캅을 가리켜 '분리의 표시'라 부른 사

+ 영국 노동당 출신 정치인 잭 스트로를 가리킨다. 토니 블레어 정권에서 외무장관(2001-2006), 고든 브라운 정권에서 법무장관(2007-2010)을 지냈다. 그는 2006년 10월, 무슬림 여성들이 베일을 씀으로써 공동체 관계를 더 어렵게 만든다는 발언으로 물의를 일으켰다.

실을 알게 됐다. 그러나 블레어만큼 '분리'에 대한 책임이 큰 사람이 또 있을까? 민주적으로 선출된 자신들의 정부와 영국 국민들을 분리시킨 게 다름 아닌 블레어 아니던가? 겉만 번지르르하게 국민들에게 거짓말만 하고, 역사적 사실들을 모호하게 흐리고 해체하며 왜곡하고 덮는 데 있어서 블레어보다 더한 사람이 있을까?

대량 파괴무기, 45분 경고+, 사담과 알 카에다의 연계, 침공 이후 이라크의 '성공'과 탈레반이 쫓겨난 이후 아프가니스탄의 '성공'이라는 완전히 진절머리 나는 거짓말들은 우리에게 베일을 씌우려는 블레어의 시도였고, 무슬림 여성들이 쓰고 있는 그 어떤 베일보다 훨씬 더 위험하다. 우리는 블레어 경이 우리 눈에 씌운, 거짓을 진실로 그리고 진실을 거짓으로 보이게 하는 베일을 통해 세상을 바라본다. 따라서 우리는 진실과 분리될 수밖에 없다. '분리의 표시'를 대표하는 존재가 다름 아닌 블레어 자신인 이유가 바로 거기 있다.

오 시대여, 오 도덕이여,++ 오 예루살렘이여! O tempora, O mores, O Jerusalem!

2007년 10월 21일

인디펜던트

+ 영국 토니 블레어 정부는 2002년 9월에 펴낸 정보 문서를 통해, 이라크의 사담 후세인 정권이 "45분 이내에 대량파괴무기를 발사할 수 있는 능력을 갖추고 있다"고 밝혔다. 영국 BBC 방송의 앤드류 길리건 기자는 익명의 내부 소식통을 인용해 "블레어 정부가 전쟁에 대한 지지를 이끌어내기 위해 고의로 내용을 과장했고, 그것에 이의를 제기하는 전문가들에게 부당한 압력을 행사했다"고 폭로했다.

++ 로마의 정치인이자 웅변가인 마르쿠스 툴리우스 키케로(BC 106~43)의 '카틸리나 탄핵문'에 등장하는 표현이다. 원로원 의원이었던 카틸리나가 서민들의 빚을 모두 탕감해주겠다는 실현 불가능한 공약을 내걸고 집정관에 출마하자, 키케로는 귀족과 평민이 힘을 합쳐 카르타고의 한니발에 맞서 싸웠던 과거의 로마를 상기시키며 카틸리나를 호되게 꾸짖는 연설을 했다.

예술이 삶을 따라잡지 못할 때

예술과 현실의 관계는 참 묘하다. 고조되는 이라크 전쟁을 다룬 데이비드 헤어David Hare의 작품, 〈어리둥절한 사태Stuff Happens〉를 예로 들어보자. 작품의 제목은 이라크에서 약탈이 만연하고 있다는 주장에 대해 2003년 4월 11일 도널드 럼즈펠드 당시 미 국방장관이 내놓은 답변에서 따온 것이다.

이 연극에서 가장 인상적인 장면 중 하나는 콜린 파월 미 국무장관이 유엔 안전보장이사회에 출석했던 실제 사건을 재현한 부분이었다. 당시 나도 유엔 회의장에 앉아 있었는데, 회의 내용을 기록한 메모를 보면 냉소와 불신이 그대로 묻어나 있었다. 기차 안으로 추정되는 이동식 화학무기 실험실의 조잡한 사진이며 사담의 측근이라는 두 사람 사이에 오간 어이없는 대화의 녹취록—"바로 처리하겠습니다, 보스"—에 말문이 막혔던 기억이 난다. 그러나 헤어의 연극을 본 후, 내가 당시 놓친 게 뭔지 깨달을 수 있었다. 연극에서 파월은 이렇게 말했다.

"여러분, 오늘 제가 하는 발언들은 모두 아주 강력한 근거로 뒷받침된 것들입니다. …… 이는 단순한 주장이 아닙니다. 우리가 여러분들에게 제시하는 것들은 모두 확실한 정보에 기초한 사실과 결론입니다."

나는 왜 수첩에 이 발언을 기록하지 않았던 걸까? 이렇게 엄청난 거짓말을 놓치다니 말이다. 이동식 화학무기 실험실의 "근거"는 "목격자인 이라크 화학 기술자"였다. 그러나 그 "근거"는 실상 독일에 있었고, CIA는 그를 인터뷰한 적이 전혀 없었다. 그리고 이래저래 기타 등등. 헤어의 연극이 가져온 파장은 가히 대단했다. 내가 직접 목격한 파월의 오리지널 연기보다 훨씬, 훨씬 더 심각했다. 이건 예술의 효과일까, 계략의 효과일까? 아마 둘 다일 것이다. 정계에서 어떤 일이 실제로 벌어진 지 불과 몇 주일, 혹은 며칠 만에 무대에 그대로 등장하는 상황이 이제는 일반적인 현실이 되었기 때문이다.

예전에는 그렇지 않았다. 전쟁이 한창인 와중에 그 전쟁을 규탄하는 사순Sassoon[+]과 오언[++]의 시가 발표된 적이 있기는 했지만, 1차 세계대전 막바지인 1918년을 배경으로 한 R. C. 셰리프[+++]의 〈여정의 끝Journey's End〉이라는 작품이 무대에 오르기까지는 10년이라는 긴 시간이 필요했다. 마찬가지로 그레이브스와 블런던[++++]의 1차 대전 경험담이 나오는 데도 그 정도의 세월이 걸렸다. 레마르크[+++++]의 소설《서부전선 이상 없다All Quiet

+ 영국의 대표적인 반전시인 지그프리드 사순(Siegfried Sassoon)은 1차 대전에 참전했다가 애국주의자와 호전주의자들의 허위와 전쟁의 참혹함을 경험한 뒤, 병역을 거부하고 '참호 속의 자살' 같은 시를 통해 전쟁의 광기를 고발했다.

++ 사순의 친구이자 역시 영국을 대표하는 반전시인 윌프레드 오언은 1차 대전의 종전을 일주일 남기고 전사했다. 그가 죽고 난 뒤 친구인 사순이 그가 남긴 시를 모아 유고시집을 출판했고, 훗날 그를 토대로 작곡가 벤자민 브리튼이 전쟁 희생자들을 위로하고 평화에 대한 신념을 노래한 대서사시 '전쟁 레퀴엠'을 창작했다.

+++ 1차 세계대전에 대위로 참전했던 영국 극작가이자 소설가 로버트 세드릭 셰리프(Robert Cedric Sherriff).

++++영국의 고전 번역자이자 시인 로버트 그레이브스(Robert Graves)와 시인 에드먼드 블런던(Edmund Blunden). 블런던 또한 사순의 친구였다.

+++++ 독일 태생의 작가 에리히 마리아 레마르크(Erich Maria Remarque)는 1차 세계대전에 독일군으로 참전했다가 큰 부상을 입은 뒤 그때의 경험을 토대로 1929년《서부전선 이상 없다》를 썼으며, 2차 세계대전 때는 나치 정권을 피해 미국으로 망명한 뒤 유명한《개선문(Arc de Triomphe)》을 집필했다.《서부전선 이상 없다》는 1930년 미국에서 처음으로 영화화되었다.

on the Western Front》가 책으로 출간되고 이듬해 영화로 만들어진 것도 1차 대전이 끝나고 한참의 시간이 흐른 뒤였다.

그리고 2차 대전이 진행 중이던 1939년부터 1945년 사이에는 걸작 영화가 거의 나오지 않았다. 물론 레슬리 하워드Leslie Howard가 제작·감독·주연을 맡은 〈더 퍼스트 오브 더 퓨The First of the Few〉, 1942년 데이비드 린이 참여했던 잊혀진 영화 〈원 오브 아워 에어크래프트 이즈 미싱One of Our Aircraft Is Missing〉에는 경의를 표하지 않을 수 없다.

또한 우리가 〈던커크Dunkirk〉라는 영화를 볼 수 있게 된 것도 1940년 2차 세계대전 중의 덩케르크 철수 작전이 벌어진 지 18년이 지났을 무렵이었다. 나는 지금도 영화에서 존 밀스John Mills가 연기한 투비 상병의 모습에 묘하게 가슴이 아려온다. 이와는 대조적으로, 〈지상 최대의 작전The Longest Day〉은 완전히 엉망이었다. 그 영화는 영국 영화제작자들이 본격적으로 2차 대전에 대한 작품을 만들기 전인 1960년대 작품이었다.●

물론 그 무렵 만들어진 영화 가운데 내가 좋아하는 영화가 없던 건 아니다. 맨 먼저 떠오르는 건 〈대탈주The Great Escape〉란 영화였다. 특히 힐츠 역을 맡은 스티브 맥퀸이, 훔친 독일제 오토바이를 몰고 스위스 산맥을 향해 가다가 잠시 멈춰 서서 설원을 바라보며 내뱉은 "스위스로군!"이란 대사는 아마 영화 역사상 가장 무의미한 대사로 기록돼 있을지도 모르겠다.

물론 내 평가는 공정하지 않다. 〈스핏파이어Spitfire〉만큼이나 영화음악이 훌륭했던 〈공군 대전략The Battle of Britain〉은 공습의 두려움을 회피하지 않았고, 린의 〈콰이강의 다리〉는 아마도 아시아에서 영국 전쟁포로들이

● 나중에 한 독자는 잭 호킨스(Jack Hawkins)가 컴패스 로즈(HMS Compass Rose) 호의 자책감에 사로잡힌 함장으로 출연한 〈잔인한 바다(The Cruel Sea)〉를 왜 빼먹느냐고 질책하는 편지를 보내왔다. 니콜라스 몬서랫(Nicholas Monsarrat)의 소설과 영화에서는 독일군 잠수함을 격침시킨 함장의 주위로 바다에 빠진 독일 수병들이 살기 위해 몸부림치며 허우적대는 장면이 등장한다. 그들은 결국 폭발로 모두 목숨을 잃는다.

겪은 끔찍한 고통을 처음 소개한 영화일 것이다. 그럼에도 전후 영화 가운데 내가 최고로 꼽는 영화는 뭐니 뭐니 해도 〈머나먼 다리A Bridge Too Far〉이다. 요전날 그 영화를 다시 보면서 깨달은 사실은 아른헴Arnhem에서 벌어진 대서사를 배경으로 한 영화가 결국은 제국의 종말과 그 종말이 보통 사람들에게 강요한 비극을 다루고 있다는 점이다. 〈머나먼 다리〉는 아무 가치 없는 아른헴 전투를 거의 위대한 예술의 경지로까지 끌어올렸으며, 숀 코너리에게 영화 인생에서 최고의 배역을 안겨준 영화이기도 했다.

약 20여 년 전, 수에즈 위기를 다룬 정말 충격적인 세 시간짜리 TV 드라마가 있었다. 나는 내전이 한창이던 베이루트에서 그 드라마를 봤는데, 그건 거의 헤어의 연극에 버금갔다. 1956년 당시의 영국 정부가, 47년 뒤 미국과 영국이 이라크에서 연출해낸 버라이어티만큼이나 터무니없는 거짓말을 했다는 사실이 적나라하게 담겨 있었기 때문이다.

이다음엔 어떻게 될까? 우리가 전쟁에 돌입할 때마다 헤어의 작품이 하나씩 더해지는 광경을 보게 되지 않을까? 아니면 〈플라이트 93Flight 93〉이 영화화되기까지 걸린 5년 정도의 시차는 필요한 걸까? 글쎄, 그렇게 오래 걸릴 것 같지는 않다. 미래에는 정치인들이 직접 나서서 연기하게 될지도 모르겠다. 다시 말해, 영화—혹은 연극—와 현실이 하나로 합쳐질 것이라는 이야기다.

이러니저러니 해도 결국, 〈플라이트 93〉이라는 영화보다 2001년 9·11 사태의 실제 이미지 자체가 훨씬 더 강렬하고, 효과 면에서도 비교할 수 없다는 사실은 누구도 부인하지 못할 것이다. 두 번째 비행기가 쌍둥이 빌딩에 돌진하는 순간 때마침 텔레비전 카메라가 그 광경을 실시간으로 생중계하도록 시간을 맞춰놓음으로써 알 카에다 프로덕션은 목적을 달성했다. 9·11의 책임을 자임하고 나선 이가 아무도 없던 이유도 바로 거기에 있다. 그렇게 무시무시한 영상이 모든 걸 설명해주고 있는데 굳이 따로 나설 필요가 없었기 때문이다. 오늘날 바그다드의 살인자들이 인터넷으로 파고들어, 인질의 목을 자르는 장면을 거의 실시간으로 보여주는 이유도 역시 같은 맥락이다.

폭력이 우리 모두의 삶에 이제 너무나 가깝게 다가온 나머지, 예술이 현실을 따라잡지 못한다는 느낌이 들 때가 있다. 실제로 배우들도 사람들의 신뢰를 잃게 될지 모른다. "임무가 완수됐다"는 최고의 거짓말을 떠들어댄 것도 결국, 항공점퍼를 입은 미국의 43대 대통령이었으니까.

2007년 7월 1일

인디펜던트

어쨌든 경찰관은 행복하지 못할 팔자다

무시무시하면서도 한편으로 감동이 있는 영화 한 편이 막 독일에서 개봉됐다. 마크 로테문트Marc Rothemund가 감독한 〈소피 숄의 마지막 날들Sophie Scholl-the Final Days〉은 스물한 살짜리 뮌헨대학교 학생이 단두대에 오르기 전의 마지막 짧은 자유의 나날들을 회고한 영화다. 1943년 그녀는 오빠 한스와 함께 '백장미'라 불리던 소규모 지하 학생운동조직의 일원으로 나치에 맞서는 학생 혁명을 시작했다.

그들은 스탈린그라드Stalingrad+에서 독일군이 자행한 학살에 대해 히틀러를 비난하고, 독일의 도덕적 타락과 다가올 패배를 전망한 수천 부의 소책자를 배포했다. 율리아 옌치Julia Jentsch가 연기한 소피는 자신을 심문한 게슈타포 요원으로부터, 오빠에 대한 존경심 때문에 저지른 일이라며 모든 책임을 오빠에게 뒤집어씌우면 풀어주겠다는 제안을 받는다. 만약 그렇게 하지 않을 경우 베르마흐트Wehrmacht++의 사기를 떨어뜨려 '적'을

\+ 볼가강 서쪽에 위치한 러시아의 산업도시로, 오늘날엔 볼고그라드(Volgograd)로 이름이 바뀌었다.

++ '독일군'을 뜻한다. 나치의 독일 군대는 크게 베르마흐트 히어(Heer, 육군), 베르마흐트 루프트바페(Luftwaffe, 공군), 베르마흐트 크릭스마리너(Kriegsmarine, 해군)로 나뉘었다.

이롭게 하려한 죄를 물어 처벌하겠다는 위협도 동시에 받았다.

'모어'란 이름의 심문관은 영화에서 가장 매력적이면서도 지독하고 치밀한 인물 중 한 사람이다. 그가 처음 소피에게 던진 교차 심문은 아주 집요했다. 대학 건물 현관 바닥에서 소책자가 발견된 직후 그녀가 빈 가방을 들고 건물을 떠난 건 어떻게 설명할 것인가? 울름Ulm으로 가는 12시 16분발 급행열차를 타려 한 이유는 뭔가? 여동생의 아파트에 세탁물을 가지러가는데 왜 여행용 가방이 필요했는가?

물론 모어 심문관은 소피의 용기를 존경했다. "우리 편에도 그녀 같은 사람들이 있어야 돼"라고 그는 다른 수감자에게 말한다. 가볍게 떨리는 그의 왼쪽 눈꺼풀은 자신의 권력이 무기인 동시에 커다란 부담이기도 하다는 점을 드러내주고 있었다—그의 아들도 소피의 약혼자처럼 동부전선에서 싸우고 있었다—. 소피 역시 모어 심문관의 호감과 신뢰를 얻고자 했다. 아마도 우리의 영혼 한 편에는 경찰관의 호감을 사고 싶어 하는 어두운 구석이 잠재돼 있는 지도 모르겠다.

나는 BBC 텔레비전 드라마인 잭 워너Jack Warner의 〈딕슨 오브 닥 그린Dixon of Dock Green〉과 로버트 비티Robert Beaty가 캐나다 출신 영국 경찰관으로 출연한 〈다이얼 999Dial 999〉를 보며 자란 세대다. 〈노 하이딩 플레이스No Hiding Place〉라는 드라마에도 완전히 중독된 적이 있는데, 반면 치안판사였던 나의 어머니는 주인공 록하트 경위에 대해 아주 혹평을 가하곤 했었다. 텔레비전에 등장하는 경찰들은 왜 항상 지쳐 있고 밤새 격무에 시달리는 모습인지 모르겠다는 이유에서였다. 메이드스톤Maidstone 법정에서 어머니가 경험한 경찰관들은, 범죄자들보다 일을 더 대충 하고 수시로 거짓말이나 늘어놓는 사람들이었다. 〈전격 제트 작전Z Cars〉이 나온 뒤로는 나도 그런 드라마들을 보지 않게 됐다. 현실과 너무 동떨어져 있기 때문이었다.

내가 파란 경찰복을 입은 사내들과 처음으로가벼운 다툼을 벌인 건 북아일랜드에서였다. 1975년의 어느 날, 벨파스트 외곽에 있는 우리 집에 세 명의 형사가 찾아 와 문 앞 깔개 위에서 발견된 영국 정부 '기밀' 서류를 본 적이 있냐고 물었다. 그걸 맨 먼저 발견한 사람은 집을 청소해 주던 아줌마로, 왕립 얼스터 경찰대Royal Ulster constabulary+에서 근무하던 경관과 막 결혼한 참이었다.

나는 그 사람들에게 서류를 봤는지 대답해줄 수 없다고 말했다. 그들이 내게 첫 페이지의 극히 일부만을 보여주었기 때문이었다. 하지만 나는 그 문서가 영국 보안요원과 스토몬트Stormont의 노동당 간부들 사이의 비밀회동을 상세하게 기록한 문서라는 사실을 이미 잘 알고 있었다. 노동당 간부들은 그 지역에서, 영국 정부의 정책에 반대하는 걸로 보이는 신교도 정치인들을 협박할 음모를 꾸미고 있었다. 그리고 나는 엉큼하게도 "저도 당신들을 돕고 싶습니다만"이라 말하는 나 자신을 발견했다.

1998년 세르비아의 수도 베오그라드Belgrade가 나토의 공격을 받을 당시, 그곳에 영국인 특파원이라고는 나 혼자 밖에 남지 않았던 때가 있었다. 어느 날 이른 아침, 호텔 지배인이 나에게 전화를 걸어왔다.

"경찰관 몇 명이 로비에서 당신을 기다리고 있습니다. 지금 내려오셔야 할 것 같아요!"

나는 그들이, 내가 전날에 비자를 갱신한 줄 모르고 비자 만료 때문에 찾아왔겠거니 짐작했다. 모두 가죽 재킷을 입은 세 남자는 플라스틱 팔걸이의자에 앉아 있었다. "여권!"하고 밀로셰비치+의 경찰관은 툭 쏘아붙

+ 1922년부터 2001년까지 북아일랜드의 치안을 책임지던 경찰대. 현재는 북아일랜드 경찰대(Police Service of Northern Ireland)로 대체되었다.

였고, 나는 순순히 여권을 건넸다. 순간 그들은 모두 앉아있고, 나 혼자 그 앞에 서 있다는 사실을 깨달았다. 심지어 아주 잠깐이지만 머리도 숙였다. 나는 그들의 먹잇감이자 죄인이었다. 그래서 나도 그들 옆에 플라스틱 팔걸이의자를 끌어와 앉았다. 수많은 대화가 오갔다. 그들은 내 수첩마냥 꾀죄죄한 수첩에 연필로 계속 이것저것 적었다. 그러고 나서는 "모든 게 제대로인 것 같군요. 귀찮게 해드려서 죄송합니다"하고 말했다. 나도 모르게 이렇게 대답했다.

"오, 괜찮습니다, 경관님. 해야 할 일을 하신 것뿐인데요, 뭐!"

세상에, 틀림없이 그건 내 목소리였다. 당시의 일은 부모님과 내가 메이드스톤의 바우어 마운트 레인Bower Mount Lane에 있는 집에 함께 살던 시절, 누군가 집에 침입해 어머니의 보석 몇 개를 훔쳐 갔던 사건을 연상케 했다. 1955년 당시 시 회계 담당자로 일하던 아버지는 경찰에 전화를 했고, 신고를 받고 찾아 온 경찰관이 이것저것 적어갔다. 경찰관이 떠나기 전 아버지는 "정말 감사드립니다"라고 대화를 마무리 지으면서—물론 경찰들은 보석을 끝내 찾지 못했다— 이렇게 덧붙였다.

"제가 드릴 수 있는 말씀은, 저는 억만금을 준다 해도 경찰관 일은 못할 거라는 겁니다."

사실 임무를 완수해도 행복하지 못하다는 게 경찰관들의 운명이다. 아무리 명예를 유지한다 하더라도 그들은 결국 우리 양심과 죄책감의 표현일 뿐이다. 그들이 곧 우리 자신인 것이다. 모어 심문관을 봐도 그렇다. 그는 소피가 단두대로 끌려가 목이 잘리기 직전에 나타나 작별 인사를 전한

+ 슬로보단 밀로셰비치(Slobodan Milosevic). 1989년부터 1997년까지 세르비아 공화국의 대통령을 지냈다. 세르비아 민족주의를 앞세워 유고슬라비아 연방 해체를 부채질하고, 보스니아와 코소보에서 인종 청소를 주도한 혐의로 유고슬라비아 국제전범재판에 회부돼 구금 상태에 있다가 2006년 3월 11일 감옥에서 변사체로 발견됐다.

다. 존중과, 아마도 죄책감 때문이었을 것이다. 반면 전쟁이 끝난 뒤 나치 전범인 클라우스 바비Klaus Barbie를 고용했던 미국인들은 바비를 가리켜 '정말 훌륭한 수사관'이라 옹호한 바 있다.+

이는 내게 수십 편의 영화 장면들을 떠올리게 한다. 베이루트의 내 책상 위에 놓인 카셀Cassell 출판사의 《상투적인 문구 사전Dictionary of Cliches》이라는 멋진 책에도 그런 대목이 나온다. 어느 중산층 가정의 현관문을 두들기자 부인이 나와 문을 열어준다. 모든 게 들통났다는 걸 깨달은 그녀는 이렇게 말한다.

"안으로 들어와서 이야기하시죠, 경관님."

2006년 5월 6일

인디펜던트

+ '리옹의 도살자' 클라우스 바비는, 1942년부터 1944년까지 프랑스 남부 리옹의 나치 게슈타포 책임자로 있으면서 7500여 명의 유대인 주민들과 4300여 명의 레지스탕스 대원들을 체포해 살해한 혐의로 프랑스 법정에서 종신형을 선고받았다. 2차 대전 종전 직후 미 육군방첩대(CIC)가 냉전에 활용하기 위해 그를 비밀 첩보 요원으로 고용한 뒤 남미 볼리비아로 도피시키는 바람에, 1983년에야 프랑스로 송환될 수 있었다.

아름다운 여인과 함께 볼 만한 영화

대학 시절 우리 남학생들은, 만약 젊고 아름다운 여성과 극장에 가게 된다면 영화에 집중하기는 틀려먹은 셈이라는 이야기를 주고받곤 했다. 하지만 캐나다에서 나는 그게 사실이 아니라는 점을 마침내 증명해 보였다. 중동과 그곳에서 일어나는 인권침해, 조지 W. 부시의 악랄한 정책들에 익숙한 우리 두 사람은, 강력하고도 끔찍한 실화를 바탕으로 어느 테러 용의자가 워싱턴에서 CIA 불량배들에게 끌려가 정체를 알 수 없는 아랍 국가의 수도에서 고문당한다는 내용을 담은 개빈 후드Gavin Hood 감독의 영화 〈렌디션Rendition〉에 완전히 빨려 들어갔다.

대강의 줄거리는 이랬다. 임신한 미국인 아내와 함께 시카고에 살던 미국 시민권자이자 이집트 출신 화학 기술자인 주인공에게 어느 날 한 통의 전화가 걸려온다. 당시 그는 남아프리카 공화국 케이프타운Cape Town에서 열린 국제회의를 마치고 막 미국으로 돌아가려던 참이었고, 다른 참가자들과 작별 인사를 나누느라 전화를 받지 못했다. 전화를 건 상대방은 마침 그 날 북아프리카 어딘가에서 폭탄 테러를 저지른 아랍인이었다. 엉뚱한 사람에게서 잘못 걸려온 전화였던 것이다. 하지만 불행히도 주인공은 폭탄 제조법을 알고 있었다. 그는 화학 기술자였기 때문이다.

주인공은 워싱턴의 덜레스 국제공항에서 비행기에 내리는 순간, 바로 CIA 제트기에 태워진 다음 모로코로 추정되는 나라로 이송된다. 물론 모로코 경찰들은 심문 과정에서 퀸스베리 규칙+ 따위로 망설이거나 하지는 않았다. 그곳 주재 미국 대사관에서 나온 CIA 요원은—제이크 질렌할(Jake Gyllenhaal)이 신경과민에 걸린 요원 역을 맡았다— 억류된 남자가 고문당하는 모습을 목격했을 게 틀림없다. 그 사이 남자의 아내는 워싱턴의 국회의원들을 찾아가 남편을 찾아달라고 간청하고 있었다. CIA는 멋진 솜씨로 승객 명단에서 그의 이름을 제거했다. 그러나 남편이 미국으로 돌아오는 비행기 안에서 신용카드로 면세품을 구매한 사실을 아내가 밝혀내면서 계략은 완전히 어긋나게 된다.

지하 감옥에서 벌거벗겨진 이집트인에게 투덜대며 질문을 시작하던 아랍인 심문관은, 구타에서부터 시작해 '블랙홀'++과 악명 높은 '물고문'을 거쳐 남자의 몸 전체에 전기고문을 가하는 것으로 맡겨진 임무를 수행한다. 고위급 무카바라트+++ 심문관 역에는 실제로 이스라엘 배우가 등장하는데, 아랍인 상대역들처럼 그도 수감자가 차라리 죽여 달라고 빌게 만드는 방법을 잘 알고 있었다. 나와 일행은 특히 그가 자살폭탄 공격이 일어났을 때 자기네 경찰보다 알 자지라 방송이 먼저 도착해 특종을 잡을 수 있는 비결이 뭔지 말하라고 요구하는 장면에서 웃음을 터뜨리고

+ The Marquess of Queensberry rules. 9대 퀸스베리 후작인 존 더글러스(John Douglas)의 이름을 딴 이 규칙은 1867년에 현대 복싱의 기본 규칙으로 공식 채택됐다. 이 규칙의 제정으로 복싱에서 규격화된 글러브를 의무적으로 사용하게 되었으며, 몸을 잡고 넘어뜨리거나 다리를 걸어 밀어뜨리고 목을 조르는 행위, 다운당한 상대를 공격하는 행위 등이 금지돼 스포츠로서의 복싱이 전환점을 맞게 되었다.

++ 빛이 전혀 들지 않는 좁은 독방에 사지를 묶은 채 가둬 놓는 고문

+++ 정보부를 뜻하는 아랍어

말았다.

그래, 아무튼 여기서는, 이집트인 수감자의 결백을 믿은 CIA 요원이 태도를 누그러뜨리고 그 나라의 내무장관에게 그를 풀어주라고 지시했다는 정도까지만 밝혀 두겠다. 반면 고위급 심문관이 그 날의 자살폭탄 공격으로 인해 자신의 딸도 목숨을 잃었다는 사실을 알게 되고—영화에서는 시간 순서가 뒤섞여 같은 폭발장면이 앞뒤에 그대로 반복된다—, 악랄하고 매정한 CIA 책임자 역할을 맡은 배우 메릴 스트립Meryl Streep의 잘못된 행동이 만천하에 드러난다. 뭐야, 그다지 현실적이지 않다고?

글쎄, 다시 생각해보길 바란다. 다마스쿠스 출신으로 캐나다에 살던 마헤르 아라르Maher Arar는 남에게 전혀 해를 끼친 적이 없는 소프트웨어 기술자로, 뉴욕 JFK공항에서 납치돼 영화 속 가공의 이집트인과 거의 동일한 '용의자 인도(렌디션)' 과정을 겪었다. 알 카에다 조직원이라는 혐의를 받은 그는 CIA 비행기에 실려 시리아로 이송되었고, 그곳 지하 감옥에 갇혀 고문을 당했다. 그 과정에서 캐나다 경찰이 이 말도 안 되는 사건을 FBI에 인계하는 데 협조했고, 이후 캐나다 정부는 아라르에게 1000만 달러의 배상금을 건넸다. 아라르는 캐나다 총리 스티븐 하퍼의 공식 사과를 받아들였다.

그러나 부시의 깡패들은 메릴 스트립처럼 동요하지 않았다. 여전히 그들은 아라르가 '테러용의자'라고 주장한다. 2007년 10월 18일 아라르가 미 의회 특별회의에서 증언할 때 직접 출석하는 대신 대형 비디오 스크린에 등장해야 했던 이유도 바로 거기 있었다. 그는 지금도 미국 입국이 불허된 상태이다. 인간적으로 나 같아도, FBI가 또다시 시리아로 끌고 가 고문할까 봐 그냥 캐나다에 남겠다. "제 개인 차원에서 우리 정부가 하지 않았던 걸 하도록 하겠습니다. 사과 말입니다"라고 민주당의 빌 델라헌트Bill

Delahunt 의원이 겸손하게 말했다. 그러나 부시 행정부로부터는 훌쩍거리는 소리 하나 들려오지 않았다.

설상가상으로, 미국 정부는 아라르에 관해 자신들이 갖고 있다던 '비밀 증거'를 밝히기를 거부했다. 잔뜩 발톱을 세운 캐나다 언론이 미국 미네소타 주 미니애폴리스Minneapolis의 한 아랍인 수감자가 전해 들었다는 증언을 보도하기 전까지는 말이다. 모하메드 엘자하비Mohamed Elzahabi라는 이름의 그 남자는, 몬트리올에 있는 자신의 형이 아라르의 차를 수리해주다가 아라르에게서 아프가니스탄을 방문한 적이 있다는 이야기를 들었다고 증언한 것으로 알려졌다. 당시 미국의 국토안보부 장관이던 마이클 처토프Michael Chertoff와 알베르토 곤잘레스Alberto Gonzales 법무장관은 아주 친절한 설명을 덧붙였다. 아라르에게 불리한 모하메드의 증언은 "미국 법집행기관들이 발굴해낸 정보로도 (사실임이) 뒷받침된다"는 것이었다. '발굴해낸'이라니, 정말 멋지지 않은가? 여러분은 뭔가 수상한 냄새가 느껴지지 않는가? 그건 아마 '조작해낸'이라는 의미가 아닐까?

부시의 깡패들이 아라르를 시리아로 보내 무슨 짓을 저질렀는지 궁금해할 분들이 있으실지 모르겠다. 시리아는, 헤즈볼라 같은 '테러리스트' 조직을 지원하는 '테러리스트' 국가라고 부시 정부가 스스로 규정한 나라였다. 그래서 겉보기에는 부시 대통령이 시리아 정부를 위협하는 것처럼 보일지 모른다. 하지만 미국 정부를 대신해 지하 감옥에서 친히 전선을 이어 붙이고 전기 플러그를 꽂아 줄 정도로 시리아가 협조적인 한, 부시 대통령은 잔인한 시리아 친구들에게 의지하는 걸 마다치 않을 것이다.

한편으로 생각해보면, 알베르토 곤잘레스 법무장관의 후임으로 마이클 무카시Michael Mukasey를 지명한 대통령에게 뭘 더 기대할 수 있을까 싶기도 하다. 무카시는 심문과정에서 상대가 거의 익사하기 직전까지 가해졌던 미군의 '물고문'으로 인해 "어떤 위험이 수반됐는지 알지 못한다"고 상원 의원들에게 말했다. "만약 물고문이 고문이라면, 고문은 헌법에 어긋나는 게 맞다"는 푸념도 늘어놓았다. 그래, 내 짐작에도 만약 사람의 몸에 전기 충격을 가하는 것이 고문에 해당한다면—나는 분명히 '만약'이라고 했다—, 그런 행위는 헌법에 어긋날 것이다. 그렇지 않나?

그 발언이 있은 후, 거기에 대해 비판적인 기사를 실었던 〈뉴욕 타임스〉 독자들은 적어도 무카시의 발언에서 어떤 측면이 비도덕적인지 알아차릴 수 있었을 것이다. 전직 법무부 보좌관 한 사람은 "법을 집행하는 기관의 최고 수장이 물고문이 고문에 해당한다는 부정할 수 없는 진리조차 인정하지 못한다면, 과연 인권이라는 커다란 쟁점에서 세계의 존경을 받는 지도국가로서의 지위를 미국이 어떻게 되찾아올 수 있을 거라 기대할 수 있을까?"라는 물음을 던지기도 했다.

또 다른 독자가 지적했듯이, "포르노그래피의 의미를 따로 정의할 필요가 없는 것처럼, 고문 역시 마찬가지"이다. 그러나 미국의 고문 애호가들 입장에서 모든 희망이 완전히 사라진 건 아니었다. 굳건한 이스라엘 지지자 알렌 스펙터Arlen Specter 공화당 상원의원이 무카시의 낯 뜨거운 발언에 대해 언급한 말을 한 번 들어보라.

"확고한 경력을 가진 강력한 인물이 법무부를 접수하게 돼 기쁘기 그지없습니다."

허구가 현실보다 더 친근하게 느껴지는 건 그래서일까? 〈시리아나〉와 〈뮌헨〉 이후, 중동에서 일어나는 엄청난 불의와 그 지역에서 미국이 행하는 수치스럽고 불법적인 정책들에 대해 할리우드가 비로소 눈을 뜨고 있는 건지도 모르겠다. 아무튼 〈렌디션〉을 한 번 보기 바란다. 아마 여러분은 분노하게 될 것이며, 아라르를 기억하게 될 것이다. 그리고 아름다운 여인과 함께 그 분노를 공유할 수 있을 것이다.

2007년 11월 3일

인디펜던트

강물처럼
시간 속을 흘러가는 상념들

나는 항상 문학이나 역사, 영화를 검열하거나 심의하는 건 아주 가당찮은 일이라고 생각해왔다. 어디선가 누군가가 자신들의 시각을 통해 우리를 보호해 주려—혹은 오염시키려— 한다는 게 말이 되냐는 이야기다.

몇 년 전 남부 런던 도서관이 윌리엄 샤이러William Shirer의 기념비적인 작품《제 3제국의 흥망The Rise and Fall of the Third Reich》을 책장에서 치우려 했던 사건이 있었다. 1934년에 일어난 히틀러의 '장검의 밤 사건Night of the Long Knives'+을 다룬 내용 때문이었다. 그중에서도, 희생된 히틀러 돌격대원 중 한 사람을 "소녀 같은 얼굴을 한 악명 높은 동성애자"라 묘사하고, 나치 돌격대 대장이자 히틀러의 옛 친구 에른스트 룀Ernst Röhm과 그 동료들을 가리켜 "성적인 변태들"이라 언급한 단락이 도서관 측의 심기를 건드렸던 것 같다.

샤이러가 나치 시대에 관한 자신의 훌륭한 기록을 집필하던 1959년 당

+ 돌격대(SA)를 조직해 나치독일제국 수립에 결정적인 기여를 했던 에른스트 룀을 잠재적인 권력의 경쟁자로 여긴 히틀러가 친위대 대장 하인리히 히믈러(Heinrich Himmler)의 설득에 넘어가 1934년 6월 30일 룀을 비롯한 200여 명의 돌격대 간부들을 체포해 처형한 사건. '피의 숙청' 사건이나 '룀' 사건으로도 불린다.

시만 해도 '게이'란 단어는 동성애자가 아니라 '행복한'이나 '쾌활한 기질을 가진'이란 뜻으로 여전히 사용되고 있었다. 게다가 당시 동성애는 불법이었을 뿐만 아니라 대중들 사이에서 광범위한 혐오를 불러일으키고 있었고, 사회적으로 동성애를 받아들여야 한다는 사실을 이해할 만큼 자유주의 성향이나 선견지명을 가진 사람들은 그리 많지 않았다. 그러나 샤이러의 작품은 '현재'의 사회적 정당성이나 도덕에 맞지 않았고, 따라서 남부 런던 도서관은 그 책을 금지시켜야만 했다. 아니면, 스탈린 시대의 소비에트 백과사전처럼 완전히 다시 쓰여야 했다.

유대인 친구들은 지금도 여전히 셰익스피어의 희곡《베니스의 상인The Merchant of Venice》이 반유대주의를 부추기는 작품이라며 두려워한다. 심지어 "우물에 독을 풀어 넣은"《몰타의 유대인The Jew of Malta》이라는 크리스토퍼 말로Christopher Marlowe의 희곡과 함께,《베니스의 상인》도 금지시켜야 한다는 소리까지 들은 적이 있다. 그런 의미에서라면, T.S. 엘리엇T.S. Eliot의 시 '게론티온Gerontion'도 마찬가지일 것이다. 그 시에서는 "창문턱에 쭈그리고 앉은 유대인, 이 집의 주인/ 앤트워프의 어느 술집에서 태어났다지"라는 구절이 나온다. 이 대목을 읽을 때마다 나는 움찔한다. 엘리엇이 자신의 작품에서, 유대인을 무시하는 구절을 통해 당대 반유대주의를 무심코 드러냈다는 사실을 애써 부인해봤자 아무 소용없는 일이기 때문이다.

그러나 역사는, 조지 오웰의《1984》에 나오는 윈스턴 스미스Winston Smith처럼 어제의 시와 산문을 '깨끗이 지워버리기'보다는, 아무리 그것이 불미스러울지라도 사실을 있는 그대로 받아들여야 한다고 가르친다. 우리에게 나치의 사악함을 더 잘 이해시키기 위해, 나치의 해악을 강조하는 탁월하고 분별력 있는 서문을 곁들여 히틀러의《나의 투쟁Mein Kampf》이 지금도 판매되는 것을 보라.

그럼에도 문화에 대한 검열은 사라지지 않았다. 셰카르 카푸르Shekhar Kapur의 1998년 작 영화 〈엘리자베스Elizabeth〉는 케이트 블란쳇Cate Blanchett에게 여왕을 재현할 수 있는 특별한 순간을 제공해주었다. 그러나 그 속편인 〈골든 에이지Elizabeth: The Golden Age〉는 완전히 엉망이었다. 엘리자베스 1세는 1588년 스페인 함대가 도착하기 전 틸베리Tilbury에서 자신의 병사들을 상대로 한 연설을 통해, 전쟁을 이끄는 군주로서 자신도 함께 싸우고 있다는 점을 강조했다.

이는 그녀의 가장 유명한 연설로, 영국에서는 모든 아이들이 이 연설을 배우면서 자란다. 아버지도 틈틈이 내게 그 연설을 읊어주곤 하셨고, 심지어 직접 틸베리까지 데려가 요새를 보여준 적도 있었다. 오늘날도 여전히 남아 있는 그 요새에서 엘리자베스 1세는 병사들에게 "나는 약하고 힘없는 신체를 가진 여성이지만, 왕의 심장과 배짱을 가지고 있다"고 말했다. 그러나 영화에서는 그 연설을 가차 없이 삭제해버렸다.

아, 카푸르 입장에서 그건 너무 과한 표현이었던 것이다. 페미니즘의 시대에 그런 발언은 금지되었고 받아들일 수 없으며, 부적절한 동시에 도발적이었다. 우스꽝스러운 흰색 말을 탄 블란쳇이 부대라기보다는 소대에 더 가까워 보이는 병사들 앞을 의기양양하게 활보하면서도, 유독 엘리자베스 1세의 그 유명하고 역사적인 연설을 건너뛴 이유를 그것 말고는 달리 어떻게 설명할 수 있을까?

수백만 명의 영화 팬들은 틀림없이 그 대사가 나오기를 기다렸을 것이다. 그러나 그 대사는 쏙 빠져버렸다. 엘리자베스 1세는 페미니스트 여왕이어야만 했고, 결코 "약하고 힘없는" 존재가 아닌 오늘날의 여성상을 대표해야만 했다.

그녀는 남성들이 지배하던 시대에 왕국을 이끈 독특한 지위의 여성이었다. 남성의 심장을 가지고 있다고 말한다 해서 그녀가 '남성성'에 굴복한 것은 아니었다. 튜더Tudor 왕조 치하의 잉글랜드에서 엘리자베스 1세는 자신이 남성과 동등하다는 이야기를 하고 있었던 것이다.•

영화는 보다 더 은밀한 형태로 조작을 할 수 있다. 예를 들어, 각종 상을 휩쓴 영화 〈잉글리쉬 페이션트The English Patient〉에서는 첩자인 데이빗 카라바지오David Caravaggio가 파시스트 군대에 의해 엄지손가락이 잘려나가는 장면이 나온다. 그런데 그 소름 끼치는 임무를 수행하라는 명령을 받은 사람은 베일을 쓴 무슬림 여성이었다. 그녀가 실제로 칼을 들고 걸어 나오자, 카라바지오를 고문하던 인물은 '무슬림'은 이런 행위를 잘 이해하고 있다고 설명한다. 유혈이 낭자한 이 섬뜩한 장면을 보면서 나는 왜 그 영화에 이슬람을 끌어들여야 했는지 이해할 수 없었다. 영화의 주된 문화적 배경은 2차 세계대전 당시의 이탈리아였기 때문이다. 직접 대본을 쓴 앤서니 밍겔라Anthony Minghella 감독은 굳이 왜 무슬림을 잔인함과 연결하려 했던 걸까? 나는 그 영화의 원작인 마이클 온다체Michael Ondaatje의 소설을 샀다. 단지 '카라바지오'의 손가락 절단 장면에 등장하는 대사를 찾아보기 위해서였다.

> 그들은 그 일을 해낼 만한 여자를 찾았다. 그들은 그편이 더 고통스러울 것이라 생각했다. 그들이 데려온 사람은 간호사 중 한 사람이었다. …… 그녀는 전혀 악의가 없었고, 나에 대해 아무것도 몰랐다. 내 이름이 뭔지, 어느 나라 출신인지도 말이다.

• 트레이시 마틴즈라는 〈인디펜던트〉 독자는 엘리자베스 여왕의 '왕의 심장과 배짱' 연설이 처음 등장한 것은 "틸베리 연설이 있은 지 35년이 지난 1623년의 어느 서신에서였으며, 엘리자베스 1세가 그런 발언을 했다는 증거는 없다"고 지적했다.

나의 의구심대로 무슬림에 대한 언급은 전혀 없었다. 심각한 인종주의에 근거를 둔 영화 속 그 장면은 사실 온다체의 책에서는 전혀 근거를 찾을수 없는 것이다. 그렇다면 그런 설정을 한 이유는 무엇일까?•

며칠 전 조 라이트Joe Wright 감독의 아주 인상적인 영화 〈어톤먼트Atonement〉를 본 건 그나마 위안이었다. 1930년대 잉글랜드 상류계급 사이의 배신과 사랑을 담은 그 영화는 처음에는 국내용 저예산 예술영화처럼 보이더니 이내 전쟁 서사시로 옮겨갔다. 영화를 보지 못한 사람들을 위해 대강 설명하자면 구성은 아주 평범하기 그지없었다.

글쓰기를 좋아하는 부잣집 딸 브라이오니는 가정부의 아들 로비를 짝사랑하고 있다. 로비는 비록 가난한 가정 출신이지만, 브라이오니 집안의 도움으로 케임브리지대학까지 들어간 재원이다. 열세 살의 소녀 브라이오니는 로비를 좋아하지만, 정작 그는 그녀의 언니 세실리아와 연인관계였다.

어느 날, 그녀의 사촌인 롤라가 강간을 당하는 일이 벌어지고, 질투심과 상실감에 빠져있던 브라이오니는 로비에게 누명을 뒤집어씌운다. 세실리아는 그의 결백을 믿었지만, 로비는 강간죄로 체포돼 예상대로 유죄를 선고받고 감옥에 갇힌다. 그리고 1939년 2차 세계대전이 발발했고, 로비는 자유의 몸이 되기 위해 군에 입대하여 전장으로 향한다.

이렇게 암울한 영화는, 1940년 영국 해외파견군BEF이 채널 항구로 퇴각하는 과정에서 길을 잃은 로비가 두 명의 부하들을 이끌고 프랑스 북부 해안으로 향하는 후반부 내용으로 이어진다. 지친 몸을 미끌고 운하를 따

• 영화의 시나리오상에는 다음과 같이 나와 있다. "간호사가 다가온다. 그녀는 아랍인이다. 그녀의 머리는 베일로 덮여 있다. 독일인 묄러는 이야기 한다. '내가 앞으로 뭘 할지 알려주지. 그녀는 무슬림이야. 그래서 이 모든 걸 이해할 거야. 간통을 저지르면 그 벌이 뭐였지?'"

라 걷던 로비는, 부하들에게 "바다 냄새가 난다"고 말한다. 그가 바다 냄새를 따라 모래 언덕에 올라서자, 갑자기 눈앞에 2만 명이 넘는 영국 군인들이 해변에 머물러 있는 광경이 펼쳐진다. 너무나 갑작스럽고 예상치 못한 장면이라, 이 대목에서 나는 낮은 소리로 "아이고, 깜짝이야!"하고 투덜댔다. 그런데 뒤따라온 로비의 부하 하나도 같은 광경을 맞닥뜨리고는 똑같이 외쳤다.

"아이고, 깜짝이야!"

그 장면은 불과 5분 남짓에 불과했지만, 뇌리에 강하게 남았다. 해변에서 말에게 총을 쏴대는 프랑스 장교들, 술에 취해 시궁창에 드러누워 욕설을 퍼붓는 영국 군인들. 여기엔 검열 따위는 없었다. 그리고 로비의 부하인 흑인 상병은 그대로 앞을 향해 걸어갔다. 영화가 충실하게 그 내용을 옮겨왔던 이언 매큐언Ian McEwan의 원작 소설《속죄Atonement》에서는 이 대목을 "찬송가 합창 소리가 가늘게 들리다가 이내 사라졌다"고만 언급하고 있다. 그러나 조 라이트의 영화에서는 그 병사를 바닷가의 부서진 정자로 데려가는데, 거기엔 부상으로 군복이 온통 피투성이인 영국 군인들이 멋들어진 퀘이커 찬송가 '모든 인간의 아버지이신 주여, 어리석은 우리를 용서하소서Dear Lord and Father of Mankind, forgive our foolish ways'를 부르고 있다. 카메라는 이 용감한 군인들 주위를 돈다. 정말 사람의 마음을 잡아끄는 장면이자 용기의 표현인 동시에, 전쟁의 무의미함을 상징적으로 드러내 주는 장면이었다. 만약 그 장면이 아니었다면 영화에서 절대 그만큼의 기품이 느껴지지 않았을 것이다.

한편, 시간이 흘러 열여덟 살이 된 브라이오니는 철없던 시절 자신이 했던 거짓말이 어떤 결과를 초래했는지 깨닫고 괴로워한다. 결국, 그녀는 수소문 끝에 세실리아를 찾아가고, 그 집에서 전쟁터에서 돌아와 세실리아와 재결합한 로비를 만난다. 그리고 그녀는 자신이 그들에게 저지른 행동을 사과하고, 법정에서 기꺼이 자신의 거짓말을 인정하겠다고 제의한다.

그리고 영화가 거의 끝나갈 무렵, 늙고 병들어 죽어가는 브라이오니• 가 TV에 출연해 자신의 21번째 소설이자 마지막 소설인 《속죄》에 대해 인터뷰하는 장면이 등장한다. 그곳에서 그녀는 로비와 세실리아가 재결합했다는 내용의 소설 결말이 모두 허구였음을 고백한다. 그녀는 두 사람이 함께 살게 되기를 바랐으나, 사실 로비는 1940년 6월 1일 브레이 듄스 Bray Dunes에서 패혈증에 걸려 죽었고, 세실리아는 그로부터 넉 달 뒤 밸험 Balham 지하철역에서 폭격으로 사망했다는 것이다.•• 결국, 로비가 해안가에 도착한 장면 이후의 내용은 그녀의 죄책감때문에 만들어진 소설 속 허구일 뿐이었다.

이언 매큐언의 원작소설 속에서 노년의 브라이오니는 "명확한 답이 내려지던 시대는 끝났다"고 스스로 말한다.

> 더불어 등장인물과 줄거리의 시대도 끝났다. 줄거리라는 것은 낡아빠진 부품이 달린 녹슨 기계와 같다. 지금 나의 마음을 사로잡는 것은 오로지 지금 무엇을 생각하는지, 무엇을 깨닫고 느끼는지 하는 것들뿐이다. 강물처럼 시간 속을 흘러가는 의식과 마음 말이다.

영화 〈어톤먼트〉에 영향을 준 개념이 바로 이것이었다. 이 영화는 그동

• 바네사 레드그레이브(Vanessa Redgrave)가 연기했다.
•• 1940년 10월 14일 독일 공군의 런던 폭격 당시 밸험 역에 1.4톤의 폭탄이 떨어져 대피해 있던 111명의 시민들이 목숨을 잃은 사건이 실제로 있었다.

안 영화계가 성취하지 못한 방식으로—자기검열과 인종차별적 장치 없이— 전쟁과 사랑, 그것들을 둘러싼 부조리를 정직하게 그려냈다.

2008년 1월 19일

인디펜던트

5장

위기 뒤에 더 큰 위기가 찾아오다

흔히들 죽음은 값어치 없다고 이야기한다. 하지만 값어치 없는 건 생명일 뿐, 죽음은 그때그때의 환율에 따라 가치가 달라진다는 게 내 생각이다. 서구 언론에서 다뤄지는 미국인 한 명의 목숨값은 이라크인 천 명의 목숨값과 맞먹는다. 레이첼 코리처럼 '잘못된' 편에 선 미국인 '순교자'가 아닌 다음에는 말이다. 여기서는 인용부호가 아주 중요한 의미를 지닌다. 유럽의 '위기'는 중동의 '위기'와 같지 않다. 우리네 신문과 방송 기자들에게는, 바그다드에서 폭탄테러를 일으키는 것보다 유럽 헌법을 거부하는 것이 더 엄중한 행위다. 하지만 네덜란드에서 간절히 망명을 원하던 한 아프간 난민 가족이 고국으로 추방돼 자칫 목숨까지 위협당할 수 있는 위기에 처해 있다면, 그 위기를 온전히 그들만의 위기라고 할 수 있을까? 혹시 계몽의 시대를 망각한 채, 새롭게 휘몰아치는 반이민·반무슬림의 파도에 휩쓸려가는 유럽에 위기가 닥친 건 아닐까?

죽은 이를 모욕하는 훌륭하고 오래된 전통

금속이 들어있는 비닐 가방을 든 수힐이, 케르발라Kerbala에 있는 이맘 후세인 사원의 대리석 바닥을 잽싸게 가로질렀다. 그는 먼저 판석 위에 있는 붉은 얼룩을 가리키며 이렇게 말했다.

"이건 미국인들이 터뜨린 붉은 연막 수류탄의 흔적입니다. 저건 또 다른 수류탄 자국이고요."

그가 가방에서 금속 잔해들을 꺼내 하나씩 대리석 위에 떨어뜨릴 때마다 쨍그랑하는 소리가 났다. 검게 그을린 흔적들 사이에서 시아파 교도들은 무릎을 꿇은 채 황금빛 사원의 정면을 향해 눈을 반짝이고 있었고, 그 중 일부는 사원 문에 달린 은색 빗장에 입을 맞추고 있었다. 이곳은, 680년에 벌어진 인류 역사상 가장 결정적인 전투 중 하나에서 이맘 알 후세인Imam al-Hussein이 숨진 바로 그 장소였다.+

+ 선지자 무함마드의 사후에 이슬람 공동체는 생전의 그와 가장 가까웠던 인물을 차례로 지도자로 선출하게 되는데, 흔히 그들을 가리켜 정통 칼리프라 부른다. 무함마드의 사위이자 4대 칼리프였던 알리가 갑자기 암살되면서 이슬람 공동체는, 기존 원칙에 따라 새 지도자를 지명하거나 선출하길 원하는 사람들과 알리의 큰아들인 하산을 칼리프로 세우고자 하는 사람들, 스스로 칼리프임을 선언한 시리아의 총독 무아위야 세력으로 분열되게 된다. 이후 무아위야가 하산마저 독살한 뒤 자기 아들인 야지드를 칼리프로 지명하자, 선지자의 손자인 동시에 알리의 유일하게 생존한 아들 후세인이 군사를 일으켜 야지드의 폭정에 반기를 들게 된다. (뒷장에 계속)

미군은 지난달 후세인 사원 근처에서 총격전이 벌어졌을 당시, 자신들은 사원에 단 한 발의 사격도 가한 적이 없다고 주장했다. 그들은 당연한 듯이 사실을 부인했다. 오늘날 이라크에서는 이처럼 있던 일도 없다고 하는 게 거의 병적인 수준에 도달했다. 중동지역 대부분을 통틀어도 마찬가지다. 미국인들은 이라크에서 무고한 민간인들을 살해한 사실을 부인한다. 그래 놓고 또 민간인들을 죽인다. 이스라엘인들은 점령지에서 무고한 민간인들을 살해한 사실을 부인한다. 아니, 그들은 점령 자체를 부인한다. 그래 놓고 또 민간인들을 죽인다.

그래서 수힐 같은 사람들이 소중한 것이다. 그들은 거짓을 폭로한다. 이 경우, 증거는 그의 작은 가방에 든 유류품들이다. 비닐 가방에 들어있는 수류탄 가운데 하나에는 '44㎜ 탄약 홍염 조명탄 M713 PB-79G041-001'이라는 글씨가 적혀 있다. 또 다른 수류탄에는 '화이트 스타 클러스터 M585'라고 표기되어 있다. '40㎜ M195 KX090 010-086'이라는 글자가 적힌 것도 있었다. 이런 문구들은 꾸란에 담긴 말씀 하나하나에 집중해야 할 종교 시설이 아니라 세계 무기 거래 시장에나 어울릴법한 것들이었다.

그럼에도 사원 경비원이었던 아흐메드 하눈 후세인Ahmed Hanoun Hussein이 살해되는 일이 벌어졌다. 무장 강도들과 대치 중이던 이라크 경찰을 지원하기 위해 사원 근처에 도착한 미군들이 저지른 짓이었다. 그리고 다음 날, 항의 시위 과정에서 또 다른 시아파 신자 두 명이 역시 미군들이 쏜

하지만 바그다드 인근의 케르발라에서 벌어진 최후의 전투가 결국 야지드 군대의 승리로 끝이 나고, 후세인과 그를 따르던 추종자들은 무참히 학살당하고 말았다. 그 뒤로, 선지자의 혈통을 이어받은 인물만이 그의 영적 지도력을 이어받을 자격이 있다고 믿는 이들은 살해당한 알리와 후세인을 각각 1대와 3대 이맘으로 높이 받들게 되었고, 그들이 바로 오늘날의 시아파들이다. 해마다 이맘 후세인이 순교한 날인 '아슈라(Ashura)'가 돌아오면 전 세계 시아파들이 케르발라의 비극을 재연하는 '타이지야(Ta'iziyyah)'라는 순교극을 벌이며 그를 기억하는 이유도 거기에 있다.

총에 맞아 숨졌다. 수힐은 당시 미군들이 사원 안으로 진입하려 했다고 주장한다. 물론 미군들은 사원 근처에서 멀리 떨어져 있으라는 명령을 받았기 때문에 실제 그랬을 가능성은 적었다. 하지만 네 발의 총탄이 사원 외벽에 날아와 박혔다. "우리는 평화로운 국민들입니다. 우리한테 이런 게 왜 필요하죠?"라고 수힐은 내게 하소연하듯 물었다.

"우리가 사담 후세인 치하에서 얼마나 고통을 겪었는지 기억하시죠?"

그는 또 다른 신성모독의 현상을 가리켰다. 이번에는 사원의 주 첨탑 두 개 가운데 하나였다. 1991년도 시아파 봉기 과정에서 사담의 군대가 쏜 포탄의 파편 자국이 거기 선명하게 나 있었다. 걸프전 직후 우리는 시아파들에게 반 후세인 봉기를 부추겼다가 그들을 저버린 과거가 있었다.+

아무튼, 케르발라에서 미군들의 발포가 있었던 건 부인할 수 없는 사실이었다. 그러나 미국 정부와 군대의 입장에서는 아니었다. 지금도 그들은 이맘 후세인 사원을 향해 맹세코 사격을 가한 적이 없을 뿐 아니라, 자신들은 "사망자에 대한 정보가 전혀 없다"고 말한다. 마찬가지로 그들은 한 달 전 바그다드 만수르Mansour 지역에서 미군들이 가옥을 수색하던 도중 최소 6명의 이라크 민간인들을 학살한 사건에 대해서도 "아무런 정보를 갖고 있지 않다"고 이야기했다.

+ 이라크는 종교적으로 전체 인구 가운데 약 97%가 무슬림들로, 그중 65%가 시아파, 35%가 수니파이며, 인종적으로 80%가 아랍인, 15%가 쿠르드인들이다. 1968년부터 본격적으로 집권을 시작한 사담 후세인의 이라크 바트당은 주로 수니파 아랍인들로 구성되어 있었고, 따라서 시아파와 쿠르드인들을 차별하고 억압하는 정책을 취해 왔다. 그러던 중 이란-이라크 전쟁(1980-1988)과 1차 걸프전(1990-1991)을 잇달아 치르면서 수니파 후세인 정권의 군사력과 정치권력이 급격히 쇠퇴할 조짐을 보이자, 1991년 3월에 남부 시아파들과 북부 쿠르드인들이 일제히 반후세인 봉기를 일으키게 된다. 걸프전에서 후세인 군대를 쿠웨이트에서 몰아냈던 미국과 영국 정부의 군사적·정치적·재정적 지원 약속을 굳게 믿었기 때문이었다. 막상 봉기가 시작되자, 이라크에 친이란 시아파 정부가 들어설지 모른다는 우려와 자국 내 쿠르드 문제로 골머리를 앓던 터키와의 관계를 고려한 미국과 영국 정부가 애초의 지원 약속을 깬 채 수수방관하는 바람에 반군들은 이라크 국경수비대에 의한 철저한 진압과 보복을 감수해야 했다.

이것은 미영 연합군의 불법적인 침공으로 얼마나 많은 사람들이 희생됐는지에 관한 정보가 전혀 없는 것과 정확히 같은 맥락이었다. 참고로, 믿을만한 한 기관이 추산한 바로는 지난 몇 달 동안에만 침공으로 인한 사망자가 5223명에 이르렀고, 〈LA 타임스〉는 바그다드와 그 주변에서만 2700명이 사망했다고 보도했다.

지난주 아부 그라이브 교도소 바깥에서 미군들이 쏜 총에 맞아 숨진 마젠 다나Mazen Dana+의 경우, 그가 수상경력까지 있는 로이터 통신 카메라맨이라는 불편한 진실이 드러나지 않았더라면 역시나 "아무런 정보가 없었을" 것이라 믿어 의심치 않는다. 그나마 그의 직업이 기자였던 덕분에 다나의 죽음은 미 정부 당국자들에 의해 "끔찍한 비극"으로 인정받을 수 있었던 것이다. 그러나 미국 정부는 다나의 카메라가 로켓 추진 수류탄 발사기와 얼마나 닮았는지 케케묵은 거짓말과 변명을 늘어놓는데 조금도 주저함이 없었다. 그건 이스라엘이 1985년에 남부 레바논에서 미 CBS 소속 투피크 가자위Tewfiq Ghazawi와 바히지 메트니Bahij Metni 기자를 살해했을 당시에 써먹었던 것과 똑같은, 황당무계한 변명일 뿐이었다.

한편, 오늘날 미국에서 두 명의 젊고 아름다운 여성을 둘러싸고 채 벌어지는 거짓과 위선극은 훨씬 더 가증스러운 것이다. 미국의 이라크 침공 과정에서 부상을 당했다가 미 특수부대에 의해 이라크 병원침상에서 '구조된' 뒤 일약 미국의 영웅으로 떠오른 제시카 린치 일병이 그 첫 번째 주인공이다. 미 국방부는 그녀가 최후의 한 발까지 이라크인 적들을 향해

+ 팔레스타인 출신으로 로이터 통신에서 10년간 근무했던 베테랑 카메라 기자 마젠 다나는 2003년 8월 17일 아부 그라이브 교도소에서 미군의 경계활동을 취재하던 도중에 총격을 받아 숨졌다. 현장에 그와 함께 있던 녹음기사는 "근처를 지나던 미군 장갑차에서 갑자기 기관총이 발사되더니, 다나가 그 자리에서 쓰러졌다"고 증언했다. 다나의 카메라에 녹화된 마지막 장면에 장갑차가 총신을 취재진 쪽으로 돌리는 모습이 담겨 있었으며, 미군 합동참모본부도 "장갑차의 미군이 카메라를 로켓추진 수류탄 발사기로 오인한 것 같다"고 잘못을 시인했다.

웅사했다고 발표했고, 우리는 믿었다. 그러나 그건 진실과 거리가 멀었다. 린치 일병은 매복 공격이 벌어진 와중에 두 대의 군용 트럭끼리 부딪친 교통사고로 부상을 입었고, 이라크 의사들은 그녀를 특별히 잘 보살펴 주었다. 그런데도 무방비 상태의 병원에 린치의 '구원병들'이 갑자기 들이닥쳤다는 사실이 추후에 드러났다.

그에 비해 두 번째 미국 젊은이는 진정한 영웅이었다. 레이첼 코리라는 이름의 그 소녀는, 팔레스타인 가옥을 파괴하려던 이스라엘 불도저의 앞을 막아섰다가 죽임을 당했다. 당시 확성기로 소리를 치던 그녀가 신분을 표시한 재킷을 분명히 입고 있었음에도, 이스라엘 운전사는 그녀를 불도저로 깔아뭉갠 다음에 다시 후진했다가 한 번 더 치는 만행을 저질렀다. 이 모든 상황은 고스란히 영상에 담겼다. 작가 나오미 클라인Naomi Klein은 스스로가 유대인임에도 불구하고, 영국 〈가디언〉 지를 통해 "린치와 달리 코리는 전투에 참여하기 위해 팔레스타인 가자 지구로 간 게 아니었다. 그녀는 전투를 막기 위해 간 것이다"라고 용감하게 지적한 바 있다.

미국 정부 관계자 중에서 레이첼 코리의 용기를 칭찬하거나 이스라엘 운전사의 살인행위를 비난한 사람은 단 한 명도 없었다. 부시 대통령 역시 비겁하게 침묵했다. 이스라엘 정부는 그보다 한술 더 떠 레이첼 코리가 소속됐던 활동가 그룹에 흠집을 내려 애썼다. 코리의 사망 이후 일어난 텔아비브Tel Aviv 자살폭탄 공격에 연루된 두 명의 영국인들이 코리의 추모행사에 참석했었다고 주장한 것이다. 마치 행사를 조직한 사람들이 아직 일어나지도 않은 범죄를 미리 알고 있었다는 듯이 말이다.

죽은 사람을 중상 모략하는 행위는 전혀 새삼스러운 일이 아니다. 그렇지 않나? 1970년대 초반 북아일랜드로 한번 돌아가 보자. 당시 앤트림 카운티Co. Antrim의 리즈번Lisburn에 주둔하던 영국군 공보실이, 동료 군인들에 의해 의문의 죽음을 당한 자국 군인들이나 국민들에게 어떤 반응을 보였는지 나는 똑똑히 기억하고 있다. 그들은 죽은 이들을 언제나—이 대목에서 크게 한번 숨을 가다듬자— '월터 미티+ 같은 성격'을 가진 사람들로 묘사하곤 했다. 나는 〈벨파스트 텔레그래프Belfast Telegraph〉 지 1면에서 이런 식의 흠집 내기 기사들을 읽을 때마다 신물이 날 지경이었다. 익명의 군 장교들이 언론에다 '그 친구는 원래부터 도통 믿을 수 없는 월터 미티 같은 몽상가였다'고 제보하면 그걸 그대로 받아쓰는 식이었다. 북아일랜드에서 사망한 사람들 가운데 최소한 세 명이 그런 취급을 당했다.

나는 토니 블레어의 보좌관 톰 켈리Tom Kelly가 월터 미티란 표현을 처음 접하게 된 것도, 그리고 죽은 사람의 명예를 그토록 쉽게 훼손해도 아무렇지 않다는 생각을 품게 된 것도 그때부터가 아닐까 하고 추측한다. 북아일랜드에서 나고 자란 그는, 나처럼 벨파스트 신문들을 통해, 작가 제임스 서버에 대해 잘 알지도 못하는 익명의 군 '공보 대변인들'이 기자들에게 전화로 떠벌린 거짓말들을 읽었던 게 틀림없다. 따라서 톰 켈리가 〈인디펜던트〉 특파원에게 데이빗 켈리 박사•를 향한 터무니없는 험담을 늘어놓은 건 암울한 전쟁 당시의 북아일랜드에서부터 비롯된 것이 아닐까 하는 게 나의 생각이다.+

+ 20세기 최고의 유머 작가 중 하나로 꼽히는 제임스 서버(James Thurber)가 1939년 미국 〈뉴요커〉 지에 게재한 단편소설 〈월터 미티의 은밀한 생활(The Secret Life of Walter Mitty)〉에 등장시킨 가공의 캐릭터. 작가의 친구를 모델로 한 월터 미티는 실제 삶에서는 겁 많고 소심하며 우유부단한 소시민의 모습을 보여주지만, 머릿속에서는 항상 전투기 조종사나 응급실 의사, 구급대원 같은 영웅이나 태연히 살인을 저지르는 악당이 되는 상상 속에 빠져 사는 인물이다. 해당 소설은, 1947년에 대니 케이(Danny Kaye)를 주인공으로 영화화된 데 이어 2013년에도 벤 스틸러(Ben Stiller) 감독에 의해 리메이크되었다(〈월터의 상상은 현실이 된다〉). 월터 미티는 "영웅이 되는 환상에 빠져 사는 평범하고 때로는 무능력한 인물"을 가리키는 단어로 각종 사전에도 등재돼 있다.

• 생물학전 전문가이자 과거 유엔의 이라크 무기사찰단 일원이던 데이비드 켈리 박사는 BBC 기자와 비보도를 전제로 나눈 대화에서 대량파괴무기에 관한 영국 총리실의 저 악명 높은 '보고서'가 상당히 과장된 내용을 담고 있다고 털어놓은 뒤, 2003년 7월 15일 옥스퍼드셔 자택 인근에서 숨진 채 발견됐다. 자유민주당 소속의 노먼 베이커 의원은 자신의 저서에서 켈리 박사가 살해당했을 가능성을 시사했다.

자, 오늘부터 우리는 이름 몇 개를 기억해야만 한다. 아흐메드 하눈 후세인, 마젠 다나, 투피크 가자위, 바히지 메트니, 레이첼 코리 그리고 데이비드 켈리 박사. 이들의 공통점은 모두 죽음을 피할 수 없었다는 데 있다. 또한 죽음을 부인하거나, 살해 이유에 대해 거짓말을 하거나, 혹은 더이상 스스로를 변호할 수 없는 상황이 된 사람들을 중상 모략할 수 있는 능력이 우리에게 충분하다는 사실을 입증하게 해준 대상 인물들이었다는 섬도 빼놓을 수 없겠다. 실로 월터의 상상은 현실이 된다!

2003년 8월 23일

인디펜던트

+ 북아일랜드 출신으로서 벨파스트와 런던에서 BBC 기자로 활동하다가 2001년부터 토니 블레어 총리의 대변인으로 일했던 톰 켈리는, 데이비빗 켈리 박사의 장례식이 있기 며칠 전에 기자들과 대화를 나누는 자리에서 켈리 박사를 가리켜 영국 정부와 BBC를 호도한 "월터 미티 같은 인물"이라고 말했다가 여론의 뭇매를 맞았다.

악이란 참 까다로운 개념이란 말이야

추수감사절을 맞아 두 시간짜리 '따뜻한 식사'를 하기 위해 바그다드 공항에 몰래 도착한 조지 부시는 거침이 없었다. 그는 미국인들이 "수많은 폭력배들과 암살자들 앞에서 퇴각하는 모습을 보이려고" 바그다드에 온 게 아니라고 말했다. 악의 세력은 여전히 주위를 배회하면서 선의 군대를 공격할 준비가 되어 있다고도 했다. 그의 말대로 지금 이라크에서 저항투쟁을 벌이고 있는 반군들이 정말 한 줌도 안 되는 과거의 바트당 잔존세력일 뿐이라면, 그들을 '폭력배들'이라 부르는 데 대해 불평할 사람이 과연 누가 있을까? 그러나 악이란 참 까다로운 개념이다. 오늘은 악마였다가, 내일은 또 친구가 될 수도 있는 것이다. 일본을 한번 보라.

물론 나는 일본인들을 좋아한다. 근면하고, 교양 있고—프랑스 인상파 화가들의 작품을 수집해간 것만 봐도 그렇다—, 조지 부시의 '테러와의 전쟁'에 살짝 발을 담갔다 뺄 만큼의 좋은 감각도 갖추고 있다. 일본은 조지 부시가 이라크의 민주주의를 약속할 때 언제나 드는 사례 중 하나라는 사실도 기억하기 바란다. 2차 세계대전 이후 미국은 천황에 집착하던 일본을 자유를 사랑하는 나라로 바꿔놓지 않았던가?

그리 오래지 않은 과거에, 나는 도쿄에서 기억을 거슬러 올라가는 경험을 해본 적이 있다. 그건 나 자신의 것이 아니라, 아직 십 대의 나이에 영국 해병대에 복무했던 짐 페더Jim Feather라는 군인의 잔인하게 끊어진 기억이었다. 프레다 고모의 아들, 즉 나와 사촌이던 짐은 1941년 12월 10일 리펄스Repulse호가 일본 전투기에 의해 침몰할 당시 그 배에 타고 있었다. 다행히 구조돼 싱가포르로 이송되었지만, 영국군이 항복하는 바람에 그곳에서 포로가 된 뒤, 버마 철도 건설 현장에 투입돼 열악한 처우와 굶주림에 시달렸다. 데이비드 린 감독의 〈콰이강의 다리〉란 영화를 기억하는 사람이라면 누구나 거기서 어떤 일들이 벌어졌는지 잘 알고 있을 것이다. 결국, 짐은 1942년의 어느 날 일본의 전쟁포로수용소에서 숨을 거뒀다. 나중에 그의 동료가 프레다 고모에게 전해준 바에 따르면, 죽기 직전 키가 183㎝였던 그는 마치 깃털처럼 가벼워서 어깨 위에 올려놓을 수 있을 정도로 야위었다고 한다.

내가 사촌 형 짐을 머릿속에 떠올린 건 일본인 전몰자들을 추모하는 도쿄 중심부의 신사+를 거닐면서였다. 그곳에는 "반자이, 반자이(만세, 만세)"를 외치던 말단 병사들부터 미 항공모함을 향해 돌진했던 가미카제 자살특공대원들에 이르기까지 다양한 전몰자들이 합사되어 있었다. 자살공격을 감행했던 이라크인들은 일본의 가미카제 즉 '신풍(神風)'에 대해 잘 알지 못할 수도 있겠으나, 그런 방식의 공격에는 태평양에서 시작돼 스리랑카 자살폭탄범들++을 거쳐 중동으로 이어지는 일련의 역사적 흐름이 존

+ 야스쿠니 신사를 가리키는 것으로, 이곳에는 1867년 메이지유신 이후 일본이 치렀던 내전과 전쟁 과정에서 숨진 전몰자 246만여 명의 명부가 보관돼 있으며, 태평양 전쟁 때 강제로 군대에 끌려갔다가 희생당한 한국인 2만 1000명과 대만인 2만 7000명, 그리고 태평양 전쟁을 일으킨 A급 전범 14명의 위패도 함께 합사돼 있다.

++ 1983년 7월부터 2009년 5월까지 26년간 이어졌던 스리랑카 내전에서 반군인 '타밀 엘람 해방호랑이(LTTE)' 대원들이 정부군과 국가기간시설을 상대로 자살폭탄 공격을 감행한 것이 오늘날 중동과 체첸 등지에서 빈번하게 일어나는 자살폭탄 공격의 효시로 알려져 있다.

재한다. 부시 대통령이 말한 '폭력배들과 암살자들'이 알라를 가슴에 품고 죽었다면, 일본 조종사들은 천황을 가슴에 새기고 있었던 것이다.

신사 내에 일본군의 작전 사진들이 전시된 구역에는 영어로 된 설명들이 붙어있었지만, 미 항공모함을 향한 자살공격을 대단히 인상적으로 묘사한 유화를 포함해 가미카제 특공대원들의 초상화에는 유독 일본어 설명만 달려 있었다. 나는 그게 전혀 놀랍지 않았다. 그보다 놀라웠던 건, 신사에서 몇 미터 떨어진 곳에 놓인 철로 위에 어릴 적 〈소년의 신문〉에서 봤던 밝은 녹색의 커다란 증기 기관차가 서 있다는 사실이었다.

마침 그곳엔 일본인 십 대 청소년들이, 피스톤 막대를 청소하고 보일러에 녹색 페인트로 살짝 마감작업을 하고 있었다. 문득 기관사가 되고 싶어 했던 소년 시절의 기억이 떠올라 슬쩍 기관차에 올라 타봤다. 나는 그들에게 "이 중에 영어 할 줄 아는 사람 있으면 좀 대답해주세요. 신사에 왜 기관차가 있는 거죠?"하고 물었다. 그러자 테가 가느다란 안경을 쓴 진지한 얼굴의 젊은이 하나가 나를 보고 웃으며 설명했다.

"최초로 일본군 열차를 끌고 버마 철도를 달렸던 기관차가 바로 이것이었으니까요."

아하, 그제야 나는 이해가 됐다. 해병대원 짐 페더는 이 앙증맞고 예쁜 기관차가 증기를 뿜으며 버마 정글을 통과할 수 있도록 하려다 죽은 거였다. 실제로 이 기관차의 첫 번째 임무는 죽은 일본군 병사들의 유골을 전장으로부터 북쪽으로 실어 나르는 것이었다.

물론 일본인들은 우리의 친구다. 그들은 우리의 민주주의가 맺은 열매였다. 그러나 여기엔 어떤 의미가 담겨 있는가? 지금도 일본 정부는 자신들의 '대동아 공영 전쟁' 기간에 여성들을 대상으로 자행된 강간과 학살범죄의 구체적인 실상들을 인정하지 않고 있다. 전후 국제전범 재판 이래로—27명의 일본인 전범들이 기소되고 그중 7명이 교수형을 당했다— 단 한 사람의 일본인도 전쟁 범죄 혐의로 일본 법정에 기소된 적이 없었다. 강제로 매음굴에서 일해야 했던 한국과 중국 출신의 '위안부 여성들'과 중국 소녀들을 집단 강간한 범죄에 가담했음을 인정했던 병사들도 여전히 살아있고, 기소로부터 안전하다.

그들이 악을 대표하는 사람들인 걸까? 미 항공모함으로 돌진해 자폭한 대가로 오래도록 기억되는 영예를 누리는 그 날의 일본 젊은이들과 이라크 미군 호송대를 향해 자폭공격을 가한 젊은이들 사이에는 어떤 차이가 있을까? 물론 이라크 반군들은 적십자를 존중하지 않는다. 하지만 그건 일본인들도 마찬가지였다.

내가 추측하기에는, 그건 누구를 친구로 두느냐에 전적으로 달려 있는 문제인 것 같다. 일 년 전, 런던의 제국 전쟁 박물관Imperial War Museum에서 조그맣게 열렸던 '반인도주의 범죄'에 관한 전시회를 예로 들어보자. 거기에는 1915년 아르메니아 홀로코스트를 다룬 섹션도 포함되어 있었다. 하지만 동시에, 아르메니아인들은 집단학살로 살해된 게 아니라는 거짓 주장을 여전히 펴고 있는 터키 정부의 반박 자료들도 전시돼 있었다.

당시 친가 쪽 가족 구성원들 모두가 터키인들에게 살해됐던 앤디 케보르키안Andy Kevorkian은 박물관 총감독인 로버트 크로포드Robert Crawford에게 편지를 썼다. 그는 유대인 홀로코스트를 부정하는 우파 역사가 데이비드 어빙이나 신나치들의 반박자료는 전시회 어디에도 없었다고 항의했다. 물론 그런 일이 절대 있어서는 안 된다. 케보르키안은 편지에 이렇게 덧붙였다.

20세기 최초의 집단학살로 전 세계가 인정한 사실을 부인하라는 터키의 압력에 제국 전쟁 박물관이 굴복한 것은, 살아남은 아르메니아인들에 대한 모욕입니다. 학살이 없었다고 말할 기회를 터키인들에게 허락해 준 박물관 측의 처사는 정의와 진실을 희화화시킨 것이나 다름없습니다.

이는 똑같이 해묵은 문제다. 도쿄의 증기기관차와 제국 전쟁 박물관의 학살 반박자료는, 과거의 적에서 오늘날의 친구로 변신한 이들을 달래기 위한 거짓말이다. 일본은 서구의 민주주의를 받아들였다. 그래서 악은 무시된다. 터키는 우리의 세속주의 동맹국이며, 유럽연합에 가입하기를 원하는 민주주의 국가다. 그래서 악은 무시된다. 그러나 두려워 말길. 이라크에서 탈출하려는 미국인들이 훨씬 더 절박한 상황에 부닥치게 되면, 폭력배들과 암살자들은 다시 착한 사람들로 둔갑해 우리를 위해 일하게 될 것이기 때문이다.• 이미 점령 당국은, 사담이라는 악마를 추적하기 위해 사담의 옛 비밀경찰이라는 악마들을 고용한 사실을 인정한 바 있다. 악이란 참 이해하기 까다로운 개념인 것이다.

2003년 11월 29일

인디펜던트

• 2007년 여름, 미국 정부 관리들은 수천 명의 전직 이라크 반군들을 설득하고 매수해 자신들 편에서 싸우도록 둔갑시켰다. 미국의 새로운 부역자들은 자신들의 옛 동료들을 추적해 상당수를 살해했다.

중동은 희망이고 유럽은 위기다?

"도대체 당신네 유럽 사람들은 무슨 말을 하는 거요? 유럽이 쪼개진다는 말도 안 되는 소리는 또 뭐요?"

지난 2월 우리는, 레바논의 전 총리가 살해당할 당시 현장에서 불과 백 미터 떨어진 곳에서 점심을 먹고 있었다. 레스토랑은 폭발로 거의 다 부서졌고, 직원들은 상처를 입었으며, 오른쪽 뺨이 세로로 깊게 찢어진 '라 빠요트La Paillote'의 수석 웨이터는 심하게 고통스러워했다. 나를 초대한 손님은 놀란 가슴을 쓸어내리며 이렇게 물었다.

"당신들은 같은 지구에 사는 사람들이 맞나요?"

그 말이 옳았다. 이곳 베이루트에서 펼쳐 든 유럽 신문들에는 온통 유럽의 혼란, 프랑스와 네덜란드의 유럽 헌법 거부, EU가 해체될지도 모른다는 전망, 이탈리아의 리라lira 화폐로의 복귀—세계 모든 통화 중에서도 가장 가당찮은 화폐다—, 브뤼셀—세계 모든 도시 중에서도 가장 가당찮은 도시이고 말이다—에서 리베이트를 놓고 벌어진 격렬한 설전 같은 이야기들뿐이었다. 〈인터내셔널 헤럴드 트리뷴International Herald Tribune〉 지는 "블레어는 유럽이 '다시 새로워져야 한다'고 말했다"고 보도했다. 또한, 내가 읽고 있는 신문의 1면 머리기사에서는 "고든 브라운, 유럽연합에 강력한 경고를 보내"라고 적혀 있었다. 신문을 보고 있자니 유럽연합을 선호하는 건 오직 동유럽 사람들뿐인 것처럼 느껴졌다. 어쩌면 그날 레바논 친구가 던졌던 질문에 대한 대답의 일부는, 동유럽의 망령들[+]에게 있는지도 모르겠다.

아무튼, 베이루트에서 본 서구 언론들의 모습은 아주 괴상하기 그지없었다. 예를 들어, 어제 날짜의 레바논 신문들은—아랍권의 다른 신문들과 마찬가지로— 서구 언론들이라면 감히 보여주지 못했을 끔찍한 사진 한 장을 게재했다. 1면 상단의 절반가량을 차지한 사진에는 폭발물 잔해 속에서 12살 소년을 구하려고 애쓰던 한 이라크 남자의 모습이 담겨 있었다. 상황이 그다지 좋지 않았다. 왼쪽 무릎 아래가 날아간 소년의 고통스러운 얼굴 아래로 피투성이가 된 채 잘려나간 다리와 붉은 뼛조각, 연골, 살점이 흩어져 있었기 때문이다. 2003년, 우리들 덕분에 '해방된' 운 좋은 이라크인 중 한 명이었던 레이스 팔라는 부모님과 세 여동생에게 줄 빵을 사기 위해 자전거를 타고 바그다드의 빵 가게로 가던 중이었다. 이런 현실 속에서, 소년과 그 부모·여동생·모든 이라크인과 아랍인·중동 사람 그리고 나를 점심에 초대한 레바논 친구의 눈으로 보기에 유럽연합의 문제는 브뤼셀과 리라만큼이나 터무니없어 보였을 것이다.

그렇다면 왜 우리 유럽인들은 더 이상 우리 자신의 평화와 만족·안전·특별한 사치·초현대적인 생활 수준·신성한 행운·길고 멋진 삶을 믿지 못하게 된 걸까? 에어 프랑스를 타고 파리에 도착해 시내로 향하는 수도권 고속 전철[RER] 안에서, 다시 런던행 유로스타 열차로 갈아타고 아버지의 친구들이 묻혀있는 프랑스 북부의 거대한 군인 묘지를 지나며 커피를

+ 과거 사회주의권에 속해 있었던 체코·헝가리·폴란드 등의 동유럽 국가들을 서구 유럽인들은 흔히 이렇게 부른다.

홀짝이는 그 순간에도, 나는 동료 유럽인들의 언짢은 표정과 슬픈 얼굴을 마주하게 된다. 아름다운 선진국에서 살아가는 그들은 내가 사는 이곳 베이루트 사람들은 상상도 하지 못할 정도의 짧은 노동시간과 인권법 따위의 보호를 받으면서도 항상 삶의 무게에 짓눌려 살아간다.

워털루 역을 향해 천천히 나아가던 기차 안에서 템스 강과 빅벤이 보이기 시작하자, 나는 친구에게 전화를 걸었다. 그는 오스트레일리아나 캐나다로 이주하려 애쓰는 이라크인이었다. 오스트레일리아는 너무 덥고 캐나다는 너무 춥다고 그에게 말했더니, 아직 결정을 내리지 못했다는 대답이 돌아왔다. 게다가 오스트레일리아 대사관을 찾아가려면 요르단 국경을 넘어야 하는데, 그게 불가능하다는 말도 했다. 이상야릇하게도—그리고 이는 우리 신문들이 정확히 드러내고 있는 이상야릇한 모습의 일부이기도 했다— 우리는 중동이 점점 더 나아지고 있다고 믿고 싶어 한다.

이라크는 새롭게 떠오르는 민주주의 국가다. 우리 군인들은 반군을 상대로 한 전쟁에서—그나마 요즘은 전쟁이라 부르긴 하니 다행이다— 승리를 거두고 있다. 레바논은 이미 자유롭고, 이집트는 곧 더욱 민주적으로 탈바꿈할 것이며, 두어 달 전에는 사우디인들조차도 선거를 감당해냈다. 이스라엘도 가자에서 철수할 것이고, 평화를 향한 '로드맵'이 시작돼 팔레스타인 국가가 수립될 것이다.

물론 이건 다 말도 안 되는 헛소리다. 이라크는 고통과 공포의 용광로이며, 반란은 날이 갈수록 유혈이 낭자한 비극으로 치닫고 있다. 또한, 레바논 민중들은 공격당하고 있고, 무바라크의 이집트는 억압과 빈곤의 구렁텅이인 데다, 사우디아라비아는 통념을 벗어나는 절대 군주국이다. 이번 주에 나는 레바논의 변호사 친구에게 "진짜 조심해야 한다"고 말했다. 그의 정치 이력은 이번 달 베이루트에서 암살된 기자이자 과거 공산당 지도자로 활동했던 인물과 정확히 일치했다. 그런데 이내 "너도 마찬가지야"라는 답변이 되돌아왔다. 나는 잠시 앉아서 그 말뜻을 곱씹어보았다.

어쩌면 우리 유럽 사람들은 우리 자신의 특별한 고민에 집중하기 위해서라도 중동을 희망의 원천이라 믿어야 했는지 모른다. 만약 우리가 중동을 가리켜 점점 자유가 확대되는 천국이자 공포에서 해방된 곳이라고 굳게 믿게 된다면, 그때 가서는 또 스스로에 대해 상심하고 우리가 가진 특권을 저주하며 우리의 빛나는 삶을 증오하게 되겠지. 하지만 왜일까? 우리는 중동의 비극을 애써 외면하고, 그런 다음 유럽에서의 천국 같은 삶을 스스로 깎아내린다.

아무래도 2차 세계대전이 너무 오래전 일이긴 한가 보다. 거의 기억에서 희미해져버렸지만, 생지옥 같던 당시 유럽의 현실은 우리로 하여금 안보와 단결 그리고 부의 신대륙을 만들게끔 유도했다. 이제 우리는 그런 과거를 완전히 잊어버린 게 아닌가 한다. 1918년 프랑스 북부에서 내 아버지의 친구들이 죽어간 그 세계, 브리튼 전투Battle of Britain+ 때 나의 어머니가 스핏파이어Spitfire++의 무전기를 수리하던 그 세계는 '사라지고' 있다. 그것은 다만 블레어 총리가 이라크에서 자신이 벌이는 그 끔찍한 전쟁을 영국의 최고 황금기에 비유할 때나, 우리가 〈다운폴Downfall〉+++같은 영화를 통해 나치가 파멸하는 장면을 즐기고 싶을 때만 등장하도록 허락된다. 그리고 차가운 땅바닥 여기저기 공동묘지가 흩어져 있는 동유럽에서만 옅은 안개 사이로 당시의 기억이 아른거릴 뿐이다.

+ 2차 세계대전 초반이던 1940년 여름부터 가을까지 독일공군이 제공권을 장악하기 위해 영국 전역의 군사기지와 항만 등의 사회기반시설을 대상으로 융단폭격을 가하자 영국군이 필사적으로 반격을 가했던 전투. 인류 역사상 대규모 공중전으로는 최초이자 가장 치열했던 전투로 기록되고 있다.

++ 2차 대전 당시 영국 공군의 주력 전투기로 사용됐던 슈퍼마린 스핏파이어(Supermarine Spitfire) 전투기

+++ 히틀러의 비서였던 트라우들 융게(Traudl Junge)의 회고록을 토대로 그의 몰락과 최후의 순간을 세밀하게 묘사한 2004년 작 독일영화. 원제는 'Der Untergang'.

유럽연합에 대한 동유럽 사람들의 사랑은 그렇게 설명될 수 있을지도 모르겠다. 그러나 레이스 팔라의 끔찍한 상처는 〈라이언 일병 구하기〉보다 더 소름 끼치는 것이었다. 그것이 바로 여러분들이 이번 주에 유럽에서 그 사진을 볼 수 없었던 이유이다.

어제 점심을 먹기 전, 나는 과거 레바논 공산당의 지도자로 활동했던 주르지 하위George Hawi+의 장례식을 지켜보기 위해 베이루트의 순교자 광장으로 내려갔다. 지난 화요일, 그는 곤놀 커피숍으로 차를 몰고 가던 도중 시트 아래에서 터진 폭탄이 배를 관통하는 바람에 숨을 거뒀다. 그의 부인은 눈앞에서 남편의 시신이 도로에 널브러져 있는 장면을 보고 슬픔과 공포에 질려 기절해버렸다. 장례식장에서 그녀는 남편의 관 앞에서 울고 있었다. 그리고 그 순간, 3000㎞ 떨어진 유럽은 위기를 겪고 있었다.

2005년 6월 25일

인디펜던트

+ 하위는 레바논 내전 기간(1975-1990)에 '민중 수비대(Popular Guard)'를 조직해 기독교 정부와 민병대에 맞서 싸웠으며, 1982년 이스라엘의 레바논 침공 때는 1976년부터 레바논에 진주해있던 시리아군과 연합해, 이스라엘군과 그 꼭두각시인 '남부 레바논군'민병대에 맞섰다. 시리아의 내정간섭과 군대 주둔을 강하게 비판해왔으며, 그의 암살에도 시리아 정부가 개입했다는 의혹이 끊이지 않았다.

유럽이라는 요새에서 도망 다니는 한 시인

암스테르담에서의 어느 날, 아프가니스탄 시인 모하메드 지야Mohamed Ziya는 내 옆자리에 놓인 의자에 앉아 자신의 얇은 시집을 펼쳐 들었다. 섬세한 페르시아 계열 문자인 다리 어로 인쇄된 시들이 페이지 위를 미끄러지듯 굴러가고 있었다.

"신이시여, 왜 이슬람의 이름으로 이 모든 살인이 일어나는 것이며, 왜 사람들은 서로 미워하고 죽이는 것입니까? 내 조국에 남겨진 의자는 오로지 정부를 위한, 아프가니스탄을 파괴하고자 하는 사람들을 위한 의자들뿐입니다."

그가 분노의 단어들을 천천히 읽어 내려가는 동안, 주위에는 낡은 네덜란드 벽시계 소리만 잔잔하게 들려올 뿐이었다. 창밖에는 헤렌그라흐트Herengracht 운하가 빗속을 부드럽게 미끄러져 흘러가고 있었다. 여기만큼 카불의 풍경과 동떨어진 곳도 아마 찾기 어려울 듯했다. 모하메드는 계속해서 시를 읽어 내려갔다.

"당나귀들이 차례로 아프가니스탄으로 왔다네. 마수드, 라바니, 그리고 나머지 당나귀들. 모두가 그들이 오기를 기다리고 있었다네. 굴부딘은 그 당나귀들에겐 꼬리가 없다며 이렇게 말하네. '꼬리를 가지고 있는 건 오직 나뿐, 그러니 내가 장관이 될 거야.'+ 그리고 그 당나귀들이 지금 정부를 움직인다네."

당나귀는 우리에게 착하고 친숙한 짐승일지 모른다. 그러나 무슬림 세계에서는 사람을 일컬어 카르khar, 즉 당나귀라고 부르는 건 아주 모욕적인 표현이다. 모하메드는 1990년에 러시아가 철수한 뒤 카불로 입성한 '무자헤딘'++ 게릴라 전사들을 그렇게 부르고 있었다. 무자헤딘의 카불 입성은 이후 수년간 최소 6만 5000명의 아프간 사람들을 죽음으로 몰고 갔던 내전의 전조였다. 반 소비에트 전사였던 오사마 빈 라덴이 환멸을 느낀 채 아프가니스탄을 떠나 수단으로 향한 것도 바로 그 분쟁 때문이었다.

모하메드가 나를 쳐다봤다. 그는 어둡고 날카로운 눈을 가진 작고 원기 왕성한 남자였다. "나는 미래 세대들이 우리의 경험과 고통을 이해하길 바랐어요. 이런 시를 쓰지 않고는 배길 수가 없었죠"라고 그는 내게 말했다. 아프간에서 한때 '무자헤딘'에게 넘겨진 그는 카불에 있는 더러운 감옥에 내팽개쳐졌다가 아버지가 손을 쓴 덕분에 풀려났다. 뒤이어 탈레반이 들어왔고, 모하메드는 자신의 펜이 다시 스스로를 위험으로 몰고 가는 걸 막을 수 없었다.

"흔히 말하는 것처럼 '물 밑에서 몰래' 시를 썼죠. 하지만 사무실의 누군가가 내가 쓴 '실직'이란 제목의 시를 발견하고 사장에게 보고했는데, 공교롭게 사장이 물라+++였어요."

+ 여기서 그는 소련군에 맞서 싸웠던 무자헤딘 지도자들이자 군벌이었던 아흐마드 샤 마수드(Ahmad Shah Massoud), 부르하누딘 라바니(Burhanuddin Rabbani), 굴부딘 헤크마티아르(Gulbuddin Hekmatyar) 등을 이야기하고 있다.

++ 원래는 무슬림 사회에서 신의 가르침을 따르기 위해 부단히 노력하는 사람들을 총체적으로 일컫는 표현이었으나, 1979년 12월 소련이 아프가니스탄을 침공한 뒤로는 외세의 침략에 맞서 싸우는 '전사'의 의미로 좁혀서 사용되기 시작했다.

+++ 이슬람 교리와 법률에 정통한 사람을 일컫는 말. 성직자와 율법학자들이 여기에 포함된다.

발각됐다는 사실을 알게 된 모하메드는 공포에 질려 도망치듯 사무실을 빠져나와 아버지 집으로 내달았다. 그때부터 모하메드는 삶의 대부분을 도망자 신세로 지내야 했다. 현재 모하메드 부부와 세 자녀는 네덜란드 북부에서 살고 있다. 6년 전 아프간에서 도망쳐 건너온 이후, 그는 그 땅에서 계속 머물 수 있기를 간절히 바랬다. 하지만 전반적으로 반이민 반무슬림 정서가 강해진 유럽 상황에서 법원은 그들의 체류 연장 요청을 거부했다. 그리고 모하메드의 체류 허가 서류는 이미 기한이 만료되었다. 이제 그는 두려움 속에 경찰을 기다린다. 그들은 아마 이렇게 요구할 것이다.

"서류 좀 보여주시죠."

모하메드와 그 가족은 친척인 호지 압둘 라흐만의 도움으로 카불을 탈출해 잘랄라바드를 거쳐 파키스탄 국경을 넘을 수 있었다. 그뿐만 아니라 '호지'+는 파키스탄에서 가짜 여권과 비자를 구해 모하메드의 가족이 네덜란드로 건너올 수 있게 해주었다. "네덜란드에 도착하자마자 경찰서에 가서 입국 신고를 했습니다. 경찰은 우리에게 아주 잘 대해줬어요. 그들이 제베나아르Zevenaar에 가서 난민 신청을 하라기에 우린 그저 시키는 대로 했을 뿐입니다"라고 모하메드는 말했다. 그래서 머물게 된 곳이 네덜란드의 어느 작은 마을이었고, 지역 주민들은 아프간에서 온 이방인 가족을 따뜻하게 대해주었다.

"동네 사람들이 항상 우리 아파트로 찾아와서 음식도 주고, 자기 집에 초대도 해줬어요."

그때 그 주민들을 생각하며 쓴 가슴 뭉클한 시가 '이 모두에 감사드

+ 메카 순례를 마친 사람들에게 수여되는 명예로운 칭호다.

럽니다'였다. 그러나 운명은 모하메드를 그냥 놔두지 않았다. 그의 사건을 청취한 법원이 최종 심리에서, 난민 지위 인정의 기준이 되는 날짜를 2000년에 제베나아르를 처음 방문한 날이 아니라 그의 가족들이 네덜란드에 도착한 날짜로 계산했더라면,• 아마도 그는 영구 난민 자격을 받을 수 있었을 것이다.

"그러나 법원은 제베나아르에 난민 신청을 한 날짜를 네덜란드 도착일로 계산했고, 그래서 우리 가족이 네덜란드를 떠나야 한다고 말했어요. 그들은 탈레반이 물러났기 때문에 이제 아프가니스탄도 '민주주의 국가'가 됐다고 합니다. 하지만 나를 감옥에 가뒀던 무자헤딘 군벌들 중 상당수가 카르자이 새 정부에서 일하고 있다는 사실은 전혀 감안하지 않았어요. 그자들은 똑같은 짓을 또 되풀이할 겁니다."

아마 그럴 것이다. 그럼에도 이제 모하메드 부부와 세 자녀는—그중 한 명은 네덜란드에서 태어났다— 경찰의 손에 이끌려 스키폴 공항으로 이송된 다음, 위험천만한 고향 땅으로 되돌아가는 긴 여행을 해야 할 날을 기다리는 처지다.

그런 가운데 영화감독 테오 반 고흐Theo van Gogh가 잔인하게 살해당하는 사건이 일어났다.+ 그를 살해한 무슬림 살인범은 법정에서 반 고흐의 가족에게 아무런 동정심도 느끼지 못한다고 말했다. 그런 그의 냉담한 태도는 네덜란드 정부의 결심을 더욱 굳히는 역할을 했다. 클리시 수 부아Clichy-sous-Bois 폭동으로 사르코지와 시라크의 마음이 더욱 굳어졌듯이

● 네덜란드 당국이 일주일간에 걸친 밀레니엄 휴가를 즐기고 있었기 때문에 모하메드의 제베나아르 방문이 그만큼 뒤로 미뤄졌었다.

+ 칼럼니스트이자 작가이기도 했던 그는 2004년 11월 2일 네덜란드 암스테르담 시내에서 자전거를 타고 가다가 27살의 모로코계 네덜란드 청년 모하메드 부예리(Mohammed Bouyeri)가 쏜 여러 발의 총탄에 맞은 후 도망치다, 결국 목이 잘려 살해됐다. 부예리의 범행 동기는 반 고흐 감독이 그의 15분짜리 실험영화 〈복종(Submission)〉에서 이슬람의 여성인권 유린을 비판하는 방식의 하나로 여자 주인공의 나체에 꾸란의 문구가 적힌 장면을 삽입함으로써 이슬람을 모독했다는 것이었다.

말이다.+

그래서 지금 나는 내 호텔 방의 부드럽고 푹신한 팔걸이의자에 등을 구부린 채 앉아 있는 모하메드에게 무슨 말을 해야 하나? "저는 당신을 도울 수가 없습니다. 그 대신 당신의 이야기를 쓰겠습니다. 정부 당국으로부터 약간의 동정이라도 끌어내기 위해 노력해보겠습니다"라고 나는 조용히 말했다. 하지만 그런 인간미가 통하던 시절은 이미 지나간 지 오래다. 다음 날, 벨기에 앤트워프에서 강연을 하던 도중에 청중 하나가 내게 따져 묻기 시작했다.

"그네들 정부가 그 사람들을 개떡같이 대하는데, 왜 우리가 아프간이나 이라크 같은 무슬림들을 도와야 합니까? 우리가 그 사람들을 자기 동포들로부터 구해줄 이유가 어디에 있습니까? 그들에게 잘 해줘야 할 이유가 뭐냐 말입니다."

나는 러시아와 싸우기 위해 '무자헤딘'을 무장시켰다가 아프가니스탄이 내전에 빠져들자 그냥 외면해버린 사람들이 바로 우리 서구인들이었다고 설명했다. 사우디아라비아와 파키스탄을 통해 탈레반을 키워낸 것도 우리였고, 아프가니스탄을 가로지르는 가스 파이프라인을 위해 탈레반과 협상이 가능할 것으로 생각한 것도 우리였다는 이야기도 덧붙였다. 현 이라크 주재 미국 대사는 한때 파이프라인 루트를 놓고 탈레반과 협상했던 기업 유노칼과 관계를 맺고 있었고, 카르자이 또한 유노칼을 위해 일한 바 있다.++ 그러나 모두 헛수고였다.

+ 2005년 10월 27일, 프랑스 파리 북동부의 클리시 수 부아에서 15세의 모리타니아계 소년과 17세의 튀니지계 소년이 사복경찰의 검문을 피해 달아나다가 변압기에 감전돼 사망한 사건이 일어난 뒤, 프랑스 전역에서 그에 항의하는 청년들의 폭동이 한 달 넘게 이어진 바 있다. 당시 내무장관이었던 니콜라 사르코지 전 대통령은 "인간쓰레기들은 당연히 청소해야지"라는 악명 높은 발언으로 이민자 출신 시민들의 분노에 기름을 부은 바 있고, 자크 시라크는 그를 임명한 대통령이었다.

++ 여기서 이라크 주재 미국 대사는 잘마이 칼릴자드를, 카르자이는 아프가니스탄의 하미드 카르자이(Hamid Karzai) 전 대통령을(2001~2014) 말한다. 아프간 파슈툰족 출신의 칼릴자드는 미국 신보수주의(네오콘)의 핵심인물 중 하나로,

곰곰이 생각해보니, 아무래도 우리의 새로운 도덕률은 '사담이 우리보다 더 나빴다'가 아니라 '무슬림들끼리도 서로 함부로 대하는데, 우리가 그들에게 잘해줄 이유가 뭐가 있느냐'는 논리로 그 중심이 옮겨간 듯하다. 이제 우리는 CIA가 민주주의 국가 루마니아와 용감한 옛 민주주의 국가 폴란드의 땅속 깊숙한 곳에 벙커를 지어놓고, 그곳에 무슬림들을 잡아 가둔 채 약간의 고문을 가하고 있다는 사실을 알게 됐다.+ 그렇다면 모하메드에게 무슨 희망이 있을까? 그에게, 그리고 블레어 총리가 계속 자기 길을 간다면 곧 영국에 있는 우리에게도, 유럽의 어두운 과거를 통해 이미 익숙한 이야기가 다시 펼쳐질 것이다.

보 빠피에, 무슈Vos papiers, Monsieur. 아르바이츠파피에레, 비테 쇤Arbeitspapiere, bitte schon. 서류 좀 보여주실까요?

2005년 11월 5일

인디펜던트

조지 W. 부시 행정부 시절 국가안보회의 특별보좌관으로 일하며 아프간 침공을 주도한 뒤 아프간 대사(2003-2005)와 이라크 대사(2005-2007)를 거쳐 유엔 대사(2007-2009)까지 임명됐다. 칼릴자드와 카르자이 두 사람은 모두 캘리포니아에 본부를 둔 유노칼 기업의 고문으로 일한 경력을 가지고 있다.

+ 미국의 〈워싱턴포스트〉 지는 2005년 11월 2일자 기사에서 "미 CIA가 4년 전부터 태국, 아프가니스탄과 이름을 밝힐 수 없는 복수의 동유럽 국가들에 비밀감옥을 설치해 테러와의 전쟁 용의자들의 심문 장소로 활용해왔다"고 폭로했다. 그 직후 국제인권단체 '휴먼라이츠워치'는 그 구체적인 국가로 루마니아와 폴란드를 지목했으나, 미국과 해당국 정부 관리들은 그를 강하게 부인했다. 이듬해 9월 6일, 조지 W. 부시 대통령이 CIA의 해외비밀 감옥 설치와 운영을 공식적으로 시인하고 수감자들을 모두 관타나모 수용소로 이송하겠다고 밝힘으로써, 결국 모든 게 사실로 밝혀졌다.

6장

내가 어릴 적 이해했던 것들

여태껏 나는 초창기 홈 비디오 카메라로 어머니가 찍어주신 흑백 필름들을 간직하고 있다. 거기에 찍힌 나는 금발 머리에 환하게 웃으며 허공에 주먹을 휘두르고 있는 아기의 모습 그대로였는데, 아직도 비에 젖은 그 유모차 덮개의 냄새가 기억에 생생하다. 반면 이래저래 속을 썩이던 아버지 때문에 눈물짓던 어머니의 모습이라든지, 내가 조금이라도 말을 가로막을라치면 연신 손바닥으로 나를 때리던 아버지의 불같은 성미, 내가 첫 번째 대학 입학 시험에 떨어진 과거 따위는 잊어버렸다. 열두 살 때 초등학교 친구들과 어울려 부모님의 사과 농장에서 카우보이 놀이를 하던 일부터 대학 입학 시험을 통과해 랭커스터대학에서 영어와 언어학·라틴어를 공부하던 기억까지. 되돌아보면 그때가 참 행복하던 시절이었다.

아서 할아버지의 빌어먹을 파딩 동전

이번엔 아서 로즈의 파딩 동전Farthings에 관한 이야기다. 아서는 내 외할아버지로, 원래 작은 빵집을 운영하고 있었다. 외할머니인 필리스의 가족들은 그와의 결혼을 강하게 반대했지만, 할아버지는 분수를 모르고 할머니와의 결혼을 감행했다. 그런 뒤 아내와 함께 1920년대에 켄트 주 이곳저곳에서 카페 체인점을 사들여 운영하면서 제법 짭짤한 수익을 올렸다. 한편 그는 열렬한 잔디 볼링+ 마니아이기도 했다. 영국 대표팀 선수로도 활동했던—중요한 자격요건은 돈이 많아야 한다는 것이다— 그는 오스트레일리아에서 생애 최고의 게임을 하던 중, 관절염 때문에 어쩔 수 없이 영국으로 되돌아왔다. 그러나 그건 메이드스톤 동네 의사의 오진이었다. 할아버지는 골수암에 걸려 있었던 것이다.

유로화의 센트 동전 크기 정도인 파딩은 옛날 페니의 4분의 1 가치를 지니고 있었다. 1실링은 12페니였고 20실링은 1파운드였으니, 파딩은 1

+ 실내가 아닌 실외 잔디에서 하는 볼링 경기. 먼저 팀의 대표가 조그맣고 흰 공을 던지면, 선수마다 돌아가며 두 차례씩 납작한 공을 던져 최종적으로 흰 공에 가장 가깝게 떨어진 공에 2점, 그다음으로 가깝게 떨어진 공에 1점을 매겨 점수가 높은 팀이 승자가 된다. 주로 영연방 국가들에서 볼 수 있는 이 잔디 볼링은 보통 볼링과 달리 스트라이크가 없어 젊은 층은 지루해서 잘 하지 않는 반면, 공이 가볍고 힘이 적게 들어 노년층이 즐긴다고 한다.

파운드의 약 1000분의 1 정도의 가치를 지닌 셈이다. 내가 보기에 옛날 영국 동전들은 아주 호전적인 모양새를 하고 있었다. 쇠창살을 아래로 굳게 내려 닫은 성문과 군함, 왕관에 유달리 집착하는 것처럼 보였던 것이다. 그래서 나는 언제나 아일랜드 동전들을 더 좋아했다. '에이레Eire' 화폐에는 새와 돼지, 말, 하프가 양각으로 새겨져 있었다. 마치 군사제국 대 농업제국 간의 대결이라고나 할까? 그러나 영국의 옛날 파딩 동전만큼은 작디작은 굴뚝새의 이미지가 새겨져 있는 친근한 모습이었다. 아마도 가치가 거의 없었기 때문일 것이다.

아무튼, 다시 아서 할아버지 이야기로 돌아가 보자. 나는 할머니를 '나나', 할아버지는 '가바'라 불렀다. 두 살짜리 로버트의 귀에는 '그랜드마Grandma'와 '그랜드파Grandpa'가 그렇게 들렸던 거였다. 할아버지는 참 약삭빠른 남자였으며, 할머니에겐 헌신적이었지만 세간의 평가로는 구두쇠였다. 박싱 데이Boxing Day+때 가족들과 점심을 먹고 나면, 필리스 할머니는 언제나 20파운드짜리 지폐를 내 손에 몰래 쥐여주곤 했다. 당시로선 엄청나게 큰돈이라, 나는 '가바'에겐 절대 비밀로 하겠다고 할머니께 약속했다. 다음은 그런 사실을 전혀 모르는 아서 할아버지가 온 가족이 보는 앞에서 엄청나게 생색을 내며 5파운드 지폐를 내게 건넬 차례였다. 영악한 어린 로버트는 "이야, 고마워요, 가바"라고 큰 소리로 인사하며 냉큼 돈을 받아 챙겼다. 크리스마스 때만 되면 내 주머니에는 그렇게 언제나 25파운드가 들어왔다.

그러던 필리스 할머니는 내가 열세 살 때 암으로 돌아가셨다. 그리고 5

+ 영국에서 크리스마스 다음 날인 12월 26일을 가리키는 말로, 원래는 가난한 사람들과 선물을 나누는 날이었으나, 오늘날 서구 국가들에서는 기업과 상점들이 파격적인 가격으로 할인 판매를 하는 날로 변질해 버렸다. 영국을 비롯한 서구 여러 나라에서 공휴일로 지정돼 있기도 하다.

년 뒤 아서 할아버지마저 돌아가셨을 때, 어머니와 이모는 할아버지의 서랍에서 할머니의 서명이 들어있는 수표 수십 장을 발견했다. 모두 할머니가 남편에게 선물로 준 것들이었는데, 끝까지 현금으로 바꾸지 않으셨던 거였다. 가족들은 그걸 할아버지가 돈 쓰는 데 얼마나 인색했는지 보여주는 증거라고 생각했다. 그러나 나는 사랑의 표시라고 받아들였다.

내가 아서를 정말로 좋아하게 된 건 할아버지가 돌아가실 무렵이었다. 할아버지는 내게 기자가 되라고 격려해주셨고, 아버지는 거기에 반대했다. 메이드스톤 우리 집 침대에 몸져누워 계시면서도 내가 모은 고전 레코드를 듣는 걸 좋아하셨던 할아버지는 '볼가 강의 뱃사공'을 곧잘 흥얼거리곤 했다. 병환이 위독해지기 전에는 내게 나무 자르는 방법도 가르쳐주셨다. 그는 나를 어른으로 대했고, 그것은 어린 소년이라면 누구나 원하는 것이었다. 딸들을 사랑했고, 내 아버지 빌을 존중했으며, 엄마에게 심심하다고 칭얼대거나 텔레비전으로 크리켓 결승전을 시청하는 아빠를 방해하는 내 모습을 흐뭇하게 지켜보셨다.

어느 날, 할아버지는 "로버트도 뭔가 할 일이 필요해"라고 말씀하시더니 은행에서 3000파딩을 주문하셨다. 돈은 가방에 담겨 집으로 배달됐다. 그걸 들고 할아버지는 목발을 짚은 채 커다란 집 정원으로 걸어가더니 화단과 덤불 뒤, 나무 주위, 사과 농장의 우거진 수풀 너머로 수백 개씩 동전을 던지셨다. 그런 다음 "자, 전부 다 찾아오면 3파운드를 주마"라고 소유욕 강한 손자에게 말씀하셨다.

폭우가 쏟아지는 날에도, 태양이 내리쬐는 날에도 나는 화단과 긴 수풀 사이를 헤치며 파딩을 찾아 헤맸다. 처음에는 매일 컵 하나 분량을 주웠다. 그러다 일주일에 한 움큼 정도로 양이 줄어들었다. 마지막엔 일주일에 서너 개가량 찾았던 것 같다. 그래도 아빠와 엄마는 내가 조금이라도 심심해한다 싶으면 나를 정원으로 내보내 동전을 찾게 했다. 그렇게 몇 달이 흘렀고, 할아버지는 저세상으로 떠나셨다.

시간이 흐른 뒤 엄청난 폭우가 켄트 지방을 휩쓸면서, 찾지 못하고 남은 동전 가운데 일부가 땅속 깊숙이 박혀 어머니가 심은 화초들의 뿌리를 썩게 하였다. 비에 씻겨 내려가 잔디밭을 뒹구는 동전들도 있었다. 어느 날엔가는 아버지가 잔디 깎는 기계를 손으로 밀고 있는데, 갑자기 날카로운 쇳소리가 들려와 어머니와 내가 부리나케 달려간 적이 있었다. 거기엔 아버지가 부러져버린 날을 들고 어이없는 표정을 지으며 서 있었다. "틀림없이 아서 할아버지의 그 빌어먹을 파딩 동전 때문일 거야"라고 아버지는 말했다. 1996년 무렵에는 어머니가 두툼한 나뭇가지의 껍질에 박힌 동전 하나를 발견한 적도 있었다. 어머니가 돌아가신 뒤로 나는 사제관 가는 길에 있던 그 집을 팔았는데, 얼마 지나지 않아 새로 들어온 주인이 잔디밭 위에 건물을 증축하는 모습을 목격했다. 분명히 그 콘크리트 바닥 아래 어딘가에서 작은 청동 굴뚝새들이 조용히 썩어가고 있을 것이다.

오늘날로 돌아와, 나는 그 파딩 동전들이 토니 블레어의 유산을 상징하지 않을까 하는 생각을 해본다. 그는 신노동당을 앞세워 앞으로 영국이 주력해야 할 새로운 꿈들을 제시했다. 처음에는 아무런 악의가 없어 보였고, 많은 사람들이 그를 믿었다. 의회조차도 불법적인 이라크 전쟁을 승인했다. 그를 믿었기 때문이었다. 그러나 그러한 결정은 50만 명의 목숨을 훨씬 뛰어넘는 대가를 치르게 했다. 그에 비해, 아서 할아버지는 블레어와 달리 절대 거짓말을 하지 않았다. 한때 그는 지방세 납부를 거부하고 그 돈을 스스로 알아서 지키겠다고 선언한 적이 있었다. 물론 메이드스톤 지역의 회계 담당자—나의 아버지 빌이었다—가 자신을 법정에 세울 거라는 사실을 안 뒤로 마음을 바꾸긴 했지만 말이다. 아서 할아버지는 정원

주위에 기분 좋게 돈을 뿌렸다. 몇 년 뒤 자신이 남긴 유산이 잔디 깎는 기계의 날을 부러뜨리고, 어머니의 꽃밭을 망쳐놓고, 나무껍질에 박혀 있게 될 거라는 사실은 까맣게 모르셨을 거다.

내가 두려운 건, 블레어 경의 유산도 똑같은 결과를 낳지 않을까 하는 점이다. 자화자찬으로 가득 찬 그의 회고록이 나오고 오랜 시간이 지나, 또 그가 천국에 있는 커다란 하얀 집으로 떠난 뒤 오랜 시간이 지나서도, 우리는 그의 정치적 유산이 계속 우리를 따라다니며 중동과 영국의 국정 운영에 두고두고 해를 끼치는 모습을 발견하게 될 것이다.

물론 나는 아서 할아버지의 동전을 현금으로 바꾸지 않았다. 끔찍한 고통에 몸부림치다가 메이드스톤의 웨스트 켄트 병원에서 숨을 거두기 전, 할아버지는 옆에서 울고 있는 딸에게 "마시면 영원히 잠들 수 있는 약이 있었으면 좋겠다, 얘야"라고 말씀하셨다. 그때는 내가 '빌어먹을' 파딩 동전을 아직 500개도 못 모았을 무렵이었다. 나는 블레어 경도 그런 운명에 처하기를 원치 않는다. 다만 앞으로 우리의 운명이 어떻게 될지 궁금할 뿐이다.

2007년 2월 17일

인디펜던트

일등 항해사
에드워드 피스크

지난주, 피스크 가문의 일부가 연기 속으로 사라졌다. 나의 친할아버지 에드워드가 희망봉에 불어 닥친 거대한 폭풍우에 맞서 위태롭게 그 위를 걷곤 했던 나무 갑판과 함께, 커티삭Cutty Sark호 전체가 재로 변한 것이다. 1868년생이었던 에드워드 할아버지는 커티삭호가 진수되기 일 년 전에 태어났다. 언제부턴가 그 배의 이름은 유명한 위스키 브랜드와 동의어가 되어 있었다. 그래서인지 할아버지는 나중에 그 위스키를 너무나 가까이 하셨다.

에드워드 피스크는 성미가 고약하고 거칠었으며, 반골 기질이 있는 늙은이였다. 그가 임종을 맞았을 때, 아버지 윌리엄은 할아버지 댁에 가길 거부했다. "그런 늙은이를 유리창 너머로 보겠다고 메이드스톤에서 버컨헤드Birkenhead까지 차를 몰고 가야 할 이유를 당최 모르겠단 말이야"하고 불평하면서 말이다. 나중에 아버지가 돌아가실 무렵, 나도 똑같이 아버지 댁에 가기를 거부했다. 그땐 참 어리석었다.

1987년의 어느 날, 나는 친구에게 커티삭호를 구경시켜주다가 아래층 갑판에서 낯선 사진 한 장을 발견했다. 그 날은 100년 전 그 배가 태평양에서 항해를 멈춰버린 당시처럼 템스 강에 낀 안개가 낡은 범선을 하얗게 뒤덮고 있었다. 사진 속에는, 시드니 항구를 배경으로 커다란 돛대 아래 한 무리의 뱃사람들이 모여 자세를 취하고 있었다. 그중 스무 살 정도 되어 보이는 남자는 영락없이 젊은 시절 나와 같은 얼굴을 하고 있었다. 흔히 남자는 아버지보다 할아버지를 더 닮는다고 하는데, 내 경우가 딱 그렇다. 눈도 내 눈과 똑같았고, 이마도 나처럼 넓었다. 심지어 가르마를 왼쪽에서 타서 빗어 넘긴 것까지도 똑같았다. 사진 속 그는 다른 사람들의 오른편에 서서 웃고 있었다.

에드워드가 그 커다란 돛대 앞에서 항해할 무렵, 커티삭호는 중국에서 차를 실어 나르는 걸 그만두고 오스트레일리아로부터 양모를 운송하고 있었다. 나는 커티삭호가 희망봉을 거쳐 가는 전대미문의 항해를 할 당시에 할아버지도 그 배에 타고 있었는지는 확실히 알지 못한다—아버지 빌은 그랬을 거라고 여겼다—. 그러나 어쨌든 할아버지는 그 전설적인 배의 일등 항해사로 선원 생활을 마감했고, 지금도 나는 그의 항해 매뉴얼을 가지고 있다. 돌아가시기 전 아버지가 내게 물려준 것이었다. R. S. 코글R.S.Cogle 선장이 쓴 《해상무역 시험을 위한 새로운 안내서New Hand Book for Board Trade Examinations》란 제목의 그 책에는 일등 항해사가 되려면 "19세 이상에, 바다에서의 경력이 5년 이상이어야 한다"고 되어 있다. 가죽으로 제본된 얇은 표지의 책에는 또한 각종 배의 깃발들과 항해 기술이 담겨 있었다. 돌풍이 부는 가운데 돛대 네 개짜리 배의 방향을 돌리는 방법이라든지—최소한 약 8㎞의 거리가 필요했다—, 별의 자오선 고도로 위도를 계산하는 방법 같은 것들 말이다.

젊은 시절 나는 한때 그 책이 준 느낌에 이끌려 어른이 되면 상선의 뱃사람이 되겠다고 결심한 적도 있다—불과 그 얼마 전에는 증기 기관차의 기관사가 되기로 마음먹었었다—. 책에서 특히나 인상적이었던 건 금박 글씨가 거의 지워진 검은 가죽 표지 위에 남은 잔물결 모양의 소금이었다. 120년도 더 지난 과거에 할아버지가 항해했던 거대한 바다의 물리적인 흔적인 셈이다. 1차 대전 당시 아버지 빌이 군에 지원했을 때—원래는 미성년자일 때 지원하려다가 할머니인 마가렛의 반대로 한 번 좌절을 겪었다—, 영국군 복무 기록에는 그가 "1899년 체셔Cheshire 주 위럴Wirral시 리소우Leasowe의 '스톤 하우스'에서 출생"이라고 되어 있었다. 그곳은 에드워드 할아버지의 집이었고, 서류에서 그는 "1868년에 태어난 선장"으로 기록되어 있었다.

한편, "시장 판매용 채소농장 경영자의 딸"로 기록된 마가렛 할머니는 할아버지보다 한 살이 어렸다. 예전에 아버지는 마가렛 할머니에 대해 "정말 멋지고 사랑스러운 분이셨지"라고 입에 침이 마르도록 자랑하곤 했다. 그로부터 아주 오랜 세월이 흘러, 2004년엔가 내 사촌 진이 그림 한 점을 나에게 보낸 적이 있었다. 세피아 물감+으로 그린 빅토리아풍의 초상화였다. 그림 속에는 마가렛 할머니가 꽃무늬 가득한 아주 꼭 끼는 드레스를 입고 머리를 올린 채 심각한 표정을 짓고 있으셨다. 할머니가 그런 표정을 지으신 건, 비록 당시엔 에드워드 할아버지가 버컨헤드의 항만관리 부소장이 되긴 했지만, 술이라면 사족을 못 쓰는 전직 뱃사람과 산다는 게 끔찍해서였음이 틀림없었다.

한 번은 아버지가 내게 "하루는 다른 사내들과 싸움이 나는 바람에 머리에 아주 심한 상처를 입고 집으로 오신 적이 있었어. 어머니가 걸레와 물로 바닥을 닦아내셨는데, 바닥이 온통 피바다였지"라는 이야기를 들려준 적도 있었다. 가끔 자신의 아버지가 "어머니를 지독하게 다루셨다"는

+ 서양화에 쓰는 채색의 하나로, 오징어의 먹물에서 얻은 짙은 갈색 물감을 말한다.

사실과 더불어, 간혹 술에 취해 집에 돌아와서는 불쌍한 마가렛 할머니를 자식들 보는 앞에서 때린 적도 있었다는 이야기도 슬쩍 흘리곤 했다.

어쨌든, 에드워드 할아버지가 그다지 돈을 모으지 못했던 건 분명했다. 1차 대전이 일어나기 전에 아버지는 학교를 그만뒀다. "아버지가 더 이상 나를 뒷받침해줄 수 없었기 때문"이라고 했다. 그 대신 버컨헤드의 시 회계 책임자 사무실에서 경리로 인턴 생활을 시작했다. 메이드스톤의 회계 책임자가 되기 위한 첫발을 내딛은 것이다. 그리고 내가 태어난 1946년에 아버지는 처음으로 시의 회계 책임자 자리에 올랐다. 에드워드 할아버지는 아흔두 살에 장티푸스에서 회복되시고 4년을 더 살다 돌아가셨고, 아버지는 아흔세 살까지 사셨다.

에드워드의 영혼은 전혀 예기치 않은 상황에서 되살아났다. 1980년 이란-이라크 전쟁이 막 시작될 무렵 내가 이라크의 항구도시 바스라에 있을 때의 일이다. 어느 날, 샤트 알 아랍Shatt al-Arab 강에서 오도 가도 못하는 상황에 부닥친 영국 선박의 선원들에게서 구조 요청을 받게 된 존 스노우Jon Snow란 기자가 내게 그 사실을 알려왔다. 문제는 이라크인들 중 아무도 그 강의 지도를 갖고 있지 않았다는 점이었다. 그러나 에드워드의 손자는, 예전에 할아버지가 아버지 빌에게 모든 상선은 항해할 수로의 해도를 의무적으로 갖추고 있어야 한다고 말했던 걸 기억해냈다. 분명히 내가 바스라에서 처음 탄 배에서도 영국 해군의 샤트 알 아랍 지도를 제공했었다. 결국, 존 스노우 기자는 오래전에 돌아가신 커티삭호 일등 항해사 덕분에 좌초 지점을 찾는 데 성공해 무사히 구조를 마칠 수 있었다.

여기에서 보듯이, 뱃사람 기질은 그 가족들 사이에도 전해져 내려오는 게 틀림없다. 아버지 빌은 1차 대전 막바지에야 비로소, 자신의 할아버지가—내겐 증조할아버지다— 1915년에 영국 해군 예비역 장교로 제브류헤

Zeebrugge 전투+에 참가했었다는 사실을 알았다. 증조할아버지는 당시 적어도 일흔이 넘은 나이였을 텐데 말이다. 그리고 내가 아주 어릴 적에 아버지는 켄트 주에 있는 그레이브젠드Gravesend 시로 나를 데려가 틸베리Tilbury에서 출발한 커다란 정기 여객선이 템스 강을 따라 대영제국의 구석구석을 향해 머나먼 항해를 떠나는 광경을 보여주시곤 했다. 인도로 가던 크고 하얀 선박들이, 그레이브젠드를 따라 늘어선 빨간 깔때기 모양의 예인선들에 이끌려 미끄러지듯 강을 내려가는 풍경은 그중에서 특히나 기억에 생생하다.

에드워드 할아버지는 마음씨 넓은 마가렛 할머니가 돌아가신 지 몇 달 만에 결국 재혼을 함으로써 아버지 빌의 경멸을 샀다. 몇 년 뒤 할아버지를 보러 양로원에 간 사촌 진은, 아들이 자신에게서 등을 돌렸다는 사실에 그가 아주 슬퍼하고 있음을 알았다. 이로써 그가 물질적으로 세상에 남긴 건 낡고 소금기 덮인 선원 매뉴얼 밖에 없게 된 것이다. 그 책은 지금도 내 서재 책장에 안전하게 꽂혀 있고, 한때 그가 타고 온 바다를 누볐던 위대한 범선은 이제 사라지고 없다.

2007년 5월 26일

인디펜던트

+ 1918년 4월 23일, 독일 해군 잠수함 유보트의 기지로 이용되던 벨기에 서북부 제브류헤 항구를 봉쇄하기 위해 영국 해군이 벌인 기습작전. 당시 작전을 설계하고 지휘한 영국의 로저 키스(Roger Keyes) 제독은 운하 길목에 세 척의 배를 침몰시켜 잠수함이 드나드는 걸 막는다는 복안이었으나, 독일 해군의 반격으로 인해 배들이 애초 계획된 지점에서 벗어난 곳에 가라앉는 바람에 작전은 수포로 돌아갔다.

화이팅,
서튼!

학창시절, 한 번은 축구 경기 도중 체코 역사책을 읽었다는 이유로 흠씬 두들겨 맞은 적이 있었다. 이류 공립학교였던—지금도 그렇다— 서튼 베일런스Sutton Valence는 밀짚모자, 눈 덮인 도로를 따라 펼쳐지던 장거리 달리기, 가혹한 체벌로 악명이 높았다. 언젠가는 진짜로 잔인했던 사감 선생의 지시에 따라 반장이 막대기로 나를 후려갈긴 적도 있었다. 아마도 럭비Rugby와 이튼Eton처럼 더 부유하긴 하지만 가학적인 인격 형성을 목표로 삼기는 마찬가지였던 학교들을 흉내 냈던 게 아닌가 싶다.

그뿐 아니라, 1960년대까지만 해도 그 학교에서는, 파란색과 흰색, 검은색이 섞인 셔츠를 입고 불만에 가득 찬 진흙투성이 얼간이들을 향해 질러대던 '화이팅, 서튼!'이란 구호를, 1948년 프라하에서 얀 마사리크Jan Masaryk+가 창문 밖으로 내던져진 사건보다 더 중요하게 여겼다. 물론 지

+ 체코슬로바키아 공화국의 초대 대통령이었던 토마시 마사리크의 아들로 태어난 그는 2차 대전이 한창이던 1940년에 런던을 근거지로 한 체코슬로바키아 망명정부의 외무부 장관으로 임명되었다. 전쟁 기간, 영국 BBC를 통해 자국민들에게 나치 독일에 저항할 것을 촉구하는 방송을 정기적으로 내보내 영국에서도 유명세를 떨친 그는, 종전 이후에도 비공산주의자로는 유일하게 공산 정권의 내각에서 장관직을 유지했으나 1948년 3월 10일 자신의 집무실 마당에서 갑자기 숨진 채 발견되었다. 공식적으로 투신자살로 발표된 그의 죽음을 둘러싸고 갖가지 의혹이 끊이지 않은 가운데, 2004년 경찰의 재조사 결과 그가 누군가에 의해 창문 밖으로 떠밀려 숨졌다는 결론이 내려졌다.

금은 교육 방식이 완화되긴 했으나, 사감 선생은 그토록 악랄했던 구타를 막기보다는 축구와 럭비에 대한 자신의 사랑을 아이들에게 강요하는 쪽을 택했다.

그에 대한 기억이 다시 떠오른 건 지난 크리스마스 때 난생처음으로 스포츠 서적을 읽으면서였다. 프랭클린 포어Franklin Foer가 써서 미국에서 베스트셀러가 된《축구는 어떻게 세상을 지배했는가How Soccer Explains the World》+란 제목의 그 책은 내가 언제나 의문을 품어온 것들을 확인시켜주었다. 즉, 축구와 폭력이 밀접한 인과관계로 연결되어 있다는 사실과 축구가 폭력의 배출구 역할을 해주기 때문에 오히려 폭력을 줄여준다는 주장은 진실과는 거리가 멀 뿐 아니라, 둘은 서로 대체재 역할을 한다는 사실이었다.

저자는 베오그라드Belgrade++의 명문 축구단 레드스타를 방문하는 것을 시작으로 그 어려운 주제 속에 뛰어들었다. 레드스타는 세르비아의 일급 전범인 아르칸Arkan+++이 키워낸 팀으로, 1992년에 그는 자신이 무장시킨 축구팬들을 드리나 계곡Drina Valley으로 데려가 한바탕 살인과 약탈, 집단 강간을 저지르게 했다. 세르비아 군복을 완벽하게 차려입고 아름다운 여가수 체차Ceca++++와 결혼식을 올린 그는 분홍색 캐딜락에 그녀를 자랑

+ 프랭클린 포어,《축구는 어떻게 세상을 지배했는가》, 안명희 옮김(서울: 말글빛냄, 2005)

++ 1921년부터 유고슬라비아 사회주의 연방공화국의 수도였으며, 2006년 몬테네그로의 독립을 마지막으로 연방공화국이 완전히 해체된 뒤로는 세르비아 공화국의 수도로 남아 있다.

+++ 본명이 제이코 라즈나토비치인 그는 원래 독일·스웨덴·네덜란드 등의 유럽 국가들을 돌아다니며 강도와 살인을 저지른 혐의로 1970년대부터 인터폴의 수배를 받아온 일급 범죄자였다. 1990년 3월 세르비아의 프로축구팀 레드스타 베오그라드의 서포터인 델리예(Delije)를 이끌고 크로아티아의 디나모 자그레브 팀과의 원정경기에 나타나 폭동을 일으켰고, 몇 달 뒤 당시의 서포터들을 주축으로 아예 '세르비아 자원경비대'란 극우민병대를 조직하기에 이르렀다. 흔히 '아르칸의 호랑이들'이란 별명으로 더 악명 높았던 그의 민병대는 그 후로 보스니아와 코소보를 옮겨 다니며 보스니아 무슬림과 크로아티아·알바니아계 코소보인들을 상대로 무자비한 학살을 저질렀으며, 그 때문에 아르칸은 유고 국제전범재판에 회부되었으나 2000년 1월에 베오그라드 시내에서 의문의 암살을 당했다.

++++ 본명은 스베틀라나 라즈나토비치(Svetlana Raznatovic). 세르비아 특유의 음악인 터보 포크(Turbo Folk) 장르

스레 태우고 다녔다. 전쟁 전에도 이미 레드스타가 크로아티아의 디나모 자그레브—크로아티아의 파시스트 대통령 프란조 투지만(Franjo Tudjman)도 이들의 팬이었다—와 시합을 할 때면 피 튀기는 일대 격전이 벌어지곤 했다고 한다.

축구 훌리건들을 일컬어 '문명사회의 수치'라는 유명한 말을 남긴 사람은 마거릿 대처였다. 그 뒤 우리는 세르비아의 살인자들을 가리켜 그렇게 불렀다. 또한, 그것은 비단 동유럽에만 국한된 일은 아니었다.

스코틀랜드 글래스고를 홈으로 한 레인저스의 개신교 서포터들은, 가톨릭인 셀틱 FC의 팬들과 완전히 분리된 관중석에 앉아, 모두 한목소리로 "가톨릭교도의 피가 우리 무릎까지 차오르네"라고 고함치곤 했다. 70년대 초반 벨파스트에 주재하면서 글래스고 지역까지 담당했던 나는 그 광경을 똑똑히 기억하고 있다. 레인저스나 셀틱의 경기가 있는 날이면 평소 종파 간 폭동 때보다 더 많은 인원의 왕립 얼스터 경찰대원들이 라간Lagan 강 다리를 순찰하는 모습을 볼 수 있었다. 프랑스에서 내가 제복을 입은 영국 경찰관을 처음 본 것은, 영국과 프랑스의 축구경기가 있기 전, 릴 역의 플랫폼을 순찰하는 영국 경찰을 유로스타의 유리창 너머로 보았던 때였다. 이렇듯 기물파손과 폭행, 살인은 이제 유럽 축구의 일부분으로 완전히 굳어져 버렸다.

한 번은 파리를 지나다 무심코 펼쳐 든 신문에서 "인종주의자들의 집단 공격 와중에 축구팬 한 명이 총에 맞아 숨져"라는 제목의 기사를 본 적도 있었다. 파리 생제르맹의 백인 서포터가 반유대주의 욕설을 하며 이스라엘 팀인 하포엘 텔아비브의 유대계 프랑스 팬을 살해하려고 하자, 비번이

로 최고의 인기 가도를 달리던 그녀는 세르비아 민병대 위문공연 도중에 아르칸을 만나 부모의 반대를 무릅쓰고 1995년에 결혼식을 올렸다. 당시 둘의 결혼식은 세르비아의 TV에서 생중계될 정도로 큰 화제를 뿌렸고, 언론은 동화 같은 결혼식이라며 축하와 찬사를 보냈다고 전해진다.

던 프랑스 경찰이 그 서포터에게 총을 쏴 숨지게 한 사건이었다. 그런데 이 기사가 실린 건 신문의 27면이었다. 인종주의 성향의 축구팬들이 상대편을 살해하려는 경우와 경찰이 실탄을 발포하는 경우가 그만큼 비일비재하다는 뜻이다.

이렇듯 축구와 폭력—더 나아가 사디즘—의 연관성은 정말 무시무시할 정도다. 발칸반도에서 유럽연합 감시팀으로 활동했던 한 아일랜드 친구는 보스니아 전쟁 동안 세르비아와 크로아티아군이 모스타르Mostar 시 근처에서 서로 시신을 교환하는 장면을 목격한 이야기를 내게 들려준 적이 있다.

"양쪽이 가방에 담아 운반차량에 싣고 온 시체들을 작은 운동장에 쌓아두는 거야. 세르비아인들이 가방을 비우니까 잘려나간 크로아티아인들의 머리가 쏟아지더라고. 순간 내 눈을 의심하게 만드는 일이 벌어졌어. 세르비아 군인들이 죽은 크로아티아인들의 머리를 가지고, 웃으면서 축구를 하기 시작하는 거 아니겠어? 세르비아인들의 시체를 가져온 크로아티아 군인들이 뻔히 보고 있는 바로 그 자리에서 말이야. 분명 크로아티아인들을 열 받게 하려고 그랬던 거겠지."

정말 끔찍하지 않은가? 이는 축구가 군대로 인해 얼마나 진흙탕처럼 더러워질 수 있는지 보여주는 하나의 예일 뿐이다.

중동으로 눈을 돌려 보면, 이라크 군인이나 드루즈+ 민병대원, 혹은 이

+ 주로 레바논과 시리아·이스라엘·요르단 등에 모두 합쳐 약 100만 명에서 250만 명 정도의 신도들이 분포하고 있는 걸로 추정되는 이들은 일반적으로 약 천 년 전 시아파에서 갈라져 나온 이슬람의 한 분파로 간주되지만, 스스로는 무슬림이 아닌 독자적인 종교라 여기며 가급적 외부와 접촉을 피한 채 자신들만의 비밀스러운 신앙생활을 이어가는 것으로 알려져 있다. 현대 레바논 국가의 창설에도 중요한 역할을 담당했으며, 레바논 내전 기간(1975-1990)에는 팔레스타인 해방기구 전사들 및 좌파 그룹들과 연합해 우파 기독교 민병대에 맞서 싸웠다. 레바논 진보사회당 창립자인 카말 줌블라트(Kamal Jumblatt)와 그가 암살된 뒤 지금까지 당을 이끌어온 아들 왈리드 줌블라트(Walid Jumblatt)는, 레바논뿐 아니라 중동 전체에서 중요한 부분을 차지하는 드루즈파의 대표적인 정치 지도자들이다.

집트의 이슬람주의자가 내게 우정의 손을 내밀고 싶어 할 때마다, 그들은 항상 자신이 맨체스터 유나이티드의 팬이라는 사실을 강조한다. 레바논의 축구팀들이 저마다 시아파, 수니파, 기독교도들을 대표한다는 건 말할 필요도 없다. 살해된 라피크 하리리Rafiq Hariri 전 총리도 축구팀의 후원자였다. 이탈리아의 베를루스코니 전 총리가 AC 밀란의 구단주이고, 러시아의 올리가르히+들이 자신들의 권력을 드러내는 상징으로 너도나도 축구단 인수에 나선 것—그중엔 영국 축구팀++도 있다—과 마찬가지 이치였다.

선수 개개인이 스스로에게 불명예를 안기는 경우도 있다. 북아일랜드의 조지 베스트George Best는 알코올 의존증에 빠졌고, 프랑스의 지네딘 지단Zinedine Zidane은 여동생을 모욕했다는 이유로 상대에게 박치기를 가했다. 그럼에도, 세상에서 가장 가난한 축에 끼는 사람들은 축구 스타가 벌어들이는 막대한 부를 그들이 지닌 가치에 대한 당연한 평가라 여긴다. 예를 들어, 리우의 서쪽에 위치한 트레스 코라송이스Três Corações의 더러운 빈민가에서 자란 에드손 아란테스 두 나시멘투Edson Arantes do Nascimento, 즉 펠레에게 수백억 원의 후원금이 쏟아져도 브라질 빈민들은 그의 가치를 입증해주는 결과라며 선선히 고개를 끄덕이는 것이다.

물론 축구가 전적으로 나쁜 것만은 아니라는 것은 나도 안다. 1997년 월드컵 예선에서 이란 축구팀이 오스트레일리아를 물리친 뒤, 그들과 함께 같은 비행기를 타고 테헤란으로 날아갔던 순간을 나는 생생히 기억한

+ 그리스어로 소수를 뜻하는 올리고이(Oligoi)와 지배를 뜻하는 아르흐(arche)를 합친 올리가르히아(oligarchia)에서 유래된 이 단어는 원래의 사전적 의미로는 경제적 자원을 독점한 소수에게 권력이 집중된 과두지배 체제를 포괄적으로 일컫는 말이었으나, 오늘날에는 1991년 구소련 해체와 자본주의화, 특히 국영산업의 민영화 과정에서 정경유착과 금융자본독점을 통해 엄청난 부를 축적한 뒤 그를 토대로 정치와 언론까지 장악한 러시아의 소수 기업 엘리트들을 가리킬 때 주로 사용되는 말이다.

++ 잉글랜드 프리미어리그 구단 중에서 로만 아브라모비치(Roman Abramovich)가 첼시, 알리셰르 우스마노프(Alisher Usmanov)가 아스널을 소유하고 있다.

다. 그들을 맞이한 건 환희와 열광의 도가니였다. 수천 명의 이란 여성들이, 여성들의 축구장 출입을 금지한 법도 무시한 채 아자디 스타디움으로 쏟아져 들어왔다. 국가대표 축구팀의 승리는, 개혁적이지만 비참할 정도로 무능했던 당시의 모하메드 하타미 대통령에게 정치적인 힘을 실어주었다. 가히 프랭클린 포어가 말한 중동의 '축구 혁명'이라 부를 만한 일이었다.

아마도 그럴 것이다. 그러나 나는 중동에서 이라크 수감자들을 상대로 영국 군인들이 가했던 잔인한 폭력 사건을 조사하면서 더욱 당혹스러운 순간과 맞닥뜨렸다. 심한 상처를 입고 바스라 병원에 입원한 어느 수감자는, 자신과 동료들이 갇혀 있던 방에 영국 군인들이 들어와 괴롭히던 순간을 이렇게 전했다.

"우리를 때리기 전에, 당신네 나라 군인들은 우리들 모두에게 이름을 지어주었어요. 죄다 세계적으로 유명한 축구선수들 이름이었죠. 그러고 난 다음에 그들은 우리가 비명을 지르며 살려달라고 애원할 때까지 때리고 발로 찼어요. 그 사람들은 왜 그런 거죠?"

아, 나는 그 이유를 알 것도 같다.

2006년 12월 30일

인디펜던트

냉전의 밤

정치적 암살과 팔레스타인 난민들의 투쟁, 정치적 위기가 끊임없이 횡행하는 레바논에 살면서, 우리 집 발코니에서 키운 라벤더 색 부겐빌레아 잔가지를 외국에 있는 친구에게 보낼 생각을 한 건 내가 봐도 참 낭만적인 아이디어인 것 같다. 나무가 보라색 꽃잎으로 덮이자, 나는 작은 가지를 싹둑 잘라 먼지를 털어낸 다음 DHL을 통해 친구에게 보냈다. '고작 그거 가지고 뭘 그래'라고 말할지 모른다. 그러나 레바논이 어떤 나라인지 알면 생각이 달라질 것이다.

몇 시간 뒤, 운송회사 사무실에서 나를 부르더니 문제가 하나 있다고 조용히 알려주었다. 꽃잎들을 떼서 봉투에 담아 보내는 건 가능하지만, 잔가지가 달린 줄기째 보낸다면 레바논 농업부에서 내준 수출 허가증이 필요하다는 것이었다. 에구구!

물론 논리는 단순했다. 현실이 절망적이든 환상적이든 상관없이 권력기관은 우리 삶에 계속 부정적인 영향력을 발휘해야 하고, 권력을 어떻게 보존하느냐가 우리보다 훨씬 더 중요하며, 비록 쓸데없는 곳에 막대한 돈과 수고를 들일망정 절대 권력에 흠집이 가서는 안 된다는 것이었다.

그런 사실에서 나는 어릴 적 살았던 켄트 주의 어린 학생들 사이에 한때 유행했던 취미를 다시 떠올리게 됐다. 다름 아닌, 냉전 시기 동유럽 라디오 방송국에 청취자 소감문을 보내는 것이었다—이를 가리켜 우리는 Reception Reports(청취 보고서)의 머리글자를 따서 '더블 R'이라 불렀다—. 그런 행동이 공산주의라는 독사가 잉글랜드 가정의 거실로 독을 퍼뜨리도록 돕는 행위라는 건 우리에게 전혀 중요치 않았다. 우리는 영어로 방송되는 라디오 모스크바나 라디오 프라하, 라디오 바르샤바, 라디오 소피아, 심지어 라디오 티라나에 이르기까지 완전히 넋을 잃고 방송을 듣곤 했다+. 그러고 나서는 공산주의 야수에게 엽서를 보내 불가리아의 철골 공사나 폴란드의 농경제, 혹은 소비에트의 집단농장 생산 따위를 다룬 지루한 프로그램의 청취 소감을 전달했다. 잡음이 너무 많지 않아요? 약간 소리가 찌그러지는 것 같은데요? 목요일 밤에 철의 장막을 무사히 넘었다는 건 말이 안 되지 않나요?

그러면 그런 끔찍한 거짓말들을 생산한 방송국 사람들이 우리에게 답례로 책과 잡지를 한 아름 보내주곤 했다. 지긋지긋한 각종 통계들과 화사하게 미소 짓는 농민들과 공장 노예들의 모습, 혹은 활짝 웃는 독재자의 사진이 담긴 것들이 대부분이었다. 그때 우리들 중 토도르 지프코프 Todor Zhivkov나 발터 울브리히트 Walter Ulbricht++, 혹은 소련 공산당의 전체 중앙 상임위원회 위원들같이 끔찍이 사랑받던 인물들을 모르는 친구는 거의 없었다. 다만 바르샤바 조약 기구+++ 국가들의 우편집배원들이 불쌍할 따름이었다. 특히 폴란드에서 보내준 자료들이 집배원들에겐 아주 고역

+ 소피아(Sofia)는 불가리아, 티라나(Tirana)는 알바니아의 수도다.

++ 지프코프는 불가리아의 서기장(1954-1989), 울브리히트는 구동독에서 사실상의 국가원수인 국가평의회 의장(1960-1973)이었다.

+++ 서방의 북대서양조약기구(NATO)에 대항하기 위해 소련과 동유럽 사회주의 국가들이 결성한 군사동맹기구. 1991년에 해체됐다.

이었을 텐데, 나치즘의 악행이 이른바 콘라트 아데나워Konrad Adenauer+와 여타 서구 꼬나풀들의 파시스트 정권으로까지 이어져 왔다는 내용과 더불어 2차 대전 당시에 파괴된 바르샤바의 사진들을 담은 두꺼운 책들이 주를 이뤘기 때문이었다. 그에 비해 체코인들은 단연코 가장 세련됐었다. 그들은 프라하 아트 갤러리의 걸작들이 담긴 고급 서적들을 보내왔다.

물론 자부심 강한 우리 초등학생들은 각 나라 공산당 본부 전체회의에서 우리가 보낸 '더블 R'을 놓고 토론을 벌일 거라고 믿었다. 어쩌면 정말 그랬는지도 모를 일이다. 만약 그때 영국 켄트의 부자 동네 초등학생들이 꾸민 이런 거대한 음모를 MI5++가 알았더라면 뭐라고 생각했을까? 당시 나는 포츠담에서 우랄 산맥에 이르기까지 수많은 스타하노프+++ 노동자들이 동유럽의 담청색 하늘 아래 서 있는 대형 송신기에 기어 올라가, 커다란 십자 모양 철탑과 불빛을 조작해 전 세계로 사회주의의 메시지를 보내는 허황된 상상을 하곤 했다.

어느 날엔가는 아일랜드 수도 더블린의 오래된 라디오 방송국 '아이린'에 '더블 R'을 보낸 적도 있었다. 그러나 데 발레라++++의 음침한 얼굴이 담긴 흑백 엽서와 함께, 더 이상 이런 걸 보내지 말아달라는 답변만 되돌아왔을 뿐이었다. 물론 자신들의 소중한 시간을 낭비하게 만들지 말라는 뜻이었을 텐데, 수십억 달러를 들이고도 단 한 명의 자본주의자도 세계 혁명의 대의에 동참하게끔 전향시키지 못한 동유럽의 라디오 선

+ 구서독의 초대 총리를 지낸 콘라트 아데나워.

++ MI는 군사정보(Military Intelligence)의 첫 글자를 딴 것으로, 영국의 비밀정보기관을 가리킨다. MI5는 국내와 영연방, MI6는 대외 첩보 활동을 담당한다.

+++ 광부였던 알렉세이 그리고리예비치 스타하노프(Aleksey Grigoryevich Stakhanov)가 신기술과 공정 혁신을 통해 경이적인 생산증가를 가져온 모범을 온 국민이 본받자는 취지로 소련 정부가 1935년부터 전개한 전국적 노동생산성 향상 운동.

++++ 영국으로부터의 독립을 이끌어낸 아일랜드의 건국 영웅이자 공화국 초대 대통령이었던 이몬 데 발레라(Eamon de Valera).

전 시스템이 그저 공산주의 관료들이 다른 공산주의 관료들을 행복하게 해주기 위해 고안해낸 사기이자 완벽한 시간 낭비였던 것과 같은 맥락이었다.

영국도 그 점에서는 별반 다르지 않았던 것 같다. 하루는 부모님과 함께 차를 타고 가다가, 어머니께서 고속도로 바로 오른편에 빽빽이 들어서 있던, 흰색 페인트가 칠해진 대공미사일들을 새로 산 카메라로 촬영하셨던 기억이 난다. 우리는 심지어 링컨셔의 영국 공군 기지 옆에서 피크닉을 하기도 했는데, 어머니는 핵으로 무장한 거대한 소비에트 사회를—그리고 라디오 방송국들도— 위협하기 위해 허공으로 솟아오르던 낡은 발칸 폭격기들의 모습이 좋다며 죄다 필름에 담으셨다. 나는 지금도 그 필름을 가지고 있다. 그러나 우리가 '테러와의 전쟁'을 벌이고 있는 오늘날이었다면 어머니는 어떻게 됐을까? 아마도 패딩턴 그린Paddington Green+에 한 번 다녀오지 않으셨을까 싶다.

우리 모두 잘 알다시피, 냉전의 최신 버전이라 할 수 있는 '테러와의 전쟁'은 특별하면서도 비논리적인 갈등을 빚고 있다. 새삼 그걸 깨달은 건, 몇 달 전 런던에서 스페인 기자 일행과 인터뷰를 할 때였다. 우연히 약속 장소를 패딩턴으로 잡은 우리는 나의 어릴 적 취미 중 하나였던 로코스포팅locospotting++에 대한 이야기를 나누고 있었다. 나는 사진기자에게 내가 기관차 옆에 서 있을 테니 그 모습을 찍으면 어떻겠느냐고 제안했다. 그래서 우리는 런던-옥스포드 간 기차가 막 떠나려던 승강장으로 조용조용

+ 런던 중심부에 위치한 경찰서로, 테러 용의자들은 모두 이곳에서 조사를 받기 때문에 영국 내에서도 가장 경비가 삼엄한 곳으로 손꼽힌다.

++ 철로에 앉아 지나가는 열차를 구경하거나, 기관차 번호 따위를 기록하는 놀이의 일종. 같은 의미를 지닌 〈트레인스포팅(Trainspotting)〉이란 제목의 영화까지 만들어진 것에서 보듯이, 의외로 영국에서는 이런 놀이를 즐기는 사람들이 많다고 한다.

히 걸어갔다. 몇 장이나 찍었을까, 영국 철도 경찰 두 사람이 방탄조끼로 보이는 걸 입고 와서 촬영을 중단하라고 명령했다. 그들 중 하나에 따르면 "테러리스트들의 활동 때문에 촬영이 금지돼 있다"는 것이었다. 순간 내 머릿속에는 〈티트필드 선더볼트Titfield Thunderbolt〉라는 영화의 포스터를 가위로 잘라 폭발물을 싼 다음에 패딩턴으로 향하는 ETA 과격분자 무리의 이미지가 생생히 떠올랐다.+ 나는 경찰들이 하는 온갖 멍청한 짓 중에서 그런 게 가장 마음에 든다.

그뿐만이 아니다. 지난달, 새로 지은 멋진 유로스타 터미널을 홍보하면서 영국 신문들은 거의 모두 런던 세인트 팽크라스St. Pancras 역의 대형 항공사진을 지면에 실었다. 그 안에는 역으로 이어지는 전체 철도망 지도와 선로 변환점, 신호 지지대, 역 바깥의 조차장이 그대로 드러나 있었다. 순간 나는 그들이 〈티트필드 선더볼트〉의 주인공들처럼 어수룩하게 굴다가 패딩턴 경찰서에 끌려가기라도 하면 어떡하나 하는 걱정이 들었다. 혹시라도 테러리스트들이 그 기사를 보고 세인트 팽크라스 주변 철로 시스템을 연구해 유로스타를 공격하기라도 하면 어쩌려고 저러지? 하지만 파란 제복의 경찰 양반들은 그런 상업적 홍보 기사들에 대해서 "금지돼 있다"는 말 따위는 절대 입에 올리지 않았다. 그걸로 그냥 끝이었다.

이렇듯 우리는 고약한 균열의 조짐이 조금이라도 보인다 싶으면 수천 개 단위의 송신기나 수백만 개 단위의 로켓을 만들어낸다. 그리고 자본이나 관료들의 이해관계에 따라 괴물을 만들어냈다가도, 언제 그랬냐는 듯 조용히 그걸 덮어버린다. 그런 면에서 우리 지도자들은 참 행복하다. 그

+ 〈티트필드 선더볼트〉는 가상의 시골 마을 주민들이 철도 노선을 폐지하려는 영국 국영철도회사의 결정에 맞서 직접 열차를 운행해 노선을 살리려고 애쓴다는 내용의 1953년 작 영국 코미디 영화이며, ETA는 스페인으로부터 바스크 지방의 분리 독립을 주장하며 무장투쟁을 벌여온 스페인 바스크 분리주의운동 조직이다.

들은 힘을 가지고 있다. 중요한 건 바로 그 지점이다. 오늘 아침 더블 R과 내 발코니의 부겐빌레아 가지를 떠올리는 이유도 그것이다.

2007년 10월 6일

인디펜던트

모든 기차는 특별하다

이번 주, 레바논에서 나는 어린 시절 추억을 더듬어 볼 기회를 가졌다. 점심 전 조금 남는 시간을 이용해 오래된 베이루트 조차장을 둘러보던 중, 그곳에 서 있는 멋들어진 19세기 랙 앤 피니언Rack-and-Pinion 식+ 기관차를 발견한 것이다. 비록 곳곳에 총탄 자국이 남아 있긴 했지만, 고풍스러운 옛 스위스 기관차에 칠해진 녹색 페인트는 여전히 오스만 제국이 영광을 누리던 시절을 그대로 재현하고 있었다. 당시로서는 최첨단이었던 그 기관차를 베이루트의 보석으로 치장하기로 한 건, 그곳을 지배하고 있던 오스만 제국 사람들이었다.

어느 날, 독일 황제가 이 기관차가 이끄는 열차를 타고 도시를 둘러싼 산맥을 넘어가는 길에 소파르라는 작은 역을 지나는데, 주위에 기독교 공동체 주민들이 몰려와 무슬림들에게서 자신들을 보호해달라고 간청했다고 한다. 그들이 "우리는 소수파에 불과합니다"라고 외치자, 카이저는 이렇게 고함을 쳤다.

+ 톱니바퀴와 막대가 맞물려 돌아가는 방식.

"그럼 무슬림이 되게나!"

사실, 기차는 언제나 나의 마음을 사로잡아 온 대상이었다. 어머니는 켄트 주 메이드스톤 동부 역으로 나를 데려가 탱크 기관차가 애슈퍼드에서 출발한 완행열차를 끌고 들어오는 광경이나, 2차 대전 당시의 초저가 증기 열차•가 녹슨 트럭들을 줄지어 달고 들어오는 모습을 보여주곤 했다. 이따금 어머니는 골프를 치러 가시는 아버지와 함께 베어스테드 행 노선 열차의 일등석에 나를 태워주시기도 했다. 당시 일등석에 앉아 메이드스톤 감옥 아래 터널을 지날 때면, 연기가 객실 안에 가득 들어차고 오래된 커튼이 유리창에 '쿵'하고 부딪치곤 했던 장면이 아직도 기억에 생생하다.

그뿐만 아니라, 나는 며칠 동안 내내 턴브릿지 역 플랫폼에 서서 배틀 오브 브리튼Battle of Britain과 머천트 네이비Merchant Navy+, 스쿨School 등급 기관차들—내가 다녔던 이류 공립학교인 서튼 베일런스는 엄정하게 제외되었다—++이 여객열차를 달고 지나가는 모습을 지켜본 적도 있었다. 또한, 유로스타가 생기기 전에는 영국과 프랑스 국기를 단 기관차가 보일러에서 폭발음을 내며 크림색과 황금색의 객차들을 끌고 가는, 골든 애로우Golden Arrow+++를 지켜보는 게 모든 기차 구경꾼들의 즐거움이었다. 그럴때 마다 우리 모두의 손에는 기차 애호가들의 바이블이라 할 수 있는 이언 알렌Ian Allen의 《기차

• 찌그러진 두루마리 화장지 모양의 기관실이 달린 크고 추한 괴물이었다.

\+ 영국 남부 해안 휴양지와 켄트 주를 오가는 열차 노선을 주로 운행하던 남부 철도회사(SR)를 위해 제작된 기관차들로, 둘 다 2차 세계대전 동안 제작 공정을 수월하게 하기 위해 영국에서는 최초로 용접 방식으로 제작됐다. 배틀 오브 브리튼은 글자 그대로 브리튼 전투, 머천트 네이비는 2차 대전 내내 지속된 연합군과 독일군 간의 해상봉쇄작전인 대서양 전투에 참여했던 영국 해운회사의 이름에서 따온 것이다.

++ 역시 영국 남부 철도회사의 기관차 등급 중 하나로, 모두 합쳐 40대의 기관차에 각각 영국의 유명 공립학교들의 이름을 붙인 데서 그 명칭이 유래됐다.

+++ 런던에서 출발해 켄트 주 도버까지 운행하던 호화 여객열차. 도버에서 여객선을 타고 프랑스 칼레에 도착해 다시 기차를 갈아타면 파리까지 바로 연결됐다.

구경꾼을 위한 기관차 번호 안내서》가 쥐어져 있었다.

철도 시스템이 예술에 얼마나 깊숙이 스며들었는지 깨닫기 전까지, 나는 이 모든 게 일종의 페티시일 뿐이라고 생각했다. 그러나 그게 아니었다. 예를 들어, 19세기의 영국 화가 터너J. M. W. Turner는 유달리 기차에 집착했다. 그리고 톨스토이Leo Tolstoy 작품 속의 '안나 카레니나Anna Karenina'는 기차 여행 도중 사랑에 빠져, 철도 승강장에서 남편을 떠나기로 결심하고는 화물열차에 몸을 던져 자살한다.

> 그녀의 몸이 바퀴 사이의 공간과 나란히 놓이던 바로 그 순간 …… 그녀는 빛의 속도로 다시 일어나는가 싶더니 무릎을 꿇고 주저앉았다. 커다란 무언가가 사정없이 그녀의 머리를 때리고는 땅에 드러누운 그녀를 끌고 갔다. '하느님은 모든 걸 용서해주실 거야!'라고 그녀는 나지막이 내뱉었다.

톨스토이가 사망한 곳도 철도역이었다. 파스테르나크Boris Leonidovich Pasternak의 소설《닥터 지바고Doctor Zhivago》는 주인공이 기차를 타고 모스크바를 탈출하는 장면과 스트렐니코프Strelnikov의 혁명 기관차를 바라보는 그의 시선, 뒤이어 군데군데 눈 덮인 철로를 따라 다시 라라에게 돌아가는 여정을 중심으로 진행된다. 책에 비하면 동명의 영화에서는 그런 부분을 세세하게 잘 표현하지는 못했다. 책에서 여성 이발사가 지바고에게 "이 '특별' 열차에 대해 발설하면" 체포의 위험을 감수해야 한다고 경고하는 장면도 영화에는 빠져 있다.

그래, 내가 말하고자 하는 핵심은, 모든 기차는 '특별하다'는 것이다. 1956년 어머니는 열 살짜리 로버트가 독일 프라이부르크 역으로 미끄러져 들어오는 커다란 크림색과 빨간색의 '유럽 횡단 특급열차Trans Europe

Express'—일등석만 있는 디젤 기차였다—를 지켜보는 모습을 홈 비디오 카메라로 촬영해놓으셨다. 아버지가 독일 함부르크에서 전후 재건 사업을 지원하는 일을 하고 있으실 무렵에 현지에서 사다 주신 모형 증기기관차도 특별하긴 마찬가지였다. 태엽으로 움직이는 그 녀석은 어찌나 힘이 좋던지, 영국제 혼비 트랙을 탈선해 거실 카펫을 가로질러 질주하더니 우리 집 현관 계단을 점프해서 진입로를 건너 부딪친 다음 아버지의 자동차 아래까지 기어들어간 적도 있었다.

레바논 당국이 동베이루트에서 비블로스Byblos+의 십자군 항구까지 이어지는 해안 노선을 일시적으로 부활시켰을 때, 나는 커다란 폴란드 디젤 기관차 운전석에 앉아 출발지부터 종착역까지 여행하기도 했다. 당시 기관차는 대영제국 식민지 시절의 인도에서 수입한 목재 운반차를 끌고 있었는데, 그 속도가 시간당 24km을 넘지 못했다. 그 이유는 레바논 사람들이 바다에 수영하러 갈 때 굳이 철로에다 자동차를 주차하기를 고집했기 때문이었다.

그간 세계 유수의 항공사들이 생겨나면서 항공교통 수단이 비약적으로 성장했음에도 불구하고 지도자들, 특히 독재자들은 유독 기차에 애착을 보였다. 히틀러는 이동식 대공 포대를 갖춘 호화 전용 열차를 소유하고 있었으며, 괴링과 히믈러·티토도 마찬가지였다. 그리고 소비에트 정치위원들의 기차 사랑도 결코 그에 뒤지지 않았다. 물론 기차는 살인의 공범이기도 했다. 터키 철도는 수천 명의 아르메니아인들을 학살 장소로 실어 날랐고, 유럽 열차들 역시 수백만 명의 유대인과 집시들을 싣고 죽음의 수용소로 향했다. 영국 소설가이자 시인이었던 D. H. 로렌스D. H. Lawrence

+ 베이루트에서 북쪽으로 30분 거리에 위치한 비블로스는, 기원전 약 7000년에 형성되어 세계에서 가장 오래된 도시로 알려져 있다.

의 소설《아들과 연인Sons and Lovers》에서 아우슈비츠 주위의 눈밭 위를 서서히 이동하는 증기 기관차의 기적 소리는, 보통의 기적 소리와 그 함축된 의미가 완전히 달랐다.

한편, 왠지 몰라도 공항에서는 절대 철도역 같은 매력이 느껴지지 않는다. 세인트 팽크라스나 가르 뒤 노Gare du Nord, 그랜드 센트럴Grand Central+에 필적할 만한 공항이 있으면 한 번 이름을 대보기 바란다. 하지만 내가 기차의 매력을 있는 그대로 이해하기까지는 오랜 세월이 걸렸다. 기차는 선로와 레일, 기관차가 어우러진 영구적 교통수단이다. 스코틀랜드 에든버러 시의 웨이벌리Waverley역에 가면 나란히 늘어선 쌍둥이 레일을 볼 수 있는데, 가는 쇠꼬챙이처럼 생긴 레일은 도중에 선로를 바꿀 수 있는 전환기가 달려 있어 그때그때 폭이 달라진다. 스코틀랜드에서 출발한 레일을 따라가다 보면 영불 해저터널을 거쳐 터키나 러시아의 상트페테르부르크Saint Peterburg, 블라디보스토크Vladivostok, 혹은 반군들이 레일을 날려버리지만 않는다면 그대로 바그다드까지도 이어진다는 걸 알 수 있다.

내 생각에 우리가 기차에 끌리는 건 바로 이런 연속적인 느낌 때문이 아닐까 싶다. 항로를 따라가는 항공기는 절대 같은 하늘을 다시 거쳐 가는 법이 없다. 배도 마찬가지다. 항해할 때마다 배가 지나가는 바다는 조금씩 달라진다. 그러나 기차는 어제, 혹은 백 년 전에 지나갔던 것과 정확히 똑같은 경로를 따라 움직인다. 다음 주에도, 그리고 백 년 뒤에도 그럴 것이다.

그래서 수풀이 웃자란 베이루트의 조차장에서 본 선로는 과거와 기이하게 맞닿아 있고, 우리로 하여금 역사의 영속성과 권력, 그리고 죽음을

+ 가르 뒤 노는 파리 북부역을 가리키는 것으로, 파리로 향하는 프랑스 국유철도의 6개 종착역 가운데 하나다. 그랜드 센트럴 역이란 명칭은 영미권 여러 도시에 존재하나, 여기서는 뉴욕 맨해튼에 있는 것을 지칭한다.

떠올리게 한다. 어릴 적부터 노인이 될 때까지 기차가 우리의 상상력과 두려움을 사로잡는 이유가 거기에 있다.

2005년 2월 12일

인디펜던트

비행 공포증

예기치 못한 사태로 시간이 붕 떠버린 나는, 지금 막간을 이용해 이 글을 쓰고 있다. 샤를 드골 공항이 폭설로 폐쇄되는 바람에 내가 타기로 한 비행기가 파리에서 발이 묶인 것이다. 이는 외신 특파원들이라면 누구나 경험해봤을 법한 일이다. 전쟁을 취재하거나 벨벳, 오렌지, 혹은 삼나무 혁명+에 참여한 사람들을 인터뷰하러 떠나야 할 시간에 우리는 줄을 서서 미리 보내려던 짐을 다시 찾아, 택시를 타고 집으로 돌아가는 신세가 된다. 우리 생활의 일부분이자, 여행에서 절대 빼놓을 수 없는 요소이며, 기술적으로 우리가 다다를 수 있는 가장 정교한 수준에까지 오른 발명품인 비행기는, 그러나 아직까지 빙판 위에는 절대 착륙할 수 없고, 3등급++ 정도의 착륙 능력도 갖추고 있지 못한 게 현실이다. 그리고 에어버스 A-320부터 A-400 시리즈 기종 여객기의 역추진 능력은 아직 날씨를 거스를 수

+ 벨벳 혁명은 1989년 11월과 12월 사이에 당시 체코슬로바키아에서 일어난 비폭력 민중항쟁으로 인해 41년간에 걸친 공산독재가 무너진 사건을 말하고, 오렌지 혁명은 2004년 말 대선 부정선거에 분노한 우크라이나 시민들이 불복종 시위와 총파업을 통해 재선거를 이끌어낸 사건, 삼나무 혁명은 2005년 2월 14일 라피크 하리리 전 총리가 암살된 뒤 그의 죽음의 배후로 알려진 시리아 군대의 철수와 친시리아 정부의 하야를 이끌어낸 레바논 시민들의 대중 시위를 일컫는다.

++ 국제 민간항공기구(ICAO)는 계기착륙장치의 성능을 세 가지 등급으로 분류하고 있는데, 3등급은 활주로 가시거리가 300m만 확보되면 착륙이 가능한 최상위 등급이다.

있는 수준에는 훨씬 미치지 못한다.

그래, 맞다. 우리 기자 나부랭이들은 비행기를 워낙 많이 이용하다 보니 항공기에 대한 아주 풍부하고도 구체적이면서 전혀 쓸모없는 정보까지 얻게 된다. 벨/아구스타 헬리콥터의 회전력이나 보잉 777기의 항공 전자공학, MD-111기의 좌석 배치에 대해 알고 싶은가? 그렇다면 내가 알려줄 수 있다. 물론 특파원들은 각종 부상과 응급처치에 대해서도 놀라울 정도로 많은 지식을 갖고 있긴 하지만—이 글에서 굳이 상처를 빨아내는 방법이나 응급 기관 절개술에 대한 세세한 설명으로 독자 여러분들을 즐겁게 해줄 생각은 없다—, 비행기에 관한 한 아마 웬만한 승무원들보다도 더 많이 알고 있을 것이다.

아무튼, 지금부터 내가 들려줄 이야기는 탈레반 정권 시절 아프간 아리아나 항공Ariana Afghan Airlines 비행기를 탔을 때 겪은 일화다. 1997년, 다름 아닌 오사마 빈 라덴을 만나러 아프가니스탄으로 가려던 나는 트루셜 스테이츠Trucial States의 샤르자Sharjah+에서 아프간 동부의 잘랄라바드Jalalabad까지 가는 비행 편을 어렵사리 구할 수 있었다. 샤르자의 공항 활주로에는 구식 보잉 727기처럼 생긴 형편없는 항공기가 나를 기다리고 있었다. 탑승한 기내에는 좌석 첫 번째 줄에만 의자가 있었고, 나머지 공간은 '기계 관련 수입품들'이 담긴 커다란 나무상자가 차지하고 있었다. 승무원은 무거운 상자 하나하나를 모두 바닥에 쇠사슬로 묶어 놓았다고 했다. 그보다 더 골치 아팠던 건 앞쪽 화장실이었다. 이륙한 지 몇 분도 안 돼 저절로 문이 열리더니, 더러운 오수가 천천히 객실로 밀려와 우리 신발을 적시기 시작했다. 도저히 기내식을 먹을 기분이 아니었다.

내 옆에는 아프간 사람 두 명이 앉았는데, 그중 탈레반의 이발 규정에

+ 트루셜 스테이츠는 1971년 아랍에미리트 연방공화국(UAE)으로 독립하기 전에 영국 보호령으로 있던 시절의 명칭으로, 샤르자를 비롯해 11개의 작은 토후국들로 이뤄져 있었다.

따라 턱수염을 수북이 기른 채 목이 드러난 셔츠와 청바지를 입은 한 사람이 커다랗고 더러운 기름 헝겊을 왼손으로 연신 쥐어짜며 나를 계속 노려봤다. 칸다하르 상공을 지날 즈음, 갑자기 심한 난기류를 만나 비행기가 크게 요동치는가 싶더니 쇠사슬이 철커덕 소리를 내는 것이었다. 금방이라도 나무 상자가 객실을 덮칠 것만 같았다. 그 사이 또다시 오물이 앞쪽 화장실에서 우리 쪽으로 밀려왔다. 바로 그때, 객실 사무장이 내게로 다가왔다. "피스크 씨, 당신은 우리 비행기의 유일한 승객이니만큼 안전에 대해 걱정하실 필요가 전혀 없습니다"라고 그가 말했다.

"게다가 보시다시피 당신은 우리 항공사의 베테랑 엔지니어 옆자리에 앉는 영광도 누리고 계시잖습니까?"

그가 가리킨 왼쪽을 쳐다보니, 나에게 적대적인 눈길을 보내던 턱수염 기른 그 양반이 앉아 있는 것이었다.

아참, 에어 프랑스에 관한 즐거운 추억도 빼놓을 수 없겠다. 강연을 하기 위해 대서양을 넘나들 때나 〈인디펜던트〉 지의 업무로 출장을 갈 때, 그리고 세계 여기저기에서 잡아놓은 그 수많은 약속들에 이르기까지, 따져보면 내가 그 항공사를 이용한 횟수는 에어 프랑스 승무원 개개인의 탑승 횟수보다도 더 많을 것이다. 그러다 보니 로스앤젤레스나 뉴욕에 갈 때면 거의 매번 안면이 있는 승무원과 마주치곤 했는데, 얼마 전 그중 한 승무원이 내게 이렇게 인사를 건넨 적이 있었다.

"아, 피스크 씨. 이륙한 다음에 진토닉 한 잔 드실 거죠? 그렇죠?"

오, 이런! 특파원으로서 창피한 이야기이지만, 내가 맨정신으로는 무서워서 비행기를 타지 못한다는 걸 그녀가 기억하고 있었던 것이다. 그 시작은 이슬람 혁명 직후 테헤란 공항에서 비상착륙을 경험한 뒤부터였다. 착륙하기 전에 앞바퀴 기어가 작동하지 않자—비행기 애호가들을 위해 덧붙이자면, 보잉 737이었다—, 비행기는 꽝 하고 내가 그때까지 들어본 소리 중에서 가장 커다란 소리를 내며 풀밭에 착륙했다. 사망자는 없었다. 그러나 그 즉시 기내는 짙은 파란색 연기구름으로 뒤덮였다. 몇 초 뒤 정신을 차리고 보니, 그 연기는 겁에 질린 승객들이 저마다 거의 동시에 담뱃불을 붙여댔기 때문이었다. 그렇게 나는 인류 역사상 최악의 비행공포증을 안은 채 레바논으로 돌아왔다.

그나마 다행이었던 건, 내가 그 당시 레바논의 미들 이스트 항공Middle East Airlines에서 일하던 조종사들을 죄다 알고 있었다는 점이었다. 그중 한 사람이 냉전 시대의 힘세고 오래된 707기 대신에 새로 들여온 보잉기의 시험비행을 함께하자며, 나에게 다음 날 아침에 공항으로 나오라고 한 적이 있었다. 그는 폭풍우 치는 날씨에 베이루트 공항을 떠나는 비행기의 조종석 뒷자리에 나를 앉히고는, 커다란 잔에 샴페인을 따라준 뒤 내 머리에 헤드폰을 씌워주었다. 그런 다음 비행기는 영화 〈투모로우The Day After Tomorrow〉에서나 보던 난기류를 뚫고 활주로를 이륙했다.

그는 파도가 거품처럼 일렁이는 황량한 지중해 위로 텅 빈 비행기를 조종해갔고, 되돌아서 1-18 활주로에 착륙했다가 다시 폭풍우 속으로 이륙한 뒤 착륙하기를 되풀이했다. 매번 이륙 때마다 어김없이 샴페인 한 잔이 건네졌고, 그렇게 이륙과 착륙을 14번이나 거듭하자 아기처럼 낄낄거리고 있는 나 자신을 발견할 수 있었다. 나는 지금도 여전히 비행기 타는 걸 두려워하지만, 그때 이후로 비행기를 타면 곧 죽을 것 같은 느낌은 더 이상 들지 않게 되었다.

물론 내가 아는 거의 모든 사람들이 그렇듯, 마음속으로는 아직도 동력비행을 믿지 못하는 게 사실이다. 진토닉을 주건 말건 금속 튜브 속에 있는 좌석에 사람을 묶어서 시간당 800㎞의 속도로 하늘에 던져버린 뒤 7

시간이나 그대로 놔두는 행위를 도저히 당연하게 받아들이지 못하겠다는 것이다. 그래서 나는 오늘도 '불신의 자발적 유예'+를 벗 삼아 비행기에 몸을 싣는다.

2005년 3월 5일

인디펜던트

+ 영국의 시인이자 문학 비평가이며 철학자였던 새뮤얼 테일러 코울리지(Samuel Taylor Coleridge)가 1817년에 만들어 낸 개념이다. 관객이나 독자들이 예술작품을 대할 때 과연 그것이 현실에서 가능한지에 대한 판단을 스스로 유예시켜야지만 제대로 그 작품을 이해하고 감상할 수 있다는 의미를 담고 있다. 예를 들어 평소 우리는 빗자루를 타고 하늘을 나는 게 현실에서는 가능하지 않다는 당연한 '불신'을 갖고 있으나, 해리포터라는 소설을 읽을 동안만큼은 그런 불신을 '자발적으로 유예'한 채 마치 그게 가능한 것처럼 받아들여야지만 소설의 내용을 재미있게 감상할 수 있는 것이다.

7장

머나먼 중동에서

1919년 맺어진 베르사이유 조약에 따라, 1차 대전의 주요 승전국이었던 영국과 프랑스는 국제연맹—오늘날 유엔의 전신—의 위임을 받아 레반트(Levant)+의 대부분을 통치하게 되었다. 영국인들은 팔레스타인, 트랜스요르단+, 이라크를 차지했고, 프랑스는 시리아—초기에는 이라크 북부까지—를 얻었다. 그리고 다시 프랑스 정부는 시리아 남서쪽의 구석진 지역을 분할해 '대 레바논'이란 국가를 수립했다.

+ 원래는 터키의 아나톨리아 반도와 이집트 사이에 위치한 지중해 동부 연안 지역을 가리키는 말로, 1차 세계대전 전까지는 오늘날의 남북 키프로스와 이스라엘, 팔레스타인, 요르단, 레바논, 시리아까지가 모두 레반트에 해당됐으나, 그 뒤 점차 시리아와 레바논 두 나라만을 가리켜 레반트 국가라 부르게 되었다.

++ 오늘날의 요르단이 1921년부터 1946년까지 영국 보호령이었던 시절에 불리던 명칭.

이놈의
빌어먹을 민주주의 같으니

2006년 1월 26일에 치러진 팔레스타인 의회선거에서 하마스는 전체 132석 가운데 76석을 차지하는 승리를 거뒀고, 그 이후로 내내 배척당해왔다. 이스라엘의 에후드 올메르트(Ehud Olmert) 총리는, 하마스가 팔레스타인 자치정부의 한 축을 이루는 한 이스라엘과 팔레스타인 간 협상은 없을 거라고 말했다. 이스라엘과 서구는 팔레스타인 가자와 서안 지구에 제재를 가했다. 선거에서 불과 43석을 차지한 마흐무드 압바스(Mahmoud Abbas) 자치정부 수반의 파타(Fatah)당은 선거를 다시 치르겠다고 위협했고, 국제사회는 그들만을 유일하게 '합법적인' 팔레스타인 자치정부로 간주하고 있다.

•

역시나 민주주의란 놈이 문제다!

1991년, 우리는 알제리 국민들에게 민주주의라는 선물을 하사했다. 그러나 그들은 배은망덕하게도 이슬람주의 정권의 수립이라는 결과로 우리의 은혜를 배신했다. 그나마 다행히 알제리 군부가 나서서 2차 투표를 취소해버렸기에 망정이지, 그렇지 않았다면 어쩔 뻔 했을까?+

+ 1962년 프랑스에서 독립한 뒤로 군부의 일당독재 체제를 유지해오던 알제리는 1988년 민주화 항쟁의 성과로 1991년 12월 최초의 다당제 의회선거를 치렀다. 1차 선거에서 '이슬람구국전선'이 압승을 거두자, 그에 경악한 군부는 선거를 무효로 한 뒤 비상계엄을 선포했다. 그 뒤로 1990년대 내내 계속된 내전으로 인해 10만 명 이상이 목숨을 잃었다.

2005년, 아프가니스탄과 이라크에서 각각 선거가 치러졌다. 아프간 국민들은 군벌과 살인자들이 포함된 대표자들을 선택했고, 이라크 국민들은 다와당에게 바그다드의 권력을 안겨 주었다. 특히 다와 당은 1980년대 베이루트에서 일어났던 서구인 납치사건의 대부분과 쿠웨이트 국왕이 탄 차량 행렬에 대한 폭탄 테러+, 미국과 프랑스 대사관 폭파 사건++에 책임이 있는 세력이었다. 물론 워싱턴에서 이런 이야기는 절대 입 밖에 꺼내지 않는 걸로 하자. 이 정도의 민주주의는 그들도 충분히 받아들일 만한 것이었을 테니 말이다.+++

이번엔 팔레스타인에서 두려운 파열음이 들려왔다. 중동 역사상 가장 민주적으로 치러진 선거에서 팔레스타인 주민들이 '잘못된 정당'을 권력에 앉히는 선택을 한 것이다. 원래 우리 계산대로라면, 그들은 자신들을 대변해주겠다고 말한 하마스가 아니라 '통제'하겠다고 약속해온 친서구·친미 성향의 부패한 파타당을 지지했어야 했다. 그런데 그들은 하마스에게 전체 132석 가운데 76석을 안겨 주는 잘못된 선택을 한 것이다. 그래, 됐다 됐어. 이놈의 빌어먹을 민주주의 같으니. 도대체 말이라고는 들어먹지 않는 저 인간들을 대체 어떻게 해야 하지?

1930년대로 돌아가, 영국은 파루크 왕조에 반대하던 이집트인들을 잡아 가두고 반민주적인 통치 구조를 세우기 시작했다. 프랑스 역시 자유를

+ 이란과 연계된 것으로 추정되는 '이슬라믹 성전(Islamic Holy War)'이라는 단체가 이란-이라크 전쟁에서 이라크 편에 선 쿠웨이트의 알 자베르 국왕을 암살하려다 실패한 사건.

++ 1983년 12월 12일, 쿠웨이트에 주재하던 미국·프랑스 대사관을 비롯해 정유시설·상수도 처리장·석유화학 공장·국제공항을 대상으로 동시다발적으로 벌어진 폭탄테러 사건.

+++ 2005년 1월 제헌의회 선거를 위해 다와당을 비롯한 시아파 정당들이 주축을 이뤄 결성한 연합정당인 이라크국민연합(INA)은 그해 12월에 치러진 총선에서 총 275석 가운데 128석을 얻어 원내 1당의 지위를 차지했다. 그리고 그 덕분에 다와당의 당수였던 이브라힘 알 자파리가 총리 자리에 임명됐으나, 이듬해 4월 국정 운영상의 무능함을 이유로 강제로 축출당하고 누리 알 말리키 현 총리가 그 자리를 이어받았다. 이와 관련해, 2003년 이라크 침공과 외세의 개입을 반대하는 입장을 취해온 알 자파리를 애초부터 탐탁지 않게 여겼던 미국정부가 개입한 작품이라는 주장이 강하게 제기돼 왔다.

요구하는 레바논 정부 인사들을 감옥에 가둬버리고 레바논을 떠났다. 그럼에도 우리는 아랍 정부들이 언제나 우리가 시키는 대로 움직이기를 기대해왔다. 오늘날까지 우리는 시리아인들이 우리 지시를 그대로 따르길 바라고, 이란인들이 핵 문제에 있어서—그들이 불법적인 행동을 한 게 전혀 없음에도— 우리가 원하는 대로 굽실거리기를 원하며, 북한인들이 자신들의 핵무기를 포기하기를—그들은 실제로 핵무기를 갖고 있지만 그래서 공격당하지 않을 수 있는 것이다— 기대한다.

그렇다면 이제 저 못돼먹은 하마스의 어깨에 무거운 짐을 지울 때다. 그리고 저 배은망덕한 팔레스타인 민중들에게도 스스로의 선택에 대한 책임을 묻도록 하자. 이것이 팔레스타인 민주주의를 바라보는 우리 서구의 입장인 것이다.

한편으로 돌아보면, 지난날 우리 영국은 아일랜드 공화국군IRA이나 키프로스 민족투쟁기구EOKA+, 마우마우Mau Mau++와는 절대 대화하지 않을 것처럼 행동하다가 결국 게리 아담스, 마카리오스 대주교, 조모 케냐타+++를 각각 영국으로 불러들여 여왕 앞에서 차를 대접하고 돌려보낸 역사가 있다. 마찬가지로, 미국인들도 북베트남의 적들과는 절대 대화하지 않을 것처럼 굴었다. 그러나 그렇지 않았다. 파리에서 그들과 대화를 가졌던 것이다. 물론 알 카에다는 미국과의 대화를 거부할 것이다. 하지만 메소

+ 키프로스 섬의 남부 기독교도들을 중심으로 결성된 EOKA는 영국으로부터의 독립과 그리스와의 통합을 목적으로 1955년부터 1959년까지 무장투쟁을 벌였다.

++ 케냐의 키쿠유족을 중심으로 결성된 마우마우 조직은 1952년~1960년까지 영국의 식민 지배에서 벗어나기 위해 무장 독립 투쟁을 벌였다. 그러자 영국 정부는 즉각 비상사태를 선포하고 군대를 투입해 무자비한 진압작전을 벌였는데, 케냐 인권위원회는 그 과정에서 약 9만 명이 살해당하거나 불구가 되고 16만 명이 불법적으로 구금된 걸로 추정하고 있다.

+++ 게리 아담스(Gerry Adams)는 아일랜드 민족주의 정당인 신 페인(Sinn Fein) 당의 대표, 마카리오스 대주교는 키프로스 그리스 정교회의 대주교이자 그리스계 키프로스 주민들의 지도자로서 키프로스 독립운동의 실질적인 구심 역할을 했던 인물로 키프로스 공화국의 초대 대통령을 지냈으며, 조모 케냐타(Jomo Kenyatta)는 케냐 독립운동의 지도자로서 초대 총리와 대통령 자리에까지 올랐던 인물이다.

포타미아의 이라크 반군 지도자들은 다를 것이다. 그들은 1920년에 영국과 그랬던 것처럼, 미국과의 대화에도 나서게 될 것이다.

1993년, 하마스는 모스크의 확산과 종교적 가르침을 놓고 이스라엘과 직접 대화를 가졌다. 이스라엘군은 〈예루살렘 포스트〉 지의 1면에 그 사실을 대놓고 자랑하기까지 했다. 당시 팔레스타인 해방기구[PLO]는 오슬로 협정을 준수하지 않을 것처럼 보였고, 따라서 하마스와 대화를 지속하는 데 전혀 문제될 것이 없었다. 그렇다면 오늘날엔 왜 이렇게 하마스와의 대화가 불가능한 것처럼 여겨지게 되었을까?

하마스 지도부가 남부 레바논으로 내팽개쳐진 지 얼마 되지 않았을 무렵, 내가 이스라엘을 방문할 참이라고 했더니 하마스 핵심 조직원 한 사람이 이런 조언을 건넨 적이 있었다.

"시몬 페레스 이스라엘 총리에게 전화를 걸어보는 게 좋을 겁니다. 여기 그의 집 전화번호가 있어요."

그가 건네준 번호는 정확했다. 그것은 팔레스타인인들 가운데 가장 극단적인 운동 조직의 상층부가 이스라엘 고위 정치인들과 대화를 계속해왔다는 증거였다. 이스라엘은 하마스 지도부를 잘 알고 있다. 하마스 지도부도 이스라엘을 잘 알고 있다. 우리 같은 언론인들이 그걸 부인해봤자 아무 소용이 없다. 우리 적들이 언제든 우리의 가장 좋은 친구가 될 수 있고, 반대로 우리의 친구들은 슬프게도 우리 적으로 둔갑할 수 있다는 사실을 역사가 증명해주고 있다. 우리가 선조들의 역사를 제대로 이해하고 있다면, 이는 참으로 소름 끼치는 방정식이 아닐 수 없다.

물론 자신의 아들을 살해한 사람들과 대화한다는 건 정말 끔찍한 일일 것이다. 손에 우리 형제들의 피를 묻히고 있는 사람들과 대화한다는 것은 차마 입에 담기도 어려운 일이다. 독립을 꿈꿨던 미국인들이 자신들에게 총부리를 겨눴던 영국인들에게 어떤 감정을 가졌을지 굳이 말하지 않아도 알 수 있다. 그러나 역사 전체를 통틀어 우리는 결국 적들과의 대화를 받아들였다. 우리는 일본 천황의 대표들과 대화를 했다. 독일제국의 항복을 받아낸 것도 결국 아돌프 히틀러의 후임자를 통해서였다. 오늘날 우리는 일본·독일·이탈리아인들과 기꺼이 무역을 하고 교류를 맺는다. 부시와 블레어가 계속 헛소리를 늘어놓지만, 중동은 절대 나치 독일이나 파시스트 이탈리아의 계승자가 아니다. 그런데도 우리가 이 거대한 전쟁의 짐을 벗어던져 버리고, 과거의 틀이 아니라 현실의 창을 통해 미래를 바라보기까지 얼마나 더 긴 시간이 흘러야 할까?

확실한 건, 정부 내에 전쟁을 직접 경험한 사람들이 전무한 시대에 사는 우리는, 전쟁이 의미하는 바가 무엇인지 스스로 이해해야 한다는 사실이다. 전쟁은 할리우드나 다큐멘터리 영화가 아니다. 민주주의란 단지 우리가 표를 던져 권력자를 선택하는 행위만이 아니다. 그것은 진정한 자유를 의미한다. 오늘날 중동 민주주의가 가진 결함은 바로 그 지점이다. 그런 상황에서 이번에 팔레스타인 주민들이 '잘못된 정당'을 권력에 앉히는 선택을 한 것이다. 우리 서구인들 입장에서는 참으로 공포스러운 일이 아닐 수 없다.

2006년 1월 28일

인디펜던트

금으로 입힌 수도꼭지

2007년 6월, 격렬한 시가전 끝에 하마스 대원들은 가자 지구 전역에서 파타 세력을 물리쳤다. 118명이 숨지고 550명이 부상당한 격렬한 전투를 거쳐 하마스는 모든 정치적 반대파들을 눌러 제압했다. 그리고 두 정파 간의 전투는 2008년까지 간헐적으로 계속 이어졌다.

중동 무슬림들은 정말 골치 아픈 사람들이다. 처음에 우리는 팔레스타인인들에게 민주주의를 받아들이라고 요구했다. 그러자 그들은 하마스라는 잘못된 정당을 선택했다. 그런 다음 하마스는 미니 내전에서 승리를 거둬 가자 지구를 관할하게 됐다. 반면 우리 서구인들은, 이미 위신이 떨어질 대로 떨어진 파타당 출신 마흐무드 압바스 수반과의 협상을 여전히 원하고 있다. 따라서 오늘날 '팔레스타인'은 두 명의 총리를 갖게 됐다. 자, 모두들 중동이란 수렁에 들어온 걸 다시 한 번 환영한다.

우리의 협상 상대는 누구일까? 누구와 대화를 해야 할까? 글쎄, 당연히 우리는 선거 직후에 하마스와 대화를 했어야 했다. 그러나 팔레스타인 민중들이 민주적으로 선출한 정부가 우리는 영 탐탁지 않았다. 그들은 파타당과 부패한 그 지도부에 투표했어야 했다. 헌데 그들은 신뢰가 완전히 땅에 떨어진 오슬로 협정을 아예 무시하는 쪽을 택한 하마스에 표를 던졌다. 게다가 하마스는 이스라엘의 존재를 인정하기 거부해왔다. 이스라엘이라는 특별한 존재를 하마스가 받아들였어야 한다는 데 이의를 제기하는 사람은 우리 편 중에는 아무도 없었다. 1948년 건국 당시의 이스라엘? 1967년 3차 중동전쟁 이후의 이스라엘? 아랍 영토에 유대인들만의 드넓은 정착촌을 건설해, 그나마 협상의 대상으로 남아있던 '팔레스타인' 영토의 22% 이상을 먹어치우는 이스라엘? 뭐가 됐든 무조건 인정해야 한다는 것이다.

그와 동시에 우리는 BBC와 CNN, 폭스 뉴스가 말했듯이 '온건한' 팔레스타인 지도자이자 우리의 믿음직한 경찰관인 압바스 선생을 대화상대로 선택했다. 그는 오슬로 협정을 다룬 600페이지짜리 책을 쓰면서도 '점령'이란 단어를 단 한 번도 언급하지 않았고, 언제나 이스라엘의 '철수'가 아닌 '재배치'라는 표현을 고집한 인물이다. 백악관에 넥타이를 매고 들어가 항상 바람직한 이야기만 하던 그는, 우리가 신뢰할 수 있는 '지도자'였다. 하지만 팔레스타인인들이 하마스를 선택한 건 그들이 이슬람 공화국을 원했기 때문이 아니었다. 압바스가 이끄는 파타당의 부패와 '팔레스타인 자치정부'의 타락한 행태에 신물이 났기 때문이었다.

그와 관련해 내가 직접 목격한 사례도 있다. 몇 년 전에 나는 한 팔레스타인 자치정부 공직자의 집에 불려간 적이 있는데, 집 벽에는 이스라엘 탱크의 포격으로 구멍이 나 있었다. 그러나 정작 내게 충격을 안겨 준 건 욕실에 달린 금으로 입힌 수도꼭지였다. 파타당은 그 수도꼭지 같은 것들 때문에 선거 패배라는 비용을 치러야 했던 것이다.

이렇듯 팔레스타인인들은 아랍세계의 고질병이자 암적 존재인 부패를 끝장내길 원했고, 그래서 하마스에 투표했으며, 그걸 본 우리 현명하고 착한 서구인들은 자유롭게 투표권을 행사한 책임을 물어 그들을 협박하고 제재를 가해 굶주리게 하기로 결심했다. 만약 팔레스타인인들이 우리가 보기에 적당하다고 생각하는 인물들에게 품위 있게 표를 몰아줬다면, 그땐 그들에게 유럽연합 회원국 자격이라도 제공할 작정이었을까?

이런 일들이 중동지역 어디에서나 비일비재하다. 우리는, 아프가니스탄의 하미드 카르자이 대통령이 정부 내에 군벌들과 거물급 마약상들을 끌어들였음에도 여전히 그를 지지한다. 그러고는 '테러와의 전쟁'을 치르는 동안 헬만드 지방의 외딴곳에서 무고한 아프간 민간인들이 우리 손에 목숨을 잃은 것에 대해 아주 유감스러워한다.

우리는 이집트의 호스니 무바라크를 사랑한다. 그의 고문 집행관들은 최근 카이로 외곽에서 잡아온 무슬림 형제단 소속 정치인들의 처리를 아직 채 마무리 짓지 못했다. 그런데도 조지 W. 부시의 아내는 무바라크가 대통령직을 수행하는 데 대해 따뜻한 지지를 보냈다. 아마 별다른 변수가 없다면, 차기 대통령 자리는 무바라크의 아들인 가말이 물려받게 될 것이다.+

우리는 리비아의 미치광이 독재자 무아마르 카다피도 아주 흠모한다. 카다피 정권의 늑대인간들은 나라 밖에서 반대파들을 차례로 살해했고, 최근 토니 블레어의 트리폴리 방문을 앞두고는 사우디아라비아의 압둘라 국왕을 살해하려는 음모를 꾸미기도 했다. 카다피 대령이 애초에 존재하지도 않았던 핵 야망을 포기한 대가로 잭 스트로에게서 '정치가'란 칭호를 부여받았다는 점도 빼놓을 수 없다. 우리는 카다피가 '테러와의 전쟁'

+ 그러나 저자를 포함해 그 누구도 예상치 못한 '특별한 변수'가 생겨 호스니 무바라크는 끝내 권력 세습의 꿈을 이루지 못했다. 2011년 1월 25일에 그의 퇴진을 요구하는 대규모 시위가 본격화된 뒤 불과 18일 만에 대통령 자리에서 쫓겨남으로써 아들인 가말도 그와 함께 감옥에 수감됐기 때문이다.

에서 우리 편에 속해 있다는 이유로 그의 '민주주의'를 지극히 받아들일 만한 것으로 여긴다.

또한, 우리는 요르단 압둘라 국왕의 위헌적인 군주제, 그리고 걸프 지역의 모든 군주들과 통치자들을 사랑한다. 특히 우리의 무기회사들로부터 엄청난 뇌물을 받은 이들을 너무나 아끼고 사랑한 나머지, 런던 경찰국조차도 관련된 조사를 종결해야만 했다. 나는 총리 자신이 묘한 뉘앙스로 말한 '중동에 관한 〈인디펜던트〉의 보도방식'을 왜 그가 그토록 싫어하는지 이유를 알 것 같다. 자녀를 옥스퍼드와 하버드에 유학 보낸 국왕과 통치자들을 아랍과 이란의 민중들이 지지하게 된다면, 바로 그 '중동'을 지배하는 게 훨씬 더 쉬워지기 때문일 것이다.

결국, 목적은 지배권이다. 우리가 중동의 지도자들에 대해 애정을 드러냈다 철회하기를 반복하는 이유도 거기에 있다. 가자 지구가 하마스의 손에 들어간 지금, 우리의 지도자들은 어떤 대응을 내놓을까? 유럽연합과 유엔, 워싱턴과 모스크바의 우리 주교님들은 은혜도 모르는 저 진절머리 나는 사람들과 어쩔 수 없이 대화에 나설 것인가—그렇지는 않을 것이다. 차마 그들과 악수를 할 수는 없는 노릇이기 때문이다—, 아니면 압바스라는 안심할 수 있는 인물의 두 손을 맞잡고 서안 지구만의 팔레스타인을 인정하는 대신, 민중들의 직접적인 선택을 받았고 군사적으로도 성공을 거둔 가자 지구의 하마스를 무시하는 태도를 취하게 될 것인가? 물론 양쪽 집 모두에다가 저주를 내리는 게 가장 편한 선택이긴 할 것이다.

중동 전체를 대하는 우리의 태도가 바로 그런 식이다. '바샤르 알 아사드가 시리아 대통령이 아니라면 얼마나 좋을까—그 대안이 누구일지는 신만이 안다—?', '정신 나간 마무드 아마디네자드가 이란을 통치하지 않게 되면 좋을 텐데—설사 그가 핵미사일의 위아래가 어딘지도 구분을 못 한다 할지라도—'하고 말이다.

그뿐만 아니라 레바논이 우리 뒤뜰에 있는 작은 나라들, 예를 들어 벨기에나 룩셈부르크처럼 자생적으로 성장한 민주주의 국가였다면 얼마나 좋았을까? 그러나 그들 형편없는 중동인들은 잘못된 인물들에게 표를 던지고, 잘못된 사람들을 지지하고 사랑하며, 문명화된 우리 서구인들처럼 행동하지 않는다.

그래서 우리는 어떻게 해야 할 것인가? 이스라엘의 가자 재점령을 지지할까? 이스라엘이 그런 행동을 해도 우리가 그들을 비판하는 일은 절대 없을 것이다. 그리고 중동의 매력 없는 대통령들과 국왕들에게 계속해서 애정을 보낼 것이다. 지금 이미 이라크가 그렇듯이, 그 지역 전체의 상황이 황당하게 흘러가 버려서 더 이상 그들이 우리의 희생과 사랑을 받을 가치가 없다고 우리가 판단하게 될 때까지는 말이다.

그건 그렇고, 투표로 선출된 정부가 쿠데타를 일으킨 경우에는 어떻게 해야 할까?+

2007년 6월 16일

인디펜던트

+ 하마스가 보이콧을 선언한 가운데 2005년 1월 9일에 치러진 팔레스타인 자치정부 수반을 뽑는 선거에서 당선된 마흐무드 압바스가 2007년 6월 14일 하마스 소속의 이스마일 하니야(Ismail Haniyeh) 총리 내각을 전격 해산시킨 뒤, 파타 출신의 살람 파야드(Salam Fayyad)를 총리로 하는 새 정부를 구성한 것을 가리킨다.

사과할 줄 모르는 남자

아마 경악을 금치 못한다는 표현만으로는 부족할 것 같다. 그보다는 망연자실이란 단어가 머리에 먼저 떠오른다. 베이루트에 있던 나는 쿠트 알아마라의 블레어 경이 중동 특사에 임명될 것이라는 내용의 전화를 받고 귀를 의심하지 않을 수 없었다. 일단 날짜부터 확인했다. 아니, 그 날은 4월 1일 만우절이 아니었다. 나는 그 허영심 많고 기만적이며 소문난 거짓말쟁이가, 수많은 남녀노소 아랍인들의 피를 손에 묻힌 변호사이자 과대포장된 인물인 그가 정말로 '우리의' 중동 특사 자리를 심사숙고하고 있다는 사실에 여전히 정신을 차릴 수 없다.

그게 사실일까? 나는 언제나 밸푸어+와 사이크스, 피코++가 중동에서의 우리 자만심을 보여주는 완벽한 본보기라고 생각했다. 그러나 블레어

+ 영국 외무장관 아서 제임스 밸푸어(Arthur James Balfour)는 1917년 11월 2일 자로 영국의 유대인 사회 지도자였던 월터 로스차일드(Walter Rothschild)에게 보낸 편지를 통해 '영국 정부는 팔레스타인에 유대 국가를 건설하는 것을 지지하며, 그러한 목적의 달성을 위해 최선을 다한다'고 약속하였다. 이는 2년 전 바로 그 영국 정부가 1차 세계대전에서 아랍인들의 지원을 이끌어내기 위해 종전 이후 팔레스타인 지역을 포함한 중동지역에서 아랍인들의 독립국가 건설을 약속한 '후세인-맥마흔 서한'과 정면으로 배치되는 것이었다.

++ 1916년 5월 16일, 영국의 정치인 마크 사이크스(Mark Sykes)와 프랑스 외교관 프랑수아 조르주 피코(Francois Georges-Picot)는 오스만 튀르크 제국의 영토를 분할해 프랑스와 영국이 각각 나눠서 차지한다는 내용의 비밀협정에 서명하게 되는데, 두 사람의 이름을 따서 이를 '사이크스-피코 협정'이라 부른다.

는? 조국을 이라크의 모래사막으로 끌고 들어갔던 이 남자가 그 지역에서 자신이 할 역할이 있다고 실제로 믿고 있다면—그가 임명했던 어처구니없는 중동 특사 레비 경은 중동을 비밀리에 수도 없이 방문했지만, 완전히 헛수고에 그치고 말았다—, 그것은 결국 최근 식민지 전쟁에서 그의 손을—그리고 우리 삶까지도— 더럽히게 될 뿐만 아니라 그야말로 대응하기 힘든 결과로 이어질 것이다.

물론 그는 마흐무드 압바스와 접촉할 테고, 하마스를 소외시키려 애쓸 것이며, 끊임없이 '온건파'와 도덕성에 대한 이야기를 늘어놓을 것이다. 중동에 평화를 가져오기 위해 올바른 일을 하고 있다고 자신이 얼마나 절대적으로, 전적으로 확신하는지에 대해 거들먹거리며 이야기하는 그의 목소리도 우리는 듣게 될 것이다. 하지만 이스라엘이 레바논의 헤즈볼라를 제압할 거라는 헛된 희망을 조지 W. 부시와 공유하면서 작년 레바논에서 휴전을 연기시켰던 장본인이 바로 그라는 사실을 잊어서는 안 된다.

게다가 그는 단 한 번도 사과한 적이 없다. 단 한 번도 그는 우리 이름을 걸고 벌인 일들에 대해 유감을 표한 적이 없다. 대신 블레어는 자신이 중동에 이로운 역할을 할 수 있다고 실제로 믿는다. 이는 분명히 이라크의 '대량파괴무기'에 관한 거짓 증거를 조작해낸 한 남자의 자아도취라고 밖에 말할 수 없겠다. 중동지역에서 완전히 신뢰가 바닥인—중동에서 그가 계획했던 일들은 죄다 현저한 실패로 돌아갔다— 자신이 오늘날의 '팔레스타인' 문제를 수습하기 위한 4자 회의+를 이끌기에 가장 적합한 인물이라고 믿고 있기 때문이다. 만약 생전의 아라파트가 수긍했을법한 수준보다 훨씬 더 적은 권한과 영토를 가진 팔레스타인이라도 그냥 받아들이라는 우리의 명령을 실행에 옮길 지역의 부역자들을 찾는 역할이라면, 나는 그나마 블레어가

+ 이스라엘-팔레스타인 분쟁의 중재 역할을 자처하고 나선 미국·유럽연합·러시아·유엔을 일컫는다. 토니 블레어는 2007년 6월 27일 총리 자리를 사임하자마자 이들 4자 간의 합의에 의해 중동평화특사로 임명됐다.

쓰임새가 있지 않을까 생각한다. 우리의 아랍 독재자들은 잔인함과 부정직함이 뒤섞인 그의 독특한 성품에 아주 흡족해할 게 틀림없기 때문이다.

블레어가 '평화'를 찾아 다마스쿠스와 테헤란 주위를 누비고 다니며 미국의 이라크 출구 전략을 위한 길을 닦는 건 가능하지 않을까 나는 생각한다. 하지만 '팔레스타인'이라고? 그들은 민주적이고 전적으로 신뢰할 수 있는 진짜 선거를 치러냈고, 거기서 하마스가 승리를 거뒀다. 하지만 블레어는 하마스와의 대화가 거의 불가능할 것이다. 오로지 압바스의 아첨꾼들이나, 나의 오랜 동료 라미 쿠리Rami Khouri+가 '상상 속의 정부'라고 정확히 지적했던 그 '팔레스타인 자치정부' 당국자들하고만 협상을 벌일 거라는 이야기다.

물론 미국인들은 "나라를 제대로 다스리기" 위한 제도를 개발하기 위해 "팔레스타인 체제 안에 들어와 있는 팔레스타인 사람들과" 협력할 수 있는 특사를 원한다고 이야기해왔다.● 오, 그렇군. 나는 그 말이 블레어 경에게 얼마나 매력적으로 다가왔을지 충분히 잘 알고 있다. "팔레스타인 체제"가 뭘 뜻하는지는 도통 잘 모르겠지만, 아무튼 그는 나라를 제대로 다스리는 것과 수많은 '테러 법률', 탄탄한 안보를 좋아한다.

원래 '우리의' 중동 특사는 제임스 울펀슨James Wolfensohn이었다. 세계은행 전 총재인 그는 가자 지구를 재건하지도 못했고, 새로이 건설되는 유대 정착촌과 이스라엘로 날아드는 카삼 로켓들로 인해 '평화 프로세스'가 서서히 붕괴해가는 현실을 어찌해볼 도리가 없어 좌절 속에 특사 자리를 그만뒀다. 그런데 블레어는 자기가 그보다 더 잘할 수 있다고 생각하는

+ 팔레스타인계 요르단인이자 미국 국적을 지닌 라미 쿠리는 베이루트의 일간지 '데일리 스타(Daily Star)'의 논설위원이자 정치평론가인 동시에, 베이루트 아메리카대학 산하의 공공정책 및 국제문제 연구소 책임자로서 활발한 대중강연과 저술 활동을 펼치고 있는 인물이다.

● 미 국무부의 숀 맥코맥(Sean McCormack)의 말을 인용한 것이다.

걸까? 앞으로 우리는 어떤 달콤한 말들을 듣게 될까?

장담하건대 그는 팔레스타인 주민들에게서 그토록 넓은 땅을 추가로 빼앗고 있는 이스라엘의 고립 장벽+에 대해서는 입도 뻥긋하지 않을 것이다. 그 대신 '보안 장벽'이나 '장애물' 같은 소리나 해대겠지. 너그러운 동독의 인민경찰들이 그 유명한 베를린 '장애물'을 가리켜 실제로 '보안 장벽'이라 불렀던 것처럼 말이다. 그는 모든 당사자의 자제를 호소하고 끊임없이 '온건한 자세'를 요구해대는 반면, 정의를 요구하는 일은 없을 것이다.

이스라엘이 블레어 경을 좋아하는 건 바로 그래서다. 블레어가 사용하는 미꾸라지 같은 언어는 확실히 에후드 올메르트 이스라엘 총리에게 매력적으로 다가올 게 분명하다. 블레어가 '협상'을 벌일만한 팔레스타인 파트너가 나타나기를 기다리는 사이, 올메르트 정부는 계속해서 아랍 영토를 빼앗을 테고 말이다. 반면 마흐무드 압바스는 자신의 군대가 가자 지구에서 박살 난 뒤로 위신이 완전히 바닥을 기고 있다. 그렇다면 두 명의 '팔레스타인' 총리 가운데 블레어는 누구와 대화를 하게 될까? 당연히 압바스를 위해 일하고 있는, 더욱 탄탄한 안보와 강력한 법률 그리고 민주주의의 약화를 요구할 인물이겠지.

한때 우리가 가장 선호하던 분쟁 조정자는 이스라엘인들이 그에게 싫증을 느낄 때까지 아버지 부시를 위해 일했던 제임스 베이커James Baker 전 국무장관이었다. 그리고 우리는 예전에 그 지역을 방문해 '평화가 곧 찾아오지 않는다면 심각한 결과가 초래될 거'라고 눈살을 찌푸리며 경고했

+ 이스라엘은 2002년 6월부터 팔레스타인 서안 지구 전체를 촘촘히 에워싸는 총 길이 약 720km, 높이 8m에 달하는 콘크리트와 철조망 장벽을 건설하기 시작했다. 그로 인해 서안 지구는 마을과 마을 사이가 서로 고립된 하나의 거대한 감옥으로 변해 버렸으며, 팔레스타인 농민들이 이스라엘 정부의 허가증 없이는 자신의 땅에서 농사도 지을 수 없게 돼 사실상 고스란히 땅을 빼앗기는 결과를 낳았다.

던 유엔 사무총장들의 명단도 갖고 있다.

그중에서도 나는 블레어처럼 거들먹거리던 쿠르트 발트하임Kurt Waldheim+이라는 남자가 인상적이었다. 전쟁 당시 독일군 정보장교로 복무한 이력에도 불구하고, 그는 유엔 사무총장직에서 물러난 뒤 실제로 자신이 중동 평화를 위한 '특사'가 될 거라고 믿었다. 물론 그의 중동 방문, 특히 요르단의 고(故) 후세인 국왕 방문은 아무런 소득도 거두지 못했다. 그러나 그는 토니 블레어와 한 가지 공통점을 지니고 있었다. 자신의 과거를 장막으로 덮어버리는 능력, 즉 자신이 잘못된 일을 저질렀다는 사실을 변함없이, 단호하게, 되풀이해서 부인하는 뻔뻔함을 갖췄다는 사실이었다. 왠지 딱 블레어가 떠오르지 않는가?

2007년 6월 23일

인디펜던트

+ 오스트리아의 외교관이자 정치인인 그는 1972년부터 1981년까지 유엔 사무총장을 역임한 뒤 오스트리아 대통령(1986-1992)까지 지냈다.

좌석번호 1K에 탑승한 그 '여인'

베이루트로 향하는 미들이스트 항공 747편의 내 좌석 번호는 1K였다. 그러나 그 자리에는 20세기를 대표하는 첼리스트 므스티슬라프 로스트로포비치의 '아내'가 대신 앉았다. 그는 레바논 동부의 도시 발벡Baalbek에서 연주할 자신의 첼로를 1.8m짜리 흰색 플라스틱 케이스에 담아 빨간색 안전띠로 깔끔하게 고정시켰다. "전 이 악기를 제 아내라고 부른답니다. 러시아어에서는 바이올린이 여성명사거든요"라고 그 거장은 말했다.

"그러니 당신이 이쪽 반대편에 앉아 주실 수 있나요?"

승무원이 베이루트 신문을 가져다주었지만, 세상에서 가장 위대한 첼리스트는 러시아 신문 한 다발을 자랑삼아 손에 쥐고 흔들며 승무원에게 이렇게 말했다.

"여기 기내에 이런 신문들은 없을 걸요."

덕분에 그는 올 들어 이스라엘이 47차례나 레바논에 공습을 가했다거나, 그에 한술 더 떠 레바논 남부에서 여러 차례 정전협정을 위반한 사실과 하부치Habbouch를 폭격한 일, 이번 달 발벡에서 시아파 성직자들이 조직하려던 다양한 형태의 시민 불복종 운동을 레바논 정부가 단호하게 막겠다고 발표한 사실 같은 뉴스들을 피할 수 있었다. 로스트로포비치가 곧 드보르자크의 '첼로 콘체르토 A 장조'를 연주하게 될 도시가 바로 발벡이었는데도 말이다.

"발벡은 정말 아름답습니다. 중동에서 아름다움의 중심과도 같은 곳이죠. 나는 그곳 사람들을 내 음악으로 끌어안고 싶어요. 아주 열심히 해볼 겁니다. 기독교 대통령에 무슬림 총리라. 모두를 아우르는 게 음악이죠"

그는 자리에 앉은 내내 열변을 토했다. 로스트로포비치가 레바논을 택한 건 그 경치 때문인 듯했다. 설사 사람들이 어리석다 말할지라도, 천국의 한구석에서 언젠가 전쟁이 기억에서 사라지고 종교 간의 공존이 나라의 주춧돌로 굳건히 자리 잡게 될 거라고 믿는 것 같았다. 그러나 그 종교 간 공존이 와해되면서 레바논은 1975년부터 1990년까지 내전을 치러야 했고, 그 과정에서 15만 명이 목숨을 잃었다.

나는 침울한 마음을 안고 베이루트에 도착할 때까지 페리에 생수로 버틸 준비를 했다. 음악가들은 지독히 돈에 인색한 인간들이기 때문이었다. 그러나 로스트로포비치는 이륙하자마자 블랙 라벨을 한 병 땄고, 점심에는 레바논에서 가장 훌륭하다는 1994년산 크사라Ksara 레드와인을 쉴 새 없이 마셔댔다. 나는 그가 러시아 사람이라는 사실을 잊었던 거였다. 승무원이 그에게 일등석 메뉴판을 갖다 주자, 그는 그걸 도로 내게 건넸다.

"내가 왜 러시아식 바닷가재 요리를 시킬 건지 아세요? 모른다고요? 추방되기 전에 러시아에서 47년을 살았는데도 서구에 와서야 러시아식 바닷가재를 처음 먹어봤거든요."

그러고는 마치 굶주린 사람처럼 바닷가재를 게걸스럽게 입으로 밀어 넣었다.

그는 발벡 페스티벌에서 마지막으로 공연을 한 지 30년 만에 다시 레바논을 찾게 된 데 대해 전혀 걱정하지 않는 눈치였다. "이젠 평화가 찾아 왔으니까요"라고 그는 무미건조하게 말했다. 그 순간 '아, 레바논 사람들이 이 남자를 사랑할 수밖에 없겠구나'하는 생각이 들었다. 그는 그들의 꿈을 대신해서 표현해주고 있었다. 나 역시 2주일 전, 초우프Chouf 산맥에 자리 잡은 베이트 에딘Beit Eddin 궁전에 앉아 별들이 반짝이는 하늘 아래서 볼쇼이 발레단의 최고 무용수들이 차이콥스키Tchaikovsky와 하타투란Khachaturian의 음악에 맞춰 춤을 추는 광경을 지켜봤다. 그리고 불과 32㎞ 밖에서는 이스라엘이 헤즈볼라를 폭격하고 있었다.

그때 이 비행기의 람지 나자르 기장이 기내 복도로 성큼성큼 걸어왔다. 로스트로포비치의 사인을 받기 위해서였다. 자신의 30년 전 발벡 공연 책자에 사인을 해주는 그의 심경은 과연 어땠을까? 키 작고 통통한 일흔 살의 음악가 앞에 놓인 책자에는, 과거로부터 건너온 날씬하고 갸름한 얼굴의 한 남자가 로마제국의 유피테르 신전+ 기둥을 배경으로 카메라를 향해 미소 짓고 있었고, 그의 손에는 지금 1K 좌석에 놓여 있는 바로 그 첼로가 들려 있었다.

"예전에 왔을 때는 베오그라드에서 유고슬라브 항공을 타고 로마까지 왔다가, 알이탈리아 항공으로 갈아타고 아테네까지 간 다음에 미들이스트 항공으로 베이루트에 도착했지요. 착륙하고 나니까 콘서트 시작까지 겨우 한 시간밖에 안 남은 거예요. 발벡까지 차로만 두 시간이 걸린다고 알고 있었는데 말이죠. 그런데 주최 측이 보낸 헬리콥터 한 대가 대기하고 있다가 로마제국의 신전들 사이에 있는 공연장에 정확히 나를 데려다

+ 기원전 1세기 무렵에 중동지역을 차지한 로마제국은 지중해와 시리아, 팔레스타인을 이어주는 곳에 있는 베카 계곡 북부의 발벡(당시 명칭은 헬리오폴리스)에 태양신을 섬기는 거대한 유피테르 신전을 지어 제국의 미래에 대해 신탁을 구하곤 했으며, 2세기 전반에는 그 옆에 바쿠스 신전도 지었다.

줬어요. 그걸 보고 손뼉을 치던 관객들은 이내 헬리콥터 바람에 날린 먼지 폭풍에 뒤덮였고, 나는 마치 다른 행성에서 온 사람처럼 헬기에서 내렸죠. 그 날 밤이 바로 인간이 달에 최초로 발을 내디딘 날이었습니다."

발벡 페스티벌은 1922년 시리아에서 레바논을 따로 떼어내 기독교도들을 위한 새롭고도 위험한 나라를 창설했던 프랑스의 외팔이 장군 앙리 구로Henri Gouraud가 로마 신전들 사이로 비치는 달빛을 바라보며 장 라신+의 시를 읊은 데서 영감을 얻은 행사였다. 로스트로포비치가 처음 레바논을 찾기 전에는 장 콕토, 엘라 피츠제럴드Ella Fitzgerald, 스비아토슬라브 리히터Sviatoslav Richter, 헤르베르트 폰 카라얀Herbert von Karajan, 조안 바에즈Joan Baez, 그리고 이집트의 나세르 대통령이 총애하던 가수 움 칼툼Um Khaltum 같은 음악가들이 그 무대에 섰다.

한편 레바논 입국 심사대를 통과하는 로스트로포비치의 재킷 주머니에는 두 개의 여권이 들어 있었다. 스위스의 관광용 여권과 모나코의 공무 여권이었는데, 둘 다 유럽 나머지 지역을 여행하려면 비자가 필요했다. 그는 "서양 친구들은 내가 원하기만 하면 영국이나 미국, 프랑스 여권을 얻을 수 있다고 말합니다. 하지만 러시아가 나를 추방한 걸 그런 식으로 정당화시켜주고 싶지는 않았어요"라고 말했다. 그는 평생 일관된 삶을 추구한 사람이었으며, 레바논 사람들은 그런 그를 이해할 것이다.

발벡에서의 마지막 날 밤, 그는 라디오 프랑스 필하모니 오케스트라와의 협연으로 드보르자크의 콘체르토를 연주했다. 30년 전에 그랬던 것처럼 말이다. 그가 무대에 서기 몇 시간 전에는 남쪽으로 불과 320㎞ 떨어진 지역에 이스라엘이 발사한 포탄들이 쏟아져 최소한 12명의 무고한 민간

+ 17세기 프랑스의 가장 위대한 3대 극작가 중 한 명이었던 장 라신(Jean Racine)을 말한다.

인들이 숨졌다.

"포성이 울리면, 음악은 멈춥니다."

로스트로포비치는 베이루트로 가는 비행기 안에서 내게 그렇게 말했다. 그리고 나는 조만간 다시 포성이 울릴 거라는 불길한 예감을 떨쳐 버릴 수가 없었다.

1997년 7월 31일

인디펜던트

므스티슬라프 로스트로포비치는 2007년 4월, 여든 살을 일기로 숨을 거뒀다. 러시아 소설가 알렉산더 솔제니친(Alexander Solzhenitsyn)은 "그는 러시아 문화를 세계적으로 널리 알렸다. 잘 가게, 사랑하는 친구여"라는 추모의 말을 남겼다.

어떤 일이 있어도 전쟁이란 말은 입에 담지 말라

도대체 어떻게 내전을 기념할 수가 있지?

이건 쓸데없는 질문이 아니다. 왜냐하면, 레바논 베이루트 주민들이 자신들의 삶에서 가장 끔찍했던 분쟁을 있는 그대로 솔직하게, 커다란 두려움을 안고 기념할 준비를 하고 있기 때문이다. 15만 명의 목숨을 앗아갔던 바로 그 내전을 말이다. 원래 다음 주에 있을 기념행사를 책임질 예정이던 라피크 하리리 전 총리는 2월 14일에 암살당하고 말았다. 이런 상황에서도 굳이 기념행사를 강행해야만 할까? 레바논 전체가 시리아군의 철수를 기다리고 있고, 그 자체가 내전의 산물인 헤즈볼라 민병대의 무장 해제를 유엔이 주문한 지금 이 시점에, 1975년부터 1990년까지 그렇게도 많은 무고한 생명들을 앗아갔던 그 피의 물결을 꼭 기억해야만 할까?

곰곰이 생각해보니 그럴 수도 있겠다 싶기도 하다. 레바논 사람들은 지난 15년을 정치적인 수면 상태 속에서 지내왔다. 무덤에서 유령들이 다시 깨어나 종파주의의 불씨를 되살리고 서로의 상처를 헤집는 일이 없도록 하기 위해 그들은 폭력으로 점철됐던 자신들의 과거를 인정하지 않으려해왔던 것이다. '어떤 일이 있어도 전쟁이란 말은 입에 담지 말라'라는 말은 골육상잔의 학살로부터 교훈을 얻는 것 자체를 완강하게 거부하는 사람들이 존재하는 이 나라에서 특별한 의미로 다가온다.

내전에 관한 내 저서는 거의 10년 동안 레바논에서 금지 서적이었다. 심지어 하리리 전 총리가 자신은 내 책의 판매를 허락할만한 힘이 없다고 직접 토로한 적도 있었다. 작년에 판매 금지를 풀어주었다가 지금 레바논 야당으로부터 사임 요구를 받고 있는 사람은 아이러니하게도 친 시리아 성향의 보안 관계자였다. 게다가 레바논의 텔레비전 방송국 가운데서 전쟁을 다룰만한 곳은 한 군데도 없다. 레바논 사회에서 내전이란, 절대 입 밖에 꺼내서는 안 되는 암과 같은 존재인 동시에, 언제 다시 되돌아와 삶을 망가뜨릴지 모른다며 모두가 두려움에 떠는 불안 요소로 남아 있는 것이다.

여기서 우리는 과거의 분쟁이 레바논을 얼마나 파괴했는지 분명히 이해할 필요가 있다. 내전을 다룬 알 자지라 방송국의 열두 편짜리 다큐멘터리 시리즈가 방영됐을 때, 베이루트의 내 집 바깥에 있는 해변도로에는 목요일 밤마다 인적이 끊길 정도였다. 식당도 문을 닫았다. 모두가 자신들의 상처를 되짚어 보고 싶어 했다. 나도 마찬가지였다.

내가 아는 사람들 중에서 그 끔찍했던 15년의 세월 동안 친구를 잃어보지 않은 이는 아무도 없었다. 나 또한 정말 아끼던 친구 몇 명을 잃었다. 한 친구는 1983년도에 미국 대사관으로 출근을 시작한 첫날, 폭발로 인해 숨을 거뒀다. 또 다른 친구는 얼음송곳으로 살해당했다. 젊은 여성이었던 친구 하나는 쇼핑가에서 포격의 희생양이 되었다. 한 동료의 남동생은 길을 잘못 드는 바람에 총격전 현장에 휘말려 머리에 총을 맞고 며칠 안 돼 숨을 거뒀다. 그는 1982년 이스라엘의 베이루트 포위 기간, 나의 전신 회선이 끊어지지 않게 도움을 줬던 젊은이였다.

아무튼 '단결과 기억'의 날로 지정된 이번 4월 13일에는 몰려든 수만 명의 시민들로 베이루트의 중심가가 가득 찰 것이다. 각종 전시회와 콘서트, 사진전, 마라톤과 자전거 대회도 열릴 예정이다. 계획된 행사들은 살해된 하리리 전 총리를 대신해 그의 여동생 바히아가 주관하게 될 것이다. 드루즈파의 지도자이자 그 엄혹했던 시절의 군벌들 가운데 한 사람인 왈리드 줌블라트Walid Jumblat의 아내 노라 줌블라트는 음악 콘서트들을 주최하기로 되어 있다.

원래 1975년 4월 13일은 기독교 팔랑헤 민병대원들이 베이루트에서 팔레스타인인들이 탄 버스를 공격한 날이었다. 당시의 버스는 차체 여기저기에 총알 자국들을 그대로 간직한 채 지금도 나바테아Nabatea 시 외곽의 들판에서 녹슨 채 방치되어 있다. 하지만 다음 주에 군중들이 눈으로 확인할 수 있는 유일한 총탄 자국은 레바논 독립지도자들의 동상에 박혀 있는 것들뿐일 것이다. 당국은 의도적으로 그걸 그대로 보존해왔다. 그리고 독립지도자들이 교수형에 처해졌던 순교자 광장에는 교회와 모스크를 이어주는 '용서의 정원'이 있다. 하리리 전 총리 역시 숨진 경호원들과 나란히 그곳 광장에서 영원한 안식을 취하고 있다. 내전 기간, 최전선 역할을 했던 수백만 제곱미터 넓이의 광장에는 그들 말고도 얼마나 많은 혼령들이 떠돌고 있을까?

거기에서 동쪽으로 그리 멀지 않은 곳에는 그 악명 높던 외곽 순환 고속도로가 자리 잡고 있다. 1975년, 그 도로에서 무슬림과 기독교 민병대원들은 지나던 차량들을 모두 멈추게 한 후 칼을 든 채 줄지어 서 있는 차들 사이를 돌아다니며 상대편 종교를 믿는 주민들의 목을 태연히 잘랐다. 전력회사 바깥에서는 여덟 명의 기독교도들이 숨진 채 발견됐고, 바시르 게마엘Bachir Gemayel+은 그 보복으로 무슬림 주민 80명을 살해하라고 지시했다. 그런 식으로 민병대원들은 살해 대상의 수를 계속 늘려갔다.

전쟁의 한가운데 있다 보면, 어느 순간 그 전쟁이 영원히 끝나지 않을 것 같은 느낌이 들 때가 있다. 레바논 주민들도 그렇고 나 역시 시간이 지날수록 전쟁이 왠지 자연적인 현상처럼 느껴졌고, 그런 느낌은 점점 믿음으로 변해갔다. 모든 전쟁이 그렇듯, 내전은 일종의 가속도가 붙어 점점 광기로 내달았다. 이스라엘은 두 번이나 침략을 감행했고, 레바논에 파병됐던 미 해병대는 공항에 있는 주둔기지에서 자살폭탄 공격을 받았다. 프랑스도 마찬가지였다. 유엔군이 1978년에 네덜란드군과 함께 도착했고, 프랑스와 아일랜드·노르웨이·피지·네팔·가나·핀란드 군인들이 추가로 들어왔다. 그리고 그들 모두는 레바논에서 폭탄과 저격수의 총탄 세례를 받았다.

팔레스타인 난민들도 서서히 내전에 휘말려 적들의 손에—사실상 거의 모두가 그들의 적이라는 게 밝혀졌다— 잇달아 학살당했다. 내전이 원래는 마론파 기독교도들과 나머지 세력들 간의 분쟁이었다는 이야기는 시간이 지날수록 쏙 들어가 버렸다. 대신 그 자리를 차지한 건, 다른 모두의 잘못일 뿐 레바논 사람들의 잘못이 아니라는 이야기였다. 그래서 한동안 그들은 그 내전을 가리켜 하와디스hawadess, 즉 '사건'이라 불렀다. 그런 다음에는 '타자의 전쟁'이라고도 불렀다. 실제로 살인을 저지르고 있는 건 레바논인들이 아니라 외국인들이라는 의미였다.

몇 년 전에 어느 택시 운전사는 나를 돌아보며 "로버트 씨, 당신은 아주 운이 좋은 사람이군요"라고 말했다. 그 전쟁에서 살아남은 걸 가지고 한

+ 레바논 내전 초기 기독교계 친이스라엘 민병대였던 '레바논 군대(Lebanese Forces)'의 최고사령관이자 우파 팔랑헤당의 지도급 인물로, 1982년 8월 대선에서 대통령으로 당선된 직후 폭탄 테러로 목숨을 잃었다.

말이었다. 그렇다. 나는 살아남았고, 전쟁의 마지막 날 역시 생생히 기억하고 있다. 시리아군이 바압다Baabda에 있는 미셸 아운Michel Aoun 장군+의 대통령궁 외곽을 폭격했다. 그 무렵 미국인들은 시리아가 레바논을 지배하기를 간절히 바랐다. 다마스쿠스의 군인들이 쿠웨이트를 점령한 사담의 군대와 맞서기를 원했기 때문이었다.

그 날 나는 기독교 언덕을 향해 서 있는 탱크들 뒤편을 걷고 있었다. 그런데 갑자기 주위에 포탄이 떨어지기 시작했고, 내 동료는 "이러다 죽을 것 같아!"하고 소리를 질렀다. 그런 그녀를 향해 나는 다시 "여기서 죽을 수는 없어! 오늘이면 전쟁이 끝이란 말이야! 정말로 오늘이 마지막이야!"라고 외쳤다. 그렇게 도착한 바압다에는 즐비한 시체들 사이로 수많은 부상자들이 바닥에 드러누워 있었고, 여기저기서 사람들이 눈물을 흘리고 있었다. 우리 또한 끝까지 살아남았다는 커다란 안도감에 눈물을 터뜨렸던 걸로 기억한다. 이제 내일도, 그 다음 날도, 다음 주도, 내년에도 계속 살아 있을 수 있게 된 것이다.

그러나 침묵은 여전했고, 그 모든 게 언제 또다시 타오르게 될지 모른다는 두려움도 변함없었다. 누구도 무덤을 들추려고 하지 않았다. 만약 그랬다간 더 많은 피가 쏟아질 것 같았기 때문이었다. 바로 이 침울한 폐허의 땅에서 하리리 전 총리는 베이루트를 재건하기 시작했다. 그리고 그가 꿈꾸던 새로운 베이루트가 다음 주면 용감한 축제를 벌이게 된다. 깔끔한 상점과 가게, 식당, 술집들이 문을 열게 될 것이다. 하리리의 죽음과 계속되는 위기 그리고 내전을 다시 유발하려는 음흉한 폭파범들이 여전

+ 기독교계 정당인 자유애국운동(FPM)의 지도자인 그는 내전 막바지인 1988년부터 1990년 10월 13일 종전일까지 대통령 권한대행이자 총리를 지냈다. 저자가 말한 그 날, 베이루트를 공격한 시리아군을 피해 프랑스로 망명한 그는 시리아군이 레바논에서 철수한 2005년에야 귀국해 현재 국회의원으로 활동하고 있다.

히 남아 있음에도 말이다.

하리리의 암살에도 전쟁이 다시 불붙지 않았던 건 그만큼 사람들이 성숙하고 지혜로워졌다는 증거였다. 내전이 벌어졌던 동안 외국에서 유학하고 있었던 그 수많은 레바논 젊은이들이, 절대 또 다른 내전을 용납하지 않을 거라는 표시였다. 그래서 나는 레바논 사람들이 다음 주에 악마들과 맞서는 걸 지지한다. 마음껏 내전을 기념하게 놔두자. 혼령들은 신경 쓰지 말고.

2005년 4월 9일

인디펜던트

2005년 2월에 라피크 하리리 전 총리가 살해된 후에도 여전히 레바논 주민들은 15년간에 걸친 과거의 내전이 또다시 자신들의 삶을 파괴하는 일은 없을 거라고 믿었다. 하지만 그로부터 3년 사이에 최소한 7명의 저명한 기자와 작가, 정치인들이 살해됐고, 2007년 초반에는 무슬림과 기독교도들 사이에 격렬한 시가전이 잇따랐다. 여전히 혼령들이 우리 주위를 떠돌고 있다.

지구상에서 레바논의 주권을 가장 옹호하는 그분

이번 주, 프랑스의 필립 두스트 블라지Philippe Douste-Blazy 외무장관이 베이루트의 세인트 조지 마론교 대성당Saint George's Maronite Cathedral 정문 앞에 도착하는 장면을 지켜본 나는 썩은 웃음을 날리지 않을 수 없었다. 살해된 피에르 아민 게마엘Pierre Amine Gemayel● 레바논 산업장관의 장례식에 참가하기 위해 모여든 수만 명의 레바논인들 사이에서 갈채가 쏟아졌다. 작년에 시리아 군대가 레바논에서 철수하는 걸 도왔던 나라의 대표가 마침 내 이곳을 찾았기 때문이었다. 역시 살해된 라피크 하리리 전 총리의 친구였던 자크 시라크 프랑스 대통령은 유엔 안보리에서 특별법정의 설치를 지지했다. 그에 따라 법정은 하리리와 게마엘의 살인범들을 재판하게 될 것이다—그런데 요즘 베이루트 상황에서 과연 그게 가능할까?—.+

● 레바논 팔랑헤당의 창립자 피에르 게마엘의 손자인 피에르 아민 게마엘은 2006년 11월 21일 동베이루트에서 자신의 차를 타고 가다가 총에 맞아 숨졌다. 레바논에서 일어난 모든 정치 암살 사건이 그렇듯, 용의자들의 신원은 전혀 밝혀지지 않았다.

+ 흔히 '하리리 법정'이라 불리는 레바논 특별법정은 2009년에 공식적으로 활동을 시작한 뒤 2011년과 2013년에 모두 합쳐 5명의 헤즈볼라 조직원들에 대한 체포영장을 발부했고, 2014년 현재까지도 계속 심리와 궐석재판을 이어가고 있다. 그러나 헤즈볼라와 그 지도자 하산 나스랄라(Hassan Nasrallah)가 모든 혐의에 대해 강하게 반발하고 있는 상황이라, 향후 어떤 결과가 나올지는 미지수다.

이 모든 사정을 잘 알고 있어서인지 두스트 블라지는 그 날 과장된 말투로 자화자찬만 잔뜩 늘어놓았는데, 쿠트 알 아마라의 블레어 경조차도 질투를 느낄 정도였다. 그는 "자크 시라크 대통령은 지구상에서 레바논의 주권을 가장 옹호하는 분입니다. 프랑스는 그 어느 때보다도 단호하게 레바논의 주권과 독립을 옹호합니다"라고 단언했다. 그러나 만약 나라면 한때 사담 후세인을 가까운 친구로 끌어안았던 남자가 '지구상에서' 나를 가장 잘 옹호해주는 자체를 원치 않을 것 같다. 그리고 만약 나라면 틀림없이 파리의 거리에서 개똥을 밟듯 레바논의 '독립'에 대한 프랑스의 관심을 자근자근 밟아버리고 싶었을 것이다. 정말 우습지 않은가? 대체 프랑스는 언제쯤이나 나폴레옹식의 그런 자만심을 떨쳐낼 수 있을지 알다가도 모르겠다.

물론 허위와 거짓과 혐오스러울 정도의 위선으로 가득 찬 바스라의 베켓 부인●+이라는 자의 그 암적인 외교 정책과 비교해보면, 자국의 옛 식민지이자 위임 통치국이었던 레바논을 다루는 시라크의 방식은 긍정적으로 말해 거의 예수 그리스도만큼이나 진정성이 있는 건 사실이다. 그러나 1차 세계대전 이후에 프랑스가 만들려던 레바논은 종파 간의 분리에 기초한 나라였다.●● 시아파와 수니파 무슬림, 드루즈, 프랑스가 가장 아끼던 공동체이자 피에르 게마엘이 속해 있던 기독교 마론파, 그 외 그리스 정교회와 갈데아 교회 등으로 갈라진 레바논 말이다.

당시 기독교 마론파 주민들은 약간의 차이로 가장 많은 수를 점하고 있

● 토니 블레어의 외무장관으로 잠시 일한 바 있는 마가렛 베켓은 고분고분하기만 할 뿐, 아무것도 모르는 인물이었다.

+ 베켓 외무장관은 취임 직후 이라크 남부의 바스라를 방문한 자리에서 "내가 만나본 (이라크) 사람들은 모두 이라크 보안군이 치안을 넘겨받을 준비가 될 때까지 다국적군이 이 곳에 계속 주둔하기를 바란다고 강조했다"는 발언을 해, 이라크 주민들의 여론을 전혀 파악하지 못하고 있다는 비판을 샀다.

●● 옛 오스만 제국의 보석이라 불리던 이 나라에 보잘것없는 영사로 부임했던 저 악명 높은 프랑수아 조르주 피코(Francois Georges-Picot)가 대표적으로 그런 주장을 편 바 있다.

었으나, 외국으로 이주하는 인구가 늘고 무슬림들에 비해 더 작은 규모의 가족을 선호하는 성향으로 인해 점차 그 수가 줄어들면서 오늘날엔 29% 정도의 비율밖에 되지 않는다. 그럼에도 마론파들이 레바논을 이끌기를 원했던 프랑스는 독립 이후에 그들에게 대통령 자리를 물려주었다. 그 대신 수니파 무슬림에게는 총리 자리를 맡겼고, 오늘날 가장 많은 인구를 차지하고 있는 시아파에게는 국회의장직으로 보상해주었다. 즉 프랑스는 레바논의 '독립'을 원했지만, 그건 어디까지나 프랑스의 마음에 드는 독립국이어야 했던 것이다.

그 즉시 두 가지 문제가 대두됐다. 기독교도들은 자신들이 다스릴 수 있는 영토의 최대치를 요구했고—여기엔 당시 마론파 지도자였던 하이에크 총대주교(Patriarch Hayek)의 책임이 크다—, 그 바람에 곧 인구 면에서 무슬림들보다 뒤지게 되었으며, 따라서 소수파의 위치에서 나라를 통치하게 된 것이다. 그렇게 볼 때, 아일랜드 분할 이후 북아일랜드를 세웠던 제임스 크레이그James Craig는, 하이에크에 비하면 훨씬 현명했던 셈이었다. 그는 역사적으로 얼스터 지방에 속해 있던 도니골Donegal과 모나간Monaghan, 카반Cavan, 이렇게 세 개의 카운티를 북아일랜드 영토에서 가차 없이 제외해 버렸다. 그 지역들까지 유지하기에는 신교도 사회의 규모가 너무 작았기 때문이었다. 그래서 그는 6개 카운티만으로 구성된 새 얼스터를 창설했고, 신교도들은 향후 수십 년 동안 다수파의 지위를 보장받게 되었다.+

레바논 사람들이 직면한 또 다른 문제는—아마 북아일랜드 사람들은 금방 알아

+ 1차 대전 와중이던 1916년 아일랜드의 더블린에서 대규모 반영국 무장봉기가 발발한 뒤, 1920년에 '영국-아일랜드 협정'과 '아일랜드 통치법'이 각각 제정돼 1922년 말에 아일랜드 32개 주 가운데 26개 주가 아일랜드 자유국(지금의 아일랜드 공화국)으로 독립하였다. 그러나 북동부 6개 주(얼스터)의 신교도들은 영국의 일원으로 계속 남아 있기를 주장하면서 신교도가 다수를 차지하고 구교도(가톨릭)가 소수를 이루는 오늘날의 북아일랜드가 창설되었다. 그 과정에서 신교도들의 최대 무장 조직인 얼스터 의용군의 창설자이자 얼스터 통합당의 지도자였던 제임스 크레이그는 북아일랜드의 초대 총리에 임명되었다.

차릴 것이다—, 오직 마론파 기독교도만 대통령이 될 수 있고 총리는 수니파만 되는 구조의 종파 간 분리 국가는 절대 현대 국가로 성장할 수 없다는 점이다. 그러나 프랑스가 만들어낸 종파 간 분리 구도를 없애버리게 되면 레바논은 더 이상 레바논이 아니게 된다. 오늘날 미국인들이 이라크에서 종파라는 괴물의 본질을 깨닫게 됐듯, 프랑스도 그걸 깨달았던 게 아닌가 한다. 이 대목에서, 아랍의 위대한 역사가 앨버트 후라니Albert Hourani가 레반트 사람으로 살아가는 게 어떤 것인지에 대해 1946년에 했던 이야기에 잠시 귀를 기울여보도록 하자.

> 그렇게 살아간다는 것은 곧, 동시에 두 개 이상의 세상에서 살아가지만 정작 내가 속한 곳은 없는 상황과 같다. 또한, 특정한 국적·종교·문화를 소유하고 있지만, 실제로는 그걸 소유하고 있지 않은 것과 같은 외형을 띨 수 있는 것이다. …… 말하자면 어느 사회에도 속해 있지 않고, 자기의 것이라곤 하나도 없는 상태인 것이다. 그럴 경우 이내 상실감과 냉소, 절망이 그 모습을 드러내게 된다.•

이런 지정학적 불확실성 속에서, 우리 서구인들은 우리가 규정한 경계와 색깔로 그들을 바라보기 십상이다. 따라서 레바논의 모든 신문들은 지도를 그려 넣을 때 시아파를 맨 아래에 두고 그 오른쪽에 수니파, 가운데에 드루즈, 맨 위쪽 베이루트와 북부 지중해 연안 사이에 기독교도들을 부자연스럽게 밀어 넣는다. 우리가 이라크의 종파 지도를 그릴 때도 그와 똑같다. 시아파는 맨 아래, 수니파는 중간—그 유명한 '수니 트라이앵글'이

• Albert Hourani, 《Minorities in the Arab World》(Oxford: Oxford University Press, 1947).

다. 그러나 실제로 그 지역이 삼각형 모양인 건 아니다—, 쿠르드는 맨 위에 위치하는 것이다.

북아일랜드 수도 벨파스트의 지도를 제작할 때도 영국군은 그와 똑같이 자기 이익만 생각하는 식민주의적 태도를 보였다. 나는 지금도 개신교 지역은 주황색, 가톨릭 지역은 녹색, 말론 로드Malone Road 인근의 두 종파가 섞인 중산층 지역은 달지 않은 셰리주+ 같이 칙칙한 갈색으로 표시된 영국군의 1970년대 종파 지도를 가지고 있다. 하지만 우리가 영국의 도시 지도를 그릴 때는 이런 식으로 그리지는 않는다. 물론 누가 나보고 브래드포드Bradford++의 인종 지도를 그려보라면 얼마든지 그릴 수는 있다. 그러나 절대 그걸 버젓이 인쇄해 내놓지는 않을 것이다.

우리는 우리 안에 있는 '타자'의 존재는 부지런히 부정하면서도, 정작 '타자'는 마음대로 분리시켜 버린다. 프랑스가 레바논에서 했던 행태가 바로 그런 식이며, 영국도 북아일랜드에서 그런 짓을 했고, 미국은 지금 이라크에서 똑같은 짓을 하고 있다. 우리는 그런 식으로 단일한 권력을 유지한다.

물론 피에르 게마엘이 베이루트 북쪽의 V자 모양으로 생긴 비크파야Bikfaya 지역에서 자란 건 사실이다. 그러나 오늘날 무슨 의미로 보나 '맨 아래'에 위치한 시아파와 게마엘이 속해 있던 그 '민주주의'를 지지하는 사람들 사이의 분쟁을 상당수 레바논 주민들이 두려워하게 된 건, 그들의 책임이 아니다. 물론 프랑스는 레바논의 '독립'을 계속 보장할 것이다. 그러나 그 나라의 불쌍한 국민들은 그 덫에 걸려 이러지도 저러지도 못하고 있다.

+ 발효가 끝난 화이트와인에 브랜디를 첨가하여 알코올 도수를 높인 술. 스페인 남부 지방에서 주로 생산된다.

++ 잉글랜드 북부에 위치한 웨스트 요크셔 주의 도시.

그나저나 언제 우리가 파리와 그 방리유Banlieus+ 지역의 인종 지도를 본 적이 있던가?

2006년 11월 25일

인디펜던트

+ 원래는 대도시의 교외, 변두리 등의 뜻을 가진 말이다. 1981년에 집권한 프랑스 사회당이 대규모 서민임대주택(HLM)을 건설해 주로 '마그레뱅'이라 불리는 북아프리카의 알제리 · 모로코 · 튀니지 같은 프랑스 옛 식민지나 동구권에서 건너온 가난한 이민자들을 모여 살도록 유도함으로써, 오늘날에는 방리유가 외부 사회와 분리된 대도시 외곽의 거대한 빈민가를 일컫는 말이 되었다.

알퐁스 베치르의 안경

얼마 전, 베이루트의 안경사를 찾아가 시력을 측정했다. 그런데 이상하리만치 낯익은 무언가를 발견했다. 안경사인 앙투안 베치르는 내가 아는 유일한 갈데아 사람이었다. 맞다. '갈데아 우르'+ 할 때의 그 고대 메소포타미아 민족 말이다. 그는 아버지의 가업을 이어받았는데, 가족용 시력측정표를 처음 만든 것도 그의 아버지 알퐁스였다. 거기엔 이렇게 쓰여 있었다.

> 워털루-스테인즈-레딩 웬즈데이즈-애프터눈. 워털루 1.20, 복스홀 1.23, 퀸스 로드 1.26, 클래펌 교차로 1.28……

그렇다. 그건 사실 1948년경의 영국 남부 철도 시간표를 그대로 옮겨 놓은 거였다. 앙투안은 시력표 앞에 서서 잉글랜드의 어느 시골 산자락에

+ 갈데아는 고대 바빌로니아 땅이었던 오늘날 이라크의 티그리스, 유프라테스 강 사이의 메소포타미아 지역을 일컫는 말이며, 우르는 그 지역에서 중앙집권적인 왕조를 이룬 도시 국가였다. 이라크 남부지역에서 번영하던 수메르 문명이 쇠퇴하는 과정에서 우르가 북방 갈데아 족의 지배를 받게 되면서 갈데아 우르라 불리게 됐는데, 성경에서 흔히 '믿음의 조상'이라 불리는 아브라함의 고향도 바로 갈데아 우르였다고 한다.

나른하게 자리 잡고 있을 기차역을 상상하며 그 이름 하나하나를 정성껏 읽어 내려간 게 셀 수 없을 정도라고 내게 고백했다.

"언젠가는 당신네 나라로 여행 가서 그곳들을 죄다 들러볼 겁니다. 완즈워스, 클래펌, 푸트니, 하운즐로우, 애슈퍼드……. 정말 멋지겠죠?"

그에게 시력 측정을 받는 사람들 역시 상상 속 추억의 길을 거닐게 되는 셈이며, 생전 알지도 못하는 '위그모어가 15번지에 있는 안경사 시어도어 햄블린을 찾아주세요'라는 권유를 받게 된다. 그리고 다음과 같이 멋진 문구로 자신의 시력을 재볼 수도 있다.

> 런던의 거리는 유럽의 어떤 대도시보다 더 잘 닦여 있고 환합니다. 거리마다 양쪽에 가로등이 있고, 세 집마다 하나꼴로 가로등이 설치돼 있지요.

근시가 있는 사람들은 다음 발췌문을 읽어봐도 좋다.

> 미나리는 작은 다발로 파는데, 1페니에 한 다발이거나 2펜스에 세 다발이다. 보통 미나리 행상들은 아침 식사 전에 신선한 미나리를 구하기 위해 십여 ㎞를 돌아다닌다. 그러나 일반적으로 코벤트 가든 시장에 가면 상당히 괜찮은 미나리를 구할 수 있다.

글쎄, 전쟁이 끝난 뒤의 런던이 그렇게 밝았던가? 어쨌든 늙은 알퐁스 베치르가 모은 건 런던의 철도 시간표만이 아니었다. 그는 안경도 무더기로 사 모았고, 그 바람에 2차 대전 당시 약간의 곤란을 겪기도 했다고 한다. 앙투안이 '시리아와 레바논 관할 프랑스 공화국 고등 판무관'이 발행한 아버지의 여권을 꺼내 보여주자, 그 즉시 이유를 알아차릴 수 있었다. 29페이지에 찍힌, 세 마리의 거대한 독일 독수리가 각각 발톱에 작은 스바스티카+를 움켜 쥔 채 피를 흘리는 문양이 원인이었던 것이다. 그건 1941년 7월에 중립국 터키의 독일 영사관에서 발행한 진짜 나치 비자였고, 옆에는 히틀러 제국의 출입국 도장이 나란히 찍혀 있었다.

알퐁스는 전시 독일에서 신제품 안경 수백 개를 구매하기로 결심했다. 그러나 그는 여행 시기를 잘못 택하는 바람에 레바논에서 복잡한 상황에 얽혀들었다. 1940년 프랑스가 함락됐을 무렵에는 레바논이 프랑스 비시 정권의 영토 중 일부였다. 당시 레바논 사람들 모두가 그랬듯이 베치르 가족도 나치의 편을 들었다. 이럴 경우 원론적으로는 알퐁스가 독일을 드나드는 게 더 수월했어야 옳다. 그도 틀림없이 그렇게 생각했을 것이다. 하지만 알퐁스가 이스탄불에서 비자를 받기 불과 며칠 전, 영국과 오스트레일리아 군대가 팔레스타인에서 레바논으로 진격해 들어오기 시작했다. 그리고 베이루트 남부에서 격렬한 전투를 치른 끝에 비시 정권으로부터 레바논 국민들을 '해방'시켰다.

운이라곤 지지리도 없던 알퐁스가 수백 개의 독일제 안경 신제품들을 가지고 레바논으로 향한 건 그로부터 불과 며칠 뒤였다. 시리아 국경에 도착한 그는 자신이 떠나 있던 동안 상황이 변했음을 알아차렸다. 새로운 프랑스 국경 당국은 여권 29페이지에 찍힌 새침데기 독수리들과 스바스티카를 곱게 봐주지 않았다. 그래서 100여 명의 파시스트 용의자들과 함께 그는 시돈Sidon 위쪽에 자리 잡은 미에 미에Mieh Mieh 수용소로 끌려갔다. 아이러니하게도 오늘날 미에 미에는, 2차 세계대전 때 연합군이 넘어온 곳과 똑같은 국경을 넘어 1948년 팔레스타인 북부에서 도망쳐온 아랍

+ 끝부분이 직각으로 꺾인 만(卍)자형의 철십자를 오른쪽으로 기울인 모습의 표지. 독일 국가사회당(나치)의 상징으로 유명하다.

인들의 자손들이 거주하는, 팔레스타인 난민촌이 되었다. 알퐁스가 시돈 근처의 수용소 철망 뒤에 갇혔을 때는 그들의 운명이 어떻게 될지 아는 사람은 당연히 아무도 없었다.

알퐁스가 왜 굳이 전쟁 통에 나치 독일을 오가는 위험을 무릅써야 했는지는 내게 여전히 의문으로 남아 있다. 밤에는 영국 공군이 베를린에 폭격을 가하고, 독일인들이 소련 침공에 대비해 엄청난 수의 군대를 대기시키고 있던 그 시기에 말이다. 아무튼, 알퐁스는 운 좋게 레바논으로 되돌아왔다. "아버지는 자신이 아무 잘못도 없는 안경사일 뿐이라고 당국을 설득시키는 데 성공했어요. 그러기 전까지 수용소에서 8개월을 지냈답니다. 여권에 불온한 비자가 찍혀 있다고 그 고생을 했다는 게 상상이나 돼요?"라고 앙투안은 말한다. 실제로 전시 레바논에서 그런 시나리오는 충분히 상상할 수 있다. 그러나 다른 레바논 사람들과는 달리, 그의 경우는 해피엔딩으로 끝이 났다.

"아버지가 갇혀 있는 동안 중동에는 안경이 엄청나게 부족했대요. 자신이 나치의 스파이가 아니란 걸 끝끝내 군인들에게 이해시키고 난 뒤에는 다행히 안경을 모두 돌려받을 수 있었고, 그 뒤 안경 가격이 무려 8배가 올랐다고 합니다. 그 돈으로 우리 집안이 안경 사업을 시작한 거예요."

이것이 바로 내가 해마다 알퐁스의 남부 철도 시간표를 공부하는 이유다. 미나리 행상들에 놀라고, 그 진절머리 나는 비자에 당황해하면서도 말이다.

2006년 6월 3일

인디펜던트

아침 식사로
미사일 전선을 먹은 고양이

월터는 길고양이다. 베이루트에선 그런 고양이를 가리켜 '푸세이니 발라디Pusseini Baladi'라 부른다. 흑갈색 털과 날카로운 귀, 그보다 더 날카로운 이빨을 가진 녀석은 전선으로 방향을 가늠하는 이스라엘의 공대지 미사일 부품을 먹어치우는 유일한 생명체였다. 따뜻한 저녁 무렵이 되면 발코니에 앉아 해안 도로와 커피 판매대, 이끼 낀 녹색 바위를 찰싹 때리는 지중해 바다를 감상하곤 했다.

가끔 그 녀석이 〈인디펜던트〉 지에 등장할 때도 있었다. 우리 동네의 해안 고속도로 명칭이 시리아 지도자의 이름을 따 하페즈 알 아사드 대통령 거리로 바뀔 게 거의 확실시되던 무렵이 대표적이었다. 그러나 시리아 대통령의 이름을 다는 특별한 영예는 결국 공항 근처의 도로에게로 돌아갔다.

새끼 고양이다 보니 월터는 소파를 아주 좋아했다. 그건 미셸 아운 장군의 정신 나간 서베이루트 폭격이 절정에 달했을 때도 마찬가지였다. 월터는 어디 갔지? 우리는 포탄이 지붕 위를 날아다니기 시작할 때마다 묻곤 했다. 한번은 녀석이 안 보여서 찾았더니, 여전히 소파에 앉은 채 지붕

위를 지나가는 예광탄을 따라 눈동자를 굴리고 있었다. 정말 터프한 야옹이가 아닐 수 없다.

미사일 전선은 무슨 얘기냐고? 음, 1993년 이스라엘이 일주일간 남부 레바논을 폭격할 때 나는 트럭에서 폭발한 미사일의 유도 전선을 우연히 발견한 적이 있었다. 내겐 그 전선이 참 흥미로웠는데, 그게 영국에서 제조됐을지 모른다는 의심이 들었기 때문이다. 그래서 나는 약 2m짜리 그 동 케이블을 내 책상 위에 갖다 놓았다. 그걸 〈인디펜던트〉의 군사 전문 기자에게 보내 검사를 해볼 심산이었던 것이다. 그러던 어느 날 오후, 월터가 그걸 발견했다. 그리고 먹어 버렸다. "미사일 전선을요?"라고 수의사의 아내는 공포에 질려 비명을 질러댔다. 그녀는 독일 사람이었다.

그녀의 남편 무스리 박사가 월터의 생명을 구해줬다. 액체 파라핀을 월터에게 먹이자, 몇 시간 만에 전선이 월터의 항문으로 빠져나왔다. 나는 남은 부분을 특파원에게 보내려고 남겨 두었다. 월터는 대수롭지 않은 듯 다시 가장 즐겨하는 게임에 몰두했다. 바로 장난감 쥐를 가지고 노는 것이었다. 녀석은 그 쥐를 너무나 좋아한 나머지, 정작 어느 날 살아있는 진짜 쥐 한 마리가 발코니를 걸어 나와 월터의 발을 지나서 마룻바닥을 재빨리 지나갈 때는 그냥 하품만 할 뿐이었다.

월터는 기자 본능을 가진 고양이이기도 했다. 겨울날 저녁때면 녀석은 내 사무실에서 기분 좋게 뒹굴면서 공신력 있고 유서 깊은 레바논 신문 〈로리앙 르 주흐〉 위에 걸터앉아 있곤 했다. 아니면, 이스라엘의 네타냐후나 바라크가 발전소를 폭격할 때에 대비해 레바논의 모든 컴퓨터가 비상용으로 갖추고 있어야 하는, 무정전 전원공급기 위에 차 주전자처럼 앉아 있기도 했다. 한번은 전화기 위를 걷다가 자동 재다이얼 버튼을 누른 적도 있었다. 전화를 걸어놓고는 왜 아무 말도 하지 않느냐는 존 쿨리 기자의 목소리가 키프로스에서부터 지지직거리며 들려오자, 녀석은 놀란 얼굴로 전화기 옆에 우두커니 서 있었다.

월터가 어디로 튈지는 전혀 예상할 수 없었다. 낡은 전신기가—맞다, 나는 1990년대까지 여전히 전신기로 문서를 보내고 있었다— 월터의 침대였으며, 전신기 모터는 밤마다 그녀를 따뜻하게 데워주는 난로였다. 잔뜩 낀 월터의 털 때문에 종이가 겹쳐 인쇄되는 바람에 〈인디펜던트〉에서 날아온 메시지가 뒤죽박죽되는 경우도 한두 번이 아니었다. 내가 전신을 치려고만 하면, 녀석은 발로 테이프를 공격해 구멍을 내버리곤 했다. 이렇듯 월터는 저널리즘을 피할 수 없었고, 저널리즘도 월터를 피할 수 없었다.

심지어 월터라는 이름도 어느 신문 편집자의 이름을 따서 붙인 거였다. 파리에 있는 〈인터내셔널 헤럴드 트리뷴〉의 월터 웰스Walter Wells가 그 당사자였다. 그녀는 자사의 랄라 말로Lala Marlowe라는 기자가 쓴 기사에 대해 미군이 거짓 반박을 했음에도 전혀 그를 방어해주지 않았고, 우리는 그 사건을 기념하기 위해 그녀의 이름을 고양이에게 붙여준 거였다.

걸프전이나 남부 레바논, 아일랜드에서 돌아온 날이면, 월터는 언제나 발전기에 쓸 여분의 기름을 비축해둔 방에 앉아 매일 저녁 '위스카스' 사료를 기다리고 있었다. 그러나 지난달, 갑자기 먹은 걸 토했을 때는 누스리 박사도 그 원인을 알 수 없었다. 월터는 털 고르기도 중단한 채 거실 의자 밑으로 슬그머니 자취를 감춰 버렸다.

나는 거의 일주일 동안 아무것도 먹지 않은 월터를 바구니에 담아 두 명의 수의사가 기다리고 있는 파리로 날아갔다. 기내에서 월터는 비즈니스 클래스 바닥 위에 내려놓은 바구니 안에 순하게 앉아 있었다. 자선단체인 하리리 재단의 대표가 옆에서 "이렇게 얌전한 고양이가 다 있네"하고 한마디 거들었다. 월터가 죽어가고 있다는 걸 안 사람은 우리 중 아무도 없었다. 그러나 월터의 심장은 이미 부풀어올랐고, 수의사는 심근종이라는 진단을 내렸다. 아무것도 먹지 못했던 건 폐에 물이 차서였다.

의사가 물을 빼주자, 며칠 동안 월터는 구운 치킨을 우걱우걱 먹어댔다. 그러고 난 뒤 혈관폐쇄가 찾아왔고, 젊은 여의사는 월터가 경련을 일으킬 수도 있다고 했다. 그게 끝이었다. 몇 초만에 축 늘어진 월터를 화장하는 데 한 시간밖에 걸리지 않았다. 프랑스 법에 따르면, 일 년이 되기 전에 월터의 유골을 뿌리거나 반출하는 건 금지돼 있었다.

그러나 우리는 법을 어기고 월터의 유골을 다시 베이루트로 가지고 왔다. 그리고 집 아래, 파도가 녹색 바위를 때리는 곳에서 바다에 뿌렸다. 녀석이 그렇게도 자주 쳐다보던, 그렇게도 즐겨 먹던 물고기가 사는 그 바다에 말이다.

하지만 월터의 존재는 사라지지 않았다. 이번 주, 전원공급기 뒤에 달린 팬이 멈추면서 연기가 나기 시작했다. 그러고는 컴퓨터, 전화 충전기, 팩스, 프린터 같이 특파원이 필요로 하는 모든 것들이 갑자기 작동을 멈췄다. 레바논 기술자가 무거운 철제 박스를 끌고 가서 몇 시간 뒤에 흑갈색 털을 한 움큼 들고 되돌아왔다. 그는 "혹시 고양이를 키우시나요?"라고 물었다.

"팬에 끼어있는 털이 한 1톤은 되는 것 같아요."

월터의 공격이 다시 시작된 것이다.

2000년 6월 10일

인디펜던트

그을린 사랑

〈그을린 사랑Scorched〉+은 레바논을 주제로 한 와즈디 무아와드Wajdi Mouawad의 연극에 딱 들어맞는 제목이었다. 대본에는 '레바논'이라는 단어가 전혀 등장하지 않고, 이스라엘군도 '남쪽에서 온 침략군'이라고 불필요하게 익명으로 처리되어 있었다. 그러나 '나바티예Nabatiyeh'라는 도시를 등장시킨 것이나, '샴세딘Shamseddin'이라 불리던 시아파 저명인사를 거론한 걸로 봐서, 극작가는 자신의 강력하고 살기 가득한 시나리오의 배경이 된 나라가 어딘지 굳이 감추려 하지 않은 듯하다. 배경에 걸맞게 유혈과 폭력이 난무하는 〈그을린 사랑〉은 가족의 명예와 사랑, 내전, 야만에 관한 이야기였다.

레바논의 마론파 기독교도 혈통을 가진 와즈디 무아와드는 현재 프랑스계 캐나다인으로 살아가고 있다. 프랑스어로 쓰인 그의 연극은 영어로도 번역돼 최근 토론토 타라곤 극장에서 공연되고 있다. 작품 해설에서 그는 자신의 출신 배경을 그대로 인정하면서 지난여름 이스라엘과 헤즈

+ 드니 빌뇌브(Denis Villeneuve) 감독이 2010년도에 〈불길(Incendies)〉이란 타이틀로 영화화해, 이듬해 한국에도 개봉되었다. 그래서 이 책에서는 국내 개봉 당시의 영화 타이틀인 〈그을린 사랑〉으로 번역하였다.

볼라 간에 빚어졌던 파괴적인 전쟁까지 거론하고 있다. 그러나 그 연극은 "정치적 맥락에서 벗어나 인간 고통의 정치학에 기반을 둔 채, 우리 모두를 하나로 묶어 주는 시 문학에 단단히 발 딛고 있다"고 그는 말한다.

구성은 단순하다. 나왈이라는 노부인이 캐나다에서 사망하자, 그녀의 아들과 딸은 어머니가 남긴 두 통의 봉인된 봉투를 단서 삼아 그녀가 죽기 전까지 오랫동안 입을 닫고 침묵을 유지해온 이유를 찾아내려 애쓴다. 어머니는 레바논에서 젊은 시절을 보냈는데, 연인과의 사이에서 아이를 가졌고, 그 아이는 가족의 명예를 지키기 위해 그녀와 떨어져 다른 곳으로 보내진다. 그래서 그녀는 레바논 내전으로 인한 학살이 한창이던 와중에 잃어버린 아이를 찾기 위해 길을 떠나게 되고, 버스에 탄 승객들이 학살당하며 흘린 피로 옷이 온통 피범벅이 되는 끔찍한 순간도 겪게 된다.

전쟁은 계속되고, 나왈은 가정교사로 위장해 지역 민병대 사령관의 아이들을 가르치면서 그의 신임을 얻게 된다. 사실 그녀의 목적은 그를 암살하는 것이었다. 결국 그를 살해하는 데 성공하지만, 대신 감옥으로 끌려가 어느 고문 집행관에게 지속적으로 강간을 당한다. 시간이 흘러, 그녀의 어머니가 오랜 세월 침묵을 지킨 이유를 알기 위해 레바논으로 건너간 나왈의 딸에게, 한 노인이 교도소 당국으로부터 두 명의 신생아를 근처 강에다 버리라는 명령을 받았던 자신의 이야기를 들려주었다. 그러나 그는 아기들을 버리는 대신 천에 싸서 동네 어느 가정에 보내 목숨을 살렸다는 것이었다.

'노래하는 여인'에서 침묵하는 노부인으로 바뀐 나왈이 감춰온 비밀은, 샴세딘Shamseddin이란 이름의 민병대 사령관이 나왈의 딸에게 모든 전말을 털어놓으면서 비로소 정체를 드러내게 된다. 그 비밀이란, 그녀를 고문하고 강간했던 남자가 오래전에 죽은 연인의 아이이자 나왈 자신이 그토록 찾아 헤매던 아들이라는 사실이었다. 즉 나왈의 아들과 딸에게는 그 고문 집행관이 아버지이자 곧 형이며 오빠였던 것이다. 나중에 그 사실을 남매에게서 전해 들은 둘의 아버지이자 형이며 오빠인 남자의 마음은 갈가리 찢어지고, 그 또한 영원한 침묵으로 빠져들게 된다. 참으로 오이디푸스적인 드라마가 아닐 수 없다.

내가 그 연극을 이해한 수준은 이 정도이다. 예술가의 의무는 역사를 뛰어넘는 상상력을 발휘하는 것과 더불어, 실제 사건을 저자나 작가가 드러내고자 하는 삶의 해석에 맞게 재구성하는 것이라고 나는 항상 생각해왔다. 그러나 레바논 내전의 목격자로서 나는 무아와드의 작품을 단순한 예술의 차원으로만 받아들이기가 얼마나 어려운지 잘 알고 있다.

레바논 시아파의 지도자였던 샴세딘은 1982년에 레바논 국민들에게 이스라엘 점령군에 맞서 싸울 것을 촉구한 최초의 인물이었다. 그리고 이스라엘 편에 섰던 기독교 민병대 지도자를 살해하기 위해 가정교사로 위장했던 소녀도 실존 인물이었다. 소아드 비샤라Soad Bshara란 이름의 소녀는 시아파가 아니라 좌파 기독교도였으며, 실제로 그를 암살하기 위한 시도를 했었다. 참고로 나는 그녀에게 민병대 지도자를 살해하라고 총을 건넨 남자도 직접 만나본 적이 있다.

그녀의 암살 대상이었던 앙투안 라드Antoine Lahd 장군은 죽지 않았다. 그가 이스라엘의 병원에서 퇴원해 레바논으로 돌아온 지 얼마 되지 않은 어느 날, 그는 내게 그때의 상처를 보여주었다. 그의 몸에는 총탄 자국 두 개가 남아 있었다. 그는 레바논에서 이스라엘 대리인 역할을 하던 무자비한 군벌들 가운데 한 명이었고, 이스라엘이 운영하던 악랄한 교도소의 책임자이기도 했다. 비샤라가 갇힌 것도 바로 그곳이었다. 그녀는 비록 강간을 당하지는 않았지만 수없이 구타를 당했고, 프랑스 정부의 주선으로 석방되기 전까지 오랜 독방 생활을 감내해야 했다. 비샤라는 현재 파리에 살고 있고, 반면 라드는 2000년에 자신의 잔혹한 '남부 레바논군South Lebanon Army' 민병대가 와해된 뒤 이스라엘의 텔아비브에 살면서 나이트클럽을 운영하고 있다.

라드의 교도소에 잘 훈련된 고문 집행관들이 있었던 건 틀림없는 사실이다. 교도소의 실제 이름은 키암Khiam 교도소로, 헤즈볼라에 의해 박물관으로 바뀌었다가 지난여름의 전쟁 과정에서 대부분 파괴되었다. 키암의 사디스트들은 수감자들의 성기에 전기 충격을 가하고, 온몸에 물을 끼얹은 다음 가슴에 전극을 꽂았으며, 칠흑같이 어두운 독방에 몇 달 동안 가둬놓기도 했다. 오랫동안 이스라엘인들은 그곳을 방문하려는 적십자사를 가로막았다. 약 7년 전 이스라엘군이 집중포화를 받으며 레바논에서 퇴각할 때, 고문 집행관들도 모두 국경을 넘어 이스라엘로 도망쳤다.

〈그을린 사랑〉의 공연이 끝나자, 나는 배우들을 만나기 위해 무대 뒤로 향했다. 배우 가운데 한 명은 재즈를 광적으로 좋아하던 저격수의 모습을 두려울 정도로 정확하게 묘사해냈다. 막상 이야기를 나눠보니, 그들은 자신들이 연기한 인물들이 실존 인물이라는 사실을 전혀 모르고 있었다. 또한, 레바논으로 돌려보내지면 살해될 것이라는 이유로 이스라엘이 키암의 고문 집행관들을 '난민'으로 보살펴 달라며 죄다 서구 국가들로 보냈다는 사실조차 모르고 있었다.

물론 이스라엘인들은 키암에서 일어난 끔찍한 일들에서 자신들이 어떤 역할을 했는지 입도 뻥긋하지 않았다. 7년 전 캐나다 기마경찰대에서 두 명의 경찰관을 우리 집으로 보내, 자국으로 망명했을 가능성이 있는 고문 집행관들의 얼굴을 확인해줄 수 있느냐고 물어본 것도 바로 그런 이유에서였다. 나는 키암 교도소의 감방문을 일일이 살펴보면 그자들의 이름이다 쓰여 있다고 말해주었다.

하지만 나는 〈그을린 사랑〉에서 나왈의 강간범으로 등장한 고문 집행관이 토론토에 망명해서 사업을 시작한 사실을 잘 알고 있다. 달리 말해, 어쩌면 그가 연극이 공연된 브리지먼 가의 타라곤 극장에서 불과 5㎞도 떨어져 있지 않은 곳에 살고 있을 거라는 뜻이다. 혹시 누가 알겠는가? 이번 달 여기 이 극장에 그가 표를 끊고 들어와 다시는 돌아가지 못할 머나먼 땅에서 자신이 가했던 고통을 감상하게 될지를. 그렇다면 그건 역사일까, 비극일까, 아니면 예술일까?

2007년 3월 10일

인디펜던트

진실의 사원

우리는 그 건물을 '진실의 사원'이라 부르곤 했다. 다마스쿠스의 메제 도로에 위치한 갈색과 크림색이 섞인 10층짜리 대리석 건물은 마치 단 한 번도 청소를 한 적이 없는 것처럼 커다란 창문이 온통 먼지로 뒤덮여 있었고, 네 개의 낡은 은색 엘리베이터를 타고 꼭대기까지 올라가려면 15분은 족히 걸렸으며, 검누런 마가린으로 만든 것 같은 하페즈 알 아사드 시리아 전 대통령+의 흉상도 하나 서 있었다.

안으로 들어서면 사원에서 일하는 '성직자들'이 연신 담배를 피워대고 있었는데, 외신 기자들에게—아아, 피스크도 그중 한 명이었다— 친척 아저씨같이 친근하고 인간적인 바트당++의 아랍 민족주의의 가치를 이해시키는 게

+ 1970년부터 지병으로 사망한 2000년 6월까지 30년간 시리아를 철권통치했으며, 그의 사후에는 둘째 아들인 바샤르 알 아사드가 형식적인 단독선거를 거쳐 대통령직을 그대로 물려받았다.

++ 아랍 사회주의 바트당은 그리스 정교도인 미셸 아플라크(Michel Aflaq)와 수니파 이슬람인 살라 알 딘 알 비타르(Salah al-Din al-Bitar), 그리고 무신론자였던 자키 알 아르수지(Zaki al-Arsuzi)가 창설한 아랍 바트당이 1952년에 아랍 사회주의당과 통합하면서 만들어진 범아랍권 정당이다. 시리아에서 처음 생겨난 바트당은 공동 창립자들의 종교가 각기 다른 데서도 알 수 있듯이 기본적으로 세속주의를 표방하면서 아랍 세계를 단일한 국가로 통일하는 것을 목표로 하는 아랍 민족주의와 범아랍주의 및 아랍 사회주의를 주창해 중동 전역으로 급격히 세력을 넓혀 나갔다. 그러나 1960년대 말에 내부 분열로 인해 바트당이 권력을 장악한 이라크와 시리아를 각각 중심으로 한 두 개의 흐름으로 분리됐으며, 사담 후세인이 축출된 뒤로는 현재 시리아에서만 집권당의 지위를 유지하고 있다.

그들의 우울한 숙명이었다.

올드 시리아Old Syria+ 시절, 대통령의 측근이라면 그 누구에게나 그건 가혹한 임무였다. 내가 다마스쿠스를 처음 찾았을 때, 이스칸데르 아흐메드 이스칸데르Iskander Ahmed Iskander는 공보 장관을 맡고 있었다. 한때 그 직위가 주는 무게감 때문에 거물로 착각하기도 했으나, 마른 체구에 콧수염을 기른 그는 사실 조타수 같은 역할을 하는 인물이었다. 그는 '시리아 아랍 뉴스 통신사Syrian Arab News Agency, SANA'와 함께 입주해있던 그 건물에서 보안이 아주 철통 같은 사무실에 앉아 언론을 좌지우지했다. 예를 들어, 정말 이해하기 어려운 SANA의 기사들이 그날그날 〈시리아 타임스Syria Times〉 지면을 채우곤 했는데, 타블로이드 신문이었던 〈시리아 타임스〉는 산업화 5개년 계획의 경쟁력과 정신이 혼미한 농업 노동자들이 수정 혁명++ 기념일을 맞아 대통령을 칭송하며 보내온 축전 따위를 변함없이 지면에다 실어 주었다.

출입이 금지된 하마Hama 시에 들어갔다는 이유로 나를 질책한 사람 역시 다름 아닌 이스칸데르였다. 1982년 당시는 '위대한 인물'+++의 동생인 리파아트 알 아사드Rifaat al-Assad의 부대가 하마에서 이슬람주의 반군 수천 명을 도살하던 무렵이었다. 그럼에도 그 때 찍소리 하지않던 미국 정부가, 오늘날 이라크에서 자신들이 직접 그에 육박하는 수의 반군들을 제거하려고 무던히도 애를 쓰고 있다.

아무튼, 당시 이스칸데르의 총애를 받던 기관 중 하나인 다마스쿠스 라디오는 이미 나를 거짓말쟁이라고 몰아붙이던 중이었다. 하마 시내로 몰

+ 하페즈 전 대통령의 집권기를 올드 시리아, 그 아들인 바샤르 현 대통령의 집권기를 흔히 뉴 시리아(New Syria)라 부른다.

++ 하페즈 전 대통령이 1970년 11월 13일 쿠데타로 권력을 장악한 직후부터 바트당의 '국가 사회주의 노선'에 입각해 정치·경제·외교 등 전 분야에 걸쳐 대대적으로 추진한 개혁 작업을 일컫는다.

+++ 하페즈 전 대통령 생전에 정부와 언론은 그를 이렇게 불렀다.

래 잠입했다는 나의 주장 자체가 거짓말이라는 것이었다. 하지만 내가 하마에 들어간 건 엄연한 사실이었다. 그때 나는 리파아트 부대의 장교 두 명을 차에 공짜로 태워준 덕분에 무사히 전란에 휩싸인 도시로 뚫고 들어갈 수 있었다.

정작 그해 봄에 나를 만난 자리에서, 이스칸데르는 당시 내가 소속된 〈타임스〉 지와 좋은 관계를 유지하길 간절히 바라고 있었다. 우선 그는, 내가 하마에 아예 가지도 않은 걸로 하는 게 어떻겠냐고 했다. 그러나 나는 그 너그러운 배려를 단박에 일축했다. 그러자 이번엔 다마스쿠스 라디오가 내가 거짓말을 했다고 보도한 사실을 자신은 전혀 몰랐다고 말했다. 하지만 그런 방송을 승인해준 사람이 이스칸데르라는 사실에는 의심의 여지가 없었다. 그는 내 쪽으로 담배 연기를 내뿜으면서 나를 향해 이렇게 말했다.

"이런 식의 논쟁을 벌일 수 있는 것도 다 우리가 진정한 친구 사이니까 가능한 겁니다."

몇 년 뒤, 이스칸데르는 런던에서 암 수술을 받고 뇌 일부를 잘라냈다. 수술이 끝나고 깨어났을 때 기분이 어땠냐고 내가 묻자, 그는 이렇게 대답했다.

"내 몸의 일부가 없어져 버렸더군요."

아, 바트주의자들은 정말 터프한 친구들이었다. 그 무렵은 시리아에서 '외신 국장'으로 일하던 주하이르 제나안Zuhair Jenaan에게도 힘겨운 시기였다. 도통 고마워할 줄 모르는 기자들을 위해 용케 비자를 받아다주던—반면 그의 '경호원들'은 기자들을 그림자처럼 따라다녔다— 천재적이고 친절한 그의 능력은 거의 보상받지 못했다. 주하이르는 결국 런던 주재 시리아 대사관의 공보관으로 임명되었다. 그러나 영국 당국이 엘 알El Al 항공기의 폭파 미수범+을 시리아 외교관들이—주하이르는 아니었다— 숨겨줬다는 사실을 밝혀낸 직후에 자리를 내던졌다. 다시 다마스쿠스로 돌아온 그는 어느 미국인 기자에게 비자를 내주었으나, 그 기자는 자신이 이스라엘 국적자이기도 하다는 사실을 주하이르에게 말하지 않은 채 이스라엘 텔아비브에 있는 소속 신문사에 수많은 기사들을 전송했다.

그 뒤로 주하이르는 진실의 사원 아래층으로 발령을 받았다. 그의 보호막이 되어준 사람은 신임 공보상관 보하메드 살만Mohamed Salman밖에 없었다. 그러나 상황판단이 빠른 바트주의자였던 모하메드가 성급하게 진실의 사원 바깥에 미래의 지도자 바샤르의 흉상을 세운 뒤, 그의 위신 추락은 피할 수 없는 일이 되었다. 비록 병석에 있다고는 하나 누가 뭐래도 아직 최고 권력은 하페즈에게 있었기 때문이다. 그리고 다음날 아침, 일단의 노동자들이 그 흉상을 해체하는 장면이 목격되었다.

내가 모하메드를 다시 만난 건 2000년의 어느 날이었다. 가택 연금 중에 있던 그는 바트당 총회장으로 실려가 아사드의 아들 바샤르가 지도자 자리에 오르는 데 찬성표를 던졌다. 그가 방구석에서 신경질적으로 커피를 홀짝거리는 사이, 바트당 동료들은 마치 방사능에라도 오염될까 두려워하는 사람들처럼 멀찍이서 맴돌기만 할 뿐이었다. 나는 같이 간 동료와 함께 성큼성큼 다가가 그의 안부를 물었다. 그제야 그의 얼굴에 화색이 돌기 시작했다. 그러자 주위에서 그 모습을 소심하게 지켜보고 있던 바트당원 몇몇이 우리 뒤를 따랐다.

또한, 나는 주하이르 후임자의 통역이자 '경호원'이던 아흐메드 하리

+ 1986년 4월 17일, 요르단 국적의 팔레스타인인 네자르 힌다위(Nezar Hindawi)가 런던에서 텔아비브로 향하던 이스라엘 엘 알 여객기에 임신한 여자 친구를 태워 그녀의 가방에 들어있던 폭탄을 터뜨리려다 실패한 사건. 당시 보도에 따르면, 네자르는 시리아 공군 정보부 소속 요원들에게 포섭돼 범행을 저지르게 된 것으로 알려졌다.

리를 아주 마음에 들어 했다. 그는 금욕적이고 냉소적이면서도 세상에 대해 문학적인 자세를 잃지 않는 인물이었으나, 줄담배 때문에 그런 이미지가 다소 반감되었다. 가벼운 심장병을 앓던 아흐메드는 윌리엄 블레이크의 시 구절을 읊다가도 눈동자를 굴리며 바트주의 이념을 설명해주곤 했다. 그러다가 문득 "로버트, 지금부터 내가 하는 이야기는 절대 다른 사람에게 옮기지 않겠다고 약속해줘요"라고 다짐을 받고 난 뒤에는 하페즈 알 아사드 집권 당시의 삶에 대해 있는 그대로 솔직하게 말해주는 경우도 종종 있었다. 언젠가 위대한 지도자가 사망하는 날, 그와 주변 사람들이 어떤 반응을 보일지에 대해서도 이렇게 설명을 보탰다.

"제가 태어난 타드모르 시+에서는 사람들이 정치수감자들이 묻힌 공동묘지에 가서 모래 위에다 장미꽃잎을 바칠 겁니다. 그리고 당신네가 진실의 사원이라 부르는 건물의 우리 사무실에서는, 모두가 입에 담배를 물고 앉아서는 서로 곁눈질을 하며, 위대한 지도자의 죽음에 대해 저 사람이 어떤 반응을 보이나 살피겠죠."

2000년의 그 날, 진실의 사원에 있던 사람들은 정확히 그런 식으로 행동했다. 불행히도 타드모르의 묘지 위에 장미꽃잎을 바친 사람은 없었지만 말이다. 그러나 바샤르가 권력의 자리에 오르자마자 사원 복도를 따라 조심스럽게 변화의 바람이 일기 시작했다. 내가 과거의 '철권통치'에 대한 농담을 건네기라도 하면, 이내 바샤르에 대한 시끌벅적한 칭찬이 이어지곤 했다. 그리고 이번 주, 활달하고 지적인 외과 전문의 출신의 모흐센 빌랄Mohsen Bilal 신임 장관이, 레바논의 라피크 하리리 전 총리의 살해에 관한 유엔 조사가 최고조에 달했던 작년에 권총으로 머리를 쏴 자살한 내무

+ 수도 다마스쿠스에서 북동쪽으로 215km 가량 떨어진 시리아 사막 정중앙의 오아시스 도시.

장관 가지 케나안Ghazi Kenaan 장군+을 다룬 내 기사들에 대해 내부적으로 어떤 이야기들이 오고갔는지를 상세히 말해줄 수 있었던 것도 바로 그런 분위기 덕분이었다.

시간이 흘러, 아흐메드가 최근에 심장마비로 숨졌다는 충격적인 사실을 알게 됐다. 이스칸데르는 이미 오래전에 저세상으로 간 뒤였다. 모하메드 살만은 비록 가택 연금에서는 벗어났지만 지금도 그냥 '집'에서 살고 있다.++ 반면 살만 덕분에 목이 날아가는 걸 모면했던 주하이르는 현재 말(馬)을 소재로 한 신문의 편집자로 일하고 있다.

"뭐, 말이라고요?"

사원 사람들에게 나는 되물었다.

"네, 신문의 이름이 '순종'이라고 하더군요."

"발행 부수는 좀 되나요?"

"로버트 씨, 다마스쿠스 사람들은 말 따위에는 전혀 관심이 없어요."

누가 봐도 그건 사실이었다. 그리고 〈시리아 타임스〉는 타블로이드판에서 일반 판형으로 바뀌었고, 내용은 여전히 지루했다. '내각은 국민적 단결을 강조해'가 이번 주 1면 머리기사의 제목이었다.

그 밖의 신문들은 라피크 하리리 전 레바논 총리 살해의 배후에 시리아가 있다는 레바논 측의 비난을 여과 없이 그대로 보도했다. 내가 묵던 호텔에서는 시리아의 쿠르드족 탄압을 기록한 잡지들이 진열돼 있었다. 진실의 사원 창문은 여전히 먼지로 뒤덮여 있었고, 10층 꼭대기까지 올라가

+ 당시 하리리 전 총리 암살 사건의 배후에 시리아 정부가 연루돼 있다는 의혹이 끊이지 않는 가운데, 유엔 조사팀으로부터 '목격자' 조사를 받은 직후에 그는 시신으로 발견됐다.

++ 2011년 북아프리카와 중동 전역에서 '아랍의 봄' 민주화 항쟁의 불길이 거세게 타오르는 가운데, 시리아에서도 바샤르 알 아사드 정권의 퇴진과 개혁을 요구하는 대규모 시위가 시작되자 그 해 8월 10일 전현직 고위관료들과 바트당 지도급 인사 41명이 시민들에 대한 무력진압의 중단과 민주화를 촉구하는 성명을 발표했는데, 그때 성명을 주도한 인물이 바로 모하메드 살만이었다.

는 데 15분이 걸리는 엘리베이터도 그대로였다. 그러나 지금은 뉴 시리아 New Syria의 시대이며, 진실의 사원 풍경도 바뀌었다.

그리고 그들은 이곳을 악의 축이라 부른다.+

2006년 4월 22일

인디펜던트

+ 2002년 1월 29일 연두교서에서 조지 W. 부시 당시 미 대통령이 이란·이라크·북한을 가리켜 '악의 축'이라 표현한 데 이어, 그 해 5월 존 볼튼 국무차관이 '악의 축을 넘어서(Beyond the Axis of Evil)'란 제목의 연설을 통해 쿠바, 리비아, 시리아를 추가로 악의 축에 포함시켰다.

우리는 모두 리파아트다

리파아트 알 아사드가 법정에 설 그 날이 점점 더 가까워져 오는 걸까? 그렇다. 시리아의 바샤르 알 아사드 대통령의 삼촌인 그는, 자기 휘하의 특수부대를 동원해 쿠데타를 일으키려다 형인 하페즈에 의해 다마스쿠스에서 내쳐진 인물이었다. 그의 부대는 1982년 2월 하마에서 이슬람주의 반군을 진압했던 바로 그 특수부대였다. 그들에게 학살된 사람들의 수는 정부 통계로 몇천 명, 그곳에 있던 나의 추산으로는 최소 1만 명, 그리고 여러분들이 〈뉴욕 타임스〉를 믿는다면—나는 대체로 안 믿는다— 그 수가 최대 2만 명에 이르렀다.

어쨌든, 나는 그 몇 달 전 베이루트의 사브라와 샤틸라 난민촌에서 팔레스타인 난민들을 대상으로 자행된 학살과 더불어 하마 학살을 언제나 전쟁 범죄로 간주해왔다. 그러나 자국의 조사법정에서 사브라, 샤틸라 학살에 개인적으로 책임이 있다는 판결을 받은 아리엘 샤론 당시 이스라엘 국방장관은 전쟁범죄자로 기소되지 않았다. 그리고 리파아트도 마찬가지였다.

이번 주, 내가 런던에 본부를 둔 '시리아 정의개발운동Movement for Justice

and Development in Syria'이라는 단체의 아나스 알 압데Anas al-Abdeh 대표가 유엔 사무총장에게 보낸 편지를 받아든 순간, 팩스 기계 사이로 아주 희미하게 찬바람이 불어오는 걸 느낄 수 있었던 것도 바로 그 때문이었다. 압데는 하마 학살이 있기 전에 시리아의 자바다니 시를 떠나, 현재 한 다국적 기업에서 IT 컨설턴트로 일하고 있다. 따라서 그는 시스터 시리아Sister Syria+의 공기를 거의 마셔본 적이 없다.

그건 리파아트도 마찬가지였다. 그는 경호원들과 함께 마르벨라Marbella라는 유럽연합의 멋진 섬에 피신해 있다. 그리고 아마도 그는 그렇게 피신해 있을 필요가 있을 것이다. 압데는, 약 2년 전 유엔이 레바논의 라피크 하리리 전 총리 살해 사건에 대해 자체적인 권한으로 법정을 설치했던 것과 마찬가지 방식으로, 하마 학살에 대해서도 조사를 벌일 것을 요구하고 있다.

편지에서 압데는 "전투기와 탱크가 하마 시 전역을 어떻게 파괴했는지" 묘사하고 있었다. 그리고 "정부군이 무장반군과 비무장 민간인을 구분하지 않았다는 명백한 증거가 있습니다. …… 하마에 대한 맹공은 명백한 전쟁범죄이자 대규모 살인 행위에 해당합니다"라고 주장했다. 그 편지는 현재 유엔의 법률 대표를 맡고 있는 니콜라스 미셸Nicolas Michel에게 전달되었는데, 그는 하리리 살해 사건에도 관여하고 있다. 또한, 압데의 편지에는 리파아트라는 신성한 이름을 따로 언급하지는 않았지만, "책임이 있는 사람들에게 그 책임을 묻고 기소해야합니다"라고 구체적으로 요구하고 있었다.

다만 사실관계에 있어서는 일치하지 않는 점이 몇 가지 있었다. 시리아

+ 바샤르 알-아사드 대통령이 집권한 이후의 시리아를 말한다.

군은 압데가 주장하듯 하마에서 독가스를 사용하지는 않았다. 그러나 그들이 도시 전체를 파괴한 건 틀림없는 사실이다. 그리고 그곳에 호텔 하나가 지어진 것 말고는 오늘날까지도 여전히 파괴된 상태 그대로 남아 있다. 리파아트의 폭력배들은 나중에 폐허를 샅샅이 뒤져 자신의 제대로 밝히지 못한 민간인들을 모조리 처형했다.

반면, 하마 봉기가 수니파 무슬림들의 반란이었고 반군들이 바트당 간부들의 가족을 모조리 살해한 것도 물론 사실이다. 때로는 피해사들의 머리를 자른 경우도 있었다. 지하 터널에서는 무슬림 소녀들이 시리아 군인들 틈에서 자폭을 하기도 했다. 당시엔 인식하지 못했으나, 그들이 바로 중동 최초의 자살폭탄 세력이었던 셈이다.

미국인들은 리파아트가 이슬람주의자들의 반란을 진압한 것에 대해 아무 불만이 없었다. 이 대목에서 시리아 동쪽에 있는 이라크에서 오늘날 벌어지는 수니파들의 반란과 관련된, 역시나 끔찍한 사건들을 굳이 언급할 필요는 없을 것이다. 미국인들이 점점 전투원들뿐만 아니라 민간인들까지 능숙하게 살해하는 모습을 보면서, 나는 미국 정부가 하마 사건의 책임자를 기소하는 일에 시큰둥해할 수밖에 없을 거라는 강한 의구심을 품게 되었다.

그러나 나에게 가장 인상적이었던 점은, 압데의 편지가 지닌 영향력보다는 그런 편지가 쓰였다는 사실 자체였다. 하마 학살이 일어났을 때, 이웃 아랍 국가들은 침묵했다. 하마 시의 수니파 고위 성직자들이 종교 전쟁을 요청했지만, 다마스쿠스의 동료 성직자들은—그리고 베이루트의 성직자들도— 침묵했다. 1990년대 알제리에서 서로 간의 학살로 엄청난 수의 사람들이 머리가 잘려나가고 보안군의 처형이 만연했을 때, 이슬람 종교 지도자들과 학자들이 침묵했던 것처럼 말이다.

오늘날 이라크에서 상호 간에 죽고 죽이는 비극이 벌어져도 그들이 침묵을 유지하는 것 역시 마찬가지이다. 물론, 우리가 그 나라를 침략하지 않았더라면 이라크에서 대량 학살은 일어나지 않았을 것이다. 그리고 예전에는 절대 갈라진 적이 없던 나라에서 내분이 일어나게 된 배경에는 어떤 '감춰진 손'이 있지는 않은지 실로 의심스럽다.

1960년대 초반 알제리에서 프랑스는 서로 적대 세력이던 민족해방전선FLN과 민족해방군ALN을 부추겨 양자 간에 죽고 죽이는 살육전을 벌이도록 하는 데 많은 노력을 기울였고, 결과적으로 대성공을 거뒀다. 그러나 티그리스 강에서 죽은 이라크인들의 시체가 떠오르고 바그다드·케르발라·바쿠바에서 수천 명 단위로 죽어 나갈 때, 알 아자르Al-Azhar+와 여러 위대한 아랍 왕국의 셰이크++들은 대체 어디에 있었던 걸까? 그들 역시 그저 침묵하고 있었을 뿐이다.

단 한 마디의 비판도 흘러나오지 않았다. 조금의 우려도 내비치지 않았다. 털끝만큼의 동정심도 보이지 않았다. 이스라엘의 레바논 폭격? 이스라엘의 침공? 아랍인들의 말대로 그건 전쟁범죄였고, 그걸 저지른 쪽은 이스라엘이었다. 지난여름 내가 목격한 증거들만 해도 한둘이 아니다. 그러나 아랍이 흘린 피의 신성함이 퇴색되는 순간은 언제였던가? 그것은 아랍인 스스로에 의해 피를 흘리게 될 때였다. 이건 단지 아랍세계의 자기비판 능력의 상실만을 이야기하는 게 아니다. 오랫동안 우리 서구인들의 지지를 받아온 괴물들이 지배하는 풍경 속에서는, 어떠한 종류의 비판도 커다란 위험이 뒤따른다는 것이 엄연한 사실이다. 그러나 이라크의 무

+ 선지자 무함마드의 딸이었던 파티마의 이름에서 유래된 알 아자르는 이집트 카이로에 위치한 모스크이자 대학이다. 대략 970년에 건립돼 이슬람 신학과 율법을 전공한 학자와 성직자들을 다수 배출해온 이곳은 현대 이슬람 교육의 요람이자 중심이라 할 수 있다.

++ 이슬람 공동체의 원로나 부족 지도자, 혹은 이슬람에 정통한 학자들에게 붙는 칭호.

슬림들이 다른 무슬림들에게 저지르고 있는 행위에 대해 어떻게 그토록 침묵할 수 있을까?

물론 아랍인들이 현재 직면하고 있는 진짜 문제는, 그들의 땅에 서구 군대가 득실대면서 사실상 그곳을 점령하고 있다는 것이다. 몇 주 전 나는, 인구수로 따져볼 때 오늘날 무슬림 영토에 주둔하고 있는 서구 군인들의 수가 십자군 전쟁 시절보다 약 22배나 더 많다는 사실을 알게 되었다. 어떻게 하면 그 군대에 맞서 그들을 몰아낼 수 있을까? 이라크인들은 잔인하고 아주 끔찍한 방식으로 그 답을 보여주었다. 나는 부시 정부의 미래는 워싱턴이 아니라 이라크에서 결정될 거라 말하곤 했다. 이제 그 말은 점점 사실로 굳어지는 듯하다.

그래서 우리는 무엇을 해야만 할까? 오늘날의 리파아트들을 모두 마르벨라 섬으로 보내야하나? 하리리의 살인범들도 그냥 풀어줘야 할까? 무슬림 형제들이 저질러온 수치스러운 잔학행위를 보고도 아랍인들은 계속 침묵을 유지해야 하나?

나는 리파아트가 유엔 친구들로부터 안전할 거라는 데 내기를 걸겠다. 만약 그가 오늘날의 이라크에 살았다면, 그래서 하마에서 했던 것처럼 이슬람 반군과 맞서 싸웠다면 그는 아마 '우리' 편이었을 것이다. 바로 그 점이 문제다. 결국, 우리는 모두 리파아트들인 셈이다.

2007년 2월 10일

인디펜던트

모두를 공포에 질리게 하는 게 목적인 사람들

2006년 7월 12일 레바논과 이스라엘 사이의 국경을 넘어온 헤즈볼라 대원들에 의해 세 명의 이스라엘 군인들이 포로로 잡히고 또 다른 두 명이 살해된 뒤, 이스라엘은 레바논을 상대로 34일간에 걸친 전쟁을 벌여 천 명이 넘는 남녀노소를 살해하고 사회기반시설들을 파괴했다. 사망한 레바논인들 가운데 무장대원은 얼마 되지 않았다. 반면 대부분 군인들이던 100명이 넘는 이스라엘인들이 헤즈볼라의 손에 목숨을 잃었다. 런던 경찰국이 런던에서 또 다른 '테러' 음모를 포착한 것은, 이 끔찍한 분쟁이 막바지로 치닫고 있을 무렵이었다.

새벽 3시쯤, 전기가 다시 들어왔고, 나는 BBC 월드 뉴스를 틀었다. 이스라엘의 공습이 도시를 강타하면서 강력한 폭발이 일어나 집을 뒤흔들어 놓은 지 불과 몇 시간도 지나지 않을 무렵이었다. 그러나 BBC 월드 뉴스의 제목은 이랬다.

"테러 음모."

나는 혼자 중얼거렸다. 테러……. 뭐? 텔레비전 화면에서는 평소 내가 가장 마음에 들어 하던 폴 스티븐슨 경찰 부국장이 등장해, 평소 내가 가장 좋아하는 런던 경찰이—런던 지하철에서 아무 잘못도 없는 브라질 청년을 처형한 용감한 사람들이었다● ─ 어떻게 민간 항공기에 대한 자살폭탄 공격에서 무고한 민간인 수백 명의 목숨을 구했는지 설명하고 있었다.

확신컨대, 블레어의 레바논 정책 실패에 대한 분노가 절정으로 치닫던 바로 이 시점에 공교롭게도 파란 제복을 입은 그 사내들이 세계를 구한 것은 그저 우연의 일치였을 것이다. 그리고 지금으로부터 약 3년 전에도 수십만 영국 시민들이 블레어의 이라크 침공에 반대하는 시위를 벌이던 바로 그 날, 또 다른 대형 테러 음모로 인해 영국 히드로 공항이 장갑차로 둘러싸인 적이 있었다. 물론 그것도 그저 굉장한 우연의 일치였을 것이다.

나는 거실 카펫 위에 앉아 완전히 중무장한 그 녀석들이 영국 국민들을 전멸로부터 구하는 모습을 지켜보았다. 곧이어 우리 모두가 '이슬람 파시즘'에 맞서 싸우고 있다는 조지 W. 부시 대통령의 음성이 들려왔다. 그때 엄청나게 많은 사람들이 테러로 고통받고 있는 베이루트 전역에 어둠을 뚫고 '쿵'하는 소리가 다시 울려 퍼졌다. 내가 30년 동안 살아온 도시 곳곳에 폭탄을 떨어뜨리던 그 전투기 조종사들이 파시스트인지 아닌지는 모르겠지만, 적어도 무슬림은 아니었다는 사실만큼은 내가 조지 W. 에게 확인시켜줄 수 있다.

여기에는 해묵은 난제 하나가 도사리고 있다. '이슬람 테러'로부터 영국 국민들—과 미국 국민들—을 보호하기 위해서 우리는 많고 많은 중무장 경찰관들과 군인들, 사복 경찰들, 일일이 열거할 수조차 없는 각종 반테러

● 2005년 7월 22일 런던의 한 지하철역에서 영국의 '반테러리스트' 경찰관 네 명은 브라질 출신의 전기 기술자였던 27살의 장 샤흘리스 지 메네지스(Jean Charles de Menezes)의 머리를 향해 30초간 계획적으로 실탄을 발사했다. 그가 자살폭탄범이라 믿었기 때문이었다. 그러나 그는 완전히 무고한 시민이었다. 정부의 공식 보고서에서는 경찰을 강력히 비판했으나, 가해 경관들 가운데 좌천되거나 강제 해임된 사람은 아무도 없었다. 한 고위 경찰관은 나중에 이렇게 말했다. "우리는 최선을 다했습니다." 2005년 7월 7일 영국 출신의 무슬림 네 명이 런던 지하철과 버스에서 폭탄을 터뜨려 52명의 민간인들을 사망케 하고 700명에게 부상을 입힌 지 보름 만에 일어난 일이었다.

및 국토 안보 부서들, 아부 그라이브와 바그람+ 그리고 관타나모의 미국인 고문 집행관들—그중에는 가학적인 여성들도 포함되어 있다— 같이 수많은 추악한 인간들을 필요로 한다. 그러나 우리에게 찾아올지 모르는—아마도 그럴 것이다— 진짜 폭력으로부터 우리 스스로를 보호하는 유일한 방법은, 용기와 정의를 가지고 레바논과 팔레스타인과 이라크와 아프가니스탄의 비극을 도덕적인 방식으로 처리하는 것이다. 하지만 우리는 그렇게는 하지 않을 것이다.

솔직히 나는 폴 스티븐슨을 베이루트로 데려와 내가 사는 이 지역에서 일어나는 테러에 맞서게 하고 싶은 생각이 굴뚝같다. 헤즈볼라와 이스라엘의 테러 말이다. 물론 폴과 그의 동료들은 별 관심이 없을 것이다. 이른바 '테러'를 일으킬 이른바 '음모'의 이른바 '용의자들'의 이른바 '죄악'에 대해 마구 불평을 늘어놓는 것과, 커다란 위험에 직면해 그러한 테러의 원인들을 해결하는 것은 완전히 별개의 문제이다.

전기가 다시 나가기 직전에 '테러리스트들'이 '우리가 누리는 자유' 때문에 우리를 증오한다는 부시의 여전한 거짓말을 지켜보는 건 참으로 재미있는 경험이었다. 그들이 우리를 증오하는 이유가 난민 대열을 학살하고, 적십자사 구급차에 총을 쏴대고, 1000명이 넘는 레바논 민간인들을 살해한 이스라엘을 우리가 지지해서가 아니라, 우리의 '자유'를 증오하기 때문이란다.

나는 우리 언론인들이 또다시 권위에 고개 숙이는 장면을 절망적인 심경으로 지켜본다. 폴이 적발한 '테러 음모'의 정보나 시기, 구체적인 내용

+ 아프가니스탄 파르완 주의 유서 깊은 도시 바그람에는 현지 최대 규모의 미 공군 기지가 있고, 그 바로 인근에는 파르완 구금시설이 자리 잡고 있다. 미군은 아프가니스탄과 파키스탄에서 생포한 포로들을 일단 이 시설에 구금해 심문을 벌여왔는데, 일체의 외부 접촉을 금지한 상태에서 수감자들을 대상으로 온갖 고문과 학대를 자행하는 것으로 알려져 국제 여론의 비판을 받아왔다.

의 본질, 혹은 이 모든 해괴한 시나리오가 정확하다고 하더라도 누군가가 왜 그런 잔학행위를 저지르고자 했는지 그 이유에 대해서는 한 번도 의심을 품어보지 않은 채, 쉴 새 없이 '익명의 안보 소식통'의 말을 인용하는 모습이라니!

듣자하니 체포된 사람들은 무슬림들이라고 한다. 참 흥미롭지 않은가? 무슬림이란다. 그것은 그들 중 상당수가, 혹은 그 가족들이 원래 서남아시아와 중동 출신이라는 걸 의미한다. 아프간, 이라크, '팔레스타인', 레바논을 망라한 지역 말이다.

예전에는 폴 같은 친구들은 출신지나 종교, 이름이 다른 사람들을 상대할 때면 지도를 꺼내보곤 했다. 실제로 폴 스티븐슨이 학교에서 쓰던 지도책을 가지고 있었다면, 그는 그들 '무슬림'의 가족들이 살았던 지역에서 일어나는 수많은 폭력과 불의와 고통, 그리고 런던 경찰청의 전문분야인 죽음에 대해 결코 모르지 않았을 것이다. 그렇다면 거기에 어떤 연관성이 있는지, 범죄의 동기가 무엇인지 알아보려는 시도를 해봐야 하는 거 아닌가?

원래 런던 경찰청은 동기를 찾아내는 데 아주 능한 조직이었다. 그러나 '테러와의 전쟁'에서는 그렇지 않았다. 내가 가장 좋아하는 경찰관인 폴이 만약 진정한 동기가 무엇인지 찾으려 애썼다면, 그는 테러와의 전쟁에서 금세 손을 떼고 다시 폴 스티븐슨 경관의 원래 모습으로 되돌아왔을 것이다.

어제 아침을 예로 들어보자. 이스라엘 판 '테러와의 전쟁'이 31일째에 접어드는 날, 이스라엘 전투기 한 대가 지중해의 아름다운 산간 지역 아카Akka에서 북부 레바논과 시리아를 이어주는 딱 하나 남은 다리를 날려버렸다. 대개 그렇듯 세심함을 잃지 않은 조종사들은, 일반 시민들의 차량이 건너는 동안 다리를 파괴하는 쪽을 택했다. 그로 인해 당시 다리를 건너던 민간인들 12명이 살해됐다. 현실 세계에서 우리는 그런 행위를 전쟁 범죄라 부른다. 실제로 그것은 폴과 그 동료들의 관심을 끌 만한 범죄였다. 그러나 아, 스티븐슨의 임무는 영국 국민들을 공포에 질리게 하는 것이었지, 그들을 공포에 질리게 만드는 진정한 원인이 되는 범죄를 중단시키는 게 아니었다.

개인적으로 나는, '이슬람 파시스트'가 됐건, 빈 라덴이 됐건, 이스라엘이 됐건, 혹은 미국인들이 됐건, 아부 그라이브의 모범생들이 됐건 간에 범죄자들은 모조리 체포해야 한다는 데 전적으로 찬성하는 입장이다. 지하철 승객들의 머리를 날려버리는 부류의 인간들도 마찬가지이다. 그러나 폴 스티븐슨은 나와 생각이 다른 것 같다. 그는 화가 나서 씩씩대기만 할 뿐, 법과 질서를 옹호할 자세가 안 돼 있다는 게 내 생각이다.

그는 지금 공포부Ministry of Fear에 몸담고 있다. 태생적으로 그들은 동기나 불의 따위에는 관심이 없다. 지난밤에 두 번째로 전기가 나가기 전, 나는 그의 행동을 지켜보면서 그가 주인님들을 위해 정말 훌륭히 임무를 수행하고 있구나 하는 생각밖에는 들지 않았다.

2006년 8월 12일

인디펜던트

우리는 모두 유언장을 써놨어요

어느 지식인은 비밀이 곧 강력한 최음제라고 말했다. 그렇다. 비밀은 흥미롭다. 그리고 위험은 더 음침하고 불길하다. 요즘 베이루트 거리엔 위험이 안개처럼 떠다닌다. 경찰관이 휴대용 확성기로 소리를 지르며 교통정리를 하는 도로 위로 서서히 위험이 깔린다.

경찰관이 소리친다. 주차 금지. 누굴 놀리나? 지난주 레바논 국회의원인 앙투앙 가넴Antoine Ghanem이 암살당했을 당시에, 경찰들은 범죄 현장 하나도 제대로 확보하지 못했다—그럴 생각조차 없었는지도 모른다—. 왜 아니겠나?

그리고 지난 수요일, 베이루트의 드루즈파 지도자였던 왈리드 줌블라트의 타운 하우스 철제 대문이 천천히 안개에 뒤덮였다. 집 안에서는 대통령 선거에 관한 아무 쓸모 없는 의회 투표를 앞두고 그를 비롯한 몇몇 용기 있는 국회의원들이 저녁을 먹기 위해 모여 있었다. 의결정족수와 다수결에 관한 많은 이야기들이 오고 갔다. 시리아를 지지하는 사람들은 종종 이의를 제기하곤 했으나, 이곳에서는 50석 이상이 헌법상의 의결정족수이다. 나는 레바논 국회의원 중에서 여전히 자신들의 의회 시스템조차 이해하지 못하는 사람들을 만날 때가 가끔 있다. 굳이 박사학위를 몇 개씩은 따야지만 꼭 그걸 이해할 수 있는 걸까?

언제나 그렇듯, 음식은 흠잡을 데가 없었다. 하루가 멀다하고 폭발이나 총격으로 인한 죽음에 맞닥뜨리는 사람들이라고 해서, 제대로 먹지 못하라는 법은 없다. 줌블라트의 부인 노라를 가리켜 세상에서 가장 완벽한 안주인이라 부르는 데는 다 그만한 이유가 있었다. 내가 줌블라트 부부 근처에 앉아 있는 동안 손님들은 농담을 주고받으며 대화를 나눴다. 가지 아리디Ghazi Aridi 공보장관, 마르완 하마드Marwan Hamade 통신부 장관, 트리폴리 출신 국회의원 모스바 알 아흐다브Mosbah al-Ahdab, 베이루트의 판사 한 명, 이들은 자신들의 삶을 뒤덮고 있는 위험이란 안개에 대해서는 아주 태평한 모습이었다.

2004년, '그들'—시리아인들이나 그 하수인들, 혹은 어딘지 모를 정부를 위해 일하는 무장 조직원들—은 내 아파트 근처에 있는 하마드의 집에서 그를 거의 죽음 직전까지 몰고 갔었다. 그리고 모두 합쳐 46명의 레바논 국회의원들이 현재 페니키아 호텔에서 스위트룸 하나당 세 명씩 묵으며 몸을 숨기고 있다. 가넴이 폭발 사고로 죽기 전날에 줌블라트는 또 다른 암살 시도가 있을 거라는 소문을 들었다.

다음은 누구일까? 그것이 우리 모두가 가진 의문이었다. 가까스로 과반수를 넘긴 푸아드 시니오라Fouad Siniora 총리 정부를 무너뜨리기 위해 '그들'은 저 어딘가에서 다음번 살해계획을 모의하고 있을 것이다. "다가올 3주 사이에 두 명이 추가로 죽게 될 겁니다"라고 줌블라트는 말했다. 저녁 식사에 초대된 손님들은 모두 서로를 쳐다보았다. "우리는 모두 유언장을 써놨어요"라고 노라가 조용히 말을 받았다. 노라 당신도요? 그녀는 자신은 표적이 아닐 거라고 했다.

"하지만 제가 왈리드와 같이 있는 순간에 일이 벌어질 수도 있는 거잖아요."

순간 나는 이 배운 것 많고 용기도 많은 사람들을 쳐다보았다. 그들이 내놓은 정책이 언제나 현명한 건 아니었지만, 그들의 용기에 대해서는 의문의 여지가 없었다. 그리고 나는 우리 시구인들이 레바논인들의 삶을 얼마나 외면하고 있는지를 다시 한 번 뼈저리게 느꼈다.

베이루트에서 국회의원들이 줄줄이 죽어 나가도 누구 하나 충격을 받는 사람이 없었다. 나조차도 마찬가지였다. 어느 젊은 레바논 부부는 레바논에서의 서른 한 해 동안의 삶이 내게 어떤 영향을 끼쳤는지 물어왔다. 나는 지난주 가넴의 시신을 봤을 때 아무런 감정도 느끼지 못했다고 대답했다. 레바논이 나를 바꿔놓은 건 바로 그런 측면이었다. 그리고 그게 바로 레바논이 그 국민들에게 끼친 영향이었다.

약 1000명에 달하는 드루즈 주민들이 가넴의 장례식에 참석하기 위해 몰려들었다. 하지만 여전히 어디든 안전하지 않았다. 내 차를 모는 아베드가 줌블라트의 집에서 불과 100m 떨어진 곳에 차를 주차해도 경찰들 가운데 누구 하나 차 트렁크를 검사하는 이가 없었다. 만약 그가 〈인디펜던트〉 특파원이 아니라 위험스러운 그 누군가에게 고용된 사람이었다면 어쩔 셈일까? 곳곳에 깔린 저 경찰들은 대체 누구를 위해 일하는 걸까?

베이루트의 이 소박한 저녁 식사 자리에서 나는 고든 브라운이나 잭 스트로, 니콜라 사르코지, 거만한 베르나르 쿠슈네르+와 앙겔라 메르켈 같이 잘난 체하는 우리 정치인들의 얼굴을 떠올리지 않을 수 없었다. 그들은 여기 레바논에서 일어나는 테러들은 애써 외면하면서도, 자신들이 지

+ 베르나르 쿠슈네르(Bernard Kouchner). 원래 직업이 의사인 그는 국제 인도주의 단체 '국경없는 의사회'의 공동 창립자였다. 정치적으로는 프랑스 공산당원에서 출발해 사회당으로 당적을 옮긴 뒤 프랑수아 미테랑 정권에서 보건 장관까지 지냈으나, 이후 탈당해 우파 사르코지 정권에서 외무장관으로 일했다(2007-2010).

금 '테러와의 전쟁'을 벌이고 있다는 오만한 믿음만큼은 버리지 않고 있다. 그에 비해, 이 자리에 모인 이 똑똑한 남녀들은 마음만 먹으면 얼마든지 런던이나 파리로 도망칠 수 있음에도, 요크셔보다 작은 이 나라에 꿋꿋이 남아 민주주의를 위해 목숨을 바칠 채비를 하고 있었다. 나는 우리 서구의 정치인들이라면 도저히 그러지 못할 거라 생각한다.

어쨌든 우리가 죽음에 관해 이야기를 나누는 사이, 어느덧 시계는 자정에 가까워지고 있었다. 그때 갑자기 꽁지머리를 한 남자와 검은 옷을 우아하게 차려입은—그 날의 대화에 잘 어울리는 색깔이었다— 여성이 다음 날 국회에서 사용할 선전판을 들고 나타났다. 선전판 맨 위에는 라피크 하리리의 이름이 있었다. 기자였던 지브란 투에니Jibran Tueni와 국회의원 피에르 게마엘Pierre Gemayel, 하리리의 동료였던 바실 플리한Basil Fleihan의 이름도 눈에 띄었다. 물론 가넴의 이름도 있었다. 그들은 모두 레바논을 믿었기 때문에 처절하게 죽음을 맞이했던 사람들이었다.

분위기를 바꿔보려고 내가 레바논에서 유명해지려면 어떻게 하면 되는지 아느냐고 농담을 던지자, 줌블라트가 웃음을 터뜨렸다. 지금 이 나라에서는 이런 엽기적인 유머가 유행이다.

그러던 와중에 어느샌가 줌블라트가 2차 대전 당시 동부전선에서 벌어진 이야기를 다룬, 쿠르초 말라파르테Curzio Malaparte의 끔찍하면서도 멋진 소설+ 한 권을 가지고 와서 내게 건넸다. 그는 책에다 직접 "로버트 피스크에게, 이 책은 끔찍하리만치 잔인하면서도 어떤 면에서는 아름답기까지 합니다. 내가 절대 굴복하지 않기를 바라며, W. 줌블라트가 드립니다"라고 썼다. 잔인함과 아름다움의 공존이 어떻게 가능한 것인지 참으로 궁

+ 쿠르초 말라파르테, 《망가진 세계(Kaputt)》, 이광일 옮김(서울: 문학동네, 2013)

금했다.

아무튼, 내 생각엔 아무래도 이들 남녀를 다룬 영화가 한 편 만들어져야 하지 않을까 싶다. 학자풍의 아리디 역에는 앨러스테어 심Alastair Sim이, 알 아흐다브 역에는 클라크 게이블Clark Gablc이 어울릴 듯하다—게이블이 그 역할에 어울린다는 데에 모두가 동의했다—. 하마드 역에는 어쩌면 허버트 롬Herbert Lom이 어울릴 수도 있겠다—지금쯤 하마드는 구글에서 롬의 이름을 검색하고 있을지도 모른다—. 노라? 그녀 역할은 비비안 리Vivien Leigh나 데미 무어Demi Moore가 딱 어울린다. 그럼 왈리드 줌블라트는 누가 연기하지? 글쎄, 당연히 왈리드 본인이 직접 맡아야하지 않을까?

어찌 됐건 부디 이들 레바논인들의 이름을 기억해주길, 그리고 또 다른 폭발음이 이 위험한 도시를 찢어놓을 때면 그들을 떠올려 주길…….

2007년 9월 29일

인디펜던트

죽을 때까지 임무를 다한다

스코틀랜드식 타탄 체크 옷을 입은 백파이프 연주자들과 더불어, 하나같이 영국 샌드허스트 육군사관학교의 단추를 단 수백 명의 군인들이 '죽을 때까지 임무를 다한다'라고 쓰인 현수막을 든 채 차렷 자세를 취했다. 현수막에 적힌 문구는 예전에 아버지가 내게 억지로 읽게 했던 G. A. 헨티G. A. Henty의 그 무시무시한 옛 제국주의 소설들에 나오는 소제목이었다.

어제 나는 스스로 볼을 꼬집어 보고 나서야 여기가 대영 제국의 어느 귀퉁이가 아니라 남부 레바논이라는 사실을 깨달을 수 있었다. 그만큼 앗삼Assam 연대의 모습은 완전히 영국식 그 자체였다. 그들의 승전 기록은 1842년까지 거슬러 올라가고, 연대 휘장에는 지금도 빅토리아 시대 영국 식민지였던 인도의 연대장들 이름이 새겨져 있다. 언젠가 영국 언론인이자 작가였던 말콤 머거릿지는 제대로 된 영국인들이라고는 인도인들밖에 안 남았다고 주장한 바 있다.

앗삼 연대 소속 15대대는, 인도가 이스라엘 국경을 따라 주둔하는 유엔 평화유지군에 파견한 부대였다. 인도 북동부 7개 주에서 건너온 그 부대의 군인들은 소박한 두 가지 이유 덕분에 유엔군 중에서도 가장 인기가 있었다. 그들은 가난한 농부들 틈에서 가축을 보살펴주는 한편, 지역 학교들에 비치된 컴퓨터를 모조리 수리해준다. 이 대목에서 나는 신흥 첨단 기술 도시인 하이데라바드Hyderabad를 떠올려 본다.

어제 열린 15대대의 유엔 훈장 수여 기념 거리행진에는 특징이 하나 있었다. 다른 부대에서 파견한 장교들이 거의 다 비서구인들로 구성돼 있나는 점이 그것이었다. 프랑스 군인 몇 명과 홀로 떨어진 오스트레일리아 유엔 참관인을 제외하고는 죄다 피지와 네팔, 가나 군인들이었다. 이스라엘 점령 기간 동안 레바논 유엔 임시군UNIFIL의 수가 절정에 달하던 무렵에는 아일랜드와 노르웨이, 핀란드, 프랑스 같은 부자 나라 출신의 군인들이 주를 이뤘다. 그러나 오늘날 티레와 골란 고원 사이에 위치한 산악지역에 주둔하는 군인들은 죄다 가난한 나라 출신들이다.

인도군은 콩고민주공화국에서도 임무를 수행 중이며, 곧 수단과 에티오피아에도 주둔할 예정이다. 또한, 거의 모두가 카슈미르 전투에 참전했던 경력을 갖고 있었고, 공식적으로 언급되지는 않았지만, 어제 본 15대대의 부대원들도 대부분 가슴에 붉은색과 녹색의 카슈미르 훈장을 달고 있었다. 이러니저러니 해도 레바논 국민의 대부분은 무슬림들인데도 말이다.+

이처럼 세계 곳곳에 파견된 유엔군은 점점 더 비(非) 나토 회원국 군대를 중심으로 돌아가고 있다. 아마 우리 서구의 우수한 군대는, 보스니아에 주둔하거나 불법적으로 이라크를 침공할 때가 훨씬 더 마음이 놓이는 모양이다. 게다가 블레어 총리는 자국 군인들이 이스라엘 국경에서 허송

+ 인도 북부와 파키스탄 북서부에 위치한 카슈미르에서는 힌두교도가 다수인 인도와 이슬람을 국교로 하는 파키스탄이 오랜 세월에 걸쳐 분쟁을 이어오고 있다.

세월하게 놔두지는 않을 것이다. 그건 키프로스만으로도 충분하다.

그러나 이 모두는 중요한 의문점 하나를 던져준다. 그럼 우리가 한때 제3세계라 불렀던 나라들이 평화를 유지하는 임무에는 더 능숙하다는 게 사실이 아닐까? 혹시 빈곤을 이해하는 군인들이 역시나 빈곤한 나라에서 평화를 유지하도록 하는 게 더 적절한 게 아닐까?

1978년 처음 레바논에 군대를 파병했을 때 아일랜드는 여전히 상대적으로 빈곤한 나라였으며, 그 군인들은 돌투성이의 언덕과 계곡에서 소규모 농사에 의지해 살아가는 시아파 무슬림 농가들에 커다란 애정을 베풀었다. 그리고 어제 인도 군인들이 지휘관의 연설을 듣고 있는 동안에도 소말리아나 캄보디아, 앙골라 같은 이름들이 들려왔으며, 타락과 공포의 보스니아와 크로아티아 전쟁의 한 가운데서 가장 능력이 뛰어나고 규율이 잘 잡혀 있던 부대는, 프랑스나 캐나다군이 아니라, 세르비아 국경에 주둔하던 요르단 부대였다는 사실이 아직도 기억에 생생하다.

2002년으로 돌아가, 조지 W. 부시가 유엔을 위협하던 시절이 있었다. 그리고 그는 차기 유엔 주재 미국 대사로 존 볼튼을 임명하는 바보 같은 선택으로 여전히 유엔을 위협하고 있다.

당시 뉴욕에 있던 나는 누군가에게서 '유엔을 믿느냐'는 질문을 받은 적이 있다. 그건 마치 신을 믿느냐 악마를 믿느냐는 질문과 다소 비슷했다. 물론 나는, 조지 부시는 악마를 믿는다고 확신한다. 그러나 나 같은 경우에는 신에 대해 전혀 확신이 없지만, 유엔은 믿는다고 대답했던 기억이 난다. 그리고 나는 지금도 유엔을 믿고 있다.

내가 유엔의 가치를 놓고 캐나다 출신의 유엔 장교와 기나긴 토론을 벌인 건 보스니아에서였다. 당시는 무수한 포탄이 쏟아지던 와중이었기 때문에 우리는 더욱더 정신을 집중할 수 있었다. 그의 논리는 아주 단순했다. 만약 1914년에 유엔이란 조직이 있었더라면, 아마도 1차 세계대전을 막을 수 있었을 거라는 주장이었다. "만약 그때 유엔이 있었더라면 베르뎅Verdun이나 솜 전투+는 일어나지 않았을 거라 생각합니다. 보스니아에서의 그 모든 실수에도 불구하고, 만약 유엔이 없었다면 상황은 훨씬 더 나빠졌을 겁니다. 2차 세계대전과 훨씬 더 비슷한 상황이 펼쳐졌겠죠"라고 그는 말했다.

물론 그런 그의 견해를 소말리아에서의 대참사에 대입해보면 설득력이 거의 없어진다. 하지만 이라크에서 미국인들이 그보다 나은 게 뭐가 있었던가? 유엔이라는 카드를 버리고 이라크로 밀고 들어갔던 미군과 블레어의 사내들은 지금 갈수록 거세지는 반란에 맞닥뜨리고 있다. 그리고 오늘날 서구인들 가운데서 죽음에 대한 두려움 없이 바그다드 거리를 걷거나 차를 몰고 다닐 수 있는 사람은 아무도 없다.

이 지점에서 이제 사악한 질문을 하나 던져보자. 만약 2003년 봄에 유엔이 이라크에 다국적군을 파병했다면 어땠을까? 미 보병 1사단이 아닌 인도나 네팔 군인들로 하여금 파란 헬멧을 쓰고 티그리스와 유프라테스 강을 따라 전선으로 이동하게 했더라면 어땠을까 하는 것이다. 그랬다면 지금의 이라크보다 상황이 더 엉망일 수 있었을까? 만약 사담 후세인이 자신의 대량파괴무기를 유엔이 파괴하도록 했더라면—그리고 실제로도 그랬을 것이다. 그게 아니라면 어떻게 침공 이후에 대량파괴무기를 하나도 발견하지 못할 수 있었겠는가—, 유엔이 사담에게 정권을 해체하도록 강제한 다음에 군대를 들여보내는 일은 없지 않았을까? 아니라고? 글쎄, 그렇다면 끝날 것 같지 않던

+ 1차 세계대전이 한창이던 1916년 2월, 독일군이 프랑스 북동부에 위치한 베르뎅에서 대규모 공세를 가하자, 그 해 7월 영국과 프랑스 연합군이 독일군의 전력을 약화시키기 위해 솜에서 총반격을 펼쳤다. 독일군 33만 명과 프랑스군 30만 명이 희생된 베르뎅 전투와 개전 첫날에만 영국군에서 5만 8000명의 사상자가 발생한 솜 전투는, 1차 대전에서 가장 많은 희생을 치른 전투들로 기록되고 있다.

레바논의 친시리아 체제가 유엔 안보리 결의안 1559호+하에서 붕괴된 이유는 뭘까?

물론 결의안 1559호를 밀어붙인 건 프랑스와 미국이었다. 그러나 오늘날 미국이 이라크에서 했던 실패를 유엔이 레바논에서 반복하고 있다고 말할 사람이 과연 몇이나 있을까?

2005년 4월 23일

인디펜던트

유엔 레바논 임시군(UNIFIL)은, 미국을 등에 업고 통과된 안보리 새 결의안에 따라 나토 열강들이 파견한 무장 전투 병력이 더해져 규모가 아주 커졌다. 그리고 2007년 여름, 남부 레바논에서 스페인 부대가 최초로 공격을 받아 차량이 폭발하는 바람에 여섯 명의 '블루베레(유엔평화유지군)'가 사망했다.

+ 시리아의 아사드 정부는 레바논 내전이 발발한 이듬해인 1976년부터 자국 군대를 파병해 레바논에 직접적으로 개입하기 시작했다. 언젠가 레바논을 병합해 '대시리아'를 건설할 꿈을 꾸던 그들은 레바논에서 어떤 독자적인 정치세력도 압도적인 우위를 점하는 것을 반대했으며, 특히 1970년 요르단에서 쫓겨 온 뒤 베이루트에 본부를 두고 점점 영향력과 인구를 확대하던 팔레스타인 해방기구(PLO)를 잠재적인 위협이라 여겼다. 그래서 아랍 이슬람 국가임에도 불구하고, 초기에 시리아군은 기독교 마론파 정부와 손을 잡고 팔레스타인 게릴라들과 드루즈 및 좌파 민병대에 맞서 치열한 전투를 벌였다. 그러나 기본적으로 시리아를 불신했던 기독교도들은 시리아군의 동베이루트 포격을 유도해 이스라엘의 지원을 끌어내려 하였고, 그것이 레바논에 기독교 국가를 건설하려던 자신들의 야망과 맞아떨어진다고 판단한 이스라엘까지 군사개입을 하면서 레바논 전쟁은 내전인 동시에 사실상 지역 열강들 간의 대리전 양상까지 띠게 되었다. 이후 이스라엘은 사브라, 샤틸라 학살 이후 쏟아진 국제사회의 비판에 못 이겨 단계적으로 철수할 수밖에 없었지만, 시리아는 1990년 미셸 아운 총리 정부를 군사적으로 궤멸시킨 뒤부터 레바논 정치를 사실상 쥐락펴락하면서 막강한 영향력을 유지하였다. 그러던 2005년, 라피크 하리리 전 총리의 암살에 시리아가 개입한 것으로 알려지면서 그에 분노한 레바논 국민들이 전국적인 반시리아 항쟁('삼나무 혁명')을 일으키자, 결국 시리아군은 2005년 4월 30일에 레바논에서 완전히 철수할 수밖에 없었다. 그리고 그 당시 레바논 국민들의 철군 요구에 국제법적인 정당성을 부여해 준 것이 바로 2004년 9월 2일에 채택된 유엔 안보리 결의안 1559호였다.

8장

잔인함의 숭배

오늘날 전 세계 무슬림들에게 고문과 '용의자 인도'는 '자유로운' 서구의 새로운 상징이 되었다. 이라크와 아프가니스탄에서 전기고문과 물고문, 구타, 항문 성폭행, 살인은 너무나 일상화된 나머지 새로운 사건이 폭로되어도 전혀 놀랍지 않을 정도다. 그리고 아부 그라이브에서 벌거벗겨진 채 온갖 수모를 당하던 수감자들의 사진은 이제 우리의 비인간적인 모습을 상징하는 일종의 기념물이 되었지만, 정작 우리가 본 사진들이 미 국방부가 입수한 사진들의 극히 일부에 지나지 않는다는 사실을 우리는 너무나 쉽게 잊어버린다. 그 사진들 가운데는 이라크 여성을 강간하는 장면을 담은 것도 있었다. 우리에게 9·11 살인범들에 맞서 '십자군' 전쟁에 임해야 한다고 맨 처음 선언한 사람은 조지 W. 부시였다. 그리고 이제 우리는 과거의 십자군들이 중동에서 행했던 잔인함을 그대로 반복하고 있다. 침공이 시작된 이래 50만 명에 달하는 이라크 민간인들이 살해됐다. 나 또한 바그다드를 방문할 때마다 내가 아는 누군가가 숨졌다는 소식을 전해 듣는다.

전사의 시대

우리가 조지 부시에 이끌려, 피에 물든 '테러와의 전쟁'이 21세기를 '빛나는 자유의 시대'로 인도할 것이라는 환상 속으로 빠져들던 바로 그 주에, 나는 우편물 주머니를 뒤적거리다가 어느 미국 퇴역군인이 보내온 오싹한 편지 한 통을 발견했다. 간단히 요약하자면, 바그다드에서 미 군의관 중령으로 복무하는 아들을 둔 그 남자는 부시 정부하에서 군의 복무 신조가 '군인Soldier'에서 '전사Warrior'로 바뀌고 있고, 그것이 미군들로 하여금 잔학행위를 저지르도록 부추기는 원인이 된다고 믿고 있었다.

아부 그라이브에서부터 관타나모, 바그람, 이라크의 전쟁터와 CIA의 '비밀' 감옥에 이르기까지, 모욕과 구타·강간·항문 성폭행·살인은 오늘날 너무나 일상화된 나머지 새로운 사건이 터져 나와도 그저 신문 한구석으로 밀려나 버릴 정도다. 하지만 내 취재 수첩에는 2002년 8월부터 지금까지 고문과 구타에 울분을 터뜨리는 아프간과 이라크 주민들의 목소리들이 빼곡히 들어차 있다. 나는 그들의 목소리를 기록할 때마다 '어떻게 이런 일이 있을 수 있지?'라고 나 자신에게 거듭 묻곤 한다. 그리고 그 자취를 따라가다 보면 필연적으로 저 윗사람들에게까지 가닿는다. 그렇다면 이처럼 잔인함을 숭배하는 경향은 어디에서부터 비롯된 걸까?

그래서 우선, 미 육군의 공식적인 '복무 신조Soldier's Creed'를 들여다보기로 했다. 애초에 이게 만들어진 이유는 베트남에서 더 이상 잔학행위가 일어나지 않도록 하기 위해서였다.

> 나는 미국의 군인이다. 나는 미 육군의 일원이자, 지구상에서 가장 위대한 나라의 수호자다. 내가 입고 있는 제복에 대한 자긍심으로 나는 언제나 군인으로서의 임무와 내가 지키기로 맹세한 이 나라의 명예에 걸맞은 방식으로 행동할 것이다. …… 어떤 상황에 부닥치든 간에 나는 재미나 이익이나 개인적인 안위를 위해 내가 입고 있는 제복과 부대와 조국의 명예를 더럽힐만한 행동을 일절 하지 않을 것이다. 나는 나의 군 동료들이 그들 자신과 제복에 치욕이 될 만한 행동을 할 경우, 직책을 뛰어넘어서라도 내가 가진 모든 수단을 동원해 제지할 것이다. 나는 내 조국과 그 깃발을 자랑스럽게 여긴다. 미국의 군인으로서 나는 이 나라 국민들이 내가 대표하는 임무를 자랑스러워하도록 만들기 위해 노력할 것이다.

그리고 이제 여기 '전사의 기풍Warrior Ethos'이라 불리는 새로운 버전의 복무 신조가 있다.

> 나는 미국의 군인이다. 나는 전사이자 팀의 일원이다. 나는 미국의 국민을 위해 봉사하고 육군의 가치관에 따라 살아간다. 나는 언제나 임무를 최우선에 둘 것이다. 나는 절대 패배를 받아들이지 않을 것이다. 나는 포기하지 않을 것이다. 나는 죽은 동료를 절대 그냥 내버려두지 않을 것이다. 나는 스스로 단련되어 있고, 육체적으로나 정신적으로 강인하게 훈련되어 있으며, 전

사로서의 임무와 훈련에 능하다. 나는 언제나 무기와 장비와 태도를 제대로 유지하고 있다. 나는 전투에 있어서 전문가이며, 근접전에서 미합중국의 적들에 맞서 싸우고 말살시킬 태세를 갖추고 있다. 나는 자유와 미국식 생활방식을 지키는 수호자다. 나는 미국의 군인이다.

대부분의 유럽인들, 그리고 수많은 미국인들이 그렇듯 나도 미군의 이 새롭고 흉포한 '규범'에 대해 전혀 알지 못했다. 그럼에도 이게 부시의 악다구니와 참으로 잘 어울린다는 걸 알아차리기는 그리 어렵지 않았다. 나는 그것을 하나하나 구체적으로 지적하고 싶은 유혹을 느꼈으나, 나에게 편지를 보낸 그 퇴역군인이 편지에서 아주 훌륭하게 잘 설명해놓았기에 그의 말을 옮겨 적는 걸로 대신하겠다. 그는 다음과 같이 썼다.

'전사의 신조'로는 '적'이 완전히 궤멸되기 전까지 어떠한 분쟁도 끝내지 못합니다. 그에 따르면, 어떠한 패배도 허락되지 않습니다. …… 그리고 단 한 사람이라도 싸움을 멈추는 걸 허락하지 않지요. 그것은 곧 '기나긴 전쟁'이라는 개념을 받아들이라는 말입니다. 그리고 명령에 따르거나 법을 지킨다든지 자제력을 보여주라는 이야기는 단 한마디도 하지 않고 있습니다. 무엇이 불명예스러운 행동인지에 대해서도 마찬가지입니다.

나는 매일같이 이라크와 아프가니스탄에서 미군들이 저지르는 잔인한 행동에 관한 새로운 사례들을 접한다. 예를 들어, 미국 이동 심문팀의 일원으로 미 해병대와 함께 활동하는 토니 라구라니스Tony Lagouranis 육군 상병은 미국의 '데모크라시 나우Democracy Now' 방송에서 에이미 굿맨Amy Goodman과의 인터뷰를 통해 2004년 바그다드 외곽 바벨Babel에서 있었던 작전을 자세히 묘사했다.

"미 해병 정찰부대가 현장 급습을 나갈 때마다, 멍이 들고 뼈가 부러지거나 때로는 화상을 입은 포로들을 데리고 왔습니다. 부대원들은 그 사람들을 아주 잔인하게 다뤘어요. 그래서 나는 무슨 일이 있었는지, 상처는 어떻게 난 건지 포로들에게 묻곤 했죠. 그러면 그들은 잡히고 나서 제압당할 때 해병대원들이 수갑을 채우고 심문을 했다고 말했어요. 남자 하나는 험비 차량의 배기구에 강제로 앉혀진 적도 있었어요. 그 바람에 다리 뒤편에 3도 화상을 입고 아주 커다란 물집이 생겼죠."

그는 해병대 소령 한 사람과 미 법무감실의 대령에게 이런 잔인한 행위를 보고했다.

"하지만 그들은 들으려고도 하지 않았어요. 그들이 원하는 건 오직 숫자였어요. 체포한 테러리스트들의 숫자 말이죠. 그럼 그걸 장군에게 보고하는 겁니다."

이런 야만적인 사연들이 매주, 혹은 날마다 쌓여간다. 한 미군 탈영병은 캐나다에서 난민 지위를 요청했고, 그와 함께 복무 중이던 다른 동료는 이라크 팔루자Fallujah에서 도로에 눕혀진 아기들을 보고도• 멈추지 말고 차로 그냥 깔고 지나가라는 명령을 받았다는 증거를 제시했다. 이것은 '언제나 임무를 최우선에 둘' 때, 그리고 적들을 물리치는 게 아니라 '말살시킬' 때 어떤 일이 벌어지는지 보여주는 좋은 사례다. 이에 대해 나에게 편지를 보낸 그 퇴역군인은 이렇게 덧붙였다.

미군 감옥에서 일어나는 일들과 이라크, 아프가니스탄, 그리고 다른 그 어딘

• 너무나 충격적이게도, 이라크 반군들은 미군들을 멈춰 세워 매복 공격을 가하기 위해 때때로 도로에 아기들을 놔두곤 했다.

가에서 민간인들을 상대로 일어난 수많은 사건들은 단순한 일탈행위가 아닙니다. 미군이 그 기풍에 근거해 의도한 결과의 일부일 뿐입니다. 물론 다른 여러 나라의 군인들도 미군보다 더 나쁜 방식으로 행동하기도 합니다. 그러나 그들은 자신들이 '착한 사람들'이라고 주장하지는 않습니다. …… 나는 우리가 필요로 하는 건…… 전사가 아니라 군인들로 이뤄진 군대라고 생각합니다.

윈스턴 처칠은 군의 명예가 무엇인지지를 이해하고 있었다. 2차 대전 당시에 그는 영국 국민들에게 "패배했을 때는 저항하고, 승리했을 때는 아량을 보여라"고 충고했다. 하지만 이제는 더 이상 그렇지 않다. 이번 주에 조지 W. 부시는 "미국의 안전은 바그다드 거리에서의 전투 결과에 달려있다"고 말했다. 우리가 "폭정과 자유 간에 벌어지는 투쟁의 시간 속에" 살아가고 있기 때문이라는 것이다. 이러다 우리의 21세기를 '비밀' 지하 감옥 안에서의 빛나는 자유의 시대로, 미 해병대의 주먹 아래로, 험비 트럭의 배기구 위로 인도할 작정은 아닌지 궁금하다.

우리는 전사들이요, 사무라이들이다. 우리는 칼을 꺼내 모조리 섬멸할 것이다. 오사마 빈 라덴이 했던 말이 정확히 그것이었다.

2006년 9월 16일

인디펜던트

고문이 아니라 침해다?

지금 미국에서는 '성공을 거두다'라는 단어가 '유행하고' 있다. 우리는 이라크에서 '승리할 수' 없다. 왜냐하면, 2003년에 바그다드로 밀고 들어가 사담을 끌어내렸을 때 이미 우리는 승리를 거뒀기 때문이다. 안 그런가? 그 뒤 조지 부시는 "임무를 완수했다"고 선언했다. 따라서 이제 우리는 '성공을 거둬야' 한다. 그것이 바로 레이건 행정부 시절 국제안보 담당 차관보이자 전직 군인인 F. J. '빙' 웨스트F. J. 'Bing' West가 이번 주에 한 말이다. 그가 쓴 신간《팔루자 리포트: 치열했던 600일, 이라크 팔루자 전투 보고서No True Glory: A Frontline Account of the Battle for Fallujah》+를 펼쳐보면, 이라크 수니파 무슬림들의 앞날에 어떤 운명이 기다리고 있는지 그 섬뜩한 윤곽이 드러나 있다.

빙이 뉴욕 시민들 앞에서, 어떻게 케이시 장군++이 이라크의 수니파 도시들에 통행금지를 내리게 됐는지, 또 만약 수니파가 민주주의를 받아들

+ F. J. 빙 웨스트,《팔루자 리포트: 치열했던 600일, 이라크 팔루자 전투 보고서》, 이종삼 옮김(서울: 산지니, 2006).

++ 2004년 6월부터 2007년 2월까지 이라크 다국적군 사령관을 지냈고, 뒤이어 2011년 4월까지 미 육군 참모총장을 역임했던 조지 윌리엄 케이시 주니어(George William Casey Jr.)를 말한다.

이지 않는다면 이라크 군대가 그들을 어떻게 "점령할" 것인지 설명하는 동안, 나는 그로부터 몇 발자국 떨어진 곳에 —내 책을 홍보하면서— 앉아 있었다. 그는 그 자리에서 미군의 "용기"에 대해 이야기했고—이라크의 엄청난 고통에 대해선 한마디도 하지 않았다—, "지하드 전사들"의 승리는 상상조차 할 수 없기에 미국이 "성공을 거둬야" 한다고 주장했다. 반면 나는 웰링턴 장군이 워털루에서 병사들에게 했던 말을 빙에게 그대로 적용해, 그가 적을 겁먹게 했는지는 모르겠으나 나를 겁주는 데 성공한 건 틀림없는 사실이라고 청중들에게 말했다.

우리 두 사람이 에어컨을 엄청나게 빵빵 틀어대던—맙소사, 그때는 11월 초였다— '외교 협회'의 푹신한 소파에 나란히 앉게 된 건 '이라크: 앞으로 나아갈 길'이란 제목의 연속 토론회 때문이었다. '앞으로 나아간다'고? 나는 스스로에게 묻지 않을 수 없었다. 이라크는 재앙이다. 빙은 "지하드 전사들"에 맞서 "성공을 거둘" 거라고 믿을지 모르겠지만, 내가 말할 수 있는 건, 미국의 이라크 프로젝트는 이미 그 막을 내렸고 바그다드에서만 한 달에 1000명꼴로 죽어가는 이라크 주민들에게 있어 그것은 엄청난 비극이었다는 사실, 그리고 다시 평화가 회복되려면 미국인들이 그곳을 떠나야 할 것이며 그 시기는 빠르면 빠를수록 좋다는 것뿐이었다.

청중들 가운데 상당수도 분명히 같은 생각이었다. 한 나이 든 신사는 작년 11월에 미국인들이 팔루자를 세 번째로 '해방시킬' 당시 그 곳에 가했던 엄청난 피해를 설명하면서 빙이 발표한 내용을 뒤집어 버렸다. 나는 사람들에게, 빙의 이야기에 등장하는 군인과 외교관들이 이런 엉망진창인 상황에서 벗어나려면 대화에 나서야 할 거라고 부드럽게 설명했다. 반군들 가운데 자살 공격에 의존하지 않는 세력의 지도자급 전직 장교들과의 대화, 그리고 빙의 친구들이 이라크를 떠날 경우 "지하드 전사들" 문제를 해결할 임무를 떠맡게 될 사람들과의 대화 말이다. 또한, 미국인들이 이라크에서 빠져나오려면 부시 행정부가 현재 비난을 퍼붓고 있는—물론 이유가 없는 건 아니다— 이란과 시리아 같은 나라들의 도움이 필요할 거라고도 덧붙였다. 순간 방에는 침묵이 감돌았다.

미국에서 머문 그 한 주는 참 이상야릇했다. 워싱턴에서는 이라크의 세 명의 부총리 가운데 하나인 아흐메드 찰라비Ahmed Chalabi가 자신이 얼마나 결백한지 보여주기 위해 모습을 드러냈다. 덕분에 나는 그가 요르단에서 열린 궐석재판에서 대규모 은행 사기 혐의로 유죄를 선고받았던 사실을 끊임없이 나 자신에게 상기시켜야 했다. 사담 후세인의 대량파괴무기에 대한 그 모든 잘못된 정보들을 〈뉴욕 타임스〉의 주디스 밀러Judith Miller 기자에게 제공한 사람도 다름 아닌 찰라비였다. 이라크에 대량파괴무기가 존재한다고 부시 정부를 설득한 사람들도 역시나 찰라비의 동료 망명객들이었으며, 그가 미국의 기밀 정보들을 이란에 넘겨줬다고 비난받은 것도 불과 작년의 일이었다. 그리고 지금도 그는 FBI의 조사를 받고 있다.

그러나 찰라비는 워싱턴에서 우파성향의 '미국기업연구소'를 상대로 연설을 하면서 미국에 일체의 사과도 하지 않겠다고 말했다. 그런 뒤에 그는 콘돌리자 라이스 국무장관과 스티븐 해들리Stephen Hadley 국가안보보좌관과 잇달아 면담을 가졌고, 체니 부통령과 도널드 럼즈펠드 국방장관 역시 그를 만나는 데 동의했다.

그와 대조적으로, 찰라비에게 속아 넘어간 그 보수 얼간이 기자는 '리비-플레임 게이트Libby-Plame Gate'+ 때문에 신문사에 사직서를 낸 뒤, 〈워

+ 조지 W. 부시 미 대통령은 이라크 전쟁의 명분을 축적하기 위해 2003년 연두교서에서 "이라크가 아프리카 니제르에서 핵무기 개발용 우라늄을 구입하려 했었다"고 주장하고 나섰다. 이에 대해 CIA의 의뢰를 받아 이라크의 핵 원료 수입 의혹을

싱턴 포스트〉의 참으로 잔인한 인터뷰의 희생양이 되었다. 〈워싱턴 포스트〉의 린 듀크Lynne Duke 기자는 그녀와의 인터뷰 기사에서 자신이 "주디들의 행렬"을 목격했다고 썼다.

> 분노에 찬 주디, 슬픔에 빠진 주디, 매력적인 주디, 공모자 주디. 〈뉴욕 타임스〉의 스타 기자 주디는 남의 소문을 떠벌리고 다니는 사람들로 인해 사면초가에 빠져 버렸다.

기사에서 주디스 밀러는 "거의 미친 듯이 흥분한 채 눈동자에 눈물을 글썽거리면서도 단호하게" 미국을 향한 위협을 다룬 자신의 기사에 대해 사과할 의향이 전혀 없다고 잘라 말했다고 한다. 어이쿠. 나는 이라크의 붕괴와 혼란에 대한 〈워싱턴 포스트〉의 반응과 그녀의 어리석은 행동을 대하는 그들의 태도가 정말 낯설기만 할 따름이었다. 사실 이런 대접을 받아야 할 사람은 주디의 옛 친구인 찰라비임에도, 그는 여전히 부시 행정부를 속이고 조작하는 예전의 속임수를 되풀이하고 있고, 미국 언론은 그를 대신해 기자 한 사람을 갈가리 찢어발기고 있다.

요즈음 뉴욕과 워싱턴에서는 하나의 프리즘이 작동하고 있다. '고문'은 없다. 이라크나 아프가니스탄이나 관타나모에서는 그 누구도 고문하지 않는다. 미국인들이 수감자들에게 하는 행위는 '침해'일 뿐이다. 그래서 모든 좌파들의 희망인 에이미 굿맨이 이번 주 자신의 데모크라시 나우 방

조사한 바 있던 미국의 니제르 대리대사 조지프 윌슨(Joseph Wilson)이 2003년 7월 6일 자 〈뉴욕 타임스〉를 통해 대통령의 연설이 사실무근이라 주장하자, 이번엔 보수적인 정치 칼럼니스트 로버트 노박(Robert Novak)이 윌슨 대사의 부인 밸러리 플레임(Valerie Plame)이 CIA의 비밀요원이었다는 사실을 폭로하게 된다. 그 뒤 백악관이 윌슨에게 보복을 가하기 위해 법을 어기고 비밀 정보요원의 신분을 누설한 게 아니냐는 논란 속에 진상 규명을 위해 임명된 패트릭 피츠제럴드(Patrick Fitzgerald) 특별검사팀은 딕 체니 부통령의 비서실장이던 루이스 리비(Lewis Libby)가 신분유출의 진원지임을 밝혀냈다. 이를 두고 흔히 '리비-플레임 게이트'라 부른다.

송에서 질로 폰테코르보Gilo Pontecorvo 감독의 1965년도 걸작 영화 〈알제리 전투The Battle of Algiers〉의 한 장면을 틀어 준 건 정말 멋진 선택이었다.

해당 프로그램에서는 영화 속에 등장하는 '마티유 대령Colonel Mathieu'이 프랑스인들의 생명을 보호하기 위해서는 왜 고문이 필요한지를 설명하는 장면을 보여준 뒤, 부시의 스콧 맥클레런Scott McClellan 대변인이 갑자기 등장해 자신은 심문 기법에 대해서는 굳이 이야기하지 않겠으나 정부의 주된 목적은 미국 국민들의 생명을 보호하는 데 있다고 말하는 대목이 이어진다.

여하튼 미국 기자들은 이제 고문 법안보다는 '침해 법안'이란 표현을 쓴다. 그래, 침해란 단어가 듣기에 훨씬 더 좋긴 하다. 안 그런가? 당신이 무언가 침해당할 때는, 소리를 지르거나 괴로움에 울부짖을 일은 없다. 고통으로 날카롭게 비명을 지를 일도 없을 테고 말이다. 또한, 우리를 대신해 이런 침해 행위를 저지르는 짐승들의 심리 상태를 고민할 필요도 없다. 따라서 그런 가학적 행위를 통해 얻어낸 정보를 활용하는 데엔 아무런 문제가 없다던 블레어 총리 정부의 결정을 특별히 기억할 필요가 있다. 그리고 잭 스트로조차도 거기에 동의하고 있다.

그나마 며칠 전 메릴랜드 주에 있는 미국 국립문서기록관리 보관소US National Archives까지 차를 몰고 가, 1차 세계대전 이후 터키 국경에서 모로코의 대서양 해안에 이르는 거대한 현대 아랍 국가를 창설해 아랍에 민주주의를 심으려던 미국의 시도를 조사한 건 다소 위안거리였다. 미국의 군인과 외교관들이 그런 노력을 기울였던 시기는 미국의 중동개입 역사에 있어서 짧지만 아주 빛나는 순간으로 기억될 것이다.

하지만, 아아, 우드로 윌슨Woodrow Wilson 대통령이 사망하면서 미국은 고립주의의 길을 걸었다. 그리고 또 다른 승전국이었던 영국과 프랑스는 자신들의 목적을 위해 중동을 잘게 썰어서 나눠 가졌고, 그것이 오늘날 우리가 맞닥뜨린 비극의 출발점이 되었다. 실로 대성공을 거둔 것이다.

2005년 11월 12일

인디펜던트

진실,
진실을 말하란 말이야!

"고문은 효과가 제대로랍니다."

이는 몇 년 전, 미군 특수부대 소령 한 사람이—말할 나위 없이 지금은 대령으로 진급했다— 나의 동료에게 자랑삼아 한 말이었다. 그리고 아프가니스탄과 이라크에서, CIA와 그들이 고용한 깡패들은 여전히 이 말을 믿는 듯하다. 용의자 인도·구타·물고문·남자 항문에 금속 파이프 집어넣기 등등 때로는 구금된 상대를 죽음에까지 이르게 하는 고문이 중단됐다는 증거는 어디에서도 찾아볼 수 없다. 지난 1월 CIA가 '물고문'으로 인해 거의 사망 직전까지 간 수감자들의 비디오테이프를 미국 정부의 조사관들에게 공개하기 전에 파기해버린 이유가 그것 말고 또 뭐가 있을까?

불과 몇 년 전, 나는 중세에 인쇄된 그림 하나를 우연히 본 적이 있었다. 거기에는 나무 의자에 줄로 묶인 채 목구멍에 가죽 호스가 끼워져 있는 한 남자가 등장했다. 호스의 맨 윗부분에는 원시적인 펌프가 연결돼 있었는데, 남루한 옷을 입은 고문 집행관이 호스로 물을 들이붓기 위해 열심히 펌프질하는 모습이 그려져 있었다. 그대로 익사할 것 같은 느낌이 든 죄수의 눈동자는 온통 공포로 가득 차 있었다. 그 주위에는 스페인 심문관들이 일말의 동정심조차 드러내지 않은 채 이 모든 과정을 물끄러미 지켜보고 있었다. 이런데도 누가 '물고문'을 가리켜서 새로운 기법이라고 말했는지 알다가도 모르겠다. 심문 기법에 관한 한 미국인들은 겨우 선조들의 흉내만 내고 있는 것이다.

마찬가지로 나는 지난 11월 한 캐나다 신문에서, 역시 스페인 어디쯤으로 여겨지는 곳에서 심문을 당하는 또 다른 수감자의 그림을 찾아낸 적이 있다. 그림에서 그는 팔을 뒤로 한 채 커다란 바퀴의 바깥쪽 테두리에 묶여 있었고, 복면을 쓴 두 남자가 그에게 고통을 가하고 있었다. 그중 한 명은 풀무를 이용해 바퀴의 밑바닥에 불을 지피고 있었으며, 나머지 한 명은 바퀴를 앞으로 돌려 수감자의 발이 불길 쪽으로 향하게 하고 있었다. 그리고 하반신에 걸친 천 조각을 제외하고는 완전히 벌거벗겨진 이 불쌍한 남자의 눈동자는 고통으로 굳게 닫힌 채였다. 옆에는 두 명의 성직자가 서 있었는데, 한 사람은 머리에 두건을 썼고 다른 한 사람은 흰색 성의(聖衣) 위에 예복을 입은 채 죄수의 자백을 받아 적을 종이와 펜을 손에 들고 있었다.

르네상스 시대 유럽을 떠들썩하게 만들었던 마법에 관해 책을 쓰고 있는 앤서니 그래프턴Anthony Grafton•은 16세기와 17세기 무렵만 해도 마법사로 의심받는 사람에 대한 체계적인 고문이 이뤄졌고, 고문을 통해 얻어낸 진술이 공식적인 자백으로 받아들여졌으며, 그 광경을 지켜본 관리들도 아무런 거리낌 없이 고문을 인정했다고 말한다. 그러나 당시 불이 있는 방향으로 바퀴를 돌리던 그 사내들은 '강화된 심문 기법'이라는 말을 절대 입에 담지는 않았다.

• 그의 연구의 예비 결과는 〈뉴 리퍼블릭(New Republic)〉 지에 게재되었고, 2007년 11월 15일 자 토론토의 〈내셔널 포스트(National Post)〉 지에도 그대로 실려 있다.

선구적인 중세 연구가 헨리 찰스 리(Henry Charles Lea, 1825-1909)는 심문관들이 죄수들에게서 이단적인 관점과 행위의 자백을 이끌어내기 위해 사용했던 고문 방식에 대해 긴 분량을 할애해 기록했다. 스스로 계몽의 시대에 살고 있다고 여긴 깨어있는 지식인이던 그는, 이러한 야만적인 행위들을 공포스럽게 되돌아보면서, 그런 행위들에 누구나 감탄할 만큼 아주 명쾌하게 비난을 가했다.

중세 시대에는 고문이 심문 수단으로서만 존재했던 것은 아니었다. 당시에는 사형을 앞두고 고통을 활용해 궁극의 형벌을 가하도록 훈련된 전문가들이 있었다. 예를 들어 중세 런던에서는, 죄수들을 '교수형에 처하거나 물에 빠뜨려 죽인다든지, 혹은 사지를 찢어서' 처형하기 전에 그들에게 '기구들'을 보여준 다음, 수많은 구경꾼 앞에서 장기를 끄집어내는 최후의 고통을 가하곤 했다. 〈브레이브 하트Braveheart〉란 영화를 본 독자들은 사형 집행관들이 주인공 윌리엄 월리스William Wallace를 단두대에 올리기 전, 그에게 '기구들'을 보여주는 장면을 기억할 것이다. 그러나 다행히 그는 참수형에 처해지기 전에 내장이 적출되는 신세만큼은 가까스로 모면할 수 있었다.

여하튼 중세 시대에 고문을 당한 사람들 대부분은 심문관들에게 필요한 정보를 제공한 뒤에도 어쨌든 처형을 피할 수는 없었다. 그리고 구체적인 고문 사실을 포함한 심문의 전반적인 내용은, 죄수들이 초래했을지 모를 위협과 그들에게 그런 고통을 가한 사람들의 권세를 일반 대중들에게 이해시키기 위해 널리 공표되었다. 굳이 비디오테이프를 파기하는 행동 따위는 필요치 않았던 것이다. 그래프턴에 따르면, 당시엔 고문에 관한 그림이 들어간 팸플릿과 노래도 만들어졌다고 한다.

한편, 로니 포 치아 샤Ronnie Po-chia Hsia와 이탈리아 학자들인 디에고 꾸알리오니Diego Quaglioni, 아나 에스포시또Anna Esposito는 주로 유대인들을 상대로 한 15세기의 트렌트 종교재판을 연구해왔다. 그들에 따르면, 1475년에 세 가구의 유대인들이 사이몬이라는 기독교도 소년을 살해한 다음, 그의 피를 가지고 마쪼 빵을 만들어 유월절 '의식'을 거행한 혐의로 재판에 처해진 사건이 있었다. 참고로, 이렇게 '특정집단을 향한 피의 비방'은 중동의 상당수 지역에서 여선히 횡행하고 있다. 그런 식의 발상이 15세기 유럽에서 확립됐다는 사실을 그들이 알면 아주 소스라치게 놀라겠지만 말이다.

아무튼, 재판에서는 대개 포데스타podesta라 불리는 시의 관리가 심문관 역할을 맡았는데, 그들은 정황상의 증거만으로도 충분히 유죄의 단서가 될 수 있다고 믿었다. 당시의 유럽에서는 유죄를 선고하기 위해서는 자백을 필요로 하는 로마법이 여전히 통용되고 있었던 것이다.

트렌트 종교재판에 관한 그래프턴의 소름 끼치는 묘사에도 드러나 있듯이, 포데스타가 보기에 죄수의 대답이 만족스럽지 않다 싶으면 고문 집행관은 죄수의 팔을 등 뒤로 묶어 도르래로 천장을 향해 끌어올림으로써 고통을 가했다. 그런 다음, 포데스타의 명령에 따라 고문 집행관은 줄을 당겼다 풀었다 하면서 피의자를 '뛰어오르게' 하거나 '춤추게' 만들었다. 그 와중에 팔다리가 빠지고 극심한 고통이 전해지는 것이다. 그 외에도 죄수의 콧구멍에 양파와 유황을 밀어 넣거나, 겨드랑이 아래에 뜨거운 달걀을 끼워 넣는 등의 고문 수법들도 있었다.

트렌트 재판에 처해진 유대인 세 가구 중 하나의 일원인 사무엘이 포데스타에게 "유대인들이 기독교도의 피를 필요로 한다는 말을 어디서 들었냐"고 묻자—그러는 동안에도 사무엘은 도르래로 공중에 매달려 있었다—, 그 심문관은 다른 유대인들에게서 들었다고 대답했다. 사무엘은 자신이 부당하게 고문당하고 있다고 말했다. 그러자 포데스타는 "진실, 진실을 말하란 말이야!"라고 외쳤고, 2m 넘게 강제로 솟구쳐 올랐다가 내려온 사무엘은 심문관에게 이렇게 말한다.

"신이 돕고, 진실이 나를 돕습니다."

일단 한 번 의지가 꺾이게 되면, 당연히 유대인 죄수들은 죄를 실토할 수밖에 없었다. 또 한 차례의 고문이 지나간 뒤, 사무엘은 다른 유대인 동료의 이름을 불었다. 그러고도 고문이 계속 이어지자 마침내 무너져 버린 그는 자신들의 살인 음모를 지어내 자백했고, 있지도 않은 범죄를 저지른 사람들의 이름을 댔다. 고문을 당한 여성 두 명이 끝까지 버틴 덕분에 가까스로 아이들은 결백을 유지했지만, 그래프턴이 전하는 바에 따르면 결국 그들은 사랑하는 이들과 친구들, 다른 유대인 공동체 사람들이 사건에 연루되었다고 시인했다.

이처럼 고문은 무고한 민간인들—기능공, 주부, 십 대 청소년들—로 하여금 기상천외한 범죄를 실토하게 할 정도로 그 위력이 막강했다. 공중을 날아다니며 악마를 숭배하고, 농작물을 망가뜨리고, 아기들을 살해했다고 자백한 이른바 마녀들도 실은 고문을 당한 보통의 여성들에 지나지 않았다. 또한, 옥스퍼드대학의 역사학자인 린달 로퍼Lyndal Roper는 사람이 고문을 당하다 보면 결국에 가서는 자신에게 죄가 있다는 생각을 받아들이게 된다는 사실을 발견하기도 했다.

그렇다면 그래프턴이 자신의 연구를 통해 내린 결론은 무엇이었을까? 그것은 바로 '고문으로 진실을 얻어낼 수 없다'는 것이었다. 이는 그 누구도 반박할 수 없는 결론이었다. 고문 앞에서 대부분의 평범한 사람들은 상대가 원하는 게 무엇이든 그대로 말할 수밖에 없다. 혹시 누가 알겠는가, CIA에게 '물고문'을 당한 사람들도 악마를 맞이하러 공중을 날아 다닌다고 자백했을지. 그리고 CIA가 그 말을 곧이곧대로 믿었을는지.

2008년 1월 2일

인디펜던트

그린존의 십자군들

이번 주 나는 캐리 부부와 함께 중세에 지어진 성곽 몇 군데를 둘러보기 위해 레바논 해안을 따라 차를 몰고 달렸다. 아일랜드의 위클로Wicklow 카운티 출신의 건축업자인 팻 캐리는, 남들은 어떻게 하면 여기를 빠져나갈까 고민하던 그 무렵에 아내와 함께 휴가를 보내러 베이루트로 날아온 용감한 인물이었다. 나는 12세기 건축물을 보고 난 뒤 그가 어떤 생각을 할지가 궁금했다. 과연 그는 십자군의 아성(牙城)에 대해 어떤 평가를 내릴까?

레바논에서 가장 아름다운 성은 바트룬Batroun 마을 근처 암반 위에 지어진 아주 작고 깜찍한 므세일라Mseilha 성이었다. 그곳을 살펴보기 위해선 일단 성의 가파른 측면을 따라 잘 닦여진 계단을 올라야 했다. 대신 난간 같은 건 없었다. 여긴 레바논이니까. 그런 다음 문턱을 기어올라 어둡고 축축한 실내로 들어갔다. 그렇게 우리는 군데군데 구멍을 낸 성벽을 따라 30분 동안 걸었다. "이렇게 튼튼하게 만들지 않았더라면 지금쯤은 이 성이 사라지고 없었겠어요"라고 팻이 말했다.

"보험을 들어줄 회사도 없었을 테고 말이죠. 겨울에는 정말, 정말 추웠을 겁니다."

몇 분 뒤, 그는 나를 뚫어져라 쳐다보며 "마치 감옥에 들어온 것 같군요"라고 말했다. 그의 말은 옳았다. 이곳에서 바깥세상을 볼 수 있는 방법이라고는 화살을 쏘기 위해 벽에 나 있는 구멍을 통하는 것 말고는 없었다. 안은 어두웠다. 성을 둘러싼 방어물들 때문에 밝은 바깥세상과는 완전히 차단되어 있기 때문이다. 성의 남쪽으로 물보라를 튀기며 흐르는 강물과 멀리 지평선에 있는 산비탈만이 겨우 시야에 들어올 뿐이있다. 십자군이건 맘루크 사람들이건 이 성을 지키던 사람들의 눈에도 마찬가지였을 것이다. 그들이 차지하고 있던 땅과 유일하게 닿아있는 건 그것뿐이었다.

트리폴리에는, 레바논에서 가장 거대한 성채인 생질Saint Gilles 성이 우아한 첨탑과 남루한 콘크리트 집들이 가득 들어찬 항구 도시 위로 청승맞게 우뚝 솟아 있었다. 1975년부터 1990년까지 계속된 레바논 내전이 남긴 포탄 구멍 두 개가 벽에 그대로 남아 있긴 했으나, 마구간과 식당·지하 감옥을 갖춘 성의 내부는 나름대로 자기만의 세상을 구축하고 있었다. 그런데 관광객들이 거의 다 레바논을 빠져나간 터라 성은 텅 비어 있었고, 우리는 이 끔찍한 공간에서 고립감까지 느낄 정도였다. 십자군 성에 대해 아주 풍부한 지식을 갖추고 있던 팻의 친절한 설명이 그나마 우리의 고립감을 덜어주었다.

"성을 포위했을 때 안으로 들어가는 유일한 방법은 성의 지반 아래에다 목재를 밀어 넣고 나무에 불을 붙이는 방법밖에 없어요. 그게 죄다 재로 변할 즈음이면 벽이 허물어지죠. 성을 방어하는 사람들은 성곽에서 끓는 기름을 붓는 대신에 모래를 달궈 뿌렸어요. 갑옷 안에 모래가 들어가면 너무 고통스러워 싸울 수가 없거든요. 여기 트리폴리의 이 성도 작은 성과 마찬가지로 화살을 쏘는 틈을 제외하고는 도시가 거의 보이지 않았을 겁니다. 커다란 감옥과 마찬가지인 셈이죠."

나는 차가운 돌 바닥에 앉아서 구멍 사이를 뚫어져라 쳐다봤다. 주위는 칠흑같이 어두웠다. 첨탑 하나와 몇 제곱미터 정도 되는 도로만 보일 뿐이었다. 이 요새를 지은 십자군들도 틀림없이 그랬을 것이다. 실제로 생질의 레몽Raymond de Saint-Gilles+은 이 도시를 몇 년간이나 포위했었다. '순교자의 산' 위에 지어놓은 자신의 커다란 요새에서 분노에 찬 눈길로 트리폴리의 용감한 시민들을 내려다보면서 말이다. 시민들은 배를 통해 이집트에서 끊임없이 보급품을 실어 날랐다. 레몽은 점령을 꿈꿨지만 끝내 살아서는 들어가 보지 못한 도시를 마주 본 채, 그 성에서 유명을 달리했다.

오늘날 동쪽으로 멀리 떨어진 고대 메소포타미아의 땅++에서는, 마찬가지로 튼튼하긴 하지만 미학적으로는 상당히 떨어지는 바리케이드 주위에, 또 다른 점령군들이 서 있다. 십자군과 똑같은 목적을 가지고 강화 콘크리트와 강철로 성을 쌓은 채 그 안에서 살아가는 그들 미국인들은 역시나 감옥이나 다름없는 곳에서 갇혀 지내는 운명에 처해 있다. 현재 바그다드 중심부의 '그린존Green Zone'에는 미 점령 당국과 그들이 세운 이라크 위성 정부가 자리 잡고 있는데, 그곳에서는 자신들이 통치하고 있다고 주장하는 도시와 나라가 거의 보이지 않는다. 사담 후세인의 음울한 공화국 궁전 주위에 머물면서, 그들은 옥상 난간 너머로나 외벽에 난 기관총 구멍을 통해서만 몰래 밖을 엿볼 수 있을 뿐이다. 그게 그들이 볼 수 있는 이

+ 프랑스 툴루즈의 백작이자 프로방스의 제후로서 1차 십자군을 이끈 지도자 중 한 명이었던 툴루즈의 레몽 4세(Raymond Ⅳ de Toulouse)의 별칭이었다.

++ 이라크를 가리킨다.

라크의 대부분이다. 므세일라 성을 지나는 냇물이 그랬듯, 티그리스 강도 거의 눈에 들어오지 않는다.

'그린존' 안에 있는 영국 대사관에서는 바그다드 공항으로 들어오는 외교관들을 요새까지 헬리콥터로 실어 나른다. 그러면 그들은 영국으로 다시 복귀 명령을 받을 때까지 그곳에 머문다. 실제로 탕크레드Tancred와 보에몽Bohemond, 볼드윈Baldwin 같이 용맹한 이름을 가진 레바논 십자군들은 미 해병내나 82 항공전단과 아주 유사한 지배 시스템을 구축했었다. 그들은 말을 타고—혹은 레바논의 경우엔 배를 타고 해안을 따라— 각각 하루면 도착할 수 있는 거리에 성을 짓고는, 그 성들 사이에서만 왔다 갔다 돌아다녔던 것이다.

그 뒤 시리아와 칼리프 체제하의 바그다드, 페르시아 같은 동쪽 지방에서 '암살자들Hashashin'•이 건너왔다. 그들은 적을 암살하는 것을 종교적 의무로 여기는 극단주의적 교리로 시아파 신앙을 바꿔놓았다. 오늘날 이라크에 '외국인 전사들'이 개입하고 있다는 주장에 의심을 품는 사람이라면, 존경스러울 정도로 뛰어난 레바논계 아르메니아 역사가 니나 지데지안Nina Jidejian의 고대 트리폴리 역사를 읽어봐야 할 것이다. 레바논 내전이 최고조에 달하던 무렵에 출판된 그녀의 저서는 암살자들의 시대를 두루 망라하고 있는데, 거기에는 "테러리스트들은 자신들에게 주어진 신성한 의무를 수행하러 나서거나 순교에 임하기 전 그들을 무아지경의 천국으로 이끌어주는 대마초Hashish를 흡입했던 것으로 여겨진다"고 적혀 있으며, "십자군의 도착은 잠재되어 있던 불만을 고조시켰고, 그들의 활동에 우호적인 지형을 만들었다"고도 했다.

• 영어로 암살자를 뜻하는 Assassin은 십자군들이 유럽에 전파시킨 아랍어였다.

암살자들의 첫 번째 피해자 중 한 명은 몽페라 백작Count of Montferrat이었다. 그는 1191년에 아크레•를 포위했던 3차 십자군의 지도자로, 페르시아의 '테러리스트' 지도자였던 하산 이 사바Hassan-i Sabbah가 보낸 자객들의 손에 죽음을 맞이했다. 암살자들은 살라딘의 무슬림 군대도 똑같이 경멸해, 두 차례나 그를 살해하려 했다. 그들은 100년이 채 안 걸려 트리폴리 주변에 자신들만의 성을 구축하고는, 그 "어머니 요새"를 근거지로 삼아 "암살자들을 선별해 모든 나라와 영토에 파견한 다음 왕과 위인들을 살해"하게 했다. 자신들의 지배를 받는 사람들과 단절된 채 요새에 틀어박혀 '외국 전사들'로부터 끊임없이 공격당하던 십자군의 꿈은 그렇게 산산이 부서졌다.

이처럼 오늘 여기 생질 성의 축축한 복도에서 이라크를 점령한 미국의 어리석음을 들여다보는 것은 그다지 어려운 일이 아니었다. 트리폴리에 자리한 성곽의 궁사용 구멍 뒤에 앉아서, 나는 오사마 빈 라덴이 미국인들을 가리켜 변함없이 '십자군 군대'라 부르는 의미를 새롭게 곱씹어 보았다. 과거의 십자군들 역시 신보수주의 신학의 토대 위에 창설되었다. 기사들은 예루살렘의 기독교도들을 보호하기 위해, 다시 말해 예루살렘을 '해방시키기 위해' 길을 떠난 것이었다. '임무는 완수됐으며,' 결국 레반트의 전리품들을 챙기고 편협한 왕국을 만들어 스스로 지배권을 주장했다. 그러고는 돌로 만든 방어벽 뒤에서 두려움에 떨며 살았다. 당시 그들의 상대편이던 아랍인들은 십자군에게 맞설 대량파괴무기를 소유하고 있었다. 그것의 이름은 다름 아닌 이슬람이었다.

생질의 육중한 정문을 나서며 팻은 "십자군들이 여기에서 버틸 수 없었

• 기독교도들에게는 '생장 다커(Saint Jean d'Acre)'로 알려져 있었다.

던 이유를 알겠군요"라고 말했다.

"그들은 자신들이 누구와 싸우고 있는지조차 몰랐던 겁니다."

나는 그에게 다음번에 내가 바그다드에 갈 때 같이 가지 않겠느냐고 물어보고 싶은 걸 억지로 참았다. 그곳에서 건축가의 지혜를 한 번 더 들어보고 싶기 때문이었다.

2005년 4월 2일

인디펜던트

지옥에서 감상하는 천국

1975년부터 1990년까지 이어진 내전 기간, 베이루트의 양쪽 전선에서는 차마 웃을 수만은 없는 농담 하나가 돌았다. 다름 아닌, 신은 지구상에서 가장 아름다운 나라로 레바논을 창조했으나, 막상 천국과 너무나 흡사한 모습에 질투를 느낀 나머지 레바논 사람들을 이곳에 데려다 놨다는 것이다. 하지만 레바논 국민들은 그 모든 고통과 파괴의 와중에도 계속해서 삼나무를 돌보고 포도·밀·사과·재스민을 심었다. 심지어 베이루트의 우리 집 발코니에도 패랭이꽃과 부겐빌레아 한 그루, 보잘것없는 야자수 나무 두 그루가 자라고 있다. 내가 기억하기에는 식물의 따뜻함을 느끼고 싶어서 심었던 것 같은데, 솔직히 그다지 정성 들여 키우지는 않았다. 시시때때로 아파트 주위에 떨어지는 포탄들 속에서 그 화초들이, 아니 내가 살아남을 수 있을지 확신하지 못했기 때문이었다.

2년 전, 타는 듯한 여름을 바그다드에서 보낼 때에도 나는 똑같은 행동을 했다. 위험천만한 거리를 지나 연못과 분홍색 꽃들이 있는 화훼 상점•

• 주인은 할랍자에서 독가스로 숨진 쿠르드 주민들의 시체가 썩어가는 모습을 직접 목격했던 전직 군인이었다.

에 가서 60㎝짜리 화분 세 개를 산 것이다. 지중해 반대편 베이루트의 부서진 아파트 단지에서 시들어갈 화초들에 대한 어두운 기억을 떠올리면서 나는 함라 호텔의 〈인디펜던트〉 임시 사무실 발코니에다그 화분들을 공손하게 갖다 놓았다. 그러나 매일 몇 리디의 디러운 물을 빨아들이딘 식물들은 결국 뒤이어 배치된 동료들 탓에 잇달아 말라 죽어버렸다. 마치 죽어가는 바그다드처럼 말이다. 그렇다고 누가 그들을 비난할 수 있을까? 전쟁터에 피어나는 꽃들은 일종의 아름다운 외설이요, 재앙 속에 깃든 천국이며, 지옥에서 천국을 만들어내려는 시도인 것을.

그럼에도 이번 달에 우리는 다시 위기가 찾아온 레바논에서 발코니의 꽃들을 새로 갈기 위해, 엑조티카라 불리는 베이루트의 화훼 시장으로 향했다. 거기서 더 이상 꽃을 피우지 못하는 나이 든 부겐빌레아를 사서 다시 화분에 심었다. 주황색과 진홍색과 분홍색으로 이글거리는 꽃 세 송이와 아프리카 제비꽃, 국화도 발코니에 가져다 놓았다. 그런데, 어? 꽃으로 새로 가꾼 발코니에 앉아 〈인디펜던트〉에서 보내온 우편물 꾸러미에 담긴 4월 26일 자 〈런던 리뷰 오브 북스London Review of Books〉를 읽는데, 정말 우연의 일치인지 그 속에는 케네스 헬펀드Kenneth Helphand가 쓴 《반항의 정원: 전쟁통에 정원 가꾸기Defiant Gardens: Making Gardens in Wartime》에 대한 브라이언 딜론Brian Dillon의 서평이 있었다. 물론 나는 그 책을 살 생각이다. 인용된 부분만 해도 내 눈길을 끌기에 충분했기 때문이다.

헬펀드에 따르면, 프랑스군과 영국군은 1차 세계대전 동안 참호 안에서 아주 작은 정원을 만들어 가꾸었다고 한다. 그리고 1915년 5월의 〈일러스트레이티드 런던 뉴스Illustrated London News〉에는 '전쟁 중의 아름다움Beauty Amid War'이란 제목이 붙은 사진이 한 페이지 가득 실렸다. 딜론이 서평을 통해 밝혔듯, 그 사진 속엔 "'리전트 가Regent Street'라고 쓰여 있는 표지판이 검게 변한 나무에 못으로 고정되어 있고, 그 앞마당에서 두 명의 군인이 완벽한 직사각형 모양의 화단에 심어진 수선화들을 보살피고 있었다. 그리고 전년도 겨울에 이프르Ypres[+]에서 찍은 다른 사진에서는 런던 소총 여단 소속의 병사 한 명이 영국의 전통적인 시골집 정원을 의도적으로 본뜬 게 분명한 공간에서 자세를 취하고 있었다."

이는 전쟁 중에도 분명 최적화된 정원들이 실제로 존재하고 있었다는 이야기다. 딜론은 그 모습을 가리켜 "정말 믿기 힘들 정도로 잘 정돈된 정원들이 전선 곳곳에 뻗어있었다"고 표현했다.

그 글을 읽는 순간 나는 꽃들 덕분에 전쟁이 다소 누그러지지는 않았을까 하는 기대가 들었다. 가만, '피카르디의 장미들Roses of Picardy'이란 노래도 역시 전쟁 때 만들어진 노래였지 않은가? 게다가 지금도 우리는 플랑드르 들판의 붉은 핏빛 양귀비[++]를 영원토록 노래하고 있지 않은가? '세상에서 가장 큰 백합'이란 곡으로 나치의 대공습을 조롱했던 그레이시 필즈Gracie Fields[+++]는 또 어떻고? 그리고 영국이 아른헴Arnhem 전투의 암호명을 우울하게도 '꽃 시장 작전'이라 붙였던 사실도 절대 놓쳐서는 안 될 테고 말이다.

물론 전쟁 당시 런던에 살던 영국인들은 꽃보다는 먹을 채소를 얻기 위해 텃밭을 가꾼 게 사실이다. 그러나 딜론이 넌지시 내비쳤듯이, 전쟁통에 가꾼 정원은 그들에게 정신적으로 지탱할 수 있게 해주는 원동력인 동시에 절망의 상징이기도 했다. 헬펀드의 책에서는 또한, 오랫동안 공원

+ 벨기에 서쪽 끝에 있는 서 플랑드르(West Flanders) 주의 소도시로, 1차 대전 격전지 중 하나다.

++ 캐나다의 시인이자 의사였던 존 매크레(John McCrae)는 1차 세계대전 당시에 군의관으로 참전해 플랑드르의 참호와 진흙탕에서 양귀비를 발견하고는 '플랑드르 들판에서(In Flanders Fields)'라는 유명한 시를 썼다. 그 시가 계기가 돼 오늘날 영국과 캐나다에서는 1차 대전 종전일인 11월 11일만 되면 전사자들을 추모하는 의미에서 가슴에 양귀비꽃 모양의 종이꽃이나 버튼을 단다.

+++ 20세기 초중반 영화와 극장 무대에서 큰 인기를 얻었던 영국의 희극 여배우이자 가수.

출입이 금지되었던 바르샤바 게토의 유대인들이 창문 너머로 "라일락 꽃다발을 든 젊은 소녀들이 '아리안' 지역[+]의 거리를 걸어가는 모습"을 지켜보곤 했다고 기록하고 있다. 그리고 1941년도의 게토에서 마리 베르크Mary Berg[++]는 "막 피어나는 꽃봉오리의 부드러운 향기가 났지만, 게토에는 봄이 오는 흔적조차 찾아볼 수 없다"고 적었다.

그뿐만 아니라, 바그다드 북쪽의 어느 군 기지에서 가위를 들고 가로 1m, 세로 2m가 채 되지 않는 아주 작은 잔디밭을 손질하던 미군 준위 브룩 터너Brook Turner의 이야기보다 더 잘, 그리고 더 심오하게 이라크에서의 미국의 실패를 상징적으로 드러내 주는 사례가 또 있을까? 터너가 그 일을 한 건 자신의 고향인 오리건의 풀밭이 그리워서였다. 그러나 그가 손질한 잔디밭은 개미라는 집요한 적들의 반란으로 끊임없이 위협받는 '인위적으로 지탱해온 영토'이기도 했다.

원래 내가 발코니에 화초를 가져다 두기 시작한 건 집주인 무스타파의 영향이 컸다. 그는 포탄이 할퀴고 간 옆집 빈 땅에다 무화과나무와 올리브, 장미를 키우곤 했다—나중에 팔레스타인 사람들이 그로부터 몇 미터 떨어진 곳에다 로켓을 묻어두었다—. 지금은 비록 음산한 주차장이 무스타파의 작은 과수원을 덮고 있긴 하지만, 그는 대부분의 꽃들을 착실하게 살려서 자신의 집 앞 철책 위에 놓인 24개의 하얀 상자에 걸어두고 있다.

한편 지금은 고인이 된 폴란드 작가 리샤르드 카푸시친스키Ryszard Kapuscinski는 이란의 샤 왕조를 조명한 자신의 명저[+++]에서 이란 사람들이 그토록 아름다운 양탄자를 만들었던 이유를 잘 설명해 놓았다. 이란 사람

\+ 유대인을 제외한 유럽계 백인 거주 지역을 말한다.

++ 1939년 10월 10일부터 1944년 3월 5일까지 바르샤바 게토에서의 참상을 일지 형식으로 기록한 책 '바르샤바 게토(Warsaw Ghetto)'의 저자.

+++ Ryszard Kapuscinski, 《Shah of Shahs(Szachinszach)》, (Warsaw: Vintage international, 1982)

들은 비단결 같은 나무 위에 앉은 화려한 색깔의 날개를 가진 새들과 강물과 꽃으로 뒤덮인 나뭇가지들을 천에다 수놓았다. 그리고 그 양탄자를 바닥에 깔아서 사막에 일종의 정원을 만들어낸 것이다.

이 글을 쓰는 지금도 무리를 지은 원앙새들이 무스타파의 정원을 지나 베이루트 해변 도로의 야자수 나무에 숨어들고 있다. 그러나 매일 아침 새벽이 오기 전에 우리 모두를 깨워주는 새는 따로 있다. 아주 집요하고도 지저분한 그 새는 음감이라고는 도무지 찾아볼 수 없어서 '치프, 치프, 치프'하는 울음소리가 좀 심하다 싶을 정도로 단조롭고 음정이 맞질 않았다. 오죽했으면 윌프레드 오언이 대포들의 '합창'이라 표현했던 것처럼 울부짖는 포탄 소리가 더 듣기 좋게 느껴질 정도였을까?

몇 달 동안 무스타파는 아침마다 돌이 든 탄약 자루를 들고 파자마와 실내 가운 차림 그대로 도로로 뛰쳐나가곤 했다. 그런 뒤 그는 나무를 향해 그걸 힘껏 내던졌다. 우리 모두의 수면을 방해하던 그 진절머리 나는 새를 맞히려는 것이었다. 하지만 그의 돌팔매질은 언제나 빗나갔고, 결국에 그는 두 손을 들고야 말았다. 이제 그 새의 새끼들이 새벽 4시 반이면 어김없이 나타나 끔찍한 합창을 해댄다. 더 이상 어떻게 손 써볼 도리가 없다. 자연은 인간과의 대결에서 언제나 승리해왔으니까 말이다.

2007년 5월 12일

인디펜던트

잠자리에서 계시를 받는 부시

시모어 허시Seymour Hersh 기자는 성미가 고약하고 고집스러운 사내로, 바보 같은 짓거리를 절대 그냥 보고 넘길 사람이 아니다. 또 나는, 그가 미라이 사건과 아부 그라이브에서의 잔학행위를 세상에 알린 인물인 만큼, 가끔 성질을 부리거나 고집을 피울 권리가 있다고 생각한다. 그가 상대하는 워싱턴의 힘 있는 친구들 중에는, 그를 죽이고 싶을 만큼 미워하는 조지 W. 부시도 포함되어 있다. 그리고 이번 달에 허시가 〈뉴요커〉 지를 통해 부시가 이란의 핵무기 개발을 막기 위해 표적 리스트를 만들었다는 "전·현직 미군과 정보 관리들"의 말을 인용한 사실, 그리고 핵을 둘러싼 이란과의 대치 국면에서 부시의 "궁극적인 목적"은 정권 교체—이번에도!—라고 보도한 사실만 봐도 부시가 왜 그토록 그를 경계하는지 그 이유를 알 수 있었다. 부시는 허시의 기사에 대해 "거칠다"고 말했다. 아마도 그건 진실이 담겨 있다는 뜻임이 틀림없다.

그래서 뉴욕 컬럼비아대학에서 중동 전문기자 찰스 글래스Charles Glass의 발표가 있는 동안, 자신의 순서를 기다리던 허시에게 다가가 인터뷰를 요청하는 메시지를 전하면서도 나는 뻣뻣한 답변이 돌아올 걸로 예상했다.

그러나 그는 "당신의 부탁이라면 무엇이든"이라는 친절한 대답을 종이에 휘갈겨 건네주었다. 그의 강연은 소름이 돋을 정도였다. 그는 부시가 스스로 메시아라는 환상을 갖고 있으며, 그래서 이란을 "구원하게 될" 사람으로 역사에 기록되고 싶어 한다고—아마도 그렇게 될 것이다— 말했다.

"그러므로 미국은 진정 위기에 처해 있습니다. 의회는 붕괴했습니다. 군대도 붕괴했습니다. 그나마 좋은 소식은 내일 아침 잠자리에서 일어나면 부시의 시대가 그만큼 하루 더 줄어들어 있을 거라는 사실입니다. 하지만 좋은 소식은 딱 그것 하나밖에 없습니다."

그리고 어쩌면 허시가 말한 "붕괴"에는 미국의 언론도 포함될지 모르겠다. 언론계 내에서 에드 머로우Edward Murrow-하워드 K. 스미스Howard K. Smith-대니얼 엘스버그Daniel Ellsberg-칼 번스타인Carl Bernstein-밥 우드워드Bob Woodward의 전통+을 잇는 흐름이 완전히 해체됐기 때문이다. 하얗게 센 머리에 안경을 쓴 채 상스러운 욕설을 예사로 하는 허시는, 세계에서 가장 힘 있는 자를 두려움에 떨게 할 거의 유일한 사람으로 남게 됐다—모욕적인 언사로 유명한 〈뉴욕 타임스〉의 모린 다우드(Maureen Dowd)를 제외하고 말이다—.

그래서 부시의 표적 리스트에 올라있는 여타의 기자들과 더불어 그가 여전히 싸움을 멈추지 않고 있다는 사실을 확인한 건 참으로 다행이었다. "내가 알고 있는 장군들 가운데는 진정성을 가진 사람들도 몇 명 있습니다. 하지만 그들에게 입장을 드러내라고 재촉할 수는 없습니다. 그러면 대번 폭스TV와 〈뉴욕 타임스〉가 공격을 가할 테고, 〈워싱턴 포스트〉는

+ 에드 머로우는 TV 저널리즘의 선구자라 불리는 방송기자로서, 조지프 매카시 상원의원의 이념 몰이를 파헤친 보도 시리즈로 그의 정치인생의 막을 내리게 하는 데 일조했다. 하워드 스미스는 2차 대전 때 에드 머로우의 후배 기자로 출발해 TV 뉴스진행자이자 정치 평론가로 이름을 떨쳤다. 대니얼 엘스버그는 미 국방부의 군사 분석관으로 재직하면서 미국 정부가 베트남전 개입을 정당화하기 위해 조작한 통킹만 사건의 전말 등이 담긴 1급 기밀문서 '펜타곤 페이퍼'를 〈뉴욕 타임스〉에 제보함으로써 전 세계적으로 반전여론을 확산시킨 내부 고발자였다. 칼 번스타인과 밥 우드워드는 워터게이트 사건을 특종 보도해 리처드 닉슨 대통령의 사임을 이끌어냄으로써 탐사보도의 전기를 마련한 기자들로 평가되고 있다.

개탄을 늘어놓을 테니까 말이죠. 전쟁에 대해 불만을 털어놔봤자 뉴스 편집실에서 그에 합당한 보답을 해주지 않는단 말입니다. 그게 이쪽 세계의 작동원리입니다"라고 그는 말한다. 주류 신문의 기자들은 대개 대학을 졸업한 중산층들이다. 그들은 허시처럼 젊었을 때 시카고 거리의 뉴스 리포터로서 힘든 길을 걸어본 적도 없고, 대체로 이민자 사회와도 아무런 연계가 없다.

"그 사람들은 사회 복지 대상자가 된다는 게 어떤 건지 모릅니다. 가족 중 누군가가 베트남이나 이라크에 파병된 적도 없고 말입니다."

마찬가지로 BBC 역시 "정도를 벗어났다"는 게 그의 생각이다. 그러면 언론계 내에서 허시의 전통을 잇는 사람들은 어떤 기준을 갖고 있을까?

"일을 할 때 나는 일단 정보를 얻고, 사실관계를 확인합니다. 내가 하는 일이 그렇습니다. 만약 내가 알지 못하는 사람들로부터 군대 내의 뉴스거리를 들었다 칩시다. 나는 그건 기사로 다루지 않습니다. 레바논의 라피크 하리리 전 총리가 암살당한 2005년 2월 14일 그 날, 나는 오전 11시부터 오후 1시까지 시리아의 바샤르 알 아사드 대통령을 만나고 있었는데, 바샤르와 하리리 사이에 분명히 악감정이 있다는 걸 느낄 수 있었습니다. 바샤르는 하리리가 다마스쿠스의 휴대폰 사업을 인수하고 싶어 한다고 말하면서 하리리가 얼마나 도둑놈인지 열심히 설명하더군요. 하지만 난 그걸 기사로 쓰지 않았습니다. 지금까지도 둘 사이에 어떤 일이 있었는지 정확히 알지 못하기 때문입니다."

그 얘기를 들으면서 나는 속으로 '특종이 하나 날아갔군' 하고 생각했다. 그러나 허시에게 이란의 경우는 다소 달랐다. 어느 날, 자신과 연줄이 닿아 있던 누군가와 이야기를 나눌 때였다.

"나는 이란을 화제로 꺼냈죠. 그는 '그쪽은 정말 상황이 안 좋습니다'라면서 '당신이 끼어들어야 합니다. 오스트리아의 빈+에 가보세요. 그들이 핵무기를 생산하려면 얼마나 멀었는지 알 수 있을 겁니다' 라더군요. 그러고 나서 그는, 이란인들이 핵을 보유하기로 한 선택을 되돌리려고 해도 부시 때문에 여간해서는 쉽지가 않다고도 했습니다. 그런데도 그를 포함해 사람들은 공개적으로 이야기하는 걸 꺼립니다. 대신 나를 희생양으로 내세우고 싶은 거죠."

〈뉴요커〉 기사에서 허시가 지적했듯이, 핵을 설계하는 사람들은 일어날 수 있는 경우의 수들을 일상적으로 검토한다. 그는 그들 중 한 사람의 말을 인용해 "버섯구름과 방사능, 대규모 인명피해, 오랜 세월에 걸친 오염에 대해 논의하는 거죠"라고 말했다. 하지만 그들이 정부의 입장에 반대하는 주장을 펼치기만 하면, 그들의 목소리는 금세 묻혀 버린다. 허시가 인용한 또 다른 정보 관리의 말에 따르면, "백악관에서는 '당신이 이의를 제기하는 이유가 뭐지? 원래 그건 당신한테서 나온 선택이었잖아' 라고 말한다"는 것이다. 달리 말해, 설계자들이 늘 하던 대로 테이블 위에 여러 선택지들을 올려놓는 순간, 그것들은 단지 기술적 차원의 보고서가 아니라 고려해볼 만한 가능성으로 둔갑하는 것이다.

허시는 "존스 홉킨스대학에서 했던 연설에서, 부시는 자신이 이라크에서 굉장한 진전을 이뤘다고 이야기했습니다"라고 말을 이었다. 당시 연설에서 부시는 허시의 기사에 대해 맹렬한 비판을 가하기도 했다.

"그건 엄청난 환상입니다. 국방부에도 고위급들이 있는데, 그들도 대통령이 그런 환상을 버리게 하지는 못합니다. 완전히 정신이 나갔기 때문이죠. 물론 영국에도 정신 나간 시각을 가진 사람들이 있을 수 있습니다. 그

+ 국제원자력 기구(IAEA)의 본부가 이 곳에 위치하고 있다.

러나 국민들은 그들이 제정신이 아니라는 걸 알고 있지요. 헌데 (워싱턴에 있는) 이 양반들은 신의 계시를 이야기합니다. 부시는 밤에 잠자리에서 계시를 받는다고 합니다. 제발 그가 낮잠을 좀 잤으면 좋겠습니다. 이건 아주 유치하고 단순한 행동입니다. 그리고 자신의 권력이 여전하다고 생각합니다. 아직 2년이나 더 남았다는 거죠. 물론 그의 권력이 여전한 건 사실입니다. 도무지 반대란 걸 할 줄 모르는 의회가 여전하기 때문입니다. 이렇게 얘기하면서도 정말 내 말이 틀렸기를 간절히 바랄 뿐입니다."

또한, 허시는 영국인들에게도 냉담한 시각을 견지했다.

"당신네 나라는 부시의 행동에 대해 아주 걱정이 태산이지요. '당신네 사람들'—영국 외무성을 가리킨다—도 정말로 걱정하고 있더군요. 공식적인 승인도 없고, 협의도 하지 않는다고 말이지요. 그리고 워싱턴의 권력층들에게는 인류애나 평화, 진실을 옹호하는 것이 가치 없는 일로 여겨집니다. 우리 정부는 (이라크를) 떠날 수 없습니다. 그들은 바그다드에서 어떻게 빠져나와야 할지를 모릅니다. 우리는 빠져나올 수가 없습니다. 따라서 이 전쟁의 끝은 아주, 아주 엉망진창일 겁니다. 어떻게 빠져나와야 할지조차 모르기 때문이죠. 어쩌면 한 사람씩 도망쳐 나와야 할 수도 있습니다. 생각만 해도 소름 끼치는 일이 아닐 수 없습니다."

한편 미 국방부 내에서 허시의 소식통 역할을 하는 사람 중 하나는 이란 문제를 이렇게 깔끔하게 정리했다고 한다.

"문제는 이란 사람들이 미국으로부터 스스로를 방어하려면 핵보유국이 되는 방법밖에는 없다고 인식한다는 겁니다. 뭔가 안 좋은 일이 펼쳐질 겁니다."

여러분은 영화 〈카사블랑카〉에서 험프리 보거트가 피아니스트 샘에게 뉴욕은 지금 몇 시냐고 묻는 장면에서 했던 대사를 기억하시는지. 샘이

자기 시계가 멈췄다고 대답하자, 보거트는 이렇게 말한다.

"뉴욕 사람들은 틀림없이 잠에 빠져 있을 거야. 미국 전체가 마찬가지일 걸."

그러나 허시 만큼은 예외였다.

2006년 4월 20일

인디펜던트

상황이 나빠질수록 눈덩이처럼 커지는 거짓말

우리는 지금 최대의 위기를 맞고 있다. 얼마 전에도 최대의 위기라고 했었는데, 또다시 최대의 위기가 찾아온 것이다. 이라크 전쟁, 아니 블레어 총리의 표현대로 이라크 전쟁의 2막은 그렇게 전개되고 있다.

우선 관타나모 기지의 수감자들을 연상시키는 주황색 운동복을 입은 인질들이 줄지어 걸어간다. 뒤이어 납치범들은 미국인들이 아부 그라이브 교도소에 잡아 가둔 여성들의 석방을 요구한다. 아부 그라이브? 아직도 아부 그라이브를 기억하는 사람이 있었나? 그 저질스러운 사진들을 기억한다고? 하지만 걱정할 것 없다. 미국의 조지 부시가 그걸 승인한 것도 아닐뿐더러 나쁜 놈들을 벌주다가 그렇게 된 거니까. 안 그런가? 그리고 여자들? 이런, 남아 있는 여자들이라곤 '세균 박사Dr. Germ'와 '탄저균 여사Mrs. Anthrax' 단 두 명 뿐이다.+

+ '세균 박사'는 영국에서 미생물학을 전공한 뒤 사담 후세인 정권에서 생물학 무기 개발 책임자로 일한 것으로 알려진 리합 타하(Rihab Taha) 박사를 가리켜 유엔 무기사찰단원들이 붙인 별명이었다. 그리고 '탄저균 여사'는 마찬가지로 이라크의 생물학전 능력 개발에 핵심적인 역할을 한 것으로 지목돼, 이라크 침공 직후 미 국방부의 핵심 수배자 55명 가운데 유일한 여성으로 이름을 올렸던 후다 살리 마흐디 아마시(Huda Salih Mahdi Ammash)에게 서구 언론이 갖다 붙인 별명이었다. 2004년 9월 16일, 요르단 출신의 아부 무사브 알 자르카위(Abu Musab al-Zarqawi)가 이끄는 '유일신과 성전(al-Tawhid wal-Jihad)'이란 이슬람 조직이 미국인 2명과 영국인 1명을 납치해 이라크 여성 수감자들의 석방을 **(뒷장에 계속)**

그러나 아랍인들은 아부 그라이브를 그렇게 쉽게 잊어버리지 않는다. 아부 그라이브 사진들이 아랍 세계에 어떤 의미인지를 제일 먼저 이해한 사람은 사미아 멜키Samia Melki라는 레바논 여성이었다. 그녀는 막대기를 들고 있는 금발의 거친 미국인 앞에서, 카메라를 등지고 양팔을 쫙 벌린 채 똥으로 범벅이 된 벌거벗은 이라크인의 사진을 가리켜 "이탈리아 화가 카라바조Caravaggio의 색채 대조와 드라마를 모두 간직하고 있다"고 온라인 평론 사이트인 카운터펀치Counterpunch에 쓴 바 있다. 바로크 예술의 최고 걸작처럼 보이는 그 사진은, 일단 보는 사람들로 하여금 예술과 한몸이 되게 해준다.

> 다리를 꼰 채 똑바로 걷게 하자, 상체를 약간 뒤튼 상태에서 균형을 잡으려고 팔을 뻗는 그 이라크 수감자의 탄력 있는 몸은 어두운 불빛과 똥으로 강조되어 십자가 모양으로 뻗어있다. 오랫동안 거부당해왔던 인간 존엄의 분위기를 물씬 풍기던 그 아랍인은 세상의 죄를 대신해 고통을 겪고 있는 것이다.

그 고통은 아부 그라이브에서 빚어진 고통 중에서 가장 가벼운 축에 속한다. 우리 같은 대중들에게는 공개되지 않고 미국 하원의원들에게만 비밀리에 시청이 허락된 비디오들에서는 도대체 무슨 일이 벌어진 걸까? 그리고 갑자기 우리 기억 속에서 아부 그라이브가 사라져버린 이유는 뭘까? 미국에서 역할을 제대로 하고 있는 몇 안 되는 기자 가운데 한 명인 시모어 허시는 그 끔찍한 감옥에서 벌어졌던 그 밖의 일들에 대해

요구했는데, 영국 정부는 그 당시 여성 수감자는 타하와 아마시 두 사람 뿐이라고 주장했다. 참고로 '유일신과 성전'은 한국의 고 김선일 씨를 납치, 살해한 조직이기도 하다

서도 대중에게 이야기한 바 있다. 그의 최근 강의 중 일부를 옮겨보도록 하겠다.

> 최악의 사례들 가운데 여러분들이 모르는 몇 가지를 말씀드리지요. 괜찮을까요? 먼저 비디오에는 여성들이 등장합니다. 여기에도 그걸 읽은 분이 계실지 모르겠지만, 여성 수감자들은 자기 남편들에게 쓴 편지를 비밀리에 밖으로 부쳤습니다. 거기에는 제발 와서 자신을 죽여 달라는 내용이 쓰여 있었지요. 기본적으로 여성들과 어린 남자아이들은 카메라가 돌아가는 가운데 강간을 당했습니다. 그중에서도 가장 견디기 힘든 것은 소년들이 지르는 비명 소리가 비디오에 고스란히 녹음되어 있었다는 사실입니다.

그런데도 우리는 이미 그런 사실을 잊어버렸다. 더 이상 우리가 대량파괴무기에 대한 이야기를 입에 담지 않게 된 것과 마찬가지로 말이다. 존재하지도 않았던 그 몹쓸 것들을 찾기 위해 부시와 블레어가 얼마나 필사적인 노력을 기울였는지, 그 구체적인 실체가 서서히 드러날수록 나는 과연 웃어야 할지 울어야 할지 모를 지경이 되었다.

미국의 현지 기동 조사팀은 바그다드의 옛 비밀경찰 본부로 쳐들어가서 자물쇠가 채워진 문 하나를 발견했다. 그들은 그 안에 부시와 블레어가 바라 마지않는 경악할만한 무기들이 있을 거라 믿었다. 그래서 그들이 문 뒤에서 찾아낸 게 뭐였을까? 신형 진공청소기를 파는 대형 상점이었다. 바트당 본부에 파견된 또 다른 팀은 비밀문서들을 발견했고, 그들은 사담의 무기 프로그램을 밝혀줄 문서들일 거라고 믿었다. 그러나 실은 A. J. P. 테일러A. J. P. Taylor의 《유럽을 지배하기 위한 몸부림The Struggle for Mastery in Europe》이란 책의 아랍어 번역판이었음이 드러났다. 부시와 블레어도 아마 그 책을 꼭 읽어봐야 할 것이다.

우리는 우리가 손수 만든, 무너져가는 저 끔찍한 계단을 휘청거리며 내려갈수록 점점 더 커져만 가는 거짓말을 피할 수 없게 될 것이다. 꼭두각시 총리인 이라크의 이야드 알라위Iyad Allawi는—내 기자 친구들 중 상당수는 여전히 그를 '임시 총리'라고 공손히 부른다— (나머지 지역은 물론이고) 수도에서 자신이 통제하는 지역이 바그다드 시장보다 작음에도 불구하고 1월에 예정대로 선거가 치러질 거라고 주장한다. 또한, 여성 수감자 두 명을 풀어주지 말라는 워싱턴의 지시를 고분고분하게 따른 바 있는 전직 CIA 요원 알라위는, 런던과 워싱턴을 충실하게 오가며 블레어와 부시의 그 무수한 거짓말들을 뒷받침해주고 있다.

이라크 전쟁 2막은 그런 식이었다. 이러한 궤변을 우리 대중들은 얼마나 더 참아야 할까? 블레어는 우리가 "국제적 테러리즘이라는 호된 시련" 속에서 싸우고 있다고 말한다. 이런 말도 안 되는 헛소리를 어떻게 받아들여야 할까? 물론 그는 이라크 전쟁의 서막을 열 당시에 2막이 기다리고 있을 거라는 이야기를 우리에게 하지 않았다. 그리고 그건 이라크인들에게도 마찬가지였다. 그렇지 않은가? 대신 그는 우리가 그들을 '해방시키러' 간다고 했다. 지금의 위기가 있기 전의 위기를 기억해야 하는 이유가 거기에 있다.

블레어 총리는 작년 11월 런던시티 시장Lord Mayor of London+이 주최한 만찬장에서 이라크 전쟁이 "21세기 초반을 좌우할 전투"라고 말했다. 글쎄, 물론 그렇겠지. 하지만 블레어 경이 전쟁과 관련해 했던 그 밖의 이야기에도 귀를 기울여보자.

+런던 시와 32개 자치구를 아우르는 광역 런던(Greater London)의 시장으로, 런던 시장과 구별된다.

"이라크 전쟁은 서구와 무슬림 세계 사이의 관계를 규정짓게 될 것입니다. 아랍 국가들과 중동의 발전에도 심대한 영향을 끼치게 될 것이며, 미국과 서구의 미래 외교에도 지대한 함의를 지니게 될 것입니다."

당연히 그럴 것이다. 2차 세계대전 이래로 서구와 중동, 기독교도와 무슬림들에게 있어 블레어의 이라크 전쟁보다 더 위험한 행동은 떠올리기조차 어렵기 때문이다. 그리고 이라크가 중동 전체에 있어 모델이 될 거라는 그의 이야기도 기억하기 바란다. 모든 아랍 국가들이 이라크처럼 되고 싶어 할 것이며, 이라크가 새로운 중동의 촉매제가—아마 호된 시련의 장이겠지— 될 거란다. 이 대목에서 제발 헛웃음 소리는 내지 말아주시길.

지난 몇 주간 내게는 2차 세계대전에 참전했던 남녀 독자들에게서 놀라울 정도로 많은 편지가 쏟아져 들어왔다. 그들은, 블레어와 부시가 반세기도 더 지난 과거에 악과 맞서 싸웠던 자신들의 진실한 투쟁과 이라크라는 진흙탕을 비교하도록 놔둬서는 안 된다고 분노를 토해냈다.

로버트 패리라는 독자는 "이제 아흔 살이 된 저는, 1918년 종전 이후 몸과 마음이 불구가 되어버린 사람들이 웨일스 시골의 도로 위를 떠돌아다니던 모습을 기억합니다"라고 편지에 써서 보냈다.

> 이런 까닭에, 오언의 '감미롭고 영광스럽도다'•는 전쟁에서 죽음이라는 현실을 궁극적으로 묘사한 시로 제게 기억되고 있습니다. 오늘날은 미국의 '표적' 공습과 자살폭탄범들로 인해 전장에서의 죽음이 더욱더 끔찍해졌습니다. 우리의 눈과 양심을 일깨우기 위해서는 새로운 윌프레드 오언이 필요합

• 윌프레드 오언이 이 시를 쓴 건 1917년 8월이었다. 마지막 연에서 그는 전쟁의 참상을 아는 사람이라면, "여보게, 그러니 필사적으로 영예를 갈구하는 아이들에게/ 그렇게 열심히 이야기하지 말게나/ 조국을 위해 죽는다는 건 감미롭고 영광스러운 일이라는/ 그 낡은 거짓말을 말일세."라고 말한다.

니다. 그러나 그때까지는 이 위대한 시가 다시 읽혀져야 할 것입니다.

오늘날 블레어 총리가 퍼뜨리고 있는 유치한 이야기에 대한 답변으로 이보다 더 훌륭한 글을 찾기란 어려울 것이다. 영국뿐만이 아니라 미국에서도 국민들과 그들이 뽑은 정부 사이에 이토록 오랫동안 간극이 벌어진 적은 없었다. 요즈음 블레어는, 오언의 시 구절을 인용하자면 "필사적으로 영예를 갈구하는 아이들"을 상대로 연설했다. 물론, 천으로 눈이 가려진 켄 비글리의 얼굴은 우리가 최근 들어 맞이한 가장 큰 위기이다.• 그러나 그렇다고 예전에 어떤 일이 있었는지 잊지는 말자.

2004년 9월 25일

인디펜던트

• 토목 기사였던 케네스 비글리(Kenneth Bigley)는 2004년 9월 16일에 바그다드에서 납치된 뒤, 영국 이슬람 협의회의 필사적인 중재에도 불구하고 그 해 10월 7일에 참수됐다. 그를 납치한 사람들은 이라크 여성 수감자들의 석방을 요구했다.

더 많이 순교시켜!

나는 가끔 우리가 프랑스인들이 말하는 '유치함Infantilisme'의 시대에 새로이 접어든 게 아닐까 하는 생각을 하게 된다. 내가 이 단어를 쓴 건 파리에서 열린 순회강연 때였는데, 그곳에서는 시라크나 사르코지 · 드 빌팽을 포함한 거의 모든 정치인들의 발언에 그런 제목을 붙일 수가 있다. 그러나 물론 지금 나는 조지 W. 부시와 블레어 이야기를 하려는 것이다. 그리고 '유치함에 관한 피스크의 전당'에 새로이 이름을 올린 이란의 마무드 아마디네자드 대통령 이야기도 빼놓을 수 없겠다.

내장이 빠져나온 팔레스타인과 이스라엘인들의 시체나 살해된 채 쓰레기 더미에 쌓여 있는 이라크인들의 시체들, 혹은 총알이 머리를 관통한 채 바그다드 시체 공시소에 누워 있던 젊은 여성들의 모습을 지켜봐야 했던 사람으로서 나는, 오늘날 우리의 위대한 지도자들 입에서 흘러나오는 순수하고 때 묻지 않은 게으른 헛소리에—숨김없이 그대로 말하자— 고개를 가로저을 수밖에 없다. 적어도 예전엔 비록 진실이 아니라 할지라도 위대하고 훌륭한 사람들의 목소리에 권위가 실리던 시절이 있었다. 그리고 거짓말을 하면 장관 한두 사람은 쉽게 목이 날아가던 시절도 있었다. 하지만 오늘날의 우리는 현실 아니면 신화라는 두 가지 관점에서 살아간다는 느낌이 든다.

먼저 이라크의 현실로 이야기를 시작해 보도록 하자. 1940년대 말, 윈스턴 처칠이 팔레스타인을 가리켜 했던 말을 빗대어 이야기하자면, 모술에서부터 아르빌, 바스라에 이르기까지 무정부 상태가 지배하는 이라크는 '생지옥 같은 재앙'이라고 할 수 있다. 바그다드의 그린존에서 불과 800m 떨어진 거리를 무장 반군들이 장악하고 있는데도, 또한 그 국민들이 서구의 점령에 대한 맹렬한 분노를 불태우고 있는데도, 그린존 내에 있는 미국과 영국의 외교관들과 민주적으로 선출된 이라크 '정부'는 근거 없는 낙관론을 지어내 퍼뜨리고 있다. 이런 상황에서 단 하루도 빠짐없이 내가 이 분쟁에서 벗어날 생각만 하고 있는 건 전혀 이상할 게 없다.

하지만 부시의 미국은 이라크에서 철수하기를 원하지 않는다. 오히려 그 반대이다. 부시는 미국이 "전체주의 제국"을 수립하고자 하는 적들과 싸우고 있으며, "모든 인류에게 있어 치명적인 위험"이 될 세력에 정면으로 맞설 것이라 말한다. 미국 정부는 "지금까지 맞닥뜨렸던 그 어떤 적보다도 잔인한 적"과 싸우고 있다는 것이다.

그러나 히틀러의 나치 독일을 벌써 잊었단 말인가? 무솔리니의 파시스트 이탈리아나 1941년에 진주만을 폭격한 팽창주의 일본 제국은? 부시와 블레어 경이 루스벨트와 처칠의 흉내를 내거나 사담을 가리켜 히틀러라고 주장하는 건 분명 그들의 자유다. 그러나 고문으로 뒤덮인 추잡하고 불법적인 우리들의 분쟁을 2차 세계대전보다 더 중요한 전쟁으로 격상시키는 것은 정말 정신병원으로 향하는 차에 올라타는 것과 같은 짓이다.

그리고 이번 주, 역대 미국 대통령 중에서 내가 가장 마음에 들어 하는 부시는 "어떤 역사적 기준에 비춰 보더라도 이라크는 믿기 어려울 정도의 진전을 이룩해왔다"고 선언했다. 뭐, 뭐라고? 역사적으로 어떤 기준에 비춰 보더라도 이라크 반군들은 미국의 이라크 군사점령을 믿기 어려울 정도로 약화시켜 왔다는 게 진실이다. 또한, 부시는 "테러와의 전쟁 과정에서 우리는 이 나라에서 가장 훌륭한 남녀 국민들 가운데 일부를 잃었다. …… 숨진 군인들의 희생을 드높이는 가장 좋은 방법은 임무를 완수하는 것"이라고 말한다. 다시 말해, 희생이 가치 있었다는 걸 입증하기 위해 우리더러 더 많은 희생을 하라는 뜻인 것이다. 정말 이런 발언은 모자라는 걸로 치자면 빈 라덴에 버금갈 정도다. '순교자들이 생겼다고? 그럼 더 많이 순교시켜!'하고 말이다.

다음으로는 이란의 아마디네자드 대통령이 있다. 이번 주, 그는 '시오니즘'에 관한 정말로 따분하기 그지없는 저 테헤란 회의에서 이스라엘을 "지도에서 지워버려야" 한다고 말했다. 나는 1970년대 말 베이루트에서 야세르 아라파트의 지치고 나이 든 동료들로부터도 이와 비슷한 헛소리를 들은 기억이 있다. 아무튼, 이란 혁명의 단골 출연자였던 4000명의 '학생들'이 의무적으로 출석한 자리에서 이뤄진 아마디네자드의 연설은 모든 케케묵은 주장들을 총망라하고 있었다.

"시오니스트 정권의 수립은 이슬람 세계에 맞선 세계 압제자의 움직임이며, 점령지에서 일어나는 충돌은 운명적인 전쟁의 일부다."

혹시 이 멍청한 남자가 리들리 스콧의 영화 〈킹덤 오브 헤븐〉의 시나리오 작가였던 건 아닐까? 물론 아닐 거다. 할리우드의 그 웅장한 서사시에 비하면 그 규모나 문학성, 그리고 독창성에 있어서 아마디네자드의 연설은 한참이나 뒤떨어졌으니까 말이다. 결국, 그의 발언은 아야톨라 호메이니가 신정정치를 수립했던 최초의 이란 혁명 기간에 내가 감당해야 했던 것과 같은 종류의 것이었다. 이렇듯 죽은 신을 위한, 그리고 죽은 신에 의

한 정부는 부시와 아마디네자드 모두가 꿈꾸는 비전이 되고 있다.

그러나 잠깐. 우리는 처칠을 연상케 하는 블레어의 비전은 아직 계산에 넣지 않았다. 지난 목요일, 그는 우리에게 "한 나라의 대통령이 남의 나라를 완전히 없애버리고 싶다고 말하는 상황은 나로서는 처음 접해본다"고 말했다. 아아, 저런! 대체 이 남자를 어떻게 해야 하나. 로마도 카르타고를 차라리 없애버리고 싶어 했다. 그리고 폴란드를 완전히 없애버려야 한다고 주장하고, 체코슬로바키아를 보헤미아Bohemia와 모라비아Moravia라는 나치의 보호령으로 만들어버린 히틀러 선생도 있었다. 그는 세르비아를 파괴하려던 크로아티아의 우스타시Ustashi+의 시도도 허락해주었으며, 죽음을 앞둔 마지막 순간에는 국민들이 자신을 지도자로 받들만한 자격이 없으므로 독일이란 국가도 없애버려야 한다고 주장했다. 어쨌든 블레어 경의 이야기에 다시 귀를 기울여보자.

"만약 그들—이란인들—이 이런 식으로 행동한다면, 사람들은 다음과 같은 질문을 던지게 될 것이다. '여기에 대해 당신은 언제 조치를 취할 건가요? 핵무기를 가지겠다고 그렇게 고집스러운 태도로 나오는 나라를 상상이나 할 수 있겠어요?'하고 말이다."

글쎄, 당연히 상상할 수 있다. 북한이 그러니까. 어이쿠! 그런데 북한은 이미 핵무기를 가지고 있다. 그래서 이 지점에서 우리는 다른 질문을 던져볼 수 있겠다. 블레어 경, 당신에게 "조치를 취하라"고 했다는 그 "사람들"은 정확히 누구를 뜻하는 겁니까? 당신에게 이라크를 침공하지 말라고 요구한 수백만의 국민들과 그들이 서로 겹칠 가능성이 있을까요? 만약 그렇지 않다면, 그 사람들의 주소와 신분이나 하다못해 몇 명인지는

+ 2차 대전 동안에 수십만 명의 세르비아인들을 살해했던 크로아티아의 극우 파시스트 테러 단체로, '순수' 크로아티아를 주장하면서 오늘날의 보스니아-헤르체고비나와 세르비아를 포괄하는 대크로아티아 건설을 목표로 했다.

알려줄 수 없을까요? 대략 100만 명 정도는 될까요? 글쎄, 아마도 안 될 것 같다.

사실 이런 이야기를 일일이 다 꺼내자면 끝도 없다. 2주 전, 오스트레일리아의 멜버른과 애들레이드의 거리에서 나는 자신들이 겪은 인권 침해와 모욕에 대해 하소연하던 무슬림들을 만났다. 존 하워드 총리는 '테러'에 맞서기 위해 새로운 법률들을 도입할 예정에 있다. 앞으로 재판 없는 구금이 가능해질 것이며, 아프가니스탄과 이라크에 대한 오스트레일리아의 군사 개입에 반대하는 사람이면—물론 주로 무슬림들일 것이다— 누구에게나 적용될 수 있는 '소요 및 선동'에 관한 법률의 기간이 추가로 연장될 것이다.

좋아, 그럼 나도 끼워주게나, 존. 나는 당신이 사는 그곳이 멋진 국민들을 가진 멋진 나라라고 생각하네. 그러나 봄에 다시 애들레이드에 들러서는 당신네 나라를 포함해 서구의 그 어떤 나라도 아프가니스탄과 이라크에 군사적으로 개입해서는 안 된다는 주장을 할 계획이라네. 그러니 부디 나를 선동죄로 기소해주길 기대하겠네. 그리고 블레어 경이 북한에 대해서 "조치를 취할 것"도 기대하고 말일세. 나는 미스터 부시가 나치 독일군과 친위대보다 더 나쁜 적들과 마주치지 않기를 바란다네. 또한, 이란이라는 종교적인 유훈 정치 국가의 하찮은 태수들이 앞으로는 철이 좀 들 거라고 진심으로 믿고 싶네. 나는 우리 지도자들이 피터 팬처럼 언제나 젊음을 유지하면서 피 한 방울 없는 모래사장에서 아이 같이 뛰어놀기를 바라네. 우리의 희생을 토대로 해서 말일세.

2005년 10월 29일

인디펜던트

하늘을 나는 카펫

이번 주, 나는 새로 신설된 베이루트-바그다드 간 항공편을 처음 타봤다. 레바논계 캐나다인 조종사가 모는, 매끄럽게 윤이 나는 좌석 스무 개를 장착한 쌍발 프로펠러 비행기였다. 그런데 항공사의 이름이 충격적이었다. 바로 '하늘을 나는 카펫 항공Flying Carpet Airlines'이었던 것이다. 〈케인호의 폭동The Caine Mutiny〉이란 영화에 등장하는 퀵 선장의 표현을 빌자면, 그건 '농담이 아니었다I kid thee not.' 작고 파란 탑승권이나 기장석 아랫부분 할 것 없이 죄다 그렇게 쓰여 있었고, 승객 머리 받침대 덮개에는 카펫 위에 놓인 비행기가 미끄러지듯 하늘을 나는 모습이 찍혀 있었다.

비행기를 타는 과정도 좀 특이했다. 강철과 유리로 새롭게 단장한 베이루트의 호화로운 공항에 도착하면, 도착 라운지에 있는 우체국 앞에서 탑승 수속 담당자를 만나야 한다. 거기엔 암담한 표정의 미국인들 한 무리—환락가에서 주말을 보내고 돌아가는 '하청업자들'이었다—와 두려움 가득 찬 얼굴을 한 레바논 사업가들, 그리고 짐작하겠지만 그들과 마찬가지로 두려움에 떨고 있는 〈인디펜던트〉의 특파원이 있었다.

그리고 그 모두가 일종의 이라크식 은유라는 사실을 깨달은 건 다소 시간이 지나서였다. 베이루트의 도착 라운지에서부터 출국 심사대에 있는 금속 탐지기를 지나 번쩍번쩍하는 새 면세점을 경쾌하게 지나친 다음, 카푸치노 한 잔을 집어 들고서—자, 출발하자고— 메카 순례 여행자 출국용 특별 게이트로 향한다. 그러고는 전체가 하얗게 칠해진 상자 같은 방에서 파란색 미니버스를 기다렸다가 '칙칙' 엔진 소리를 내는 그 버스를 타고 공항 옆을 돌아, 베이루트 내전의 폭격으로 부서진 화물 격납고를 지나쳐 드디어 하늘을 나는 카펫의 비행기 계단을 오르는 것이다.

나는 기내에 기어 올라가 좌석에 반쯤 웅크린 다음에야 비로소 내가 옛날 미 해병대 기지가 있었던 장소로부터 불과 몇백 미터 떨어진 곳에 있다는 사실을 깨달았다. 1983년에 자살폭탄 공격을 받아 241명의 미국인 사망자를 냈던 바로 그 기지 말이다. 나는 폭탄이 터지던 순간 내가 살던 베이루트 아파트 내의 기압이 어떻게 바뀌었는지 지금도 생생히 기억한다. 그리고 며칠 뒤, 당시 부통령이던 조지 H. W. 부시가 잔해 앞에 서서 "교활한 겁쟁이 테러리스트들 때문에 미국의 외교정책이 바뀌는 일은 절대 없을 것입니다"라고 말했던 기억도 또렷하다. 그로부터 몇 달 뒤, 레이건 대통령은 미 해병대원들을 인근 해역의 선박들에 '재배치'하기로 결정했다.

그런 불경스러운 기억을 떠올리는 사이, 어느덧 비행기는 눈 덮인 레바논의 산맥을 넘어 시리아 국경을 건넌 다음 짙은 갈색의 어둑어둑한 이라크 사막 위로 날아가고 있었다. 나는 아침 신문을 펼쳐 들었다. 거기엔 조지 H. W. 부시의 성미 고약한 아들이 바보 같은 미소를 지으면서 전 세계를 향해 "예전의 '아이라크'+에는 몇 가지 문제가 있었을지 모르나, 1월 30일로 예정된 선거는 그대로 치러질 것"이라고 말하고 있었다. 폭력은

+ 조지 W. 부시 전 대통령은 이라크를 항상 이렇게 발음하곤 했다.

분쇄될 것이며, 악당들이 민주주의의 전진을 가로막지는 못할 거라고도 했다. 달리 말해, 교활한 겁쟁이 테러리스트들 때문에 미국의 외교정책이 바뀌는 일은 절대 없을 거라는 뜻이었다.

따라서 당연히 우리 모두는 영국의 랭커스터 폭격기들이 처음으로 엘베 강을 따라 날아갈 당시 독일 드레스덴 주민들이 보여줬던 것과 같은 열광적인 기대 속에 이라크의 선거를 학수고대하고 있었다. 헌데 부시의 위대하고 새로운 민주주의의 실험장에 도착하자마자 눈에 들어온 광경은 기대와는 상당한 차이가 있었다. 바그다드 공항은, 친절하긴 했지만 무장을 갖춘 구르카 용병들과 완전히 중무장한 그 밖의 다른 용병들로 가득 차 있었다. 그리고 터미널에서 그리 멀지 않은 곳에는 바그다드의 자동차 폭탄테러가 남긴 여파를 보여주는 대형 컬러 포스터가 걸려 있었는데, 그 오른쪽 아래 구석에는 반쯤 벗은 여인의 사진도 함께 담겨 있었다. 이 외설적인 포스터 아래에는 아랍어로 이런 문구가 쓰여 있었다.

> 그들은 우리나라를 파괴하고 싶어 한다. 그들은 학교를 공격한다. 이 개들은 우리의 아이들을 무지의 상태에 빠지게 하는 대신 증오를 가르치길 원한다. 우리 조국을 되찾고, 평화로운 이라크 국민들을 상대로 이러한 끔찍한 범죄를 저지른 책임이 있는 살인자와 약탈자들을 뿌리 뽑기 위해서라면 우리는 어떤 일도 마다치 않을 것이다. 그런 의지를 보여주기 위해서는 다국적군의 도움이 필요다. 절대로 사라지지 않을 강력한 공동체로 묶여 있는 우리 이라크 국민들은 피해자가 되기를 단호히 거부한다.

그러나 안전을 원하는 이라크인들 중에서 '개들'을 지지하는 사람들의 수가 점점 늘어가고 있는 반면, '다국적군'의 지원을 원하는 사람은 점점 줄어들고 있다. 반군이 장악한 수니파 지방 다수와 바그다드에서, 다국적군이란 곧 부시의 군대를 의미한다. 물론 (동양이 아니라 서양의 발명품인) 여론조사에서는 과반이 넘는 이라크인들이 부시가 말하는 민주주의 중의 일부를 원한다는 결과를 보여준다. 그러나 짐승 같은 사담 시절에는 틀림없이 더 많은 민주주의를 원했을 것이다. 그럼에도 당시의 우리는 사담 정권이 자신들을 없애려던 이라크의 시아파, 쿠르드족, 공산주의자들은 물론이고 이란의 살인자들까지 죄다 뿌리 뽑을 수 있도록 그들을 지원하느라 여념이 없었다.

여론 조사는 또한 이라크인들의 절대다수가 모든 살인자와 약탈자들로부터 안전해지기를 원한다는 사실을 보여준다. 그리고 그보다 훨씬 더 많은 수의 이라크인들이 미국 여권을 갖고 싶어 할 거라는 건 의심의 여지가 없다. 실제로 나는 이라크 전쟁을 끝내는 가장 확실한 방법 중 하나는 모든 이라크인들에게 미국 시민권을 나눠주는 것이라는 생각을 종종 하곤 한다. 로마인들이 정복한 나라의 국민들을 로마 시민으로 편입시켰듯이 말이다. 그러나 미스터 부시와 제국의 설계자들에게 그런 아이디어를 추천할 수는 없는 노릇이라, 한동안 이라크인들은 전기도 끊기고 석유도 부족한 상태에서 폭력이 난무하는 도시에 살며 미국이 안겨준 민주주의를 견뎌야 할 것이다.

물론 시아파 주민들의 경우에는 거의 2년 가까이 선거를 기다려온 게 사실이다. 쿠르드인들 역시 북쪽에 있는 자신들의 신생 자치주에서 투표용지에 도장을 찍을 날을 기다리고 있다. 하지만 침공 직후 미국의 식민지 총독으로 부임했던 폴 브레머Paul Bremer는 당시만 해도 그다지 큰 폭력 사태 없이 선거를 치를 수 있었음에도 이라크가 시아파 신정체제로 바뀔까 봐 너무 겁을 먹은 나머지 결국 선거를 치르지 못했다.

문제는 수니파 무슬림의 참여가 없다면 선거 결과가 어떻게 나오든 간에 후세인이라는 짐승에게 98.96%의 표를 몰아줬던 선거만큼이나 그 대표성을 의심받게 될 거라는 점이다. 그런데도 지금 미국인들은 선택받은 수니파 몇 명을 끼워 넣어 의회를 "가득 채우겠다"고 위협하고 있다. 그리고 우리 모두는 그들이 미국의 점령에 맞선 반란의 중심인 수니파 사회를 얼마나 제대로 대표할 수 있을지에 대해 잘 알고 있다.

지금까지 상황을 미뤄봤을 때, 1월 30일 선거 이후에 예상되는 것은 엄청난 혼란일 것이다.• 이미 산불은 시작되었다. 하지만 두려워할 필요는 없다. 선거 당일 폭력사태가 일어나도 부시와 블레어는 그렇게 될 거라는 걸 진작부터 알고 있었다고 말할 거니까 말이다. 그리고 만약 폭력 사태가 더 악화된다면, 살인자들과 약탈자들과 '개들'을 화나게 만들었기 때문에 결과적으로 선거가 참 성공적이었다고 주장할 것이다. 그러면서 교활한 겁쟁이 테러리스트 무리들 때문에 미국의 외교정책이 바뀌는 일은 절대 없을 거라는 장담도 덧붙일 것이다.

글쎄, 어떻게 되는지 지켜보자. 그건 그렇고, 나는 지금 1월 30일 이후에 하늘을 나는 카펫이 나를 베이루트로 다시 돌려보내 줄 수 있을지 확인하기 위해 비행 스케쥴을 확인하고 있다.

2005년 1월 15일

인디펜던트

• 시아파 주요 정당들은 이라크 의회 선거에서 전체 275석 가운데 140석을 차지했고, 쿠르드 연합은 75석을 얻었다. 반면 미국인들의 지지를 받은 세속주의 정당들은 불과 40석만을 차지했을 뿐이다. 그리고 이라크 인구의 약 20%를 구성하는 수니파들은 대체로 선거를 보이콧했다. 선거 당일, 9건의 자살폭탄 공격이 일어나 35명이 사망했다.

쇼는 계속 되어야 한다

나는 지금 소리라도 지르고 싶은 심정이다. 이번 주 내내 나는 우중충하고 위험하고 찜통 같은 바그다드 거리를 차를 타고 돌아다녔다. 반군과 그 정보원들은 예전보다 더 들끓었고, 공포에 질려 도로의 안전지대 위를 질주하던 미군들은 50m 이내에 접근하는 모든 것들에 총을 겨눴다. 그리고 우주선처럼 고립된 사담의 옛 공화국 궁전에서는 쿠르드와 시아파들이 이라크를 갈가리 찢어놓고 있다. 그들은 연방제와 석유 자산의 분배를 요구하면서 마감 시한이 넘도록 헌법에 서명을 거부하고 있다.

물론 그린존 벙커 바깥의 '진짜' 바그다드에서는 누구 하나 거기에 신경 쓰지 않는 듯했다. 그날 저녁 텔레비전을 켜보니 부시 대통령이 헌법을 놓고 협상에 나섰던 사람들의 "용기"를 칭찬하고 있었다. 마감 시한을 넘기기 전에 헌법 협상을 마무리 짓겠다고 자기 입으로 직접 약속까지 해놓고도 말이다.

용기? 그래, 길게 이어진 콘크리트 벽에 둘러싸여 국민들과 단절된 채 타임캡슐에 앉아 무정부 상태에 빠진 나라의 미래를 논하는 건 분명 용기가 필요한 일이다. 부시의 뒤를 이어 등장한 콘돌리자 라이스는 그걸 가리켜 '민주주의로 향하는 길'의 일환이라 말했다.

나는 다시 거리로 나섰다. 이번에 찾아간 곳은 안 나흐다an-Nahda● 버스 터미널이었다. 그곳에 도착해서 내가 처음으로 확인한 것은 주위에 널려 있는 폭발의 잔해들이었다. 부서진 경찰차들과 완전히 찌그러져 불에 탄 버스들—물론 거기엔 승객들이 타고 있었다—, 그리고 분노로 고함치는 여인들의 모습이 눈에 들어왔다. 현장에 있었던 아이들은 붕대를 감은 채 알 킨디al-Kindi 병원으로 실려 간 뒤였다. 그리고 그날 밤 나는 다시 텔레비전 채널을 돌리다가 바그다드 내 사드르 시티Sadr city 지역—버스 터미널에서 얼마 떨어지지 않았다—을 담당하는 현지 미군 사령관의 인터뷰를 지켜보았다. 그는 분노한 지역 주민들이 "보안" 병력—즉, 미국인들—을 지지하고 있고, 그 어느 때보다 많은 도움을 주고 있으며, 우리가 "민주주의로 가는 과정에" 있다고 태평하게 늘어놨다.

때때로 나는 현실과 신화, 진실과 거짓이 실제로 충돌하는 순간이 그 언제가 될지 궁금해지곤 한다. 그게 과연 언제일까? 반군들이 미군기지 전체를 쓸어버릴 날이, 그들이 그린존의 담 너머로 쏟아져 들어와 바그다드의 다른 지역과 똑같이 엉망진창으로 만들어 버리게 될 그 날은 언제일까? 아니면 과거에 들었던 이야기처럼, 이 모든 끔찍한 행위들은 단지 스스로 패배하고 있다는 사실을 깨달은 "테러리스트" 반군들의 "절망적인 상태"를 보여주는 증거일 뿐이라는 말을 또다시 듣게 되는 걸까?

꽉 막힌 도로를 헤치고 한 소년이 내 차로 다가와 잡지를 사달라고 했다. 표지에는 사담의 얼굴이 담겨 있었다. 구레나룻을 기른 독재자의 지저분한 얼굴은 바그다드 시민들에게서 독재자의 존재를 제거한 것이 얼

● 나흐다는 '르네상스'라는 의미로, 지금의 상황과 완전히 모순되는 명칭이었다.

마나 다행인지를 다시 한 번 상기시켜준다. 다음 달이면 사담은 재판에 처해질 것이다. 이라크의 수많은 마감시한이 그랬듯이 그 무시무시한 노인의 재판 마감시한도 여섯 번이나 연장됐지만, 사람들은 여전히 사담의 사진에 열광하거나 혹은 소름 끼쳐 할 것이다.

지금쯤 그들은 전기도 들어오지 않는 집에서 땀을 줄줄 흘리고 있을지 모른다. 냉장고를 틀 수 없어서 음식이 다 상해버렸을 수도 있다. 석유를 사기 위해 몇 시간 동안 줄을 서야 할 수도 있고, 끊임없는 죽음의 위협과 무장 강도에 시달려야 할 수도 있다. 바그다드 시민들은 7월 한 달에만 1100명의 죽음을 목격해야 했다. 그러나 모두 다 잊어버리고 사담이 재판에 처해질 거란 사실만 기억하길 바란다.

나는 사담의 폭력배들 손에 사랑하는 이를 잃은 사람들을 제외하고는 더 이상 이라크에서 사담에 대해 신경 쓰는 사람들을 만나보지 못했다. 그는 과거의 인물이 되어 있었다. 바그다드 사람들에게는 그 괴물을 다시 떠올리게 하는 것 자체가 모욕이었다. 그들은 미국인들이 제공하는 빵과 서커스로는 결코 달랠 수 없는 훨씬 더 큰 공포와 불안, 슬픔을 간직하고 있었다.

그러나 조지 부시와 토니 블레어는 우리가 정말로 독재자 사담을 몰아내고 이라크에 제대로 된 민주주의를 세웠노라고, 그 나라 국민들의 눈앞에는 위대한 미래가 펼쳐져 있다고, 각종 국제회의를 통해—물론 이라크에서 아주 멀리 떨어진 곳에서 열린— 새로운 투자가 줄을 이을 거라고, 다음번에 유럽에서 또다시 폭탄 공격이 일어나도 그건 이라크와는 아무런 상관이 없는 거라고 바깥세상에서 살아가는 이들을 향해—이라크에서 멀어질수록 그들의 말은 더 그럴듯하게 들린다— 되풀이해 말할 것이다.

쇼는 계속되어야 하고, 내가 베이루트나 유럽으로 돌아갈 때쯤이면 이라크 상황도 그런대로 괜찮아 보이게 되겠지. 그때쯤이면 매드 해터도 지극히 정상으로 보일 테고, 체셔 고양이는 나무에서 나를 보고 미소 짓겠지.+

민주주의, 민주주의, 민주주의. 이집트를 예로 들어보자. 무바라크 대통령은 다가오는 선거에서 반대파들의 출마를 허락했다. 부시는 이를 가리켜 중동에서 민주주의가 진전을 이루고 있는 또 하나의 징표라고 말한다. 그러나 이집트 최대의 정당인 무슬림 형제단Muslim Brotherhood은 공식적으로 여전히 불법인 데다, 무바라크 반대파들이 선거에 출마하기 위해선 무바라크의 정당에 속한 국회의원들의 승인을 받아야 한다. 그래서 나는 바그다드에 있는 동안 무바라크가 첫 번째 정당 유세에서 지지를 요청하는 장면을 텔레비전으로 지켜보며 구역질이 날 것만 같았다. 이 '민주적인' 선거에서 승리할 자는 누구일까? 감히 말하건대, 승자는 우리의 오랜 친구 무바라크가 될 것이다. 그리고 그의 득표율이 80% 이상일 거라는 데 내기를 걸겠다. 결과를 지켜봐 주길 바란다.•

한편 나는 팔레스타인 가자 지구의 불법 정착촌에서 이스라엘인들이 퇴거당하는 광경도 바그다드의 내 작은 방에서 지켜보았다. 물론 BBC에서는 '불법'이란 단어를 입에 올리지 않았다. 정착민들이—식민지 개척자라고 표현했다— 퇴거당한 그 땅이 원래 그들의 땅이 아니라 다른 이들로부터 빼앗은 땅이라는 사실도 거론되지 않았다.

마찬가지로 이스라엘이 팔레스타인 서안 지구 내에서 불법적인 식민촌의 건설을 계속하는 것에 대해서도 별로 주의를 기울이지 않았다. 이스라

+ 루이스 캐롤(Lewis Carroll)의 소설 《이상한 나라의 앨리스(Alice's Adventure in Wonderland)》에 등장하는 캐릭터들이다.

• 실제로 무바라크는 2005년 대통령 선거에서 총 투표의 88%를 얻었고, 같은 해 치러진 의회 선거에서는 80%에 미치지는 못했다.

엘의 그런 행위는 팔레스타인의 '생존 가능성'—블레어가 가장 좋아하는 단어다—을 없애버리게 될 것이다. 사람들은 모두 가자에서 퇴거당하던 이스라엘 정착민과 군인들이 서로를 향해 총질을 해댈 거라고 생각했다. 그러나 어느 정착민이 총을 발사하는 바람에 목숨을 잃은 건 서안 지구에 살던 네 명의 팔레스타인 노동자들이었다. 그런 이야기는 스쳐 지나가는 먹구름처럼 텔레비전 보도에 잠깐 언급됐다가 이내 잊혀졌다. 가자의 정착민들이 퇴거당했다. 정착촌은 해체되었다. 우리 시대에 평화가 찾아왔다는 것이다.

그러나 내가 바그다드에서 대화를 나눠 본 이라크인들은 평화를 전혀 확신하지 못했다. 그나마 이라크라는 지옥에서 살아가면서도 여전히 팔레스타인인들을 걱정하고, 중동에서 실제로 무슨 일이 벌어지고 있는지를 제대로 파악하고 있으며, 조지 부시와 블레어 경이 퍼뜨리는 말도 안 되는 이야기에 속아 넘어가지 않는다는 사실은 그들에게 영원한 자랑거리였다. 그리고 이번 주, 이라크 친구 하나가 내게 "블레어가 계속 이야기하는 '사악한 이념'이란 게 대체 뭘 말하는 거야?"라고 물어왔다.

"다음엔 또 무슨 이야기를 지어내려고 그러지? 자네들은 도대체 언제쯤 정신을 차릴 텐가?"

아, 내 얘기가 바로 그 얘기다.

2005년 8월 20일

인디펜던트

그가 죽었지만,
세상은 아무 일 없이 돌아간다

그냥 그러려니 하자. 아니면 절친한 친구 하나가 내게 입버릇처럼 말했듯이, "지긋지긋한 일이 또 벌어졌군"이라고 하든지.

그 날은 바그다드 공항에 앉아서 나를 베이루트까지 데려다 줄 '하늘을 나는 카펫' 비행기를 기다리던 중이었다. 그런데 늘 보이던 항공사의 공항 책임자 가즈완 씨가 그날따라 나타나지 않았다. 그가 없으면 나는 체크인을 하거나 출국장에 들어갈 수가 없다.

지난 1월, 이 자리에서 그는 자신을 꼭 빼닮은 이라크 경관에게 잘 봐달라고 부탁해 나를 무사히 공항 검색대에서 통과시켜 준 순간을 절대 잊지 못할 거라고 내게 이야기했었다. 가즈완은 조심스러우면서도 정확한 문법의 영어를 구사했으며, 실수할 때면 자조 섞인 웃음을 짓곤 했다. 나는 가즈완의 휴대폰으로 전화를 걸었고, 수화기 너머로 웬 노인의 음성이 들려왔다. 가즈완과 통화하고 싶다고 말하자, 노인은 "무슨 일 때문인가요?"라고 되물었다. 나는 그가 언제 공항에 올 건지 알고 싶다고 대답했다. 그러자 전화기 너머로 '끄응' 하는 신음소리가 전해졌다.

"가즈완은 죽었어요."

플라스틱 공항 의자에 주저앉은 나는 한동안 아무 이야기도 할 수 없었다. 뭐라고요? 무슨 말이에요? "적의 손에 살해 됐습니다"라는 말과 함께 누군가 수화기를 건네받는 소리가 들렸다. 이번엔 한 젊은 여인이 유창한 영어로 내가 누구인지를 물어왔다.

비행기 승객입니다. 영국인이죠. 나는 사과하기 시작했다. 아무도 내게 가즈완이 죽었다는 이야기를 해주지 않아서 그랬습니다. 베이루트의 여행사에서도 여전히 그의 이름을 바그다드 담당자로 올려놓고 있었거든요. 젊은 여인—그의 아내, 아니 미망인이었다—은 나지막한 목소리로 그가 공항으로 가는 길에 살해됐다고 했다. 그게 언제 적 일이냐고 되물었다.

"4월 14일이었어요."

내가 그를 마지막으로 본 건 정확히 그 5주 전이었다. 그리고 자초지종은 이랬다. 가즈완의 형은 공항 보안요원이었다. 짐작건대 나를 검색대에서 통과시켜줬던 가즈완을 꼭 빼닮은 경관이 그의 형이었던 것 같다. 함께 집을 나선 두 남자는 차를 같이 타고 출근하던 중이었다. 그러던 중 갑자기 무장괴한들이 나타나 형을 먼저 쏴 죽인 뒤 가즈완까지 살해한 것이다. 나는 한 번 더 사과했다. 정말 미안하다고 했다. 젊은 여인은 알았다고 하고는 전화를 끊었다.

그냥 그러려니 하자. 나는 베이루트로 돌아와 새로운 교황+이 고국 독일을 방문하는 걸 지켜봤다. 그는 쾰른에서 유대인 지역사회와의 만남을 가졌다. 유대인 홀로코스트의 사악함에 관해서도 이야기했다. 당연한 일이었다. 그리고 그는 이스라엘에 대한 덕담도 잊지 않았다. 그게 뭐 어때서? 이번에는 무슬림 지역사회와도 만났다. 화면 속 그들은 머리를 약간 숙인

+265대 교황인 베네딕토 16세(2005년 4월 19일~ 2013년 2월 28일까지 재위)를 말한다.

채 눈동자는 카메라 쪽을 살짝 쳐다보고 있었다. 그런 그들을 향해 교황은 테러의 폐해에 대해 설교했다. 모두 다 논리적인 이야기로 들렸다.

그러다 자세를 바로 하고 곰곰이 되짚어봤다. 첫 번째 연설에서 그는 이스라엘의 서안 지구 점령이나 다른 민족의 땅에 정착촌을 확대하는 행위에 대해서는 단 한마디도 하지 않았다. 그런 행위는 현존하는 모든 국제법에 반하는 것인데도 말이다. 그리고 무슬림들에게는 그들 자신이 저지른 죄악을 기억해야 한다고 말했다. '테러리즘'을 근절하고, 항상 온건주의를 설파하며, 자살폭탄 테러범이라는 골칫거리들을 막아야 할 의무를 잊어서는 안 된다고도 했다. 순간 교황의 분별력이 저 정도밖에 안 됐었나 하는 충격이 밀려왔다. 그러나 나 역시 그런 생각을 받아들였었다는 사실을 순순히 깨달았다. 유럽의 유대인들에게 사과하는 것은 교황이 할 몫이었다. 그리고 유럽의 무슬림들에게 경고하는 것도 그의 역할이었다.

따라서 순리대로 따라가 보자. 그래, 그는 홀로코스트에 대해 사과해야 한다. 그러나 전직 대공포 사수였던 교황 성하는 피비린내 나는 이라크 침공의 비극에 대해서는 무슬림들에게 사과하지 않았다. 악랄함이나 규모 등에 있어서 그 어떤 것과도 절대, 절대 비교할 수 없는 비극이었음에도 말이다. 적어도 그는 조지 부시와 그의 흉포한 전쟁에 반대하고 나섰던 전임자 요한 바오로 2세의 용기 정도는 보여줬어야 했다.

그래도 그냥 그러려니 하자. 바그다드에서, 그리고 베이루트에서 나는 최근 블레어 총리가 도입한 '반테러' 법률들을 읽었다. 물론이지, 물론. 런던 지하철에서 자살폭탄 테러가 일어난 뒤에 우리가 기대할 게 그런 거 말고 또 뭐가 있겠는가? 우리의 귀중한 수도와 그 시민들은 보호받아야 하니까 말이다. 7월 7일 킹스 크로스 역에서 지하철이 폭발할 당시 서너 번째 앞에 지나간 열차를 탔었던 나로서는 이 사태를 심각하게 받아들일 수밖에 없다. 그리고 만약 오늘 내가 다시 런던 지하철을 타게 된다면, 아마도 등에 가방을 멘 젊은이들은 피하려고 했을 것이다.• 무장한 런던 경찰청 경관들도 물론이고 말이다.

그리고 우리의 멋진 치안 관계자들에 대한 언론의 친사가 쏟아진 뒤, 나 역시 이 훌륭한 애국자들을 자세히 들여다보았다. 그들은 이라크의 대량파괴무기에 대해 우리에게 거짓말을 했던 장본인들이었다. 그 친구들은 또한 7월 7일에 있었던 네 건의 자살폭탄 공격 가운데 단 한 건도 사전에 눈치채지 못했다. 며칠 뒤에 있었던 테러 시도들도 마찬가지였다. 게다가 그들은 지하철에 앉아 있던 무방비 상태의 민간인을 총으로 쏴 쓰러뜨린 녀석들이기도 하다.

그러나 잠깐만, 하고 나 스스로에게 말해본다. 7월 7일의 런던 지하철 테러 정도면 바그다드에서는 비교적 조용한 날 축에 낄 것이다. 나는 지난주 43명의 민간인들—런던 희생자들만큼이나 귀중하고 무고한 생명들이었다—이 갈가리 찢겨 나간 안 나흐다 버스 터미널의 폭발 현장에 있었다. 알 킨디 병원으로 달려간 가족과 친지들은 사망자를 확인하느라 여간 어려움을 겪은 게 아니었다. 머리와 상반신, 발과 다리가 서로 엉뚱한데 놓여 있었기 때문이다. 분명 그들은 어려움에 처해 있었다.

그러나 영국에서는 신음 소리 하나 들려오지 않았다. 우리는 여전히 우리 자신이 겪었던 7월 7일의 트라우마에 갇혀 있을 뿐이었다. 단서를 찾으려고 안 나흐다 폭탄 테러 현장 주위를 탐문하는 경찰관은 단 한 명도 없었다. 그 뒤 그곳에서는 세 차례의 폭탄 테러가 추가로 일어났다. 안 나흐다는 역사다.

• 네 명의 영국인 무슬림들이 2005년 7월 7일 런던 지하철과 버스에서 자살폭탄 공격을 감행하는 바람에 52명의 시민들이 목숨을 잃고 700명이 부상을 입었다.

이번 주말, 지중해가 내려다보이는 발코니에 앉아서 나는 우리가 너무나 많은 걸 당연시한다는 생각에 이르렀다. 우리는 우리 삶에서 단절을 그다지 원치 않는다. 그럼에도 단절을 겪을 수밖에 없는 건 아마도 우리 저널리즘의 잘못일 것이다. 저널리즘 상에서 우리는 매일 24시간 단위로 세상을 압축한 다음 잠이 들었다가, 그 다음 날이면 또다시 새로운 역사를 시작한다. 그런 과정을 반복하는 사이, 우리는 어떤 특정한 사건이 지난밤 기사가 마감되기 전에 시작된 것이 아니라 몇 주, 몇 달, 몇 년 전으로 그 출발점이 거슬러 올라간다는 사실을 전혀 깨닫지 못한다.

만약 '우리'가 2003년에 이라크를 침공하지 않았더라면, 지난주 일어난 폭탄 테러로 인해 이라크 주민 43명이 가루로 변하는 일은 일어나지 않았을 것이다. 그리고 우리가 이라크를 침공하지 않았더라면, 7월 7일의 폭탄테러 사건도 일어나지 않았을 거라는 건 틀림없는 사실이다. 그랬다면 지난주 교황이 독일의 무슬림들에게 '테러리즘'의 폐해에 대해 설교를 하는 일도 없었을 것이다.

그리고 물론 우리가 이라크를 침공하지 않았더라면, 가즈완도 그렇고 그의 형도 지금까지 멀쩡히 잘 살고 있었을 것이다. 지금 슬픔에 잠겨 있는 그의 미망인도 젊고 행복한 아내의 모습 그대로였을 것이며, 낙담에 빠진 그의 아버지도 여전히 대견한 아들을 둔 아버지로 살아가고 있었을 것이다. 그러나 내 친구가 습관처럼 말했듯이 오늘도 "지긋지긋한 일이 또 벌어졌을 뿐"이다.

2005년 8월 27일

인디펜던트

9장

우리는 믿음을 잃었지만 그들은 아니다

그동안 나는 무슬림들과 이스라엘의 유대인들, 기독교인들 할 것 없이 모두가 잘못된 역사를 바로잡고 타인의 고통을 인정하라고 촉구해왔다. 그러나 이제는 나 스스로가 그런 노력에 지쳐가는 게 느껴진다. 무슬림들이 유대인 홀로코스트의 진실을 믿지 않는다고 주장할 때, 터키 무슬림들이 1915년 아르메니아 홀로코스트의 진실을 부인할 때, 시오니스트들이 이스라엘에 무비판적인 지지를 보내고 다가올 종말을 이야기할 때, 기독교인들이 이슬람을 가리켜 칼이 지배하며 '기독교' 유럽을 깨부수기를 바라는 이질적이고 폭력적인 종교라 우길 때, 나는 공포에 휩싸인다. 이 세상의 온갖 빈 라덴들이 유럽에 대해 실제로 그렇게 이야기할 때, 그리고 조지 W. 부시 같은 인간들이 자신들의 오만과 폭력을 통해 이슬람 안에서 그런 감정을 부추길 때도 마찬가지이다. 우리는 자살폭탄 공격으로 우리를 위협하는 그들이 나고 자란 그 땅을 아직 이해하지 못하고 있다. 그런 현상을 초래한 데 있어서 우리가 어떤 역할을 했는지도 깨닫지 못하고 있다. 그리고 우리가 계속 종교적 잣대를 들이대며 십자군 행세를 하는 한, 수많은 무슬림들의 귀에는 여전히 빈 라덴의 말들이 그럴 듯하게 들릴 수밖에 없다.

신과 악마

1차 세계대전 연구에 큰 발자취를 남긴 프랑스 역사가 스테판 오두앵 루조Stephane Audoin-Rouzeau는 언젠가 '서구야말로 전쟁이라는 형태의 엄청난 폭력의 후계자'라는 생각을 내비친 적이 있다. 그는 "1945년 이후로 서구는 한국·알제리·베트남·이라크에서 그것을 표면화했다. 우리는 전쟁의 경험에 대해 생각하기를 중단했으며, 그것이 테러리즘 같은 다른 형태를 띤 채 다시 (우리에게) 되돌아온다는 사실을 전혀 이해하지 못한다. 이제 다른 유형의 대립이 발생하고 있다는 사실도 인정하고 싶어 하지 않는다"라고 썼다. 어쩌면 그는 '정치인'들—심지어 총리조차도—이 의도적으로 인정하기를 거부한다고 덧붙이고 싶었는지도 모를 일이다.

정치인들은 우리가 악마와 싸우고 있다고 말한다. 그리고 그건 팔레스타인 영토의 점령, 아프가니스탄의 점령, 이라크의 점령, 아부 그라이브, 바그람, 관타나모에서의 고문과는 아무런 상관이 없다. 아니, 절대 아니다. '사악한 이념'과 모호하고 불특정한 어둠의 세력, 그게 문제라는 것이다.

여기엔 한 가지 커다란 결함이 숨어있다. 그건 바로 우리가 '악'에 대해 이야기하기 시작하는 순간 모든 문제가 곧 종교적 담론으로 이어진다는 것이다. 선과 악, 신과 악마. 런던의 자살폭탄범들은 무슬림들이었고—혹은 스스로 그렇다고 여겼고—, 따라서 영국의 무슬림 사회 전체는 차려 자세를 취하고 선 채 같은 무슬림의 입장에서 그들을 비난해야 한다. 그러나 우리 '기독교인들'은 그런 자세를 취할 필요가 없다. 우린 무슬림이 아니니까. 또한, 불과 십여 년 전 스레브레니차Srebrenica에서 8000명의 무슬림들을 학살한 기독교계 세르비아인들에 대해서도 '같은 기독교인의 입장에서' 비난할 필요는 없다. 당시 그냥 손을 놓고 있었던 것에 대해 유감이라고 말하면 그뿐이다.+

그러나 무슬림들은 단지 무슬림이라는 이유만으로 자신들과는 아무 상관도 없는 일에 대해 정해진 의식에 따라 비난을 가해야만 한다. 내 생각엔 바로 그게 핵심이다. 내심 우리는 그 모든 게 그들의 종교와 관련이 있다고 생각하는 건 아닌지, 이슬람을 뭔가 뒤떨어지고 폭력성이 잠재된 낙후된 종교라고 생각하지는 않는지. 물론 그건 전혀 사실이 아니지만, 우리가 가진 오리엔탈리즘의 잔재는 사실과는 다른 결론을 제시해준다.

'타자'를 경멸하는 동시에 시기하는 우리의 태도는 참으로 기괴하기 짝이 없다. 초기의 오리엔탈주의자들 가운데 상당수는 동양에 대해 혐오감을 드러내면서도 또한 깊이 매료되기도 했었다. 그들은 무슬림의 형벌 제도와 지배자들을 혐오한 반면, 그 여인들에게는 푹 빠져 버린 나머지 첩에 집착하는 모습을 보였다. 당시 서구인들은 아내를 여러 명 거느린다는 발상에 깊은 매력을 느꼈던 것이다.

+ 보스니아 내전 기간인 1995년 7월, 오늘날 보스니아-헤르체고비나의 스레브레니차란 작은 도시에서 라트코 믈라디치(Ratko Mladic) 장군이 이끄는 스르프스카 공화국 군대와 세르비아의 '스콜피온' 민병대가 무슬림 주민들을 상대로 조직적인 인종청소를 벌일 당시, 유엔은 스레브레니차를 안전지대로 선포하고 400명의 네덜란드 평화유지군을 주둔시키고 있었으나 학살을 전혀 막지 못했다.

비슷한 맥락에서 나는 무슬림들이 서구의 '타락'을 관행적으로 비난하면서도 여러 가지 측면에서 흥미로워하는 경향이 동시에 존재한다고 생각한다. 일례로, 몇 년 전에 한 레바논 친구의 아들 중 하나가 영국 남부로 3년간 유학을 떠나 생활하는 모습을 보고는 나는 아주 큰 충격을 받았다. 베이루트에서 런던을 들를 때면, 가끔 나는 그의 부모가 부탁한 오디오 테이프나 편지를 전해주기 위해 그 학생을 찾아가곤 했다. 우리가 만난 곳은 대개 블룸스베리에 있는 선술집이었는데, 그때마다 그는 어김없이 여자를 데리고 나타나 맥주 몇 잔을 마시고는 여자의 아파트로 자러 가는 것이었다. 그래 놓고는 대학에서의 마지막 학기가 되자, 집에다 전화를 걸어 어머니에게 신붓감을 구해달라고 부탁했다. 재미만 좇으며 즐기던 시절은 이제 끝났으니, 결혼 상대가 될 처녀를 엄마더러 찾아달라는 것이었다.

당시 이를 지켜보며 나는 많은 생각을 했다. 그 친구는 외국에서 훨씬 더 많은 돈을 벌 수 있는 기회를 포기하고 베이루트로 돌아와 대학생들을 가르치는 삶을 선택한 훌륭하고 존경할만한 남성이었다. 그러나 몸이 조금만 더 허약했더라면, 지금쯤 아내와의 결혼 생활에 엄청나게 문제가 발생했을지도 모를 정도로 그는 영국에서 극도로 쾌락적인 삶을 영위했었다. 과연 그가 '우리'처럼 실컷 즐기다가 그런 즐거움을 뒤로하고 보수적인 삶을 택한 이유는 뭘까?

다른 예를 하나 더 들어보자. 비록 두 남자는 아무런 공통점이 없지만 말이다. 지아드 자라Ziad Jarrah는 터키인 여자 친구와 함께 독일에 살았다. 그냥 데이트만 한 게 아니라 같이 살았다. 그러던 2001년 9월 11일, 그는 여자 친구에게 전화를 걸어 "사랑해"라고 말했다. 젊은 여인은 "무슨 일이 있는 거 아냐?" 라고 물었다.

"사랑해, 사랑한다고."

그는 다시 그렇게만 말하고는 전화를 끊었다. 그런 다음 한 항공사의 비행기에 올라탄 그는 승객들의 목을 칼로 긋고는 비행기를 몰아 펜실베이니아의 들판으로 돌진했다. 자신이 사랑한다고 말한 그 여자 친구의 목소리를 듣던 순간, 그의 머릿속에는 어떤 생각이 들었을까? 나와 잘 아는 사이였던 그의 아버지는 런던 자살 폭파범들의 부모들만큼이나 큰 충격을 받았다. 오늘날까지도 그는 여전히 지아드 자라가 무슨 일을 벌였는지 믿지 못하고 있다. 심지어 언젠가 자라가 집으로 다시 돌아올 날만을 기다리고 있다.

이렇게 서구를 증오하는 동시에 사랑하는 아랍인들의 태도에 냉소를 보내기란 어렵지 않다. 아랍의 각국 수도에서는 부시에 대한 격렬한 분노를 토해내는 현지 신문 기사를 쉽게 찾아볼 수 있다. 그런 뒤 미국 대사관을 지나다 보면 미국 비자를 얻을 요량으로 담벼락 주위에 늘어서 있는 수백 명의 아랍인들이 흔하게 눈에 들어온다. 꾸란은 그 가치를 헤아릴 수 없을 정도로 중요한 문서다. 하지만 그린카드+ 역시 마찬가지였다.

그러나 나는 무슬림들, 특히 영국의 무슬림들로부터 받은 수많은 편지들을 통해 그들이 가진 분노를 일부나마 이해할 수 있게 됐다. 그들 중 상당수는 심각한 경기 침체에다 엄격한 가족 문화와 종교적 원칙이 삶을 지배하는 나라에서 온 사람들이었다. 영국에서 태어난 무슬림들조차 전통적인 가족 문화 안에서 성장하는 경우가 많았다. 그 뒤 어떤 이야기가 이어질지는 독자 여러분도 잘 알 것이라 생각한다. 따라서 영국에서 그들은 자신들의 삶과 주변 세상의 삶이 이분법적으로 극명하게 갈리는 경험

+ 미국에서 발급되는 영주권을 말한다. 초기에는 흰색이었으나, 2차 대전 후 이민자가 급증하자 초록색으로 바뀐 뒤, 다시 오늘날은 분홍색으로 변경되었으나 여전히 그린카드로 불린다.

을 하게 된다. 그리고 영국의 정치적, 사회적 자유가 아주 매력적으로 여겨졌을 수도 있다. 그러나 국민들이 뽑은 정부가 자국 군인들을 이라크로 보내 침략을 저지르고 그곳에서 많은 무슬림들을 살해한 사실을 알게 되는 순간, 그러한 '이분법'은 훨씬 더 위험한 그 무언가로 변할 수 있다.

여기 영국이란 땅이 있다. 그곳에서는 훌륭한 삶을 즐길 수가 있고, 예쁜 여자들과 데이트를 할 수도 있으며, 그들과 결혼을 할 수도, 그냥 동거만 할 수도 있다. 볼만한 영화가 널려 있고—영국에서는 누드 상면을 싹둑 자르거나 하지 않는다—, 원한다면 언제든 맥주도 한두 잔 걸칠 수가 있다. 이러한 행위는 하람haram+에 해당하는 잘못된 것들이긴 하지만, 즐겁기 그지없을뿐더러 '우리' 삶의 일부분이기도 하다. 물론 내가 아는 대부분의 영국 무슬림 남성들은 실제로는 술을 마시지 않으며, 모든 종교의 여성들에게 정중하게 처신한다—제발 부탁이니 이 대목을 읽고 항의 편지는 보내지 말아줬으면 한다—.

그러나 다른 한편으로 우리가 누리는 온갖 자유를 아무렇지도 않게 같이 누리는 사람들도 있다. 반면 그럴 수 없는 사람들, 우리와 동일한 자유를 누려왔지만 거기에 대해 죄책감을 느끼는 사람들, 다시 말해 '우리' 사회에서 자신들이 누린 즐거움에 어찌할 바를 모르면서도 자신이 그런 식으로 타락했다는 사실에 소스라쳐 놀라는 사람들은 특별한 문제를 겪게 된다.

그런 상황에서 팔레스타인이나 아프가니스탄, 혹은 이라크의 현실은 일종의 불쏘시개 같은 역할을 한다. 그들은 이 세계에서 벗어나는 동시에 자신들의 도덕적 분노와 정치적 무기력을 있는 그대로 드러내고 싶어 한다. 그들은 스스로에 대한 죄책감 때문에 자신을 망가뜨리고 싶어 하고,

+살인, 상해 같은 범죄에서부터 돼지고기나 술을 먹거나 이자를 받는 행위까지, 이슬람 율법에 따라 금지된 행위를 말한다.

자신들을 '타락시킨' 죄를 물어 타인까지 파괴하고자 한다. 설사 그것이 동료 무슬림 몇 사람과 수십 명의 무고한 사람들의 생명을 앗아가는 걸 뜻할지라도 말이다. 그래서 배낭을 메고—누가 그걸 줬는지는 다른 문제다— 가서 폭탄을 터뜨린다. 이게 바로 오늘날 벌어지고 있는 현실인 것이다. 우리는 "사랑해"라고 말한 다음 전화를 끊기까지 불과 일 초밖에 걸리지 않는다는 사실을 반드시 기억해야 한다.

2005년 7월 23일

인디펜던트

문명의 유치함

2006년 1월, 전 세계 무슬림들은 덴마크의 한 신문에 실린 만평에 대해 일제히 분노를 표출했다. 터번에다 폭탄을 장착한 선지자 무함마드의 모습이 그려져 있었기 때문이었다. 그로 인해 성난 군중들이 베이루트의 덴마크 대사관에다 불을 지르는 사태까지 벌어졌다.

이번에는 폭탄 모양의 터번을 두른 선지자 무함마드의 만평이다. 그 만평 하나 때문에 각국의 덴마크 대사관이 철수하고, 걸프 국가들은 진열대에서 덴마크 제품을 모조리 치웠으며, 가자의 무장대원들은 유럽 연합에 위협을 가하고 있다. 그리고 덴마크에서는 이런 어리석은 만평을 출간한 보잘것없는 신문의 '문화면' 편집자 플레밍 로즈Fleming Rose가 등장해, 오늘날 우리가 서구식 세속 민주주의와 이슬람 사회 간의 '문명의 충돌'을 목격하고 있다고 선언하기에 이르렀다. 이는 덴마크의 언론인들이 안데르센 동화의 전통을 따르고 있다는 증거가 아닐까 하고 나는 짐작해본다. 오, 그래, 그렇지. 우리는 지금 문명의 유치함을 목격하고 있는 것이다.

따라서 이번엔 뼈아픈 진실로부터 이야기를 시작해보도록 하자. 지금 벌어지는 일들은 세속주의와 이슬람 간의 대결 문제가 아니다. 무슬림들에게 있어 선지자는 하느님으로부터 신성한 말씀을 직접 전달받은 사람이다. 하지만 우리는 그런 선지자들을 그저 역사적인 인물 정도로 바라보며, 인권의 최첨단과는 어울리지 않는 사람들로 희화화하는 경향이 있다. 여기서 중요한 사실은 무슬림들은 종교의 가르침에 따라 살아간다는 것이다. 하지만 우리는 그렇지 않다. 그들은 헤아릴 수조차 없을 만큼 수많은 역사의 우여곡절을 겪으며 신앙을 지켜왔다. 그에 반해 우리는 매튜 아놀드Matthew Arnold가 "길게 포효하며 물러가는" (믿음의) 바다를 노래한+ 이래로 신앙을 잃어버렸다.

평소 내가 '기독교 대 이슬람'이라는 표현 대신에 '서구 대 이슬람' 이라고 이야기하는 이유가 바로 거기에 있다. 유럽에는 기독교도들이 별로 남아 있지 않은 것이다. 따라서 세상의 다른 모든 종교를 자극하고 무함마드를 조롱해서는 안 될 이유가 뭐가 있느냐고 되묻는 방식으로는 절대 그 문제를 해결할 수 없다.

게다가 우리는 종교적인 감정에 대한 우리 자신의 위선도 되돌아볼 필요가 있다. 지금으로부터 십여 년 전, 〈예수의 마지막 유혹The Last Temptation of Christ〉이라는 영화에서 예수가 한 여인과 사랑을 나누는 장면이 등장했던 걸 다들 기억할 것이다. 파리에서는 그 영화가 상영되던 극장에 누군가 불을 질러 젊은이 한 명이 사망하는 일까지 빚어졌었다.

또한, 3년 전 미국의 한 대학교에서 내게 강연을 부탁할 당시의 일도 잊을 수 없다. 해당 강연의 제목은 '9·11: 누가 했는지만 물을 뿐, 제발 그 이유는 묻지 마라?'였다. 그런데 현장에 도착하고 나서야 대학 당국이 제

+ 19세기 영국의 시인이자 비평가였던 그의 시 '도버 해변(Dover Beach)'의 한 구절이다.

목 중에서 '제발for God's sake'이라는 문구를 빼버린 사실을 발견했다. "특정한 사람들의 예민한 감성을 건드리고 싶지 않았다"는 게 그 이유였다. 아하, 우리도 "예민한 감성"이 있긴 있었네!

달리 말해, 언론의 자유—혹은 싸구려 만평의 자유—라는 측면에 있어서 무슬림들이 건강한 세속주의자가 되어야 한다고 주장하면서도, 우리 자신의 소중한 종교를 고수하는 사람들의 심기에 대해 염려하는 건 괜찮다는 것이다. 그런 인식 아래에서 유럽의 정치인들은 무슬림들을 향해 표현의 자유나 언론을 통제해서는 안 된다고 거만하게 충고를 늘어놓는다.

하지만 생각해보라. 만약 어느 신문의 만평에서 폭탄 모양의 모자를 쓴 랍비를 그렸다면, 대번 '반유대주의'라는 고함소리가—맞는 말이긴 하지만— 우리 귀에 들려왔을 것이다. 반유대주의 만평을 게재하는 이집트 신문들에 항의하는 이스라엘 사람들의 목소리를 종종 듣게 되는 것처럼 말이다.

더 나아가, 유럽의 일부 국가들—프랑스, 독일, 오스트리아 등—에서는 대량학살 행위를 부인하는 것이 법으로 금지되어 있다. 예를 들어 프랑스에서 유대인 홀로코스트나 아르메니아 홀로코스트가 일어나지 않았다고 말하는 건 불법이다. 유럽 국가들 내에서도 절대 용납할 수 없는 특정한 발언들이 실제로 존재한다는 것이다. 물론 그러한 법들이 목적을 제대로 달성하고 있는지는 여전히 확신할 수 없다. 아무리 홀로코스트를 부인하는 걸 금지한다고 하더라도, 반유대주의는 언제나 우회로를 찾으려고 할 것이기 때문이다.

아무튼, 우리는 홀로코스트를 부인하는 행위를 막기 위해서라면 정치적인 자제심 따위는 거의 발휘하지 않는다. 그러나 선지자의 이미지를 모욕하고 도발을 가한 데 대해 무슬림들이 반대하고 나서면, 그때는 또 세속주의를 외치기 시작한다.

무슬림들 중에는 이번 사안에 대한 '이슬람식' 반응에 당황스러워하는 사람들도 상당히 많다. 그리고 오늘날의 무슬림들이 자신들의 종교에 일부 개혁적인 요소가 도입되는 걸 바란다고 믿을만한 충분한 이유도 존재한다. 이번 만평이 그런 쟁점에 관해 토론하고 싶어 하는 사람들의 명분을 살려주는 방향으로 전개됐더라면, 누구도 언짢아하는 사람이 없었을 것이다. 그러나 확실히 그 만평은 분명 도발하려는 의도를 지니고 있었고, 단지 무슬림들의 반발만 불러일으켰다는 게 정말 화가 난다. 게다가 지금은 '문명의 충돌' 어쩌고 하는 새뮤얼 헌팅턴Samuel Huntington의 말도 안 되는 케케묵은 주장에 열을 낼 만큼 좋은 시기도 아니다.

이란은 현재 성직자들이 정권을 장악하고 있다. 이라크도 사실상 마찬가지이다. 원래 이라크는 민주적인 방식으로 선출된 성직자 정부와는 거리가 멀었으나, 독재자를 몰아낸 다음에는 그렇게 되고 있다. 이집트에서는 최근 치러진 의회선거에서 무슬림 형제단이 전체 의석의 20%를 얻었다. 그리고 '팔레스타인'을 책임지는 하마스도 있다. 여기엔 그 어떤 메시지가 담겨 있다. 그렇지 않은가? 중동에서의 '체제 변화'라는 미국의 정책은 그 목적을 이루지 못하고 있다. 우리가 그들에게 강요했던 부패한 정권들 대신 이슬람을 더 선호하는 유권자들이 점점 더 늘고 있다. 이러한 불구덩이 위에 덴마크의 만평이라는 기름을 부은 건 정말 위험천만한 일이다.

이번 사안은 선지자의 얼굴을 그림에 담아도 되느냐 안 되느냐의 문제가 절대 아니다. 많은 무슬림들이 그에 반대한다고 하더라도, 꾸란은 선지자의 얼굴을 그림으로 표현하는 걸 금하지 않는다. 문제는 만평에서 무함마드를 빈 라덴과 같은 폭력의 상징으로 묘사했다는 점이다. 이슬람 자체를 폭력적인 종교로 그렸다는 게 문제인 것이다. 그러나 이슬람은 그런 종교가 아니다. 아니면 혹시 우리가 이슬람을 그렇게 만들고 싶어 하는 건 아닐까?

2006년 2월 4일

인디펜던트

거울을 들여다보라

블레어 총리가 '사악한 이념'을 구별할 줄 알게 되고, 알 카에다가 이라크 시아파 주민 156명의 목숨을 앗아간 자살폭탄 공격을 가리켜 '이슬람 국가'를 위한 '좋은 소식'이라 부르는 시대에, 우리 독자들, 특히 랭커스터의 세인트 마틴 대학St Martin's College에서 종교학을 가르치는 존 셰퍼드John Shepherd 같은 인물이 존재하게 해주신 하늘에 감사를 드리자.

아무리 그게 부당하다 할지라도 런던 폭발 사건이 종교와 모종의 관련이 있는 게 아닌지 "내심" 의심이 간다는 취지의 내 논평에 대한 반응으로 셰퍼드는 나에게 정중한 훈계를 보냈다. "저는 그보다는 그 이상의 다른 무언가가 있지 않나 싶습니다"라는 것이었다. 나는 혹시 그의 말이 옳고 내가 틀린 게 아닐까 하는 불안감이 든다. 유대교와 기독교, 이슬람에서의 폭력과 극단주의의 뿌리, 그리고 모든 종교를 '인간이 소비하기에' 안전한 종교로 만들어야 할 긴박한 필요성을 다룬 멋진 발상의 그 글을 읽어보면 그의 주장을 고스란히 접할 수 있다.

아주 간단히 말해, 셰퍼드 씨는 성경과 꾸란 중에서도 우리가 감히 입밖에 꺼내거나 생각조차 하지 않으려는 가장 불편한 부분을 건드리고 있다. 그리고 우리가 성경과 꾸란에 나오는 내용들을 모두 있는 그대로 받아들인다면, 결국 대량학살이나 인종청소 같은 행위에 아주 깨끗한 건강증명서를 발급해주는 거나 마찬가지라고 그는 강조하고 있다. 유대인이 '약속의 땅으로 들어간' 행위는 분명 피로 물든 정복과 미래의 집단 학살을 동반했다. 이런 유산을 흡수해 자신들만의 '약속의 땅'으로 무자비하게 입성한 게 기독교의 전통이었으며, 그런 잔인함은 이후 가혹한 반유대주의로까지 이어졌다.

셰퍼드 씨는 신약 성경이 만약 오늘날에 처음 출간되었다면 "인종 간의 증오를 부추기는 것을 금지하는 영국 법률에 따라 소송을 당할 수도 있는 단락들을 담고 있다"고 지적한다. 마찬가지로, 전통적으로 우상숭배를 증오하는 이슬람 같은 경우에는 선지자 무함마드의 이력 중에서 "오늘날의 종교적 감수성에 비춰볼 때 충격적이라 할 수 있는 유혈과 살인 장면들"이 포함돼 있다고 그는 말한다.

거기엔 유대교도 예외는 아니었다. 예를 들어, 1994년 헤브론에서 이스라엘 군의관 바루크 골드스타인Baruch Goldstein이 29명의 팔레스타인인들을 학살한 날도 유대 공동체가 페르시아 제국으로부터 학살을 모면한 뒤 '적들에게 복수하기 위해' 대대적인 살인을 저질렀던 사건(에스더서 8장 13절)을 기념하는 부림절Purim 축제 기간이었다.

물론 오늘날에는 팔레스타인 사람들이 페르시아인들이나 또 다른 시기에 등장하는 아말렉인들의 역할을 대신하고 있다—"남자와 여자, 아기와 젖먹이, 소와 양, 낙타와 당나귀를 죽여라" 사무엘서 상, 15장 3절—+. 애초에 '약속의 땅'은 대

+ 구약성경에서는 에서(Esau)의 후손인 아말렉 부족이 야곱의 후손인 이스라엘 백성을 수시로 괴롭히는 무자비하고 교활한 부족으로 그려지고 있는데, 여기서 인용한 구절은 하느님이 사울왕에게 남녀노소는 물론이고 심지어 가축에 이르기까지 아말렉 부족의 살아있는 모든 것을 모조리 죽이라고 명령하는 내용이다.

체로 현재의 팔레스타인 서안 지구에 위치해 있었고, 유대인들이 팔레스타인 영토를 식민화한 것도 그런 이유에서였다. 그러나 해안가 평원지대는 원래 약속의 땅이 아니었음에도 오늘날 이스라엘의 영토가 되어 버렸다—그렇다고 해서 해안가에 있는 하이파와 텔아비브, 아슈켈론을 서안 지구 주민들에게 넘기고 좀 더 동쪽에 있는 서안 지구로 옮겨가라고 이스라엘 통치자들에게 권하고 싶지는 않다—.

한편 그러는 사이, '선택받은 민족'이라는 주제가 기독교 사회, 예를 들어 북아일랜드의 신교도들—얼스터 서약+을 기억하는지?—과 아파르트헤이트의 남아프리카 공화국, 그리고 어떤 측면에서 볼 때 미국 같은 지역으로까지 녹아 들어갔다. 신약 성경에는 예수를 죽인 유대인들을 비난하는 지독한 반유대주의가 가미되어 있다. 이에 관해서는 마르틴 루터Martin Luther의 책을 한 번 읽어보기 바란다. 또한, 꾸란은 정복당한 민족들에게 종교의 이름으로 굴복을 요구했고(꾸란 9장 29절), 무함마드의 후계자인 칼리프 아부 바크르Caliph Abu Bakr는 "알라와 무함마드를 부정하는 자는 누구든 이교도로 간주해 그를 상대로 성전을 벌일 것이다. 그런 자들에게는 칼과 불과 무차별적인 학살만이 있을 것"이라고 분명히 말했다.

이야기는 대강 여기까지다. 그래서 이 모두에 대한 셰퍼드의 해결책은 무엇일까? 먼저 이스라엘의 정착촌 건설 정책을 거부해야 한다는 것이었다. 그것이 신학적인 측면에서 의심스러워서가 아니라 한 민족을 그렇게 내쫓는다는 것은 도덕적으로 잘못된 행위이기 때문이다. 그리고 반유대주의도 거부해야만 한다. 그것이 복음과 양립할 수 없기 때문이 아니라 공유된 인간의 가치에 기반을 둔 그 어떤 기본 도덕과도 공존할 수 없기

+ 1912년 영국 의회가 아일랜드 자치법안을 발의하자, 시장과 원료 공급을 영국에 의존하고 있던 북아일랜드의 신교도계 산업자본은 해당 법안에 반대하고 오히려 남부와의 분리를 주장하는 자치 반대 서약운동을 조직해 모두 47만여 명의 신교도 주민들로부터 서명을 받았다.

때문이다. 만약 무슬림의 폭력이 비난받아야 한다면, 그것은 무함마드의 뜻을 잘못 이해했기 때문이 아니라 기본적인 인권을 위반하고 있기 때문이다.

> 서안 지구의 정착촌, 기독교의 반유대주의와 무슬림 테러리즘은 신학적으로 문제가 있기 때문에 도덕적으로 잘못된 게 아닙니다. 도덕적으로 잘못됐기 때문에 신학적으로 문제가 있는 것입니다.

물론 대부분의 기독교도, 유대인, 무슬림들이 자신들의 전통 가운데 관용적이고 온건한 측면들에 마음이 끌리는 건 사실이다. 그러나 우리는 아브라함의 후손들의 종교가 불관용·차별·폭력·증오라는 측면에서 태생적으로 결함이 있다는 사실을 인정하지 않으려 한다. 만약 내가 셰퍼드의 주장을 정확히 이해하고 있다면, 종교가 인권에 대한 존중을 최우선에 두고 보편적인 인간의 가치를 따르게 할 때만이 우리는 "직면한 문제에 당당히 맞설 수" 있다.

휴우, 이 대목에서 벌써 근본주의자들이 고함치는 소리가 들리는 듯하다. 그리고 그중에서도 가장 크게 고함을 지를 사람들은 아마도 이슬람 근본주의자들이 아닐까 한다. 꾸란에 대한 재해석은 정말 헤어 나오기 힘든 늪처럼 접근하기에 너무 위험하고 다루기도 힘든 주제라, 대부분의 무슬림들은 가까이 가지도 않으려 할 것이다.

그렇다면 어떻게 해야 신에 대한 '복종'에 기초한 이슬람이라는 종교가 너무나도 서구적인 개념인 '보편적인 인권'의 가치를 '따르도록' 권유할 수 있을까? 글쎄, 나는 잘 모르겠다. 특히 우리 '기독교인들'이 우리 자신이 저지른 잔학 행위에 대해서는 제대로 비난조차 하지 못하는, 아니 사실상 그냥 잊어버리는 쪽을 택해온 상황에서는 더더욱 그렇다. 스레브레니차의 무슬림들을 학살한 기독교도들의 경우를 떠올려 보자. 혹은 베이루트의 사브라와 샤틸라 난민촌에 들어가 1700명에 달하는 팔레스타인 민간인 무슬림들을 살해한 기독교도들은 또 어떤가.

나는 1982년 9월 16일부터 18일까지 사흘간 계속된 당시 학살을 우리가 제대로 기억이나 하고 있는지도 잘 모르겠다. 맞다. 오늘은 사브라-샤틸라 학살이 일어난 지 23주년이 되는 날이다. 아마 그 사실을 기억하는 극히 몇 안 되는 신문 중 하나가 〈인디펜던트〉 지일 것이다. 1982년의 그날, 나는 그곳 난민촌에 있었다. 그리고 거기에 쌓여 있는 시체들 위로 올라갔다. 베이루트의 기독교 팔랑헤 민병대원들 가운데는 심지어 소총 개머리판에다 성모 마리아의 얼굴을 그려놓은 사람들도 있었다. 보스니아에서 세르비아 기독교인들이 그랬던 것처럼 말이다.

따라서 우리가 무슬림 이웃들에게 "직면한 문제에 당당히 맞서라"고 말할 처지일까? 나는 아니라고 생각한다. 우리 스스로의 어리석은 행동들, 불법적인 이라크 침공과 무정부 상태를 초래한 우리들의 책임, 서안지구에 이스라엘이 추가적으로 정착촌을 확장하는 걸 노골적으로 묵인해준 우리들의 태도, 우리는 이미 오래전에 그럴 용기를 잃어버렸으면서도 정작 저명한 무슬림들에게는 종교적인 텍스트를 글자 그대로 해석한 살인자들과의 관계를 끊으라고 줄기차게 징징대며 요구해온 우리의 모습들로 인해 오늘날의 인권 환경이 심각하게 악화되었기 때문이다.

백여 년 간에 걸친 서구의 개입은 인위적인 국경과 첨예한 갈등으로 중동지역을 갈라놓았으며, 불의가 판치는 곳으로 만들어 버렸다. 따라서 우리는 이슬람 세계에 인권과 가치를 설교할 입장에 있지 않다. 이제 아말렉인들과 페르시아인들, 마르틴 루터, 칼리프 아부 바크르는 잊어버리자.

그저 거울에 비친 자신의 모습을 돌아보는 것만으로도 우리는 가장 소름 끼치는 말씀을 떠올리게 될 것이다.

2005년 9월 17일

인디펜던트

역사를 깔아뭉갠다는 것

우상이란 게 도대체 뭘까? 우리 인간들은 왜 그토록 쉽게 스스로의 얼굴을 파괴하고, 인류 역사를 깔아뭉개고, 언어의 기억을 지워버리는 걸까? 나는 옛 유고슬라비아에서 보스니아와 세르비아, 크로아티아 문화가 훼손된 현장을 취재한 적이 있다. 그 곳에서 교회, 도서관, 묘지, 심지어는 오스만 제국 시대에 지어진 그 멋들어진 모스타르 브릿지Mostar Bridge가 고의적으로 파괴되는 장면을 목격했다. 그리고 그에 대한 변명도 들었다.

"이런 케케묵은 것들은 필요가 없어요."

네레트바Neretva 강 위에 우아하게 걸쳐져 있던 오스만 시대 아치를 향해 포탄을 발사하면서 그 크로아티아 포병은 되풀이해 말했다. 다리가 붕괴되던 순간을 찍은 비디오 영상은 그 자체로 문화의 대학살을 상징하고 있었다. 탈레반이 거대한 바미안 석불을 폭파하기 전까지는 말이다.

그리고 이번 주 초, 나는 또 하나의 거대한 석불을 뚫어지게 바라보았다. 이번에는 아프간 국경에서 불과 몇백 킬로미터 떨어진 타지키스탄의 수도 두샨베Dushanbe에서였다. 커다란 머리를 가진 그 석불은 오른손을 편

채 조용히 잠들어 있었고, 나는 행여나 모딜리아니Modigliani의 그림처럼 굳게 감은 두 눈과 깎아지른 듯한 코를 갖춘 12m 높이의 이 생명체를 깨울세라 발끝으로 살금살금 걸으며 대화도 속삭이듯 해야 했다.

얼핏 보기에 불상은 우상파괴의 재앙을 가까스로 모면한 것 같았다. 그러나 업보를 낳는 이 불상도 결국 공격을 피하지는 못했음을 알아차리기까지는 그리 오랜 시간이 걸리지 않았다. 얼굴 중에 머리와 눈과 코까지는 멀쩡했으나, 아래쪽 절반은 현대 기술로 정교하게 복원되어 있었던 것이다. 기다란 몸도 아마 4분의 3 정도는 새롭게 복원된 듯했다. 그리고 피해를 입지 않은 왼쪽 손과 허리께에 가 있는 손바닥은 가사의 주름 위 왼쪽 허벅지에 살포시 놓여 있었다. 대체 이 불상에 무슨 일이 있었던 걸까? 두샨베에는 탈레반이 온 적이 없었는데 말이다. 두샨베의 멋진 골동품 박물관에서 일하는 젊은 큐레이터는 조심스러우면서도 음산한 영어로 이렇게 설명했다.

"아랍인들이 와서 우상 숭배라며 모두 부숴 버렸지요."

아, 그렇군. 당연히 그랬겠지. 기원후 645년경, 오늘날의 타지키스탄 땅에 이슬람 군대가 들이닥쳤다. 그들의 뒤를 계승한 21세기의 탈레반처럼 턱수염을 기른 그들은 텔레비전 세트 대신에 수많은 불상들을 때려 부쉈다. 참, 그러고 보니 당시에 바미안 불상들은 어떻게 그런 약탈을 피할 수 있었던 거지?

어쨌든 그 박물관에는 우상파괴자들의 수많은 '작품'들이 필사적이면서도 조심스럽게 보존되어 있었다. 부처의 보좌(寶座)는 칼로 난도질당한 듯했으며, 시바Shiva와 그의 아내 파르바티Parvati의 동상은 과거의 '탈레반들'에 의해 심하게 훼손돼 발부분과 그 아래 신성한 소Sacred Cow만이 남아 있을 뿐이었다.

그중 9m 아래 땅속에 묻혀있던 '열반에 오른 부처'의 동상이 처음 발견된 건 1969년의 일이었다. 그러다 아프가니스탄에서 불상들이 파괴되는 사건이 벌어지자, 두샨베로 옮겨졌다. 달리 말해, 도를 넘은 탈레반의 행동이 오히려 보존에 긍정적인 영향을 끼친 것이다. 카불의 '선행증진악행방지부'+ 때문에 바미안의 그 웅장한 부처들의 얼굴은 이제 더 이상 볼 수 없게 됐지만, '잠자는 사자'의 자세를 한 이 신성한 불상은 변함없이 올려다볼 수 있다. 이게 다 가공할 스탈린 제국의 지역 후계자들이 불상을 두샨베로 옮겨놓은 덕분이었다. 생각이 거기까지 미치자, 갑자기 정신이 번쩍 든다.

사실, 나는 헨리 3세의 부하들이 잉글랜드의 대사원에서 임무에 착수하면서 저질렀던 일들보다 아랍인들이 더 나쁜 짓을 행했다고는 생각하지 않는다. 영국이 역사적으로 전성기를 맞고 있을 때도, 이스트 서튼East Sutton의 그 작은 교회에서까지 몇몇 우상들에 대한 신성모독이 자행되지 않았던가 말이다. 오늘날 영국의 대성당들에서 흔히 볼 수 있는, 얼굴이 죄다 잘려나간 동상들은 기독교에도 우리 식의 탈레반들이 존재했었다는 걸 증언해주고 있다.

그뿐만 아니라, 아랍 문자의 전승은 타지크에 새로운 시 문학이 꽃피게 한 원동력이기도 했다. 타지크 출신의 페르도우시Ferdowsi 역시 아랍 문자로 '왕서Shahnameh'++를 썼다. 그리고 두샨베에서는 검고 부드러운 돌 표면 위에 아랍 문자로 된 시가 새겨져 있는 바두르 왕King Badur 시대의 매우 아름답고 정교한 묘비들을 볼 수 있다.

+ 이슬람의 규율을 실생활에서 강제하기 위해 탈레반 정권이 설치한 일종의 종교경찰.

++ 흔히 《오디세이아》를 쓴 그리스의 호메로스에 비견되는 페르시아의 시인 페르도우시는 977년부터 1010년까지 33년에 걸쳐 초기 이슬람의 역사를 찬양하는 서사시를 써서 가즈나 왕조의 술탄 마흐무드에게 헌정했다. 무려 6만 행에 달하는 이 시는 단일 작가에 의해 쓰인 시로는 현재까지 가장 긴 시로 기록되고 있다.

그러나 스탈린이 타지키스탄을 소비에트 제국에 병합시킬 당시•, 스탈린의 정치위원들은 아랍 문자를 금지시켰다. 그때부터 모든 아이들은 러시아어를 배웠고, 설사 타지크어를 쓴다고 할지라도 그건 아랍 문자가 아닌 키릴 문자로 적은 것이어야 했다.

그와 비슷하게, 무스타파 케말 아타튀르크는 튀르크인들로 하여금 강제로 아랍 문자를 라틴 문자로 바꿔 쓰게 함으로써 터키를 '근대화'시켰다. 오늘날의 터키 학사들이 1915년의 아르메니아 홀로코스트에 관한 필수적인 내용들이 기록된 오스만 제국 문헌들을 연구하는 데 있어 그토록 어려움을 겪는 이유 중 하나도 바로 그 때문이 아닐까 한다. 보다 안전한 역사를 위해서 문자를 없애야 했던 것일까? 그러고 보면 우리도 아일랜드에서 똑같은 노력을 기울인 적이 있었다. 아일랜드 언어에서 말만 남겨놓고 문자를 없애버리기 위해 가톨릭 성직자들에게 무지를 강요했던 것이다.

아무튼, 그 때문에 자신들의 과거를 보러 두샨베를 찾는 타지크 주민들은 남녀노소를 불문하고 '왕서'를 적힌 그대로 읽지 못한다. 입이 딱 벌어질 정도로 훌륭한 묘비 위에 새겨진 품격 있는 페르시아 시도 무슨 뜻인지 알 수 없다. 그래서 여기 우상파괴에 맞선 작은 승리의 결과물 하나를 준비했다. 지금은 아마도 타지크인들 가운데 이해할 수 있는 사람이 거의 없는 고대 비석들 가운데 하나를 최초로 번역한 것이다.

나는 들었다네.

위대한 잠셰드Jamshed 왕께서 샘물 가까이 돌 위에 새기신 글귀들을.

많은 이들이 지금 우리처럼 여기 샘물가에 앉아

• 타슈켄트와 사마르칸트 같은 역사적인 타지크 도시들을 신생 우즈베키스탄 공화국에 넘겨주기도 했다.

눈 깜박할 사이에 이 세상을 떠났네.

우리는 용기와 힘으로 세상 전부를 차지했지만

무덤으로 갈 때는 아무것도 가져갈 수 없다네.

켄트 주에 있는 이스트 서튼 교회 옆에는 지금도 영어로 된 묘비석이 서 있다. 나는 겨울날 토요일 오후, 서튼 베일런스 학교의 달리기 반바지를 입은 채로 숨을 헐떡거리며 그 앞을 지날 때마다 비석에 새겨진 문구를 읽곤 했다. 비석이 어떻게 생겼었는지는 기억이 안 나지만, 그 위에 새겨진 시는 지금도 똑똑히 기억하고 있다.

지날 때마다 나를 기억하길.

지금 당신의 모습은 과거의 내 모습이고

지금 나의 모습은 미래 당신의 모습이기에

죽음이 당신을 뒤따르게 될 거라는 걸 기억하길.

그러자 얇은 운동복 사이로 피로와 추위가 밀려들어 오면서 이 영원의 메시지에 대한 증오가 꿈틀거리는 게 느껴졌다. 가끔 나는 해머로 이 빌어먹을 묘비를 부숴버리고 싶은 마음이 들기도 했었다. 우리의 어두운 마음 한구석에는 아마도 탈레반이 숨어 있나 보다.

2007년 9월 8일

인디펜던트

그래서 이제 '갈색 피부'가 문제다

이번 주는 캐나다 언론이 얼마나 회복할 수 없을 정도의 편견에 가득 차 있고, 그 속에 인종주의에 빠질 가능성이 잠재돼 있는지를 이해하기에 딱 좋은 한 주였다. 아니, 관점에 따라서는 끔찍한 한 주였을 수도 있겠다. 캐나다 무슬림 18명이 '테러' 혐의로 체포된 이후, 〈토론토 글로브 앤드 메일〉과, 정도는 덜했지만 〈내셔널 포스트National Post〉 두 매체는 미친 듯이 비난을 쏟아 부음으로써 공정한 재판이 열릴 기회를 모조리 차단해버렸으며, 그와 동시에 70만 명이 넘는 캐나다 무슬림들의 가슴 속에 두려움을 심어주었다. 솔직히 만약 내가 캐나다 무슬림이었다면, 진작부터 그곳을 벗어나는 비행기 시간을 알아보았을 것이다. 잠깐만, 혹시 그들 언론의 목적이 그거였던 거 아냐?

아무튼, 일단 혐의부터 살펴보자. 한 피고의 변호사조차도 그들이 오타와의 의회에 쳐들어가 국회의원들을 인질로 잡은 다음 스티븐 하퍼 총리의 머리를 자르려 했다는 내용의 음모를 거론했다. 그러자 '사실관계'에 이의를 제기하거나 그런 혐의의 출처—주로 캐나다 기마경찰대(RCMP)나 기밀을 줄줄 흘리고 다니는 캐나다 보안정보국(CSIS)에서 나온—에 대한 일말의 의혹도 품어보지 않은 채, 기자들은 18인의 피고인들이 의회, 정보국 본부, CBC 방송국과 그 외 여러 목표물들을 날려버릴 다양한 계획을 꾸몄다고 독자들에게 전했다. 피고인들의 친지 가운데 차도르를 두른 여성들은 낱낱이 사진에 찍혀 얼굴이 언론에 공개됐으며, 종종 1면에 그 사진이 게재된 경우도 있었다.

그렇게 '국내의 자생적 테러리스트들'은 재판정에는 아직 서보지도 못한 채, 이미 이달의 인물이 되어 있었다. 당국은 그들이 폭발물로 변형할 수 있는 '비료'를 사들인 영수증을 갖고 있었다고 했다. 그러나 캐나다 경찰관들이 사전에 그 '비료'를 보다 덜 위험한 물질로 바꿔치기해놓은 사실이 드러났음에도 이런 명백한 '함정수사'의 정황을 추적한 사람은 아무도 없었다.+ 미국 버팔로 시의 한 라디오 방송국은 심지어 피고인들이 실제로 '폭발물'을 넘겨받았다고까지 단언했다. 빙고! 재판도 하기 전에 그들은 유죄였던 것이다.

물론 무슬림 때리기에 앞장선 사람들은 이런 말도 안 되는 주장을 내놓으면서도 흔히 하듯이 피고인의 권리에 관한 위선적인 우려를 덧붙이는 것만큼은 잊지 않았다. 〈글로브 앤드 메일〉의 마가렛 웬티Margaret Wente는 "이야기를 계속 이어가기 전에, 한 가지 짚어둘 게 있다. 아직 아무것도 입증된 게 없고, 그 누구도 섣불리 판단을 내려서는 안 된다는 점이다"라고 아양을 떨 듯이 말했다. 그래놓고는 곧바로 같은 단락에서 다음과 같이 섣부른 결론을 내렸음은 말할 것도 없다.

+ 이 사건의 재판에서 흔히 '토론토의 18인'이라 불리는 피고인들에게 군사훈련을 시키고 폭발물의 원료를 구입하는 데 핵심적인 역할을 한 인물은 다름 아닌 무빈 셰이크라는 이름의 경찰 정보원이었던 것으로 드러났다. 따라서 경찰이 사전에 그들의 움직임을 모두 알고 있었을 뿐만 아니라, 서구의 대외정책에 불만을 가진 무슬림 주민들을 사실상 '테러리스트들'로 양성해서 체포한 기획수사가 아니냐는 논란이 불거졌다.

만약 그들이 품었던 계획이 사실이라면, 우리 안에서 자생적으로 생겨난 테러리스트들이 적발된 것은 예상되는 바와 같이 너무나 충격적인 동시에 충격적이리만치 예상되던 일이었다.

그리고 우리가 이런 위선적인 부분을 놓칠 경우를 대비해 웬티는 "캐나다도 자생적 테러로부터 결코 예외가 아니다"라고 잘라 말하는 것으로 칼럼의 끝을 맺었다. 분노한 젊은이들은 위험한 불씨이고, 이슬람주의는 성냥이다. 캐나다는 "불을 끄는데" 성공했다기보다는 운이 좋았을 뿐이라는 게 그녀의 주장이었다. 그러나 나는 그 성냥에 불을 붙이고 있는 게 과연 누구인지 모르겠다.

게다가 비록 원래부터 악의가 있었던 건 아닐지라도, 오늘날의 신문에서는 아주 귀에 거슬리는 표현들이 자리를 비집고 들어오고 있다. 18명의 피고인들—과 사실상 그 가족들, 그리고 때로는 캐나다의 무슬림 사회 전체—을 언급할 때는 이제 '캐나다에서 태어난'이라는 표현이 앞에 붙는다. 글쎄, 그들이 캐나다에서 태어난 건 맞다. 하지만 '캐나다인'이란 표현과는 미묘한 차이가 있다. 그렇게 따지자면, 그 드넓은 나라에 사는 다른 시민들도 다 각자의 가족 배경이 따로 있다. 결국, 그런 표현이 암시하는 바는 명백하다. 캐나다에는 두 종류의 시민이 있다는 것이다. 캐나다에서 태어난 변종들—무슬림들—과 캐나다인들—나머지— 말이다. 이런 주장이 너무 지나치다 싶다면, 〈글로브 앤드 메일〉의 화요일자 1면에 실린 다음의 문장을 한 번 보기 바란다. 아마도 경찰의 체포 작전에 대한 목격담인 듯하다.

그의 사무실 바깥에는 사각형의 커다란 회색 트럭 한 대가 주차되어 있었다. 그는 갈색 피부를 가진 두 젊은이 중 한 명이 예전에 이웃에 세 들어 살던 청년이란 걸 알아차렸다.

뭐라고? 갈색 피부? 캐나다 주요 일간지 1면에 이 무슨 말도 안 되는 인종주의적인 표현이지? 캐나다 같은 고도의 다문화 사회에서 무슬림들을 아예 '타자'로 몰아 고립시키려는 혐오스러운 시도가 아니라면, '갈색 피부'란 건 도저히 실릴 수가 없는 표현이었다. 일례로, 그들이 토론토의 경찰청장과 이른바 훌륭한 경찰관들에 대한 비굴한 기사를 쓸 때도 과연 '흰색 피부'라는—물론 장담컨대 그들은 대부분 피부가 하얗다— 표현을 쓰는지 궁금하다.

그래서 나는 〈워싱턴 포스트〉의 칼럼니스트이자, 근거없는 두려움을 대서특필하는 것에 대해 전혀 거리낌이 없는 인물인 조너선 케이Jonathan Kay에게 이런 질문을 던져보았다. '갈색 피부'란 표현은 저널리즘을 인종주의로 몰아넣는 표현 아닌가요? 그의 대답은 놀랍게도 이랬다.

"그건 아주 관용적인 표현이죠. 40년 전이었다면 아마 '유색 인종'이라고 했을 겁니다."

관용적이라. 내 사전에 그 단어는 '모국어 사용자들 사이에 자연스럽게 사용되고, 포함되고, 나타나는 표현'이라고 규정되어 있다. 달리 말해, 요즘 캐나다에서는 무슬림들을 가리켜 '갈색 피부'라고 말하는 게 아주 자연스럽다는 의미인 것이다. 이럴 땐 웃어야 할까 울어야 할까? 케이는 만약 토론토의 경찰청장을 인종적인 뿌리에 따라 표현할 필요가 있다면 "'백인 경찰청장'이라고 표현하면 된다"고 확신에 차서 말했다. 물론 그렇겠지.

이런 진흙탕 속에서 캐나다 기자들은 아프가니스탄에서의 자국의 군사개입이 빚어낸 현실들을 순화시키는 역할도 담당하고 있다. 현재 2000명이 넘는 캐나다 군인들이 칸다하르 주변에서 탈레반 반군에 맞서 적극적인 군사 작전을 전개하고 있다. 그들은 훨씬 더 많은 무슬림 반군들에 맞서 싸우기 위해 이라크로 자리를 옮길 예정인 미군들의 빈자리를 메우고 있다. 따라서 이제 캐나다는 아프간 전쟁뿐만 아니라 넓은 의미에서 보자면 이라크에까지 개입한 셈이다.

이런 나의 주장을 못 믿겠다면, 캐나다가 이미 아프가니스탄에서 '방위비'로 미화 18억 달러를 쏟아 부었다는 사실을 명심하기 바란다. 그에 비해 인도적 지원과 민주주의 재건—그들의 표현이다—을 포함한 '추가 경비'로 지출한 돈은 5억 달러에 불과했다. 다시 말해, 캐나다는 중동에 전쟁을 하러 간 것이다.

캐나다 외무장관에 따르면, 자국 내 무슬림들이 분노하는 원인이 그것 때문일 가능성은 전혀 없었다. 불과 그 며칠 전, 중동에 대해 아는 것도 별로 없으면서 말만 많은 캐나다 보안정보국의 잭 후퍼Jack Hooper 국장이 "아프가니스탄을 논하기 이전에 (캐나다에서) 아주 높은 수준의 위협을 감지했다. 캐나다군과 민간인들의 아프가니스탄 주둔이 그런 위협을 일정 정도 끌어올렸다는 건 어쨌든 사실이다"라고 했음에도 말이다.

나는 이 기사를 이번 주 캘거리에서 오타와로 가는 비행기 안에서 읽었다. 바로 앞자리에는 팀 고다드와 그의 아내 샐리, 그리고 딸인 빅토리아가 앉아 있었다. 그들은 다정하게 대화를 나누고, 승무원과 동료 승객들을 향해 선뜻 먼저 미소를 지어 보였다. 그리고 우리가 탄 비행기의 화물 적재 칸에는 고다드의 또 다른 딸 니콜라의 관이 놓여 있었다. 그녀는 아프가니스탄에서 임무 중 사망한 첫 번째 캐나다 여군이었다.

다음날, 고다드는 캐나다 국립군사묘지에서 니콜라의 관 위에 흙을 뿌렸다. 그리고 〈내셔널 포스트〉에는 가슴이 찢어질 듯한 그런 그의 사진이 그대로 실렸다. 6면 어디쯤에 묻혀서 말이다. 그럼 1면에는 뭐가 실렸을까? 브래드포드의 어느 무슬림 집 바깥에 서 있는 영국 경찰관들의 사진이었다. 기사에서는 그 무슬림이 어쩌면 "캐나다와 연계를 가지고 있을지도 모른다"고 했다. 물론, 전하는 바에 따르면 그렇다는 얘기다.

2006년 6월 10일

인디펜던트

신앙에 관한 질문

얼마 전, 오랜 단짝 친구인 데이비드 맥키트릭David McKittrick이 내가 벨파스트에서 몇 년간 들어본 것 중에 최고의 농담을 들려준 적이 있었다. 그는 내가 〈타임스〉 특파원으로 그곳에 머물던 1972년도 무렵에 북아일랜드에서 〈아이리시 타임스Irish Times〉의 기자로 활동하고 있었고, 그의 아버지는 한때 타이타닉호를 건조한 할랜드 앤드 울프Harland and Wolff 조선소에서 일했었다.

"저런 건 할랜드 앤드 울프에다 넘겨줘 버려야지. 그 사람들이 아니었으면, 타이타닉이 지금 그렇게 됐겠어?"

아마도 그건 실내를 장례식장처럼 꾸며놓은 말메종 호텔Malmaison Hotel의 흉칭대는 광경을 보고 한 농담이었을 것이다. 이렇듯 북아일랜드 사람들은 항상 스스로를 농담의 대상으로 삼아왔다. 훨씬 더 오래전, 폭력이 난무하던 시절에는 그나마 대체로 자의식이 살아있는 편이긴 했지만 말이다.

어쨌거나 데이비드의 농담은 벨파스트의 달라진 모습을 대변하고 있었다. 타이타닉을 소재로 한 첫 번째 메이저 영화가 1957년에 만들어졌을 때, 할랜드 앤드 울프는 자기네 선박 중에서 가장 유명했던 그 배가 여전히 부끄러웠던지 영화 제작자들에게 어떤 도움도 주기를 거부했다. 심지어 타이타닉의 구조도를 들여다보는 것조차 허락하지 않았다.

하지만 오늘날, 벨파스트 시는 관광객들에게 타이타닉호를 홍보하고 있으며, 할랜드 앤드 울프는 자신들의 성과물이 비록 저주받았을지언정 범상치 않은 것이었다는 사실만큼은 인정해달라고 주장한다. 벨파스트는 말 그대로 타이타닉의 도시로서 최근 새로 단장한 희생자 기념비가 시청 바깥에 서 있고, 그 맞은편에는 얼스터 은행의 본사가 자리 잡고 있다—그 은행에 개설한 나의 계좌는 1912년에 타이타닉을 향해 다가오던 빙하만큼이나 걱정스러울 때가 한두 번이 아니다—.

지난주 벨파스트에서 강연을 하는 동안 나는 북아일랜드 사람들이 중동에 대해 엄청난 지식을 갖고 있다는 사실에 아주 특별한 인상을 받았다. 갈라진 사회에 사는 사람들은 가끔 동병상련 같은 걸 느끼는 듯했다. 1972년 영국 공수부대원들에 의해 살해된 14명의 가톨릭교도들을 추모하는 북아일랜드 데리Derry 시의 '피의 일요일' 위원회는 2003년에 14명의 이라크 민간인들이 미 82공수부대에 의해 살해됐던 이라크의 팔루자 시와 '자매결연'을 맺길 원했다. 당시의 팔루자 사건은 이라크 전역에서의 반란을 불러일으켜 나라 전체를 보그사이드Bogside+ '접근금지' 구역의 확대판으로 바꾸어 놓았다.

한편, 아일랜드의 정치인 존 흄John Hume이 북아일랜드의 '굿 프라이데이Good Friday' 평화 협정++을 팔레스타인-이스라엘 분쟁에도 적용해보면

+ 데리 시 외곽의 가톨릭교도 거주 지역. '피의 일요일' 사건이 일어난 현장이었다.

++ 부활절 직전의 금요일에 체결돼 '굿 프라이데이' 협정이라 불리는 당시 평화협정은 영국의 토니 블레어 정부뿐만 아니라 미국의 클린턴 정부까지 적극적으로 지원에 나선 끝에 1998년 4월 10일에 그 결실을 맺었다. 총선을 통해 의회를 구성하고, 아일랜드는 북아일랜드가 자국의 영토라는 헌법조항을 삭제하며, IRA와 신교도 민병대의 무장해제 및 정치범 석방을 핵심 골자로 하는 협정은 다음 달 실시된 국민투표 결과 북아일랜드에서 71%, 아일랜드에서 94%의 지지를 얻어 통과되었다.

어떨지 제안하는 칼럼을 〈예루살렘 포스트Jerusalem Post〉에다 게재한 것은 지난 2000년의 일이었다. 물론 나는 거기에 동의하지 않았다. 한 나라의 평화 협정을 다른 나라에 적용해 성공하기는 어렵다. 대규모 유대인 정착촌이 있는 팔레스타인 서안 지구는 가톨릭이 쫓겨난 뒤인 17세기 아일랜드와 더 유사하다. 북아일랜드의 라간Lagan 강 옆에서 내가 청중들에게 한 이야기의 핵심도 그것이었다.

청중들이 내게 물었다. 이스라엘로 하여금 유엔 안보리 결의안 242호를 준수하도록 강제할 수 있을까요? 아니요. 최근의 전쟁으로 인해 지금 레바논이 더 큰 위험에 처해 있나요? 네. 중동 문제에 관한 한 블레어는 정말로 부시의 애완견인가요? 네. 중동 사람들과 '아브라함의 자손들' 사이에 평화를 가져오는 데 있어서 '신앙'이 어떤 도움을 줄 수 있을까요? 또, 교황 베네딕토 16세가 중세 비잔틴 황제의 말을 인용한 행위가 실질적으로 어떤 파급력을 미칠까요? 베네딕토 교황은 굉장히 똑똑한 사람이라 선지자 무함마드와 폭력에 관한 그런 불쾌하고, 요즘 말로 하자면 도발적인 발언이 가져올 파급 효과를 전혀 예상 못 하지는 않았을 겁니다.+

또한, 그 날의 강의가 있고 나서 얼마 지나지 않아 베네딕토 교황은 지옥의 변방에 있는 사람들을 데려다 공간이 넉넉한 천국으로 보내기로 한 바가 있다는 사실을 덧붙여야겠다.++ 내 짐작으로는, 서서히 붕괴되어가

+ 교황은 2006년 9월 독일 레겐스부르크대학에서 가진 야외 미사 당시에 "무함마드가 (인류에게) 가져온 것은 '자신의 신념을 칼로써 전파하라'는 명령과 같이 사악하고 비인간적인 것들뿐이다"라는 14세기 비잔틴 제국의 마누엘 팔레올로고스의 말을 그대로 인용함으로써 무슬림들을 비롯한 전 세계 많은 시민들의 거센 항의와 비판을 받았다.

++ '세례를 받지 못한 채 죽은 아이들은 죄를 범하지는 않았으나 원죄에서 벗어나지 못했다. 따라서 그들의 영혼은 천국과 지옥의 중간 지대라 할 수 있는 림보(Limbo)에 영원히 머물게 된다'는 것이 800년간 가톨릭의 교리로 내려져 온 '유아 림보(Limbus Infantum)'의 개념이었다. 그런데 2006년 10월 초, 추기경 시절부터 그것을 "신학적 가정에 불과하다"고 비판해 온 베네딕토 16세가 유아 림보 개념의 폐기를 추진한다는 내용의 언론보도가 흘러나오기 시작했고, 결국 이듬해 4월 보도의 내용과 같은 결론이 담긴 바티칸의 국제신학자위원회 보고서를 교황이 승인함으로써 기존의 림보 교리는 폐기됐다.

는 서구 기독교 교회가 지옥의 변방으로 자리를 옮기려면 그만큼 공간이 필요했기 때문이 아닐까 한다.

그건 그렇고, 좀 전에 말한 '신앙'에 관한 질문을 받은 건 벨파스트 폴즈Falls에 있는 클로나드Clonard 수도원에서 열린 대규모 모임—주로 젊은 사람들로 구성된—에서였다. 그 수도원은 레뎀프토르회Redemptorist 소속 기관이었는데, 멋진 교회에다 런던의 로열 앨버트 홀Royal Albert Hall에 갖춰진 음향 시설까지 보유하고 있었다. 아마 두 곳이 분명 같은 시기에 지어졌기 때문인 듯했다. 그렇지 않아도 수도원의 극도로 경건한 분위기는 나 같은 '세속주의자'를 잔뜩 주눅 들게 했는데, 벨파스트에서 꽤나 알려진 인물인 게리 레이놀즈Gerry Reynolds 신부가 전쟁의 폐해와 '무력에 의한 인도주의적 개입'의 비도덕성에 대해 역설하던 나에게 불쑥 그런 질문을 던진 것이다.

나는 죽을 날이 가까워진 아버지가 어느 날 자신은 "가는 게" 두렵지 않다고 말하자, 내가 "아버지는 신앙이 없어서" 그렇다고 말했던 기억을 들려주고 싶은 유혹을 느꼈다. 그러나 나는 청중들에게 우리 같은 서구인들은—레이놀즈 신부를 제외하고— 대체로 신앙을 잃어버렸지만, 무슬림 세계는 그렇지 않다는 말로 답변을 대신했다.

그 밖에도 벨파스트에서 가장 자주 듣는 질문은 이런 거였다. 지도자들이 전쟁을 멈추게 하기 위해서는 우리가 어떻게 해야 할까요? 나는 그 답을 모른다. 다만, 아주 독창적인 캐나다 작가인 마가렛 애트우드Margaret Atwood가 최근 발표한 소설《도덕적 무질서Moral Disorder》에 나오는 다음의 표현을 좋아할 따름이다.

> 아무도 따르지 않는다면, 당신은 누구도 이끌 수 없다.

블레어 경과 그 부하들을 다루는 방법은 바로 그게 아닐까? 아참, 바로 그 주에 의회와의 '면담' 자리에서 무슬림 여성들이 베일을 벗기를 원한다고 잭 스트로가 말한 시점이 며칠만 빨랐어도, 내가 그 수도원에서 신앙이라는 주제를 가지고 그를 완전히 박살 내줬을 텐데 그저 아쉬울 따름이다. 다음 '면담'에서는 그가 또 뭘 요구할까? 모든 가톨릭 수녀들에게 머릿수건을 쓰지 말게 하자는 거? 정통파 유대교 여성들의 가발을 벗기라는 거? 잭 스트로가 아니었다면 이슬람 혐오증이 오늘날처럼 심하지는 않았을 거라는 생각을 아무래도 떨칠 수가 없다.

2006년 10월 7일

인디펜던트

지도 위에 증오를 그려 넣기

우리는 왜 중동 사람들을 갈라놓으려 애쓰는 걸까? 우리는 왜 그들을 잘게 나눠서 서로 반목하게 하는 걸까? 끊임없이 분열과 의심과 서로 간의 증오를 떠올리게 하려는 교활하고 사악한 시도의 목적은 뭘까? 단지 우리 안에 인종주의가 무의식적으로 녹아있기 때문일까? 아니면 우리 서구인들의 영혼 속에는 음흉한 그 무언가가 자리 잡고 있는 걸까?

지도만 보더라도 그렇다. 공개적으로 중동의 종파 지도를 유포하는 우리 언론인들의 못된 버릇에 환멸을 느끼는 사람은 비단 나 하나뿐일까? 내가 무슨 말을 하려는 건지 여러분은 알 것이다. 오늘날 우리는 색깔로 구분된 이라크 지도에 아주 익숙하다. 맨 아래에는 시아파—물론이겠지—, 중간의 '삼각형'에는• 수니파, 그리고 북쪽에는 쿠르드족이 있다.

혹은 내가 사는 레바논 지도는 어떤가? 맨 아래에는 시아파—역시 물론이다—, 좀 더 북쪽에는 드루즈파, 시돈과 베이루트 남부 해안지대에는 수니파, 베이루트의 남부 외곽 지역은 다시 시아파, 베이루트 시내는 수니파

• 실제로는 팔각형이나 심지어 오각형에 더 가깝다.

와 기독교도, 거기서 북쪽으로 더 올라가면 기독교 마론파, 트리폴리는 수니파, 그 동쪽으로는 또 시아파. 우리가 이런 지도를 얼마나 아끼고 사랑하는지! 사람들 마음속에 증오를 심기란 참 쉽다.

물론 간단치 않은 문제도 있다. 우리네 지도에 따르면, 수니파인 내 운전사 아베드는 우리 집 바깥에 더 이상 차를 주차해서는 안 된다. 또한, 내가 쓴《문명화 대전》의 아랍어판을 펴낸 출판사의 무슬림 대표와는 이제 더 이상 우리가 즐겨 가던 동베이루트의 폴즈 식당에서 점심을 같이할 수 없게 됐다고 말해야 한다. 우리네 지도에서는 그곳이 베이루트의 기독교 마론파 지역으로 표시되어 있기 때문이다.

수니파 지역인 타렉 알 지데이디Tarek al-Jdeidi에 사는 몇몇 시아파 가족들이 잠깐 집을 비우고 휴가를 떠났다. 항상 그렇듯 열쇠는 이웃들에게 맡긴 채였다. 따라서 이제 우리의 베이루트 지도는 더욱 깔끔하고 이해하기 쉬워진 셈이다. 오늘날 바그다드에서는 그와 똑같은 일들이 훨씬 더 큰 규모로 진행되고 있다.+ 이제 색깔 표시가 더 굵고 선명해질 수 있게 됐다. 그동안 우리를 헷갈리게 했던 '혼재된'이란 단어는 더 이상 쓰지 않아도 된다.

우리는 발칸에서도 똑같은 짓을 했다. 세르비아인들이 그곳을 '청소'하기 전까지 보스니아의 드리나 계곡Drina Valley은 무슬림 지역이었다. 스레브레니차 역시 '안전지대'라는 표시를 지우고 지도 위에 '세르비아'라는 글자만 박아 넣으면 그뿐이었다. 크라히나Krajina는 또 어떤가? 크로아티아인들이 차지하기 전까지 거긴 세르비아 지역이었다. 그런데 우리는

+ 2006년 2월 사마라 시의 시아파 성지 아스카리야 황금 돔 사원에서 일어난 폭발사건을 계기로, 이라크는 2006년부터 2007년 말까지 격렬한 종파 간 내전에 휘말려 약 3만 5000여 명이 희생당했다. 특히 바그다드 인구의 약 45%를 차지하며 도시 전역에서 시아파와 어울려 살던 수니파 주민들은 당시의 내전으로 인해 대거 학살당한 뒤 도시 서쪽 지역으로 내몰려 고립되거나, 시리아와 요르단 등지로 쫓겨나는 신세가 되었다.

지도에다 그곳을 '크로아티아'나 '가톨릭', 혹은 둘 다 모두 표시했던가 그랬다.

이런 분리주의 게임에서 우리가 저지른 죄는 명백하다. 우리는 '타자'이자 잠재적으로 우리의 적인 '그들'을 서로 갈라놓기를 원한다. 반면 다문화의 가치를 존중하는 품위 있고 단결된 우리 서구인들은 절대 갈라놓아서는 안 된다. 예를 들어, 나는 누가 영국의 버밍엄을 '무슬림'과 '비무슬림'으로 구분해 종파 지도를 그려 보라면 얼마든지 그릴 수 있다. 하지만 그걸 지면에 실어주는 신문사는 아무도 없을 것이다. 나는 '흑인'과 '백인' 지역사회가 서로 거리를 사이에 두고 맞닿아 있는 워싱턴의 인종지도도 아주 정확히 그려낼 자신이 있다. 그러나 〈워싱턴 포스트〉가 그 지도를 실어줄 리는 만무하다.

〈뉴욕 타임스〉가 브루클린·할렘·이스트 리버·흑인·백인·동양인·이탈리아계·가톨릭·유대인·앵글로색슨계 백인 기독교를 놓고 색칠하기 놀이를 한다고 상상해 보라. 아니면 〈토론토 글로브 앤드 메일〉이 캐나다 몬트리올을 프랑스계와 비프랑스계로 나눈다거나—실제로 어느 시점부터는 도시 지하철을 따라 나뉜다—, 토론토를 가지고 색깔로 구분한다든지—그 도시의 '리틀 이탈리아'에는 이제 우크라이나나 그리스계 주민들이 살고 있다—, 교외에 위치한 미시소가Mississauga 지역을 무슬림을 상징하는 녹색으로 칠한다는 상상은 또 어떤가? 하지만 우리는 우리가 살고있는 사회를 마치 히틀러처럼 그렇게 지도로 나눠 표시하는 일 따위는 하지 않는다. 그건 절대 용서받지 못할 악취미이자, 소중하고 조심스럽게 지켜온 문명사회에 살고있는 '우리'가 할 짓이 아니기 때문이다.

그러나 이번 주 뉴욕의 서점 판매대를 지나치다가 〈타임〉 지의 표지를 얼핏 보고는, 정말 이건 아니라는 생각이 들었다. 표지에는—1930년대 나치의 기관지 표지가 실제로 이런 식이었을지도 모르겠다— 두건을 두른 두 명의 남성이 등장했는데, 한 명은 검은 두건을, 나머지 한 명은 바둑판무늬의 스카프로 얼굴 대부분을 가리고 있었다. 그리고 그 제목은 "수니파 대 시아파, 그들은 왜 서로를 증오하는가"였다.

물론 이는 이라크 내전에서 "끄집어낸 것"이었다. 2003년 8월 바그다드에 있는 미국의 대변인들이 이야기할 때만 해도 지금과 같은 결과가 펼쳐질 거라고는 그 누구도 꿈에서조차 상상하지 못했던 바로 그 내전 말이다.

이게 전부가 아니다. 그 주의 〈타임〉 지를 사서 30페이지를 한 번 펴보기 바란다. 거기에 뭐가 실려 있는지 아는가? 다름 아닌 "수니파와 시아파를 구별하는 방법"이다. 이야, 이거 정말 쓸모 있는 기사 아닌가? 그리고 곧이어 둘을 구분할 수 있는 유용한 정보들이 세로로 잘 정리되어 있었다. 그중에서 "이름"을 예로 들어보자.

> 이름을 가지고 종파를 구별할 수 있는 경우들도 있다. 아부 바크르, 오마르, 우스만. 이런 이름을 가진 사람들은 거의 틀림없이 수니파다. 압델 후세인이나 압델 자흐라—여태껏 나는 '압델 자흐라'라는 이름을 가진 사람을 한 번도 만나본 적이 없다—라 불리는 사람들은 대체로 모두 시아파다.

그 밖에 "기도", "사원", "발상지", "억양", "방언", 그리고 맙소사, 심지어는 "자동차"라는 항목도 있었다. 속으로 '설마'하고 아직 믿지 못하는 독자들을 위해 마지막 항목을 좀 더 설명하자면, 자동차에 이맘 알리의 사진이나 스티커가 붙어 있는 경우에는 운전자가 시아파이고, 안바르 지방 번호판을 달고 있으면 수니파일 가능성이 높다는 것이다. 〈타임〉 지에 한 번 더 감사의 말을 전하며, 미군이 왜 그 잡지를 대량으로 구매해서 바그다드에 투하하지 않는지 그 이유를 알다가도 모르겠다. 그러면 여전히 무식하기 짝이 없는 현지의 살인자들이 목표물을 혼동해 엉뚱한 사람을 살해하는 일은 없을 텐데 말이다.

그건 그렇고, 언젠가 〈타임〉 지가 이미 심하게 갈라질 대로 갈라진 미국 사회를 쉽사리 구분하도록 도와주는 기사도 싣게 될 날이 올까? 워싱턴에서 누가 마당에 쓰레기를 가장 많이 쌓아두고 있으며, 미시간 주 디어본에서는 어떤 범퍼 스티커를 유심히 봐야 하는지 따위를 알려주는 기사 말이다. 아니, 절대 그런 일은 없을 것이다.

솔직히 고백하자면, 나 역시 중동에서의 이런 사소한 종파 게임으로부터 전혀 자유롭지 않다. 나는 레바논 사람들을 만날 때면 그 출신지를 묻곤 한다. 그 사람의 고향 주변에 있는 산이나 강을 기억해내기 위해서가 아니라 나만의 지도에 그들을 표시해두기 위함이다. 그러나 이내 그게 부질없는 짓이었다는 걸 쉽게 깨닫게 된다. 시아파 지역인 레바논 남부 출신이라고 말한 사람이 알고 보니 남부의 드루즈파들이 사는 하스바야Hasbaya에서 왔다거나, 기독교 도시 즈베일Jbeil 출신이라고 말한 여자가 그 도시에 사는 소수 시아파 출신임이 드러나는 식인 것이다. 아, 이 성가신 소수파들이 우리가 그려놓은 제국주의식 종파 지도에 딱 들어맞는 곳으로 옮겨 가서 살면 좋으련만.

그리고 우리는 중동의 수니파 군주들이 하는 이야기에 계속 귀를 기울인다. 그들은 '시아파 초승달 지역'+에 대해 열변을 토한다. 그러니 우리

+ 시아파인 헤즈볼라가 사실상 장악한 레바논 남부, 시아파의 한 분파인 알라위파가 정권을 잡고 있는 시리아, 시아파 인구가 다수인 이라크 남부와 이란을 이으면 초승달 같은 모양이 된다. 이 표현은 요르단의 압둘라 2세 국왕이 이란을 견제하면서 처음 사용한 것으로 전해진다.

가 시아파인 이란을 그다지도 싫어하는 게 전혀 놀랄 일은 아니다. 또한, 우리는 계속해서 그 땅을 자르고 가위질해서 더욱더 많은 인종 지도를 찍어낸다. 나는 그 지역 전체에서 내전을 부추기는 게 우리가 바라는 바가 아닐까 심각하게 고민해본다. 말이 나왔으니 말인데, 나는 그게 사실이라고 생각한다.

2007년 3월 3일

인디펜던트

당신들이 우리 도시에 폭탄을 떨어뜨린다면

2005년 7월 7일 스코틀랜드에서 G8 정상회담이 열리던 날, 네 명의 영국 무슬림들이 런던 지하철과 버스에서 자살폭탄 공격을 감행해 52명이 사망하고 700명이 다쳤다.

최근 공개된 비디오에서 오사마 빈 라덴은 이렇게 말했다.

"당신들이 우리 도시에 폭탄을 떨어뜨린다면, 우리도 당신들의 도시를 폭파할 것이다."

거 봐, 그렇다니까. 토니 블레어가 조지 부시의 '테러와의 전쟁'에 가담해 이라크를 침공하기로 했을 때부터 영국이 공격 목표가 될 거라는 건 불을 보듯 아주 분명했다. 그동안 우리는 그런 경고를 받아왔다. 그들이 사전에 G8 정상회담을 공격 날짜로 선택하고 준비해왔음은 너무나 명백했다.

그래서 "그들은 우리가 소중히 여기는 것들을 절대 파괴할 수 없을 것"이라는 블레어 경의 어제 발언은 하나 마나 한 발언이었다. "그들"은 "우리가 소중히 여기는 것들"을 파괴하려는 것이 아니었다. 그들이 의도한 건, 블레어가 어쩔 수 없이 영국군을 이라크에서 철수시키고 미국과의 동맹을 철회하는 동시에 부시의 중동 정책에서 발을 빼게 하기 위해 여론을 움직이는 것이었다. 스페인은 부시를 지지한 대가를 이미 치렀다. 뒤이은 스페인의 이라크 철군은 마드리드 폭탄 테러가 그 목적을 달성했음을 증명해 보였다. 오스트레일리아인들도 인도네시아 발리에서 똑같은 고통을 겪었다.+

토니 블레어가 어제의 폭발 사건을 "야만적"이라―물론 그건 사실이다― 부르기는 쉽다. 하지만 2003년 미영의 이라크 침공으로 인해 죽어간 민간인들, 확산탄Cluster Bombs으로 인해 갈가리 찢긴 아이들, 미군 검문소에서 총에 맞아 쓰러진 그 수많은 무고한 이라크인들의 죽음은 뭐라고 표현해야 할까? 그를 가리켜 우리는 '부수적인 피해'라 부른다. 반면 '우리'가 목숨을 잃게 되면, 그건 '야만적인 테러리즘'이다. 우리가 이라크에서 반란에 맞서 싸우는 거라면, 그 반란의 총구가 직접 우리를 향하지 않을 거라고 믿을 근거가 무엇인가? 한 가지는 확실하다. 토니 블레어가 이라크에서의 '테러와의 전쟁'을 통해 우리가 더욱 효과적으로 영국을 보호할 수 있게 될 거라고 정말로 믿었다면―부시가 늘 말하듯이, "그들이 이곳으로 오게 하느니 차라리 그곳에서 그들과 싸우는 게 낫다"―, 이제 그런 주장은 더 이상 유효하지 않게 됐다는 점이다.

전 세계의 시선이 영국을 향하고 있던 G8 정상회담에 맞춰 폭탄을 터뜨린다는 발상은 그다지 천재적이라 할 것까진 없다. 폭발물로 50명이 넘는 시민들을 살해하고 수도를 폐쇄시키기 위한 시간과 장소로 부시와 블레어가 악수를 나누는 순간과 현장을 선택하는 데는 박사 학위 따위는 필요치 않다는 것이다. 게다가 G8 정상회담은 아주 오래전부터 예고된 행

+ 2005년 10월 1일, 발리의 휴양지에서 잇따른 연쇄 자살폭탄 테러로 인한 사망자 20명과 부상자 129명 가운데는 오스트레일리아인이 각각 4명과 19명씩 포함돼 있었다.

사라, 폭파범들이 뭔가를 준비하기엔 시간이 충분했다. 어제 목격한 것과 같은 식의 합동 공격 체계는 몇 달이면 계획할 수 있다. 안전 가옥을 고르고, 폭발물을 준비하고, 목표물을 찾고, 보안을 점검한 다음, 실행에 옮길 사람과 시간을 정하고, 의사소통을 어떻게 할 것인지만 계획하면 된다—공짜 휴대폰은 널렸다—. 치밀한 사전 조율과 계획, 그리고 무고한 사람들의 생명 앞에서 한 치의 떨림도 없는 무자비함은 알 카에다의 특징이다. 그렇다고 해서 우리의 방송국 친구들이 어제 사용했던 '보증 상표hallmarks'란 표현 따위는 쓰지 말자. 그건 구리나 쇠, 납 같은 금속보다는 양질의 은에나 갖다 붙이는 단어니까.

따라서 G8 개막식같이 중요한 행사가 열리는 날에 그런 피비린내 나는 사건이 벌어졌다는 건 우리의 안보 기관들이 철저히 마비돼 있었음을 드러내 주는 대표적인 사례였다. 있지도 않은 이라크의 대량파괴무기가 존재한다고 주장했던 바로 그 정보 '전문가들'은 런던 시민들을 살해하기 위한 음모가 몇 달에 걸쳐 진행되는 데도 전혀 적발하지 못했다.

게다가 기차, 비행기, 버스, 승용차, 지하철 같은 교통수단은 어쩌면 알 카에다의 전공 분야가 된 듯하다. 하루 300만 명이나 되는 런던의 통근자들을 누구도 일일이 검색할 수는 없다. 지나는 관광객들을 모두 멈춰 세울 수 있는 사람은 아무도 없다. 혹자는 유로스타가 알 카에다의 목표물일 수 있다고 생각했다. 알 카에다도 틀림없이 그런 검토를 했을 것이다. 그러나 누구나 일상적으로 타고 다니는 버스와 지하철이 있는데, 굳이 고급 열차를 노릴 이유가 뭐가 있겠는가.

다음으로, 오랫동안 이런 악몽을 예상해온 영국의 무슬림들이 있다. 이제 그들 한 사람 한 사람은 모두 '유력한 용의자들'이 된다. 갈색 눈동자를 가진 남녀, 턱수염을 기른 남자, 스카프를 두른 여자, 이슬람 염주를 찬 소년, 인종적인 모욕을 당했다고 주장하는 소녀들 모두가 그렇다. 어제 일어난 폭탄 사건의 핵심 가운데 하나가 바로 이것이다. 영국의 무슬림들을 비무슬림들로부터 갈라놓고, 블레어가 분개해 마지않는다고 주장하는 바로 그 인종주의를 고취시키는 결과를 낳게 된 것이다.

그래, 문제는 그거였다. "영국의 적들이 원하는 건 '우리가 소중히 여기는 것들'을 파괴하는 것"이라는 거짓 주장을 계속 고집하는 것은 곧 인종주의를 부추기는 행위나 다름없다. 오늘날 우리가 맞닥뜨린, 런던을 대상으로 한 구체적이고 직접적이며 중앙에 집중된 공격은 '테러와의 전쟁'의 결과물이다. 그리고 토니 블레어는 그 '테러와의 전쟁'의 틀 안에 우리를 가둬버렸다. 지난 미국 대선 직전에 빈 라덴은 이런 물음을 던졌다.

"우리가 스웨덴을 공격하지 않은 이유가 뭐겠는가?"

스웨덴은 참 운이 좋다. 거기엔 오사마 빈 라덴이 없다. 그리고 토니 블레어도 없다.

2005년 7월 8일

인디펜던트

인종주의자들의 거짓말

아, 중동의 무슬림들이 역사의 진실을 둘러싸고 어찌나 나의 인내심을 갉아먹는지! 나치에 의해 600만 명의 유대인들이 조직적이고 계획적으로 살해된 유대인 홀로코스트가 논쟁의 여지가 없는 진실임을 아랍 친구들에게 그토록 오래 설명해왔건만, 나는 지금도 여전히 그걸 믿으려 하지 않는 이들을 마주하게 된다. 그리고 이번 주, 이란의 몰상식한 대통령 아마디네자드가 유대인 홀로코스트에 관한 이른바 공정한 '회의'를 개최함으로써 자신의 조국을 불명예와 수치로 몰아넣었다. 그 자리에 모인 인종주의자들은 비록 유대인들을 향한 자신들의 증오심을 직접적으로 표출하지는 않았지만, 그 밖의 다른 셈족들+, 즉 중동의 아랍인들을 배신하는 악의에 찬 거짓말들을 되풀이했다.

하지만 유럽의 유대인들에게 저질러진 그 극악무도한 범죄를 이해하려 하지 않는다면, 1948년 팔레스타인에서 75만 명의 남녀노소가 인종청소

+ 구약성경 창세기에서 노아의 대홍수 이후 살아남은 노아의 세 아들 가운데 맏아들이 셈이었다. 그러므로 셈족은 성서적으로는 셈의 자손을 의미하나, 오늘날에는 언어학적인 측면에서 대체로 중동지역에서 생겨난 언어들을 사용하는 민족을 가리킨다. 이런 기준에 따르면 아랍어나 히브리어는 모두 셈어이기 때문에 아랍인과 유대인은 같은 셈족에 속하게 되고, 기독교와 이슬람, 유대교도 모두 셈족에게서 비롯된 종교로 분류된다.

당한 사실을 어떻게 서구인들이 이해하고 받아들이기를 기대할 수 있을지 나는 항상 묻곤 한다. 물론 여기에는 지독한 아이러니가 바탕에 깔려 있다. 유대인 홀로코스트가 자신들의 책임이 아님에도, 팔레스타인 사람들은 마치 그들이 그걸 저지른 양 취급당하고 또 그로 인해 고통을 겪고 있다. 아무리 홀로코스트가 끔찍하고 악랄했다 할지라도, 그와는 별개로 중동의 무슬림들은 오늘날 팔레스타인 사람들이 감내하고 있는 그런 불의한 상황이 얼마나 수치스럽고 터무니없는 것인지를 전 세계에 알릴 의무가 있는 것이다. 그러나 아마디네자드는 이런 단순하고도 중요한 방정식을 이해할 만한 두뇌도, 정직성도 갖추고 있지 못하다.

물론 예루살렘의 팔레스타인 최고 종교 지도자가 히틀러와 손을 잡았던 건 사실이었다. 그러나 짓밟히고 억압받고 점령당하고 살해된 우리 시대의 팔레스타인 사람들—사브라와 샤틸라, 제닌, 베이트 야눈의—은 2차 대전 당시에는 태어나지도 않았던 사람들이다.

그럼에도 팔레스타인인들을 마치 2차 대전에 관여했던 사람들인 것처럼 대하는 것은 이스라엘과 그 지도자들이 영원히 부끄러워해야 할 부분이다. 1982년에 이스라엘군이 베이루트를 향해 진격할 당시 이스라엘 총리였던 메나헴 베긴은 자신들이 꼭 "히틀러"를 처단하기 위해 "베를린"으로 진군하는 느낌이라는 정신 나간 편지를 로널드 레이건 미 대통령에게 써서 보낸 바가 있다.

그러자 용기 있는 이스라엘 작가였던 유리 아브네리Uri Avneri는 베긴에게 "총리, 히틀러는 이미 죽었소"라는 문구로 시작되는 공개서한을 보냈다. 그런 노력에도 불구하고, 1989년에 아리엘 샤론은 똑같은 술책을 되풀이했다. 〈월 스트리트 저널〉과의 인터뷰에서 그는 아라파트가 미 국무부와 대화를 시도한 것을 두고 "히틀러도 2차 세계대전 후반기에 똑같이 연합군과의 협상을 간절히 원했었지요. 아라파트도 같은 부류의 적이라 할 수 있습니다"라고 말했다.

누군가 2차 대전 당시 독일군의 행동과 '무기의 순수성'+이란 이율배반적인 주장을 끊임없이 늘어놓는 오늘날의 이스라엘 군인들의 행동을 비교라도 할라치면, 두말할 나위 없이 반유대주의라는 비난이 쏟아진다. 물론 나는 그런 반응이 대체로 옳다고 믿는 편이다. 현재 이스라엘인들이 대규모 강간이나 살인을 저지르는 것도 아니고, 팔레스타인 사람들에게 쓰려고 가스실을 설치하는 것도 아니기 때문이다.

그러나 이스라엘군의 행동들을 그런 정신 나간 비교로부터 떼어놓기가 언제나 수월하지만은 않다. 이스라엘은 레바논의 기독교 팔랑헤 민병대에게 그들의 사랑하는 지도자++를 살해한 건 팔레스타인인들이라고 말한 뒤, 분노한 그들을 사브라와 샤틸라 난민촌으로 들여보냈다. 그래놓고 이스라엘군은 옆에서 학살을 지켜만 볼 뿐, 아무런 조치도 취하지 않았다.

이와 관련해, 이스라엘 소설가 A. B. 예호슈아A. B. Yehoshua는 자기네 나라 군인들이 설사 어떤 일이 벌어지고 있는지를 몰랐다 할지라도, "그렇다면 그건 독일인들이 부헨발트Buchenwald와 트레블링카Treblinka 수용소 외곽에 서 있으면서도 안에서 무슨 일이 벌어지고 있는지 몰랐다는 것과 똑같다"고 주장했다.

한편 제닌 학살이 있은 뒤, 한 이스라엘 장교는 자신의 부하들에게 근

+ '무기의 순수성(Tohar Haneshek)'은 오늘날 이스라엘 방위군(IDF)의 핵심적인 윤리원칙 중 하나로, '(이스라엘 군인은) 오로지 임무를 완수할 목적으로만 자신의 무기와 힘을 사용할 것이며, 전투 중에도 인간성을 유지할 것이다. 또한, 비전투원이나 전쟁포로를 해칠 목적으로 무기와 힘을 사용하지 않을 것이며, 그들의 생명과 신체, 명예, 재산에 해가 가지 않도록 최선을 다할 것이다'란 내용을 담고 있다. 이를 근거로 대다수 이스라엘 국민들은 자국의 군대가 세계에서 가장 도덕적인 군대라는 자부심을 갖고 있으나, 팔레스타인과 레바논 등에서 이스라엘군이 실제로 보여준 행동은 그들의 믿음과는 정반대라는 사실을 보여준다.

++ 1982년 8월 대선에서 대통령으로 당선된 직후 폭탄 테러로 목숨을 잃은 팔랑헤 지도자 바시르 게마엘을 말한다.

접전을 경험함으로써 1944년 나치 군대가 바르샤바에서 썼던 전술을 익힐 수 있을 거라 말했다고 이스라엘 언론이 보도했다. 1978년과 1982년, 1993년, 1996년, 그리고 다시 이번 여름, 셀 수 없이 많은 레바논 난민들이 이스라엘 공군에 의해 도로에서 잔인하게 죽어 나가는 걸 지켜보면서, 나는 그들과 똑같이 오갈 데 없던 프랑스 난민들에게 공격을 가한 1940년 그 날의 독일 공군을 떠올리지 않을 수 없었다. 지난 25년간 수천 명의 레바논인들이 그런 방식으로 목숨을 잃었다.

그리고 '인간 방패' 운운하는 터무니없는 주장에 대해서도 잘 한번 생각해보기 바란다. 1996년의 어느 날, 저공으로 비행하던 이스라엘 헬기 한 대가 구급차 표시가 된 차량에 로켓 공격을 가해 그 안에 탄 여성과 아이들을 살해한 사건이 있었다. 혹은 이스라엘인들로부터 집을 비우라는 명령을 받은 뒤 도로를 따라 피난을 가던 여성과 아이들의 난민 행렬을 역시나 저공으로 비행하던 이스라엘 공군 헬기가 폭격을 가해 갈가리 찢어놓은 사건은 또 어떤가?

아니, 이스라엘인들은 나치가 아니다. 그러나 그들이 난민들을 상대로 한 공격을 중단하지 않는다면, 이제 우리는 전쟁 범죄 이야기를 꺼낼 수밖에 없다. 아랍인들도 그걸 쟁점으로 제기할 자격이 있다. 그래야만 한다. 그 대신 그들은 유대인들의 역사에 대한 거짓말을 멈춰야 한다. 그리고 이스라엘의 탄생과 더불어 벌어진 야만에 대해 진실을 이야기하는 이스라엘 역사가들로부터 교훈을 배워야 한다.

마지막으로 아마디네자드의 터무니없는 행동에 대해 서구가 보인 반응 이야기를 덧붙이자면, 이스라엘의 에후드 올메르트 총리가 아마디네자드를 향해 마구 경멸의 말을 쏟아내는 동안 블레어 총리는 아마디네자드의 발언에 '너무나 충격을 받은 나머지' 자신의 귀를 의심했다고 전해진다. 물론 나는 이란과 터키 사이의 관계가 얼마나 중요한지를 잘 인식하고 있는 아마디네자드가 테헤란에서 아르메니아 홀로코스트를 추모할 만큼의 배짱을 보이지 못할 거라는 사실을 믿어 의심치 않는다. 영국, 이스라엘, 이란 정부가 이렇게나 공통점이 많을 거라고 누가 감히 생각이나 했겠는가?

2006년 12월 16일

인디펜던트

꿈의 해석

어렸을 적, 걸핏하면 되풀이되는 악몽이 하나 있었다. 거기엔 항상 외할아버지 아서의 개가 등장했다. 아서에게는 '랜슬롯 경'이라 불리는 붙임성 좋은 래브라도 개가 한 마리 있었다. 나는 그 개를 아주 귀여워했다. 아마 녀석도 나를 좋아했던 것 같다. 우리는 아서의 커다란 잔디밭에서 달리기 경주를 하다가 내가 녀석의 발을 걸어 넘어뜨리려고 하면 그 녀석도 내 발을 걸어 넘어뜨렸으며, 내가 땅바닥에 누워 있을 때면 녀석도 내게 등을 기댄 채 앉아 그 육중하고 힘센 꼬리로 연신 내 얼굴을 툭툭 치곤 했다.

그러나 항상 내 꿈에 등장하던 개는 랜슬롯 경이 아니라, 물고 짖고 하는 모습이 마치 늑대 같았던 그냥 사납기만 한 '랜스'였다. 꿈속의 그 개는 랜슬롯 경과 같은 털 색깔을 가졌지만, 얼굴은 나에 대한 적대감으로 일그러져 있었고, 한참을 나를 못살게 굴다가 겁에 질린 내 울음소리를 듣고 아버지가 침대로 달려오면 그제야 괴롭힘을 멈췄다. 그러면 아버지는 내가 이 무서운 유령 개로부터 완전히 벗어날 때까지 나를 흔들어 깨우곤 하셨다.

흔히 우리 서구인들은 꿈을 가리켜 '자는 동안 뇌의 활동이 감소하면서 초래된 위험한 현상'으로 여기는 경향이 있다. 우리에게 꿈은 일상의 경험이나 아주 충격적인 상황에서 받은 공포가 만들어낸—저번에 내가 전쟁에 관한 악몽을 꾼 것처럼— 잡동사니들로 이뤄진 가사상태인 것이다. 1982년 사브라와 샤틸라 난민촌 학살을 목격한 직후, 나는 잠결에 시체들이 실제로 내 침대 주위에 쌓여 있는 것 같은 느낌을 받았다. 원인은 단순했다. 낮에 부패한 시체들 위를 걸어 다녔더니 옷에 시체 썩는 냄새가 밴 거였다. 그런 것들 말고는 대개 내 꿈은 아주 시답잖은 것들이었다. 거친 바다, 친구와의 언쟁, 방금 목격한 무언가를 기사로 작성해 〈인디펜던트〉 지에 보내려고 동분서주하는 끔찍한 공포 따위가 전부였다. 베트남 전쟁을 취재한 특파원들도 분명 같은 경험을 했을 것이다.

그러나 극단주의 성향을 가진 많은 무슬림들은 꿈을 훨씬 더 진지하게 받아들인다. 선지자 무함마드는 여섯 달에 걸쳐 연속적으로 꿈을 꾼 뒤 신으로부터 메시지를 받았다. 그게 바로 꾸란이다. 그리고 선지자가 꿈과 같은 무아지경 상태에서 꾸란에 등장하는 말씀 전체를 받았다고 믿는 사람들이 있다. 달리 말하자면, 꿈은 단지 활동을 멈춘 인간 두뇌의 반영이 아니라 신과 직접 소통하는 장치일 수 있다는 것이다.

더럼대학교Durham University 인류학부의 이아인 에드거Iain Edgar 박사는 이런 현상에 대한 자신의 연구 결과•를 내게 보내왔다. 그는 "진정한 꿈Ruya"의 경험이 "중동을 비롯한 여러 지역에서 동시대 전투적 지하드 운동의 근본이자 영감이 되고 있으며, 심지어 전략적인 부분으로까지 자리 잡고 있다"라고 믿고 있었다. 또한, 이슬람을 "오늘날 세계에서 아마도 가

• Iain R. Edgar, 《The Inspirational Night Dream in the Motivation and Justification of Jihad》, (Durham: University of Durham, 2008)

장 큰 악몽이 된 문화"라고 묘사하면서, 선지자의 말씀을 뜻하는 하디스 Hadith에서 무함마드의 아내인 아이샤Aisha가 "성스러운 영감은 잠을 잘 때 꾸는 선하고 정의로운 꿈의 형태로 시작되었다. 그는 절대 꿈을 꾼 게 아니었고, 그 모두는 마치 밝은 대낮처럼 이내 현실로 이루어졌다"고 말한 부분을 인용하기도 했다.

이라크 남부 바스라 출신으로 《꿈과 그 해석Dreams and Their Interpretation》을 쓴 8세기 무렵의 꿈 저술가 이븐 시린Ibn Sirin은 꿈을 "악마에 의해 영감을 받은 영적인 꿈ruan"과 "나프스nafs—흘러내리는 뜨거운 피'라는 뜻—에서 발산되는 꿈, 즉 꿈을 꾸는 사람의 신체에 깃들어 있으며 영혼과도 구별되는 세속적인 정신"으로 구분했다. 내 꿈에 나오던 사나운 래브라도 개는 분명 후자에 속할 것이다.

그러나 무슬림들의 그런 사고방식을 마냥 우습게만 여길 일은 아니다. 3년 전 버클리대학교에 제출된 모하메드 아마눌라Mohamed Amanulla의 논문에서는, 말레이시아의 한 대학교 종교학부에 근무하는 무슬림 직원 12명 가운데 절반이 '진정한' 꿈을 꾼 적이 있으며, 그 가운데 또 절반은 꿈에 선지자가 나타났다고 적고 있다. 그리고 하디스에는 선지자가 이렇게 말한 것으로 적혀 있다.

> 누구라도 꿈에서 나를 본 사람은 절대 의심하지 마라. 사탄은 내 모습을 절대 흉내 낼 수 없을지니, 너는 나를 본 것이다.

한편 오사마 빈 라덴은 틀림없이 꿈을 믿는 사람 축에 속했다. 한 번은 그가 내게 자신의 "형제들" 가운데 한 명이 내가 무슬림 의상을 걸치고 턱수염을 한 채 말을 몰고 가는 꿈을 꾼 적이 있다고 말한 적이 있다. 그건 곧 내가 "진정한 무슬림"임을 뜻한다는 것이었다. 자신의 종교를 권하는 그런 시도는 충분히 있을 수 있는 부분이었지만, 나는 그 자리에서 사양했다. 그뿐만 아니라, 9·11 이후 빈 라덴이 했다는 이런 이야기도 전해진다.

"일 년 전에 아불 하산 알 무스리Abul-Hassan al-Musri가 내게 이런 말을 했다네. '꿈에서 우리가 미국인들과 축구를 하는 모습을 봤습니다. 그런데 경기장에 나타난 우리 팀이 모두 다 조종사 복장을 하고 있는 겁니다!' 그(알 무스리)는 라디오에서 듣기 전까지는 그 작전(9·11)에 대해 전혀 몰랐단 말이야. 게다가 그 경기에서 우리가 미국인들을 물리쳤다더군. 이건 우리에게 좋은 징조야."

2002년에 알 카에다의 전략가들이었던 람지 빈 알 시브Ramzi bin al-Shibh와 칼리드 샤이흐 모하메드Khalid Shaykh Mohamed를 인터뷰한 알 자지라 방송국의 요스리 파우다Yosri Fouda는 공격이 있기 전에 알 시브가 형제들에 대한 꿈을 자주 꿨다는 이야기를 했다고 보도했다. "그는 선지자 무함마드와 그 측근들에 대해 마치 그들을 실제로 만나보기라도 한 것처럼 이야기하곤 했다"는 것이다. 알 시브는 또한 "모하메드 아타Mohamed Atta는 내게 '마르완Marwan al-Shehhi•이 멋진 꿈을 하나 꿨는데, 이 세상에는 존재하지 않는 초록색 새들에 둘러싸여 하늘을 날다가 무언가에 부딪쳤대. 그런데 아주 행복한 기분이 들었다는 거야'하는 이야기를 해준 적이 있다"고도 했다.

기사에서 파우다는 꿈에 '초록색 새들'이 등장하는 건 종종 의미심장하게 해석된다고 적고 있다. 녹색은 이슬람의 색깔이고, 하늘을 나는 새는

• 모하메드 아타와 마르완은 모두 9·11 납치를 주도한 인물들이다.

천국의 상징이다. 마찬가지로 평소 운이라고는 지지리도 없는 피스크가 누군가의 꿈속에서 이맘이 돼 나타났다는 빈 라덴의 이야기를 전해줬더니, 에드거 박사는 내가 탄 말은 "한 사람의 신분·지위·명예·존엄·권력·영광"을 상징한다고 설명한 적이 있다. 글쎄, 고맙지만 사양하고 싶네.

대서양을 건너던 아메리칸 항공사 여객기에서 신발 폭탄을 터뜨리려고 했던 영국인 리처드 리드Richard Reid는 꽉 들어찬 픽업트럭을 얻어 타려다가 강제로 더 작은 차에 태워진 꿈을 꿨다고 이야기했다. 아마도 트럭은 리드가 가담하지 않았던 9·11에 사용된 네 대의 비행기를 상징하고, 작은 차는 19명의 9·11 납치범들을 '따라잡기 위해' 리드가 폭파하려던 아메리칸 항공 비행기를 상징했던 것 같다.

스무 번째 납치범이 될 뻔했던 모로코 태생의 프랑스인 자카리아스 무사위Zacarias Moussawi를 대상으로 미국에서 열린 2006년도 재판에서는, 그가 높은 건물을 향해 날아가는 비행기 꿈을 꾼 것이 중요한 쟁점이 되기도 했다. 파키스탄에서 단연코 가장 현명한 기자라 할 수 있는 라히물라 유수프자이Rahimullah Yusufzai는 탈레반으로부터 조직의 창립자인 외눈박이 물라 오마르가 "꿈에서 지침을 받아 그대로 실행에 옮긴다"는 이야기를 전해 들었다고 한다. 탈레반이 만들어지게 된 기원이 결국 꿈이었던 셈이다.

한 번은 물라 오마르가 유수프자이에게 전화를 걸어 해몽을 요청한 적도 있었는데, '하얀 궁전'이 불타는 꿈이었다고 한다. 예전에 유수프자이가 백악관을 방문한 적이 있다는 사실을 알고 있던 그는 "그 건물이 하얀 궁전처럼 보이지 않던가요?"라고 물어왔다고 한다. 물론, 이건 9·11 사건이 있기 전에 있었던 일이었다.

한때 관타나모 기지에 수감된 적이 있던 카리 바드루자만 바드르Qari

Badruzzaman Badr는 파키스탄 라호르에 본사를 둔 〈데일리 타임스Daily Times〉지와의 인터뷰에서 "얼마나 많은 아랍인들이 신성한 선지자가 꿈에 나타나 그들에게 개인적으로 직접 자유의 소식을 전해주는 경험을 했는지"에 대해 설명했다.

"한 아랍인은 예수가 그의 손을 잡고는 오늘날 기독교인들이 잘못된 길로 이끌리고 있다고 말하는 꿈을 꿨답니다. 그래서 다른 수감자들이 그의 손을 코로 가져가 냄새를 맡아 봤더니 실제로 예수의 달콤한 향기가 나더라는 겁니다."

다시 말해, 이슬람의 주요 선지자 중 한 명인 예수가 무슬림 수감자들에게 기독교인들이 잘못된 길로 가고 있다고 말했다는 것이다. 에드거가 말한 것처럼 "그들은 이런 꿈이 전해주는 메시지를 통해 자신들이 겪는 탄압을 초월할 수 있었던 것"이다.

그러나 거짓된 꿈들도 있다. 파키스탄 페샤와르 지역의 어느 이맘은 선지자가 꿈에 나타나 술을 마셔도 된다고 했다는 한 남자의 이야기를 들려주었다. 그러나 그 남자는 곧 자신이 술을 마셨다는 사실을 인정했다. 이맘은 그가 선지자를 본 게 아니라 술을 마신 자신을 정당화하려는 것일 뿐이라고 말했다. 아, 우리처럼 신앙심이 없는 자들은 도저히 희망이 없구나!

2008년 1월 26일

인디펜던트

10장

난공불락

역사는 우리의 책임이 아니지만, 과거를 공부하는 것은 우리의 의무이다. 과거를 잊어버린다면, 결국 벽에 비친 그림자만 지켜보는 셈이 될 것이기 때문이다. 그리고 그 가슴 아픈 반복을 피하기 위해서 뿐만 아니라 현재를 이해하기 위해서라도 우리는 과거를 공부해야 한다. 예를 들어, 레바논에서 시골 곳곳에 흩어져 있는 대로마 시대 건축물들을 보고 감동을 받는 건 누구나 할 수 있는 일이다. 그러나 자신들이 정복한 민족들을 로마의 시민으로 귀화시킨 '문명화된' 제국 로마가 오늘날 우리에게 던져주는 교훈을 되돌아보려면 그만큼의 노력이 필요하다. 마찬가지로 오늘날의 우리가 우리 자신의 정치적 목적을 위해 역사를 어떻게 '활용'하는지, 오래전에 죽은 이들을 얼마나 쉽사리 잊고 살아가는지, 어제의 거인들이 사라진 지금 얼마나 우왕좌왕하는지는 한 번쯤 꼭 짚어볼 만한 대목이다. 특히나 외신 특파원의 한 사람으로서 나는 우리 기자들이 과연 역사를 제대로 '살고' 있는지는 잘 모르겠지만 적어도 역사를 목격하고 있다는 점만큼은 분명하다고 생각한다. 그러나 그럴수록 기자는 역사에 있어서 스스로의 역할이 무엇인지에 대해 결코 가벼이 여기고 행동해서는 안 된다는 게 나의 믿음이다.

로마인들이 이라크를 봤더라면

엄밀히 말해, 말콤 윌콕Malcolm Willcock 교수는 1965년 랭커스터대학 2학년에 재학 중이던 피스크라는 끔찍한 인물에게 라틴과 로마 역사를 가르친 학자들 중에서 가장 온화하고 괜찮은 분이었다. 나에게 '검붉은 바다The Wine-Dark Sea'+ 옆을 거니는 아킬레스Achilles를 소개해준 데서 알 수 있듯이 그리스를 주로 연구했던 윌콕 교수는, 안타깝게도 올해 유명을 달리하셨다. 그의 부고 기사 중 하나에서도 언급된 바와 같이 그는 "호메로스가 자신의 등장인물들을 통해 일반적인 신화들을 얼마나 독창적으로 비틀어 영웅들의 행동 방식의 설득력 있는 전형들을 만들어냈는지"를 보여준 인물이었다.

내가 문득 그분을 떠올리게 된 건, 오늘 아침 고대 로마의 거리를 걸으며 한참 후에 등장한 훨씬 더 위험한 어떤 제국이 던져주는 교훈들을 곰곰이 생각하던 찰나의 일이었다. 언제나 로마 제국에 생명을 불어넣어 주

+ 호메로스의 장편 서사시 《일리아스》에서 아킬레스가 사랑하던 친구 파트로클로스의 장례식이 끝난 뒤 슬픔에 잠겨 바다를 바라보는 장면에 처음 등장하는 문구다. 이후 호메로스의 또 다른 서사시 《오디세이아》에도 이 문구가 네 차례 등장하는데, 원래 그리스어로 된 표현을 다른 언어로 어떻게 번역해야 할지에 대해 지금까지도 의견이 분분하다고 한다.

곤 하시던 그분이 살아계셨다면 과연 오늘날의 제국을 바라보며 어떤 평가를 하셨을까 하는 생각이 불현듯 뇌리를 스쳐 간 것이다.

1997년의 어느 날, 나는 미국산 미사일의 금속 파편들을 워싱턴에 가져간 적이 있었다. 미사일을 제조한 회사 앞에 그 파편들을 두고 올 요량이었다. 당시 내 수첩에는 "늦은 봄날의 도시는 아름다웠다. 의회 의사당과 커다란 정부 건물들은 마치 고대 로마의 건축물들처럼 보였다"라고 적고 있었다. 실제로 워싱턴의 건축가들은 자신들의 도시가 로마 제국의 수도처럼 보이기를 원했다.

또한, 작년에 사망한 한 청년을 비롯해 이라크에서 복무하던 미군들 가운데 몇몇은 자신들의 삶을 로마 지휘관의 삶에 비유하기도 했다. 독일식 헬멧과 등골이 휠 것 같은 방탄복에 부드러운 갈색 군화로 구성된 전투 복장을 갖춘 미군들을 볼 때마다 가죽 갑옷과 깃털 장식을 한 투구를 쓴 로마 지휘관들의 모습을 떠올리기란 그리 어렵지 않다.

"우리는 이라크로 들어갈 수 있어!"

그들의 제복은 그렇게 말한다. "우리는 문명의 발상지라는 수메리아 땅으로 행진해 갈 수 있어! 우리는 바그다드를 주름잡을 수 있어! 우리는 '세상을 떠받치는 세 개의 기둥' 가운데 하나야—가만, 이건 로마의 세 집정관 중 한 명이었던 안토니우스를 말하는 거 아니었나?—!"라고 말이다. 그리고 이제 로마군의 발소리를 대신해 M1A1 에이브람스 탱크의 진동이 느껴진다.

제국이 존재하는 방식이란 게 원래 그런 걸까? 예전에 나는 그들이 자신들 속에 공포 체계를 내재하고 있으며, '카르타고는 멸망되어야 한다 Delenda est Carthago'+고 생각하는—여기서 카르타고는 알 카에다에 해당한다— 극단적

+ 기원전 3세기부터 2세기까지 로마 공화국이 카르타고 제국과 세 차례에 걸친 포에니 전쟁을 벌일 당시에 향후 로마에게 언제든 위협이 될 수 있는 싹은 완전히 잘라 없애야 한다는 입장의 주전론자들이 즐겨 외치던 주장이었다.

인 사람들에 그나마 맞서 왔다고 믿었었다. 그러나 이제는 그다지 확신하지 못하겠다. 나는 로마나 영국, 미국 같은 제국들은 팽창한다고 생각한다. 끊임없이 군사적인 힘을 드러내 보이는 것이 그들의 숙명이자 본성이기 때문이다. 그들이 "우리는 바그다드로 들어갈 수 있고, 그래서 들어갈 것이다"라고 고집하는 것도 바로 그런 이유에서인 것이다.

나는 예전에 월콕 교수가 '크라수스Crassus'에 관한 이야기로 나의 관심을 끌었던 것도 기억한다. 크라수스는 로마의 빈민가에서 집세를 거둬 세스테르티우스Sestertius+를 벌어들였던 로마의 대단한 갑부였다. 그가 어떤 인물이었는지는 로렌스 올리비에가 출연한 영화 〈스파르타쿠스〉에 설득력 있게 잘 그려져 있다. 크라수스는 휘하의 군단을 이끌고 오늘날 우리가 시리아-이라크 사막이라 부르는 곳으로 갔다. 그곳에서 그들은 파르티아Parthia의 기병들—오늘날로 치자면, 시리아와 이라크의 '테러리스트들'인 셈이다—에 의해 완전히 궤멸됐다. 크라수스 자신도 항복 협상을 하러 갔다가 천막 안에서 참수당했고, 그의 두개골은 금으로 채워져 로마로 돌려보내졌다. 그의 부유함에 대한 이라크식 헌사인 셈이었다.

고대사를 전공한 영국의 역사가 하워드 헤이스 스컬라드Howard Hayes Scullard는 1930년대에 《그락쿠스 형제에서 네로까지From the Gracchi to Nero》라는 기념비적인 작품을 쓸 당시, 아우구스투스 황제가 초창기의 무솔리니와 닮았음을 느꼈다고 말한 바 있다. 또한, 〈글래디에이터〉를 비롯해 로마 역사를 다룬 수많은 영화들은 황제의 권력을 본질적으로 파시스트와 닮게 묘사하고 있다. 비록 그런 평가가 로마에게는 다소 불공평한 면이 있지만 말이다. 공화국—삼두 정치의 로마—은 권력을 나누기 위한 시도였

+ 고대 로마의 화폐 단위.

고, 폼페이우스, 아우구스투스 황제, 그리고 안토니우스—파르티안 사막에서 크라수스의 군기(軍旗)를 되찾아오려고 애썼던—가 민주주의를 구하지 못한 것은 키케로Cicero의 잘못이 아니었다.+

한편 로마가 보여준 건 '소속'의 개념이었다. 정복된 민족들은 모두 로마 시민이 되었다. 한 번 상상해보자. 2003년에 만약 모든 이라크인에게 미국 여권을 제공했더라면 바그다드에서는 어떤 일이 벌어졌을까? 아마 반란도, 전쟁도, 미군의 희생도 없었을 테고, 오직 사랑과 소망만이 넘쳐났을 것이다! 예전에 나는 아마라Amara—맞다, 지난달 영국이 통제권을 빼앗긴 바로 그곳이다. 또한, 토니 블레어가 퇴임한 뒤 그의 작위 명칭으로 물려받을 이름이기도 하다—에서 활동하던 CIA 관리에게 그런 이야기를 한 적이 있다. 그는 나를 비웃으며 "우리가 여기 온 건 그 사람들의 이익을 위해서가 아닙니다"라고 말했다. 오, 하지만 우리는 지금껏 그렇다고 이야기했었다. 그렇지?

랭커스터대학 고전학부에서 월콕 교수는 데이비드 쇼터David Shotter라는 아주 비범한 강사를 '부관'으로 두고 있었다. 과거에 쇼터는 로마 군단의 병력 증강을 2차 세계대전 당시 러시아의 독일군과 비교한 적이 있었는데, 이제는 그런 비교를 입에 올리고 싶어 하지 않는다. 그 대신 오늘 그는 "이윽고 로마의 위치에 오른 나라"와 "광기의 에너지를 가진 국민"의 탄생, 그리고 "필요에 따라 정복이 얼마나 흉포해질 수 있는지"를 이야기했다.

나는 로만 포럼Roman Forum++으로부터 불과 100m도 떨어지지 않은 곳

\+ 로마의 정치인이자 법률가와 웅변가에다 대문호였던 마르쿠스 툴리우스 키케로(BC 106~43)는 젊은 시절에 군인 출신 집정관들의 공포정치를 경험하면서 민주정이 사라질 경우의 문제점을 인식한 뒤로 로마의 민주 공화정을 지키는 일을 평생의 사명으로 여겼고, 결국 그로 인해 율리우스 카이사르의 양자인 옥타비아누스(아우구스투스 황제)의 부하들에게 목숨까지 잃게 된다.

++ 라틴어로는 포룸 로마눔, 이탈리아어로는 포로 로마노라 불린다. 이탈리아 로마의 베네치아 광장과 콜로세움 사이에 위치한 이곳은 기원전 로마의 정치, 경제, 종교, 문화의 중심지였으나, 서로마 제국이 멸망된 뒤부터는 그대로 방치됐다가 19세기부터 발굴이 이뤄지기 시작했다.

에 서서 전화기 너머로 그가 전하는 이야기를 숨죽이며 들었다. 로마의 시인 베르길리우스+는 평화라는 혜택을 통해서 이득을 얻을 필요가 있다는 걸 이해했었다. 그리고 만약 로마군의 지휘관들이 오늘날의 이라크를 봤다면 그들은 "결코 그런 상황을 용납할 수 없었을 것"이라고 쇼터는 천천히 덧붙였다.

물론 로마인들은 절대 물러서거나 '황급히 달아나는' 일은 없었다. 한 번은 비티니아Bithynia—오늘날의 터키—에서 알 카에다 같은 무리가 그곳에 살던 남녀노소 로마인들을 모조리 살해했을 때도, 그들은 그들의 적들과 끝까지 맞서 싸워 십자가에 매달아 전멸시켰었다. 또한, 인권도 고대 로마에서 아무런 의미가 없었다. 고문실은 로마 문명의 일부였다. 십자가에 못 박아 죽이는 건 힘의 상징이었다. 그래서 그들이 얻어낸 것은 무엇이었을까? 물론 부패의 척결이었다.

그리고 저런, 마침내 고트족Goths과 동고트족Ostrogoths, 그리고 서고트족Visigoths이 로마에 도착했다. 내가 이 글을 쓰고 있는 장소에서 그리 멀지 않은 곳에서는 여전히 불에 탄 녹색의 세스테르티우스 동전들이 발견된다. 로마 시장의 돌멩이에 눌어붙은 그 동전들은 '타자', 즉 로마의 '가치'를 받아들이지 않는 '외국' 군대가 삽시간에 들이닥치는 바람에 미처 가게 문을 닫을 시간적 여유가 없었던 상인들이 그냥 불 속에 던져 넣은 것들이었다.

내일 아침, 나는 다시 그곳에 돌아가 불탄 동전들을 살펴볼 작정이다. 그리고 테러리스트들의 발길이 이라크에서 멈출 것인지, 아니면 이미 워싱턴으로 건너와 제국을 내부에서부터 마구 헤집어 놓고 있는 건 아닌지

+ 푸블리우스 베르길리우스 마로(BC 70-19). 영어식 발음인 버질(Virgil)로도 알려져 있다.

스스로 질문을 던져볼 것이다. 말콤 월콕 교수도 어쩌면 나와 같은 생각을 하고 있을지 모르겠다.

2006년 11월 4일

인디펜던트

고인들의
넋을 기리며

뉴질랜드의 수도 웰링턴은 어릴 적 내가 나고 자란 영국 켄트 주의 메이드스톤을 떠올리게 한다. 1912년 식 외관을 갖춘 상점들이 즐비하게 늘어선 모습이나 비좁은 거리·무궤도 버스·커다란 동전·다소 구식으로 느껴지는 영어·도넛과 핫 크로스 번+을 찾는 사람들 등이 그랬다. 그리고 메이드스톤에서는 서로를 가리켜 '자네'라 부르곤 했다. 맞다, 그건 오스트레일리아 사람들이 주로 쓰는 표현이었다. 그리고 웰링턴에서 나이 든 남자들은 넥타이를 매고 다녔다. 1950년대에 우리 아버지가 그러셨듯이 말이다.

외할머니 필리스는 켄트에서 카페 체인을 운영했었다. 외할아버지는 외할머니가 소유한 메이드스톤의 브리지 카페Bridge Cafe에서 제빵사로 일했다. 카페는 정통 튜더 양식으로 지어진 집 안에 자리 잡고 있었는데, 집이 매각돼 헐린 다음에 콘크리트 박스 구조로 재건축된 뒤 지금은 보험대리점이 들어서 있다. 하지만 내가 처음 살았던 바우어 마운트 가의 집

+ 속에 건포도와 설탕 등을 넣고 발효시킨 뒤 그 위에 십자가 모양의 무늬를 그려 넣은 빵으로, 원래 영연방 국가들에서는 부활절 직전의 굿 프라이데이 휴일에 이 빵을 먹었다고 한다.

은 뉴질랜드에 있는 집들의 상당수가 그렇듯이 화장실 벽돌로 지은 건물이었다.

사실 메이드스톤에는 마오리Maori들+이 별로 많지 않았지만, 영화관들만큼은 웰링턴처럼 아르 데코 양식이었다. 우선 할리우드 영화들을 상영하던 그라나다 극장이 있었다. 그곳에서 커크 더글러스Kirk Douglas가 나오는 〈바이킹The Vikings〉과 찰턴 헤스턴Charlton Heston의 〈벤허〉를 봤던 기억이 난다. 그리고 리갈 시네마란 곳도 있었는데, 여배우의 맨 가슴이 나오는 B급 영화들을 틀어주는 싸구려 키스 극장이었다. 어느 날 밤 그곳에 불이 난 걸 구경하러 갔다가 돌아온 내게, 필리스 할머니는 여자들의 벗은 가슴이나 보여주니까 하느님이 벌을 내리신 게 틀림없다고 하셨다.

반면 웰링턴에는 엠버시 시네마와 파라마운트 시네마가 있다. 예전의 리갈 시네마와 똑 닮은 두 곳은 〈뮌헨〉과 〈슈렉Shrek〉, 그리고 뉴질랜드의 젊은 영화 팬들 중 일부는 너무 복잡해서 이해할 수 없었던 조지 클루니George Clooney의 〈시리아나〉 같은 영화를 상영했다.

특히 지난 주말, 파라마운트 시네마에서는 제작된 지 13년이 지난 두 시간 반짜리 다큐멘터리 영화 〈베이루트에서 보스니아까지Beirut to Bosnia〉가 상영됐다는 사실을 마지못해 이야기해야겠다. 영화에는 로버트 피스크라는 사람이 등장해 아직 불길이 남아 있는 보스니아의 모스크 안으로 걸어 들어가면서 "이런 장면을 볼 때면, 무슬림 세계가 앞으로 우리에게 어떤 행동을 보여줄지 궁금해지는군요"라고 말하는 장면이 들어 있다. 세상에나, 공교롭게도 그 날은 1993년 9월 11일이었다.

메이드스톤의 무궤도 버스는 음식물을 토해놓은 듯한 색깔의 이층 버

+ 뉴질랜드의 선주민. 저자는 뉴질랜드 출신들을 이렇게 빗대 부르고 있다.

스로, 조금만 속도를 올려도 나무로 된 빼대가 삐걱하고 소리를 내곤 했다. 그에 비해 웰링턴의 단층 버스들은 나무로 된 부분이 없었다. 그러나 1866년에 들어선 '올드 세인트 폴Old Saint Paul' 교회는 완전히 나무로만 지어져 있었고, 예전에 내가 메이드스톤의 '올 세인츠All Saints' 교회의 통로를 따라가며 읽던 것과 똑같은 황동 명판들이 자리 잡고 있었다. 그중 하나에는 "주님께 영광. 뉴질랜드 원정대 소속 대위 리처드 존 스파츠우드 세든을 추모하며, 1918년 프랑스 바뽐므Bapaume에서 임무 중 전사, 37세. 그는 죽는 순간까지 믿음을 잃지 않았다"라고 쓰여 있었다. 또 "사랑하는 소총여단 9대대 중위 S 오캐롤 스미스를 기리며, 1916년 8월 25일 프랑스 솜 전투에서 전사, 25세"라고 적혀있는 명판도 눈에 띄었다.

그리고 나는 왕립 리버풀 연대 12대대 소속 빌 피스크 소위가 솜 전투를 기억하기 위해 평생 군복 넥타이를 매고 다녔던 사실을 떠올렸다. 당시 19살이었던 그는, 프랑스 바뽐므에서 세든 대위가 전사한 지 석 달이 지난 1918년 6월에 솜에 도착해 오캐롤 스미스 중위가 사망한 바로 그 진흙탕을 오가며 싸웠다. 빌 피스크는 해마다 메이드스톤의 전몰장병 추도식에 빠지지 않고 참석하곤 했었는데, 비록 뒷면에 '문명화 대전'이란 문구가 새겨진 1차 대전 메달은 달기를 거부했지만, 핏빛 양귀비 버튼만큼은 자신이 가장 아끼는 커다란 검은색 코트의 단추 구멍에다 반드시 꽂고 갔다.

그다음으로 웰링턴의 올드 세인트 폴 교회에서 내 눈길을 끈 것은 터키에서 벌어졌던 유혈 참사 현장에 있던 인물의 이름이었다. 맨 위에 십자가가 걸려있는 황동 명판에는 "윌리엄 R. 리처드슨 상사를 기리며, 1915년 12월 5일 터키 갈리폴리Gallipoli에서 전사, 31세"라고 적혀 있었다.

그는 윈스턴 처칠이 갈리폴리에서 강행한 모험적인 군사행동이 수치스러운 퇴각으로 끝나기 불과 며칠 전에 사망한 것이다. 갈리폴리 전투는 20세기에 서구가 경험한 무슬림 군대와의 전투 가운데 가장 대규모였다.

당시 뉴질랜드가 겪은 인명피해를 알고 나서도 가슴 뭉클함을 느끼지 못한다면, 정말 매정한 사람임이 틀림없다. 터키에 파병된 8450명의 뉴질랜드 군인 가운데 전사자가 2721명, 부상자는 4752명이었다. 전투에서 88%의 인명 손실을 경험한 나라가 대체 또 어디에 있을까? 그렇게 내가 세인트 폴 교회의 명판들을 쳐다보고 있는 사이, 조이 맥클린이란 이름의 노부인이 내게 다가와 불쑥 이런 이야기를 건넸다.

"제 아버지도 갈리폴리에 있었어요. 네, 아버지는 무슬림들과 싸웠지만, 나는 그 사람들이 아버지에게는 그저 '적군'이었을 뿐이라고 생각해요. 그는 자신의 조국을 위해, 자신이 옳다고 생각하는 바를 위해 싸운 거죠, 그렇지 않나요?"

내가 이 온화한 노부인의 말을 곰곰이 생각하는 사이, 그녀의 분위기가 확 변했다.

"예전엔 이 도시에 무슬림들이 300명 정도밖에 안됐어요. 그런데 지금은 3000명이 살아요."

나는 그녀의 이 마지막 말에서 캄캄함을 느꼈다. 9·11 사건의 그림자가 이 머나먼 교회에까지 드리워지기 시작한 것이다. 나는 그 그림자를 피해 뉴질랜드 북섬의 남쪽 해안으로 차를 몰았다. 앤잭 군단Anzacs+이 상륙했던 산비탈과 놀라울 정도로 비슷하게 생긴 낭떠러지 경사면에 있는 무스타파 케말 아타튀르크의 기념비를 향해서였다.

그래, 그는 터키의 세속주의자였으며, 아랍어 문자와 이슬람식 머릿수

+ 1차 세계대전 당시 오스트레일리아와 뉴질랜드의 연합 군단.

건을 금지시킨 골초이자, 마지막 칼리프 체제의 막을 내리게 한 장본인이었다. 그러나 어쨌든 그도 무슬림인 건 사실이었다. 그곳 대리석 명판 위에는 1930년대에 사랑하는 이들의 죽음을 애도하기 위해 처음으로 갈리폴리를 찾은 뉴질랜드와 오스트레일리아 유가족들에게 그가 남긴 연설이 새겨져 있었다. 그것은 근대 무슬림 지도자의 입에서 나온 말들 가운데 가장 심금을 울리는 내용이 아닐까 한다.

> 자신들의 피를 흘리고 목숨을 잃은 저 영웅들……. 지금 우방국의 땅에 누워있는 저들이 부디 고이 잠드시길. 그의 이름이 존이건 메흐메트이건 간에 우리에게는 아무런 차이가 없습니다. 그들은 이 나라 이 땅에서 나란히 누워 있습니다. 여러분, 머나먼 나라로 아들을 보낸 어머니들은 눈물을 닦으십시오. 여러분의 아들들은 지금 우리의 가슴에 누워 편안히 잠들어 있습니다. 이 땅에서 목숨을 잃은 뒤로 그들도 이제 우리의 아들들이 되었습니다.

그리고 문득 나는 오사마 빈 라덴이 여기에 대해 어떻게 생각할지가 궁금해졌다.

2006년 3월 25일

인디펜던트

아라비아의 로렌스,
그의 말에 귀를 기울여보라

1929년, 아라비아의 로렌스는 브리태니커 백과사전 14번째 판에 '게릴라'란 단어의 뜻을 직접 작성했다. 그 단어의 설명을 읽다 보면 저절로 등골이 오싹해지는 게 느껴진다.● 오늘날 이라크의 미군들에게 해당될 만한 아주 섬뜩한 메시지를 담고 있기 때문이다. 1차 세계대전 당시 튀르크인들의 점령에 맞선 아랍의 저항에 대한 글에서 로렌스는 반군들에게 이렇게 묻고 있다.

> 그들이 가스처럼 앞뒤도 구분할 수 없고 손으로 잡을 수도 없는 난공불락의 세력이라고 생각하는가? 군대란, 깊이 뿌리를 박고 있어야 긴 줄기의 끝까지 영양분을 공급받을 수 있는 식물과 같아서 대체로 기동성이 떨어진다. 그에 비해 아랍인들은 수증기처럼 이동할 수 있다.

로렌스가 반란을 은유적으로 표현하기 위해 독가스 전의 공포를 활용한

● 이 대목에서 나는 토머스 에드워드 로렌스의 놀랄만한 글을 보내준 데 대해 영국 스티브니지(Stevenage)에 사는 친애하는 독자 피터 멧칼프에게 감사를 전한다.

것은 아주 전형적인 방식이었다. 그리고 또 그는 다음과 같이 덧붙였다.

> 튀르크인들이 점령한 땅을 다스리려면 3*km*마다 하나씩 요새 같은 초소를 구축해야 하고, 거기엔 최소한 20명이 넘는 인원을 배치해야 한다. 즉, 지역의 아랍 민중들 모두가 품고 있는 반감에 대처하기 위해서는 60만 명의 튀르크 군인들이 필요하다는 계산이 나온다. 하지만 그들이 움직일 수 있는 인원은 10만 명에 불과하다.

여러분은 이걸 읽는 순간 머릿속에 누가 떠오르는가? "3*km*마다 하나씩 요새처럼 구축된 초소"는 장차 조지 W. 부시의 저 어처구니없는 '병력 증강'을 통해 유령 같은 메아리로 되돌아왔다. 미국인들이 이라크 민중들 모두가 품고 있는 반감에 대처하려면 60만 명의 군인들이 필요하다. 그리고 그들이 움직일 수 있는 인원은 15만 명에 불과하다. 그 책임은 '아류 전쟁'의 설계자인 도널드 럼즈펠드 전 국방장관에게 있다. 그러나 여전히 그를 포함한 망나니들은 얼렁뚱땅 책임을 회피하고 있다.

럼즈펠드가 국방부 장관 자리에서 불명예스럽게 물러나기 이틀 전, 캐나다의 고든 오코너Gordon O'Connor 국방장관이 실제로 그 형편없는 인물에게 편지를 보내 그의 '리더십'을 칭송한 사실을 아는 독자가 있으면 한번 손을 들어보기 바란다. 방금 말한 그대로, 오코너는 "국방장관으로서 당신이 이룬 수많은 업적에 대해 축하할 기회를 누리는 동시에, 테러와의 전쟁에서 당신이 이바지해온 의미심장한 기여를 인정하고" 싶어 했다. 그 웃기는 인간은 또한 "오늘날 제기되고 있는 복잡한 쟁점들을 해결하는 데 있어서" 전 세계가 럼즈펠드의 "리더십"으로부터 혜택을 입었다는 칭찬을 마구 쏟아냈다.

캐나다의 정보 접근법을 통해 이런 비굴한 내용이 공개되자, 오코너는 "자신은 단지 아프가니스탄에서 고국으로 이송되어 오는 캐나다 부상 군인들이 독일의 미군 의료 시설을 이용할 수 있게 해준 데 대해 럼즈펠드에게 감사를 표하고 싶었을 뿐"이라며 대수롭지 않게 넘기려고 했다. 그러나 정작 그 가당찮은 편지에는 그런 내용이 일절 언급되지 않았다. 어쩌면 오코너는 진실과 반대되는 말을 동원해 실제 사실들을 무시하고 바보들을 찬양하는 게 가능하다는 착각 속에 살아가는 사람들 중 한 명이 아닐까 싶다.

아무튼, 로렌스의 말 중에서 우리가 그냥 지나쳐서는 안 될 부분은 그뿐만이 아니다. 지금부터 78년 전에 그는 "인쇄기는 선구적인 (게릴라) 사령관의 무기고에서 가장 위력적인 무기"라고 썼다. 오늘날 알 카에다의 인터넷 활용을 정확히 예견한 것이다. 또한, 반군들에게 있어 "전투는 실수"라며, "18세기에 나폴레옹은 사람들이 전쟁 중에는 상대방을 죽여도 된다는 사실을 잊은 채 교묘한 술책에만 지나치게 의존한다며 격하게 반응한 적도 있다"고도 덧붙였다.

물론 1차 세계대전 당시 아랍인들의 봉기는 오늘날 이라크에서의 반란과는 다소 차이가 있다. 1917년의 튀르크인들은 인력에 비해 무기가 극히 열악했다. 반면 오늘날의 미국인들은 무기는 있으나 인력이 너무 부족하다. 그러나 다시 로렌스의 말을 들어보라.

> 반란은 절대로 무너지지 않을만한 토대를 갖추고 있어야 한다. …… 또한, 신념으로 무장한 사람들의 마음속에 아주 세련된 외부의 적이 자리 잡고 있어야만 한다. 점령군은 잘 훈련되기는 했지만 수가 너무 적어서 정책을 완수할 수 없고, 요새화된 초소에서 전체 지역을 효과적으로 지배하기에도 그 수

가 턱없이 부족하다.

반란은 주민들을 우호적으로 만들어야 한다. 하지만 아주 적극적으로 우호적일 필요는 없다. 반군들을 적에게 팔아넘기지 않을 정도의 심정적인 지지만 있으면 된다. 2%의 타격 부대와 98%의 소극적인 지지만 있으면 반란은 가능하다. …… 기동성과 보안, 시간, 그리고 원칙만 주어진다면, 승리는 반군들의 손에 달려 있을 것이다. 결국, 승리를 결정하는 것은 대수(代數)적인 요인들이고, 그에 비해 완벽한 수단과 정신력은 아무런 소용이 없다.

혹시 미국의 데이비드 퍼트레이어스 장군도 이 글을 읽었을까? 부시는? 아랍에 대한 편견이 거의 인종주의 수준으로 치닫고 있는 미국의 무기력한 칼럼니스트들 중에서 손수 이런 지혜를 공들여 연구한 사람이 과연 누가 있었던가? 나는 오늘날 미국 언론계에서 가장 커다란 착각 속에 살아가는 정치 평론가 대니얼 파이프스Daniel Pipes가 2003년 여름에 "지금 이라크인들에게 필요한 것은—제발 이 대목에서 히죽히죽 웃지는 마시길— '민주적인 사고방식을 가진 실력자[+]'"라고 단언한 사실을 기억한다.

물론 이미 그런 인물이 하나 있긴 있었다. 우리의 옛 친구였던 사담 후세인이 그 주인공이다. 그가 여전히 우리의 친구였을 당시, 그리고 우리가 제공해 준 가스로 이란인들을 살해하느라 여념이 없던 당시에 실제로 우리는 그를 '실력자'라고 불렀다. 그리고 나는 이라크에서 패배를 거듭하고 있는 부시가 바그다드 '그린존'의 저 우스꽝스럽기 그지없는 말리키 정부를 전복시키기 위한 군사 쿠데타를 조만간 승인하지는 않을지 궁금해진다.

+ 혹은 '독재자'라고 해석할 수도 있겠다.

그러나 잠깐, 파이프스는 그런 짓을 또다시 되풀이한다. '중동 포럼'의 이사장인 그는 캐나다의 〈내셔널 포스트〉 지에 '팔레스타인'에 관한 글을 써왔는데, 그의 칼럼은 언제나 분노로 가득 차 있다.

그의 말에 따르면, 무정부 상태에 빠진 팔레스타인은 군벌들을 "대거 토해냈고," 아라파트는 "사악한" 인물이다. 또한, 이스라엘이 가자에서 철수함으로써 팔레스타인인들은 지역에서 "안정화 요소" 하나를 빼앗겼다. 와우! "팔레스타인주의"—이게 뭔지는 모르겠지만—는 "얄팍하다." 팔레스타인을 "부당하게 희생시켰다"는 건 "현대 정치가 만들어낸 최고의 신화"일 뿐이다. 지금 가자는 중동의 심장에 마련된 "(이슬람주의의) 상륙 거점"이고, 그곳을 통해 그들은 이집트, 이스라엘, 서안으로 침투하고 있다는 것이다.

또한, 파이프스는 조만간 "아마도 '평화 프로세스를 주창하는' 천재적 자폐아들이 자신들의 작품이 빚어낸 재앙의 흔적들을 주목하게 될 것"이라 결론짓고 있다. 마지막으로 그는 "전하는 바에 따르면, 이스라엘의 에후드 바라크 신임 국방장관이 몇 주 내에 하마스를 공격할 계획을 세우고 있다"는데 동의하고 있으며, 마흐무드 압바스가 이끄는 "여전히 영토 회복만을 꿈꾸는 부패한 파타"를 띄워주고 있다며 이스라엘의 에후드 올메르트 총리에게 비난을 가한다.

따라서 우리는 중동에서 또 한 차례의 전쟁을 맞게 될 것이다. 이번에는 하마스가 그 대상이다. 물론 그들은 민주적인 방식으로 선출됐지만, 파이프스에 따르면 "부시 행정부가 팔레스타인 선거를 너무 경솔하게 서두르는 바람에" 그런 결과가 나온 거란다.

어쨌든 '고(故)' 토니 블레어에게 벌써 "천재적 자폐아"란 별명이 붙여진 건 다행이다. 그러나 파이프스도 로렌스의 글을 좀 읽어보면 안 될까?

반란이라는 '수증기'는 착각에 빠진 사람들의 입에서 나오는 입김보다 훨씬 더 강력하기 때문이다.

2007년 7월 14일

인디펜던트

파시스트의 시대를 살짝 엿보다

이탈리아어로 시우시아Sciuscia는 '구두닦이'를 뜻한다. 그리고 이탈리아 국영 텔레비전인 RAI의 채널 2에서 방영되는 프로그램 중에서 가장 논쟁적이고 도발적이며 신경을 거슬리게 하는 프로그램의 제목이 바로 '시우시아'이다. 이탈리아의 실비오 베를루스코니Silvio Berlusconi 총리는 지난주에 방송된 33회를 끝으로 〈시우시아〉를 반드시 종영시키고 싶어 한다. 지난 4월, 그는 〈지난주엔 이런 일이〉+식의 풍자와 멋진 다큐멘터리 작품들이 비정상적으로 혼합된 그 프로그램의 진행자 미켈레 산토로Michele Santoro를 향해 "공영 방송을 이용해 범죄를 저질러왔다"고 비난을 가했다. 그러자 이탈리아 기자들은 피가 흥건해질 순간이 언제가 될지를 예의주시하기 시작했다.

지난주 해당 시즌의 '최종회'—나도 거기에 출연했다—에서는 서구가 아프가니스탄을 돕는 데 실패했다는 내용을 담은 코라도 포르밀리Corrado Formigli 기자의 대단히 인상적인 다큐멘터리가 방영됐다. 그리고 뒤이어 시민단

+ 1962년과 1963년 영국 BBC 텔레비전에서 방영됐던 시사 풍자 프로그램으로, 1964년에 미국 NBC에서 똑같은 제목과 콘셉트의 프로그램을 제작하기도 했다.

체 인사들과 국방 전문가들, 미국의 한 여배우, 좌파 이탈리아 기자, 친이스라엘 언론인, 그리고 '시뇨르Signor'+ 피스크가 스튜디오에 둘러앉아 서구의 어리석은 아프가니스탄 개입에 대해 길고 화나고 때로는 우습기 짝이 없는 논쟁을 벌였다. 이런 종류의 가차 없는 실시간 논쟁을 BBC가 방송할 수 있다면 얼마나 좋을까! 도중에 나는 9·11이라는 반인도적 범죄가 일어난 원인에 대해 다른 출연자들로 하여금 각자의 생각을 이야기하도록 어렵사리 유도하는 데 성공하기도 했다.

그러나 그게 핵심이 아니다. 〈시우시아〉라는 프로그램은 베를루스코니 정부에게 있어 골칫거리였다. 그들은 총리의 최측근 가운데 한 명의 마피아 같은 배경을 조사한 적도 있었다. 또한, 점령하에서 지독한 곤경에 처해 있는 팔레스타인 주민들의 상황을 방송에 내보냈을 때는, 감히 이스라엘을 비판했던 수많은 언론인들이 그랬듯이 진행자 산토로 역시 이탈리아의 유대인 사회로부터 '반유대주의'라는 비난을 받았다. 로마의 유대인 사회를 대표하는 레오네 파세르만Leone Paserman이란 인물은 RAI 이사진에게 산토로의 해고를 요구했다가 이탈리아 법원으로부터 산토로에게 5만 유로를 배상하라는 판결을 받기도 했다.

상당수의 이탈리아 좌파 기자들이 그렇듯이 산토로도 공산주의자였다. 원래 공산당 기관지인 〈우니타L'Unita〉에서 기자 생활을 시작한 그는 오늘날 완벽한 진행자로 성장했다. 때로는 제레미 팍스먼Jeremy Paxman처럼 도발적이다가도, 때로는 브라이언 릭스Brian Rix와 같이 연극적인 모습을 보여주는가 하면, 또 때로는 전성기 시절 데이비드 프로스트David Frost의 모습과 완벽히 겹쳐질 정도였다. 그는 출연자들이 화를 못 참을 지경이 되

+ 남성에게 붙이는 이탈리아어 존칭.

거나 아주 너그러워질 때까지 그들을 들들 볶았다.

다섯 명으로 구성된 RAI의 이사회는 그런 그가 마음에 들지 않았다. 이사들 가운데 지난 2월에 임명된 세 사람은 베를루스코니의 '전진 이탈리아Forza Italia' 당의 지지자들이었으며, RAI의 안토니오 발다사레Antonio Baldassarre 회장은 베를루스코니 연립정부와 가까운 사이였다. 그래서 지금쯤 이미 가을 방송 일정을 준비해야할 시점이지만, 〈시우시아〉 제작진은 다음 시리즈의 제작 허락이 떨어질지에 대해 아직 아무런 말도 듣지 못했다.

이렇게 베를루스코니는 RAI 이사회에 대한 영향력뿐만 아니라 이탈리아 민영 텔레비전들을 거의 독점하다시피 하고 있다. 그가 장악한 민영 채널만 해도 채널 5와 이탈리아 1, 그리고 네트워크 5까지 3개에 달한다. 또한 자신의 동생을 통해 발행 부수 20만 부의 일간지 〈일 지오르날레Il Giornale〉를 지배하고 있으며, 시사 주간지 〈파노라마Panorama〉와 100만 부의 발행 부수를 자랑하는 대중잡지 〈키Chi〉도 사실상 그의 통제 아래에 있다.

그렇다면 이는 단지 이탈리아 정치의 우파 독서광과 선거에서 패배한 좌파 체제 전복 세력 간의 사소한 싸움에 불과한 걸까? 아마도 그렇게 생각하는 게 정신건강에 이로울 것이다. 그러나 시리즈 최종회가 나간 지 두어 시간 뒤, 나는 콘크리트와 대리석으로 만든 아이스크림 케이크 같다는 혹평을 듣는 비또리오 에마누엘레Vittorio Emanuele 기념관을 방문했다가 그곳 지하층에서 열린 전시회 하나를 우연히 발견했다. 입구에 걸린 명판에 따르면, 통일 이탈리아의 150년 역사를 보여주는 그 전시회는 다름 아닌 베를루스코니의 머릿속에서 비롯된 행사라고 한다.

실내에는 1차 세계대전 이전부터 사용되어 온 수십 개, 아니 수백 개의 군기(軍旗)가 전시돼 있었다. 또한, 1862년 아스프로몬테Aspromonte 전투에서 부상을 입은 뒤 제거해낸 가리발디Garibaldi 장군의 다리뼈 조각과 총탄 구멍이 난 그의 오른쪽 털가죽 부츠도 눈에 띄었다. 그중에서도 정말 인상적이었던 건, 1차 세계대전에서 오스트리아-헝가리 제국에 맞서 싸웠던 이탈리아군의 군사 작전을 담은 장편 다큐멘터리였다. 물론 당시의 이탈리아는 '우리' 편이었다. 다큐멘터리 속에는 알프스 전선의 모습과 수백 명의 선원들을 태운 채 가라앉는 거대한 전함의 모습같이 믿어지지 않을 만큼 희귀한 장면들이 담겨 있었다.

하지만 스크린에 등장하는 자막은 심히 우려스럽기 그지없었다. 영화가 처음 만들어진 무솔리니 통치 초창기에 입힌 게 틀림없는 해당 자막에서는 "영광스러운" 전쟁이라는 표현이 거듭거듭 되풀이됐다. 심지어 전쟁에서 희생된 60만 명의 이탈리아인들의 죽음을 그 나라 말로 "홀로코스트"라고 표현하기도 했고, 피아베Piave에서의 마지막 대전투는 피의 제물이라고 간주하기도 했다. 물론 사실에 입각해서 볼 때 전혀 오류는 아니었지만, 그 말은 과연 무슨 의미였을까? 이탈리아를 하나로 결속시켜주는 건 정말로 피인 걸까?

나는 그나마 위안을 좀 얻을 수 있지 않을까 하는 기대를 품고 광장 건너편에 있는 팔라초 발렌티니Palazzo Valentini로 발길을 돌렸다. 그곳에서는 한때 트로이 황제의 목욕탕이었던 공간에서 또 다른 전시회—'시대의 초상:파시스트 시대의 예술과 건축'—가 마련되어 있었다. 미술사를 전공한 학자인 로사나 보살리아Rossana Bossaglia가 쓴 전시 소개글에서는 전시회의 목적을 가리켜 "파시스트 시대의 이탈리아 예술이 스스로의 표현 언어를 얼마나 발전시켰고, 각각의 다른 주제들을 완전히 독립적인 방식으로 다룰 수 있었는지를 보여주기 위한 것"이라 설명하고 있었다. 하지만 이는 그다지 정직하게 들리지는 않았다. 파시스트 시대에 대한 비난이라고는 전혀 찾아볼 수 없었기 때문이다.

그럼에도 그보다는 긍정적인 부분을 찾아서 들여다보기로 했다. 아니나 다를까, 그림과 조각품들은 충분히 매혹적이었다. 다만 지금 내가 보고 있는 바로 그 조각품을 쳐다보는 두체[+]의 사진 옆으로 무솔리니를 그린 유화와 조각이 나란히 전시돼 있다는 게 눈에 거슬렸다.

로마 지방의 실바노 모파Silvano Moffa 주지사가 쓴 또 다른 소개글에서는 "1920년대의 파시즘, 즉 스스로를 찬양하려는 욕구로 특징지어진 그 운동은 1930년대의 그것과는 달랐다. 독재를 시작할 때부터 무솔리니는 정치와 예술의 관계가 중요하다고 말했고, 몇몇 전시회들을 개최하는 데 노력을 기울였다"고 적혀있었다. 이 말은 과연 어떤 의미일까?

나는 오후의 태양 아래로 슬슬 걸어가 늦은 점심을 먹기 위해 식당에 들어갔다. 그리고 이탈리아 신문을 폈다. 거기서 내가 어떤 기사를 발견했을까?

이탈리아 대통령 카를로 치암피Carlo Ciampi는 가리발디 장군을 비롯해 2차 세계대전 당시 체팔로니아Cephalonia 섬에서 용감하게 나치에 맞서 싸웠던 이탈리아 군인들[+], 그리고…… 잠깐만, 1942년 엘 알라메인El Alamein 전투에 참전했던 군인들의 명예도 기리고 싶어 한다고 한다. 그러나 엘 알라메인 참전 군인들은 무솔리니와 나치 동맹세력을 위해 싸웠던 사람들이었다. 만약 그 전투에서 이탈리아의 도움을 받은 독일의 롬멜Rommel

+ 일 두체(Il Duce). 파시스트 당수인 무솔리니는 1925년부터 최고 통치자를 뜻하는 이 칭호를 사용하였다.

++ 2차 세계대전 당시 체팔로니아 섬에는 이탈리아 군인 1만 2000명과 독일군 2000명이 주둔하고 있었는데, 1943년 9월 이탈리아가 연합군과 휴전을 선언하자 이탈리아 군인들은 고향으로 돌아가기를 원한다. 그러나 그를 막기 위해 독일군이 병력을 섬으로 증파하자, 이탈리아 군인들은 자체적으로 투표를 거쳐 독일군에 맞서 싸우기로 결정하고 전투를 벌이게 된다. 그러나 전투는 막강 화력을 앞세운 독일군의 승리로 끝이 났고, 살아남은 9000명의 이탈리아 군인들 가운데 5천 명이 처형당하는 것으로 비극적인 막을 내렸다.

이 승리했더라면, 추축국들Axis Powers+은 카이로와 팔레스타인까지 뻗어 갔을 것이다. 그 지역에 살던 유대인들도 홀로코스트의 희생양이 됐을 테고 말이다. 나는 유대인 대표인 파세르만 씨가 산토로를 비난할 게 아니라 오히려 치암피의 이런 사악한 계획에 대해 항의하는 게 더 사리에 맞지 않을까 하는 생각을 잠깐 해본다.

그렇다고 너무 걱정할 필요는 없다. 이탈리아의 언론인들은 상황을 개선시키길 원한다. "베를루스코니는 항상 기업과 자본이 최우선입니다"라고 그들은 내게 말했다. 치암피도 마찬가지였다. 그런 상황에서 산토로는 순교자 역할을 자처하고 나선 예술가였다. 그리고 만약 〈시우시아〉가 다시 방송을 타게 된다면, 이탈리아에 또 다른 태풍을 몰고 오게 될 것이다. 반대로 방송되지 못한다면, 많은 유럽인들이 베를루스코니에 대해 좀 더 심각하게 고민해보는 동시에 그가 정말로 통일 이탈리아의 총리인지 아니면 한 명의 악당에 불과한지를 반문해보는 계기가 될 것이다.•

2002년 6월 5일

인디펜던트

+ 2차 세계대전 때 연합국에 맞서 싸웠던 나라들로, 독일, 이탈리아, 일본을 중심으로 해서 체코슬로바키아, 스페인, 헝가리, 불가리아 등도 여기에 포함된다. 참고로 조지 W. 부시의 '악의 축'이란 표현도 여기에서 파생돼 나온 것이다.

● 시우시아는 다시 텔레비전 화면에 등장하지 못했다. 그리고 베를루스코니는 2007년 이탈리아 선거에서 결국 패배했다. 하지만 그가 다시 복귀할 가능성은 여전히 남아 있다.

이제 누가
워털루의 죽은 이들을 위해 울어줄 것인가

옛 거장들은 고통이라는 문제를 정확히 꿰뚫고 있었다.

그들은 너무나도 잘 알고 있었다.

삶의 어느 지점에 고통이 자리 잡고 있으며, 그것이 어떻게 초래되는지를,

그리고 어째서 그 순간에도 다른 누군가는 밥을 먹거나 창문을 열거나

그저 무심하게 걷고 있을 수 있는지를

이것은 위스턴 휴 오든이 1938년에 발표한 시 '미술관Musée des Beaux Arts'의 일부다. 그리고 비록 오든이 이 시를 쓰며 염두에 둔 작품들은 아니었지만, 이탈리아 화가들인 카라바지오Caravaggio와 벨리니Bellini가 그린 십자가에 못 박힌 예수의 그림이나 미켈란젤로의 조각 작품 '피에타Pieta'에서도 고통받는 자들의 편에 서 있었던 건 오직 신뿐이었다. 그와 같이 우리는 종교라는 맥락 안에서는 고통의 힘에 공감할 수 있을지 모른다. 그러나 종교적인 배경을 벗어나면 실제로 타인의 고통에 얼마만큼 동정심을 발휘할 수 있을지 나는 확신하지 못한다.

저 끔찍했던 발리 폭탄 사건이나 9·11 사태 혹은 베슬란 학교에서의

학살[+] 같이 지난날 벌어진 갖가지 잔학행위들은 여전히 우리에게 공포와 연민을 불어넣는다. 비록 그런 감성은 가해자들이 누구냐에 따라 극명하게 달라지지만 말이다.

전쟁이 최후의 수단이 아니라 언제든 선택할 수 있는 정책 중의 하나로 여겨지는 시대, 전쟁의 도덕적인 측면을 따지기보다는 A4 용지 한 장으로 정리된 합법성을 더 중시하는[•] 시대에 우리는 '우리'가 야기한 고통보다는 '그들'이 가한 고통에 더 수복하는 쪽을 택한다. 따라서 2003년 미국과 영국의 침공과 뒤이은 점령으로 인해 살해된 수만 명의 이라크인들, 베트남 전쟁에서 목숨을 잃은 수십만 명의 베트남인들, 우리의 1956년 수에즈 침공 때문에 죽어 나간 수백 명의 이집트인들에 대해 우리는 죄의식을 느껴야 할 부담을 지지 않는다. 1982년 레바논에서 학살된 팔레스타인 민간인들만 해도 9·11 당시의 세계무역센터 희생자 수의 절반이 넘는 약 1700명에 달하는 데도 말이다.

말이 나온 김에, 이 글을 읽는 독자들 가운데 레바논에서 그 사건이 일어난 날짜를 정확히 기억하는 이들이 과연 몇이나 될지가 궁금해진다. 그건 1982년 9월 16일부터 18일 사이에 벌어진 일이었다. 이처럼 '우리'가 당한 날짜는 신성불가침이지만, '그들'이 고통을 겪은 날짜는 그렇지 않다. 게다가 '우리가 당한 날짜'는 '그들'도 기억해야 한다. 그들도 적절한 수위의 충격과 공포를 드러내고 있는지를 확인하기 위해 아랍인들에게 9·11 사건에 분노의 반응을 보이라는 주문이 얼마나 많이 쏟아졌던가? 반면 1982년 9월에 벌어진 일을 알고 있는 서구인들이 과연 얼마나

+ 2004년 9월 1일 체첸 반군이 러시아연방에 속해 있는 북오세티야 공화국의 수도 블라디캅카스 인근의 베슬란 공립학교에서 학생들을 인질로 잡고 러시아 보안군과 대치를 벌이다 334명이 숨지고 수백 명이 부상당한 사건.

● 이라크 침공의 합법성에 대해 영국의 피터 골드스미스 법무장관이 13페이지에 걸쳐 작성했던 모호한 조언이 블레어 총리에게는 단 한 장짜리 A4 문서로 명쾌하게 정리돼 전달된 사실은 아주 유명하다.

될까?

또한, 기억이 살아있도록 하는 것도 중요하다. 물론 사진으로 기록을 남기는 것도 필요할 테고 말이다. 우리 세대나 부모님 세대, 혹은 할아버지 세대만 해도 그 이전의 역사에서는 볼 수 없었던 가슴 아픈 재앙의 기록들이 잘 보존되어 있다. 우리가 2차 세계대전 와중에 숨진 6000만 명의 희생과 600만 유대인들의 학살이라는 장대한 비극에 눈물짓고, 살아남은 가족들의 기억과 1차 세계대전을 그린 시에 감동받을 수 있는 것도 다 그 덕분이다. 오언과 사순 같은 시인들은 1차 대전에 대한 영원히 사라지지 않을 언어의 박물관을 만들었지 않은가.

같은 맥락에서 나는 이스라엘인들이 예루살렘의 야드 바셈Yad Vashem 홀로코스트 박물관을 재정비한 이유를 충분히 이해할 수 있다. 히틀러가 만든 죽음의 수용소에서 마지막까지 살아남은 생존자들은 머지않아 세상을 뜨게 될 것이다. 그래서 테이프에 녹음된 그들의 인터뷰와 각종 기록물 그리고 나치에 희생된 사람들의 옷가지들을 통해서라도 그들은 계속 살아있어야 한다.

그러나 여기 우리의 동정심이 머뭇거리는 순간도 있다. 1차 대전이 일어나기 전에도 세계인들의 눈물을 자아내기에 충분한 학살이 있었다. 그 중 하나가 1912년 발칸 전쟁+이었다. 그럼에도 참상의 목격자들은 자신들의 이야기를 아무도 믿지 않을 거라고 우려한다. 또한, 보어 전쟁++은 영국인들에게 도덕적 수치로 남아 있다. 우리가 적의 가족들을 전염병이 들끓는 수용소에다 몰아넣었기 때문이다.

+ 몬테네그로, 그리스, 세르비아, 불가리아가 연합해 오스만 튀르크를 물리친 전쟁.
++ 남아프리카에 살던 네덜란드계 백인들(보어인)의 트란스발 공화국과 오렌지 자유국이 영국에 맞서 벌인 두 차례의 전쟁(1880-1881, 1899-1902).

1870년과 1871년 사이에 일어난 프랑스-프로이센 전쟁에 대해서도 우리는 여전히 냉담하다.● 스틸 사진 기록들이 남아 있긴 하지만, 미국의 남북전쟁에 대해서도 역시 그렇다. 수백만 명의 목숨을 앗아간 아일랜드 대기근같이 고통스럽지만 특별한 의미가 있는 사건에도 우리는 마치 그런 이야기를 처음 접하는 것 마냥 여전히 소스라치게 놀란다. 물론 놀라는 게 당연하지만 말이다. 사진이 발명된 건 19세기 중반의 일이었으나, 그 당시 희생자들의 사진은 난 한 장도 없었다. 그 대신 우리는 아일랜드 대기근이 낳은 슬픔과 공포를 보여주는 〈일러스트레이티드 런던 뉴스〉의 스케치에 의존할 수밖에 없다.

그렇다면 오늘날 워털루 전투나 스페인 왕위 계승 전쟁 당시의 말플라케Malplaquet 전투에서 죽은 이들을 위해 울어줄 사람이 과연 누가 있을까? 1차 아프간 전쟁+이나 백년 전쟁, 영국 내전, 플로든 필드Flodden Field++, 네이즈비Naseby 전투+++에서 유명을 달리한 이들이나 혹은 흑사병으로 인해 목숨을 빼앗긴 세계 곳곳의 희생자들을 위해서는 또 누가 눈물을 흘려줄 것인가?

그나마 영화는 우리에게 그들 영혼들을 위한 연민의 감정을 잠시나마 불러일으켜 준다. 타이타닉호가 우리에게 진정한 비극으로 기억되고 있는 것도 그런 이유에서다. 그러나 같은 해인 1912년에 일어났던 발칸 전쟁으로 인해 죽은 무고한 사람들의 수는 타이타닉호 희생자 수보다 훨씬

● 프랑스가 겪은 고통은 풍자 만화가였던 오노레 도미에(Honore Daumier)의 작품들에서 놀랍도록 정확하게 묘사되어 있고, 파리 코뮌의 와중에도 살아남은 사진들이 존재한다.

+ 1차 앵글로-아프간 전쟁(1839-1842)은 영국이 러시아의 남하 정책을 막기 위해 아프가니스탄 국왕 도스트 무함마드를 쫓아내고 친영국 왕을 세우려다 결국 실패로 돌아간 전쟁을 말한다. 이후 1919년까지 아프가니스탄과 영국은 2차례의 전쟁을 더 벌였고, 최종적으로 아프가니스탄이 승리해 외교권을 완전히 회복하게 된다.

++ 1513년 9월 9일, 잉글랜드 노섬벌랜드에서 벌어진 잉글랜드와 스코틀랜드 왕국 간의 전투.

+++ 영국 청교도 혁명 당시 올리버 크롬웰이 이끄는 의회파 군대가 왕당파 군대를 상대로 대승을 거둔 전투

더 많았음에도 불구하고, 오늘날 그들을 기억하는 사람은 극히 드물다.

마찬가지로 영화 〈브레이브 하트〉 역시 똑같이 감동적이었다. 그러나 결국 우리는 윌리엄 월레스 역을 맡은 멜 깁슨Mel Gibson이 실제로 처형된 게 아니라 단지 연기를 한 것일 뿐이라는 사실을 잘 알고 있다. 영화는 영화 그 자체로만 머물 수밖에 없다는 것이다.

하물며 고대에 일어난 수많은 학살들에 대해 슬퍼하는 사람은 아무도 없다. 칭기즈칸Genghis Khan? 타메를란Tamerlane+? 로마의 약탈? 카르타고의 파괴? 모두 잊어버리면 그만이다. 당시의 희생자들은 한 줌 흙으로 변했고, 우리는 그들에 관해 관심도 없다. 그들을 추모하는 기념비 하나 찾아볼 수 없다. 심지어 우리는 지난날의 잔인함을 즐기는 듯한 모습을 보여주기까지 한다. 런던탑의 왕자들Princes in the Tower이 무참히 살해된 런던의 그 방++을 보기 위해, 우리는 몇 시간 동안 줄지어 서 있는 걸 참아내고 있지 않은가.

물론 죽은 사람이 종교적인 가치를 지니고 있다면, 그의 죽음은 틀림없이 우리에게 현실로 살아남아 기억된다. 로마에서 십자가에 못 박혀 죽은 이들 가운데 가장 유명한 인물은 스파르타쿠스가 아니다. 비록 스탠리 큐브릭Stanley Kubrick의 걸작 영화에서 커크 더글러스Kirk Douglas가 최선을 다해 스파르타쿠스 역을 연기하긴 했지만, 그보다 훨씬 더 유명한 인물은 나사렛 출신의 목수였다.

그리고 무슬림들 사이에서는 오늘날 이라크에서 죽어간 사람들에 대한

+ 중앙아시아 티무르 제국의 창시자. 원래 몽골어로는 테무르, 페르시아어로는 티무르라 부르지만, 유럽에서는 태멀레인이나 타메를란이라 부른다.

++ 1483년에 잉글랜드의 에드워드 4세 국왕이 사망하자, 장남인 12살의 에드워드 5세가 왕위를 물려받게 되었다. 그러나 어린 왕을 대신해 섭정을 맡은 그의 삼촌 리처드 공작은 계략을 꾸며 왕위를 찬탈한 다음 스스로 왕위에 오르면서(리처드 3세) 에드워드 5세와 그의 동생인 9살의 리처드를 악명 높은 런던탑에 감금해버렸다. 그리고 몇 달이 지나 두 왕자가 탑 안에서 실종된 뒤로 오늘날까지 둘의 행방을 놓고 여러 가지 설이 분분한데, 리처드 3세에 의해 살해됐다는 설이 유력하다.

연민 못지않게 초기 이슬람의 순교자들에 대한 연민도 전혀 줄어들지 않고 있다. 이라크나 레바논, 이란에 가면 이맘 알리와 이맘 후세인—예수와 마찬가지로 그들 역시 배신당했다—의 죽음을 기리는 시아파 무슬림들의 뺨 위로 진심 어린 눈물이 흘러내리는 광경을 누구나 목격할 수 있다. 그들의 눈물은 부활 주일에 예루살렘을 찾은 기독교 순례자들의 눈물만큼이나 살아있는 눈물이었다. 포에니 전쟁에서 도시 전체가 잔인하게 학살된 역사에는 무심하면서도, 십자가에 못 박힌 마리아의 아들이나 선지자 사위의 죽음에 대해서는 시대를 뛰어넘어 슬퍼하는 것이다.

여기서 내가 우려하는 부분은, 종교적인 순교자들의 죽음에 대해 슬퍼하는 행위가 결국 헤아릴 수 없이 많은 무고한 사람들의 끔찍한 죽음이라는 결과로 이어져 왔다는 점이다. 1099년에 십자군은 성지를 '해방'시키겠다는 염원 하나만으로 베이루트와 예루살렘의 주민들 전부를 몰살시켰다.

그리고 1980년에 수니파 무슬림의 지도자 사담 후세인이 시아파 무슬림 국가인 이란을 침략한 뒤부터 1988년에 이르기까지, 선지자를 따르는 사람들은 같은 종교를 믿는 150만 명의 사람들을 죽였다. 당시 이라크 군인들의 대부분은 시아파였고, 이란 군인들도 거의 모두가 시아파였다. 따라서 이란-이라크 전쟁은 이맘 알리와 후세인을 추종하는 사람들이 사실상 집단 자살 행위를 벌인 것이나 다름없다.

마찬가지로 예수의 수난과 구원은 아마도 우리 부모 세대의 종교적 경험에서 본질적인 부분을 차지할 것이다. 그러나 21세기에 사는 우리들은 신을 자처한 인간들의 죄를 곰곰이 되짚어 볼 필요가 있다. 당신이 지혜롭고 인간적인 사람이라면, 인류가 흘린 피의 바다와 역사를 무시한 채 오늘날 우리가 '선'을 지키기 위해 '악'과 맞서 싸우고 있다고 주장하면서

A4 용지 한 장으로 모든 책임을 모면하려 하는 저 복음주의자들의 죄를 되돌아볼 필요가 있다는 이야기다.

2005년 3월 26일

인디펜던트

마을을 불태울 수도, 사람을 구하게 할 수도 있는 건 누구일까

지중해가 내려다보이는 우리 집 발코니에서 그리 멀지 않은 곳에는 프랑스 잠수함 한 척이 가라앉아 있다. 내 침실 창문 맞은편에 서서 꽃을 활짝 피우고 있는 보라색 자카란다 나무의 바로 왼쪽에 위치한 바다 밑바닥이 잠수함이 잠들어 있는 위치다.

잠수함이 가라앉은 건 1941년의 일이었다. 영국과 자유 프랑스가 연합해 레바논을 공격할 당시, 정체를 위장한 영국 해군 함정 한 척이 팔레스타인에서부터 레바논 해안으로 살금살금 접근하다가 고국으로 귀환하려던 프랑스 비시 정권의 유보트 잠수함 두 척을 발견해 격침시킨 것이다. 그 뒤로 베이루트의 프랑스 대사관은 정기적으로 그곳이 일종의 전몰자 무덤이란 사실을 잠수부들에게 상기시키지만, 레바논 사람들은 여전히 선체 안에서 수영하는 걸 즐긴다. 그리고 완만한 지중해의 파도가 때때로 잠수함을 뒤흔들 때면, 그 안에 남아 있는 유골들도 이리저리 요동을 친다. 이렇듯 2차 세계대전은 절대 우리 곁을 떠나지 않을 것이다.

시돈과 베이루트에는 전몰자 공동묘지들이 있다. 거기에는 2차 대전에서 보기 드문 공을 세우고 사망한 영국과 프랑스 군인들이 묻혀 있지만,

그들의 공적은 대체로 잘 알려져 있지 않다. 그리고 우리 집에는 2차 대전 당시 레바논에서 촬영된 사진들을 모아놓은 사진집이 하나 있다. 그 속에는 레바논에 주둔하던 프랑스군이 나치 괴뢰 정권하의 프랑스로 돌아가는 배를 타든가, 아니면 중동에 남아서 드골을 위해 싸우든가 하는 양자택일의 상황에서 어떤 선택을 했는지가 잘 묘사되어 있다. 좌우 양면에 펼쳐진 한 장짜리 사진에서는 '페탱 만세Vive Petain'란 글귀를 수놓은 대형 프랑스 깃발을 배에 매달고 수천 명의 프랑스 군인들이 베이루트 항구를 떠나는 모습을 보여주고 있었다. 프랑스군 가운데 거의 모두가 마르세유로 돌아가는 쪽을 택한 것이다. 글쎄, 그렇다니까.

물론 1941년은 연합군 편에 서기에는 불리한 해였던 건 사실이다. 히틀러의 힘을 꺾을 수 있다는 걸 최종적으로 입증한 스탈린그라드 전투가 있기까지는 아직 18개월이나 남아 있었기 때문이다.

아무튼 나는 종종 난파된 잠수함의 잔해에 다녀오곤 하던 레바논의 잠수부 친구를 볼 때마다, 그 프랑스 잠수함이 가라앉았던 2차 세계대전이 우리 현대사에 미친 영향에 대해 곱씹어보곤 한다. 2차 세계대전이야말로 우리 현대사의 근간이자, 유엔이나 국제 적십자 규약, 국제인권법 같은 오늘날의 모든 역사적인 서사의 기반이 되지 않았는가?

내가 블레어와 부시 같은 꼬마들이 처칠과 루스벨트를 흉내 내려 하는 태도에 분노하는 것도 바로 그런 이유에서였다. 이라크 바스라에서 블레어가 바보같이 구는 모습을 지켜보면서 나는 옛 유고슬라비아의 대통령이었던 요시프 브로즈 티토Josip Broz Tito를 떠올리지 않을 수 없었다. 그는 나치에 점령당한 채 폭압에 시달리던 자신의 조국을 국가 내부의 힘을 통해 스스로 해방시킨 유일한 인물이었다. 또한, 전투 중에 부상을 입은 연합국 지도자도 오직 티토 한 사람밖에 없었다. 반면 블레어는 과연 스스로 어떤 희생을 했는가?

몇 달 전, 나는 BBC에서 방송하는 〈무인도에서 듣고 싶은 음반들〉이란 프로그램에 출연하는 기쁨을 누렸다. 해당 프로그램에서는 출연자가 8개의 음반을 선택할 수 있었는데, 때로는 청취자를 즐겁게 해주기도 하지만 간혹 지루하게 만드는 경우도 있었다. 나는 그중 하나로 윈스턴 처칠이 1940년 6월 18일에 영국 국민들에게 했던 연설을 골랐다. 물론 그게 음악과는 거리가 멀다는 걸 잘 알지만, 블레어와 부시가 윈스턴 처칠과는 전혀 다른 인물이란 걸 증명해 보이고 싶어서였다.

연설 첫머리에서 처칠은 "히틀러는 이 섬에서 우리를 '무릎 꿇리지' 못한다면, 전쟁에서 질 거라는 사실을 알고 있습니다"라는 말로 연설을 시작했다. 만약 부시였다면 그냥 '패배시키지'라고 했을 것이다. 블레어는 '이기지'라고 했을 테고 말이다. 또한, 처칠은 만약 우리가 히틀러에 맞서 싸운다면 "유럽 전체가 자유를 얻을 것이고, 전 세계인들의 삶은 태양이 비치는 광활한 고지를 향해 나아가게 될 것입니다"라고 말했다. 방금 이 말과 블레어 경이 이라크에서 거들먹거리며 했다던 "내가 옳다는 걸 틀림없이, 그리고 전적으로 확신합니다"는 말을 잘 비교해보기 바란다. 일단 단어의 선택이나 그것을 풀어나가는 능력에 있어 차이가 느껴지지 않는가?

이틀 전, 나는 베이루트의 한 스파게티 음식점에서 프랑스 〈르 피가로 Le Figaro〉 지의 아드리앙 쥴므 Adrien Jaulmes 와 점심을 같이 했다. 다방면에 걸쳐 아주 해박한 지식을 가진 그 기자는 심지어 나의 위대한 영웅이었던 프랑스인 조종사 조르주 기니메 Georges Guynemer 의 운명이 어떻게 됐는지까지도 알고 있었다. 그는 모두 합쳐 53대의 독일 비행기를 격추시킨 뒤, 1917년 벨기에 이프르 상공에서 폭발로 숨졌다. 그가 추락할 당시에 독일군의 폭격이 얼마나 심했던지, 프랑스 보병부대가 현장에 도착했을 때는 그의 시신은 물론이고 비행기 잔해조차 전혀 남아 있지 않았다고 한다. 지금도 파리의 뤽상부르 공원의 한쪽 면을 따라 이어진 아름다운 거리에는 기니메의 이름을 딴 명칭이 붙여져 있다.

그렇게 시작된 우리 두 사람의 대화는 베르뎅과 솜 전투를 거쳐 이윽고 '우리' 세대에서 두 번째로 큰 분쟁이자 6000만 명의 영혼을 앗아갔던 2차 대전에 대한 이야기로까지 옮겨갔다. 그래서 우리 꼬마들은 왜 아직도 자기네가 2차 대전 중인 걸로 착각하는 걸까? 그런 터무니없는 짓을 집어치우게 할 방법은 없을까? 그리고 어느덧 베를린 함락•으로까지 쉴 새 없이 이어지던 대화가 거의 끝나갈 무렵, 아드리앙은 기억에 남을 만한 말을 하나 남겼다. 기자가 되기 전에 코르시카에 본부를 둔 프랑스 외인부대에서 근무했었던 그는 이렇게 말했다.

"로버트, 정말 이상한 건 말이야, 마을을 불태우라는 명령을 받은 군인이 그걸 그대로 실행에 옮기면 그는 곧 전쟁 범죄자가 돼. 반대로 사람들을 구하라는 명령을 받고 그걸 따르면 인도주의 영웅이 되는 거지. 어때, 정말 희한하지 않아?"

결국 지도자가 어떤 사람인지가 중요하다는 이야기다.

2007년 6월 2일

인디펜던트

• 혹시 아직 못 봤다면 〈다운폴(Downfall)〉이란 영화를 한 번 보기 바란다. 아마 영화가 끝난 뒤 몇 분 동안은 침묵에 잠기게 될 것이다.

기자가 전범 재판에서 증언하는 것이 과연 옳은 일일까

지난주, 두 명의 경찰과 한 명의 법무부 직원으로 구성된 캐나다 전쟁범죄 조사관 일행이 나를 만나기 위해 베이루트에 나타났다. 아니, 그들은 보스니아 전쟁에 대한 이야기를 나누러 온 게 아니었다. 그들은 남부 레바논에 있는 이스라엘의 악명 높던 키암 교도소에서 벌어진 고문들, 즉 수감자들을 마구 구타하거나 벽장 크기의 방에다 가둬둔다든지, 심문 도중에 수감자의 발가락과 성기에 전기고문을 가한 행위에 대해 알고 싶어 했다.

당시 고문을 가한 이들의 대다수는 이스라엘의 끄나풀이었던 '남부 레바논군' 민병대의 대원들이었다. 그들은 1970년대 말부터 이스라엘이 철수한 2000년까지 이스라엘인들을 대신해 남녀 수감자들을 상대로 절대 용납할 수 없는 짓들을 저질렀다. 한 세기의 거의 4분의 1가량 되는 세월이 온통 고문으로 점철된 것이다. 키암 교도소는 지금도 여전히 그 자리에 있고, 일반 대중들에게 공개돼 이스라엘의 치욕스러운 만행을 증언하는 역할을 하고 있다.

문제는 오늘날 이스라엘이 레바논의 고문 책임자들을 서구 국가들에다

떠넘기려 하고 있다는 점이다. 스웨덴, 캐나다, 노르웨이, 프랑스, 독일, 그리고 그 밖의 나라들은 '평화'를 도모하기 위해 그토록 혐오스러운 인물들에게 시민권을 부여하라는 요구를 받고 있다. 그래서 나를 만나러 온 조사관 일행은 캐나다 정부가 이스라엘의 전쟁 범죄자들에게 시민권을 주는 경우만큼은 절대 없도록 하기 위해 베이루트까지 찾아온 것이었다.

다행히 그들은 내가 이야기하는 내용을 잘 파악하고 있었다. 나와 그들은 모두 지난날의 고문 책임자 한 명이 두 아들과 함께 스웨덴에서 살고 있으며, 또 다른 인물 하나는 미국에다 식당 두 곳을 열었다는 사실을 알고 있었다. 그들과 대화를 나눌 수 있었던 건 나로서도 기쁜 일이었다. 그러나 대화를 나누는 것과 증언을 하는 것은 완전히 다른 문제다.

내가 이런 말을 꺼내는 이유는 지난주 BBC를 통해 직접 전해 들은 이야기가 있기 때문이다. 그들은 BBC 베오그라드 특파원 재키 롤랜드Jacky Rowland가 헤이그 전범 재판소에 출석해 세르비아의 슬로보단 밀로셰비치Slobodan Milosevic 전 대통령에게 불리한 증언을 할 계획이라고 했다. 그뿐만 아니라 내게 BBC의 라디오 인터뷰에 출연해달라는 요청을 하면서, 그 자리에 헤이그 재판소에서 이미 증언을 마친 댄 데이먼Dan Damon이라는 또 다른 BBC 기자도 나올 예정이라고 전했다.

실제로 몇 주 전에는 헤이그 전범재판소의 조사관 가운데 한 사람이 내게 직접 전화를 걸어온 적도 있었다. 그는 1992년에 유럽연합 대표단이 보스니아의 강제 수용소를 방문할 때 나도 거기에 동행했는지를 알고 싶어 했다. 당시 나는 유럽연합 사람들과 같이 수용소 두 곳을 돌아보기는 했지만, 조사관이 관심을 두고 있던 곳과는 다른 곳들이었다.

아무튼, 헤이그 재판소로부터 그런 전화를 받은 건 그때가 처음이 아니었다. 그리고 나는 이번에도 기자가 경찰관처럼 행동해서는 안 된다는 게 내 소신이라고 잘라 말했다. 나는 누가 됐건 헤이그 재판소에서 내가 쓴 기사들을 활용하는 건 얼마든지 받아들일 수 있고, 필요하다면 내 글들이 철저히 사실에 입각한 것이라는 취지의 문서에 기꺼이 서명해줄 용의도 있다. 그러나 내가 할 수 있는 건 거기까지다.

그래서 이번 주 방송에서 BBC의 댄 데이먼이 글이나 말로 전달된 보도는 사람들이 '믿지' 않을 수도 있다는 이야기를 꺼낸 순간, 정말 기가 차지 않을 수 없었다. 지금까지 헤이그 전범 재판소가 신문 기사와 텔레비전 방송을 토대로 전범들에 대한 절차를 개시한 경우가 한두 번이 아니었기 때문이다. 내가 아는 한 세르비아나 크로아티아, 그리고 보스니아 무슬림들의 전쟁범죄를 다룬 우리들의 보도에 의문을 제기한 사람은 아무도 없었다. 따라서 댄의 주장은 저널리즘의 경계에 대한 스스로의 우려를 가리기 위한 일종의 연막이 아닐까 하는 의구심을 떨칠 수가 없다.

물론 나는 그들이 어떤 식의 주장을 펼칠 건지도 잘 알고 있다. 법정에 출두한 기자는 아마 자신이 기자인 동시에 인간이기도 하다는 논리를 펼 것이다. 그리고 기자로서의 규칙보다 도덕적인 양심이 더 우선시되는 시대가 와야 한다는 주장도 빼놓지 않을 테고 말이다.

그러나 나는 그런 주장이 마음에 들지 않는다. 첫째로 그건, 증언대에 설 의향이 없는 기자들은 인간이 아니라는 의미를 내포하고 있다. 둘째로, 대개의 기자들이 일을 할 때 보통 도덕적 양심을 가지고 일에 임하지는 않는다는 뜻으로도 읽힐 수 있다. 보스니아에서 〈워싱턴 포스트〉 기자로 활약했던 조나선 랜들Jonathan Randal은 바로 그런 점들을 너무나 잘 이해하고 있었다. 그는 자신이 법정에 출석해, 세르비아 피고인에 대해 불리한 증언을 하는 일은 없을 거라고 헤이그 재판소 측에 말한 바 있다.

그렇지만 내가 정말로 걱정하는 부분은 따로 있다. 만약 우리가 기자로서 전쟁을 취재한 다음에 법원의 요청에 따라 나쁜 녀석들을 기소하는 데 참여한다면, 법원의 영장이란 게 그들, 혹은 서구가 수사를 선택한 전쟁 범죄들에 대해서만 손을 뻗치고 있는 상황에서 저널리즘이 한낱 가면에 불과하게 될 가능성이 존재한다. 예를 들어 BBC의 재키 롤랜드는 발칸 반도에서의 잔학행위를 취재하면서 "나는 BBC 기자입니다. 만약 당신네가 전쟁에서 진다면, 당신들이 기소되는 데 기꺼이 협조할 생각입니다"라고 말하면서 세르비아를 돌아다닌 게 아니었다. 그녀가 실제로 그런 말을 했다면, 아마 거의 취재가 불가능했을 것이다. 그건 기자인 우리들 누구나 다 마찬가지이다. 그런데도 BBC 기자들이 습관처럼 헤이그에서 기소 증인으로 등장한다면, 장차 누가 우리의 자유로운 취재를 허용하고 거기에 응해주겠는가?

그렇다고 내가 재키 롤랜드의 보도에 이의를 제기하는 건 절대 아니다. 그리고 그녀가 자신의 증언이 밀로셰비치에게 유죄 판결을 이끌어내는 데 있어서 필수적이라고 판단한다면, 그건 그녀가 결정할 몫이다. 하지만 여기엔 또 다른 측면이 존재한다는 것이다. 롤랜드가 헤이그 법정에 출석해 전직 세르비아 지도자에게 불리한 증언을 하기로 한 건 그녀의 선택이 아니었다. 서구 열강들이 그녀가 법정에 나와 밀로셰비치에 대해 증언해야 한다고 결정했기 때문에, 그녀가 헤이그로 가게 된 것이다. 물론 세계 다른 지역에서 똑같이 저질러진 끔찍한 전쟁 범죄들에 대해서는 그렇지 않았다.

다시 하나하나 설명해보겠다. 나는 26년 넘게 중동에서 수많은 전쟁 범죄를 지켜봐왔다. 1982년 무슬림 봉기가 일어났을 당시, 하마에서 시리아 특수부대가 2만 명에 달하는 민간인들을 살해하던 현장에 나도 같이 있었다. 같은 해, 이스라엘의 팔랑헤 깡패들이 사브라와 샤틸라 난민촌에서 팔레스타인 민간인들을 살해할 때도 나는 그곳에 있었다. 이라크군이 이란군을 향해 독가스탄을 발사했을 때도 나는 이란 병사들과 함께 있었다. 알제리 군인들이 연루된 벤탈라 학살+이 일어난 뒤에는 알제리에 가 있었다.

나는 그런 잔학행위의 책임이 있는 사람들을 법정에 세워야 한다고 믿는다. 그러나 이스라엘 자체 조사에서조차 '사브라, 샤틸라 학살에 개인적인 책임이 있다'고 지목된 아리엘 샤론은 현재 이스라엘의 총리를 맡고 있다. 그리고 이라크군은 기소로부터 안전하다. 우리가 사담 후세인을 끌어내림으로써 사실상 그런 결과를 초래했다. 따라서 만약 어떤 기자가 위에서 거론된 인물들에 대해 증언을 하고자 한다고 해도, 그들은 걱정할 게 하나도 없다. 아사드나 샤론을 감옥에 가두기 위해 롤랜드 같은 기자의 출석을 요구하는 일은 없을 것이기 때문이다. 실제로, 벨기에는 사브라, 샤틸라 학살의 생존자들이 브뤼셀에서 샤론에 대해 증언하는 걸 막기 위해 갖은 노력을 다 기울여왔다.

이제 간단명료하게 정리해보자. 기자인 우리들에게 증언을 요구하는 것은 국제 재판소를 위해서가 아니다. 롤랜드가 증언하고자 하는 범죄자는 오늘날 우리 서구가 재판정에 세우길 원하는 인물일 뿐이다. 우리가 밀로셰비치에게 데이턴 협정++에 서명하라고 압박하던 1995년에만 하더

+ 1991년의 총선 결과를 군부가 뒤집으면서 촉발된 알제리 내전이 정점에 달했던 1997년 9월 22일, 수도 알제의 위성도시인 벤탈라에 무장 게릴라들이 난입해 최소 2백에서 최대 4백 명의 주민들을 학살하고 여성들을 성폭행한 사건. 공식적으로는 이슬람주의 조직인 '무장이슬람 그룹(GIA)'의 소행으로 알려졌으나, 그 조직에 침투한 알제리 군인들이 이슬람주의자들에게 학살 책임을 뒤집어씌우기 위해 계획적으로 저지른 일이라는 등의 의혹이 계속 제기되어 왔다.

++ 1992년부터 3년째 이어진 보스니아 내전을 종식시키기 위해 1995년 11월 미국과 영국, 러시아, 유럽연합의 압력과 중재 하에 내전의 당사국인 보스니아-헤르체고비나, 크로아티아, 유고슬라비아 연방공화국(신유고연방)이 미국 오하이오의 데이턴 시에 있는 공군 기지에서 만나 합의를 도출해낸 평화협정이다. 이에 따라 보스니아-헤르체고비나와 신유고연방이 서로의 주권을 인정하는 한편, 이슬람계와 크로아티아계가 51%, 세르비아계가 49%를 차지하는 영토 합의가 이뤄지게 된다.

라도, 헤이그든 어디든 간에 롤랜드에게 증언해달라고 요구한 곳은 없었다는 점을 기억해야한다.

물론, 나는 언제든 전쟁 범죄 조사관들을 만날 준비가 되어 있다. 그리고 내가 만나 본 거의 대부분의 조사관들을 존중한다. 만약 세계의 모든 악인들을 재판하기 위한 국제 법정이 열린다면, 내 생각이 바뀌게 될 가능성도 있다. 그러나 그때까지는 기소에 가담하는 게 기자가 할 역할은 아니라고 믿는다. 우리는 보고 들은 걸 기록하고, 가능하다면 나쁜 녀석들의 이름을 적어두는 목격자일 뿐이다. 행동하는 건 우리가 아니라 국제사회가 담당할 몫이라는 것이다.

2002년 8월 24일

인디펜던트

위인이 사라진 시대

1977년에 예루살렘을 향해 출발하기에 앞서, 이집트의 안와르 사다트 Anwar Sadat 대통령은 더이상 "난쟁이들 틈에 끼어" 살고 싶은 의향이 없다고 세상에 선언했다. 난쟁이들 입장에서는 참 가혹한 말이었지만, 이는 사다트의 평소 생각을 그대로 드러내 주는 발언이라는 데는 의심의 여지가 없었다. 그는 자신이 '위인'이라고 생각했다. 그러나 역사는 그가 틀렸음을 증명해주고 있다.

1978년에 그가 이스라엘의 메나헴 베긴 총리와 맺은 캠프 데이비드 협정은 시나이 반도를 다시 이집트의 품으로 돌려놓았다. 하지만 그 협정은 이집트에 긴장 속의 평화를 가져다 주긴 했지만, 아랍 국가들 사이에서 이집트를 거의 파산지경에 가까운 고립의 상태에 가둬버렸다. 어쨌든 그는 마침내 '파라오'라는 명칭까지 얻기에 이르렀는데, 1981년 그를 살해하기 위해 군 사열대로 들이닥친 암살자들이 그렇게 외치지만 않았더라면 아마 사다트도 그 표현에 감사해했을 지도 모르겠다.

오늘날의 중동은 위인이라 불리는—혹은 스스로 그렇게 상상하고 싶어 하는— 왕과 독재자들로 넘쳐나는 곳이다. 사담 후세인은 자신이 스탈린이라 생각했고—불행히도 갖은 만행을 저질렀다는 점에서 영 틀린 말은 아니었다. 일정 정도 탁월한 면이 있었다는 점에서도 그렇고 말이다—, 아버지 부시 대통령은 그를 히틀러라 여겼다. 이집트의 나세르 대통령이 1956년에 수에즈 운하를 국유화하자, 당시 영국 총리였던 앤서니 이든Anthony Eden은 나세르를 가리켜 "나일 강의 무솔리니"라 불렀다—물론 무솔리니는 위인이 아니었지만, 이든은 그렇다고 생각했다—. 또한, 야세르 아라파트는 요르단 하심 왕조의 후세인 국왕이 사망하자, 그를 일컬어 팔레스타인에서 십자군을 몰아냈던 전사 살라딘과 같은 인물이라 칭했다. 하지만 실상은 이스라엘인들이 팔레스타인에서 하심 왕조를 몰아냈다는 게 진실이었다.

그러나 어쨌든 후세인 국왕은 '우리' 편이었고, 1999년 암으로 숨을 거둔 직후에 그를 가리켜 이미 "천국에 가 있다"고 말한 클린턴 대통령 덕분에 그 '결단력 있는 작은 제왕'은 불멸의 인물이라는 반열에까지 올랐다. 얼마 전 돌아가신 교황 요한 바오로 2세가 이미 그가 가 있는 천국으로 들어가기 전까지는 감히 비교할 대상이 없는 인물이 된 것이다.

말이 난 김에, 구제불능일 정도로 보수적이었던 교황이 돌아가셨을 때 나는, 그를 비판하는 수많은 이야기들을 들을 수 있었다. 그리고 며칠 뒤에는 그에게 엄청난 독설을 퍼부어대는 글도 읽었다. 나는 상당 부분 그 글에 동의했었다. 그러나 교황은 부시 대통령이 미치광이처럼 이라크를 침략했을 때, 과감히 그에 맞섰던 세계적인 저명인사들 가운데 한 명이었다. 물론 '세계적인' 중요 인물이라고 해서 반드시 대단하다는 건 아니지만, 어느 정도 보탬은 될 수 있다. 그는 그 어떤 유명 종교인들보다도 더 단호하게 이라크 침공의 불법성을 비난하고 또 비난했었다. 잘하셨어요, 교황님. 당시 나는 그렇게 말했던 걸로 기억한다. 그리고 지금 내가 그 사실을 부정한다면 정말 돼먹지 못한 태도일 것이다. 하지만 그렇다고 교황

요한 바오로 2세를 위인이라 할 수 있을까?

참으로 우리가 사는 세상은 평범한 인물들로 가득 차 있는 듯하다. 사다트가 말한 '난쟁이들'만 그런 게 아니다. 트로츠키주의자인 우리 외무장관의 눈으로 보기엔, 카다피가 '정치가'일지 모른다.● 그러나 이스라엘과 팔레스타인을 단일 국가로 묶어서 '이스라엘타인'이라 부르자고 진지하게 제안할 정도의 인물이라면 흰색 가운을 입은 남자들의 손에 이끌려 정신병원으로 향한다고 해도 전혀 이상할 게 없다.

그래서 이런 의문이 제기된다. 과연 중동에 위인은 없는가? 그리고 오늘날 세계에는 위인이라 할 만한 인물이 있는가? 실제로 최근에 나는 여러 명의 독자로부터 '처칠이나 루스벨트, 트루먼, 아이젠하워, 티토, 로이드 조지, 우드로 윌슨, 드골, 클레망소+ 같은 인물들은 어디에 있는 걸까요?'라는 질문을 받은 적이 있다. 물론, 잘난 체만 할 줄 아는 오늘날의 우리네 대통령과 총리들은 그들 근처에도 못 미친다. 아들 부시는 자신이 처칠이라 생각할지 모르지만, 실제로는 처칠은커녕 자기 아버지하고도 비교할 바가 못 된다. 얼간이처럼 보이는데다 체니와 럼즈펠드, 월포위츠 같은 그의 친구들은 하나같이 평판이 좋지 않다.

자크 시라크는 스스로 위인이 되길 원하지만, 언제든 놀림거리가 될 수 있다는 게 문제다. 궁금한 분들은 〈스피팅 이미지Spitting Image〉++의 프랑스판이라 할 수 있는 방송 프로그램을 한 번 찾아서 보기 바란다. 블레어는 그보다 더 나쁜 장애물을 가지고 있다. 그는 스스로 놀림감이 되어왔

● 2005년에 영국 외무장관 잭 스트로는 카다피가 핵무기 개발 기술을(진짜로 그걸 갖고 있었다면) 포기한 걸 두고 "정치적 수완을 보여준 행동"이라고 칭찬했다. 이는 카다피가 사우디아라비아의 압둘라 왕세자 암살 음모를 꾸몄다는 사실이 드러날 무렵에 나온 발언이었다.

+ 1차 대전 당시 프랑스 총리로서 전쟁을 승리로 이끈 조르주 클레망소(Georges Clemenceau, 1841-1929).

++ 마가렛 대처나 로널드 레이건 같은 저명인사들의 가면을 쓴 인물들이 등장했던 영국 ITV의 시사 풍자 프로그램.

다는 게 문제다. 동명이인의 성직자가 등장하는 〈프라이비트 아이Private Eye〉+의 주인공이 더 이상 재미가 없게 느껴질 정도로 그는 서서히 잡지 속 인물을 닮아가고 있다.

반면 위인이 된다는 건 분명히 희생과 어떤 연관이 있다. 올바른 행동을 한 대가로 목숨을 잃는다는 것은 확실히 위대함으로 이어질 수 있는 경로인 것이다. 가령 '평화를 만들어가다가' 생명을 빼앗긴 사람들이 그 대표적인 예라 할 수 있겠다. 비록 '평화'라는 과제에 공을 들인 사람들 가운데 상당수가 전쟁을 획책하는 데 더 많은 시간을 할애하는 것처럼 여겨지는 게 사실이긴 하지만 말이다.

따라서 이집트의 사다트 전 대통령도 위인이 될 수 있는 여지가 있다. 이스라엘의 이츠하크 라빈 전 총리도 마찬가지다. 비록 병으로 죽긴 했으나 후세인 국왕도 거기에 해당되고, 좀 더 드라마틱하게는 교황 요한 바오로 2세도 빼놓을 수 없겠다. 우리 엄마는 교황과 똑같은 병을 앓다가 돌아가셨지만, 그 분 만큼의 드라마나 성대한 의식은 없었다.

조국을 점령한 자들에 맞서 성공적으로 싸움을 이끌었던 분들도 위인의 반열에 오를 가능성이 있다. 드골이나 티토, 혹은 호치민 같은 분들이 그들이다. 그러나 알제리 민족해방전선FLN의 지도자들은 거기에 해당되지 않는다. 레바논의 헤즈볼라 친구들은 더더욱 아니다. 그리고 우리는 모두 아라파트가 어떻게 특급 테러리스트에서 위대한 정치인으로 대접받다가 다시 특급 테러리스트로 되돌아갔는지를 잘 알고 있다.

중동의 인물들 가운데 나는 이란의 하타미 전 대통령을 특히나 좋아

+ 영국에서 발행되는 시사 잡지 가운데 최대의 판매부수를 자랑하는 〈프라이비트 아이〉에서는 창간호부터 내내 현역 총리를 풍자하는 코너가 아주 큰 인기를 끌었는데, 토니 블레어 시리즈에서는 그와 내각의 주요 장관들을 세인트 알비온이라는 가상의 성공회 교구를 이끌어가는 성직자들로 설정해 신랄하게 비꼬고 풍자했다.

한다. 정말 품위 있고 철학적이며 도덕적으로도 훌륭했던 그는 아야톨라 호메이니가 앉혀놓은 반대파 성직자들의 정치권력에 짓밟혀버린 인물이다. 하타미가 꿈꾸던 '시민 사회'는 전혀 현실화되지 못했다. 만약 그게 꽃을 피웠다면, 그는 위인의 반열에 올랐을 지도 모른다. 그 대신, 그의 삶은 비극적으로 말라버린 희망이 되어버린 듯하다.

그리고 이왕 호메이니를 거론한 김에 유감스럽지만 그를 위인 후보의 명단에 올릴 수밖에 없을 것 같다. 그는 간디처럼 청빈한 삶을 살았고, 잔인한 독재를 무너뜨렸으며, 중동의 역사를 바꿔놓았다. 아무리 지금의 이란이 그의 유훈으로 통치되는 신정국가라 하더라도, 애석하지만 그러한 사실까지 바꿔놓지는 못한다.

그럼 이 시점에서 암울한 질문을 몇 개 더 던져보자. 우리는 왜 한두 세대 전의 과거에 그대로 멈춰 있는가? 왜 우리는 1차 세계대전에서 더 나아가지 못하는가? 웰링턴 장군과 나폴레옹, 엘리자베스 여왕, 사자왕 리처드, 그리고 맞다, 살라딘과 카이사르, 칭기즈칸 같은 인물들은 지금 어디에 있는가?

특이하게도, 위인들의 명단에는 보통 간디가 포함되지 않는 경우가 많다. 어떤 타당한 근거에 비춰보더라도 나는 그가 확실히 후보에 오를만한 인물이라고 보는데 말이다. 명백히 그는 훌륭한 인물이었고, 평화를 사랑했으며, 조국을 제국주의 지배에서 벗어나게 한 뒤 암살로 생을 마감했다. 그리고 넬슨 만델라 역시 나의 위인 후보에 오를만한 확실한 이유가 있는 인물이다. 또한, 1차 세계대전 도중에 독일인들의 총에 맞아 숨진 간호사 에디스 카벨Edith Cavell—"애국심이 전부는 아니다"—+이나, 이라크에서

+ 영국 출신의 간호사였던 에디스 카벨은 1차 대전 당시 독일군이 점령한 벨기에에서 활동하면서 어느 편이든 국적을 가리지 않고 군인들을 치료하고 구해주다가 연합국 병사들을 숨겨준 혐의로 독일군에 체포돼 반역죄로 사형 당했다.

잔인하게 살해당한 지극히 용감하고 이타적인 구호 활동가 마가렛 핫산 Margaret Hassan+ 역시 결코 명단에서 빼놓을 수 없다. 그녀들로 인해 당연히 우리는 이런 물음도 던져보아야 할 것이다. 우리 시대의 위대한 여성들은 과연 어디에 있는가? 거기에 나는 이렇게 답할 것이다. 팔레스타인 가자 지구에서 가옥을 철거하던 이스라엘 불도저를 몸으로 막아 세우다 거기에 깔려 숨진 레이첼 코리라는 젊은 미국인 여성이 있다고 말이다. 그리고 이스라엘의 핵개발을 내부 고발한 모르데차이 바누누Mordechai Vanunu를 남자 명단에 추가하는 건 어떨까?

마지막으로, 그래, 스스로 위대해지기 위해서가 아니라 자신이 옳다고 믿는 일을 어떠한 대가를 치르더라도 실천에 옮겼던 세상의 모든 보잘것없는 사람들을 명단에 올려본다.

2005년 4월 16일

인디펜던트

+ 아일랜드 출신으로 20대 후반에 이라크 남성과 결혼한 뒤로 줄곧 이라크에서 살아온 그녀는 국제구호단체 활동가로 왕성한 활동을 벌이던 2004년도에 괴한들에게 납치돼 59세를 일기로 사망했다.

11장

아메리카 아메리카

미국인들은 그들의 적들에게 엄청난 불의를 행해왔다. 그것이 실재하거나 혹은 상상 속에서만 존재하는 적들일지라도 말이다. 하지만 그런 미국에도 커다란 희망은 존재한다. 그 안에서 살아가는 무슬림들과, 보수주의자들의 가짜 애국심에 순순히 순응하거나 침묵하기를 거부하는 수많은 비무슬림 국민들이 바로 그 주인공들이다. 나는 미국의 여러 대학에서 강의를 하기 위해 거의 3주에 한 번씩은 중동을 떠나 미국을 방문한다. 물론 힘들고, 때때로 악의에 찬 반응을 접할 때도 있지만, 그만큼 또 보람을 느낄 수 있는 경험이다. 미국의 중동 정책을 비난하려면, 직접 '자유의 땅'에 가서 그 곳 사람들을 마주 대하고 그들의 이목을 집중시키는 편이 낫기 때문이다.

자유롭게 말할 권리

뉴욕 '네이션 북스Nation Books'에서 일하는 레일라 알 아리안은 자기 책상에 앉아 있을 때도 히잡을 두른 채였다. 그녀는 내게 자신의 아버지와의 전화 통화가 어려울 거라고 말했다. 노스캐롤라이나 교도소의 의료시설에 수감돼 있는 올해 49살의 사미 알 아리안Sami al-Arian은 교도관이 지켜보는 가운데 매주 두어 통의 전화 통화만 가능한 상태였다. 그는 정부가 자신에게 저지른 잔인무도한 행위에 항의해 60일 동안 단식 투쟁을 벌였고, 그로 인해 점점 몸이 쇠약해져 가고 있었다. 그러나 그런 그의 행동은 뉴욕과 워싱턴, LA에 있는 미국 언론계의 잠자는 개들을 깨우지 못한 채, 정의에 관한 한 판의 촌극으로 끝나고 말았다. 그래서 더더욱, 온라인 언론인 카운터펀치의 알렉산더 코번Alexander Cockburn과 함께 몇 달에 걸쳐 알 아리안의 수난을 파헤쳐온 플로리다 탬파의 존 서그John Sugg 기자에게 진심 어린 찬사를 보낼 수밖에 없다.

지금까지의 사연은 이렇다. 1948년에 가족 전체가 고향에서 쫓겨나는 바람에 쿠웨이트에서 태어난 팔레스타인계의 사미 알 아리안은 사우스 플로리다대학의 존경받는 컴퓨터공학과 교수였다. 비록 돌아온 성과는 없었지만, 그는 다양한 강연과 캠페인을 통해 팔레스타인 아랍인들이 현장에서 겪는 비극을 미국 정부에게 전달하려고 애썼다. 그러나 서그 기자에 따르면 그의 강연 내용이 이스라엘 로비스트들의 심기를 건드렸고, 그로 인해 2003년 애슈크로프트 법무장관이 그를 체포하라는 지시를 내렸다. 그리고 그는 해외에서 '살인과 폭력'을 모의하고 '이슬라믹 지하드 Islamic Jihad'라는 팔레스타인 저항조직을 위한 자금을 모집했다는 혐의로 기소되었다. 그로부터 2년 반 동안 그는 독방에 갇혀 손과 발에 쇠고랑을 찬 채 하루 800m 정도만 비틀대며 걸을 수 있었고, 대화도 변호인들하고만 가능했다.

5000만 달러를 들여 6개월 동안 진행된 알 아리안 재판에서 정부는 80명의 증인들—그중 21명은 이스라엘 출신이었다—을 소환하고, 미행과 도청을 통해 얻어낸 400건의 통화 내용을 제출했다. 여기서 잠깐만, 정부가 제출한 증거 가운데는 공동 피고인이 꿈에서 알 아리안과 나눴다는 대화도 포함되어 있었다. 반면 제임스 무디라는 이름의 지방 판사는 이스라엘의 군사 점령이나 유엔 안보리 결의안 242호에 대한 일체의 진술을 가로막았다. 배심원들이 공명정대한 판결을 내리는 데 방해가 된다는 게 그 이유였다.

2005년 12월, 가장 중대한 혐의에 대해서는 만장일치로 무죄 판결이 내려졌고, 나머지 혐의들에 대해서도 배심원단의 투표 결과 10대 2로 무죄 평결이 나왔다. 그러나 FBI가 추가 혐의로 다시 기소를 추진하자, 알 아리안의 변호인단은 앞으로 또 있을지 모르는 추가 기소를 막기 위해 그에게 플리 바게닝+을 하자고 제안했다. 설사 유죄가 선고되더라도 이미 복역 기간을 거의 다 채웠기 때문에 곧 풀려난 뒤 추방 절차만 남게 될 거

+ 피의자가 유죄를 인정하거나 범죄 사실을 솔직하게 증언하면 검찰이 그 대가로 형량을 줄여주거나 가벼운 범죄로 기소해주는 제도로, 한국에서는 아직 도입되지 않았으나 미국에서는 절대다수의 형사사건이 이 제도를 활용해 조기에 종결된다.

라 판단했기 때문이다.

그러나 선고를 받으러 재판정에 도착한 알 아리안은 무디 판사가 피고인의 손에 묻은 '피'를 거론하는 걸 듣게 된다. 잘못하면 추가로 11개월을 더 감옥에서 보내야 할지도 모르게 된 것이다. 게다가 고든 크롬버그 검사는 알 아리안에게 이슬람 연구소 한 곳에 대해 불리한 진술을 하라고 몰아붙였다. 그래서 이미 그전부터 플리 바게닝을 받아들이는 것 자체가 치욕적이라 여겼던 알 아리안은 진술을 거부했고, 법정 모독죄로 다시 수감됐다. 그리고 여전히 계속 교도소에 갇혀 있다.

물론 이라크에서 고문을 저지른 미국인들 대부분은 그렇지 않았다. 그들 가운데 릭 페어Ric Fair라는 이름의 '계약직 심문 담당자'는 미 82 공수사단이 운용하는 팔루자의 심문 '시설'에서 자신이 벌였던 행각에 대한 솔직한 심정을 〈워싱턴 포스트〉 지에 털어놓았다. 페어는 자신이 '강제로 옷을 벗겨 구석에 세워놓은 채' 잠 안 재우기 고문을 가했던 한 이라크인이 자꾸 꿈에 나타난다고 했다. 이제는 그가 잠을 이룰 수 없게 된 것이다.

> 얼굴 없는 남자가 나를 빤히 쳐다보면서 도와달라고 애원하지만, 나는 무서워서 움직일 수가 없는 거예요. 그가 불쌍한 목소리로 울기 시작하는데, 정말 소름이 끼쳤습니다. 그러다 그가 지르는 비명 소리에 깨어보면, 사실은 그게 내 비명 소리였다는 걸 깨닫게 되죠.

정말 다행스럽게도, 페어는 자신의 경험을 대본으로 써서 채널 4에 보내지는 않았다. 영국의 민영방송인 채널 4는 바스라에서의 영국군의 학대 행위를 다룬 드라마 〈마크 오브 케인Mark of Cain〉을 방영했다가 잔뜩 겁을 집어먹은 바 있기 때문이다. 그들은 토니 마천트Tony Marchat란 작가가 쓴 그 드라마를 방송에 내보내면, 우리 아이들이 바스라 주민들을 마구 두들겨 팬 사실을 무슬림 세계가 알게 됨으로써 그보다 긴장감이 훨씬 덜한 이란 판 '소문난 15인의 군인들'+ 사건의 결말에 영향을 미칠 수 있을지도 모른다는 말에 쉽게 속아 넘어간 것이다.

또한, 바스라에서 영국군에 구금되어 있던 도중 숨진 호텔 노동자 바하 무사의 죽음을 맨 처음 폭로한 기자로서 나는, 우리가 그의 죽음을 표현할 때는 언제나 '살인'이라는 표현 대신 그저 '사망'이라는 단어를 사용해야 한다고 생각한다. 야만적인 구타 현장에 있었던 군인들이 모두 법정에서 살인 혐의를 벗고 풀려났으니까 말이다. 아랍의 무슬림들은 우리가 심문 과정에서 수감자들을 어떻게 다루는지를 모두 다 잘 알고 있다. 그리고 그건 이라크인들도 마찬가지다. 그들은 다들 내가 일요판 〈인디펜던트〉 지에 그 사건을 보도하기 훨씬 전부터 무사의 운명을 알고 있었다. 고문 사실을 믿지 않으려는 사람들은 여기 이곳에 있는 우리 영국인들뿐인 것이다.

그런 차이가 생긴 건 누군가 우리를 중동의 현실로부터 떼어놓아야 할 필요가 있음을 느꼈기 때문이었다. 즉 국제적으로 불법임에도 불구하고 무슬림들의 땅을 부도덕하고 잔인하게 점령하고 있는 데 대해 영국과 미국 국민들이 의문을 제기하지 않도록 막기 위함인 것이다. 그 결과 '자유의 땅'이라고 하는 미국에서는 심지어 일선 학교에서조차 중동의 실상에 대한 조직적인 검열이 계속되고 있는 게 현실이다.

일례로, 코네티컷 주의 월턴 고등학교에서는 학생들이 이라크에서 복무한 미군들의 편지와 경험담을 토대로 〈분쟁 지역에서의 목소리voices in

+ 2007년 3월 23일, 이란 혁명수비대가 이란과 이라크 사이에 위치한 해역에서 순찰을 벌이던 영국 군함 콘월호의 승조원 15명을 억류했다가 13일 뒤에 풀어준 사건.

Conflict〉란 제목의 연극을 직접 제작해 무대에 올리려고 했다. 극 중에 등장하는 군인들 가운데는 이라크에서 사망한 19살의 졸업생 선배도 포함돼 있었다. 그러나 모든 게 수포로 돌아갔다. 그 학교의 티모시 캔티 교장이 학생들의 공연을 금지시켰기 때문이다. "사랑하는 사람을 잃었거나 바로 이 순간에도 친지 중 누군가가 이라크에서 복무하고 있는" 사람들에게 상처를 줄지 모른다는 게 그 이유였다. 또한, 뭐니 뭐니 해도 교장이 내건 이유 중에서 가장 마음에 들었던 건 "우리 학생들에게 합당한 교육 경험을" 제공하기에는 리허설 시간이 충분치 않다는 부분이었다.

그래, 캔티 교장이 말하려는 핵심이 뭔지 잘 알겠다. 미국의 극작가 아서 밀러Arthur Miller의 〈시련The Crucible〉이란 연극을 제작한 적도 있던 해당 학생들은 교장으로부터 "군인들의 생각을 관객들에게 이야기하는 건 너희들의 몫이 아니야"란 말까지 들었다. 하지만 이제 월턴 고등학교의 학생들에게는 여기저기서 공연 요청이 쇄도하고 있다.

개인적으로 나는 캔티 교장의 말도 나름대로 일리가 있다고 생각한다. 그는 학생들에게 셰익스피어의 〈타이터스 앤드러니커스Titus Andronicus〉를 무대에 올리라고 권하는 편이 훨씬 더 나았을 수도 있다. 거대한 폭력과 고문, 강간, 사지 절단, 명예 살인이 등장하는 그 연극은 아마 코네티컷의 착한 주민들에게 이라크를 완벽하게 설명해줄 것이다. 틀림없이 '합당한 교육 경험'도 될 테고 말이다.

2007년 4월 7일

인디펜던트

이건 무승부야!

미국에 갈 때마다 나는 거울을 통해 내가 살고 일하는 머나먼 중동지역을 응시하게 된다. 그리고 그곳의 비극이 여기 미국에서 온갖 위선과 진부함, 그리고 몰염치한 거짓말로 변질되는 풍경을 보게 된다. 하지만 그런 풍경을 받아들이지 못하는 나는《이상한 나라의 앨리스》에 나오는 체셔 고양이인 걸까? 아니면 매드 해터?

샌프란시스코 공항에서 지미 카터 전 대통령의 새 책《팔레스타인: 아파르트헤이트가 아니라 평화를Palestine: Peace Not Apartheid》을 집어 들었다. 그리고 하루 만에 다 읽어 치웠다. 성인(聖人)의 반열에 근접한 유일한 미국 대통령이 쓴 그 책은 훌륭하고 강렬했다. 책 속에서 카터는 팔레스타인인들에게 가해진 터무니없는 처우를 일일이 열거했다. 이스라엘의 점령, 팔레스타인 토지의 강탈, 발가벗겨진 피지배자들을 상대로 한 야만적인 처벌. 그는 그것을 가리켜 "아파르트헤이트 체제"라고 불렀다. 바로 "두 개의 민족이 같은 땅에 살고 있지만 서로 완전히 분리된, 그런 가운데 이스라엘인들이 우월하고 억압적인 폭력을 통해 팔레스타인인들의 기본적인 인권을 빼앗는" 체제 말이다. 그리고 카터는 "남아프리카 공화국의 체제처럼 우리 사회가 유대인 지배자들과 시민적 권리가 거의 없는 아랍인 피지배자들의 이중 사회로 점점 변해가는 게 두렵다"는 어느 이스라엘인의 말을 인용하면서, "점령지의 상당 부분을 빼앗은 뒤 나머지 팔레스타인인들을 남겨진 작은 땅 안에서 장벽과 울타리, 검문소로 둘러싼 채 죄수처럼 살게 하자는 제안이 제기되지만, 그런 수정된 선택은 절대 받아들일 수 없다"고 덧붙이고 있다.

말할 필요도 없이, 미국의 텔레비전과 신문들은 이런 분별력 있는 책의 등장을 대체로 무시했다. 늘 그렇듯 이스라엘의 로비스트들이 가련한 지미 카터를 향해 욕설을 쏟아붓기 전까지는 말이다. 그러나 그가 이스라엘과 아랍 인접국인 이집트 간의 가장 오래 지속된 평화 협정인 그 유명한 1978년 캠프 데이비드 협정의 설계자였다는 사실을 잊어서는 안 된다. 〈뉴욕 타임스〉는—물론 그들은 '보도하기에 적합한 모든 뉴스를 보도한다'+— 카터가 "아파르트헤이트"라는 용어를 사용함으로써 "유대인들 사이에 격분"을 불러일으켰다고 독자들에게 거리낌 없이 말했다. 그 대답으로 전직 대통령 카터는 이스라엘의 로비스트들이 미국 언론의 편집국 데스크들 사이에 "이스라엘 정부를 비판하기 꺼려하는" 분위기를 조장했다고 부드럽게—그리고 올바르게— 지적했다.

카터에게 던져진 오물세례 가운데 대표적인 것은 정치 평론가 마이클 킨슬리Michael Kinsley가 〈뉴욕 타임스〉—물론 그렇지—를 통해, 카터가 "이스라엘을 옛 남아프리카 공화국의 백인 인종주의 정권과 비교하고 있다"고 언급한 부분이었다. 그리고 곧바로 '비방척결연맹Anti-Defamation League'++의

+ 〈뉴욕 타임스〉가 공식적으로 천명해온 보도 방침이다.

++ 시민권과 인권을 옹호하는 단체를 자처하지만, 실상은 이스라엘에게 비판적인 보도와 강연, 학술 연구를 반박하고 친이스라엘 여론을 조성하는 활동을 주로 하는 유대인 민간단체.

에이브 폭스먼Abe Foxman은 악의에 찬 발언을 쏟아내는 것으로 그 뒤를 이었다. 그는 카터가 이 책을 쓰게 된 이유로 제시한 "유대인들이 이 나라, 특히 언론에서 벌어지는 논쟁을 완전히 틀어쥐고 있다"는 주장은 "파렴치하고 수치스러운 유언비어에 불과하다"면서, "그가 그저 한 사람의 전문가나 분석가가 아니라 전직 미국 대통령이라는 점에서 문제는 더욱 심각하다"라고 말했다.

음, 그래 그게 핵심이야, 그렇지? 카터의 책은 어느 하버드 교수가 로비의 위력에 관해 쓴 글이 아니다. 어느 날 갑자기 훌륭한 전직 대통령이 되어 나타난, 아랍인들뿐만 아니라 이스라엘의 친구이기도 한 인물이 내놓은 고결하고도 정직한 발언인 것이다. 그의 책이 베스트셀러가 된 이유도 바로 거기에 있다. 그래서 나는 폭스먼의 말을 믿는 대신 그 책을 구입하는 쪽을 선택한 미국의 위대한 대중들에게 박수를 보낸다.

그런데 이와 관련해, 이스라엘이 남아공의 바로 그 아파르트헤이트 정권과 맺어온 밀월 관계에 대해서는 〈뉴욕 타임스〉를 비롯한 미국의 겁쟁이 주류 신문들이 왜 거론하지 않는지 모르겠다. 책에서 카터는 이 부분에 대해서 언급하지는 않았지만, 이스라엘은 국제사회의 제재를 받고 있던 남아공 인종주의 정부와 무수히 많은 다이아몬드를 거래한 바 있다. 게다가 이스라엘은 군사적으로도 그들과 깊은 관계를 맺어왔다. 나치식 아파르트헤이트 체제를 설계한 인물들 가운데 한 명인 존 포르스테르John Vorster 남아공 총리가 1976년 4월에 이스라엘을 국빈방문할 당시, 이스라엘의 메나헴 베긴 총리에서부터 전쟁 영웅인 모셰 다얀 그리고 장차 노벨평화상 수상자가 된 이츠하크 라빈에 이르기까지 모두가 공식 환영 만찬을 통해 그의 방문을 빛내주었던 과거는 그냥 내가 꿈속에서 본 걸 현실로 착각하는 걸까? 물론 이런 사실들은 카터의 책을 둘러싼 미국 사회 내의 커다란 논쟁에서 전혀 거론되지 않았다.

아무튼 나는 카터의 책을 다 읽고 난 뒤, 디트로이트 공항에서 그 책보다 훨씬 더 얇은《베이커-해밀턴 이라크 연구그룹 보고서Baker-Hamilton Iraq Study Group Report》를 집어 들었다. 실제로는 이라크에 대해 전혀 연구하지 않은 그 보고서에서는 조지 부시가 자신의 셔츠에 피 한 방울 묻히지 않고도 이 재앙에서 도망쳐 나올 수 있는 몇 가지 암울한 방법들을 제시하고 있었다. 그리고 또한 바그다드의 그린존—드림존이라고 하는 편이 더 정확할 것이다—에 있는 이라크인들과의 대화를 토대로 몇 가지 가치 있는 제안들도 내놓고 있었다. 팔레스타인과 이스라엘 간에 진지한 평화 협상을 재개할 것과 골란 고원에서 이스라엘이 철수할 것 등이 대표적이었다.

그러나 이미 누구나 알고있듯이, 이스라엘인들은 그런 제안을 이미 거부한 바 있다. 게다가 보고서는 나의 옛 친구이자 스스로 메시아라도 된 것처럼 행동하는 〈뉴욕 타임스〉의 칼럼니스트 토머스 프리드먼Tomas Friedman과 평판이 떨어질 대로 떨어진 브루킹스 연구소 같은 우파 싱크탱크들이 평소에 늘어놓던 지긋지긋한 언어를 되풀이하고 있을뿐더러, 온갖 허점투성이에다 "이제 시간이 얼마 없다"는 훈계들로 가득 차 있었다.

나는 이 보고서가 왜 이렇게 터무니없는 소리만 늘어놓는 건지 정말로 궁금했다. 하지만 보고서 맨 뒤쪽을 펴보니 그 이유를 알 것도 같았다. 거기에는 베이커와 해밀턴 등이 자문을 받았다는 '전문가들'의 이름이 죽 적혀 있었기 때문이다. 실제로 그들 중 상당수가 브루킹스 연구소를 떠받치는 핵심 인물들이었고, 개중에는 〈뉴욕 타임스〉의 토머스 프리드먼도 있었다.

그러나 더없이 어리석게도, 미국을 이라크라는 재앙으로 끌어들인 현인들 사이에서 베이커 보고서보다 진일보한 토론을 이끌어내기란 불가능했다. 게다가 그들이 제시한 명제는 거의 철학적 수준이었다. 정말 특이한 미 합참의장인 피터 페이스Peter Pace 장군은 미국의 이라크 전쟁에 대해 "우리가 이기고 있는 건 아니지만, 그렇다고 지고 있는 것도 아니다"라고 말한 바 있다. 그리고 부시의 새 국방장관인 로버트 게이츠 역시 페이스 장군의 말에 동의한다고 선언했다. 앞서 말한 베이커-해밀턴 보고서의 공동책임자인 제임스 베이커 전 국무장관도 "우리가 지고 있다고 말할 수는 없습니다. 마찬가지로 이기고 있다는 장담도 못 합니다"라는 말로 똑같이 난센스의 바다에 직접 뛰어들었다. 이때쯤 부시도 등장해, 그렇지, "우리가 이기고 있지는 못합니다. 그러나 지고 있는 것도 아닙니다"라고 선포했다. 아, 정말 이라크인들이 불쌍할 따름이다.

3만 7000피트 높이의 콜로라도 상공에서 심한 난기류에 시달리는 동안, 나는 이런 정신 나간 상황에 대해 곰곰이 생각해봤다. 그러다 불현듯 깨달았다. 미국과 악의 세력이 이라크에서 벌인 이 독특한 전쟁의 전체적인 최종 스코어는 무승부였던 것이다!

2006년 12월 23일

인디펜던트

캠퍼스에 밀어닥친 공포와 증오심

2001년 9월 11일 밤, 하버드 법학대학원의 앨런 더쇼위츠 교수는 아일랜드의 한 라디오 방송을 통해 분노를 폭발시켰다. "로버트 피스크는 위험한 사람입니다!"라고 고함을 질러댄 것이다. 앨런은 내가 "테러 지지자"에 "반미주의자"이며 "반유대주의자와 똑같다"고 아일랜드의 카운티 마요County Mayo 주민들에게 단언했다. 물론 내가 감히 '왜'라는 질문을 제기했던 건 사실이었다. 19명의 아랍인들은 왜 세계 무역센터와 펜타곤과 펜실베이니아로 비행기를 몰았던 걸까요? 정말 이상하단 말입니다. 19명의 살인범들이 모두 중동이라 불리는 지역에서 왔다던데, 거기선 무슨 문제가 있는 걸까요?

내가 그런 터무니없는 상황을 다시 떠올리게 된 이유는, 최근 앨런이 자신의 오랜 천적인 노먼 핀켈슈타인Norman Finkelstein에 대한 공격을 재개했기 때문이다. 노먼은 자신이 정치학 조교수로 있는 미국의 드폴대학DePaul University에 종신 교수직을 막 신청해놓은 상태다. 노먼이 속한 학과에서는 그를 지지하고 있지만, 앨런은 노먼과 그의 모든 저작들에 대해 맹공격을 가하며 그의 동료 교수들을 마구 몰아붙였다. 여기서 노먼의 저작들에 대해 잠시 설명하자면, 유대인이자 홀로코스트 생존자의 아들인 그는 이스라엘의 정책에 대한 비판을 억누르기 위해 600만 유대인들의 생명을 앗아간 홀로코스트를 이용하는 행위와 이스라엘의 팔레스타인 서안 지구 점령을 강도 높게 비판하는 다수의 저작들을 생산해왔다. 그중에서도《홀로코스트 산업The Holocaust Industry》+이란 책은 특히나 앨런의 분노를 더욱 부채질하는 역할을 했다.

자, 오랫동안 내가 알고 지내온 노먼은 금기를 모르는 치열한 논객이었다. 그는 전통적으로 이스라엘을 지지해온 모든 이들, 특히 고문에 눈을 감는 사람들의 모습에 분노했다. 개인적으로 나는 노먼의 주장이 때때로 너무나 격렬해서 약간 걱정스러울 때가 있다. 또한, 라디오 토론에 나온 그의 목소리도 다소 징징대는 톤이라서 반대편을 극도로 자극하는 경향이 있는 게 사실이었다.

하지만 이 모든 것들을 떠나서 앨런이 노먼의 이력을 망가뜨리려 애쓰는 것만큼은 분명하다. 그는 드폴대학의 교수들에게 "노먼 핀켈슈타인의 노골적인 거짓말과 왜곡과 잘못된 인용 사례들"을 담은 '문서Dossier'를 발송했다. 여기서, '문서'라는 단어는 우리 영국인들에게 훨씬 더 익숙하다는 점++과 앨런은 드폴대학과 아무런 관련이 없다는 점을 살짝 덧붙여둔다. 아무튼, 앨런은 노먼에게 종신 교수직을 부여하는 것은 드폴대학에 있어 수치가 될 거라고 말한다.

"그의 학문은 자신의 이념상의 적들에 대한 인신공격에 지나지 않습

+ 노먼 핀켈슈타인,《홀로코스트 산업》, 신현승 옮김(서울: 한겨레 신문사, 2004)

++ 2003년 2월 영국의 토니 블레어 총리에게 보고된 "이라크의 대량파괴무기: 영국 정부의 평가(Iraq's Weapons of Mass Destruction: The Assessment of the British Government)"란 제목의 정보 보고서를 꼬집어 말한 것이다. "사담 후세인이 생화학 무기를 계속 생산해왔다는 점에는 의심의 여지가 없다"고 단정 지은 그 보고서를 가리켜 흔히 '이라크 문서(Iraq Dossier)'라 부르기 때문이다.

니다."

이 정도로도 성에 안 찼던지, 그는 철학자이자 언어학자인 노암 촘스키까지 자신의 과녁에 끌어들였다. 촘스키가 노먼을 지지해왔을뿐더러, 그런 그를 가리켜 앨런이 "급진적 반이스라엘 좌파의 제사장"이라 표현한 적도 있기 때문이다. 참고로 촘스키와 노먼, 그리고 앨런은 셋 다 모두 유대인들이었다.

'알았으니까 이제 그만!'이라는 독자들의 외침이 들리는 듯하다. 물론 나도 같은 생각이다. 그러나 노먼이 몸담고 있는 정치학과가 그의 학문적인 업적에 최고점을 부여하면서 또 다른 논란이 시작되었다. 그들은 노먼이 "더쇼위츠의 저서《이스라엘을 위한 주장The Case for Israel》이 타인의 글 가운데 상당 부분을 표절하거나 부적절하게 무단 도용했다는 걸 보여주는 구체적인 논거를 제시하고 있다"고 말했다. 또한 그가 하버드, 조지타운, 그 외 북서부의 여러 대학들에서 강의를 해왔으며, "학문적 생산과 업적에 있어서 상당하고도 만만찮은 기록"을 가지고 있다고 평가했다.

거기까진 좋았다. 그런데 여기서 드폴의 문리대 학장인 '척' 수차르'Chuck' Suchar+가 등장해 노먼에게 종신 교수직을 부여해서는 안 된다는 비범한 권고를 내놓는다. 척은 "그가 강의평가에서 일관되게 높은 점수"를 받은 "전문적인 강사"라는 점은 인정하면서도, "(그의 저작들 가운데) 상당수가 가톨릭 빈첸시오 성인을 따르는 드폴의 가치에 부합하지 않고, 특히 그중에서도 지적으로 다른 입장을 가지고 표현할 타인의 권리와 개인의 존엄을 존중해야 한다는 우리 기관의 책무와 맞지 않다"는 결론을 내렸다. 또한, 척은 "노먼이 쓴 책들은 거의 인신공격"에 가까우며, "자신의 견

+ 'Chuck'이란 단어는 원래 '(아무렇게나) 내던지다'란 뜻을 가지고 있다.

해에 반대하는 많은 이들의 평판을 망가뜨리는 데 명확히 초점을 맞추는 전략을 구현하고 있다"고 말했다.

이 대목에서 나는 이 칼럼을 읽는 학자들이 척 자신의 업적에 대해서도 궁금증을 품지 않을까 싶다. 내가 이해하기로 그의 연구는 중동과는 아무런 관련이 없었다. 비록 그가 1992년에 쓴《고급 주택화와 도시 변화: 도시 사회 연구Gentrification and Urban Change: Research in Urban Society》의 초판을 구입하기 위해 미국 독자들이 주요 서점 건물 주위에 줄지어 섰던 적은 있었지만 말이다. 내가 묻고 싶은 딱 한 가지는, 한 대학의 학장이란 사람이 어떻게 동료에게는 남을 인신공격한다고 비난하면서도 그에게 똑같이 인신공격을 가할 수 있느냐 하는 점이다.

나 역시 그 '빈첸시오회의 가치'라는 걸 사랑한다. 척의 아련한 상상 속에서의 드폴이 아니라 실제의 빈센트 드폴 성인(1581년-1660년)은 절대 가벼이 여길 수 있는 신학자가 아니었다. 튀르크 해적들에게 잡혀 튀니지에 노예로 끌려갔던 그는 자신의 종교적 가치관으로 주인을 잘 설득시켜 기독교로 개종시킨 뒤 자유의 몸이 되었다. 비록 척 수차르가 그 명예에 먹칠을 하긴 했지만, 그가 만든 자선단체들은—파리에다 버려진 아이들을 위한 보호시설을 만들기도 했다— 하나의 전설이 되었다.

한편, 미국 전역에 있는 노먼의 동료 학자들은 척의 비열한 행위를 하나같이 비난했다. 심지어 베이루트에 있는 아메리카대학교 교수들조차 그에게 종신 교수직을 부여할 것을 요구했다. 홀로코스트 생존자의 아들인 유대인 교수에게 아랍인들이 지지를 보낸 것이다.

물론 나는 대학 밖의 사회에서 보기에 이 모든 소동이 약간 무거운 주제라는 사실을 인정한다. 그리고 솔직히 생각 같아서는 노먼과 척 그리고 앨런을 한꺼번에 앉혀놓고 이제 그만 좀 하라고 강하게 한 마디 하고싶은 생각도 든다. 그러나 드폴대학에서 벌어지고 있는 일은 오늘날 미국의 학계가 얼마나 타협적이며 겁에 질려 있는지를 보여주는 아주 심각한 사례라 할 수 있다. 5월이면 노먼에게 운명의 순간이 찾아오게 된다. 그리고 흔히 말하듯, 계속해서 지켜볼 일이다.

2007년 4월 14일

인디펜던트

* 2007년 6월에 노먼 핀켈슈타인은 종신 교수직을 거부당하고 2008년까지 '공무 휴직'을 지시받았다. 그러나 그 뒤 밝혀지지 않은 조건으로 드폴대학과의 합의에 도달한 다음, 2007년 9월 5일에 사직을 발표했다. 대학 측은 핀켈슈타인을 가리켜 "많은 결실을 맺은 학자이자 걸출한 강사"라고 했는데, 명백히 이는 그의 사직을 기정사실로 인정한 표현이었다. 앨런 더쇼위츠는 대학 측이 발표한 성명서가 "타협"이라며 비난했다. 빈센트 성인이 이걸 보고 어떤 마음이었을지 생각만 해도 속이 상한다.

세상이 더 안전하게 느껴지다

미국에 입국할 때마다 나는 국토안보부에서 나온 친구들이 이번에는 또 어떤 모습을 보여줄지가 항상 궁금해진다. 그러나 지난주의 시카고 공항은 누워서 떡 먹기였다. 입국 심사대의 젊은이에게 내가 레바논에서 왔고 무슬림들이 모인 회의에서 연설할 예정이라고 말하자, 그는 "야, 거기 레바논에서 정말 힘드시겠네요"하고 딱한 표정을 짓더니 불과 30초도 안 돼 입국 도장이 찍힌 여권을 돌려주며 이렇게 말했다.

"여기 있습니다, 우리 편 양반."

그렇게 입국 심사대를 통과한 나는 미리 주차해둔 내 흰색 팔로미노+에 안장을 얹고 시카고 하늘 위에 걸려 있는 초승달++을 향해 내달렸다. 이랴, 피스크, 달려라 달려!

한때 나는 미국의 무슬림들 중 상당수가 중동이 아니라 서남아시아 출

+ 미국 크라이슬러사에서 생산되는 자동차 브랜드 닷지(Dodge)의 픽업트럭 모델. 원래는 말의 품종 중 하나를 가리키는 단어였다.

++ 선지자 무함마드가 하느님(알라)으로부터 최초의 계시를 받을 때, 하늘에는 초승달과 샛별이 떠 있었던 걸 계기로 초승달은 이슬람의 상징이 되었다. 오늘날 터키, 알제리, 파키스탄 등 이슬람 국가들의 국기에 초승달과 별이 그려져 있는 것도 그런 이유에서다.

신, 그러니까 시리아나 이집트, 레바논, 사우디가 아닌 파키스탄과 인도 혈통을 가지고 있다는 사실을 잊어버린 적이 있었다. 그리고 이곳 북아메리카 이슬람협회Islamic Society of North America의 연례행사에 모인, 대부분 수니파에 속하는 수많은 청중들은 뉴욕의 핫도그 판매원들이나 호텔 벨 보이, 택시 운전사들이 아니었다. 기업 변호사, 부동산 개발업자, 건설 엔지니어, 체인점 주인들 같이 미국 중산층의 근간에 속한 사람들이었던 것이다. 또한, 그들은 우리가 2001년 9·11 범죄의 여파에 관해 이야기할 때 흔히 입에 오르내리곤 하는 고분고분하고 처량하며 두려움에 질린 무슬림들의 모습도 아니었다.

그 날 드넓은 강당에 자리 잡고 앉은 1만 2000명 가량의 청중들에게 나는 중동이 지금처럼 위험한 적은 없었다고 말했다. 2006년 7월 12일에 세 명의 이스라엘 병사를 살해하고 두 명의 이스라엘 병사를 포로로 잡은 사건에 대해 이스라엘이 그렇게 무자비하게 대응하고 나설 거라고는 전혀 생각지도 못했다고 말한 헤즈볼라의 지도자 사예드 하산 나스랄라Sayed Hassan Nasrallah에 대해서도 비난을 가했다. 나중에 어느 존경받는 이맘 한 사람은 내게 "저는 하산에 대한 당신의 이야기는 거의 모욕에 가깝다고 봅니다"라고 말했다. 하지만 그 자리에 모인 청중들은 전혀 그렇게 생각하는 것 같지 않았다.

내가 "자살폭탄 세력이 당신들의 선량한 공동체 내에서 음모를 꾸미고 있다는 로비집단들의 악의적인 주장이 펼쳐질 때마다, 미국에 사는 무슬림들로서 당신들은 반론권을 요구할 수 있다"고 말하자, 그들은 열렬한 지지의 함성을 보냈다. 그러나 나는 바로 그다음에 이어질 내 이야기에 당신들이 어떤 반응을 보일지 유심히 지켜보겠다고 경고한 뒤, 당신네 부모들이 떠나온 바로 그 나라에서 벌어지는 무슬림 정권의 고문과 억압에 대해서도 자유롭게 비난할 수 있고 또 그래야 한다고 강조했다. 그러자 수천 명의 무슬림들이 그 자리에서 기립해 박수를 치고 내 말에 동의한다고 외쳐댔다. '아랍 테러리즘'을 외쳐대며 대중들을 선동하는 비무슬림들의 고함 소리와는 비교할 수 없을 정도의 감동과 열정이 그대로 내게 전달되어 왔다. 이건 내가 전혀 예상치 못한 반응이었다.

그로부터 몇 시간 뒤, 미국에서 출판된 내 책에 사인하고 있는 동안—물론 시카고에 간 실제 이유가 이거였다— 아까 강당에 앉아 있던 사람들이 내게 다가와 자신들은 미국계 무슬림이 아니라 무슬림계 미국인들이라고 설명했다. 그러면서 생명, 자유, 그리고 행복의 추구와 무슬림은 결코 양립할 수 없는 가치가 아니라는 말도 덧붙였다.

그들과 대화를 나누는 동안 어느새 주위엔 사람들이 잔뜩 몰려들어 있었다. 개중에는 간혹 나의 환심을 사려는 사람들도 있었는데, 평화를 사랑하는 자기네 조국의 기본 신념들에 대해 한마디 해달라고 부탁해온 파키스탄의 방송 진행자가 대표적이었다. 그러나 내가 파키스탄 정보부와 탈레반 사이의 계속된 밀월 관계를 거론하기 시작하자, 그는 황급히 인터뷰를 마무리 짓고는 자리를 떠 버렸다.

반면 대단히 비극적인 사연을 가진 젊은이들도 만날 수 있었다. 그중 한 젊은이는 짧은 문장 하나를 적어 와서는 그가 구입한 내 책의 앞면에다 직접 써달라고 했다.

> 캄보디아에서 폴 포트의 크메르루주 손에 죽어간 내 부모님과 형제 · 자매들에게 바칩니다. 유소스 아담.

순간 위를 올려다보니 그 젊은이의 눈시울이 붉어져 있었다. 그는 "아시겠지만, 저는 전쟁에 반대합니다"라는 한 마디를 남기고는 군중 속으로 사라졌다. 또한, 자신을 '관타나모의 이맘'+이라 소개한 또 다른 젊은이는 미국이 운영하는 '호화로운' 관타나모 수용소에서 이른바 알 카에다 수감자들을 보살피는 일을 하다가 그들에게 알 카에다 식의 메시지를 전달한 혐의로 미군 당국에 의해 부당하게 기소됐던 사연을 들려주기도 했다.

그러나 전체적으로 그들 가운데 심히 괴로워하는 표정의 사람은 없었다. 다만 그들은 계속해서 자신들을—그리고 전 세계 모든 무슬림들을—이질적이고 잔인하며 가학적인 인종으로 묘사하는 미국 신문과 방송들의 태도로 인해 일종의 성장통을 겪고 있는 모습으로 비쳐질 뿐이었다.

그 가운데 한 여인은 올해 6월 캐나다의 〈토론토 스타Toronto Star〉 지에 실렸던 이스라엘 스데롯Sderot 시에 관한 기사를 꺼내 보여주었다. '이스라엘 판 그라운드 제로에 쏟아진 포화'라는 제목의 기사에서는 해당 도시가 팔레스타인 가자 지구에서 날아온 미사일 수백 발의 표적이 되고 있다고 나와 있었다.

"피스크 씨, 당신은 이런 유형의 저널리즘을 믿으시나요?"

그녀는 내 대답을 듣고 싶다고 했다. 그래서 그녀에게 "그림의 양쪽 면"을 모두 들여다봐야 한다고 주문할 생각에 기사를 찬찬히 읽어본 나는 지난 5년간 스데롯에서 살해된 이스라엘인들이 단지 다섯 명에 불과하다는 사실을 발견했다. 그래, 모든 생명은 똑같이 소중하다. 그러나 이스라엘의 어느 도시에서 일 년에 한 명이 죽은 걸 가지고 어떻게 두 시간 만에 3000명이 사망한 뉴욕의 그라운드 제로의 상황과 동등하게 비교할 수 있단 말인가? 그 캐나다 신문에서는 죽음은 모두 똑같다고 할지 모르겠지

+ 원래는 선지자 무함마드의 영적 권위를 이어받은 계승자를 뜻하는 말이지만, 일상생활에서는 흔히 예배를 인도하는 이슬람 성직자들을 가리켜 이맘이라 부른다.

만, 때로는 어떤 이의 죽음이 다른 이들의 그것보다 훨씬 더 큰 가치가 매겨질 때가 있다.

그리고 최근 나는 〈뉴욕 타임스〉의 토머스 프리드먼 같은 인물이 그런 상황에 더욱 불을 지피고 있다는 사실을 발견했다. 그는 몇 년 전에 팔레스타인 사람들이 "아이를 제물로 바치는" 관행을 믿고 있다고 썼다. 그들이 자신의 아이들에게 이스라엘 군인들을 향해 돌을 던지는 걸 허락함으로써 친절하게도 군인들이 아이들을 총으로 쏴서 쓰러뜨리도록 만들었다는 게 그 이유였다. 나와 대화를 나눠본 무슬림들 사이에서는 가장 터무니없는 인물로 정평이 난 프리드먼은 신문에서 그의 또 다른 기사를 오려 나에게 건네준 한 소녀의 표현대로 이제 이라크인들을 "짐승처럼 그리고" 있다. 참고로 그 기사의 마지막은 이랬다.

> 만약 그들(이라크 반군)이 성공을 거둔다면, 그건 전 세계의 비극이 될 것이다. 그러나 미국 정부는 자신의 아이들을 사랑하는 마음보다 서로를 미워하는 마음이 더 큰 그런 사람들을 위해 우리 아이들을 희생시키라고 미국 국민들에게 계속 요구해서는 안 된다.

'또 시작이군 그래'하고 나는 생각했다. 무슬림들은 자신의 아이들을 제물로 희생시킨다? 또 그들은 자신의 아이를 사랑하는 마음보다 상대를 미워하는 마음이 더 크다? 만약 그렇다면 그들의 아이들이 가령 가자 지구와 이라크에서 각각 이스라엘과 미국의 총탄에 심장을 관통당하고, 레바논에서 이스라엘의 폭탄에 짓뭉개져 죽는 것도 전혀 놀랄 일은 아니다. 그건 모두 아랍인들의 잘못이기 때문이다.

하지만 그 모든 비방과 궤변 그리고 거짓말들에도 불구하고, 여기 시카고에 모인 무슬림들은 그 모든 것들을 떨쳐버린 채, 자신이 미국인이라는 사실이 자랑스럽다고 말한다. 매일 아침 베이루트의 아파트에서 잠을 깰 때마다, '이번엔 또 어디에서 폭발이 일어날까'하는 생각을 하며 침대를 벗어나는 사람으로서, 그들 덕분에 나는 이 세상이 약간 더 안전하게 느껴졌다.

2006년 9월 9일

인디펜던트

미국 언론은 국민들을 따라잡을 수 있을까

하룻밤 새 미국 언론이 겁에 질린 채 벌렁 누워 있는 애처롭고 늙은 래브라도에서 사나운 로트와일러 맹견으로 변신하는 모습을 지켜보는 건, 미국 사회에서 느낄 수 있는 즐거움 가운데 하나다. 지난 두 주 동안 나는 피해자이자 동시에 수혜자로서 이런 현상을 직접 경험하고 있다. 뉴욕과 LA에서 조지 W. 부시 대통령과 이스라엘의 계속된 팔레스타인 서안 지구 정착촌 건설을 비난했더니, 모든 주요 일간지들로부터 업신여김을 당한 것이다. 원래 이런 식의 반응은 국가의 자부심이 걸린 사업에 감히 이의를 제기하는 사람들에게나 해당하는 것이었다.

먼저, 〈뉴욕 타임스〉의 오랜 권위자인 에단 브로너Ethan Bronner는 내가 미국 언론인들을 공격했다고 강하게 꾸짖었다. 나는 "중동을 보도하는 미국 언론인들의 방식이 대단히 비겁하며, 그들은 이스라엘의 살인행위를 '표적 공격'이라고 하거나 불법 정착촌을 '유대인 거주지역'이라 부르는 등 이스라엘에 대한 비판을 상당히 두려워하고 있다"고 말한 적이 있는데, 에단은 그 말을 그대로 인용해 나를 맹렬히 비판한 것이다. 그러나 그가 워낙 독자들과의 접촉이 없다 보니까 몰랐나 본데, '비겁한'이란 말은 걸핏하면 여기저기 굽실거리는 자국 신문들을 가리킬 때 미국인들이 흔히 갖다 붙이는 표현이었다. 그리고 미국에서 신문 판매 부수가 그렇게 형편없이 급감하는 이유 중 하나도 바로 그 때문이었다. 하지만 베트남 참전군인 출신의 존경받는 민주당 하원의원 한 사람이 이라크 전쟁은 패배한 전쟁이며 미군은 즉각 철수해야 한다는 뜻을 내비친 순간•, 이 불쌍한 미디어의 개는 코를 킁킁거리더니 백악관이 권력에서 멀어지고 있다는 냄새를 맡고는 침을 흘리기 시작했다.

그 일이 있은 직후, 내가 샌프란시스코의 한 텔레비전 생방송에 출연했을 때는 신기하게도 미국이 이라크에서 벌이고 있는 어리석은 행동에 대해 아무런 방해도 받지 않고 비판을 계속 이어갈 수 있었다. 심지어 윌리 브라운Willie Brown 전 시장은 자기네 나라의 중동 정책을 마구 물어뜯은 '성질 더러운' 영국인을—물론 방송 중에 그는 내가 미국인이라고 주장하긴 했지만—향해 따뜻한 분위기를 연출하기도 했다. 이 정도면 백악관의 그 사내에게 비록 천 분의 일 초일지언정 아주 잠시나마 안쓰러움을 느끼기에 충분했다.

이는 단지 내가 뉴욕의 뉴어크 공항에서 비행기를 타고 오늘날 오존층 파괴로 인한 공포가 알 카에다 공격의 공포를 대신하고 있는 LA 국제공항으로 건너왔기 때문에 그런 건 아니었다. 동부 해안 지역에서도 신문 사설들이 연신 부시 행정부를 향해 큰 소리로 불평을 쏟아내고 있었다. 아부 그라이브 교도소에서의 고문 사실을 보도했던 기자이자 미국 저널리즘에 있어서는 축복이라 할 수 있는 시모어 허시는 이라크의 미군 지휘관들이 현재의 반란이 걷잡을 수 없는 상태라 믿고 있다고 폭로함으로써 또

• 여기에 대한 공화당의 반응은 너무나 악랄해서 논외로 하도록 한다.

다른 암울한 소식 하나를 끄집어내 보여주었다.

그리고 이번 주 황금 시간대 TV 뉴스에서는, 무장한 이라크 반군들이 다시 라마디 시—2003년 이래로 이미 네 번이나 미군에 의해 '해방됐던' 곳이었다— 전역을 장악했다는 소식이 이라크 정부군이 곧 점령군으로부터 치안 임무를 넘겨받을 수 있을 거라는• 부시의 한없이 지긋지긋한 주장과 똑같은 비중으로 다뤄지고 있었다.

마찬가지로 할리우드에서조차 지금까지 금기시됐던 주제들이 정치적인 수렁의 표면 위로 건져져 올라오고 있다.•• 예를 들어, 유니버설 픽처스Universal Pictures가 제작한 〈자헤드Jarhead〉란 영화는 1991년의 걸프전쟁 과정에서 입은 정신적 충격 때문에 괴로워하는 해병부대원의 모습을 묘사하고 있다. 또한, 2차 세계대전 당시 특파원으로 활약했던 에드 머로우Ed Murrow가 1950년대에 매카시 상원의원과 맞서 벌이는 영웅적인 싸움을 흑백화면 위에 인상적으로 그려낸, 조지 클루니 감독의 〈굿나잇 앤 굿럭Good Night, and Good Luck〉이란 영화는 이미 제작비의 두 배 이상을 벌어들였다. 영화에서 머로우 역은 배우가 연기했지만, 매카시는 실제 기록 영상으로만 등장한다. 그런데 놀랍게도, 뉴욕에서 열린 시사회에서 한 관객은 매카시 '역을 맡은' 인물의 연기가 '너무 과장됐다'는 불만을 토로했다고 한다. 앞으로 부시와 체니와 럼즈펠드가 마찬가지로 똑같이 영화에 등장한다면 우리도 그런 평가를 하게 될까? 아마 그러지 않을까 싶다.

그리고 자살폭탄범들과 기존의 통념을 벗어난 CIA 요원들—클루니가 그중 한 명을 연기했다—, 서로 앙숙인 중동의 아랍 실력자들—그들 중 한 사람은 진정한 민

• 실제로는 상당수 반군들이 이라크 정부군에 잠입해 미국의 등에다 칼을 꽂고 있다.

•• 영화 제작에 보통 1년이 넘게 소요되는 할리우드의 일정에 비춰볼 때, 상황이 악화되기 시작한 건 어제오늘의 일이 아니란 걸 알 수 있다.

주주의와 국민 전체를 위한 부를 실현하고, 자기네 나라에서 나는 자원들을 직접 통제하기를 원한다—, 평판 나쁜 다수의 사업가들과 대서양 연안의 변호사들이 두루 등장하는 클루니의 석유 무역에 관한 서사극 〈시리아나〉 역시 할리우드에서 불어오는 일련의 흐름에 있어 빼놓을 수 없는 영화다. 극 중에서 CIA는 자기네 나라의 석유를 직접 소유하기를 바라는 아랍 왕세자를 결국 암살하는데—민주주의 따위의 이야기는 접어두도록 하자—, 정체 모를 남자들이 버지니아의 어느 방에 틀어박혀 조작한 무인 폭격기를 이용해서였다. 한편, 영화 속에서는 미국계 대기업이 소유한 유전에서 일하다가 주주들의 이익을 위한 구조조정으로 해고당한 한 파키스탄인이 그 회사의 유조선 가운데 하나를 자살 공격으로 파괴한다.

클루니는 〈엔터테인먼트Entertainment〉 지와의 인터뷰에서 "이제 사람들의 두려움이 예전보다 덜한 것 같습니다. 많은 사람들이 질문을 던지기 시작하고 있습니다. 그리고 이제 그 질문을 피하기가 점점 어려워지고 있습니다"라고 말했다. 물론 그런 질문들은 죽어간 수만 명의 이라크 주민들에 대한 연민에서 나온 것이라기보다는 2000명이 넘는 이라크 미군 희생자들에게서 비롯된 것이었다. 그리고 불법적인 이라크 침공이 전체적으로 성공이 아닌 재앙으로 끝나고 있기 때문에 그 질문들에 대해 아주 진지하게 고민하는 분위기가 형성되고 있다.

하지만 여전히 '이스라엘'에 관한 질문만큼은 회피한다는 게 문제다. 〈시리아나〉에 등장하는—실제 현실이었다면 서안 지구 점령에 대한 강박관념에 시달렸을— 아랍 왕세자들은 이스라엘에 대해 단 한 마디도 중얼거리지 않는다. 파키스탄 청년에게 유조선을 공격하라고 설득한 알 카에다 요원 역시 마찬가지였다. 빈 라덴의 시종이라면 틀림없이 이스라엘을 입에 올렸을 텐데도 말이다. 특히 마이클 무어Michael Moore의 〈화씨 9·11Fahrenheit 9/11〉이란 다큐멘터리 영화에서조차 이스라엘을 전혀 언급하지 않았다는 것은 우리에게 분명 어떤 교훈을 남기는 대목이었다.

따라서 우리가 정면으로 맞서야 할 중동의 핵심 이슈 하나가 남아 있는 셈이다. 그리고 사람들이 감히 입에 담지 못하는 그런 주제를 용감하게 끄집어내고 있는 인물이 바로 '데모크라시 나우' 방송•의 진행자 에이미 굿맨이다. 예전에 나는 그 프로그램을 듣는 청취자가 그녀 자신을 포함해 딱 세 명밖에 없다는 말로 그녀를 격분시킨 적이 있는데, 에이미 굿맨의 '대안' 라디오와 텔레비전 방송국이—나는 '대안'이라는 단어가 지나치게 점잔을 빼는 것처럼 들려서 싫다— 서서히 주류로 옮겨가고 있는 것도 부분적으로는 그런 노력의 결과라 할 수 있다.

실제로 미국 국민들은 미국과 이스라엘의 관계를 가지고 토론할 준비가 되어 있다. 아랍인들을 향한 미국의 부당한 행동들에 대해서도 마찬가지다. 언제나 그렇듯이 미국의 평범한 국민들은 대부분 길들여질 대로 길들여진 신문방송 기자들에게서 점점 벗어나고 있다. 이제 언론계의 소년 소녀들이 국민들을 따라잡을 수 있을지, 인내심을 갖고 지켜볼 차례다.

2005년 12월 3일

인디펜던트

• 과거 브루클린 소방서로 쓰였던 건물에서 방송되고 있다.

브라질, 미국, 그리고 지혜의 일곱 기둥

지난주 엉망진창 무계획적으로 조성된 드넓은 도시 상파울루에 도착해 보니, 이곳에서는 브라질의 바리그Varig 항공사—여러분께 경고하건대, 소련 시절의 이스트 유러피언(East European) 항공사보다 더 끔찍했다—파산에 연루된 한 국회의원의 정치부패 스캔들로 떠들썩했다. 그리고 최근 볼리비아 정부가 브라질이 갖고 있던 자국의 석유 운영권을 국유화하겠다고 발표한 일도 신문의 일면을 장식하고 있었다.+

물론 이란의 아마디네자드 대통령이 부시 대통령에게 보낸 장문의 편지도 화제였다. 현지에서 발행되는 〈인터내셔널 헤럴드 트리뷴〉 지는 그것을 가리켜 "장황하고 두서없다"고 표현했는데, 그 신문사의 헤드라인 담당 기자는 아마 부시에게는 절대 그런 표현을 쓰지는 않았을 것이다. 그리고 일간 〈폴랴 지 상파울루Folha de Sao Paulo〉의 한 면 전체에 실린 중동 기사에서는 민주적으로 선출된 '팔레스타인' 정부에 대한 유럽연합의 터

+ 2006년 5월 1일, 볼리비아의 에보 모랄레스 대통령은 외국계 석유회사들이 지분을 장악한 56개 석유, 천연가스 및 정유시설들을 국유화하겠다고 선언했다. 그로 인해 브라질의 국영에너지 기업인 페트로브라스(Petrobras)가 가장 큰 타격을 입게 되면서 양국 정부 간에 갈등이 빚어졌으나, 2007년 5월에 페트로브라스가 볼리비아 내에 보유하고 있던 2개의 정유시설 운영권을 정식 매각하기로 합의하면서 절충점을 찾게 된다.

무니없는 제재를 다루고 있었는데, 아아, 해당 기사들은 모두 통신사에서 쓴 걸 그대로 옮겨 실은 것들이었다.

그도 그럴 것이, 지리적으로도 방대할뿐더러 상파울루 거리에만 나가 봐도 여러 인종들이 마구 뒤섞인 채—토론토 시내 전차에 탄 승객들의 인종적 다양함을 능가한다— 각자 사용하는 포르투갈어도 제각각인 브라질에 발을 내딛는 순간, 갑자기 중동이란 지역이 너무나 멀게 느껴지는 걸 경험하게 된다. 브라질? 맞다, 아마존과 열대 숲, 커피, 리우의 해변들, 그리고 오스트레일리아의 캔버라나 파키스탄의 이슬라마바드처럼 계획적으로 조성된 짝퉁 수도 브라질리아가 있는 그 브라질 말이다.

하지만 이런 심리적, 물리적 거리에도 불구하고 식민주의와 민주주의에 관한 한 보기 드문 역사를 지닌 브라질과 아랍 세계에는 한 가지 공통점이 있었다. 그것은 바로 변함없는 미국의 존재와 영향력, 그리고 압력이었다. 특히나 1940년대와 50년대에 우파 지배세력이 공산주의자들을 색출해내느라 혈안이 되어 있던 시기에는 그런 경향이 가장 두드러졌다.

1941년, 어느 모로 보든지 2001년 9·11 만큼이나 무자비했던 진주만 공격으로 인해 뒤늦게 세계대전에 끼어든 미국은 대서양 쪽으로 깊숙이 튀어나온 브라질이라는 대국에 대해 크게 염려한 나머지, 브라질 정부의 승인을 기다릴 새도 없이 그 나라 북쪽에 군사 기지들을 설치했다. 글쎄, 사실 미국 정부는 그다지 걱정할 필요가 없었다. 독일의 유보트가 브라질 상선 다섯 척을 격침하는 사건이 발생하면서 국민들의 대규모 시위를 촉발시켰고, 따라서 우파 제툴리우 바르가스Getulio Vargas 독재 정부는 나치와의 전쟁을 선포할 수밖에 없었기 때문이다.

이 대목에서 독자들 가운데 이탈리아 전선에서 2만 명이 넘는 브라질 군대가 2차 세계대전이 끝나는 그 순간까지 우리 편에 서서 싸웠다는 사실을 아는 사람이 있으면 한번 손을 들어보기 바란다. 더군다나 그 과정에서 얼마나 많은 브라질 군인들이 사망했는지에 관한 질문까지 던진다면 아마 거의 손을 드는 사람이 없을 것이다. 보리스 파우스투Boris Fausto의 탁월한 브라질 역사서+에 따르면, 당시 독일군과의 전투에서 454명의 군인이 전사했다고 한다. 그리고 브라질 원정대의 귀환은 그 나라에 민주주의를 가져오는데도 도움이 됐다. 하지만 전쟁이 끝난 지 9년 만에 바르가스는 권총 자실로 삶을 마감하고 말았다. 그가 남긴 드라마틱한 유서에는 당시 브라질의 경제위기가 '외세'에 의해 초래됐음을 시사하는 내용이 담겨 있었다. 그리고 그 소식을 들은 군중들이 리우의 미국 대사관을 공격했다.

자, 그에 비해 오늘날의 상황은 아주 달라 보인다. 대선 이후 마찬가지로 '외세'의 위협을 받아온 좌파 지도자 루이스 이나시우 룰라 다 시우바Luiz Inacio Lula da Silva가 브라질 석유 대기업 소유의 정유시설을 국유화한 같은 좌파 출신의 에보 모랄레스Evo Morales 볼리비아 대통령의 조치를 이해하려고 노력하는 모습을 볼 때 더더욱 그렇다.

이 지점에서, 라틴 아메리카를 휩쓴 좌파 정권들 내부에서 들려오는 파열음은 아랍 연맹 정상들의 회의 풍경과 다소 닮은 측면이 있다는 점을 짚고 넘어가야겠다. 아랍 국가들끼리 서로 단결하자는 약속은 언제나 증오에 찬 논쟁으로 약화되기 일쑤였기 때문이다. 따라서 이번 주 〈폴랴 지상파울루〉의 기자 중 하나가 자신의 기사에 '아라비아인들The Arabias'이라는 제목을 단 것도 전혀 놀라울 게 없다.

하지만 내가 중동을 영원히 떠날 수가 있을까? 세상 저편에 위치한 머

+보리스 파우스트, 《브라질의 역사》, 최해성 옮김(서울: 그린비, 2012)

나면 도시에서 안전한 삶을 살아보는 것도 괜찮지 않을까? 그리고 이런 생각이 들자마자 고개를 가로젓는 이 불쌍한 남자의 마음을 중동은 과연 이해할 수 있을까?

그렇게 브라질에서 이틀을 보낸 뒤, 런던의 외신 데스크로부터 우편물이 도착했다. 나는 침대 위에 웅크려 앉아 하나하나 편지를 뜯어봤다. 우편물 가방에서 나온 첫 번째 편지는 스티브니지에 사는 피터 멧칼프라는 독자가 보낸 것으로, 아라비아 로렌스의 자서전《지혜의 일곱 기둥Seven Pillars of Wisdom》+ 가운데서 복사한 페이지 한 장이 동봉돼 있었다. 거기엔 1920년대의 이라크와 석유, 그리고 식민주의에 관한 로렌스의 글이 담겨 있었다. 그는 "이것들을 위해 우리는 너무나 많은 명예와 무고한 생명들을 대가로 지불했다"고 말한다.

> 잉글랜드 데번Devon 주 출신의 국민 방위군 대원 100명을 데리고 티그리스 강을 따라 올라갔다. …… 나는 여자와 아이들을 즐겁고 행복하게 만드는 능력을 갖춘 그 친구들이 정말 마음에 들었다. 그들과 같은 영국인이라는 게 얼마나 기쁜 일인지를 그 친구들은 생생하게 보여주었다. 그런데 우리는 그들을 한꺼번에 수천 명씩 죽음이라는 최악의 불구덩이로 내던져 버렸다. 전쟁에서 이기기 위해서가 아니라 메소포타미아의 곡식과 쌀과 석유를 차지하기 위해서 말이다.

다음날 펼쳐 든 브라질 신문에서는 바그다드 거리에 등을 대고 누워있는 한 미국인 병사의 사진이 실렸다. 도로변에 설치된 폭탄이 터져 숨진

+ 토마스 에드워드 로렌스,《지혜의 일곱 기둥》, 최인자 옮김(서울: 뿔, 2006)

그는 정말로 죽음이라는 최악의 불구덩이로 내던져졌다.

다음으로는, 나의 오랜 동료 기자인 시드니의 안토니 뢰벤스타인Antony Loewenstein이 보낸 우편물이 가방에서 나왔다. 〈더 오스트레일리안The Australian〉 지에 실린 사설이었다. 사실 나는 조지 W. 부시의 이라크 전쟁을 열렬히 성원해온 그 신문을 그다지 좋아하지 않았다. 그러나 이런 말에는 한 번쯤 귀를 기울일만하다는 생각이 들었다.

> 3년 전, 오스트레일리아 정예 부대가 스커드 미사일이 배치된 장소를 무력화하기 위해 이라크 서부 사막에서 전투를 벌이고 있었다. 그리고 3년이 지난 오늘, 우리의 공수특전단SAS 대원들이 생명을 무릅쓰고 사담 후세인의 군대와 전투를 벌이던 바로 그 순간에 밀을 가득 실은 오스트레일리아 화물선이 페르시아 만의 항구를 향해 빠르게 다가가고 있었다는 사실을 우리는 알게 됐다. 당시의 화물은 요르단의 한 운송회사가 이라크로의 운송과 하역을 담당할 예정이었는데, 그 회사는 사담 후세인에게 불법적인 리베이트를 지급해온 것으로 드러났다.

나는 오스트레일리아의 존 하워드 총리가 이라크 전쟁에 가담하면서 내세웠던 이유들 가운데 하나가—덧붙이자면, 그는 우리가 어떠한 대량파괴무기도 발견하지 못했다는 사실을 오스트리아 국민들에게 단 한 번도 이야기한 적이 없다— 사담 후세인 정권의 '부패'였던 사실을 기억하고 있다. 자 그럼, 부패한 게 과연 누구일까?

나는 지금 상파울루 막수드 플라자Maksoud Plaza 호텔을 떠날 채비를 하고 있다. 막수드? 아랍어로 그건 '당신이 다시 돌아올 곳'이라는 뜻이다. 물론 호텔 주인이 브라질계 레바논 사람이라서 그런 이름이 붙여졌을 것이다. 그다음으로 비행시간을 체크한다. 항공권에는 '상파울루-프랑크푸르트-베이루트'라고 쓰여 있다. 그렇다. 나는 벗어나려야 벗어날 길 없는 그곳으로 다시 되돌아가는 것이다.

2006년 5월 13일

인디펜던트

카이로에서 발도스타까지

카이로대학과 미국 최남단의 발도스타 주립대학교Valdosta State University 캠퍼스 사이에는 대단한 차이가 있다. 이번 한 주 동안 두 곳을 오가야 했던 나는 멀리 떠 있는 두 개의 별자리를 지도 삼아 우울한 분위기의 우주선을—혹은 어쩌면 타임머신을— 타고 여행하는 듯한 느낌이 들었다. 첫 번째 별자리의 이름은 분명히 이라크였고, 다른 하나는 공포였다. 그리고 둘 사이에는 공통점이 아주 많았다.

넓디넓은 캠퍼스의 카이로대학 정치학과는 모나 엘바라데이 박사Dr Mona El-Baradei가 이끌고 있었다. 맞다. 그녀는 국제원자력기구IAEA 사무총장의 누이동생이었다. 스카프를 두른 젊은 여성들이 대부분인 그녀의 학생들은 중동에서의 저널리즘의 문제점을 주제로 한 피스크의 복잡하고 따분한 강의가 거의 끝나갈 무렵, 미리 정해진 대로 각자의 질문을 써서 제출했다.

"당신들은 왜 이라크를 침공했나요?"

한 학생이 물었다. '당신들'이란 표현이 약간 마음에 안 들었지만, 어쨌든 내 대답은 "석유"였다.

"이집트 정부에 관해서는 어떻게 생각하시나요?"

이 시점에서 나는 손목에 찬 시계를 쳐다봤다. 그런 다음, "호스니 무바라크의 정보원 친구들이 내 답변을 전해 듣기 전에 비행기를 타고 이곳을 뜨기에는 아직 시간이 넉넉하군요"하고 말했다. 학생들 사이에서 불안한 웃음이 터져 나왔다. 글쎄, 새로 헌법을 수정해 현재 이집트의 비상 입법을 일반 법률 상태로 그대로 유지하고, 무슬림 형제단 지지자들을 계속해서 체포하는 행위는 민주주의로 이어지는 길이 아니라고 말했다. 그러면서 이집트에서 벌어지는 임의구금과 일상적인 고문, 불공정한 재판의 사례들을 모아놓은 미 국무부의 목록에 대한 이야기를 꺼냈다. 순간 무바라크 대통령의 미국인 친구들로부터 쏟아진 이런 비난에 대해 현지 경찰들이 어떻게 대응할지가 갑자기 궁금해졌다.

그러나 어쨌든 이집트에 있어서 아주 상징적인 순간이 찾아온 건 사실이었다. 이 발랄하고 똑똑한 학생들은 이집트가 민주주의를 향해 꾸준히 전진하고 있다는 이야기가 과연 사실인지, 아니면 자신들이 또다시 진부한 이야기에 속아 넘어가고 있는 건지 알고 싶어 했다. 하지만 모두가 알다시피 무바라크의 사내들이 이 나라의 학생들을 유심히 지켜보고 있었다. 그래서 나는 수업이 끝난 뒤 무기명으로 받은 질문들에 일일이 따로 답변을 해주는 방식을 택한 것이다.

왜 '우리'는 이라크를 떠나지 않았을까? '우리'가 이란을 공격하게 될까? '우리'가 중동에서의 민주주의라는 가치를 정말로 믿었을까? 그럼에도 '우리'의 그림자는 이 젊은이들의 머릿속에 여전히 풀리지 않는 의문으로 남아 있는 듯했다.

그로부터 30시간 뒤, 나는 미국 조지아 주 발도스타의 한 호텔 방에서 텔레비전을 켰다. 보석으로 치장한 여성이 폭스 TV에 나와, 만약 '우리'가

이라크를 떠난다면 "지하드 전사들"이 우리 뒤를 쫓아오게 될 거라고 미국 시청자들에게 이야기하고 있었다.

"그들은 칼리프 체제를 수립해 세계를 장악하길 원합니다."

그녀는 이라크에서 자동차 안에 일부러 두 아이를 놔둔 채 폭발시켰다는 보도를 전하며 날카롭게 악을 써댔다. 무슬림 "지하드 전사들"이 "1970년대 레바논에서부터" 어떻게 이런 짓을 벌여왔는지에 관해서도 고래고래 고함치듯 이야기했나. 물론 그건 헛소리였다. 베이루트에서 아이들을 차에 가둬놓고 폭탄을 터뜨린 적은 단 한 번도 없었다. 그리고 1970년대 레바논 내전에서 '지하드 전사들'이란 것은 존재하지도 않았다. 그럼에도 공포의 씨앗은 뿌려졌다. 미 하원이 2008년 8월까지 미군을 철수시키는 문제를 논의하는 이 시점에, 미국이라는 나무에서는 공포라는 열매가 주렁주렁 열려 있는 것처럼 느껴졌다.

일례로, 어느 보도에 따르면 미국 조지아 주 타이거 시에 사는 캐시 반즈란 여성은 아들의 목숨을 걱정한 나머지 일상생활에서 부딪치는 작은 경험 하나하나를 좋거나 나쁜 징조로 해석하는 습관이 생겼다고 한다. 그녀의 아들인 미 보병 3사단 4연대 소속의 에드워드 버그 대위는 이라크 파견 근무가 이번이 두 번째로, 조지 부시의 저 악명 높은 '증파surge'로 인해 다시 그곳에 가게 된 거였다.

첫 번째 파병 때 반즈 여사는 죽은 뱀 한 마리를 봤다. 그녀는 그걸 나쁜 징조로 받아들였다. 그다음에는 캐나다 기러기 두 마리가 나무 위로 날아오르는 광경을 봤다. 그건 좋은 조짐이었다. 〈애틀랜타 저널 컨스티튜션Atlanta Journal-Constitution〉이 적절히 지적한 대로, 이성적인 사고를 가진 사람도 전시(戰時)에는 이런 행동을 하곤 한다. 천둥소리가 전조가 되고, 지저귀는 새 소리가 예언이 되는 것이다.

마이클 놀 박사Dr. Michael Noll의 학생들은 카이로의 엘바라데이 박사의 제자들만큼이나 영리하고 눈이 반짝였다. 이집트에서 했던 것과 같은 내용으로 진행된 내 강의를 듣기 위해 강의실을 가득 메운 그들은 이라크에 관한 한 상당수가 동일한 두려움을 공유하고 있는 것 같았다.

그리고 차분한 분위기에서 시작된 강의는 한 젊은 여성의 떨리는 목소리와 함께 비참함에 빠져들었다. 그 여성은 만약 '우리'가 이라크를 떠난다면 지하드 '테러리스트들'이 여기 미국을 공격하러 올지도 모른다고 분노를 터뜨렸다. 나는 좌절의 한숨을 쉴 수밖에 없었다. 마치 강의실에 폭스 TV를 그대로 틀어놓은 듯, 그녀는 만약 우리가 이라크에서 성공을 거두지 못한다면 '그들', 즉 괴물 같은 적들이 이 나라로 쳐들어올 거라는 부시와 블레어의 끔찍한 공상을 되풀이하고 있었기 때문이다.

그리고 나는 오늘날의 미국 신문들에서 역시 그와 같이 '공포'가 비 이성으로 탈바꿈되었다는 증거들을 매일 같이 접하게 된다. 예를 들어, 한 지역 신문에서 루크 보그스Luke Boggs란 이름의 칼럼니스트는 이렇게 선언하고 있다.

> 테러리스트들은 관타나모에서 그냥 썩게 놔둬야 한다. 그리고 유럽인들은 …… 아우성치게 내버려두자. 우리는 지금 심각한 상황에 처해있고, 악당들이 우리에게 더 큰 해를 가하기 전에 그들을 죽이거나 생포해야 할 만만찮은 임무를 책임지고 있다.

그러면서 그는 관타나모의 수감자들을 가리켜 "하드코어 지하드 전사들"이라 부르기도 했다. 나는 그 강의에서 만난 여성이 이라크에서 미국으로 '지하드 전사들'이 건너오고 어쩌고 하는 이야기를 지껄인 이유가 부시를 지지하기 때문은 아니란 걸 깨달았다. 그녀는 겁에 질려 있었던 것이다. 소위 '지하드 전사'의 위협과 적색 '테러' 경보니 자주색 경보니 하는 색깔로 구분된 모든 공포의 매개체들을 그녀는 진정으로 두려워하고 있었다. 그리고 그녀는 자기네 대통령을 믿고 있었다. 하지만 그녀의 대통령은 오사마 빈 라덴이 자신에게 그랬던 것처럼 이 젊은 여성의 정신과 용기를 깔아뭉개버렸다.

미국은 지금 전쟁 중이 아니다. 스페인풍의 건물들과 작고 아름다운 교회가 있는 발도스타의 훈훈한 녹색 캠퍼스에 전기가 끊기거나 할 일도 없다. 식량 배급도 없고, 공습 대피소나 폭탄도 없으며, 이 신앙심 깊은 사람들에게 몰래 접근해오는 '지하드 전사들'도 없다. 지금 전쟁 중에 있는 건 다름 아닌 이라크의 미군들이다. 그럼에도 이라크 전쟁은 미국의 사회 구조에 훨씬 더 교묘하게 해악을 끼치고 있다.

캠퍼스를 벗어난 나는 온화하고 감성적인 성격의 한 베트남 참전군인을 만났다. 그에게는 의사 아들이 둘 있었는데, 그 가운데 중령 계급의 군의관 아들은 부시의 '증파'로 인해 바그다드로 되돌아가 커다란 위험을 무릅쓰고 용감하게 임무를 수행하고 있었다. 반면 또 다른 아들 하나는 일반 민간인 의사로, 전쟁을 아주 증오했다. 이제 두 아이는 이라크 때문에 갈라져 서로 말조차 걸지 않는다.

그런 가운데 군인 아들이 이라크로 들어가기 전에 쿠웨이트의 기지에서 아버지에게 전화를 걸어왔다. "내 생각엔 아들이 겁을 집어먹은 것 같았어요"라고 그 아버지는 말했다. 그때 한 중년 여인이 내게 다가와 책에다 사인을 해달라고 요청해왔다. 그녀는 그 책을 바그다드에서 해병대원으로 근무하는 아들에게 보낼 작정이었는데, 아들이 너무 걱정스러운 나머지 눈에 보일 정도로 몸을 떨고 있었다. 나는 책 앞부분에 있는 빈 종이에다 이렇게 썼다.

"최대한 몸조심 하게. 그리고 무사히 집으로 돌아오게나."

2007년 3월 24일

인디펜던트

나의 미국 입국 도전기

이것은 인터넷과 여권, 그리고 초콜릿 무스에 관한 이야기다. 더 구체적으로 말하자면, 거짓말을 퍼뜨린 인터넷과 아무 쓸모 없는 여권, 그리고 입도 못 대본 초콜릿 무스에 얽힌 사연이라 할 수 있다.

이야기는 중동을 주제로 한 나의 신간을 발췌해 낭독하는 자리에 참석하기 위해 비행기를 타고 미국 뉴멕시코 주의 산타페Santa Fe로 출발한 데서부터 시작된다. 아라비아의 밥Bob of Arabia+이 들려주는 이야기를 듣기 위해 정말 많은 사람들이 사전 예약을 했고, 악명 높은 라디오 진행자 에이미 굿맨과의 인터뷰도 예정돼 있었다. 공항에 도착해 처음으로 마주한 미 출입국 담당 직원은 컴퓨터 스캐너에 내 작고 빨간 여권을 기분 좋게 긁었다. 비록 여권에는 국제사회에서 따돌림당하는 나라들의 비자가 가득했지만, 그게 국토안보부에서 나온 그 여직원을 애먹일 것 같지는 않아 보였다. 그녀를 성가시게 만든 건 다른 이유 때문이었다. "스캔이 안 되네요"라고 그녀는 말했다. 나는 그럴 리가 없다며 태연하게 말을 받았다. 그

+ 저자는 자신을 '아라비아의 로렌스'에 빗대 이렇게 부르고 있다.

러고는 미국에 들어오려다 화만 잔뜩 난 방문객들로 빼곡히 들어차 있는 커다란 방으로 들여보내 졌다.

키 큰 남자 하나가 내 홍채를 스캔하고 지문을 찍었다. 나는 이제 이걸로 끝이겠거니 생각했다. 하지만 그렇지 않았다. 45분 뒤, 국토안보부에서 또 다른 여성이 나타났다. 사실 나는 '하이마트Heimat'라는 독일어가 연상돼 지금도 '국토homeland'라는 단어를 별로 좋아하지 않는다.+ 아무튼, 그녀에게 나는 미국에서 딱 36시간만 있으면 된다고 말했다. 무료로 강연을 하는데, 수백 명이 참석할 거라고도 했다. 그러자 그녀는 "책임자한테 가서 당신을 들여보낼 수 있는지 알아볼게요"라고 쾌활하게 말했다. 아메리카여 영원하라! 나는 안도의 숨을 내쉬었다. 그러나 다시 돌아온 그녀는 윗사람이 내 입국을 허가하지 말라고 했다고 전했다. 그 친구들은 원래 오사마 빈 라덴이 미국을 공격하는 걸 막는 게 임무였지만, 지금은 산타페에서 책을 읽어주려는 나를 가로막고 있었다. 그나마 다행히 솜씨 좋은 기술자들이 위성을 통해 나를 산타페의 강연장으로 연결시켜 준 덕분에 낭독과 토크를 무사히 마칠 수는 있었다.

그러나 그다음부터 어처구니없는 상황이 펼쳐졌다. 행사 주최자들 가운데 한 명이 〈뉴 멕시칸New Mexican〉이란 일간지에다—지금 나는 그 신문사를 인수해서 폐간시켜 버리고 싶을 지경이다— 미국 당국이 "서류가 제대로 갖춰져 있지 않다"는 이유를 들어 나의 입국을 거부했다고 전한 것이다. 그건 일정 정도는 사실이었다. 그리고 몇 시간 뒤, 워낙 불쾌해서 내가 평소에도 사용

+ 영어나 한국어에는 '하이마트'란 개념을 정확히 옮길 수 있는 단어가 없다. 다만 인간은 누구나 출생과 성장, 그리고 사회적 관계를 통해 특정한 '하이마트'로 묶여 있다는 개념을 토대로 불완전하게나마 '고향', 혹은 '조국', '정체성'이란 단어로 번역할 따름이다. 그런데 1930년 나치 친위대 대장이었던 발터 다레(Walter Darre)에 의해 나치 이념의 지도적 원칙으로 공식화된 '피와 흙(Blut und Bode)'이란 구호에 녹아들면서 '하이마트'라는 단어는 조국 독일에 대한 애착을 가진 사람들과 그렇지 않은 이방인들을 구별하고 차별하는 행위에 정당성을 부여해주는 역할을 하게 된다.

하지 않는 바로 그 인터넷이란 곳에서는 내 기사가 부시 정부에 비판적이라는 이유로, 혹은 내가 오래전에 빈 라덴을 인터뷰한 적이 있기 때문에, 또 혹은 내가 너무나 끔찍한 인물이라 민주주의 국가라면 그 어떤 나라라도 나로 인해 입국장 깔개가 더러워지는 걸 그냥 두고 보지는 않았을 거라는 이유로 미국이 나의 입국을 금지시켰다는 이야기들이 마구 떠돌아다녔다.

그뿐만이 아니었다. 이런 말도 안 되는 소리는 세계 곳곳에서 나를 따라다녔다. 내 책의 출간을 맞아 방문한 오스트레일리아에서는 출연한 라디오와 텔레비전 열 곳과 네 번의 강연 자리에서 모두 미국에 입국 거부된 느낌이 어떠냐는 질문을 받았다. 그래서 그게 사실이 아니라고 설명하는 데만 모두 합쳐 꼬박 두 시간을 할애해야 했다. 난 단지 미국 입국이 더 이상 불가능한 옛날 여권으로 여행하고 있었을 뿐이다. 아무 쓸모 없는 여권이었다는 거다. 스코틀랜드에서는 한 대학 교수가 나를 청중들에게 소개할 때, 입국이 거부된 걸로 봐서 내 기사들이 "결국 부시 행정부의 심기를 건드렸던 게 틀림없다"고 한 적도 있었다. 이렇게 인터넷상에서 떠돈 헛소리는 아일랜드의 더블린과 코크, 그리고 마침내 벨파스트까지 나를 따라다녔다. 그 어떤 방법을 쓴다 하더라도 이미 퍼져나간 이야기를 지울 수는 없어 보였다.

한편, 내 책을 출판한 '포스 이스테이트Fourth Estate'의 홍보 담당자 로빈 하비가 근래 들어 미국이 요구하는 새 전자 여권을 발급받을 수 있도록 런던의 여권과에 전화를 걸어서 '심사관'—하이마트의 느낌을 풍기는 단어였다—과의 인터뷰를 잡아주었다. 어쨌든 나는 미국에서 내 책이 출간되는 11월 8일에 맞춰 뉴욕에 가야 했기에 일단 여권과로 갔다. 그들은 정중한 데다 유머 넘치고 활기찼으며, 무엇보다 문제가 뭔지를 이해하고 있었다.

아, 그러나 나는 여권이 두 개가 있어야 했다. 주로 중동을 돌아다녀야 하는 나는 이스라엘 비자가 찍힌 여권으로는 아랍국가에 들어갈 수가 없었기 때문이다. 그래서 별도의 여권을 추가로 발급받기 위해서 그런 상황을 설명해주는 〈인디펜던트〉 지의 확인서가 필요했다. 나는 그 자리에서 외신 데스크로 전화를 걸었고, 3분 뒤 여권과에 팩스 한 통이 도착했다. 그것을 본 심사관은 "뭐, 이 정도면 되겠네요"라고 말했다. 그러나 내가 가져온 여권 사진이 규정에 맞지 않았다. 그렇다고 나 같은 인간이 복도 끝에 있는 즉석 사진기에 가서 새로 사진을 찍었을까? 그랬다.

"곧 다시 만나요."

자리를 뜨는 나를 향해 즉석 사진기가 명랑하게 말했다. 하지만 "이걸로는 안 되겠는데요"라고 심사관이 내게 말했다. 안경 때문에 화면 유리가 반사돼 눈의 아랫부분을 가려버린 것이다.

"안경을 벗고 찍어 보시지 그래요?"

그가 다른 아이디어를 내놨다. 나는 그게 뭘 뜻하는지 잘 알고 있었다. 앞으로 아랍 국가에 들어갈 때마다 출입국 관리들이 나보고 안경을 벗어 보라고 요구하게 될 것이다. 게다가 나는 더 이상 즉석 사진기에 넣을 3파운드 50펜스 잔돈이 없었다. 그래서 나는 빅토리아 역으로 급히 달려가 막스 앤 스펜서 매장에 불쑥 밀고 들어간 다음, 직원에게 10파운드 지폐를 바꿔달라고 부탁했다. 그 날은 지지리도 운이 없는 날이었다. 잔돈을 바꾸려면 뭔가를 사야 한다고 했다. 나는 가장 작고 싼 물건을 찾아 진열대 주위를 짐승처럼 헤매다가 초콜릿 무스 하나를 와락 움켜쥐고는 다시 계산대로 향했다.

그렇게 여권과에 있는 즉석 사진기로 재차 쿵쾅거리며 걸어갔다. 도중에 초콜릿 무스는 하비에게 휙 내던진 채였다—그는 초콜릿을 먹지 않는다—. 구멍에다 3파운드 50펜스 어치 동전을 아무렇게나 밀어 넣고는 안경을 벗고 화면을 쳐다봤다.

"곧 다시 만나요."

이번에도 똑같은 목소리가 흘러나왔다. 아까보다 약간 더 얄미운 말투였다. 서둘러 심사관에게로 돌아갔다. 이번엔 여성 심사관이었다. 그녀는 내가 옥스퍼드를 향해 떠나기 한 시간 전에는 새 여권이 나올 거라고 장담했다. 나는 옥스퍼드에서 다시 히드로 공항으로 가서 유럽에서의 출판기념행사에 참석하기 위해 비행기를 타야 했다. 그런데 정오 무렵에 〈인디펜던트〉에서 전화가 걸려왔다.

"여권과에서 사진을 다른 걸로 가져오라네요."

자, 이 대목에서 나는 칼럼에서는 좀처럼 쓰지 않는 단어 하나를 써야겠다. 으아아아아아아! 어쩔 수 없이 여권과로 되돌아갔다. 아까 사진을 건네받을 때는 몰랐는데, 자세히 보니 너무 흐릿해서 얼굴을 알아볼 수 없다고 했다. 물론 그랬을 거다. 안경을 벗고 찍다 보니 그 빌어먹을 화면이 안 보였기 때문이다. 그렇다고 안경을 쓰면, 유리가 다시 내 눈에 반사될 것이다. 나는 하비를 붙잡았다. 그리고 나는 "내가 돈을 집어넣기 전에 사진기 문으로 고개를 들이밀고 화면에 내 얼굴이 어떻게 나오는지 좀 말해주게나"라고 간청했다. 네 번의 플래시가 더 터지고, 기계는 나를 향해 "곧 다시 만나요"라고 으르렁거렸다. 나는 발로 기계를 걷어차 버렸다.

이번엔 심사관이 내게 사진이 잘 나왔다고 말했다. 하지만 여권이 나오려면 최소한 4시간은 걸린다고 했다. 난 강연을 위해 3시간 뒤에는 옥스퍼드에 가 있어야 한다. 그래서 나중에 하비가 새 여권을 받아서 내가 아일랜드에 가 있을 때 DHL로 보내주면 안 되느냐고 물었다. 그러자 옆에 있던 심사관이 "법적으로 여권은 우편으로 보낼 수 없습니다"라고 쏘아붙였다. 하비는 음모를 꾸미는 아나키스트처럼 뭐라고 혼자 중얼거리며 불평을 해댔다. 그러고는 말했다.

"좋은 생각이 있어요. 아침에 제가 여권을 찾아서 당신이 히드로 공항으로 출발하기 전에 가서 전해줄게요."

다음 날 오전 8시, 사이클 바지를 입은 그가 새 여권을 들고 나타났다. 나는 공항으로 내달렸다. 제시간에 무사히 도착한 나는 여권 표지를 열어봤다. 첫 페이지에는 제국에서 전하는 영광스러운 문구가 적혀 있었다.

> 영국 여왕 폐하의 장관은 이를 소지한 자가 아무런 방해 없이 자유롭게 통과하도록 여기에 관계된 이들 모두가 허락해줄 것을 여왕 폐하의 이름으로 요청하고 요구하며…….

순간, 영국 외무성 장관의 이런 경고에 미국 국토안보부 친구들이 움찔하는 모습이 눈앞에 선했다. 11월 8일이면 이 여권이 무사히 나를 미국으로 들여보내 주겠지, 그렇지?•

2005년 10월 22일

인디펜던트

• 그랬다.

12장

아직 답하지 않은 물음들

기자들은 미스터리를 '해결'하고, '진실'을 밝혀내고, 세상의 일들을 특종으로 보도하고 싶어 한다. 그럼에도 항상 우리의 시선을 피해가는 이야기들이 있기 마련이다. 지구 온난화라는 정밀과학 분야가 그 대표적인 예다. 오늘날 그 사실을 부인하는 사람은 거의 없지만, 원래 악마는 디테일에 있는 법인데도 뉴스 보도에서는 절대 그런 세세한 이야기들은 다루지 않는다. 한편 나는 과연 우리가 2001년 9월 11일에 벌어진 일들의 진실을 알고 있는지에 대해 여전히 회의적이다. 물론 내가 그 배후에 엄청난 음모들이 숨겨져 있다고 믿는 '혼자 흥분해서 횡설수설하는 사람들' 축에 낀다고는 생각지 않지만 말이다. 마찬가지로 로커비 여객기 폭파사건의 진실에 대해서는 훨씬 더 많은 의혹을 품고 있다. 또한, 베나지르 부토를 살해한 자가 과연 누구인지, 의심은 갈지언정 그 진실은 알지 못한다. 그리고 1919년에 나의 아버지가 처형하라는 명령을 받았던 대상이 정확히 누구인지는 앞으로도 절대 알 수 없을 것이다.

문제는 기후일까, 전쟁일까

지난 1960년대에 개봉된 영화 가운데 〈지구가 불타는 날The Day the Earth Caught Fire〉이라는 대단한 작품이 하나 있었다. 내 기억엔 레오 맥컨Leo McKern이 〈데일리 익스프레스Daily Express〉+의 기자로 나왔고, 그 신문사의 실제 편집장이었던 아서 크리스티안센Arthur Christiansen도 함께 출연했다.

어느 겨울, 그들은 추운 날씨에도 불구하고 영국 정부가 열을 식히기 위해 하이드 파크에 스프링클러를 설치하고 있다는 사실을 발견하고는 취재를 시작했다. 그리고 마침내 미국과 소련이 각자 상대방도 모르게 지구 반대편에서 동시에 핵무기를 실험했다는 사실을 밝혀냈다. 오늘날 익스프레스지에서 일하는 기자들이었다면 '과연 그걸 밝혀낼 수 있었을까?'하는 의구심이 들지만, 여기서는 그게 핵심이 아니다. 영화에서 지구는 핵폭발로 인해 궤도를 벗어나 점점 태양을 향해 다가가게 된다. 물론 정부는 그런 사실을 덮는 데 급급했다.

이번 주 초, 나는 베이루트의 집에서 추위에 떨다 잠에서 깨어나면서

+ 현재는 신문사 명칭이 〈익스프레스 신문(Express Newspaper)〉로 바뀌었으며, 일요판으로 〈선데이 익스프레스〉도 발행하고 있다.

낡고 철 지난 그 영화를 떠올렸다. 2월 중순의 레바논 공기는 원래 따뜻해야 한다. 그러나 그렇지 않았다. 기독교도들이 주로 사는 제진Jezzine 시의 산 위에는 눈이 지독하게 쏟아지고 있었다. 나는 지중해가 내려다보이는 발코니로 걸음을 옮겼다. 바다 쪽에서 살을 에는 듯한 날카로운 바람이 불어오고 있었다. '이런 불쌍하기도 해라. 그러니까 제대로 된 난방기를 설치했어야지'라고 여러분은 생각할지도 모르겠다—레바논인들은 대부분 나처럼 위험하지만 값싼 가스 난방기를 땐다—.

요즘 들어 내가 이상 기온을 피부로 직접 느낀 건 한두 번이 아니다. 예를 들어, 지난 가을 멜버른에 갔을 때는 평소 예상했던 오스트레일리아의 봄 날씨보다 훨씬 더 쌀쌀했다. 반면 크리스마스에 맞춰 방문한 캐나다 토론토에는 눈이 모두 녹아 있었다. 그래서 토론토 거리를 걸을 때면 햇볕 때문에 스웨터를 벗어야 했다. 그해 겨울은 툰드라의 얼어붙은 황무지로 유명한 그 나라에서 역사상 가장 따뜻한 겨울로 기록됐다. 혹시 캐나다 사람들 중에서 이런 위태로운 해빙을 반기는 이가 있다면, 그는 아마도 현실과 완전히 동떨어진 사람일 것이다. 그건 마치 추위에 떨다가 자신의 집에 불이 나니까 따뜻해서 좋다고 하는 것과 마찬가지다.

그리고 항공기 승무원들 이야기도 빼놓을 수 없겠다. 예를 들어, 중동의 조종사들은 요즘 높은 고도에서 너무 세게 불어오는 맞바람 때문에 항공관제소 측에 지정해준 고도를 낮춰달라는 요청을 할 수밖에 없다고 말한다. 비행기가 심하게 흔들릴 때 얼마나 무서운지를 잘 아는 승객으로서 나는, 평생을 살아오면서 지난 2년 동안만큼이나 심한 난기류를 맞닥뜨려 본 적이 없다.

그리고 여기, 예기치 못한, 그러나 중요한 이상 변화의 사례도 있다. 영국의 과학자 크리스 버즈비Chris Busby는 다량의 공기 시료에서 우라늄을 측정한 '올더마스턴 핵무기 관리소Aldermaston Atomic Weapons Establishment'의 통계들을 오랫동안 분석해왔다. 그가 의심했던 부분은 두 차례의 걸프 전쟁을 거치면서 열화우라늄DU 입자들이—열화우라늄은 미영군의 탱크와 전투기에서 발사하는 대전차포의 탄두에 사용된다— 유럽 곳곳에 퍼졌을지도 모른다는 점이었다. 물론 나는 음모이론가가 아니다. 하지만 여기엔 아주 이상한 무언가가 있다.

2004년, 버즈비는 올더마스턴 측에 정보공개를 청구했으나, 분실했다는 답변이 되돌아왔다. 그러나 이듬해 정보자유법에 따라 다시 자료를 요구하자, 그제야 올더마스턴은 마지못해 수치를 토해냈다. 여기서 잠깐. 그들이 준 데이터 가운데는 유독 2003년 초반의 통계들만 빠져 있었다. 그 무렵에 과연 무슨 일이 있었는지는 다들 기억할 것이다. 이라크와의 사소한 다툼 정도가 아니라 미국과 영국의 대규모 침공이 있었다. 그리고 그 과정에서 미군은 수 톤 가량의 열화우라늄 탄을 사용했다. 결국 브리스톨Bristol의 국방조달청으로부터 나머지 데이터를 받아낸 버즈비는 유럽을 향해 고공으로 넘어오는 바람을 모두 산출해본 결과, 그 기간 동안 영국 상공에서 채취한 다량의 공기 시료에서 우라늄이 증가했다는 사실을 밝혀냈다.

음, 그래도 우리는 아직 살아있다. 물론 레딩Reading에 사는 독자들이 올더마스턴 주위의 폐수 여과 시설에서조차 우라늄 수치가 증가했다는 사실을 안다면 기분이 꽤 언짢을 테지만 말이다. 실로 충격과 공포가 아닐 수 없다.

이제 본론으로 돌아가 보자. 나 역시 '지구 온난화'에 관한 이야기를 듣는 게 이젠 사실 지겹다. 그리고 그 주제는 점점 아무도 관심을 기울이지 않는 따분하고 하품 나는 상투적인 이야기 취급을 받고 있다. 그건 아마 우리 정부들도 바라는 바일 것이다. 녹아내리는 만년설과 사라지는 빙산에 관한 이야기는 그저 다른 언론에 뒤처지지 않기 위해 다들 한 번씩은 다뤄보는 주제로 전락했다.

하지만 유네스코가 세계 자연유산 목록에 올린 뒤로 그린란드 서해안의 일룰리사트Ilulissat 빙하 피오르는 내륙 쪽으로 5㎞ 정도 후퇴한 것으로 드러났다. 그리고 캐나다인들이 최북단의 해상 항로를 놓고 미국과 심각한 의견대립을 빚고 있다는 사실에는 멋진 아이러니가 하나 존재한다. 미국인들은 부분적으로 캐나다 영토에 속하는, 빙하가 녹아버린 북서 항로를 이용하고 싶어 한다는 점이 바로 그것이다. 아무튼, 나는 현재 이 지구에 뭔가 심각한 일이 벌어지고 있으며, 저들이 우리에게 그에 관한 진실을 이야기해주지 않고 있다는 예감을 떨칠 수가 없다.

마지막으로 여러분들에게 〈지구가 불타는 날〉의 결말이 어떻게 됐는지를 이야기해주겠다. 러시아와 미국의 과학자들은 지구를 원래의 궤도로 되돌려놓기 위해 공동으로 새로운 폭발을 일으키는 계획을 구상한다. 그리고 영화의 마지막 화면은 지하에 마련된 〈데일리 익스프레스〉의 실제 인쇄실을 비춰준다. 인쇄 기사들은 폭파의 결과에 따라 각각 다른 두 개의 헤드라인 판형을 준비해놓고 기계 옆에서 대기하고 있다. 하나는 "세계가 종말을 맞이하다"였고, 다른 하나는 "세계가 구원받다"였다.

〈선데이 익스프레스〉의 위대한 대중 칼럼니스트인 존 고든이 자신의 글에서도 자주 썼듯이, 정신이 번쩍 들게 하는 이야기가 아닐 수 없다. 그렇지 않은가?

2006년 2월 25일

인디펜던트

적들이 아니라 기후 변화를 두려워하자

그건 경고였다. 50년도 더 됐기에 당연히 화면 군데군데가 긁혀 있는 홈 비디오는 원래 어머니가 컬러로 촬영한 것이었다. 하지만 화면 대부분은 그냥 하얀색이었다.

화면 속 쉰일곱 살의 아버지 빌 피스크는 검고 기다란 장교 코트를 입은 채 집 뜰에서 아들에게 눈을 말아 던지고 있었다. 그리고 허리까지 눈에 파묻힌 나는 짧은 반바지를 입은 열 살짜리 소년의 모습 그대로였다. 내 입에서는 연신 입김이 뿜어져 나오고 있었고, 얼핏 봐도 당시 뜰에는 눈이 족히 60㎝는 쌓여 있음이 틀림없었다. 비디오에는 등장하지 않지만, 그때 어머니는 아버지의 뒤에서 눈을 밟고 서 계셨던 걸로 기억한다. 카페주인의 딸이었던 서른여섯 살의 어머니는 박싱 데이 때만 되면 고모의 가족들까지 불러 모아 푸짐한 점심을 대접하셨고, 그런 우리 곁에는 어김없이 장작불이 활활 타오르고 있었다. 생각해보면 그때는 정말로 추웠다.

그때와 비교해볼 때 지금 어떤 현상이 벌어지고 있는지를 맨 처음 깨닫게 해준 건 〈인디펜던트〉 지의 앤드류 마Andrew Marr 편집장이었다. 턱하고 숨이 막힐 것만 같던 어느 여름날, 런던에 막 도착한 나는 "베이루트 날씨랑 별로 차이가 없네"라는 말을 던졌다. 그러자 앤드류는 몸을 돌려 도시를 가리키며 "빌어먹을 날씨에 뭔가 문제가 생긴 거야!"라고 고함을 질러댔다.

물론 그의 말이 옳았다. 유럽 전역을 휩쓴 거대한 폭풍우부터 나를 태운 여객기 조종사들이 대서양 상공에서 경험하는 섬뜩한 난기류까지. 이제 나는 그의 말을 군말 없이 받아들인다. 그리고 토론토와 몬트리올의 연말 기온이 15도라며 '봄날의 크리스마스'를 외치는 캐나다 신문 기사에서 쉽사리 눈을 뗄 수가 없다. 미국 덴버에서는 폭설로 공항이 폐쇄됐다. 다시 되돌아간 레바논에서는 약간의 눈이 내린 탓에 우리 집 위에 있는 사닌 산Mount Sannine 곳곳이 회색빛으로 변해 있었고, 그 꼭대기는 하얀색 눈으로 뒤덮여 있었다. 게다가 예루살렘에도 꽤 많은 눈이 내렸다고 한다. 반면 베이루트에서는 물이 부족해 애를 먹고 있다.

우리는 이런 경고들을 너무나 태평하고 아무렇지 않게 받아들인다. 내 생각엔 대부분의 사람들이 정치권력과 너무 분리된 나머지—그리고 전 세계적인 비극을 접했을 때는 너무나 절망적인 나머지— 점점 커지는 분노와 고통 속에 그저 지켜보기만 할 뿐, 할 수 있는 게 아무것도 없다고 느끼는 듯하다. 이제 전 세계의 해수면이 6m 정도 상승했을 가능성이 있다고 한다. 날씨가 궂은 어느 날 베이루트의 우리 집 이층 발코니 벽에 지중해의 바닷물이 튈 날도 멀지 않은 것이다.

밤에 이상하게 눅눅한 느낌이 들어 침대 깊숙이 몸을 웅크리고는 침실등에 의지해 한스 폰 스포넥Hans von Sponeck이 쓴 《다른 유형의 전쟁A Different Kind of War》을 읽었다. 유엔 이라크 담당 인도주의 조정관 시절에 그가 접한 흥미진진하면서도 고통스러운 경험들을 정리한 그 책은 1990년부터 2003년까지 이라크 주민들의 삶을 완전히 망가뜨린 경제 제재라는 잔인한 범죄 행위를 심도 있게 분석했다. 예를 들어, 유엔 주재 러시아 대사였던 세르게이 라브로프Sergei Lavrov+는 2000년 3월에 이런 글을 남겼다.

> 이라크에서 빚어진 엄청난 규모의 인도주의적 재앙은 그야말로 시민사회의 기본 뼈대가 해체되는 결과로 거침없이 이어졌다. 그런 상황 아래서 이라크인들은 한 세대 전체가 물리적, 도덕적으로 심각한 손상을 입었다.

마찬가지로 유엔 주재 프랑스 대사 알랭 드자메Alain Dejammet 역시 "이라크의 인도주의 위기가 아주 심각하다"고 이야기했다. 폰 스포넥이 결국 사임할 수밖에 없었던 것도 바로 그런 범죄를 더 이상 두고 볼 수 없었기 때문이다. 자신의 책을 통해 그는 한 번 더 경고를 보낸 셈인데, 바그다드에서 나를 만났을 때도 똑같은 이야기를 했던 걸로 기억한다. 그의 전임자였던 데니스 할러데이Denis Halliday도 마찬가지였다.

그러나 영국의 피터 헤인Peter Hain 노동당 의원은—지금은 미국의 이라크 정책과 필사적으로 거리를 두고 싶어 한다— 그에 관한 견해를 밝혀달라는 요청에 폰 스포넥과 할러데이가 "명백히 그 임무에 적당한 인물들이 아니었다"고 말했다. 또한, 과거에 매들린 올브라이트Madeleine Albright 미 국무장관의 대변인으로 일하며 밥값을 벌던 제임스 루빈James Rubin은 폰 스포넥을 가리켜 "일하라고 월급을 준 거지, 연설이나 하라고 준 게 아니"라고 말했다.

그럼에도 우리는 그 모든 경고들을 무시해서는 안 된다. 정말로 우리는 그토록 많은 이라크인들을 가난에 빠뜨리고, 그 아이들을 죽이고, 한 세대 전체에 "물리적, 정신적으로 심각한 손상을 입힌" 뒤에도 그들이 우리

+ 2004년 3월부터 10년째 러시아의 외무장관직을 맡아오고 있다.

가 가져다준 '해방'을 환영할 거라고 생각하는가? 그런 이라크의 잔해로부터 반란과 증오가 생겨나는 것은 당연한 순서였고, 결국엔 그 국민들을 갈가리 찢어놓고, 또 부시 대통령과 블레어 총리의 임기를 망가뜨리는 결과로까지 이어지고 있다. 그런데도 그들은 우리에게 어떤 이야기를 늘어놓고 있는가? 그들은 여전히 우리가 겁을 집어먹기를 원한다.

테러, 테러, 테러. 영국의 내무장관인 '죽음의 의사Dr. Death'•는 테러와의 전쟁이 냉전만큼이나 오래 지속될 가능성이 있다고 말한다. 마찬가지로 영국 정보부를 책임지는 '공포의 미망인Dowager of Fear'••은 테러와의 전쟁이 "한 세대에 걸쳐" 계속될 수도 있다고 말했다. 그래서 30년? 아니면 죽음의 의사가 주장한 대로 60년? 부시는 그에 한술 더 떠 "영원히" 계속될지도 모른다고 주장했다. 아마도 그건 주지사 출신 사형집행인의 야심 찬 목표임에 틀림없다.

물론 우리의 '가치'에 대해 장황하게 늘어놓는 그들도 런던이나 워싱턴이 공격당할 위험을 줄이는 유일한 방법은 중동을 향해 도덕적이고 공정한 정책을 취하는 거라는 사실을 알고 있다. 그렇지 못할 경우—블레어와 부시 일당은 그럴 의도가 전혀 없지만— 우리는 또다시 폭탄 세례를 받게 될 것이다. 그러나 죽음의 의사가 보낸 경고는 우리를 향한 게 아니었다. 즉 우리로 하여금 미래에 대비하도록 할 의도로 한 말이 아니란 뜻이다. 대신 그건, 만약 또다시 배낭에 폭탄을 멘 누군가가 런던 지하철에서 무고한 시민들을 살해하는 일이 벌어질 경우에 "거봐, 내가 뭐랬어"라고 말할 수 있는 명분을 만들기 위함이었다. 그런 다음 훨씬 더 강력한 법률이 필요하다는

• 존 리드(John Reid). 가족 주치의 출신의 그는 영국 시민들의 신분증 소유를 의무화하는 데 집착을 보이고 있다.

•• 엘리자베스 매닝엄 불러 부인(Dame Elizabeth Manningham-Buller). 2002년 10월부터 2007년 4월까지 영국 국내 정보국 MI5의 국장이었다.

이야기가 나오게 될 거고, 그럼 또 우리는 두려움에 떨어야 할 것이다.

그렇다. 우리는 두려워해야 한다. 아침마다 우리는 공포 속에 잠을 깨야 하고, 정치 시스템 전체를 뚝딱 구부려서 공포의 도구로 만들어야 할 것이며, 조직화된 사회는 두려움을 중심으로 돌아가야 할 것이다. 클레어 스털링Claire Sterling과 브라이언 크로저Brian Crozier 같은 과거의 테러연구자들이 쿠바, 북한, 소련, 혹은 동유럽에서 훈련받은 수천 명의 "폭력적인 살인을 처방하는 전문의(專門醫) 무리들"에 관해 이야기했던 것처럼, 죽음의 의사와 블레어 경, 그리고 잭 '더 베일' 스트로 전 외교장관—이 자를 기억하는지?—은 우리가 두려움 속에 살아가기를 바란다. 진정으로 그들은 우리가 두려움에 떨기를 원하는 것이다.

물론 나도 우리가 두려워해야 한다고 생각한다. 우리가 이 지구에 저지르고 있는 일들에 관해서 말이다. 그러나 세상의 적들을 두려워할 필요는 없다. 그들은 우리 서구가 무슬림들의 땅을 그토록 무수히 점령한 데 대한 되갚음을 하고 있을 뿐이다. 만약 우리가 중동에서 저질러온 불의를 중단한다면, 죽음의 의사가 말한 60년이 아니라 그가 고위직에 있는 동안에 테러와의 전쟁이 끝날 수도 있다. 실로 발상의 전환이 필요한 때이다.

이젠 두려움에 떠는 대신 오히려 세상과 날씨 그리고 고공에서의 난기류를 유심히 지켜보자. 그리고 메이드스톤에 쌓였던 눈을 기억하자. 누군가가 만들어낸 공포가 아니라 지금 우리 삶을 위협하고 있는 진짜 문제가 무엇인지 꼭 기억하자는 것이다.

2007년 1월 20일

인디펜던트

현실을 만들어내는 건 누구인가

해외에서 중동에 관한 강연을 할 때마다, 청중들 가운데엔 이른바 '혼자 흥분해서 횡설수설하는 사람'이 꼭 끼어 있기 마련이다. 기자들보다 중동의 비극을 훨씬 더 잘 이해하고 있고 예리하고 적절한 질문들로 나를 겸손하게 만드는 모든 분들께는 정말 미안한 이야기지만, 어디까지나 그건 사실이다. 스톡홀름, 옥스퍼드, 상파울루, 예레반, 카이로, LA, 바르셀로나 할 것 없이 그런 사람은 남녀를 가리지 않고 어디에서나 실제로 존재한다. 그리고 그들이 던지는 질문은 대개 이런 식이다.

"만약 스스로를 독립적인 기자라고 믿는다면, 9·11에 관해 당신이 실제로 알고 있는 부분을 왜 보도하지 않는 거죠? 쌍둥이 빌딩을 날려버린 게 부시 행정부나 CIA, 모사드, 아무튼 좌우지간에 그런 사람들이라는 사실을 왜 말하지 않는 거죠? 9·11의 배후에 감춰져 있는 비밀들을 폭로하지 않는 이유가 뭔가요?"

이런 질문들의 바탕에는, 구체적이고 절대적이며 전적으로 신뢰할 수 있는 사실들이 피스크의 책상에 가득하고 그중에는 누가 쌍둥이 빌딩을 무너뜨렸는지에 관해 "전 세계가 알고 있는"—그 사람들이 흔히 쓰는 표현이다—

사실들을 최종적으로 입증해줄 증거도 포함되어 있다는 가정이 깔려 있다. 그런 그들은 때때로 정말 딱하기 그지없을 정도다. 아일랜드의 코크 시에서 본 남자 하나는 나에게 악을 써가며 질문을 해댔다. 그러다 내가 그가 제시하는 음모론이 약간 이상하다고 말하는 순간, 욕설을 퍼붓고 의자를 발로 차면서 강연장을 떠났다.

이제까지 나는 대체로 '진실'을 말하려고 노력해왔다. 비록 9·11에 대해 아직 해결되지 않은 의문들이 있긴 하지만, 어디까지나 나는 음모 이론가가 아니라 〈인디펜던트〉의 중동 특파원이다. 그리고 레바논, 이라크, 시리아, 이란, 걸프 같은 곳들에서 주체할 수 없을 정도로 많은 실제 음모들을 다뤄왔기에 맨해튼에서의 상상 속 음모들을 그만큼 더 우려하는 것이다. 하지만 지금 내가 확실히 이야기할 수 있는 것 하나는 부시 정부가 자신들이 중동에서 이루고자 애써왔던 모든 군사적, 정치적, 외교적 노력들을 스스로 망쳐놓았다는 사실이다. 그래놓고 도대체 어떻게 2001년 9월 11일의 그 반인도적인 국제범죄를 성공적으로 해결하겠다는 건지 알다가도 모르겠다는 게 내 주장인 것이다.

그래, 나는 여전히 그런 시각을 고수하고 있다. 이틀 전에 미국이 주장했듯이 만약 알 카에다가 지금 도주 중이라면, 그 정도밖에 안 되는 세력이 감히 9·11 정도 규모의 공격을 실행에 옮길 수는 없었을 것이다. 그런데도 미군의 데이비드 서덜랜드 대령은 이라크 디얄라Diyala 지방에서 전개 중인 '전광석화 같은 망치Operation Lightning Hammer'라는 유치한 암호명의 작전을 설명하던 도중에 "우리는 알 카에다를 혼란에 빠뜨려 도망치게 만들었다"고 말했다. "그들이 우리 군과 맞서기를 두려워한다는 사실은 더 이상 자신들이 안전하게 숨을 수 있는 곳이 없다는 점을 그들도 잘 알고 있다는 걸 입증해준다"는 것이었다.

물론 그의 주장은 예전과 하등 다를 바가 없는 것이었지만, 그 내용만큼은 전혀 사실이 아니다. 그로부터 몇 시간 뒤, 알 카에다는 대대급 병력으로 디얄라의 주도인 바쿠바Baquba 시를 공격해 그간 미국인들과의 싸움을 중단해왔던 그 지역의 족장들 모두를 학살했기 때문이다. 이 사건을 지켜보면서 나는 베트남 전쟁을 떠올리지 않을 수 없었다. 말이 난 김에, 조지 W. 부시는 베트남 전쟁을 텍사스 상공에서 구경했던 과거가 있다.+ 이번 주에 그가 베트남에서의 미군 철군과 캄보디아라 불리는 전혀 다른 나라의 학살을 뒤죽박죽으로 혼동한 이유도 바로 그 때문이었는지 모르겠다. 그러나 결국 캄보디아 주민들을 구해준 건 부시의 용감한 동료들이 내내 맞서 싸웠던 바로 그 베트남 사람들이었다.++

아무튼, 나는 9·11에 관한 공식적인 서술에서 발견되는 모순 때문에 점점 골치가 아파져 온다. 비단 논리적으로 맞지 않는 주장이나 결론들 때문만은 아니다. 그건 이를테면, '미 국방성을 공격했던 비행기의 부품들—엔진 등—은 과연 어디에 있는 걸까?', '유나이티드 항공 93편 여객기+++의 조사에 관련됐던 공무원들의 입에 재갈을 물린 이유는 뭘까?', '들판으로 단번에 추락했음에도 불구하고 그 비행기의 잔해가 몇 *km*에 걸쳐 흩어져있던 건 왜일까?'같은 의문 때문이었다. 분명히 말하지만, 나는 데이비드 아이크David Icke++++의 그 정신 나간 '연구'에 대해 이야기하는 게

+ 베트남 전쟁 당시에 조지 W. 부시는 텍사스 항공경비대에서 2년간 훈련을 받은 뒤 휴스턴의 147 정찰비행단에서 요격기를 몰았다. 이 때문에 하원의원이었던 아버지의 배경 덕분에 베트남으로의 전투 파병을 피했다는 비판이 제기돼왔다.

++ 2007년 8월 22일에 행한 어느 연설에서 부시 대통령은 이라크에서의 철군을 주장하는 사람들을 비판하기 위해 '미군의 베트남 철군이 수십만 명의 보트 피플과 캄보디아 대학살로 이어졌던 역사적인 교훈을 잊어서는 안 된다'고 주장했다. 그러나 정작 캄보디아 내전에서 승리한 폴 포트의 크메르루주는 자국에 대한 베트남의 영향력을 완전히 뿌리 뽑기 위해 베트남 공산당과 가까운 캄보디아 공산당원들과 베트남에서 유학한 사람들을 마구 학살했으며, 크메르루주 정권을 끌어내린 것도 캄보디아를 침공했던 베트남군이었기에 부시 대통령의 주장은 역사적인 사실 왜곡이라는 비웃음을 샀다.

+++ 9·11 당시에 네 명의 괴한들에게 납치돼 펜실베이니아의 들판에 추락했던 비행기.

++++ 프로축구 선수 출신의 영국 작가.

아니다. 정신이 제대로 박힌 사람이라면 그가 쓴《이상한 나라의 앨리스와 세계무역센터 참사Alice in Wonderland and the World Trade Center Disaster》란 책을 읽느니 차라리 전화번호부를 읽는 쪽을 택할 것이다.

나는 지금 과학적인 쟁점들에 관해 이야기하는 것이다. 예를 들어, 등유가 최적의 조건 아래서 섭씨 820도에 타는 게 사실이라면, 녹는점이 약 섭씨 1480도인 쌍둥이 빌딩의 철재들이 어떻게 한순간에 녹아 무너질 수 있었을까—두 빌딩은 각각 8.1초와 10초 만에 붕괴되었다—? 그리고 소위 세계무역센터 7번 건물, 혹은 살로몬 브라더스 빌딩Salomon Brothers Building이라 불리는 세 번째 타워는 또 어떤가? 그 건물은 비행기에 전혀 부딪히지 않았는데도 당일 오후 5시 20분에 불과 6.6초 만에 깨끗이 무너져 내렸다. 그러자 세 건물의 붕괴 원인을 모두 분석하라는 지시가 미국 국립표준기술원에 내려졌다. 하지만 그들은 7번 건물에 대한 보고서를 아직 내놓지 않고 있다. 그래서 미국의 저명한 기계공학 교수 두 사람이—'혼자 흥분해서 횡설수설하는 사람' 부류는 절대 아니다— 기술원의 최종보고서가 '사기나 기만'일 수 있다는 이유로 현재 법적인 소송을 제기해놓은 상태다.

저널리스트의 관점에서 볼 때, 9·11 사건은 분명 이상한 점이 한두 가지가 아니었다. 물론 무역센터 건물들에서 '폭발음'을 들었다는 기자들의 초기 보도는 고려할 가치가 없다고 가볍게 일축해버릴 수는 있다. 철재가 갈라지는 소리일 가능성이 높기 때문이다. 양손이 묶인 여승무원의 시신이 맨해튼 거리에서 발견됐다는 보도는 더더욱 그렇다. 그래, 그건 당시에 전해 들은 걸 그대로 옮긴 보도라서 그렇다 치자. CIA도 최초 정보 보고서에서 지금도 여전히 중동에 살고 있는 세 사람을 아랍인 자살 납치범들의 명단에 포함시키는 실수를 저질렀으니 말이다.

그러나 이른바 모하메드 아타Mohamed Atta가 썼다는 그 이상한 편지는 또 뭘까? 으스스한 얼굴을 한 이집트 출신의 납치 살인범이었던 그는 CIA가 공개한 편지에서 자신의 소름 끼치는 동료들에게 '이슬람식' 조언을 한 것으로 전해졌다. 하지만 내가 아는 중동의 모든 무슬림 친구들은 거기에 대해 무척 의아해했다.

편지에서 아타는 자신의 가족을 언급했다. 그런데 아무리 생각이 없다 할지라도 그런 글에서 가족의 이름을 거론할 사람은 없을 것이다. 그뿐만 아니라 그는 납치범 동료들에게 자신이 그날 했던 첫 번째 기도(파즈르)의 내용을 재차 알려준 다음 계속해서 그걸 인용했다. 그러나 무슬림들이 파즈르 기도의 문구를 그렇게 다시 한 번 상기시켜주는 경우는 없다.

거듭 말하건대, 나는 음모 이론가가 아니다. 제발 흥분해서 나한테 고함을 지르지도, 음모 어쩌고 하는 이야기도 하지 말기 바란다. 나는 다만 모두가 그렇듯이 9 · 11 사건의 전모를 알고 싶을 뿐이다. 그 사건이 이라크와 아프가니스탄과 중동의 여러 지역에서 우리를 재앙으로 이끈 저 터무니없고 기만적인 '테러와의 전쟁'의 방아쇠 역할을 했기에 특히나 더 그렇다. 다행스럽게도 부시의 고문 자리에서 물러난 칼 로브Karl Rove는 예전에 "우리는 이제 제국이다. 우리는 스스로 현실을 창조해낸다"라고 말한 적이 있다. 그게 정말인가? 그렇다면 적어도 우리에게 진실을 이야기해 달라. 그래야 사람들이 의자를 걷어차고 일어나는 걸 멈추게 될 테니까 말이다.

2007년 8월 25일

인디펜던트

어바인 부인에게서 온 한 통의 편지

매번 강연장에 나타나 부시 대통령과 CIA, 펜타곤, 모사드 등이 9·11 범죄를 저질렀다고 주장하는 '혼자 흥분해서 횡설수설하는 사람들'에 관한 글을 쓴 뒤, 나는 자신의 가족 구성원 중에서 "광야에서 들려오는 목소리"를 듣고 횡설수설하는 그런 부류의 사람들이 생겨날까 봐 두려워하는 매리언 어바인이란 독자로부터 한 통의 편지를 받았다. 편지는 로커비Lockerbie 사건+에 관한 내용이었는데, 그녀와 마찬가지로 나도 그 사건에는 어둡고 사악한 구석들이 많다고 믿고 있다.

나는 CIA의 마약 사기단이 그 비행기에 타지 않았다는 걸 전혀 확신하

+ 1988년 12월 21일, 런던 히드로 공항을 출발해 뉴욕으로 향하던 팬암 항공사 소속 103편 여객기가 스코틀랜드 로커비 상공에서 폭발해 탑승자 259명 전원과 마을 주민 11명이 사망한 사건을 말한다. 그로부터 3년 뒤, 미국과 영국의 합동수사팀은 리비아의 국가지도자 무아마르 카다피가 자국 정보부를 시켜 저지른 사건이라는 결론을 내리고, 리비아 국적의 압델바셋 알 메그라히와 라멘 칼리파 피마흐 두 사람에 대한 국제 체포영장을 발부한다. 1986년 독일 베를린의 미군 전용 디스코텍 폭탄테러의 배후로 지목된 카다피의 주거지에 미군이 공습을 가해 카다피의 수양딸을 비롯한 37명을 숨지게 한 데 대한 리비아 측의 보복이었다는 게 공식적인 설명이었다. 그 뒤 국제사회의 압력에 못 이긴 카다피가 용의자 두 명의 신병을 인도함으로써 열리게 된 재판에서 혼자 유죄판결을 받은 알 메그라히는 스코틀랜드에서 수감 생활을 하던 도중 전립선암이 발견돼 2009년 8월에 인도적인 차원에서 리비아로 인도됐다가 2012년 5월에 사망했다. 바로 그 전 해에 카다피가 살해된 데 이어 알 메그라히까지 사망함으로써, 사건의 진짜 주범은 이란이라거나 미국이 리비아를 궁지에 몰아넣기 위해 증거를 조작했다는 등의 각종 의혹과 음모론들이 끊임없이 제기되어온 로커비 사건의 진실은 더욱더 미궁으로 빠져들게 됐다.

지 못한다.+ 그리고 1988년 12월 팬암 항공 103편 여객기에 폭탄을 설치한 게 정말로 리비아 요원인 메그라히의 소행—몰타 출신의 어느 재단사의 기억에 근거해 결국 유죄가 선고되었다—이었는지에 관해서도 역시나 마찬가지다.

내가 어바인 부인의 편지를 더욱더 진지하게 받아들이는 이유는 그녀의 오빠인 빌 캐드먼이 19년 전 그 날 밤 그 여객기를 타고 로커비 상공을 날다가 사망했기 때문이다. 당시 런던과 파리를 오가며 음향 기사로 일하던 빌은 여자 친구 소피와 함께 그녀의 고모가 사는 미국에서 크리스마스를 보내기 위해 비행기를 타고 가던 중이었다. 따라서 어바인 부인의 편지만큼 강한 설득력을 지닌 건 찾아볼 수 없다는 생각에 그 일부를 인용해보려고 한다. 우선 그녀는 폭파사건에 리비아가 연루돼 있다는 발표에 강한 의문을 던지고 있었다.

> 1988년 12월의 그 날부터 지금까지 우리한테 뭔가 숨기는 게 있지 않나 하는 느낌을 떨칠 수가 없습니다. …… 헬싱키 주재 미 대사관의 경고를 무시한 점과 사망자 신원확인 작업도 제대로 하기 전에 CIA 요원들이 현장에 도착한 점, 비판을 피하기 위한 장관들과 정부의 행동 따위가 모두 깊은 불안감을 불러일으킨 원인이었습니다. '항공 안전과 테러리즘에 관한 미국 대통령 자문위원회' 소속의 누군가가 아버지에게 우리 정부가 사건의 전말을 알고 있지만 절대 진실이 드러나는 일은 없을 거라고 이야기했을 때, 그런 불안감은 극에 달했습니다. 진실의 공백 상태에서는 희생자들이 1988년 7월

+탑승자 명단에는 CIA의 베이루트 부지국장인 매튜 개넌(Matthew Gannon)과 국방정보국(DIA) 소속 찰스 맥키(Charles McKee)를 포함한 모두 4명의 미국 정보요원들의 이름이 올라와 있었는데, 그들이 시리아에서 외국인 인질들을 억류하고 있던 팔레스타인 무장조직들에 관한 정보를 넘겨받는 대가로 시리아의 마약 밀매업자 몬제르 알 카사르(Monzer al-Kassar)를 대신해 마약이 든 가방을 운반하다가 테러리스트들이 마약 가방을 폭탄 가방으로 바꿔치기했다는 주장이 있다. 그리고 이 밖에도 CIA와 마약 관련설의 여러 가지 변종들이 각종 언론보도와 책, 다큐멘터리 등을 통해 꾸준히 재생산되어 왔다.

에 사망한 이란인들을 대신해서 그 대가를 치른 것이라는 최악의 시나리오 가 일정 정도 신빙성을 얻게 됩니다. 비행기가 격추된 건 레이건이 임기 막바지에 곤란을 겪던 시점이었습니다.

이 대목에서 어바인 부인이 언급한 이란인들의 사망 사건에 관해 잠시 설명하고 넘어가야겠다. 그녀는 로커비 사건이 일어나기 몇 달 전, 그러니까 8년에 걸친 이란-이라크 전쟁이 끝나기 직전에—그 전쟁에서 우리는 오랜 친구인 사담 후세인, 그래, 우리가 아는 바로 그 후세인을 지원했다— 미 군함이 걸프 상공을 지나던 이란 국적의 에어버스 민간 여객기를 격추시킨 사건을 가리킨 것이었다.+

미 해군들 사이에서는 '로봇 순양함Robocruiser'이라는 별명으로 불리는 해군 빈세네스Vincennes함은 이란 공군기가 자신들을 향해 급강하하는 걸로 짐작해 미사일을 발사했다고 주장했다. 그러나 당시 에어버스 여객기는 위로 상승하는 중이었다. 그럼에도 레이건은 두어 차례 형식적인 사과를 내놓은 뒤, 오히려 유엔이 내놓은 이라크와의 휴전 제안을 거부해온 탓이라며 이란에 책임을 전가했으며, 미 해군은 빈세네스의 함장과 함포 사수에게 메달을 수여했다—주여, 우리를 용서하소서—.

그리고 몇 주 뒤, 레바논의 친이란계 팔레스타인 조직인 '팔레스타인 인민해방전선Popular Front for the Liberation of Palestine, PFLP' 총사령부의 대표가 돌연 자신은 로커비 사건과 아무런 관련이 없다고 부인하는 기자회견을 베이루트에서 열어 모두를 깜짝 놀라게 하는 일이 벌어졌다.

왜? 누가 그를 범인으로 지목하기라도 했단 말인가? 아니면 이란이 지

+ 1988년 7월 3일, 이란 영공에서 벌어진 이 비극적인 사건으로 82명의 탑승자 전원이 사망했다.

목당하고 있었나? 처음에 이란을 배후로 지목했던 흔히 말하는 그 '공식 소식통들'은 나중에 가서는 리비아를 비난하기 시작했다. 왜냐하면, 그 무렵 우리가 1990년에 사담의 침공을 받았던 쿠웨이트를 해방시키기 위해서는 이란의 묵인과 그 동맹국인 시리아의 지지가 필요했기 때문이었다. 개인적으로 언제나 나는 로커비 사건이 에어버스 격추에 대한 보복이라 생각해왔고, PFLP의 기자회견은 그런 믿음에 신빙성을 더해주었으며, 그런 맥락에서 볼 때 어바인 부인의 용기 있는 편지 내용도 충분히 이해되는 측면이 있었다. 부인에 따르면, 그녀의 부모는 탬 댈리얼Tam Dalyell, 헨리 벨링햄Henry Bellingham, 세실 파킨슨Cecil Parkinson, 로빈 쿡Robin Cook, 토니 블레어 등을 포함한 여러 의회 의원들과 수도 없이 면담을 가졌으며, 심지어 넬슨 만델라Nelson Mandela●까지도 만났다고 한다.

어바인은 자신의 부모가 "점점 나이를 먹어가고 있으며, 그래서 아들의 죽음에 대해 실질적인 책임을 지는 사람이 아무도 없는 상태에서 그냥 저 세상으로 가게 되면 어떡하나 하는 게 두 분의 가장 큰 걱정입니다. 그러다 보니 두 분이 점점 중심을 잃고 '혼자 흥분해서 날뛰는' 식으로 변해갈 위험에 처해 있습니다. …… 우리는 이란-이라크 전쟁을 통해 아무런 교훈도 얻지 못했습니다. 오빠가 우연히 그 비행기에 타고 있었다는 이유로 이제 우리 가족 모두는 세상의 현실에 대해 높은 책임감을 느끼게 됐습니다"라는 가슴 뭉클한 문장을 덧붙였다. 그런 다음 어바인 부인은 이렇게 핵심에 다다르고 있었다.

우리가 할 수 있는 게 뭘까요? 아버지 세대는 나이가 들었으니까, 이제 정부

● 만델라는 메그라히를 리비아의 교도소로 옮겨 달라고 호소했으며, 캐드먼 가족들도 그런 그의 입장을 지지했다.

를 비판하는 건 다음 세대인 우리들 몫입니다. 그러나 희망이 있을까요? 내가 이 편지를 쓰는 이유는 우리가 어떤 행동을 취해야 조금이라도 성공을 거둘 가능성이 있을지 당신에게 여쭤보기 위해서입니다. 과거를 이해하고 받아들이기를 거부하는 건 미래에 있어 참 위험한 태도입니다.

아마 나라도 그보다 생각을 더 잘 표현할 수는 없었을 것이다. 그리고 그녀가 던진 질문과 관련해 직접적인 아이디어가 하나 있다. 만약 로커비 사건에 대한 공식 발표가 거짓이었다면, 그리고 영국과 미국 정부가 그런 사실을 은폐했다면, 우리의 안전을 책임지는 사람들이 거짓말을 한 거라면, 정부 당국자들 가운데 상당수가 실체적 진실을 알고 있을 것이다. 그런 거짓들의 진실을 극히 일부라도 알고 있는 사람이라면 누구든 간에 〈인디펜던트〉 지를 통해 나에게 알려주기 바란다. 우편으로도 좋고, 직접 전해줘도 좋다. 아니면 겉봉에다 내 이름을 써서 어바인 부인 앞으로 보내도 좋다. 아무튼, 나는 정직한 내부 고발자들에게 진실을 말해달라고 호소하는 것이다.

아, 벌써부터 파란 제복을 입은 친구들이 후다닥 움직이는 소리가 들리는 듯하다. 지금 우리가 공무원들에게 '공직자 비밀 엄수법'을 어기라고 부추기고 있는 걸까? 분명히 아니다. 누군가 거짓을 말한다면, 공무원은 그걸 우리에게 알릴 의무가 있다. 이번 경우처럼 공직자 비밀 엄수법이 그들을 침묵시키기 위한 방편으로 잘못 악용되는 경우에는 더더욱 그렇다. 그 사람이 말한 게 진실이라면, 그건 공직자 비밀 엄수법을 위반하는 게 아니다.

그래서 나는 소식을 기다린다. 강연장의 훼방꾼들한테서는 말고 말이다. 차마 밝힐 수 없었던 진실을 알고 있는 사람은 그걸 세상에 드러내는 영광을 누릴 수 있을 것이다. 적어도 캐드먼 부부와 어바인 부인, 그리고 죽은 빌과 소피는 진실을 알 자격이 있다. 그리고 경찰들은 혹시라도 진실을 찾고자 하는 나나 어바인 부인을 협박하고 싶은 유혹을 느낄 지도 모를 텐데, 한 번 해볼 테면 해봐라.

2007년 10월 13일

인디펜던트

누가 베나지르를 죽였나

이상하다, 그렇지 않은가? 우리에게 그토록 신속히 진상을 밝혀준다는 점이 말이다. 파키스탄 인민당Pakistan People's Party, PPP의 용기 있는 지도자였던 베나지르 부토Benazir Bhutto가 라왈핀디Rawalpindi에서 암살당했다. 수도 이슬라마바드와 인접한 라왈핀디는 페르베즈 무샤라프Pervez Musharraf 전 대통령이 살고 있는 곳이다. 그리고 조지 W. 부시는 그녀를 살해한 이들이 "극단주의자"이자 "테러리스트들"이라고 이야기한다.

글쎄, 누구도 그걸 반박할 수는 없다. 살해범은 부토 여사에게 총탄 두 발을 발사한 뒤 자폭했다고 한다. 부시의 그러한 설명은 암살의 배후에 이슬람주의자들이 도사리고 있음을 시사하고 있고, 세계의 여러 '정치인들'과 캐나다 텔레비전에 출연한—이 대목에서 잠시만 킥킥대자— '파키스탄 안보 분석가'+도 그런 주장에 강하게 힘을 실어줬다. 다시 말해, 감히 조국의 민주주의를 부르짖었던 이 외롭고 용감한 여성에게 달려든 이들은 미치광이 탈레반이나 벌레 같은 알 카에다라는 것이다.

+ 캐나다 City TV에 종종 출연하는 아니스 파루키(Anis Farooqui)를 가리키는 듯하다.

그럼에도 나는 부시와 그의 대변인이 범인들을 "정의의 심판대에 세워야 한다"고 요구했을 때 정말 웃음을 참을 수 없었다. 그대로 한 번 더 읊어보겠다.

"정의의 심판대에 세워야 한다."

신사 숙녀 여러분, 파키스탄은 지난 수십 년 동안 정의란 찾아볼 수 없고 부패만이 판을 치던 나라였답니다! 그리고 조시 W. 부시의 친구인 무샤라프 장군은 대법원장을 해임함으로써 사실상 자유로운 사법 시스템의 종말을 고했던 인물이었다. 물론 파키스탄 경찰의 지하 고문실에는 '정의'가 흘러넘쳤을 수도 있겠으나, 대중들에게 그걸 드러내 보이거나 하지는 않을 것이다.

그동안 이런 끔찍한 비극을 다뤄오면서 보여준 언론의 유치한 보도 태도를 고려해볼 때, 사실 라왈핀디의 유혈 참사를 설명하기 위해 '선과 악의 대결'만 고집스럽게 주장하는 것도 전혀 놀랍지는 않다. 하지만 부토 여사가 실제로는 부패한 인물이었을 수도 있다는 사실을 그냥 무시하고 지나쳐서는 안 된다. 용감한 여인인 건 맞지만, 그녀를 진정한 순교자라 착각해서는 안 된다는 이야기다. 지난 목요일, BBC나 CNN 방송을 본 시청자들 중에 그 누구도 그녀의 두 남동생인 무르타자Murtaza와 샤나와즈Shahnawaz가 1981년도에 파키스탄 여객기를 납치해 카불로 날아갔던 사실을 상상조차 해보지 못했을 것이다. 당시 무르타자는 파키스탄의 정치 수감자들의 석방을 요구했고, 그 과정에서 비행기에 탄 군 장교 한 명이 살해되는 일도 있었다. 그리고 비행기에는 미국인들도 타고 있었다. 아마 실제로 수감자들이 풀려날 수 있었던 이유도 바로 그 때문이었을 것이다. 그러나 부토의 암살을 보도한 우리 언론들 가운데 그런 사실을 언급한 곳은 없었다.

그에 반해 불과 며칠 전, 파키스탄 출신의 진보학자 타리크 알리Tariq Ali는 올해의 가장 눈에 띄는 특종 중 하나로 꼽힐만한—늘 그렇듯 별다른 주목을 받지는 못했다— 글을 발표했다. 〈런던 리뷰 오브 북스〉에 실린 '서구의 딸'이란 제목의 글에서 그는 베나지르 부토에 초점을 맞춰 파키스탄(과 부토)의 부패 문제를 훌륭하게 해부했다. 그리고 내가 그 기사를 복사하려고 책상위에다 올려놓은 사이에 글의 주인공이 라왈핀디에서 암살당하는 일이 벌어졌다.

정말 탁월했던 그 기사의 말미 부분에서 타리크 알리는 베나지르가 총리로 재직하던 시절에 그녀의 남동생인 무르타자 부토가 자신의 집 근처에서 경찰관들에 의해 살해된 사건을 길게 다뤘다. 마침 사건이 일어날 당시는 남편을 행정부 내에서도 알짜 직위에 해당하는 산업장관으로 임명했다는 이유로 무르타자가 누나를 강하게 비난하고 그녀에게 파키스탄 인민당의 원래 가치로 되돌아갈 것을 요구하는 바람에 베나지르가 그에게 무척 화가 나 있던 시점이었다. 이에 대해 타리크 알리는 이렇게 쓰고 있다.

> 신중하게 덫을 놓은 다음, 근거리에서 치명적인 탄환을 발사했다. 그러나 파키스탄에서는 이미 일상화된 방식 그대로 경찰의 사건일지는 허위로 조작됐고, 증거는 사라졌으며, 목격자들은 체포돼 협박을 당했다. 그들은 사실을 털어놓을까 봐 우려한 나머지 경찰관 한 명도 살해했다. 이처럼 노골적인 방식의 사건 처리에 비춰볼 때, 총리의 동생을 처형하기로 한 건 상당한 고위층에서 내려진 결정임이 명백했다.

무르타자의 14살짜리 딸 파티마는 고모인 베나지르에게 전화를 걸어

아버지를 죽인 살인자들이 아니라 오히려 목격자들이 체포된 이유를 따져 물었다. 그때 베나지르는 그녀에게 이렇게 말했다고 한다.

"얘야, 너는 아직 너무 어려서 이해할 수 없을 거야."

우리가 타리크 알리의 폭로를 믿는 것도 바로 그런 이유에서다. 그는 나이도 많고 연륜도 깊으니까. 어쨌든 이는 파키스탄 정보부ISI의 권력이 얼마나 막강한지를 어렴풋이나마 드러내 주는 한 사례였다. 어마어마한 권한을 가진 이 기관은 무샤라프를 위해 일한다. 그러나 탈레반을 위해서도 일했고, 지금도 그렇다. 또한, 미국인들을 위해서도 일한다. 사실상 모두를 위해 일하는 것이다. 그러나 스스로 위협당한다고 느끼거나 아프가니스탄에 압력을 넣기를 원할 때, 혹은 조지 W. 부시를 그토록 압박하는 '극단주의자들'과 '테러리스트들'을 구슬릴 필요가 있을 때, 무샤라프가 미국의 적들과 터놓고 대화하기 위한 핵심 도구로 활용한 게 바로 그들이었다.

그리고 파키스탄 카라치 시에서 〈월 스트리트 저널〉의 대니얼 펄Daniel Pearl 기자를 납치해 참수한 이슬람주의자들도 ISI의 지도부와 연결되어 있었다는 사실을 기억하자. 아흐메드 라시드Ahmed Rashid가 쓴《탈레반》이란 훌륭한 저서를 펼쳐보면, ISI가 부패와 폭력의 복잡한 연결망으로 뒤엉켜 있음을 보여주는 증거들에서 눈을 뗄 수가 없을 것이다. 방금 이야기한 모든 것들이 보다 쉽게 이해될 테니, 부디 한 번 읽어보기 바란다.

다시 공식적인 이야기로 돌아가 보자. 지난 목요일, 조지 부시는 옛 친구인 무샤라프와의 대화를 "학수고대하고 있다"고 말했다. 물론 그들은 베나지르에 관한 이야기를 나누게 될 것이다. 반면, 무샤라프가 자신의 오랜 지인이자 파키스탄의 모든 핵 기밀을 리비아와 이란에 넘긴 칸Khan 박사라는 사람을 계속해서 비호하고 있다는 사실은 절대 대화 테이블에 올라오지 않을 것이다. 아니, "이런 자리에서 '악의 축' 이야기는 꺼내지 맙시다"라고 말하겠지.

따라서 당연히 우리는 모든 '극단주의자들'과 '테러리스트들'에 다시 한 번 집중하라는 요구를 받게 될 것이다. 반면, 베나지르가 암살된 뒤 많은 파키스탄 사람들이 하나씩 짚어 나아가고 있는 여러 가지 물음들의 타당성 따위는 그냥 잊어버려야 한다. 만약 선거 전까지 그의 핵심 정적들이 제거된다면, 결국 무샤라프가 그토록 싫어하는 선거도 아마 무기한 연기될 거라는 건 누구나 쉽게 예상할 수 있다.●+

그래서 이안 블레어 경위가 런던 경찰 국장 자리에 오르기 전에 자신의 경찰수첩에다 써먹었을지도 모르는 방식으로 하나씩 재빨리 짚어보자.

> 질문) 베나지르 부토를 강제로 런던에 머무르게 한 뒤 파키스탄으로 되돌아가는 걸 막으려 했던 사람은 누구였을까?
>
> 정답) 무샤라프 장군.
>
> 질문) 이번 달에 수천 명의 베나지르 지지자들을 체포하라고 지시한 인물은 누구였을까?
>
> 정답) 무샤라프 장군.
>
> 질문) 이번 달에 베나지르를 일시적으로 가택연금 시킨 인물은 누구였을까?

● 무샤라프는 2008년 2월이 되어서야 선거를 치렀다. 그의 지지자들은 의회에서 다수당의 지위를 잃었다. 명목상으로는 학생인 아들이 대표이지만, 남편인 아시프 자르다리(Asif Zardari)가 사실상 이끌고 있는 베나지르 부토의 파키스탄 인민당은 예상 밖의 선전을 펼친 나와즈 샤리프(Nawaz Sharif)의 파키스탄 무슬림동맹(Pakistan Muslim League)과 연합정부를 구성하기 위한 협상을 시작했다. 그러나 무샤라프는 대통령직을 여전히 고수하고 있고, 물론 미국과 영국은 그에게 지지를 보내고 있다.

+ 선거에서 승리한 야당이 그의 탄핵을 추진하자, 결국 무샤라프는 2008년 8월 18일에 대통령직에서 물러났고 부토의 남편인 자르다리가 그를 대신해 대통령 자리에 올랐다. 그 뒤 4년간 런던에서 망명 아닌 망명 생활을 하던 무샤라프는 총선 출마로 재기를 노리기 위해 2013년 3월에 귀국했으나, 고등법원에 의해 출마 자격을 박탈당하고 현재는 반역죄로 기소돼 가택 연금된 상태이다.

정답) 무샤라프 장군.

질문) 이번 달에 비상사태를 선언한 건 누구였을까?

정답) 무샤라프 장군.

질문) 누가 베나지르 부토를 죽였을까?

음, 이제 그만하면 됐다. 여러분은 뭐가 문제인지 알겠는가? 어제 우리의 방송국 전사들은 파키스탄 인민당 당원들이 무샤라프가 베나지르에게 충분한 안전을 보장하지 않은 데 대해 불만을 터뜨리면서 그를 가리켜 '살인자'라 외친다고 보도했다. 하지만 틀렸다. 그들이 그에게 살인자라 외치는 건 그가 그녀를 살해했다고 믿기 때문이었다.

2007년 12월 29일

인디펜던트

윌스 포병의 이상한 죽음

우리가 한 길 사람 속을 알 수 없는 것처럼, 모든 전쟁은 미스터리다. 심지어 《2차 세계대전의 기원The Origins of the Second World War》+을 썼던 A. J. P. 테일러A. J. P. Taylor조차도 책에서 그 기원을 제대로 설명하지는 못했다. 왕립 리버풀 연대 소속으로 1차 대전에 참전했던 나의 아버지 빌 피스크 소위도 예외는 아니었다.

파리에서 영국군 헌병을 살해한 혐의로 아버지가 처형하기로 되어 있었던 한 남자를 둘러싼 사연은 여전히 미스터리로 남아 있다. 아버지는 그의 이름을 프랭크 윌스로 알고 있었다. 나는 그에게 사형을 선고한 군사법정에 마지막으로 제출된 탄원서의 끝 부분에 적혀있는 윌스의 서명을 본 적이 있다. 탄원서는 아무런 소용이 없었다. 윌스는 1919년 5월에 프랑스 르 아브르Le Havre에서 총살당했다.

당시 아버지는 총살대를 지휘하라는 명령을 거부했고, 그로 인해 그의 군 경력은 무너져 내렸다. 그러나 나는 그게 아버지의 인생에서 가장 고

+ A. J. P. 테일러, 《2차 세계대전의 기원》, 유영수 옮김(서울: 지식의 풍경, 2003).

귀한 행동이 아니었나 생각한다. 그리고 프랭크 오스왈드 윌스Frank Oswald Wills는 지금 자신이 처형당했던 곳에서 그리 멀리 떨어지지 않은 생 마리Sainte Marie 묘지에 누워있다(묘역 번호 64/VI/F/5). 그러나 그곳에 묻힌 그 남자는 프랭크 윌스가 아닐 수도 있다. 아니, 애초부터 그런 사람이 아예 존재하지 않았을 가능성도 있다.

그래서 나는 이 자리를 빌려 밥 도넬리와 베포 사포니, 샌드라, 팀 같은 군사 연구자들과 '그레이트 워 포럼Great War Forum' 측의 지칠 줄 모르는 노력에 감사를 표하고 싶다. 듣자하니 대부분 오스트레일리아 출신인 그들은 내가 여전히 이메일을 사용하지 않는 통에 제라드 홀루이그 편으로 출력한 자료를 보내왔다. 앞으로 어쩌면 1차 대전을 추적하는 탐정들도 각자의 결론을 담아 나에게 연락을 취해올지도 모를 일이다. 아무튼, 나는 윌스가 마지막으로 남긴 말을 인용하는 것으로 이 글을 시작하려 한다. 어떻게든 목숨을 구해보려던 그는 자신의 처형을 명령한 법정에 아래와 같은 탄원서를 제출했으나, 결국 수포로 돌아가고 말았다.

> 제 나이는 스무 살입니다. 열여섯 살이던 1915년에 오스트레일리아군에 입대한 저는 이집트와 다르다넬스 해협, 그리고 프랑스 등지에서 수많은 전투에 참전했습니다. 그리고 1918년 4월에는 영국군에 합류해 그해 6월에 프랑스로 건너갔지요. 제가 오스트레일리아 군대에서 제대한 건 이집트에서 열병에 걸렸기 때문이었습니다. 동료들의 설득으로 부대를 떠난 저는 나쁜 친구들과 어울리며 술과 도박을 일삼기 시작했습니다. 처음부터 지금 이렇게 저를 법정에 서게 만든 죄들을 저지를 의도는 전혀 없었습니다. 부디 제가 아직 젊다는 점을 고려해주셔서, 장차 바르고 정직하게 살아갈 수 있는 기회를 주시기를 간청합니다.

법원이 거부한 윌스의 탄원서는 현재 런던 남서부 리치몬드의 큐Kew에 위치한 정부기록 보관소—혹은 블레어식으로 말하자면 '국립 문서보관소'—에서 직접 확인할 수 있다. 탄원서 맨 끝에는 약간 떨리는 손으로 쓴 그의 서명도 그대로 담겨 있다. 다음으로는 홀루이그가 내게 전해준 18페이지짜리 자료의 첫 문단을 살펴보도록 하자.

> 군번 1709 리처드 멜러Richard Mellor 이등병은 경기병 1연대1st Light Horse Regiment 보충병으로 (1915년에) 오스트레일리아를 떠났다. 그의 어머니는 그가 나이를 속이고 형의 이름으로 입대했다고 진술했다. 이집트와 프랑스에서의 열악한 복무 환경을 견디다 못한 그는 1918년 5월에 탈영한 뒤로 검거되지 않았다. 1939년에도 그의 모친 엘리자베스는 (오스트레일리아) 국방부에 그의 생사를 확인해달라는 탄원서를 제출했다.

멜러의 213페이지짜리 복무 기록은 현재 오스트레일리아 국립 문서보관소에 비치돼있다고 하는데, 자, 그럼 이제 입이 딱 벌어지게 하는 기록으로 옮겨가 보자.

> 1919년 5월, 왕립 야전 포병대Royal Field Artillery 소속 군번 253617 프랭크 O. 윌스 포병은 탈영으로 체포된 뒤 헌병대의 총살형을 기다리고 있었다. 그는 처형에 앞서 한 오스트레일리아 장교와 이야기하게 해달라고 요청했다. 그에 따라 파리의 오스트레일리아 보병대 지휘관인 버포드 샘슨Burford Sampson 소령이 감옥에 있는 윌스를 찾아갔다. 그 자리에서 윌스는 소령에게 자신이 실제로는 오스트레일리아 탈영병인 리처드 멜러라고 털어놨다. 탈영병 일제검거 작전에서 체포된 뒤 윌스라는 이름으로 영국군에 합류했다는

것이었다. 그는 샘슨에게 자신의 과거를 개략적으로 설명한 뒤, 어머니에게 편지를 써서 자신에게 무슨 일이 벌어졌는지는 알려달라고 부탁했다. ……
5월 27일, 그는 총살형에 처해진 다음 르 아브르의 생 마리 묘지에 묻혔다.

멜러에 관한 자료에는 샘슨 소령의 진술—리처드 멜러의 복무 기록과 정확히 일치한다—과 윌스의 처형을 기록한 영국 해외파견군 명령문이 담겨 있었지만, 멜러의 어머니는 아들의 생사에 관해 공식적으로 아무런 통보도 받지 못했다. 그리고 오스트레일리아군도 멜러와 밀스가 동일인이라는 사실을 공식적으로 밝히지 않았다. 따라서 오늘날까지도 멜러는 탈영병으로서 행방불명 상태라고 오스트레일리아 공식 기록에는 올라와 있다. 1933년, 그의 공식 자료 가운데 일부가 '기밀'로 분류됐다. 그리고 그 기밀자료 중 1920년 8월 26일 자로 된 한 페이지짜리 서류에서는 멜러의 체포 여부를 묻고 있었다. 윌스이자 멜러가 처형된 지 1년도 더 지났을 무렵이었다.

샘슨 소령이 보기에 윌스의 이야기는 아무런 빈틈이 없어 보였다. 출생지, 어머니의 인적사항, 시드니 포레스트 로지에 있는 위그램 로드Wigram Road의 집 주소, 입대 일자 같은 멜러의 구체적인 이력을 윌스가 아주 정확하게 꿰뚫고 있었기 때문이다. 그리고 멜러의 어머니는 아들이 형 리처드의 이름을 사용했고 입대 당시의 실제 나이는 열여섯 살에 불과했다고 말했지만,• 어쨌든 1915년의 공식 입대 나이는 스물한 살로 정확히 윌스와 같은 나이였다.

그렇다면 멜러가 자신을 완전히 다른 사람으로 탈바꿈시킨 이유는 무엇이었을까? 단지 탈영죄로 감옥에 가는 걸 피하고자 영국군에 들어간

• 만약 이 말이 사실이라면, 그의 실제 이름은 리처드 멜러가 아니라 동생인 새뮤얼 멜러(Samuel Mellor)였다.

걸까? 군사법정에서는 왜 자신의 진짜 정체를 밝히지 않았던 걸까? 그리고 불쌍한 어머니에게 아들이 처형당했다는 사실을 왜 아무도 전해주지 않았을까? 샘슨 소령은 교도소에서 나눈 '윌스'와의 대화를 일기에 기록했고, 세월이 흐른 뒤 그의 아들이 아버지의 일기를 개인적으로 공개했다. 내게 편지를 보낸 샌드라 연구원은 멜러가 영국 여자와 결혼했다가 어쩔 수 없이 영국군에 입대하게 된 건 아닐까 하고 추측했다. 아무튼, 윌스는 뒤늦게나마 그런 자백이 자신의 처형을 막아줄 거라고 생각했던 걸까?

멜러 여사가 아들의 생사를 수소문하기 시작한 건 1920년도부터였다. 그리고 1939년에는 자신이 점점 나이 들어 저세상으로 가기 전에 아들에게 어떤 일이 벌어졌는지를 알고 싶다고 오스트레일리아 당국에다 호소했다. 그런 그녀의 절망적인 호소는 공적인 기관이 얼마나 잔인할 수 있는지를 보여주는 증거이다. 오늘날 '그레이트 워 포럼'의 연구원들은 "그의 어머니를 그토록 절망에 빠뜨린 데 대해 누군가는 대답해야 마땅하다"고 정확히 지적하고 있다.

하지만 프랭크 윌스—그가 존재한 게 사실이라면—의 실제 운명은 미스터리로 남아 있다. 나의 아버지 빌 피스크가 이런 혼란스러운 이야기를 들었다면 아마 무덤에서 벌떡 일어나 당국에 해명을 요구하지 않을까 싶다. 그러나 아, '프랭크 윌스'와 리처드 혹은 새뮤얼 멜러, 그리고 빌 피스크와 마찬가지로 당시의 정부 관계자들은 모두 이 세상 사람이 아니다. 그렇다면 이제 '영연방 전몰자 묘역 위원회Commonwealth War Graves Commission'는 르 아브르의 64/VI/F/5번 묘역에 새겨진 이름의 교체를 고려해야만 하나?

마지막으로 흥미를 끄는 단서 하나. 오늘날 시드니의 전화번호부에는 W. 멜러라는 이름이 등재돼 있는데, 주소도 포레스트 로지의 위그램 로드에서 아주 가깝다. 빌 피스크가 살아 있었더라면, 아마 그 집에 찾아가 초인종을 누르고 싶은 유혹을 느끼지 않았을까?

2007년 10월 20일

인디펜던트

13장

최후의 적

영국 공군 전투기 조종사 리처드 힐러리(Richard Hillary)는 2차 세계대전 초반에 나온 문학 작품 가운데 아마도 가장 뛰어난 작품으로 꼽히는 자신의 브리튼 전투 참전기의 제목을 《최후의 적(The Last Enemy)》이라 지었는데, 이는 고린도 전서 15장 33절에 나오는 "무너뜨려 없애야 할 최후의 적은 죽음"이라는 구절에서 영감을 얻은 것이었다. 내가 그 말을 믿는지는 확신하지 못하겠다. 어쩌면 최후의 적은 두려움이 아닐까 하는 생각이 들기 때문이다. 그러나 그렇다고 내가 죽음을 어떻게 떨쳐버릴 수 있는지 안다는 의미는 아니다.

콜로세움에서 죽음을 돌아보다

목요일 자정 무렵, 나는 콜로세움에 드러누워 로마의 하늘에 떠 있는 별들의 향연을 구경했다. 미국의 사형 집행 실태를 다룬 연속 기획물을 방영하던 이탈리아의 한 방송국에서 내게 중동의 사형 제도에 관해 이야기해달라는 요청을 해왔기 때문이었다. 그런데 고대의 원형 경기장을 빛으로 가득 채우기 위해 준비했던 촬영용 발전기 두 대가 그대로 뻗어버렸다. 덕분에 이런저런 상념에 빠져볼 수 있는 시간이 내게 주어진 것이다. 사자들이 검투사들을 향해 달려들던 곳, 사도 바울이 못 박혀 죽은 곳이라 표시된●—오늘날 우리가 자살폭탄 공격이 빈발하는 시대에 살게 되면서 '순교했다'는 표현은 이제 불편한 단어가 되어 버렸다— 십자가로부터 불과 몇 미터 떨어진 그곳에서 나는 한때 야만의 중심이었던 공간이 어떻게 오늘날 최고의 관광지 중 하나로 둔갑할 수 있었을까 곰곰이 생각해보았다.

여담이지만, 독자들 중에 돈이 많은 사람들은 24시간 동안 콜로세움을 빌리는 데 얼마가 들지가 궁금한 분들도 있을 것이다. 답을 알려주자면, 7

● 사도 바울은 실제로 콜로세움에서 1.5km 넘게 떨어진 곳에서 처형당했다.

만 5000파운드가 든다. 그리고 우리처럼 별이 쏟아질 것 같은 밤 시간만 빌리는 경우에도 거금 1만 500파운드를 지불해야 한다. 아무튼, 그곳을 통째로 빌렸건 티켓을 사서 입장했건 간에 콜로세움에 들어서는 순간, 누구나 이곳에서 벌어진 사형 장면을 떠올릴 것이다.

내가 출연하기로 한 그 이탈리아 방송국의 기획물 가운데 첫 번째 편에서는 이탈리아의 한 남녀가 텍사스에서 사형선고를 받고 수년째 복역 중인 두 명의 미국인들을 찾아가는 장면이 등장한다. 그걸 보면서 나는 그들이 누구를 살해했건 아니 건, 혹은 약에 취한 상태에서 자신들의 범죄를 기억하든 못 하든 간에 이제는 완전히 '새사람이 된' 그들의 모습에 충격을 받았다. 둘 다 자신의 죄를 깊이 뉘우치고 있었고, 언젠가 착한 사람으로 되돌아가 자신의 아이들을 보살피고, 쇼핑을 하고, 개와 산책을 할 날이 오기를 기도하고 있었다. 달리 말해, 그들은 이제 더 이상 유죄 선고를 받을 당시의 그 범죄자들이 아니었다.

물론 그들이 처한 상황이 되면, 누구나 새사람이 될 수밖에 없을 거라는 생각도 든다. 하지만 사형 제도를 논함에 있어서 중요한 건 그 사람이 죄가 있느냐 없느냐가 아니다. 사형이라는 제도가 필요하다고 믿는 사람들의 입장에서 볼 때 사형은 거의 열정의 대상에 가깝기 때문이다. 그리고 나는 그것이 열정을 넘어 중독에 더 가깝다고 생각한다. 담배나 술처럼 아예 절대 쳐다보지도 않아야지만 치유될 수 있는 그런 중독 말이다. 또한, 비밀리에 이뤄지는 일본의 사형 집행+이나 텍사스에서처럼 독극물을 주입하는 행위, 사우디아라비아의 모스크 바깥에서 벌어지는 참

+ 미국과는 달리 일본에서는 사형 집행이 이뤄지기 전에 가족이나 변호인에게 집행 사실을 알려주지 않으며, 심지어 당사자에게도 당일 아침에야 통보하고 최후의 식사를 제공한다. 이는 1997년에 마지막으로 23명의 사형을 집행한 한국도 마찬가지였는데, 저자는 한국의 사례까지는 알지 못한 듯하다.

수형에 대해서는 일말의 변명의 여지도 없다는 입장이다. 그런데 인간은 어떻게 이토록 야만적인 방식의 죽음에 집착하는 경지에까지 이르게 된 걸까?

마약 판매상이나 강간범들을 목매달아 죽일 때, 이란인들은 크레인을 이용해 그 불행한 사람들을 죽은 개똥지빠귀 들어 올리듯 하늘로 끌어 올린다. 그리고 수천 명의 남녀가 언제나 그 주위를 둘러싼 채 "신은 위대하나"를 외쳐댄다. 젊은 여성이 교수형 당하는 현장에서도 예외는 없었다. 틀림없이 그들 가운데 일부는 그런 끔찍한 형벌에 반대한다. 하지만 우리들 마음속에는 사법 살인에 대한 원시적인 욕구 같은 게 도사리고 있는 듯하다.

예전에 영국의 극작가 조지 버나드 쇼George Bernard Shaw는 만약 로열 앨버트 홀에서 기독교도들을 사자들에게 내던져버린다면, 매일 밤 극장이 관객들로 꽉꽉 들어찰 거라고 쓴 적이 있다. 나도 그의 말에 전적으로 동의한다. 단지 그런 살육전을 보겠다고 수천 명의 로마인들이 지금 내가 누워있는 바로 그 불길한 콜로세움을 가득가득 채우지 않았던가? 이라크 주민들의 불만을 다른 곳으로 돌리기 위해 사담 후세인을 처형했던 우리는 또 어떤가? 당시 찍힌 휴대폰 영상을 통해 드러난, 후세인에게 악을 써대던 사형 집행인들의 모습은 상대를 칼로 베어 죽이는 검투사들의 바그다드식 아류에 해당한다. 또한, 사형 집행이 국가와 대통령만의 특권이 아니라는 사실도 기억하자. 아일랜드 공화국군IRA도 사형을 실행에 옮겼다. 탈레반도 그렇고 알 카에다도 마찬가지다. 오사마 빈 라덴은 내게 직접, '이슬람식' 참수형이 옳다고 믿는다는 말을 한 적도 있다.

또한, 나는 2001년 헤브론에서 팔레스타인 군중들이 이스라엘군에게 협조한 세 명의 부역자들에게 린치를 가하던 광경을 잊을 수가 없다. 사람들은 거의 알몸이 된 세 사람을 전기 철탑에 매달았고, 아이들은 그들의 몸뚱이에다 돌멩이를 던졌다. 그 뒤 그들의 시신이 차례로 쓰레기 트럭에 내동댕이쳐지는 순간 수천 명의 사람들이 그걸 보고 일제히 웃음을 터뜨리며 환호성을 질렀다. 그때 나는 너무나 충격을 받은 나머지 수첩 위에 단 하나의 글자도 적어 내려갈 수 없었고, 그래서 대신 그 장면을 그림으로 스케치해두었다. 지금도 내 수첩 속에서 그들은 온몸이 담뱃불로 지져진 채 사도 바울처럼 거꾸로 매달린 그 모습 그대로 남아 있다.

흔히들 우리 모두가 벌이고 있다고 말하는 '테러와의 전쟁'의 주요 맞수들—미스터 부시와 빈 라덴—은 언제나 죽음과 희생에 관해 이야기한다. 빈 라덴에게 있어 2001년 9·11은 무슬림 세계에서 미국이 벌인 유혈극에 대한 '처벌'이었다. 실제로 게릴라들과 정규 군인들이 서로 주고받는 공격들은 점점 더 복수극의 성격으로 변해가고 있다. 대표적으로, 미군의 팔루자 1차 포위공격은 이라크 반군이 미국의 용병들을 살해한 뒤 그 시신들을 훼손한 데 대한 보복 차원이었다. 그리고 아부 그라이브 사건 역시 9·11과 이라크에서의 실패에 대한 '우리들의' 보복이었다. 한편, '팔레스타인'과 아프가니스탄, 이라크 같은 중동지역에서 일어난 자살 공격들 가운데 상당수에는 이전의 작전 과정에서 숨진 '순교자들'의 이름을 딴 작전명이 붙었다. 이라크의 알 카에다는 미군이 이라크 소녀를 강간하고 살해한 데 대한 보복으로 미군들을 '처형했다'고 공공연히 주장하곤 한다.

그러나 내가 우려스러운 건 그게 사법 살인이든 아니든 간에 개별적인 살인 행위를 넘어선 그 어딘가에 진짜 문제가 숨어 있을지 모른다는 점이다. 우리가 얼마나 폭력적인 살인을 옳다고 믿고 있는지는 가히 소름끼칠 정도다. 우리는 그러한 죽음을 정책 수단 가운데 하나로 간주하며, 그것은 우리가 지목한 개별 범죄자들에 대한 처벌 못지않게 국가적 차원의 자기 보호와도 깊이 연관되어 있다. 우리는 전쟁을 옳다고 믿는다. 그러나 2003년 이라크의 경우와 같은 침략 행위가 대규모로 사형을 집행하는 행위와 과연 뭐가 다른가? 그럼에도 우리같이 '문명화된' 나라들은—우리가 맞서 싸우는 어둠의 군대들이 그렇듯이— 어마어마한 규모의 죽음을 형벌로 가하는 행위가 도덕적으로 정당화될 수 있다고 확신한다.

바로 그게 문제다. 전쟁을 벌일 때, 우리 모두는 두건을 뒤집어쓰고 레버를 당기는 교수형 집행인과 다름이 없다. 그것을 정당화하는 논리가 무엇이든 간에 우리가 그곳에 군대를 보내 마구 휘젓고 다니게 놔두는 건, '범죄자들'과 '살인자들'의 목을 매달고 총으로 쏘고 머리를 자르는 것과 마찬가지다. 2000년 전, 콜로세움에서 피투성이가 된 남자들에게 열광과 환호를 보내던 로마인들과 전혀 다를 바 없는 것이다.

2007년 9월 15일

인디펜던트

죽은 영웅들과 살아있는 기억

오늘은 유명인들에 대한 헌사를 좀 늘어놓아야겠다. 물론 지금은 저세상으로 가고 없는 사람들에 관한 이야기이다. 나는 살아있는 사람들을 대하는 태도만큼이나 죽은 이들에게 경의를 표하는 수준과 정도가 그 사회를 규정해주는 척도라고 생각한다.

어렸을 때 나의 아버지 빌 피스크는 억지로 나를 메이드스톤의 '올 세인츠' 교회 복도로 데려가, 머리 위에 걸린 왕립 서부 켄트 연대의 전적(戰績)이 새겨진 명판을 가리키며 그 문구들을 읽게 했다. 그러나 내게 인상적이었던 건 그런 문구들보다는 일을 할 때 그냥 닥치는 대로 해버리는 우리 영국인들의 방식이었다.

예를 들어, 옥스퍼드 주 블레이든 마을의 평범한 비석 아래에는 처칠이 누워 있고, 영국의 위대한 시인들은 웨스트민스터 대성당에 옹기종기 모여 있으며, 그 가운데 신자석 아래에는 아이작 뉴턴Isaac Newton의 유해가 있는 식이다. 참고로, 그의 무덤 위에는 "사람들이여! 인류 가운데 이토록 위대한 인물이 존재했었다는 사실에 기뻐하라!"라는 라틴어 문구가 적혀 있다. 또한, 그로부터 5km 떨어진 성 바울 대성당에는 '철의 공작Iron

Duke'+이 쇠로 된 검은 관대++에 누워 홀로 천국을 호령하고 있다.

아무튼, 그 많고 많은 비문 중에서도 내가 가장 좋아하는 건 역시나 더블린의 성 패트릭 대성당Saint Patrick's Cathedral에 있는 소설가이자 주임 사제였던 조나단 스위프트Jonathan Swift의 비문이었다.

> 여기 본 대성당의 주임 사제인 조나단 스위프트의 육신이 누워 있음에
> 사나운 분노는
> 더 이상 그의 심장을 도려낼 수 없도다.
> 나그네여, 가서
> 인간의 자유를 옹호하기 위해 분투한
> 그를 본받을 지라.

그리고 최근에 나는 죽은 위인들을 모셔놓은 파리의 팡테옹Pantheon을 이리저리 거닐다가 아주 인상적인 문구를 하나 발견했다. 그것은 바로 팡테옹 입구 바로 위에 새겨져 있는 "위대한 이들에게 조국이 감사하는 마음으로 바칩니다Aux grands hommes, la patrie reconnaissante"라는 문구였다. 특히 그중에서도 조국Patrie이라는 단어는—비록 일상적으로 쓰이는 표현이기는 하지만— 나에겐 꽤 충격적으로 다가왔다. 이라크 점령 기간에 그 '조국'이라는 단어가 자유, 평등, 박애 대신에 '가족Famille'이나 '직무Travail'라는 개념과 어떻게 뒤섞여 사용되어 왔는지를 지켜봐 온 나로서는 '조국'이 그곳에서만큼은 원래의 의미를 그대로 유지하고 있다는 사실이 그저 놀라울 따름이었다.

그러나 팡테옹 내부에 들어서자 그보다 더 인상적인 광경이 펼쳐져 있

+ 워털루 전투에서 나폴레옹의 군대를 물리쳤던 웰링턴 장군의 별칭이다.

++ 무덤 안에 관을 얹어놓던 평상이나 낮은 대.

었다. 앙숙 관계에 있던 루소Rousseau와 볼테르Voltaire가 서로 사이좋게 마주 본 채 안장되어 있었던 것이다. 그리고 볼테르는 자신이 데카르트Descartes와 비교했던 뉴턴의 장례식을 보기 위해 런던으로 건너와 이런 글을 남겼었다.

> 데카르트 학파는 지구가 멜론처럼 생겼다고 믿는다. 그러나 뉴턴 학파는 양쪽이 납작한 타원형이라고 여긴다. 그리고 데카르트 학파가 볼 때 빛이란 원래부터 공기 중에 존재하는 것인 반면, 뉴턴 학파에게 있어 빛은 태양으로부터 6분 30초 만에 도달해온 것이었다.

하지만 팡테옹의 지하 묘지에는 자연광 하나 없이 오직 일치된 모습만이 있을 뿐이었다. 위인들grands hommes—과 몇몇 여성들—+은 모두 똑같이 생긴 석관(石棺) 안에 밀폐되어 있었다. 소설가 알렉상드르 뒤마Alexandre Duma의 무덤은 레지스탕스 영웅인 장 물랭Jean Moulin이나 마리와 피에르 퀴리Marie and Pierre Curie 부부의 무덤과 똑같은 모습이었다. 에밀 졸라Emile Zola, 앙드레 말로Andre Malraux, 빅토르 위고Victor Hugo, 장 모네Jean Monnet, 그리고 물랭과 더불어 나의 영웅들 가운데 한 명이었던 사회당 지도자 장 조레스Jean Jaures의 무덤들도 한결같았다. 이곳에서는 '평등Egalite'이 글자 그대로의 의미를 지니고 있었다. 베르뎅 전투의 전사자들이 그렇듯이, 프랑스에서는 엘리트 계급이라고 해서 더 우대한다든지 꽃을 추가로 바치거나 시를 헌정하지도, 특별한 혜택을 허락하지도 않는다.

팡테옹의 길고 하얀 무덤들은 영화 〈2001 스페이스 오디세이2001: a Space

+ 프랑스어에서 'Homme'는 영어의 'Man'과 마찬가지로 '사람'을 가리키는 동시에 '남성'을 뜻하는데, 저자는 이를 지적하고 있는 것이다.

Odyssey〉에 등장한 우주선의 동면용 캐비닛을 연상시킨다. 극 중에서 '할Hal'이란 이름의 컴퓨터가 그 안에서 잠을 자던 승무원들을 살해하려 하자, 캐비닛 컴퓨터 화면에는 "생명 기능 위급."이라는 문구가 뜬다. 그리고 할이 목적을 달성하는 데 성공한 다음에는 다시 "생명 기능 종료."라는 문구가 떴다. 팡테옹에 잠들어 있는 이들 역시 생명 기능이 종료된 상태다. 물론 클라우스 바비Klaus Barbie 때문에 그렇게 된 장 물랭의 경우를 제외하고는+ 대부분 신에 의해서였다.

한편 나는 오스만 제국으로부터의 독립을 요구했다는 이유로 1915년과 1916년에 걸쳐 튀르크인들에 의해 교수형 당한 무슬림들과 기독교도들의 영예로운 죽음을 레바논이라는 나라—프랑스가 낳은 자식이었다—가 얼마나 소홀히 대접하는지를 확인하고서는 너무 가슴이 아팠다. 그들은 오늘날 우리 집에서 불과 2㎞도 떨어져 있지 않은 순교자 광장의 교수대로 끌려갔다. 그리고 교수형 집행인이 밧줄을 목에 거는 순간까지도 튀르크의 점령에 맞서 싸우자고 외쳤다.

튀르크인들은 그들의 시신을 베이루트 해변에 있는 공동묘지에 내팽개쳤다. 그리고 시신이 다시 발굴된 건 프랑스가 베이루트를 해방시킨 1918년의 일이었다. 당연히 그들은 다른 곳에 명예롭게 재매장되어야 마땅했다. 그러나 기독교 교회는 자신들의 묘소에 무슬림 순교자들이 묻히는 걸 허락하지 않았고, 무슬림 성직자들도 기독교 순교자들을 이슬람 묘역에 받아들인다는 건 고려해볼 가치도 없다고 여겼다. 그러자 신비주의 교파인 드루즈가 자신들이 소유한 베이루트 중심부 땅에 그들의 안식처를 마

+ 레지스탕스 활동을 펼치다 체포된 물랭은 '리옹의 백정'이라 불리던 게슈타포 심문관 클라우스 바비에 의해 심한 고문을 받고 베를린으로 이송되는 기차 안에서 숨을 거뒀다. 게다가 그의 시신조차 찾지 못해 팡테옹에 있는 그의 무덤에는 실제 그의 시신은 안치되어 있지 않다.

련하는 걸 받아들였다.

지난주, 나는 그곳을 찾았다. 굳게 잠긴 철문 뒤에 안전하게 보존된 그들의 무덤은 쐐기풀로 둘러싸인 채 나뭇가지에 덮여 있었으며, 어린 수탉 한 마리가 꼬꼬댁 소리를 내며 그 사이를 부지런히 오가고 있었다. 그리고 콘크리트 무덤 하나에 마흐메사니 형제들이 나란히 누워 있었고, 그 외 모두 합쳐 19기의 무덤들에는 각각의 이름과 출생지가 적혀 있었다.

> 오마르 무스타파 하마드, 1892년 베이루트에서 출생, 사이드 알 셰하비 왕자, 1889년 하스바야 출생

또한 녹슬어가는 대문 옆에 걸린 명판에는 이런 글귀도 적혀 있었다.

> 레바논 순교자들이 묻힌 본 묘역은 1994년 3월 6일 라피크 하리리 총리의 후원으로 새롭게 단장되었다.

그러나 하리리 총리 역시 2005년 2월 14일에 암살돼 순교자의 반열에 올랐다. 그리고 그 묘역에서 조금만 가면, 1989년에 르네 무아와드[Rene Mouawad] 당시 대통령이 대규모 폭발로 산화한 장소가 나온다. 정말 조나단 스위프트의 묘비에 적힌 그대로, '사나운 분노'가 치밀어 오르지 않을 수 없다.

2006년 3월 4일

인디펜던트

바다 밑에 코를 박고 서 있는 배

우리 기자들은 인간의 어리석음에 대해 아주 관심이 많다. 팔레스타인, 이라크, 걸프 그리고 페르시아……. 백 년이 넘는 우리 서구의 중동개입은 '어리석음'이란 딱지를 붙이기에 충분하다. 어느 사전에서는 그 단어를 "비싼 대가를 치렀으나 재앙으로 끝나고만 바보 같은 행동"이라 규정하고 있다. 거기에 덧붙여 나는 그것이 허영과 자만심이 비정상적으로 뒤섞인 행동이라는 의미도 담고 있지 않나 생각해본다.

며칠 전, 나는 파도가 들이치는 가운데 레바논의 옛 십자군 항구인 엔페Enfeh•가 내려다보이는 바위에 서서, 바다에서 벌어진 가장 황당하고 터무니없는 어리석은 행동을 곱씹어볼 기회가 있었다. 1912년에 스미스 선장이 미국인들에게 배의 속력을 과시하고 싶은 마음에 북대서양을 향해 전속력으로 타이타닉호를 몰았던 것처럼, 그보다 19년 전에는 내가 서 있던 바위로부터 얼마 떨어지지 않은 바다에서 영국 군함 빅토리아호의 조지 트라이언George Tryon 중장이 오스만 튀르크인들에게 위력을 과시할

• 그렇다. 영어가 아닌 프랑스어를 구사했던 사자왕 리처드가 폭풍우를 피하기 위해 하룻밤을 보냈던 곳이 바로 엔페였다.

목적으로 영국 해군 소속 지중해 함대를 역사상 가장 빠르고 위험한 해상 기동훈련에 동원하는 결정을 내렸다.

한편 오늘도 엔페 앞바다에서는 바람이 거세게 몰아쳤지만, 레바논계 오스트레일리아인 잠수부 크리스찬 프란시스는 매일같이 반쯤 버려지다시피 한 호텔을 출발해 해저 150m 아래에서 자신이 발견한 난파선을 보기 위해 길을 나섰다. 잠수 못지않게 역사에 대해서도 강한 열정을 갖고 있던 그는 기꺼이 나를 위해 각종 자료들을 출력해주기도 했다. 그중에는 서류나 논문들도 있었고, '권력의 핵심들'이 자신들의 어리석음을 정당화하거나 남에게 책임을 전가하기 위해 생산해낸 공식 기록들도 있었다. 특히 빅토리아호의 안타까운 사연의 전말은 "여왕 폐하의 함선 빅토리아호의 손실을 조사하기 위한" 1893년도 영국 해군 군법회의 의사록에 담겨 있었다.

타이타닉호의 스미스 선장과 마찬가지로 훌륭한 뱃사람으로서의 평판이 자자했던 트라이언은 평소 엄격한 규율을 강조하기로 유명해 모든 예비선원들에게는 악몽과도 같은 존재였다. 그는 '과묵하다'거나 '까다롭다'는 평은 별로 듣지 않았으나, 부하들에게서 진취적인 모습보다는 복종을 원했다. 그래서 1893년 6월 22일에 그가, 유서 깊은 도시 트리폴리에서 오스만인들이 지켜보는 가운데 11척의 전함으로 구성된 2개 함대를 대상으로 각자 방향을 180도 틀어 서로를 향해 전속력으로 항해하라는 명령을 내렸을 때도, 부하들은 그의 지시를 군말 없이 그대로 따랐다. 그리고 마지막 순간에 배들은 방향을 급선회해 다시 반대 방향으로 나란히 항해해야 했다.

부하들은 그를 너무나 두려워한 나머지 이런 정신 나간 작전에도 누구 하나 이의를 제기하는 사람이 없었다. 그나마 명령을 실행에 옮기는 데 주저했던 사람은 캠퍼다운호HMS Camperdown에 타고 있던 그의 부관 앨버트 마크엄Albert Markham 소장이었다. 그러나 돌아온 건 "무엇을 망설이나?"라는 사령관의 노여운 전갈뿐이었다. 결국 영국 최초로 1만 4000마력의 증기 터빈을 갖추고 철갑을 두른 1만 1000톤급의 빅토리아호는 마치 비극을 피할 수 없었던 고대 그리스의 극작가 아이스킬로스의 주인공들처럼 캠퍼다운호와의 충돌을 피할 수 없었고, 배 아랫부분이 찢겨져 너비 8m에 달하는 커다란 균열이 생겼다.

그런데 보통 이럴 때 사건의 당사자가 남긴 마지막 말은 나중에 기자가 그를 공격할 때 쓸 수 있는 좋은 무기가 되는 법이다. 타이타닉호의 스미스 선장은 빙산과 충돌한 뒤 선주에게 이렇게 말했다고 한다.

"이런, 이제 신문 1면 제목에 당신 이름이 올라오겠군요. 이즈메이 씨."

해군 본부의 기록에 따르면, 트라이언 중장도 스미스 선장과 어깨를 나란히 할 만한 명언을 남긴 것으로 전해진다. 파랗게 질린 채 할 말을 잃어버린 하급 장교들에 둘러싸인 그는 캠퍼다운호가 자신을 향해 돌진해오는 순간 이렇게 외쳤다.

"후진! 후진!"

그 직후, 그의 거함은 충격으로 크게 몸서리치더니 이내 전복되기 시작했다. 기관실에 있던 병사들은 어떻게든 배를 다시 해안 쪽으로 돌리려고 애썼으나, 소용없는 일이었다. 배가 뒤집히면서 갑판에 있던 선원들이 바다로 떨어졌다. 그제야 트라이언은 말했다.

"모두가 내 잘못이야."

이제 그는 기함을 침몰시킨 인물로 영원히 기억될 운명에 처한 것이다. 해안에서 지켜보던 오스만인들은 그런 광경에 정말 깊은 인상을 받았을 테고 말이다. 전시를 제외하고는 영국 해군 역사상 가장 큰 재난으로 기록될 그 사건으로 인해 숨진 이들의 수는 그를 포함해 모두 합쳐 358명에 달했다. 그리고 그 책임은 전적으로 트라이언 중장 자신에게 있었다.

지상전이나 공중전에서의 치욕은 어쨌든 시간이 지날수록 누그러진다. 미국의 시인 칼 샌드버그Carl Sandburg가 말했듯이 무덤은 언제나 풀로 뒤덮이는 법이다. 그리고 비행기의 잔해는 공중에서 분해된다. 하지만 타이타닉호와 같이 바다 위에서 빚어진 우리의 어리석음은 해저 깊은 곳에 영원히 가라앉은 채로 남게 된다.

그린위치에 있는 런던 해사박물관National Maritime Museum에서 읽은 해군본부 문서들과 나이 든 어부들의 이야기에 자극받은 청년 크리스찬 프란시스는 바다 밑 150m 지점에서 트라이언의 기함을 발견했다. 놀라우리만치 원래 모습 그대로를 유지하고 있던 배는 지중해 바닥에 뱃머리를 묻은 채 직각으로 서 있었다. 그리고 두 개의 거대한 프로펠러는 위쪽을 향한 상태에서 지중해 햇빛에 희미하게 반짝이고 있었다.

프란시스와 함께 작업하는 영국 잠수부 두 사람과 폴란드인 세 사람은 나를 위해 그 모습을 비디오에 담아주었다. 화면 속에서는 물고기 떼가 프로펠러를 스쳐 지나가고 있었고, 고물 쪽에 새겨진 빅토리아라는 배 이름도 눈에 들어왔다. 트라이언 중장이 캠퍼다운호가 다가오는 걸 지켜봤던 선실, 10인치 구경의 후방 기관포, 독일군을 물리치기 위해 설치됐으나 본래의 목적으로는 단 한 번도 사용된 적이 없는 12개의 측면 대포들도 여전히 그 자리에 있었다.

만약 그때 침몰하지만 않았더라면—우리는 역사에서 '~일지 모른다'는 가정을 정말 좋아하는 것 같다—, 빅토리아호도 틀림없이 영국 해군의 일원으로 1차 대전에 참전했을 것이다. 놀랍게도 트라이언이 죽고 난 뒤 그 자리를 이어받은 사람은 다름 아닌 빅토리아호의 부함장 존 젤리코John Jellicoe였다. 그 날 레바논 해안으로 탈출한 그는 1916년 유틀란트Jutland 앞바다에서 독일 대양함대를 상대로 빅토리아호가 못다 한 해전을 벌였다.+

어쨌든 프란시스 입장에서 난파선은 바닷속에 있는 영국의 묘역 중 하나일 뿐이었다. 가끔은 선실 창문 너머로 은쟁반도 보였다. 그리고 모래에 파묻힌 부분에는 트라이언을 비롯해 많은 수병들의 유골도 여전히 남아 있을 거라 짐작하고 있다. 불쌍한 트라이언 같으니. 진흙에 코를 박고 꽁무니를 위로 향한 채 묘비처럼 서 있는 그의 기함은 아마 세상에서 유일한 수직 난파선일 것이다. 그러나 우리는 여기서 어떤 교훈을 얻고 있을까? 아니, 과연 교훈을 얻기나 한 걸까?

나는 빅토리아호를 탐사한 폴란드 잠수부들과 한 시간가량 이야기를 나눠 보았다. 그들은 세계 역사상 바다에서 일어난 가장 큰 비극들로 손꼽히는 고야호MV Goya와 빌헬름 구스트로프호the Wilhelm Gustloff, 제너럴 폰 스토이벤호the General von Steuben를 직접 탐사한 경험이 있었다. 그 배들은 모두 소련군이 독일로 진주하기 전인 1945년 겨울, 나치가 단치히Danzig++에서 자국민들을 철수시키던 와중에 러시아의 공격을 받아 발트 해에 가라앉았다. 그로 인해 약 1만 8000명 가량의 독일인들이 사망했으며—1500명이 숨진 타이타닉호 침몰과 비교해보기 바란다—, 그 대부분은 민간인들이었다. 폴란드 잠수부들 가운데 한 명이 노트북 컴퓨터를 두들기자, 실제 두개골과 뼈, 독일군 헬멧, 허리띠, 셔츠 같은 유물들이 내 눈앞에 펼쳐졌다. "폴란드 당국이 두개골을 연구하고 싶다고 해서 육지로 하나를 가져왔죠"라고

+ 사고 당시 빅토리아호의 부함장이었던 젤리코는 1915년에 정식으로 제독이 된 뒤 함대를 이끌고 덴마크 유틀란트 해안에서 독일 함대와 일대 격전을 벌였는데, 결과는 양쪽이 모두 커다란 손실만 입은 채 사실상 무승부로 끝이 났다. 그러나 '젤리코는 반나절 만에 전쟁을 패배로 이끈 유일한 인물'이라는 당시 해군대신 처칠의 혹평에서 보듯이, 독일 함대를 물리칠 절호의 기회를 잃었다는 국내의 거센 비판에 직면한 그는 결국 그 해 말에 일선에서 물러나게 된다.

++ 폴란드 명칭으로는 그다인스크(Gdansk)라 불린다. 1938년에 히틀러가 이 도시를 넘겨줄 것을 폴란드에 요구하다 거절당하자 그를 구실로 9월 1일 독일이 폴란드를 침공함으로써 2차 세계대전의 도화선이 된 곳이기도 하다.

그는 내게 말했다.

"이 두개골의 주인공은 30대 여성인 걸로 확인됐습니다."

그건 자만심의 또 다른 결과물이었다. 그리고 헬멧은 그 배들에 독일군이 타고 있었다는 증거였다. 하지만 1945년 1월 30일부터 4월 16일 사이에 바다에서 희생된 이들의 절대다수는 민간인들이었다. 그럼에도 러시아는 그토록 많은 민간인들을 살해한 잠수함 승무원들을 여전히 영웅으로 떠받들고 있다. 실로 트라이언 제독을 무색하게 만드는 행동이 아닐 수 없다. 이렇듯 어쩌면 "비싼 대가를 치렀으나 재앙으로 끝나고만 바보 같은 행동"이란 낱말풀이는 전쟁이라는 인간의 관행을 규정하는 데다 갖다 붙이는 게 더 어울릴지 모른다.

언제까지고 바다가 비밀을 숨겨줄 수는 없다. 전쟁이 어떤 의미인지를 알고자 한다면 바다로 나가보라. 그곳에는 어리석음의 증거들이 고스란히 간직되어 있다.

2005년 2월 19일

인디펜던트

고맙네요, 브루스

사실 타이타닉에 대한 글을 다시 쓸 생각은 없었다. 하지만 캐나다 노바 스코샤Nova Scotia 주 핼리팩스Halifax 시에 있는 타이타닉 희생자 묘역을 방문해 그 묘비들 사이를 걷다 보니, 수많은 생각들과 더불어 다시금 가슴이 뭉클해짐을 느꼈다. 비록 묘역들이 몇 년 전에 '복원된' 덕분에 원래만큼 오래돼 보이지는 않았지만 말이다.

애초 내가 그 사건에 끌리게 된 건 희생자들 중의 상당수가 레바논의 크파르 미슈키Kfar Mishki라 불리는 마을 출신이란 사실 때문이었다. 당시 그들은 지역을 초토화시킨 기근을 피해 그때만 해도 시리아에 속해 있던 마을을 탈출한 뒤, 새로운 삶을 찾아 미국으로 건너가던 중이었다. 그리고 지금도 그 마을 주민들은 오래전에 돌아가신 조상들을 추모한다.

그럼에도 정작 핼리팩스의 묘지에 묻힌 희생자들 가운데 이름이 밝혀진 이들은 소수에 불과했다. 나는 그중에서 주소가 아일랜드의 클로니스 시 커린 사제관으로 되어있는 어니스트 왈드론 킹의 무덤 앞에 먼저 걸음을 멈추었다. 그의 묘비에는 "1912년 4월 15일 증기선 타이타닉에서 근무 중 사망, 향년 28세. 빈손으로 건너가 그저 당신의 십자가에 매달릴 뿐이니"+라고 쓰여 있었다. 그런 뒤 비석 맨 아래에 새겨진 글귀를 힐끗 쳐다봤다.

> 오래도록 충직하게 근무해온 공로를 기리기 위해 J. 브루스 이즈메이 씨가 세우다.

아, 제임스 캐머런의 영화에서 "이 배는 침몰시킬 수 없습니다. 절대 가라앉지 않지요"라는 대사로 유명해진 '화이트 스타 라인White Star Line' 사의 회장 이즈메이의 이름을 어떻게 잊어버릴 수 있을까? 돌에 새겨진 이름은 4월 15일 새벽, 타이타닉호의 처음이자 마지막 항해에서 수백 명의 동료 승객들이 살을 에는 듯한 대서양의 바닷물에 빠져 죽어가는 동안 마지막 남은 구명정을 타고 도망갔던 바로 그 브루스 이즈메이의 것이었다. 그는 어떻게 감히 이런 묘비를 세울 생각을 했을까? 나는 그곳에 함께 간 친구를 쳐다봤다. 그는 얼굴에 냉소적인 미소를 띤 채 이렇게 말했다.

"고맙네요. 브루스."

다시 길을 걸으며, 이 무덤들이 이토록 나의 마음을 뒤흔드는 이유가 무엇인지 생각했다. 두 번에 걸친 소름 끼치는 세계대전 당시나, 내가 지금 살고 있는 중동만 하더라도 그보다 훨씬 더 끔찍하게 죽어간 무고한 사람들이 수없이 존재하는데도 말이다.

그렇게 나는 타이타닉 희생자들의 사연 하나하나를 궁금해하며 페어뷰 론 묘지Fairview Lawn Cemetery에 있는 61기의 무덤 사이를 배회했다. 그리고

+ 영국의 아우구스투스 토플레디(Augustus M. Toplady) 목사가 지은 찬송가 'Rock of Ages'의 한 구절이다.

걸음을 옮길 때마다 묘비에 새겨진 글귀를 찬찬히 읽어 내려갔다.

1912년 4월 15일, 타이타닉호의 재난 이후 유해가 발견된 신원미상의 아이를 기억하며 이 비석을 세웁니다.

그 외딴 무덤 옆에는 테디 베어 인형 두 개와 어린이용 공구 상자, 화환, 상난감 오리, 그리고 반지 두 개가 놓여 있었다. 이미 세월이 90년도 더 넘게 흘렀건만, 이렇게 알지도 못하는 아이의 무덤에 선물을 놓고 간 추모객들의 심금을 울린 건 과연 무엇이었을까? 그리고 나는 왜 지금 머나먼 캐나다까지 와서 불어오는 바닷바람에 수풀이 일렁이는 소리를 들으며 여름 뙤약볕 아래 무덤가에 서 있는 걸까?

우리는 죽음을 애도하는 데 있어 참 선택적이다. 나는 십자가에 못 박힌 예수의 이야기를 들으며 슬퍼하는 기독교도들을 본 적이 있다. 나는 후세인과 알리의 비극을 응시하며 눈물짓는 무슬림들 역시 본 적이 있다. 하지만 우리는 2차 세계대전에서 살해당하고, 죽고, 독가스에 희생당하고, 화장된 러시아, 폴란드, 유대인들을 비롯한 그 수많은 희생자들에 대해서는 매일같이 울어주지 않는다. 그리고 그건, 영국에서 이토록 멀리 떨어진 묘지에서 바람을 맞으며 배회하는 나도 마찬가지다.

그 혹독한 죽음의 순간에
곁에는 오직 당신뿐,
당신은 이 작은 성인들을 슬픔으로부터 자유롭게 만드셨습니다.
도와줄 이 하나 없는 당신의 바다에서
내 주를 가까이하려 합니다.

나에게 손짓하는 천사의 얼굴을 바라보며

내 주를 더 가까이하려 합니다.

- 1912년 4월 15일, 향년 21세, 사랑하는 아들 해롤드 레이놀즈를 기억하며.

월터 로드Walter Lord의 《나이트 투 리멤버A Night to Remember》란 원작을 토대로 만들어진 1958년도 영화 〈타이타닉〉—그리고 브로드웨이 뮤지컬로도 제작됐었다는 걸 기억하는 사람이 있을지……—과 제임스 캐머런 감독이 만든 동명의 영화에서는 둘 다 배에서 악단이 '내 주를 가까이하려 함은Nearer, My God to Thee'이란 곡을 연주한 것으로 나온다.

하지만 그건 구조선 카르파티아the Carpathia호•가 뉴욕에 도착한 뒤 흘러나온 이야기일 뿐, 실제 연주된 곡은 그와 달랐다. 타이타닉을 연구하는 학자들은 바다에 빠져 숨지기 전에 악단 단원들이 연주했던 곡은 '알렉산더의 래그타임 밴드Alexander's Ragtime Band'나 '가을의 꿈Songe d'Automne', 혹은 '유쾌한 미망인the Merry Widow'이란 오페레타에 나온 곡들이 아닐까 추정한다.

무엇보다도 가장 냉소를 자아냈던 부분은 자신의 영화에서 악단이 '내 주를 가까이하려 함은'을 미국식으로 연주하는 장면을 집어넣은 캐머런의 결정이었다. 영국 선박에서 그 곡이 연주된 적은 단 한 번도 없었을 텐데 말이다.

그럼에도 불구하고, 그곳에 놓인 묘비들만큼은 그 나름의 명확함을 담고 있었다.

• 카르파티아호는 1차 대전 와중에 아일랜드 앞바다에서 침몰했다.

앨마 폴슨, 향년 29세, 네 자녀인 토버그 대나(8세), 폴 포크(6세), 스타이나 비올라(4세), 코스타 레너드(2세)와 함께 사망.

묘비에 새겨진 이런 글귀에 가슴이 저려오는 건 그들의 죽음이 순수의 시대의 종말을 상징하기 때문일까? 아니면 불과 2년 뒤, 오스트리아 합스부르크 왕가의 후계자 페르디난트 대공Archduke Ferdinand이 사라예보의 시공회당을 떠나던 중 죽음을 맞이하면서 20세기의 첫 번째 세계대전이 시작됐다는 사실을 우리가 알고 있기 때문일까?

나는 페르디난트 대공과 그 부인이 암살당하기 불과 5분 전에 건물을 나서는 사진을 가지고 있다. 13년 전 파리에서 산 엽서 속 사진이었는데, 그 엽서는 한 젊은이가 1914년 7월 5일 프랑스 마르느Marne에 사는 친지에게 보낸 것이었다. 그리고 지금은 베이루트의 내 아파트 현관문 옆에 붙어 있다. 집을 찾는 손님들(과 나 자신)에게 현관 바깥의 세상이 얼마나 위험한지를 일깨워주기 위해서였다.

나는 이곳에 잠들어있는 영혼들의 무덤을 한 번 더 바라보았다. 내 아버지가 아직 13살이던 그 시절, 그들이 살았던 세상은 과연 어떤 모습이었을까?

그들은 각자 자신이 맡은 자리를 지켰다.
약자들이 모두 빠져나간 뒤
전 세계에 한 번 더 보여주었다.
영국 남자라면 어떻게 죽어야 하는지를.

– 영웅적인 선원 에버렛 에드워드 엘리엇, 향년 24세.

거기 길이 나타나게 하시고

천국으로 가는 계단으로 이끄시네.

당신이 내게 보내신 모든 것은

은혜로 주신 것.

천사들이 나를 손짓하여 부르네.

나의 하느님, 당신께 더 가까이

당신께 더 가까이 가려 합니다.

- 허버트 케이브, 향년 39세

1912년 이래로 그토록 오랜 세월이 지나는 동안, 우리는 과연 무엇을 잃어버렸던 걸까?

2006년 6월 24일

인디펜던트

우리보다
앞서간 그들

내가 졸업한 서튼 베일런스 학교는 여성을 끔찍이도 혐오하는 곳이었다. 아름다운 순간이라고는 베넨든 학교Benenden School 여학생들과의—이 대목에서 크게 심호흡 한 번. 영국 왕실의 앤 공주도 그 학교에 다녔다— 연례 무도회 때뿐, 그 외에는 일 년 내내 짙은 안개와 윌드Weald+ 너머의 습한 호수 지대, 그리고 학업 성적을 끌어올리고 싶은 기대만이 존재하는 곳이 바로 서튼 베일런스였다. 나는 우리한테 라틴어 문법에 더 많은 시간을 할애하라고 고집을 부린 정신 나간 교장 선생 밑에서 A-레벨 시험++을 준비하느라 구슬땀을 흘려야 했다. 그뿐만 아니라 그는 우리에게 대본작가와 작곡가 콤비인 길버트와 설리반Gilbert and Sullivan의 타락한 작품들도 공부해야 한다고 우겼다. 당초 나는 둘의 오페라 작품인 '이올란테Iolanthe'에서 타악기 연주로 상까지 받은 몸이었다. 그러나 그 뒤 '펜잔스의 해적The Pirates of Penzance' 때는 바이올린을 맡아 일부러 공연을 완전히 망쳐 놓고야 말았다.

+ 잉글랜드 남동부의 높은 삼림 지대.

++ 영국에서는 11학년까지 중등교육을 받은 뒤 중등교육자격 검정시험(GCSE)을 치르면 증명서가 나온다. 그중에서 대학을 진학하려는 학생들은 다시 A-레벨 학교에 진학해 2년간의 교과 과정을 이수한 뒤 논문 형식의 시험을 치러야 한다.

하지만 나는 서튼 베일런스에서 한 가지 터득한 게 있었다. 이른 아침 월드의 하늘을 바라보며 새벽 동틀 녘이 얼마나 아름다운지를 깨닫게 된 것이다. 그래서 오늘날 베이루트에서도 나는 여전히 새벽이면 산책을 나가 지중해만이 줄 수 있는 아름다움을 만끽하곤 한다. 그거 말고는 예전 그 학교에서 배웠던 것들 중에서 많은 것들에 동의하지 못하고 심지어 증오하기까지 한다.

하지만 해마다 런던에서 내 책상까지 배달되어 오는 연례 소식지 〈서튼인人 The Suttonian〉을 펼쳐 들 때면 매번 감회가 새롭다. 거기엔 한때 내가 학생 대표를 맡기도 했던 웨스트민스터 기숙사의 사진도 담겨 있었다. 쿠바 미사일 위기가 한창일 때, 나는 그곳에서 소련의 미사일이 날아오기만 기다리며 밤을 지새운 적도 있다. 나에게는 특별했던 그 붉은 벽돌 건물을 떠날 때는 앞으로 기자로서 걷게 될 세상의 무수한 지뢰밭 길을 생각하며 말로 다할 수 없는 감상에 젖기도 했다. 그리고 그런 나의 예상은 딱 들어맞았다.

초서, 셰익스피어 그리고 던과 밀턴의 작품들을 읽으며 미래의 내 인생을 일깨워주는 그 무언가를 얻은 것 같은 느낌에 가슴 설레어 하던 그 여름밤들은 또 얼마나 멋진 시간들이었던지. 월드의 공기가 내뿜던 바로 그 숨결에 이토록 오랫동안 내가 사로잡혀 있을 줄은 그 당시엔 거의 깨닫지 못했었다. 혹시 내가 이렇게 오래 사는 것도 다 그 공기 덕분인 걸까?

나는 가장 최근에 배달되어 온 소식지를 펼쳐 들었다. 먼저 1926년도 우리 학교 장학생이었던 존 헨리 애블릿이 94살을 일기로 막 숨을 거뒀다는 소식이 눈에 들어왔다. 그리고 "개빈 윌리엄 카펜터 씨가 이미 1992년도에 향년 79살의 나이로 돌아가셨다는 소식을 전달받았다. 고(故) 가스 카펜터 교수와 드루 카펜터의 형제였던 그는 …… 영국 공군의 일원으로 참전한 뒤 목재 사업을 해왔다"거나 "에드워드 윌리엄 페인(1929년, 세인트 마가렛 기숙사) 씨가 1993년 12월에 81살을 일기로 숨을 거뒀다는 소식을 전달받았다. 그는 제프리 솔토 페인과 데니슨 비숍 페인의 형이자, 티모시 비숍 페인의 삼촌이었다"는 내용도 있었다. 계속해서 나의 눈동자는 우리 곁을 스쳐 지나간 옛 서튼 동문들의 이름을 미끄러지듯 훑어 내려갔다.

> 앨프레드 브란 캣(1930년, 세인트 마가렛 기숙사), 2006년 1월 사망, 92세. 그의 아들 앤서니 캣(1963년 웨스트민스터 기숙사)은 아버지이자 피어스 캣(1996년, 웨스트민스터 기숙사)의 할아버지인 앨프레드가 죽은 뒤, 불행히도 한 달 만에 사망했다. 앨프레드는 평생 동안 롬니 습지대에서 농사를 지었다.

나는 이렇게 오래전에 저세상으로 간 이름 모를 동문들의 기억을 더듬어보는 순간이 너무 소중하게 느껴졌다. 2006년 6월 초에 89살을 일기로 세상을 떠난 로이 하트 던스턴을 예로 들어보자.

> 로이는 잇따라 물의를 빚은 뒤 '교장의 요청에 따라' 학교를 떠났다. 하지만 그는 항상 서튼 베일런스에 대단한 애착을 가지고 있었다. 시간이 흘러 덜위치 칼리지Dulwich College에 진학한 그는 그곳에서 학생 대표와 운동부 주장을 맡았고, 런던의 킹스 칼리지King's College 병원에서 치과 의사 자격증을 딴 뒤 2차 세계대전 동안 영국 의용 예비역 해군부대RNVR에서 군의관 중위로 복무했다. 그 후로는 1974년도에 은퇴할 때까지 계속 치과 의사로 일했다.

나는 이런 그의 '그 후로의 삶들'이 정말 마음에 들었다. 만약 바보 같은 교장이 자신의 요청을 철회했더라면, 던스턴 씨 같은 괜찮은 인물이 우리 학교의 동문으로 남았을 텐데. 아무튼, 궁금해 할 독자들을 위해서 2차 세계대전이 끝난 뒤 그의 이력을 좀 더 소개해보도록 하겠다.

그는 1985년부터 이듬해까지 워민스터Warminster의 시장을 지냈고, '국제 아니조티회International Order of Anysotiers'와도 밀접한 관련을 맺고 있었다. 이 단체는 원래 프랑스 국왕의 후원 아래 13세기 무렵에 창설된 아니스 씨앗 생산자와 상인들의 조합이었다. 조합은 17세기에 문을 닫았지만, 1955년에 '아니조티회Order of Anysetiers'로 부활해 일반 아니스 애호가들과 미식가들에게도 문호를 개방했다. 그리고 1977년에는 영국 지부가 설립됐고, 로이 던스턴은 빈트너 기능장 협회Worshipful Company of Vintners의 본부에서 개최된 첫 번째 회의에서 사무장으로 선출되었다.

자, 다음으로는 또 누가 있을까? 2005년 12월 2일, 제프리 오스틴 놉스(1932년, 세인트 마가렛 기숙사)가 건지Guernsey에서 92살의 나이로 "돌연, 그러나 평화로이" 숨을 거뒀다.

학교를 떠난 뒤 제프리는 옥스퍼드의 맥달런대학Magdalen College에 진학해 법학을 공부했고, 1937년에 법정 변호사 자격을 취득했다. 그 뒤 포병으로 2차 대전에 참전했고, 1942년부터 1945년까지 전쟁 포로로 억류돼 있었다.

그 밖에도 동문들의 소식은 계속 이어진다. 가이 고블은 83살, 피터 브릴은 77살에 사망했다.

그는 2차 대전 중에 시칠리아와 이탈리아에서 소령으로 복무했고, 그 뒤 중동과 독일을 거쳐 국방부에서도 일정기간 근무했다.

젊은 시절 그들은 서튼 베일런스에서 무엇을 배웠을까? 당시 그들은 자신들이 이렇게 우리들 기억 속에 오래도록 살아있을 거라는 걸 예상이나 했을까? 우리는 그때 이해하지 못했던 무언가를 뒤늦게나마 깨달은 걸까? 오늘 나는 추도문 속의 그 이름들을 하나하나 되새겨본다. 그러고는 내가 몰랐던 과거로부터 온 고인들의 삶에 경의를 보낸다.

이렇게 우리가 우리보다 앞서 간 이름조차 모르는 이들을 존경하는 건 얼마든지 가능하다. 하지만 그들을 계속 기억 속에 살아있게 만드는 건 무엇일까? 윌드의 그 아름다운 경치?● 아니면 우리가 가지지 못했거나 가질 수 없었던 그들만의 삶에 대한 믿음?

나는 짙은 안개가 드리운 1950년대의 어느 날, 예배실 문이 잠겼는지 확인하러 갔다가 그 안에 고귀한 이름들이 보존되어 있는 걸 발견한 적이 있었다. 하지만 그때는 전혀 대수롭지 않게 여겼다. 우리 모두가 그랬다. 그러나 이제 나는 고인이 된 동문들의 명단을 찬찬히 훑어 내리면서 오늘날 내가 믿고 있는 가치들을 믿었던 훌륭한 인물들이 바로 그곳 서튼 베일런스를 거쳐 갔다는 사실을 새삼 떠올리게 된다.

2007년 8월 18일

인디펜던트

● 요전 날 그곳을 둘러보러 갔더니, 애석하게도 공영주택들이 들어서 경치가 예전 같지 않았다.

잘 가요,
안느 카리나

안느 카리나는 폭탄 공격이라면 훤히 꿰뚫고 있었다. 그리고 그런 그녀가 런던에서 일어난 끔찍한 행위를 전해 들었다면 아마 강경한 태도를 보이지 않았을까 싶다. 레바논 내전이 한창이던 베이루트에서 그녀는 내게 이렇게 말하곤 했다.

"지금 와서 치안이 어쩌고 떠들어본들 무슨 소용이 있어요? 그들이 왜 이런 일을 저지르는지, 그리고 그걸 막기 위해 우리가 어떤 행동을 취해야 하는지를 밝혀내는 게 중요해요. '테러리즘' 운운해서는 그걸 막지 못한다고요."

오슬로에서 열린 그녀의 장례식을 마치고 베이루트로 돌아오는 길에 들른 런던, 그곳에서 나는 히드로 공항으로 향하는 피카딜리 노선의 지하철을 타고 있었다. 그 순간 내가 탄 열차보다 서너 번째 뒤의 열차가 킹스크로스 역에서 폭발했다. 노르웨이의 훌륭한 외교관이자, 20년 넘게 나와 좋은 친구 사이를 유지해온 안느 카리나 아르베센Ane Karine Arvesen은 그녀와 함께했던 내 마지막 여행의 이 역설적인 상황을 이해했으리라.

안느 카리나는 강한 여성이었다. 독일이 노르웨이를 점령하고 있던

1941년에 태어난 그녀의 삶을 결정지은 건 어쩌면 전쟁이었는지도 모르겠다. 그녀는 큰 키에 금발의 빼어난 미모를 지녔으며, 엄청난 주량을 자랑했지만 단 한 번도 흐트러진 모습을 보인 적이 없었다. 그리고 담배도 피웠는데, 암을 막아준다는 얘기에 항상 긴 담뱃대를 이용했었다.

그러나 효과는 없었다. 노르웨이의 한 병원에서 폐암으로 고통스럽게 숨을 거뒀기 때문이다. 병원에서 그녀는 언제나 '회복 중'이었지만, 집에서는 혼자 걷지도 못했고, 심지어 이메일도 보낼 수 없을 정도였다. 죽기 며칠 전, 나는 그녀에게 전화를 걸었다. 그녀가 나와 통화하고 싶어 한다는 이야기를 전해 들었기 때문이다. 전화선 너머로 들려오는 그녀의 목소리는 높고 숨 가빴다. 그녀는 요즘 레바논은 어떤지, 앞으로 이라크 상황이 어떻게 될 것 같은지, 이라크에 다시 되돌아갈 계획은 없는지 물었다. 하지만 그녀가 정말 통화를 원했던 이유는 작별인사를 하고 싶어서라는 걸 우린 서로 잘 알고 있었다.

나는 우리 두 사람이 레바논에서 함께 경험했던 무모하고, 어리석고, 터무니없고, 위험하지만 꼭 필요했던 모험 이야기를 끄집어내 그녀의 기분을 북돋아 주려고 애썼다. 예를 들어 1982년 레바논을 침공한 이스라엘군이 밤둔Bhamdoun 시 근처 산악지대에서 시리아군을 공격할 당시, 그녀가 나를 태우고 언덕 위로 차를 몰고 가던 도중 이스라엘 전투기들이 나타나 바로 주변에 있던 시리아 장갑차들을 폭격한 적이 있었다.

"우리가 여기까지 올 수 있었다는 것 자체가 정말 대단해요. 안 그래요, 밥?"

그녀는 산을 찢어놓을 듯한 폭발음이 들리는 와중에도 내게 그렇게 말했다. 부시가 "임무를 완수했다"는 말을 좋아하는 것처럼 그녀는 "대단하다"는 말을 아주 즐겨 쓰곤 했다. "안느 카리나, 이건 정말 위험천만한 짓이에요"라고 나는 말했다. 그러자 그녀는 "밥, 우리 차엔 노르웨이 국기가 걸려 있어요. 난 외교관이라고요"라고 받아쳤다. 그런 그녀의 눈길에 기가 죽은 나는 40㎝ 길이의 깃발을 쳐다봤다. 머리 위 1만 피트 상공에서는 이스라엘의 F-16 전투기들이 날아다니고 있었고, 옆에서는 안느 카리나가 웃고 있었다.

나는 그녀의 장례식에 모인 조문객들에게 이 사연을 들려줬다. 펑펑 눈물을 쏟던 몇몇을 제외하고는 다들 웃음을 터뜨렸다. 그 순간에도 내 옆에 놓인 하얀 관 속에서 흰색 장미에 덮인 채 누워 있던 안느 카리나, 나는 그녀가 더 이상 이 세상 사람이 아니라는 사실을 도저히 믿을 수 없었다. 삶과 모험에 대한 그녀의 애정은 죽음을 두려워하지 않는 자들만이 가질 수 있는 초인적인 자질을 그녀에게 부여했다.

그녀는 세르비아와 이란에서도 각각 근무한 적이 있었다. 이따금 한 번씩 돌아버릴 것 같은 나라에서 머릿수건과 차도르를 쓴 채 대리 대사로 일하는 동안, 그녀는 테헤란의 사택 정원에서 독한 진토닉을 내게 대접하곤 했다. 그러던 어느 날, 그녀가 한 국방부 외교관과 함께 베이루트에 나타났다. 그 외교관은 중동에 관한 나의 분석에 전혀 동의하지 않았고, 급기야는 성질을 부리기까지 했다. 그러자 그녀가 그에게 딱 부러지게 쏘아붙였다.

"그만 입 다물어요. 당신은 저분 이야기를 들으러 여기 온 거지, 그런 바보 같은 논리나 펴려고 온 건 아니잖아요?"

그렇게 안느 카리나는 어리석은 행동을 절대 그냥 보아 넘기지 못했다. 중동에 관한 자명한 사실들을 선뜻 이해하지 못한다 싶으면, 가끔 나한테까지도 거침없이 비판을 퍼붓곤 했다. 그녀는 이곳 아랍 세계 사람들에게는 때로 민주주의보다 정의가 더 중요할 수도 있다는 시각을 가지고 있었다. 나와의 마지막 통화에서도 지금 이라크에서 중요한 건 민주주의 이전에 치안과 전기일지 모른다고 말하기도 했다. 그리고 노르웨이 외교부가 너무나 미국에 치우쳐 있는 나머지 '평화 프로세스'와 '로드맵' 같은 것들을 미국 정부의 시각에서만 바라본다는 걱정도 내비쳤다. 글쎄, 그녀의 말이 옳을 수도 있고, 다소 경솔할 수도 있겠다.

그런 그녀가 베이루트의 노르웨이 대사관 담당으로 있던 1980년대의 어느 날, 눈물을 흘리며 나를 찾아온 적이 있었다. 너무 웃다가 흘린 눈물이었다.

"좀 전에 워싱턴에 있는 우리 대사한테서 온 공문을 읽었어요. 대사가 레이건 대통령을 만나러 갔더니 예상 질문에 대한 답변을 정리한 브리핑 용지를 들고 있더래요. 그런데 대통령이 실수로 그 용지들을 뒤죽박죽 섞어 버렸다네요. 그래서 우리 대사가 미국과 노르웨이 간의 무역 관계에 대해 질문을 했더니, 레이건이 중동에 곧 평화가 찾아올 거라고 대답했다지 뭐예요!"

또한, 그녀는 존경스러운 점이 참 많았다. 밤마다 오슬로의 외교부에 보낼 공문을 작성하기 위해서는 거기에 나오는 사건의 현장들을 찾아가 직접 눈으로 확인해야 직성이 풀리는 성격이 그랬다. 다른 서방 외교관들이 베이루트의 자국 대사관에서 두려움에 웅크리고 있는 동안, 아니, 심지어 몇몇 서방 기자들조차도 똑같이 호텔방에서 숨죽이고 있는 동안 그녀는 위험을 무릅쓰고 몸소 산을 오르고 현장을 뛰어다녔다. 그래서 세월이 흐른 뒤, 노르웨이 정부가 인질 석방 문제를 협상하기 위해 그녀를 베이루트로 파견한 건 전혀 놀라운 일이 아니었다.

하루는 오슬로에 보낸 그녀의 보고서를 읽은 적이 있었다. 정말 인상적이기 그지없었다. 거기에는 그녀의 분노가 생생히 그대로 담겨 있었다.

특히 1982년 9월 18일에 사브라, 샤틸라 난민촌으로 걸어 들어가던 그녀의 모습은 절대 잊을 수가 없다. 그때 나는 분노로 굳어버린 그녀의 얼굴을 보고 다시는 아름다웠던 예전의 얼굴로 돌아가지 못하는 거 아닐까 하는 생각까지 했었다. 살해된 남자들과 내장이 튀어나온 여성들, 그리고 죽은 아기들의 시체가 쌓여 있는 광경은 모두 이스라엘의 하수인이던 팔랑헤 민병대의 작품이었다. 그녀는 "구역질 나! 역겨워! 말도 안 돼!"라고 연신 외쳐댔다.

"언젠가 우리가 대가를 치를 날이 올 거예요!"

그리고 우리는 여전히 그 대가를 치르고 있는지도 모른다.

우리는 옛 예배당 건물에서 안느 카리나에게 마지막 작별 인사를 했다. 근처에는 그녀가 태어날 무렵에 노르웨이 상공에서 숨진 영국 공군의 시신들을 모셔놓은 전몰자 묘역이 자리 잡고 있었다. 타원형으로 지어진 커다란 건물 벽에는 룬 문자runes+로 여겨지는 글자들이 새겨져 있었는데, 그녀의 관 양쪽에 세워진 하누카++ 양초 두 개와 은근히 조화를 이루고 있었다. 안느 카리나는 유대인이 아니었지만, 민족과 상관없이 중동 사람들 모두를 사랑했었다.

그녀를 떠나보내는 마지막 음악은 타이타닉호의 3등 객실 승객들에게 바치는 스웨덴 노래였다. 설마 하던 그들이 죽음을 확신한 뒤, 여전히 배의 깃발이 휘날리는 가운데 용감하게 죽음을 받아들인다는 내용이었다. 왠지 안느 카리나의 기질과 딱 맞아떨어지는 노래라는 생각이 들었다. 생전에 그녀는 자신이 죽으면 장례식 날 오후에 유산으로 배 한 척을 빌려서 그 안에 볼랑저Bollinger 샴페인 40병을 싣고 가장 친한 친구들을 태워

+ 초기 게르만 민족이 1세기경부터 사용하던 특수한 문자.

++ 유대력의 9월 25일에 시작해서 8일 동안 진행되는 유대인의 연례축제.

오슬로의 피오르드에 데려가 달라고 부탁했었다.

전쟁터에서 보여준 그녀의 용기에 비춰볼 때, 나는 그녀가 외교관만큼이나 기자로서도 잘 어울린다고 생각했었다. 그녀는 위험한 시대가 낳은 인물이었다. 그리고 어떻게 살아야 할지와 어떻게 죽어야 할지를 아는 사람이었다.

2005년 7월 16일

인디펜던트

오늘 우리 앞에는
또 어떤 공포가 기다리고 있을까

죽음이란 단어는 포괄적이다. 하지만 나에게는 그렇지 않다. 그래, 나는 짓이겨지고, 뭉개지고, 거꾸러지고, 내팽개쳐진 이라크인들의 사진을 통해 죽음을 본다. 그리고 허리케인 카트리나가 뉴올리언스를 강타했을 당시, 의자에 앉은 채 죽음을 맞이할 수밖에 없었던 노인의 모습을 통해서도 마찬가지다. 그러나 언제나 직접적인 충격을 주는 건 우리 주위 사람들의 죽음이다. 우리는 그들을 우리 자신과 동일시하기 때문이다.

올해는 유독 죽음이 나를 따라다니는 것 같다. 2월 14일에는 내 눈앞에 레바논의 라피크 하리리 전 총리의 시신이 누워 있었다. 베이루트의 길가에서 그의 양말이 불에 타고 있는 모습을 봤을 때, 처음에 나는 케이크를 파는 행상이 죽은 줄 알았다. 아무튼, 그 뒤로 유엔은 레바논 보안기관의 최고위직 네 사람을 용의자로 체포했다.

그다음엔 나의 오랜 친구인 노르웨이 외교관 안느 카리나 아르벤센이 지난 6월에 암으로 세상을 떠났다. 그런 뒤 크리스티안 클라이네르트 Christian Kleinert가 죽었다는 믿기 어려운 소식이 들려왔다. 사실 그는 가까운 동료가 아니었다. 지난 7월, 그가 친구이자 연인인 안드레아 비스트리히Andrea Bistrich와 함께 베이루트에 왔을 때 이야기를 나누었던 게 우리 인연의 전부였다.

안드레아는 기자고, 그는 사진작가다. 아니, 사진작가였다. 당시 안드레아는 어느 독일 신문을 대신해 나를 인터뷰하러 왔고, 크리스티안은 사진을 찍었다. 우리는 바다가 내려다보이는 내 집 발코니에 앉아 중동과 서구의 거만함과 그들의 거짓된 전쟁 보도 그리고 불쌍한 레바논의 미래에 대해 수다를 떨었다. 사랑에 빠진 이들이 언제나 그렇듯 두 사람은 짝짜꿍이 잘 맞았다. 그녀는 서른여섯 살, 그는, 이런 젠장, 서른일곱 살이었다. 둘은 13년 동안 서로 알고 지냈다.

인터뷰가 끝난 뒤, 그들은 남부 레바논을 향해 떠났다. 나중에 그들은 내게 1948년 팔레스타인 아랍인들이 겪었던 나크바Nakba, 즉 '대재앙'+에 대한 기록이 전시돼 있는 티레 근처의 박물관에 다녀온 이야기를 해줬다. 그리고 며칠 뒤, 나는 그들이 준 정보를 토대로 해서 57년 전 팔레스타인 주민들의 대탈출에 관한 갖가지 문서들과 농기구, 사진, 도서들로 가득 찬 그 보기 드문 전시실을 소재로 〈인디펜던트〉 지에다 글을 써 보냈다.

그리고 이번 주, 여느 때처럼 〈인디펜던트〉 지의 외신 데스크에서 한 주 동안 쌓인 우편물을 보내왔다. 그 안에는 너무나 진지한 표정을 짓고 있는 내 컬러사진 몇 장과 안드레아와 크리스티안의 사진 두 장이 담긴 두꺼운 갈색 봉투 하나가 들어 있었다. 첫 번째 사진 속의 크리스티안은 안드레아의 어깨에 자신의 머리를 기대고 있었다. 그리고 그의 모습만 담긴 또 다른 흑백 사진 밑에는 '1968년 7월 26일 ~ 2005년 7월 29일'이란

+ 이스라엘의 건국을 전후해 이스라엘 민병대원들에 의해 도시와 마을을 파괴당하고 강제로 쫓겨난 사건을 가리켜 팔레스타인 주민들은 이렇게 부른다.

글자가 새겨져 있었다. 나는 '도대체 이게 무슨 말이야?'라고 혼자 중얼거렸다. 그러고는 봉투에 함께 들어 있던 안드레아의 편지를 집어 들었다. 다음은 그녀가 쓴 편지의 전문이다.

로버트 씨,

제가 가장 아끼는 벗이자 동반자가 7월 29일에 뮌헨 근처에서 자동차 사고로 사망했다는 소식을 전하게 돼 정말 슬프기 그지없습니다. 우리가 레바논 여행에서 돌아온 뒤 2주일, 그리고 그의 서른일곱 번째 생일이 지난 지 불과 사흘만의 일이었답니다. 생일날 그는 제게 처음으로 자신이 "마침내 삶에 도달한 것 같은" 느낌이라고 말했어요.

우리의 베이루트 여행은 그에게 정말 소중한 경험이었습니다. 우리는 멋진 시간을 보냈고, 많은 사람들을 만났으며, 한 팀으로 같이 일하는 멋진 경험을 할 수 있었지요. 돌아오자마자 그가 제일 먼저 한 일은 당신에게 보낼 사진을 현상한 것이었습니다. 그는 당신이 우리를 만나줬다는 사실에 대단히 행복해했답니다. 그에겐 특별한 경험이었고, 그래서 당신을 아주 마음에 들어 했어요.

우리는 내년에 뮌헨을 떠나 더 많은 곳을 여행하고, 베이루트에서도 잠시 살아볼 계획이었어요. 가을에 괴테 연구소에서 진행하는 3개월짜리 프로젝트에도 응모했고요. 그러나 이제는 당장에라도 뮌헨을 떠나고 싶습니다. 그의 기억을 떠올리게 하는 모든 것들, 우리가 같이 걸었던 길 하나하나가 너무나 저를 고통스럽게 하기 때문입니다.

29일 금요일, 그는 서둘러 일터로 나섰습니다. 그리고 다시는 돌아오지 않았죠. 크리스는 다른 동료 두 사람과 같이 탄 차량의 조수석에 앉아 베이루트에 대해 신이 나서 이야기했다더군요. 저에 관해서도, 또 우리가 함께 일한다는 게 얼마나 멋진 일인지에 관해서도 말이죠.

그러다 운전을 하던 여자 동료가 아마도 그의 이야기에 정신이 팔린 나머지 실수를 했나 봅니다. 차는 시속 160㎞의 속도로 마주 오던 BMW와 충돌을 했고, 크리스는 그 자리에서 거친 숨을 몰아쉬며 의식을 잃었대요. 그러고는 내상이 너무 심해서 뮌헨에 있는 병원으로 옮겨진 지 2시간 만에 숨을 거뒀습니다. 뒷자리에 타고 있던 동료는 다행히 목숨은 건졌지만 지금도 병원에 있고, 운전사는 멀쩡하답니다.

이제 그가 죽은 지 3주가 지났습니다. 여전히 저는 그게 실감이 나지 않아요. 그 뒤로 제 삶은 완전히 바뀌었고, 미래는 물론이거니와 당장 내일 일에 대해서도 아무것도 모르겠어요. 일종의 '신경쇠약 상태'에 접어든 거죠. 지금은 제가 살아있지만, 다음엔 뭘 어떻게 해야 하죠?

저는 비록 프리랜서였지만, 월세를 내고 먹고살기 위해 언제나 글 쓰는 일을 했었습니다. 그런데 이제 일도 다 끊겼고, 지금 신문사에서 일자리를 찾는 것도 어렵습니다. 뭔가 새로운 변화가 찾아오기만 바랄 뿐이죠. 딱 한 가지 아는 사실은 제가 계속 글을 쓰고 싶어 한다는 겁니다. 무엇보다도 여기 뮌헨을 떠나서 '동쪽'으로 가고 싶은 마음이 간절합니다.

로버트 씨, 그때 시간을 내서 만나 주신 데 대해 다시 한 번 우리 두 사람의 감사를 전합니다. 그리고 여기 사진 몇 장을 동봉합니다. 사실 당신 사진을 더 갖고 있지만, 우리가 너무나 좋아하는 사진들이어서요. 혹시 나머지 사진들도 원하시면 말씀해주세요.

뮌헨에서 마음을 담아

안드레아 드림

가슴이 먹먹했다. 그리고 크게 소리를 질렀다. 이런 제기랄! 바로 안드레아에게 전화를 걸었다.

"그날 아침 잘 다녀오라고 인사를 하러 창문으로 달려갔어요. 그는 뒤돌아보면서 저를 향해 손을 흔들었죠."

맨 처음 현장에 도착한 독일 경찰은 안드레아에게 크리스가 크게 다치지 않았다는 말을 전했다고 한다. 그리고 앞으로 정확한 검시 결과가 나오려면 일 년이 걸릴 예정이라고 했다. 나는 그 편지를 재차 읽었고, 그 안에 배어있는 비애와 슬픔, 그리고 용기를 이해하려 애썼다. 마지막에 적힌 "다시 한 번 우리 두 사람의 감사를 전합니다"는 그 특별한 문구가 너무나 가슴을 저려왔다. 아마도 그 말을 통해 안드레아는 세상을 떠난 남자 친구에게 다시 생명을 불어넣어 이렇게 먼 베이루트까지 그의 마음을 전해준 것이리라.

그럼에도 왜 하필 그들이 이런 비극을 겪어야 하는 거지? 나는 혼자 이 질문을 계속 되풀이했다. 바그다드 다리에서 짓이겨진 아이, 살해된 남자, 자기네 대통령이 지구 온난화에 대해 아무런 관심도 기울이지 않는 바람에 의자에서 죽어간 노인, 이라크에서 저지른 자신의 어리석은 행동 때문에 런던 지하철에서 자국 시민들이 목숨을 잃어야 했다는 사실을 인정하지 않으려는 총리. 이런 사연들은 모두 나름의 의미를 지니고 있다. 하지만 크리스티안과 안드레아의 경우는?

크리스티안의 죽음에는 아무런 의미가 없었다. 지금 이 순간 그는 당연히 살아 있어야 마땅했다. 그래서 기자로서 감히 나는 그를 아무 이유 없이 죽어간 무고한 '희생자들'의 명단에 올리려 한다. 폭탄이나 걸핏하면 총질을 해대는 군인들, 점령군, 무장대원들에 의해 죽은 이들뿐만이 아니라 자동차 사고와 폭풍우, 비행기 추락으로 숨진 우리 시대의 희생자 말이다.

매일 아침 나는 베이루트의 아파트에서 잠을 깨고, 침실 창문 바깥의 야자수 나무가 바람에 스치는 소리를 듣는다. 그리고 이 시대를 살아가는 우리 모두가 스스로에게 던지는, 혹은 던져야만 하는 물음 하나를 떠올린다. 오늘 우리 앞에는 어떤 공포가 기다리고 있을까?

2005년 9월 3일

인디펜던트

덧붙이는 글

기억의 희석

페탱의 이름을 딴 거리, 그리고 그가 아우슈비츠로 보낸 여인

지금도 나는 1930년대 베이루트의 어느 아늑한 옛 거리의 풍경을 찍은 사진 한 장을 간직하고 있다. 그 속에는 꽃으로 치장한 오스만 시대의 집들과 자갈로 된 도로, 그 끝에 서 있는 낡은 시트로앵 자동차 한 대, 양옆 좁다란 인도에 그늘을 드리운 가로수들의 모습이 담겨 있다. 그리고 사진 아래엔 다음과 같은 짧은 문구가 적혀 있었다.

"페탱 거리Rue Petain."

3차 솜 전투에 '보병Poilu'+으로 참전했던 나의 아버지는 곧잘 '절대 그들이 베르뎅을 통과하지 못하게 할 것'이라던 페탱의 다짐을 내게 들려주곤 했다. 그러나 독일 황제의 군대가 뫼즈 강을 넘어 진군하는 걸 허락지 않았던 1916년 당시의 페탱의 애국심은, 그 뒤 1940년에는 어느덧 프랑스의 수치로 변질되어 있었다. 1941년 레바논에서 프랑스 비시 정권을 몰아낸 영국-오스트레일리아 연합군은 베이루트에 도착하자마자 오스만풍의 페탱 거리 담벼락에서 그의 이름을 지워버렸다. 영국 국민들의 대다수

+ 프랑스어에서 'Poilu'는 원래 '털이 많은'이란 뜻이지만, 1차 세계대전 당시 유럽에서는 수염이 덥수룩하게 자란 보병을 흔히들 그렇게 불렀다고 한다.

가 그렇듯이, 그리고 프랑스 국민들 상당수—모두가 그런 건 아니지만—가 그렇듯이 아버지 역시 히틀러의 독일과 손을 잡은 페탱을 절대 용서할 수 없다고 하셨다.

사실 나는 프랑스 사람들에 대해 왈가왈부하고 싶지는 않다. 그 이유는 세 가지인데, 우선은 몇 년 전, 분노와 알 수 없는 호기심이 뒤섞여 파리 중부에서 열린 한 추모 미사에 참석했던 기억 때문이었다. 미국인 신부가 집전한 그 미사는 다름 아닌 필리프 페탱 원수를 위한 미사였다. 절친한 동료와 함께 신도석에 앉은 나는, 중산층의 나이 든 신사숙녀가 대부분인 100명이 넘는 추모객들이 모여드는 모습을 가만히 지켜보았다. 어두운 교회 조명 사이로 보이는 그들의 얼굴은 하나같이 엄숙하고 굳어 있었으며, 뭔가 불길하고 비밀스러운 느낌까지 들게 했다. 그런 그들을 한자리에 모이게 한 게 다름 아니라 자유와 평등, 박애의 정신을 직무와 가족, 조국으로 대체한 인물이자, 위험을 피해 프랑스로 몰려든 수천 명을 비롯해 수많은 자국 내 유대인들을 열심히 아우슈비츠로 실어 나른 덕분에 심지어 나치조차도 그 열정에 감탄할 정도였다는 바로 그 비시 정권의 지도자였다니!

그다음으로 프랑스 사람들에 대해 거론하고 싶지 않은 이유는 내가 이렌 네미로프스키의 《프랑스 조곡Suite Francaise》+을 막 다 읽었기 때문이었다. 독일의 프랑스 침공과 함락을 다룬 뛰어난 소설을 통해 그 젊은 유대인 작가는 톨스토이의 '전쟁과 평화'를 이을만한 작품을 남기고자 했다. 실제로《프랑스 조곡》은 그 내용이 꿈에까지 등장하는 드문 책 중 하나였다. 코르뱅이라는 역겨운 인물이 파리를 탈출해 투르에 있는 자신의 은행

+ 이렌 네미로프스키, 《프랑스 조곡》, 이상해 옮김(서울: 문학세계사, 2005).

에 무사히 도착했는지, 용감한 미쇼 부부는 나치의 공습에서 살아남을 수 있을지, 아름다운 루실은 평소 외도를 일삼으며 자신에게 모질게 굴던 남편이 전쟁 포로로 잡혀가 있는 동안 그녀의 집에 임시로 기거하게 된, 교양 넘치면서도 가끔은 아이 같고 또 가끔은 지독하리만치 사랑스러운 저 독일군 장교의 매력에 굴복하고야 말 것인지.

1903년 우크라이나의 키예프에서 부유한 은행가의 딸로 태어난 네미로프스키는 러시아 혁명이 발발하자마자 파리로 몸을 피한 뒤 그곳에 정착했다. 그녀의 초기 소설들은 엄청난 성공을 거뒀지만, 파리를 점령한 나치는 그녀의 작품들을 더 이상 출판하지 말라는 명령을 내렸다. 그래서 그녀는 1940년에 유대인인 남편 미셸 엡스타인과 함께 파리를 도망쳐 나와 이씨 레베끄Issy l'Eveque라는 마을로 피신했다. 그러나 그 마을 역시 독일에 점령된 상태였고, 두 사람의 가슴에는 박멸 대상임을 표시하는 노란 배지가 달렸다.

그런 소용돌이 속에서도 네미로프스키는 점령당한 이들 누구나가 겪어야 했던 배신과 끊임없이 부역에 내몰려야 하는 슬픈 현실, 그리고 그 가운데서 몇몇이 보여준 영웅적인 행동에 대한 서사시를 작은 공책에다 깨알 같은 손 글씨로 써내려갔다. 하지만 문제는 생계를 이어갈 수단이었다. 그녀의 은행 계좌도 이미 막힌 상태였다. 따라서 그녀는 자신의 책을 펴냈던 출판업자에게 "은행 계좌에 막혀 있는 돈은 제게 아무런 소용이 없다는 사실을 꼭 알아주셨으면 합니다"라고 간청하는 편지를 써서 보낼 수밖에 없었다.

《프랑스 조곡》은 원래 다섯 권의 책으로 나뉘어 출판될 예정이었다. 그러나 네미로프스키는 단 두 권, 즉 1940년 파리에서의 탈출을 그린 '6월의 폭풍'과 프랑스의 작은 마을에서 맞이한 점령 첫해를 배경으로 쓴 '돌체'만을 마무리 지었을 뿐이었다. 놀랍게도 그녀는 마을에 주둔하던 독일 군인들에 대해 때로는 지나치게 관대하다는 느낌이 들 정도로—비록 냉소적이긴 했으나— 그들을 세심한 사람들이라 묘사하고 있었다. 그녀는 "(마을의) 독일인들은 스스로 눈치가 부족하다고 여겼기 때문에 마을 주민들에게 말을 걸 때 특히나 조심했다. 그래서 사람들은 그들을 가리켜 위선자라고 손가락질을 했다"고 적고 있었던 것이다.

그리고 작품 속에서 어린 소녀의 눈을 통해 루실과 그녀의 연인이 되길 원하는 독일인의 모습을 묘사한 대목은 두고두고 기억에 남을 만큼 아름다웠다.

> 독일군 장교와 부인은 낮은 목소리로 대화를 나눴다. 그의 얼굴이 백지장처럼 창백해졌다. 이따금씩 아이는 마치 소리를 지르거나 울고 싶은데 차마 그러지는 못하고 억지로 억누르는 듯한 장교의 목소리를 들었다. …… 아이는 그가 자신의 아내에 대해, 그리고 부인의 남편에 대해 말하고 있을 거라 막연하게 짐작했다. 아이는 그가 여러 차례 이렇게 되풀이하는 것을 들었다. "당신이 행복하기만 하다면……."

그러나 히틀러가 러시아를 침공한 뒤, 루실이 살던 마을의 독일군 부대는 동부 전선을 향해 떠나게 된다.

> 병사들이 군가를 부르기 시작했다. 장중하고도 느린 노랫소리가 어둠 속으로 미끄러져 내려갔다. 그렇게 독일군 부대가 떠난 자리에는 약간의 먼지구름만이 남아있을 뿐이었다.

이는 가히 러시아의 보로디노 전투를 묘사한 톨스토이에 필적할 만큼 탁월한 묘사가 아닐 수 없었다. 하지만 네미로프스키는 이렇듯 뛰어난 자신의 대작을 마무리 짓지 못했다. 나머지 세 권은 여전히 쓰여 지지 않은 상태로, 다만 그녀의 공책 속에서 집필 계획으로만 남겨져 있을 뿐이었다—예정대로 쓰였다면 각각 '투옥', '전투', '평화'라는 제목이 붙었을 것이다—. 결국 그녀는 체포돼 아우슈비츠로 보내졌고, 1942년 8월 17일 저 악명 높은 비르케나우 수용소의 의무실에서 생을 마감했다. 하지만 그녀가 여전히 살아 있을 거라 믿었던 용감한 남편 미셸은 출판사와 적십자사, 파리 주재 독일 대사, 심지어 페탱에게까지 직접 도움을 호소했다. 그리고 페탱에게 보낸 편지는 그 자신의 체포와 아우슈비츠로의 이송이라는 결과로 되돌아왔으며, 도착 즉시 그는 가스실로 직행하는 운명을 받아들여야 했다.

한편 그들과 같이 프랑스에서 죽음의 수용소로 끌려간 유대인들은 모두 합쳐 10만 명에 달했다. 파리 외곽의 드랑시에 있던 임시 수용소를 거쳐 간 인원만 해도 약 2만 명이었고, 그중 2000여 명은 아이들이었으며, 또 그 가운데 400명은 프랑스 당국에 의해 넘겨진 아이들이었다.

그리고 당시의 그 모든 기억은 이번 주 비엔나에서 열린 14회 유대인 필름 페스티벌에서 상영된 토마스 드라스첸Thomas Draschen 감독의 영화 〈아이들의 기억Children's Memories〉에서 고스란히 되살아났다. 그러나 그 영화가 처음으로 상영되는 자리를 마련한 비엔나 주재 프랑스 대사관이 영화를 소개한 책자에서 다음과 같은 문장을 삭제했다는 사실을 발견했을 때, 감독의 분노가 어땠을 지를 한 번 상상해보라.

> 프랑스에서만 1만 1400명의 유대인 아이들이 프랑스 당국에 의해 나치의 손에 넘겨져 아우슈비츠에서 살해당했다.

내가 프랑스 사람들을 입에 담고 싶지 않았던 세 번째 이유는 바로 여기에 있었다. 도대체 이런 검열 행위를 용납하는 까닭이 뭘까? 1995년에 자크 시라크 대통령은 유대인을 추방한 데 대한 프랑스의 국가적인 책임을 인정했다. 그러나 어찌 된 일인지 프랑스 외교부는 그런 사실을 잊어버린 듯하다. 그게 아니더라도 최소한 비엔나의 프랑스 학사원 직원만큼은 그런 내용을 전달받지 못했던 게 확실하다.

자, 그렇다면 이번 기회에 고통스러울 정도로 비극적이었던 네미로프스키의 그 소설을 그 사람들에게 공짜로 보내줘야 하나? 아니면 고(故) 필리프 페탱 원수를 위한 다음 미사에 그들을 초대해야 할까?

2006년 12월 2일

인디펜던트

네미로프스키의 딸에게서 온 편지

지난주, 평소 애지중지하던 레지옹 도뇌르 훈장[+]과 함께 무덤으로 들어간 모리스 파퐁Maurice Papon[++]은 많은 아랍인들이 오랫동안 미심쩍어하면서도 대체로 설마 하며 받아들이기를 거부했던 사실을 입증한 인물이었다. 바로 히틀러를 위해 일했던 관료들과 인종주의자들을 비롯한 이들은 셈족 모두를 자신들의 적으로 간주했고, 만약 히틀러의 군대가 중동까지 뻗어 갔더라면 유럽의 유대인들을 대상으로 그랬듯이 궁극적으로 '아랍 문제'에 대한 '최종적인 해결책'을 발견해냈을 거라는 사실 말이다. 1942년에 보르도와 그 주변에서 223명의 아이들을 포함한 모두 1600명의 유대인들을 체포해 드랑시 수용소로 보낸 다음 아우슈비츠로 추방했던 파퐁의 책임은 1998년에 열린 그의 재판에서 한 점 의혹도 없이 모두 진실로 드러났다.

+ 1802년 나폴레옹 1세가 제정한 프랑스 최고의 훈장. 다른 훈장과 같이 공적에 대한 표창이라기보다는 영예로운 신분을 수여한다는 성격이 짙다.

++ 나치에 부역한 2차 세계대전의 전범. 수 많은 유대인들을 아우슈비츠 수용소로 보내고도, 전후 자신이 레지스탕트였다는 경력을 내세우며 피리 경찰국장을 역임하는 등 권세를 누리다가 1981년 전력이 폭로되어 1997년 재판에 회부, 10년형을 선고받고 복역 중 2007년 옥중에서 사망했다.

그에 비해, 1961년에 파리 경찰이 살해해 센 강으로 던져버린 알제리인들의 수가 정확히 얼마인지는 보다 불명확했다. 물론 과거에 비해 정도가 다소 덜하긴 했으나 부도덕하기는 매한가지였던 그 범죄에 대해서 파퐁은 아무런 재판도 받지 않았다. 하지만 실상 그는 자신이 지휘하던 경찰력을 동원해 알제와 오란, 블리다 등지에서 알제리 시민 4만여 명이 참가한 독립 요구 시위를 진압한 책임자였다. 그곳에 사는 노인들에 따르면 그 과정에서 약 400명에 달하는 시민들이 학살당했고,• 그때의 끔찍한 기억은 지금까지도 그들에게 아물지 않은 상처로 남아 있다. 반면, 파퐁 자신은 당시 살해된 사람이 단 두 명뿐이었다고 주장했다. 나중에 열린 재판에서 그가 그토록 일사천리로 드랑시와 폴란드로 보내버린 유대인들의 운명에 대해 자신은 전혀 몰랐다고 강변했던 것과 마찬가지로 말이다.

한편, 예루살렘의 최고 종교지도자였던 하지 아민 알 후세이니의 주장도 언제나 그런 식이었다. 2차 대전 당시 이라크로 도망쳤던 그는 추축국들의 편에 서서 바그다드의 권력을 장악하고 있던 현지 정부가 영국에 의해 박살 나자, 또다시 그곳을 탈출해 나치 독일의 베를린에 둥지를 틀었다. 그러고는 히틀러와 손을 잡고 제 3제국의 정치선전 도구로서 열정을 다 바쳐 일했다.

지난주 내내 이런 생각들이 머릿속을 떠나지 않았던 건 베이루트의 집으로 배달되어온 우편행낭에서 발신지가 프랑스의 툴루즈로 되어 있는 놀라운 편지 한 통을 발견한 다음부터였다. 그건 다름 아닌 이렌 네미로프스키의 유일하게 생존해 있는 딸이 어머니에 대한 내 칼럼을 읽고 보낸

• 일부 역사가들은 사망자를 250명으로 추정하고 있다.

답장이었다. 칼럼이 나가고 난 뒤 런던 주재 프랑스 대사관의 공보 담당관으로부터 딱딱한 항의 전화가 걸려온 적은 있었지만, 이런 편지를 받게 될 줄은 전혀 예상치 못했었다. 그래서 그녀도 기꺼이 허락해주기를 바라며 이 글에다 그중 일부를 인용해볼까 한다.

> 먼저 제 소개부터 드리지요. 저는 이렌 네미로프스키의 딸입니다. …… 우선 어머니에 대해 잘 설명해주신데 대해 감사를 표하고 싶습니다. 이 책이 일정 정도 양심을 일깨워줬다는 점에서는 의심의 여지가 없습니다만, 모두가 지난날 정부 당국의 결탁으로 인해 죽임을 당한 유대인 아이들의 기억을 떠올리는 이때에 프랑스 대사관이 보인 태도를 지적한 당신의 글은 기억이 얼마나 쉽게 희석될 수 있는지를 깨닫게 해줍니다. 그리고 그 근원이 무엇이든지간에 또 다른 무고한 생명들의 학살로 인해 그 기억의 문이 언제든 다시 열릴 수 있다는 사실도 말이지요. 따라서 이 보잘것없는 편지에 제 감동과 감사를 담아서 전해드리고자 합니다. 올해로 일흔일곱 살이 된 저는 과거라는 짐을 평생 어깨에 짊어지고 살아왔는데, 부모님의 삶이 그냥 잊히지 않고 다시 되살아나는 걸 보면서 행복감에 그 무게가 가벼워지는 걸 느낍니다. 그리고 동시에 이제는 더 이상 자신의 목소리를 낼 수 없게 된 모든 사람들의 존재가 기억 속에 다시 되살아나기를 염원해봅니다.•

아, 이보다 더 감동적인 편지가 또 있을까? 죽은 이가 스스로의 언어를 통해 기억될 수 있다는 깨달음과 믿음, 그리고 또 다른 학살로 인해 숨져간 무고한 이들을 기억하고자 하는 그 넉넉한 마음 씀씀이란. 또한 '기억

• 2006년 12월 3일, 드니즈 엡스타인(Denise Epstein)으로부터 온 편지 중에서

의 희석'이라는 표현이 전해주는 특별한 이미지는 그 자체로 메시지를 품고 있다. 하지 아민과, 지난주에 땅에 묻힌 그 소름 끼치는 노인 파퐁을 평생 동안 따라다녔던 죄악이 바로 기억을 희석시킨 죄인 것이다.

2007년 2월 24일

인디펜던트

찾아보기

ㅇ

ㅍ

ㅎ

전사의 시대

'테러'와의 전쟁, 그 10년의 기록

지은이 | 로버트 피스크
옮긴이 | 최재훈
초판 1쇄 인쇄 | 2014년 9월 1일
초판 1쇄 발행 | 2014년 9월 15일

펴낸곳 | 도서출판 경계
펴낸이 | 이병구, 최재훈
책임편집 | 이병구
편집진행 | 조윤주, 진용주, 황수영
디자인 | 일상의 실천 www.everyday-practice.com

등록 | 2011년 1월 19일, 제2012-000279호
주소 | 서울시 마포구 월드컵로 32, 2층
전화 | 02-3144-1313
팩스 | 02-3144-0852
이메일 | gyeonggyebooks@gmail.com

ISBN | 978-89-969403-2-6

인쇄 | 한영문화사 031-903-1101
제본 | 천일제책사 031-905-8181
용지 | 신승지류유통 02-2270-4900
그리라이트70g, 매직칼라 120g, 스노우 250g

이 도서의 국립중앙도서관 출판시도서목록(CIP)은 e-CIP 홈페이지(http://www.nl.go.kr/ecip)와 국가자료공동목록시스템(http://www.nl.go.kr/kolisnet)에서 이용하실 수 있습니다. (CIP 제어번호: CIP2014024889)